GRUNDRISSE DES RECHTS

Frotscher/Pieroth · Verfassungsgeschichte

Verfassungsgeschichte

von

Dr. Werner Frotscher
em. o. Professor an der
Philipps-Universität Marburg

und

Dr. Bodo Pieroth
o. Professor an der
Westfälischen Wilhelms-Universität Münster

11., überarbeitete Auflage

Verlag C. H. Beck München 2012

www.beck.de

ISBN 978 3 406 63898 5

© 2012 Verlag C. H. Beck oHG
Wilhelmstraße 9, 80801 München
Druck: Nomos Verlagsgesellschaft
In den Lissen 12, 76547 Sinzheim

Satz: Thomas Schäfer, www.schaefer-buchsatz.de

Gedruckt auf säurefreiem, alterungsbeständigem Papier
(hergestellt aus chlorfrei gebleichtem Zellstoff)

„Alle Geschichte bleibt aber auch – noch für den objektivsten Historiker, der in reiner Treue nur darstellen will, ‚was gewesen ist' – immer ‚Geschichte der Gegenwart', d. h. aus der Perspektive des Jetzt gesehen".

Hermann Heller, Staatslehre, 4. Auflage, 1970, S. 28

Vorwort

Wir freuen uns, schon nach kurzer Zeit die 11. Auflage dieses Buches vorlegen zu können. Die neue Literatur zur Verfassungsgeschichte haben wir wie gewohnt ausgewertet. Dadurch haben sich zahlreiche kleinere inhaltliche Änderungen und Ergänzungen ergeben.

Wünschen nach Stofferweiterung oder -vertiefung in ganz unterschiedliche Richtungen sind wir nicht gefolgt: Während die einen eine stärkere Berücksichtigung der frühneuzeitlichen, ja sogar der mittelalterlichen Verfassungsentwicklung in Deutschland vorschlagen, halten andere eine weitergehende Einbeziehung der Rechtsentwicklung in den europäischen Nachbarstaaten sowie im Völkerrecht oder eine Fortführung der Verfassungsgeschichte bis zum heutigen Tag für sinnvoll. Eine derartige Erweiterung und Vertiefung des Stoffes würde aber einen wesentlichen Zweck des Buches verfehlen, nämlich (Jura-)Studentinnen und Studenten im Umfang einer zwei- bis dreistündigen Vorlesung zu unterrichten; mehr Platz findet ein Grundlagenfach wie die Verfassungsgeschichte in den gegenwärtigen deutschen Studienordnungen regelmäßig nicht. Natürlich freuen wir uns auch, wenn Studierende und Interessierte anderer Fachrichtungen auf das Buch zurückgreifen.

Entgegentreten möchten wir der gelegentlichen Kritik, die zeitlichen Grenzziehungen der Darstellung seien willkürlich. Eine Verfassungsgeschichte, die gerade das Werden des modernen Verfassungsstaates offen legen und eine Verbindung zum Öffentlichen Recht der Gegenwart herstellen will, muß von den ersten Verfassungen in den USA und in Frankreich Ende des 18. Jahrhunderts ihren Ausgangspunkt nehmen. Mit dem Inkrafttreten des Grundgesetzes am 23. Mai 1949 ist der moderne Verfassungsstaat in (West-)Deutschland errichtet. Die Verfassungsentwicklung unter dem Grundgesetz als Teil der Zeitgeschichte wird im Wesentlichen durch die Literatur zum geltenden Staats- und Verfassungsrecht aufgearbeitet.

Wir hoffen auch in Zukunft auf kritische Resonanz aus dem Hörer- und Leserkreis, mit der wir uns gern auseinandersetzen werden.

März 2012

Werner Frotscher
Institut für Öffentliches Recht
Universitätsstr. 6
35032 Marburg
w.frotscher@jura.uni-marburg.de

Bodo Pieroth
Institut für Öffentliches
Recht und Politik
Wilmergasse 28
48143 Münster
pieroth@uni-muenster.de

Vorwort zur 1. Auflage (1997)

Dieses Buch wünschen wir uns in erster Linie in die Hände der Jurastudentinnen und Jurastudenten. Nach den Juristenausbildungsgesetzen der deutschen Länder gehört die Verfassungsgeschichte zum Prüfungsstoff. Die vorliegende Darstellung, die aus einer Vielzahl von verfassungsgeschichtlichen Lehrveranstaltungen hervorgegangen ist, soll eine entsprechende Vorlesung begleiten, kann sie aber erforderlichenfalls auch ersetzen. Wir würden uns natürlich freuen, wenn wir weitere Leserinnen und Leser erreichen: Rechtsreferendare und im Beruf stehende Juristen, Studenten benachbarter Disziplinen, Geschichts-, Rechts- und Gemeinschaftskundelehrer sowie alle, die sich für die historischen Grundlagen unserer Rechts- und Verfassungsordnung interessieren.

Lehrbücher der Verfassungsgeschichte gibt es nicht wenige, wie auch das Verzeichnis der Gesamtdarstellungen (vgl. unten S. XXIII f.) vor Augen führt. Wer ein neues Lehrbuch veröffentlicht, steht daher unter einem gewissen Rechtfertigungszwang. Unsere Darstellung der Verfassungsgeschichte unterscheidet sich von den meisten der auf dem Markt befindlichen Lehrbücher – neben der für jeden Autor eigenen Sichtweise und Bewertung der verfassungsgeschichtlichen Ereignisse – vor allem in folgendem: Sie soll die Verknüpfung der in früheren Verfassungsepochen entstandenen oder weiterentwickelten rechtlichen Begriffe, Prinzipien und Einrichtungen mit dem Öffentlichen Recht der Gegenwart, insbesondere mit dem Grundgesetz, verdeutlichen. Die Entstehung des modernen Verfassungsrechts in den USA und in Frankreich bildet deshalb den Ausgangspunkt der Darstellung. Sie endet mit dem nationalsozialistischen Staat, der als Tiefpunkt der deutschen (Verfassungs-)Geschichte zugleich den Wiederaufbau einer demokratischen Verfassungsordnung nach dem Zweiten Weltkrieg mitbestimmt hat. Unsere „Verfassungsgeschichte" ist Lehrbuch und Textbuch in einem; schließlich ist sie um besondere Anschaulichkeit bemüht. In der Einführung (vgl. unten S. 1 ff.) haben wir unsere Konzeption für dieses Buch näher begründet und erläutert.

Inhaltsverzeichnis

Abkürzungsverzeichnis	XIX
Gesamtdarstellungen	XXIII
Quellensammlungen	XXV
Gesamt-Zeittafel	XXVII

§ 1. Einführung 1
    I. Verfassungsgeschichte und Verfassungsrecht 1
    II. Verfassungsgeschichte „aus der Perspektive des Jetzt" 2
    III. Periodisierung und Stoffbegrenzung 4
    IV. Arbeit mit den Quellen 7

Kapitel 1. Die Entstehung des modernen Verfassungsrechts in den USA und in Frankreich

§ 2. Die Nordamerikanische Revolution 9
    I. Zeittafel 9
    II. Die geschichtliche Entwicklung bis 1787 9
    III. Die Verfassung der Vereinigten Staaten von 1787 14
    IV. Marbury v. Madison 20
    V. Wirkungen in Deutschland 22
    VI. Literatur 24

§ 3. Die Französische Revolution 26
    I. Zeittafel 26
    II. Die geschichtliche Entwicklung im Sommer 1789 26
    III. Die Erklärung der Menschen- und Bürgerrechte vom 26. August 1789 28
    IV. Die Entstehung der Verfassung vom 3. September 1791 34
    V. Die Entwicklung bis zur Verfassung des Jahres I 36
    VI. Weitere verfassungsgeschichtliche Stationen bis 1804 40
    VII. Die Charte Constitutionnelle von 1814 44
    VIII. Literatur 45

Kapitel 2. Deutschland am Ausgang des 18. Jahrhunderts

§ 4. Zentrale Begriffe der politischen Ordnung 47
    I. Zeittafel 47
    II. Das Heilige Römische Reich Deutscher Nation 47
        1. Bedeutung und Eigenart 47
        2. Reichsinstitutionen 49
    III. Die Territorialherrschaft 53

	1. Die Landstände	53
	2. Die Herausbildung des Absolutismus auf Landesebene	54
	3. Reichsstädte und Reichsritter	56
	IV. Der aufgeklärte Absolutismus als Staats- und Regierungsform	57
	1. Was ist Aufklärung?	57
	2. Aufgeklärter Absolutismus in Europa	59
	3. Der Einfluß des rationalistischen Naturrechts	61
	V. Literatur	62
§ 5.	Aufgeklärter Absolutismus in Brandenburg-Preußen	63
	I. Zeittafel	63
	II. Friedrich II. als aufgeklärter Herrscher	63
	III. Der Müller-Arnold-Prozeß	67
	IV. Das Allgemeine Landrecht für die Preußischen Staaten	69
	V. Literatur	75

Kapitel 3. Das Ende des Heiligen Römischen Reiches Deutscher Nation und die Reformen in Preußen

§ 6.	Die Auflösung des Heiligen Römischen Reiches	77
	I. Zeittafel	77
	II. Die geschichtliche Entwicklung bis zum Reichsdeputationshauptschluß	77
	III. Der Reichsdeputationshauptschluß vom 25. Februar 1803	83
	IV. Die Entstehung des Rheinbundes	89
	V. Die Niederlegung der Kaiserkrone	92
	VI. Literatur	95
§ 7.	Die Stein-/Hardenbergschen Reformen in Preußen	96
	I. Zeittafel	96
	II. Der Zusammenbruch Preußens und der Aufstieg der Reformpartei	96
	III. Die fundamentale Neuordnung der Sozialstruktur des preußischen Staates	99
	1. Die sog. Bauernbefreiung	99
	2. Der Übergang zur Gewerbefreiheit	103
	3. Reformen im Bildungs- und Militärwesen	104
	4. Die Emanzipation der Juden	106
	IV. Die Reform der Staatsorganisation	106
	1. Die neue Regierungsverfassung	106
	2. Provinzial- und Kommunalverfassung	109
	3. Das uneingelöste Verfassungsversprechen	113
	V. Literatur	115

Kapitel 4. Der Deutsche Bund und die Anfänge des Konstitutionalismus

§ 8. Der Deutsche Bund 116
    I. Zeittafel 116
    II. Die Entstehung des Deutschen Bundes 116
    III. Die Verfassung des Deutschen Bundes 118
    IV. Die Zeit der politischen Repression 125
        1. Feiern auf der Wartburg, Erwachen in Karlsbad 125
        2. Der deutsche Vormärz 128
    V. Literatur 132

§ 9. Die Anfänge des Konstitutionalismus in Deutschland 132
    I. Zeittafel 132
    II. Historische Einordnung 133
    III. Die Verfassung für das Königreich Württemberg vom
        25. September 1819 134
        1. Zur Entstehung 134
        2. Wesentliche Bestimmungen 136
    IV. Der hannoversche Verfassungskonflikt 140
    V. Literatur 144

Kapitel 5. Die Revolution von 1848 und die Paulskirchenverfassung

§ 10. Die Entwicklung bis zur Wahl der Nationalver-
     sammlung 145
    I. Zeittafel 145
    II. Ansätze einer Parteienbildung 145
    III. Von der Heidelberger Versammlung zum Vorparlament 149

§ 11. Die Paulskirche und ihr Scheitern 153
    I. Zeittafel 153
    II. Die Zusammensetzung der Nationalversammlung 154
    III. Die provisorische Zentralgewalt 156
    IV. Der Herbst 1848: Krise und Rückschlag 158
    V. Die Entstehung der Paulskirchenverfassung 161
    VI. Staatsorganisation und Grundrechte in der Paulskirchenver-
        fassung 163
        1. Das Reich als Bundesstaat 167
        2. Reichsoberhaupt und Reichstag 168
        3. Die Reichsgerichtsbarkeit 169
        4. Grundrechte 170
    VII. Das Scheitern der Revolution 171
    VIII. Literatur 174

Kapitel 6. Die Restauration nach 1848 und die Gründung des Deutschen Reiches

§ 12. Von der gescheiterten Revolution bis zum Norddeutschen Bund ... 175
    I. Zeittafel ... 175
    II. Die Wiederherstellung des vorrevolutionären Verfassungszustandes ... 176
    III. Der kurhessische Verfassungskonflikt ... 177
    IV. Die preußische Verfassung vom 31. Januar 1850 und das preußische Dreiklassenwahlrecht ... 182
    V. Der preußische Verfassungskonflikt ... 191
    VI. Der Norddeutsche Bund ... 194
    VII. Literatur ... 196

§ 13. Die Reichsgründung ... 197
    I. Zeittafel ... 197
    II. Die geschichtliche Entwicklung bis zur Kaiserproklamation in Versailles ... 197
    III. Die Beurteilung der Reichsgründung ... 199
    IV. Die Verfassung des Deutschen Reiches vom 16. April 1871 ... 203
        1. Das Reich als Bundesstaat ... 207
        2. Die Reichsorgane ... 210
        3. Grundrechte und Verfassungsgerichtsbarkeit ... 216
        4. Die rechtliche Einordnung des Reiches ... 217
    V. Literatur ... 218

Kapitel 7. Der Spätkonstitutionalismus

§ 14. Verfassungsentwicklungen unter Bismarck ... 220
    I. Zeittafel ... 220
    II. Nationalliberale Verfassungspolitik bis 1878 ... 220
        1. Politische Spannungslagen ... 220
        2. Der Ausbau des liberalen Rechtsstaates ... 222
        3. Der Kulturkampf ... 224
    III. Veränderungen in der Regierungsorganisation ... 226
    IV. Konservative Verfassungspolitik ab 1878 ... 229
        1. Die politische Wende von 1878 ... 229
        2. Die Sozialistenverfolgung ... 230
        3. Die Sozialversicherungsgesetzgebung ... 233
    V. Die Wissenschaft vom Staatsrecht des Deutschen Reiches ... 235
    VI. Literatur ... 238

§ 15. Verfassungsentwicklungen unter Kaiser Wilhelm II. ... 238
    I. Zeittafel ... 238
    II. Die „Verpreußung" des Reiches ... 239
    III. Das persönliche Regiment Wilhelms II. ... 240
    IV. Die Entwicklung im 1. Weltkrieg ... 242
    V. Literatur ... 246

Kapitel 8. Die Weimarer Republik

§ 16. Revolution und Verfassungsneuordnung 247
    I. Zeittafel 247
    II. „Voran zur deutschen Republik" – Die Entwicklung von
        den Matrosenaufständen bis zur Annahme der Reichsverfassung 247
    III. Die Weimarer Reichsverfassung 252
        1. Anknüpfung an 1871 oder an 1848/49 257
        2. Das Reich als Republik und Demokratie 258
        3. Das Reich als Bundesstaat 259
        4. Die Reichsorgane 262
        5. Grundrechte und Grundpflichten 267
    IV. Literatur 269

§ 17. Die krisengeschüttelte Republik 270
    I. Zeittafel 270
    II. Am Rande des Chaos – August 1919 bis Ende 1923 271
    III. Zeit der Erholung – Anfang 1924 bis Herbst 1929 273
    IV. Der Niedergang der Republik – Vom Tod Stresemanns bis
        zum Rücktritt des Reichskanzlers von Schleicher 274
    V. Ursachen für das Scheitern der ersten deutschen Republik . 283
        1. Untauglichkeit monokausaler Erklärungsversuche 283
        2. Demokratie ohne Konsens 284
    VI. Literatur 295

Kapitel 9. Der nationalsozialistische Staat

§ 18. Die sog. Machtergreifung 296
    I. Zeittafel 296
    II. Die „legale" und die „nationale Revolution" 297
        1. Die „legale Revolution" 297
        2. Die „nationale Revolution" 299
    III. Regierungsübernahme und Ausschaltung von Opposition
        und Parlament 300
        1. Das Kabinett des „Nationalen Zusammenschlusses" 300
        2. Die „Schubladenverordnung" 302
        3. Die „Reichstagsbrandverordnung" 303
        4. Das „Ermächtigungsgesetz" 305
    IV. Die „Gleichschaltung" der Länder 308
        1. Die Ausschaltung Preußens 308
        2. Das Ende der Länderstaatlichkeit 309
    V. Die Errichtung der Einparteienherrschaft 311
    VI. Die „Gleichschaltung" der Gesellschaft 312
    VII. Die Vereinigung der gesamten Staatsgewalt in der Person des
        Führers 313

§ 19. Herrschaftsprinzipien und -institutionen 316
  I. Zeittafel 316
  II. Die nationalsozialistische Weltanschauung 316
    1. Führerprinzip 317
    2. Rassenideologie 319
  III. Von der Zwangssterilisation zum Holocaust 320
    1. Die Vernichtung „lebensunwerten Lebens" 320
    2. Die Judenverfolgung 323
  IV. (Politische) Polizei 326
    1. Beseitigung normativer Schranken 326
    2. Verselbständigung der politischen Polizei 327
    3. Verbindung von Polizei und SS 329
  V. Die NSDAP 330
  VI. Beamtentum und Justiz 332
    1. Beamtentum 332
    2. Justiz 333
  VII. Die Fortgeltung der Weimarer Reichsverfassung 337
  VIII. Literatur 338

Kapitel 10. Demokratischer Neubeginn 1945 bis 1949

§ 20. Besatzungsherrschaft und Anfänge staatlicher Reorganisation 339
  I. Zeittafel 339
  II. Der Zusammenbruch der nationalsozialistischen Herrschaft 340
    1. Kapitulation 340
    2. Übernahme der Staatsgewalt durch die Alliierten 341
    3. Die Rechtslage Deutschlands 343
  III. Strukturen der Besatzungsherrschaft 345
    1. Organisation 345
    2. Ziele: Befreiung Deutschlands von Militarismus und Nationalsozialismus 347
    3. Ausblick: Die Ablösung der Besatzungsherrschaft unter dem Grundgesetz 354
  IV. Wiederentstehen des politischen Lebens und der staatlichen Einrichtungen 358
    1. Reorganisation der politischen Parteien 358
    2. Kommunale Selbstverwaltung 360
    3. Länderneubildung 361
  V. Literatur 367

§ 21. Die Entstehung des Grundgesetzes – Vorgeschichte, Verfassungsberatungen, Strukturmerkmale 368
  I. Zeittafel 368
  II. Das Vereinigte Wirtschaftsgebiet als „Staat in Gründung" .. 369

III. Scheitern der Viermächtepolitik und Weichenstellung für die
    Gründung eines westdeutschen Staates 372
    1. Der beginnende „Kalte Krieg" als Motor der Entwicklung 372
    2. Der Auftrag zur Verfassunggebung 375
IV. Die Verfassungsberatungen auf Herrenchiemsee und in
    Bonn 378
    1. Der Herrenchiemseer Verfassungskonvent 378
    2. Der Parlamentarische Rat 381
V. Zwei Staatsgründungen auf deutschem Boden 385
    1. Genehmigung und Inkrafttreten des Grundgesetzes sowie Konstituierung der Bundesorgane 385
    2. Die Gründung der Deutschen Demokratischen Republik (DDR) 388
VI. Wesentliche Strukturmerkmale des Grundgesetzes 393
    1. Die Neukonzeption der Grundrechte 394
    2. Weichenstellungen im staatsorganisationsrechtlichen Teil 396
VII. Literatur 398

Personen- und Sachregister 401

Abkürzungsverzeichnis

aaO.	am angegebenen Ort
ABl	Amtsblatt
Abs	Absatz
Abt	Abteilung
ADAV	Allgemeiner Deutscher Arbeiterverein
ADGB	Allgemeiner Deutscher Gewerkschaftsbund
AfK	Archiv für Kommunalwissenschaften
AGB	Allgemeines Gesetzbuch für die Preußischen Staaten
AJIL	American Journal of International Law
allg	allgemein(-e, -er, -es)
ALR	Allgemeines Landrecht für die Preußischen Staaten
Anh	Anhang
AöR	Archiv des öffentlichen Rechts
Art	Artikel, article
Aufl	Auflage
Bearb	Bearbeiter(-in)
betr	betreffend
Bd	Band
Beih	Beiheft
Bem	Bemerkung
Ber	Bericht(-e)
BGB	Bürgerliches Gesetzbuch
BGBl	Bundesgesetzblatt
Buchst	Buchstabe
BVerfGE	Entscheidungen des Bundesverfassungsgerichts
BVerfGG	Gesetz über das Bundesverfassungsgericht
BWahlG	Bundeswahlgesetz
ca	circa
Cl	Clause
d	der, des, den
DAF	Deutsche Arbeitsfront
DBA	Deutsche Bundesakte
DDP	Deutsche Demokratische Partei
ders	derselbe
dgl	dergleichen
d. h	das heißt
dies	dieselbe(-n)
DJZ	Deutsche Juristenzeitung
DNF	Deutschnationale Front

DNVP	Deutschnationale Volkspartei
DOGE	Entscheidungen des Deutschen Obergerichts für das Vereinigte Wirtschaftsgebiet
Dok	Dokument(-e)
DÖV	Die Öffentliche Verwaltung
dt	deutsch(-e, -er)
DtZ	Deutsch-Deutsche Rechts-Zeitschrift
DVBl	Deutsches Verwaltungsblatt
DVP	Deutsche Volkspartei
E, Entsch	Entscheidung
EA	Europa-Archiv
ebd	ebenda
Einl	Einleitung
Erläut	Erläuterung(-en)
Ew. Exz	Eure Exzellenz
f., ff	folgende
FamRZ	Zeitschrift für das gesamte Familienrecht
Febr	Februar
Fn	Fußnote
FS	Festschrift, Festgabe
gem	gemäß
Gestapa	Geheimes Staatspolizeiamt
Gestapo	Geheime Staatspolizei
GG	Grundgesetz
GVBl	Gesetz- und Verordnungsblatt
Handb	Handbuch
Histor. Jahrb	Historisches Jahrbuch
Hg., hg	Herausgeber(-in), herausgegeben
HZ	Historische Zeitschrift
IPM	Instrumentum Pacis Monasteriense
IPO	Instrumentum Pacis Osnabrugense
i. S	im Sinne
i. V. m	in Verbindung mit
JA	Juristische Arbeitsblätter
Jb	Jahrbuch (-bücher)
JöR	Jahrbuch des öffentlichen Rechts der Gegenwart
JoJZG	Journal der Juristischen Zeitgeschichte
Jura	Juristische Ausbildung
JuS	Juristische Schulung
JZ	Juristenzeitung
Kap	Kapitel
komm	kommentiert
KPD	Kommunistische Partei Deutschlands
KZ	Konzentrationslager
LKRZ	Zeitschrift für Landes- und Kommunalrecht Hessen/Rheinland-Pfalz/Saarland

Mio	Million(-en)
m. w. N	mit weiteren Nachweisen
Nationalvers	Nationalversammlung
Neuaufl	Neuauflage
NJ	Neue Justiz
NJW	Neue Juristische Wochenschrift
Nr	Nummer(-n)
NS	Nationalsozialismus, nationalsozialistisch
NSDAP	Nationalsozialistische Deutsche Arbeiterpartei
ObG DDR	Oberstes Gericht der DDR
OVG	Oberverwaltungsgericht
OVGE	Entscheidungssammlung des (jeweils angegebenen) OVG
Preuß	Preußen, preußisch
Preuß. GS	Preußische Gesetzessammlung
Preuß. Jb	Preußisches Jahrbuch
RAF	Rote Armee Fraktion
RBA	Rheinbund-Akte
rd	rund
RDH	Reichsdeputationshauptschluß
RGBl	Reichsgesetzblatt
RGZ	Entscheidungen des Reichsgerichts in Zivilsachen
Rn	Randnummer(-n)
Rtlr	Reichstaler
S	Seite, Satz, siehe
SA	Sturmabteilung
SD	Sicherheitsdienst
SDAP	Sozialdemokratische Arbeiterpartei
Sec	Section
sog	sogenannt(-e, -er)
Sp	Spalte(-n)
SPD	Sozialdemokratische Partei Deutschlands
S(r). M	Seine(r) Majestät
SS	Schutzstaffel
sten	stenographisch(-e)
StGB	Strafgesetzbuch
T	Teil
ThürVBl	Thüringer Vewaltungsblätter
u	und
u. a	und andere, unter anderem
UNO	United Nations Organization
U. S	United States
USA	United States of America
USPD	Unabhängige Sozialdemokratische Partei Deutschlands
v	versus

VBlBW	Verwaltungsblätter für Baden-Württemberg
VerfGesch	Verfassungsgeschichte
Verhandl	Verhandlung(-en)
VerwGesch	Verwaltungsgeschichte
VfZ	Vierteljahreshefte für Zeitgeschichte
vgl	vergleiche
VOBl	Verordnungsblatt
WSA	Wiener Schlußakte
WRV	Weimarer Reichsverfassung
z. B	zum Beispiel
ZevKR	Zeitschrift für evangelisches Kirchenrecht
ZHF	Zeitschrift für historische Forschung
zit	zitiert
ZNR	Zeitschrift für neuere Rechtsgeschichte
ZParl	Zeitschrift für Parlamentsfragen
ZRG/GA	Zeitschrift der Savigny-Stiftung für Rechtsgeschichte, Germanistische Abteilung
z. T	zum Teil

Gesamtdarstellungen

Boldt, VerfGesch ...... *Hans Boldt*, Deutsche Verfassungsgeschichte. Politische Strukturen und ihr Wandel, Bd. 2: Von 1806 bis zur Gegenwart, 2. Aufl. 1993

Botzenhart,
VerfGesch .... *Manfred Botzenhart*, Deutsche Verfassungsgeschichte 1806 – 1949, 1993

Brandt,
VerfGesch .... *Hartwig Brandt*, Der lange Weg in die demokratische Moderne. Deutsche Verfassungsgeschichte von 1800 bis 1945, 1998

Brandt, u. a.,
Handbuch .... *Peter Brandt/Martin Kirsch/Arthur Schlegelmilch* (Hg.), Handbuch der europäischen Verfassungsgeschichte im 19. Jahrhundert, Bd. 1, 2006

Brauneder, Öst. Verf-
Gesch .... *Wilhelm Brauneder*, Österreichische Verfassungsgeschichte, 11. Aufl. 2009

Eisenhardt,
RechtsGesch .... *Ulrich Eisenhardt*, Deutsche Rechtsgeschichte, 5. Aufl. 2008

Grimm, VerfGesch .. *Dieter Grimm*, Deutsche Verfassungsgeschichte 1776–1866. Vom Beginn des modernen Verfassungsstaats bis zur Auflösung des Deutschen Bundes, 1988

Hattenhauer, Grund-
lagen .... *Hans Hattenhauer*, Die geistesgeschichtlichen Grundlagen des deutschen Rechts, 4. Aufl. 1996

Huber,
VerfGesch I–VIII ..... *Ernst Rudolf Huber*, Deutsche Verfassungsgeschichte seit 1789, Bd. I, 2. Aufl. 1967; Bd. II, 3. Aufl. 1988; Bd. III, 3. Aufl. 1988; Bd. IV, 2. Aufl. 1982; Bd. V, 1978; Bd. VI, 1981; Bd. VII, 1984; Bd. VIII, 1991

Isensee/Kirchhof,
HdbStR I .... *Josef Isensee/Paul Kirchhof* (Hg.), Handbuch des Staatsrechts, Bd. I: Historische Grundlagen, 3. Aufl. 2003

Jeserich, u. a., Dt.
VerwGesch I–V .... *Kurt G. A. Jeserich/Hans Pohl/Georg-Christoph von Unruh* (Hg.), Deutsche Verwaltungsgeschichte, 5 Bände und Registerband, 1983–1988

Kimminich, VerfGesch	*Otto Kimminich,* Deutsche Verfassungsgeschichte, 2. Aufl. 1987
Kotulla, VerfGesch	*Michael Kotulla,* Deutsche Verfassungsgeschichte. Vom Alten Reich bis Weimar (1495–1934), 2008
Laufs, Rechtsentwicklungen	*Adolf Laufs,* Rechtsentwicklungen in Deutschland, 6. Aufl. 2006
Senn, RechtsGesch	*Marcel Senn,* Rechtsgeschichte – ein kulturhistorischer Grundriss, 4. Aufl. 2007
Stern, StR V	*Klaus Stern,* Das Staatsrecht der Bundesrepublik Deutschland, Bd. V: Die geschichtlichen Grundlagen des deutschen Staatsrechts, 2000
Stolleis, Geschichte I–IV	*Michael Stolleis,* Geschichte des öffentlichen Rechts in Deutschland, Bd. I, 1988; Bd. II, 1992; Bd. III, 1999; Bd. IV, 2012
Willoweit, VerfGesch	*Dietmar Willoweit,* Deutsche Verfassungsgeschichte. Vom Frankenreich bis zur Wiedervereinigung Deutschlands, 6. Aufl. 2009

Quellensammlungen

Blanke, Verfassungen ....   *Hermann-Josef Blanke* (Hg.), Deutsche Verfassungen, 2003

Buschmann, Kaiser und Reich ....   *Arno Buschmann*, Kaiser und Reich. Verfassungsgeschichte des Heiligen Römischen Reiches Deutscher Nation vom Beginn des 12. Jahrhunderts bis zum Jahr 1806 in Dokumenten, 2 Bände, 2. Aufl. 1994

Dürig/Rudolf, Texte   *Günter Dürig/Walter Rudolf*, Texte zur deutschen Verfassungsgeschichte, 3. Aufl. 1996

Franz, Staatsverfassungen ....   *Günther Franz* (Hg.), Staatsverfassungen. Eine Sammlung wichtiger Verfassungen der Vergangenheit und Gegenwart in Urtext und Übersetzung, 3. Aufl. 1975

Gosewinkel/ Masing, Verfassungen ....   *Dieter Gosewinkel/Johannes Masing* (Hg.), Die Verfassungen in Europa 1789–1949, 2006

Huber, Dok. I–V .....   *Ernst Rudolf Huber* (Hg.), Dokumente zur deutschen Verfassungsgeschichte, 4 Bände und Registerband, 3. Aufl. 1978–1997

Kotulla, Dok. I–III ..   *Michael Kotulla*, Deutsches Verfassungsrecht 1806–1918. Eine Dokumentensammlung nebst Einführungen, 3 Bände, 2006–2010

Limbach, u. a., Verfassungen ....   *Jutta Limbach/Roman Herzog/Dieter Grimm* (Hg.), Die deutschen Verfassungen. Reproduktion der Verfassungsoriginale von 1849, 1871, 1919 sowie des Grundgesetzes von 1949, 1999

von Münch, Gesetze ....   *Ingo von Münch* (Hg.), Gesetze des NS-Staates. Dokumente eines Unrechtssystems, 3. Aufl. 1994, unveränderter Nachdruck 2004

Rauschning, Gesamtverfassung ....   *Dietrich Rauschning* (Bearb.), Die Gesamtverfassung Deutschlands. Nationale und internationale Texte zur Rechtslage Deutschlands, 1962

Quellensammlungen

Willoweit/Seif, Texte   *Dietmar Willoweit/Ulrike Seif,* Europäische Verfassungsgeschichte, 2003

Gesamt-Zeittafel

- 1648 Westfälischer Friede
- 1740 Regierungsantritt Friedrich II. und Maria Theresias
- 1787 Verfassung der Vereinigten Staaten von Amerika
- 1789 Französische Revolution; Erklärung der Menschen- und Bürgerrechte
- 1794 Allgemeines Landrecht für die Preußischen Staaten
- 1803 Reichsdeputationshauptschluß
- 1806 Ende des Heiligen Römischen Reichs Deutscher Nation
- 1815 Gründung des Deutschen Bundes
- 1849 Paulskirchenverfassung
- 1867 Verfassung des Norddeutschen Bundes
- 1871 Verfassung des Deutschen Reiches
- 1918 Ausrufung der deutschen Republik
- 1919 Weimarer Reichsverfassung
- 1933 Ernennung Hitlers zum Reichskanzler; Ermächtigungsgesetz
- 1945 Übernahme der Regierungsgewalt durch die Besatzungsmächte
- 1947 Erste Landesverfassungen
- 1948 Zusammentritt des Parlamentarischen Rates
- 1949 Inkrafttreten des Grundgesetzes

§ 1. Einführung

I. Verfassungsgeschichte und Verfassungsrecht

Zwischen Verfassungsgeschichte und geltendem Verfassungsrecht besteht ein enger, bereits aus ihrem **gleichartigen Gegenstand** ableitbarer Zusammenhang. Beide Disziplinen betreffen die Verfassung als die „rechtliche Grundordnung des Gemeinwesens" (*K. Hesse*, Grundzüge des Verfassungsrechts der Bundesrepublik Deutschland, 20. Aufl. 1995, Rn. 17), also insbesondere die Organisation der staatlichen Gewalt, die Beziehungen zwischen den einzelnen Staatsorganen und das Verhältnis des Staates zu seinen Bürgern. Die Verfassungsgeschichte fragt, wie diese Verhältnisse in vergangenen Epochen „verfaßt" waren. Es geht um die Geschichte dieser „Verfassung".

Wenn sich aber Verfassungsgeschichte gleichsam als das „**Verfassungsrecht von gestern**" darstellt, ergibt sich notwendig auch ein inhaltlicher Zusammenhang. Die für das geltende Recht maßgebenden Begriffe haben sich „durch die Zeit" entwickelt; sie sind – in ihrer Mehrzahl – nicht zu trennen von ihrer (Verfassungs-)Geschichte. Diese „historisch-politische Bedingtheit" (*E.-W. Böckenförde*, Gesetz und gesetzgebende Gewalt, 1958, S. 15) der heutigen Begriffsbildung wird offenkundig, wenn man an die für den modernen Verfassungsstaat zentralen Begriffe denkt: Rechtsstaatlichkeit, demokratisches Prinzip, Gewaltenteilung, Gesetzmäßigkeit der Verwaltung, Grundrechte, Bundesstaatlichkeit, Garantie der kommunalen Selbstverwaltung, Sozialstaatlichkeit, Verfassungsgerichtsbarkeit. Diese Aufzählung historisch gewachsener Prinzipien und Einrichtungen ließe sich nahezu beliebig erweitern, wenn man auch weniger zentrale Regelungen des geltenden Rechts mit einbeziehen würde.

Aus der Gewachsenheit der heutigen Verfassungsordnung folgt die Funktion und Bedeutung der Verfassungsgeschichte für die Gegenwart: Sie bildet eine oft unerläßliche **Hilfe für das Verständnis und die Interpretation des geltenden Verfassungsrechts** und der heutigen Rechtsordnung überhaupt. So können etwa der Gedanke einer geschriebenen Verfassung und der Schutz des Bürgers durch Grundrechte nur auf dem Hintergrund der Nordamerikanischen Unabhängigkeitsbewegung und der Französischen Revolution richtig eingeordnet werden (vgl. *D. Grimm*, in: *Isensee/Kirchhof*, HdbStR I, S. 4). Für die nähere Ausgestaltung des Föderalismus (Bundesstaatsprinzip) ist der „Blick zurück" auf die Verfassungsverhältnisse des Deutschen Bundes und des Deutschen Reiches von 1871 ebenso wichtig wie die rechtsvergleichende Analyse. Die Regelung der Gesetzgebungszuständigkeiten von Bund und Ländern im Grundgesetz (vgl. Art. 30 und 70 ff. GG) knüpft etwa an die Kompetenzkataloge in der Reichsverfassung von 1871 an. Und für die Bestimmung des heutigen Wesens der kommunalen Selbstverwaltung hat das Bundesverfassungsgericht mehrfach verlangt, daß dabei auch „der geschichtlichen Entwicklung und den verschiedenen historischen Erscheinungsformen der Selbstverwaltung in einem gewissen Ausmaß Rechnung getragen werden muß" (vgl. BVerfGE 11, 266/274 m. w. N.).

4 Das zuletzt angeführte Beispiel macht deutlich, daß die Verfassungsgeschichte immer auch **ein Stück Verwaltungsgeschichte** enthält. Die rechtliche Grundordnung eines Gemeinwesens umfaßt als einen wesentlichen Pfeiler die Organisation der zweiten (Staats-)Gewalt, der Exekutive. Insoweit erscheint es fraglich, ob sich Verfassungs- und Verwaltungsgeschichte überhaupt gegeneinander abgrenzen lassen oder ob letztere nicht vielmehr als ein wesentlicher Teil einer umfassend verstandenen Verfassungsgeschichte zu qualifizieren ist. Die vorliegende Darstellung berücksichtigt durchaus Grundlinien und Grundfragen der verwaltungsgeschichtlichen Entwicklung, ohne eine vollständige Aufarbeitung leisten zu können (vgl. insoweit die „Deutsche Verwaltungsgeschichte" von *Jeserich* u. a., 1983 ff.).

II. Verfassungsgeschichte „aus der Perspektive des Jetzt"

5 Der enge Zusammenhang zwischen Verfassungsgeschichte und geltender Verfassungsordnung bestimmt zugleich den methodischen Blickwinkel der folgenden Darstellung. Die Verfassungsgeschichte wird, wie es das vorangestellte *Heller*-Zitat verdeutlicht, weitgehend als „Geschichte der Gegenwart" verstanden und damit „aus der Perspektive des Jetzt" gesehen. Ein solcher Blickwinkel ist für die allgemeine Geschichtswissenschaft nicht selbstverständlich, man denke

II. Verfassungsgeschichte „aus der Perspektive des Jetzt"

nur an die klassische Geschichtstheorie des **Historismus,** die in modifizierter oder modernisierter Form auch heute noch eine beherrschende Stellung innehat. Der Historismus geht gerade umgekehrt von einer Perspektive des Damals aus und versucht, „eine Zeit und die in ihr handelnden Menschen dezidiert nur aus den Bedingungen und dem Gewachsensein eben dieser Zeit und dieser Menschen selbst zu verstehen" (K. *Bohnsack,* ZParl 1985, S. 570/574, der die allgemein beobachtete „Renaissance" des Historismus kritisch beschreibt). Wenn jede Zeit in ihrer Einzigartigkeit gewürdigt werden muß, sind keine vergleichenden, auf andere Staaten wie auf andere Zeiten bezogenen Maßstäbe anzulegen.

Eine grundlegende Auseinandersetzung mit dieser geschichtswissenschaftlichen Theorie ist hier nicht erforderlich, da wir Gegenstand und Erkenntnisinteresse der Verfassungsgeschichte aus dem engen Zusammenhang mit dem geltenden Recht ableiten. Verfassungsgeschichte legt das **Werden des modernen Verfassungsstaates** offen, der im wesentlichen durch eine geschriebene Verfassung, die Anerkennung der Volkssouveränität, eine rechtsstaatliche Gewaltenteilung und -bindung sowie den Schutz grundlegender Menschen- und Bürgerrechte geprägt wird. Auf die wechselhafte, dynamische Entwicklung dieser Rechtsprinzipien ist das Augenmerk zu lenken; eine abgeschirmte, statische Betrachtung der Verfassungslage in einer bestimmten Ära trägt zu diesem Erkenntnisinteresse wenig bei.

Wenn man die Verfassungsgeschichte aus der Perspektive des Jetzt betrachtet, dann ergeben sich zwangsläufig vorrangige Zielsetzungen und Fragestellungen sowie daraus folgende **Bewertungen,** und zwar allgemein im Hinblick auf den Verfassungsstaat westeuropäischen Zuschnitts und speziell hinsichtlich der durch das Grundgesetz normierten Verfassungsordnung der Bundesrepublik. So kommt den ersten Ausprägungen des demokratischen Prinzips in der Nordamerikanischen und der Französischen Revolution oder im deutschen Frühkonstitutionalismus notwendigerweise eine besondere Bedeutung zu, während gegenläufige Entwicklungen und Ereignisse (aus heutiger Sicht) eine negative Einschätzung erhalten. Das gilt in gleicher Weise für die rechtsstaatlichen Ansätze, die im aufgeklärten Absolutismus zutage treten, und gleichzeitige Störungen dieser Entwicklung, wie man sie etwa in den sog. Machtsprüchen sehen kann. Für die wechselhafte Geschichte der Grundrechte gilt nichts anderes. Verfassungsgeschichte kann also nicht wertfrei und völlig „objektiv" betrieben werden. Es wäre ein Irrtum zu glauben, eine verfassungsgeschichtliche Arbeit müsse desto glänzender gelingen, „je unbeteiligter und beziehungsloser der erkennende Geist seinem Gegenstand gegenübersteht" (vgl. *H. Heller,* Staatslehre, 4. Aufl. 1970, S. 26).

8 Die Offenlegung eines solchen verfassungsgeschichtlichen „Vorverständnisses" könnte **in doppelter Hinsicht mißverstanden** werden. Zum einen rechtfertigt es nicht, die Verfassungsgeschichte als bloßes Instrument zur Abstützung bestimmter politischer und ideologisch festgeschriebener Positionen zu mißbrauchen, wie das beispielsweise die marxistische Geschichtsschreibung getan hat. Die Darstellung aus der Perspektive des modernen Verfassungsstaates verlangt eine präzise, möglichst vollständige und wissenschaftlich disziplinierte Kenntnisnahme und Verarbeitung der historischen Tatsachen und Quellen (vgl. auch unten Rn. 15 f.). Die Heranziehung heutiger Verfassungsstandards und insbesondere des Grundgesetzes als Maßstab der verfassungsgeschichtlichen Darstellung beinhaltet zum anderen keine kritiklose Apologie dieser Verfassungsprinzipien oder gar der Verfassungswirklichkeit in der Bundesrepublik. Wir haben uns in unseren jeweiligen Schriften auch kritisch mit Mängeln und Fehlentwicklungen des geltenden Verfassungsrechts auseinandergesetzt; wir denken jedoch, daß die Verfassungsprinzipien der Demokratie, der Rechts- und Sozialstaatlichkeit, des Grundrechtsschutzes und der staatsbürgerlichen Gleichheit sowie eine ausgebaute Verfassungs- und Verwaltungsgerichtsbarkeit als solche einen verfassungsgeschichtlichen Fortschritt darstellen.

9 Das Grundgesetz steht nicht nur allgemein als Maßstab im Hintergrund der Darstellung, seine Bestimmungen werden vielmehr – wo immer möglich – als konkrete Vergleichsnormen herangezogen und in der Gegenüberstellung mit ihren historischen Vorläufern oder „Wegbereitern" erläutert. Insoweit besteht ein konzeptioneller Unterschied zu den bisher erschienenen Darstellungen der Verfassungsgeschichte. Das vorliegende Buch versteht sich zugleich als **historische Einführung in das Öffentliche Recht der Gegenwart.**

III. Periodisierung und Stoffbegrenzung

10 Das moderne Verfassungsrecht hat seine **Wurzeln in den Verfassungsentwürfen der Nordamerikanischen und der Französischen Revolution.** Die Darstellung setzt deshalb mit diesen Ereignissen

ein. Sie wendet sich dann nicht sogleich dem deutschen Frühkonstitutionalismus am Anfang des 19. Jahrhunderts zu, sondern beschreibt in der gebotenen Kürze die politische Ordnung im vorkonstitutionellen Deutschland, und zwar einmal auf der Ebene des Heiligen Römischen Reiches Deutscher Nation und zum anderen auf der territorialstaatlichen Ebene am Beispiel Brandenburg-Preußens. Nur in der Gegenüberstellung mit der Ordnung des Alten Reiches sind die grundlegenden Veränderungen zu Beginn des neuen Jahrhunderts richtig einzuordnen, nur so wird der Übergang von der Epoche des aufgeklärten Absolutismus zu einem neuen Zeitalter deutlich. Dieses neue Zeitalter ist geprägt vom politischen und wirtschaftlichen Liberalismus und führt in einem länger andauernden, in seinen einzelnen Etappen näher beschriebenen Prozeß zur Etablierung des westlichen Verfassungsstaates auch in Deutschland.

Aus diesem Prozeß darf aber die „Verfassung" der **nationalsozialistischen Unrechtsherrschaft** nicht ausgeblendet werden, wie dies gelegentlich in Gesamtdarstellungen zur deutschen Verfassungsgeschichte geschieht. Ein solches Vorgehen zerreißt willkürlich die engen Zusammenhänge und Verknüpfungen, die sowohl mit den vorangegangenen Verfassungsepochen als auch mit dem Wiederaufbau einer demokratischen Verfassungsordnung nach dem Zweiten Weltkrieg bestehen. In diesem Sinne bildet das Jahr 1933 keine „tiefe Zäsur" (so aber *K. Kröger*, Einführung in die jüngere deutsche Verfassungsgeschichte (1806–1933), 1988, S. IX u. S. 167) in der deutschen Staatsentwicklung, sondern lediglich den formal durch die Übergabe der Regierungsverantwortung herausgehobenen Zeitpunkt in dem sich über Jahre hinziehenden Prozeß der Zerstörung der Weimarer Republik und der Umwandlung eines demokratischen Staatswesens in eine faschistische Diktatur. Es ist auch nicht richtig, die Zeit der nationalsozialistischen Herrschaft deshalb für „verfassungsgeschichtlich unergiebig" zu erklären, weil die Institutionen des nationalsozialistischen Staates nicht auf die nachfolgende Verfassungsepoche eingewirkt hätten und alle Rechtsnormen nationalsozialistischen Ursprungs nach 1945 aufgehoben worden seien (so *Kimminich*, Verf-Gesch, S. 541). Sie haben ihre Wirkung zwar nicht als Vorbild, wohl aber als abschreckendes Zerrbild einer politischen Ordnung erzielt (und nicht wenige Vorschriften haben sogar Bestand gehabt). Die Gründung der Bundesrepublik und die Entstehung des Grundgesetzes sind in vieler Hinsicht nur als Reaktion auf die nationalsozialistische Herrschaft zu verstehen.

12 **Ausländische Verfassungsentwicklungen** werden jedenfalls insoweit in die Darstellung einbezogen, als sie für die Entwicklung des modernen Verfassungsstaates grundlegende Bedeutung haben. Das gilt insbesondere für die Entwicklung der westeuropäischen Nachbarstaaten und der USA, die verwandte Verfassungsstrukturen aufweisen. Mit dem immer stärkeren Zusammenwachsen der europäischen Staatengemeinschaft in der Europäischen Union darf auch der verfassungsgeschichtliche Blick nicht eng auf die nationale Entwicklung begrenzt bleiben. Nicht nur die Vergleichung des geltenden Rechts, sondern auch die der Verfassungsgeschichte der einzelnen Staaten wird eine zunehmend wichtigere Aufgabe in der Zukunft darstellen. Für den Bereich der allgemeinen Rechtsgeschichte ist *Hans Hattenhauer* mit seiner „Europäischen Rechtsgeschichte" (4. Aufl. 2004) hier vorangeschritten. Neue Schriftenreihen, Quelleneditionen und Einzeldarstellungen belegen das in den letzten Jahren gewachsene Interesse an einer vergleichenden europäischen Verfassungsgeschichte (vgl. besonders *W. Reinhard,* Geschichte der Staatsgewalt. Eine vergleichende Verfassungsgeschichte Europas von den Anfängen bis zur Gegenwart, 3. Aufl. 2002; *P. Brandt/M. Kirsch/A. Schlegelmilch* [Hg.], Handbuch der europäischen Verfassungsgeschichte im 19. Jahrhundert, Bd. 1, 2006).

13 Ein Lehrbuch der Verfassungsgeschichte, das zugleich Textbuch ist (vgl. unten Rn. 15), kommt ohne erhebliche **Beschränkungen** hinsichtlich Stoffauswahl, Literaturverarbeitung und Problemerörterung nicht aus. Bei der Auswahl, die notwendig auch ein subjektives Element enthält, war maßgebend, inwieweit (Verfassungs-)-Normen, Ereignisse oder auch (Staats-)Auffassungen für die jeweilige Epoche als charakteristisch und für die weitere Entwicklung des Verfassungsstaates als wegweisend erschienen. Die exemplarische, aber dafür intensivere Darstellung wird häufig einem umfassenden Überblick vorgezogen. So wird etwa die Ära der Reformen, die zur Zeit *Napoléons* und nach den Befreiungskriegen in vielen deutschen Territorien eingeleitet werden, fast ausschließlich am Beispiel Preußens näher beleuchtet, nicht weil die preußische Staatsentwicklung wie in früherer Zeit glorifiziert werden soll, sondern weil die Konzentration nur auf einen Mittelstaat wie Bayern oder auf das unter französischer Oberhoheit stehende Königreich Westfalen noch weniger zu rechtfertigen wäre.

14 Verfassungsgeschichte besteht nicht allein aus politischer Geschichte und Geschichte von Normsetzungen und Rechtseinrichtun-

gen. Sie schließt die großen Zusammenhänge der **Sozial-, Wirtschafts- und Kulturgeschichte** mit ein, insbesondere auch die geistige Wegbereitung durch die Politische Philosophie und Theorie. Die besondere Zielsetzung des Buches macht eine vollständige Einbeziehung und intensive Erörterung dieser Zusammenhänge unmöglich. Das gilt in ähnlicher Form auch für die Geschichte der Wissenschaft vom Öffentlichen Recht, deren Vernachlässigung jedoch durch den Hinweis auf die neuere umfassende Arbeit von *Michael Stolleis* (vgl. *Stolleis,* Geschichte I–III) leichter fällt.

IV. Arbeit mit den Quellen

Neben der engen Verknüpfung mit dem geltenden Staats- und Verfassungsrecht bildet der Abdruck der wichtigen historischen Quellen und Dokumente und die jeweils anschließende unmittelbare Bezugnahme hierauf eine weitere konzeptionelle Besonderheit der vorliegenden Darstellung. Dies hat nicht nur den Zweck, die Darstellung mit Textbeispielen zu illustrieren oder in umstrittenen Fragen zu belegen, sondern ist vor allem als **Anleitung zum selbständigen Mitdenken** zu verstehen. Die abgedruckten Quellen ermöglichen es auch dem verfassungsgeschichtlich nicht vorgebildeten Leser, sich in kritischer Distanz zu autoritativen Lehrmeinungen (auch der Autoren selbst) ein eigenes Urteil über die dargestellte Verfassungslage zu bilden. Zwar gibt es durchaus brauchbare Text- und Dokumentensammlungen, doch werden diese erfahrungsgemäß bei der Lektüre eines verfassungsgeschichtlichen Lehrbuches selten herangezogen, und wenn es doch geschieht, fehlt oft die Deckungsgleichheit zwischen kommentierender Darstellung und Originaltext. Das vorliegende Buch will diese Nachteile durch den Abdruck ausgewählter Originaltexte und die darauf abgestimmte kommentierende Darstellung vermeiden.

Jedenfalls soweit es sich bei den abgedruckten Dokumenten um Verfassungs- oder (einfache) Gesetzestexte handelt, dient die erhoffte Beschäftigung der Leser damit einem weiteren Ziel, nämlich die **Normtextorientierung des juristischen Arbeitens** auch im Bereich der Verfassungsgeschichte zu vermitteln. Ebenso wie man schuldrechtliche oder strafrechtliche Probleme nur diskutieren kann, wenn man die einschlägigen Vorschriften des Bürgerlichen Gesetzbuches bzw. des Strafgesetzbuches im Wortlaut heranzieht, so verlangt auch die verfassungsgeschichtliche Beurteilung zunächst eine sorgfältige Quellenanalyse. Ein abgewogenes Urteil über die Bedeutung der *Stein-/Hardenbergschen* Reformen oder die Schwächen der Weimarer Reichsverfassung kann nur derjenige abgeben, der (auch) die einschlägigen Verlautbarungen und Texte selbst gelesen hat. Eine solche (norm)textorientierte Betrachtungsweise stößt hier allerdings an Grenzen, weil die Verfassungsgeschichte weit mehr als das geltende Recht auch durch nichtnormative Ereignisse und Fakten bestimmt wird.

17 Bei der **Quellenauswahl** haben wir nicht nur Rechtsnormen, Rechtsfälle und sonstige rechtlich relevante Dokumente berücksichtigt, sondern hin und wieder auch literarische Zeugnisse sowie aufschlußreiche Kommentierungen von Zeitgenossen oder späteren Beobachtern aufgenommen. Sie geben der Verfassungsgeschichte in vielen Fällen erst das Kolorit und erhöhen – wie wir hoffen – die Anschaulichkeit und Lesbarkeit der vorliegenden Darstellung.

Kapitel 1. Die Entstehung des modernen Verfassungsrechts in den USA und in Frankreich

§ 2. Die Nordamerikanische Revolution

I. Zeittafel

1607	Erste dauerhafte englische Siedlung in Jamestown, Virginia	
1732	Gründung von Georgia, der letzten von 13 englischen Kolonien in Nordamerika	
1754–1763	Kolonialkrieg zwischen England und Frankreich	
1765	Stamp Act und Stempelsteuerkongreß in New York	
1773	Boston Tea Party	
1774	1. Kontinentalkongreß	
1775–1781	2. Kontinentalkongreß	
1776	Bill of Rights von Virginia (12. 6.) Unabhängigkeitserklärung (4. 7.)	
1776–1783	Unabhängigkeitskrieg, der mit dem Frieden von Paris endet	
1781	Inkrafttreten der Konföderationsartikel	
1787	Verfassungskonvent von Philadelphia; Verabschiedung der Verfassung (17. 9.)	
1789	*George Washington* wird erster Präsident der USA	
1791	Ratifikation der ersten zehn Zusatzartikel („Federal Bill of Rights")	
1803	Urteil des Supreme Court in Sachen Marbury v. Madison	

II. Die geschichtliche Entwicklung bis 1787

Die heutigen Vereinigten Staaten von Amerika (United States of America = USA) sind aus den **englischen Kolonien in Nordamerika** hervorgegangen. Die erste dauerhafte englische Siedlung in Amerika in Jamestown, Virginia, wird auf 1607 datiert. Im Lauf der nächsten rund 125 Jahre entstanden 13 englische Kolonien, die letzte war im Jahr 1732 Georgia. Die Kolonien hatten unterschiedliche Rechtsformen: (1) Kronkolonien (Royal Colonies) standen im unmittelbaren Eigentum des englischen Königs. (2) Eigentümerkolonien (Proprietary Colonies) standen aufgrund königlicher Übertragung im Eigentum einzelner Privatpersonen oder Gesellschaften, über die der englische König lediglich die Aufsicht führte. (3) Freibriefkolonien (Charter Colonies) standen zwar ebenfalls unter der Aufsicht der englischen Krone; in dem jeweiligen Freibrief waren den Kolonisten aber weitgehende Rechte der Selbstverwaltung übertragen. Die Kolonien hatten folgende übereinstimmende Organisationsstruktur: An der Spitze der Exekutive stand ein Kolonialgouverneur. Die Legislative bestand aus einem Oberhaus oder Rat (Council) und einem aus Wahlen hervorgegangenen Unterhaus.

20 Die **Freibriefkolonien** Rhode Island und Connecticut waren besonders fortschrittlich. Während in den anderen Kolonien der Kolonialgouverneur von der Krone oder von den Eigentümern eingesetzt wurde, wählten ihn hier die Kolonisten jährlich. Zwar bestand formell das Erfordernis der Zustimmung durch die Krone, doch wurde es angesichts der Entfernung der Kolonien vom Mutterland und der durchschnittlichen Reisezeit von zwei Monaten selten praktiziert. Hier ging auch das Oberhaus aus Wahlen hervor, und der Gouverneur besaß – wiederum abweichend von den anderen Kolonien – kein Veto gegen die Gesetze. Die Charters dienten als Vorbild bei der späteren Schaffung der Verfassung von 1787 (vgl. unten Rn. 32) und waren in den beiden genannten Staaten noch bis weit in das 19. Jahrhundert hinein als gliedstaatliche Verfassungen in Kraft.

21 Aus der Sicht der englischen Krone, die insoweit nur dem vorherrschenden merkantilistischen Denken (vgl. unten Rn. 115 f.) folgte, lag die Bestimmung der Kolonien darin, dem wirtschaftlichen Wohl des Mutterlandes zu dienen. Demgegenüber entwickelten die Kolonisten ein zunehmendes Eigeninteresse. Die **Spannungen** verschärften sich nach dem Krieg zwischen Frankreich und England (1754–1763), durch den Großbritannien das Anrecht auf Kanada und das nordamerikanische Gebiet östlich des Mississippi erhielt. Zugleich waren dadurch die Kolonien nicht mehr auf den Schutz der britischen Regierung angewiesen. Das Mutterland verlangte von den Kolonien eine stärkere finanzielle Beteiligung an den Kosten des Krieges, z. B. mit dem Stamp Act von 1765, wonach auf die Ausfertigung offizieller Dokumente und den Vertrieb von Zeitungen Steuern zu zahlen waren. Dem setzten die Kolonisten auf dem rasch einberufenen Stempelsteuerkongreß in New York die Forderung entgegen: „No taxation without representation!" Darin kam das Anlie-

gen zum Ausdruck, nur derjenige solle Steuern zahlen, der auch an der Staatswillensbildung beteiligt sei.

Der **Widerstand der Kolonisten** zog Gegenmaßnahmen der englischen Krone nach sich. Die Auseinandersetzungen eskalierten bis hin zum offenen Aufruhr; berühmt geworden ist die Boston Tea Party von 1773, als Kolonisten aus Protest gegen das gesetzliche Einfuhrmonopol der East India Company die Teeladungen englischer Frachter im Hafen von Boston versenkten. 1774 trafen sich die revolutionären Führer der Kolonisten zum ersten Kontinentalkongreß in Philadelphia, der mit dem Aufruf zum Widerstand gegen die englischen Straf- und Zwangsmaßnahmen endete. Im Frühjahr 1775 begannen in Lexington und Concord die kriegerischen Auseinandersetzungen. Kurz darauf trat, wiederum in Philadelphia, der zweite Kontinentalkongreß zusammen, der als erstes eine Kontinentalarmee unter dem Oberbefehl von *George Washington* einrichtete. Der zweite Kontinentalkongreß blieb bis 1781 versammelt, übernahm alle Funktionen einer nationalen Regierung und verabschiedete folgendes, von *Thomas Jefferson* entworfene Dokument: 22

Unabhängigkeitserklärung vom 4. Juli 1776 – Auszug –: „We hold these truths to be self-evident: that all men are created equal; that they are endowed by their Creator with certain unalienable Rights; that among these are Life, Liberty, and the pursuit of Happiness. That to secure these rights, Governments are instituted among Men, deriving their just powers from the consent of the governed, – That whenever any Form of Government becomes destructive of these ends it is the Right of the People to alter or to abolish it, and to institute new Government, laying its foundations on such principles and organizing its powers in such form, as to them shall seem most likely to effect their Safety and Happiness." (Vgl. *Rotunda/Nowak/Young,* Treatise on Constitutional Law, 3 Bände, 1986, Appendix A, S. 524 ff.) 23

Diese berühmteste Passage der nordamerikanischen Unabhängigkeitserklärung stammt aus dem 2. Absatz und enthüllt die **geistigen Grundlagen der Revolution** im rationalistischen Naturrecht der Aufklärung (vgl. unten Rn. 126 ff.): Gleichheit, unveräußerliche Menschenrechte, Volkssouveränität und Widerstandsrecht gegen ungerechte Herrschaft. Der revolutionäre Gedanke, daß die Menschenrechte die Grundlage und den Zweck des Staates bilden, daß der Staat abhängig von den Bürgern und nur um ihretwillen überhaupt da ist, wird gleich mehrfach beschworen. Der weitere Text der Unabhängigkeitserklärung rechtfertigt die revolutionäre Loslösung der Kolonien vom Mutterland vor allem noch mit den Ungerechtigkeiten 24 und Übergriffen (injuries and usurpations) der englischen Krone, die zu einer tyrannischen Herrschaft über die Kolonien geführt hätten. In diesen Passagen der Unabhängigkeitserklärung wird die enge Anlehnung an die staatstheoretischen Vorstellungen von *John Locke* (vgl. unten Rn. 129) besonders deutlich, der daher als der „wohl einflußreichste Denker der abendländischen Verfassungsgeschichte" bezeichnet wird (*P.-C. Mayer-Tasch,* in: *J. Locke,* Über die Regierung [The Second Treatise of Government], 1983, S. 223). Der Unabhängigkeitskrieg dauerte bis 1783 und endete mit dem Pariser Frieden, in dem Großbritannien die USA anerkannte und das gesamte Gebiet östlich des Mississippi zwischen Florida im Süden und Kanada im Norden an die neuen Staaten abtrat.

25 In vielen der bisherigen Kolonien drückte sich der Loslösungsprozeß vom englischen Mutterland vor allem in dem Erlaß von Rechteerklärungen **(Bills of Rights)** aus. Diese Kataloge von Grundrechten waren „gemeint als die große Antithese zu den rechtlichen und sozialen Verhältnissen der alten Welt" (*Hattenhauer,* Grundlagen, Rn. 70). Die Bill of Rights von Virginia aus dem Jahre 1776 war die erste umfassende und verfassungskräftige Positivierung von Grundrechten im modernen Sinn. In deren Artikel 1 heißt es, ähnlich wie in der Unabhängigkeitserklärung, alle Menschen sind „von Natur aus gleichermaßen frei und unabhängig und besitzen gewisse ihnen innewohnende Rechte, deren sie, wenn sie in eine staatliche Gemeinschaft (state of society) eintreten, ihre Nachkommenschaft durch keinen Vertrag berauben oder entkleiden können, nämlich den Genuß von Leben und Freiheit, mit den Mitteln zum Erwerb von Besitz und Eigentum und zum Streben und der Erlangung von Glück und Sicherheit". Noch im gleichen Jahr folgten ähnliche Rechteerklärungen in Pennsylvania, Maryland und North Carolina.

26 Die Frage, warum es gerade **dort und zu diesem Zeitpunkt** zur Konstitutionalisierung von Individualrechten gekommen ist, ist viel diskutiert worden. Monokausale Erklärungsversuche etwa dahingehend, daß die Religionsfreiheit den Ursprung für die verfassungsrechtliche Festlegung von allgemeinen Menschenrechten in den angloamerikanischen Kolonien gebildet habe (vgl. *Jellinek,* unten Rn. 95), oder daß der Schutz vor willkürlicher Verhaftung und Strafverfolgung (habeas corpus) die anderen Grundrechte „mit hindurchgerissen" habe (vgl. *M. Kriele,* in: FS Scupin, 1973, S. 187/204), können wenig befriedigen. In ideengeschichtlicher Hinsicht ist neben der europäischen Theorie des rationalistischen Naturrechts (vgl. unten

Rn. 126 ff.) in starkem Maße die englische Rechtstradition prägend gewesen, in der sich das Parlament als Ständerepräsentation schon in den Verfassungskämpfen des 17. Jahrhunderts (Glorious Revolution von 1688) eine starke Stellung geschaffen hat und es früher als auf dem Kontinent zu einer Durchlässigkeit der Ständeordnung gekommen ist.

Darüber hinaus sind die Gründe in den **konkreten politischen Verhältnissen** und in den handfesten wirtschaftlichen Interessen der amerikanischen Siedler zu suchen. Diese strebten nach Wirtschafts- und Handelsfreiheit. Der konkrete Inhalt der Rechteerklärungen spiegelte den Besitzindividualismus des weißen, in der Mehrheit puritanischen Bürgertums wider. Gleichheitsrechte standen nicht im Vordergrund, wiewohl die „gleiche Geburt" durchaus als starkes Argument in der Auseinandersetzung mit dem durch Krone und Adel beherrschten englischen Mutterland verwendet wurde. Die schwarze Bevölkerung wurde in diese Idee jedoch nicht konsequent einbezogen; vielmehr hielten die Bills of Rights die Sklaverei durch mancherlei Kompromißformeln aufrecht.

Während die Bill of Rights von Virginia noch unverbunden neben der Verfassung von Virginia stand, wurde schon die zweite der genannten weiteren Rechteerklärungen mit einem Abschnitt, genannt „frame of government", zur „Constitution of the Commonwealth of Pennsylvania" zusammengefaßt. Dies war somit die erste **Verfassung im neuzeitlichen Sinn,** bestehend aus einem Grundrechtsteil und einem Organisationsteil. Innerhalb weniger Jahre nach der Unabhängigkeitserklärung gaben sich 11 der 13 Staaten neue Verfassungen. Der Verfassung von Massachusetts von 1780, die noch heute in Kraft und damit die älteste der geltenden Gliedstaatenverfassungen der USA und wohl überhaupt die älteste noch in Kraft befindliche geschriebene Verfassung auf der Welt ist, kommt das Verdienst zu, als erste in einer Volksabstimmung angenommen worden zu sein. Übereinstimmende Merkmale sämtlicher Gliedstaatenverfassungen waren die Garantie von Grundrechten, die Anerkennung der Volkssouveränität, der Gewaltenteilungsgrundsatz und das Prinzip beschränkter Staatsgewalt (limited government), wonach alle Staatsgewalt nur so weit reicht, wie sie vom Volk in der Verfassung begründet worden ist. Allerdings war das Wahlrecht noch überwiegend an den Besitz von Eigentum geknüpft.

29 Konföderationsartikel von 1777 – Auszug –:
Art. II. Each state retains its sovereignty, freedom, and independence, and every Power, Jurisdiction and Right, which is not by this Confederation expressly delegated to the United States, in Congress assembled.
Art. III. The said states hereby severally enter into a firm league of friendship with each other, for their common defence, the security of their Liberties, and their mutual and general welfare, binding themselves to assisteach other, against all force offered to, or attacks made upon them, or any of them, on account of religion, sovereignty, trade, or any other pretence whatever.
(Vgl. *Rotunda/Nowak/Young*, Treatise on Constitutional Law, 3 Bände, 1986, Appendix B, S. 530 ff.)

30 Mit diesen Konföderationsartikeln hat der zweite Kontinentalkongreß einen **Staatenbund der 13 Gliedstaaten** geschaffen. Die zentrale Ebene war schwach mit Legitimation und Macht ausgestattet: Im Kongreß hatte jeder Staat eine Stimme; Verfassungsänderungen erforderten Einstimmigkeit; für wichtige Beschlüsse war die Zustimmung von 9 der 13 Staaten erforderlich. Der Kongreß hatte zwar einige Legislativbefugnisse, nicht aber die Kompetenz für Handel, Wirtschaft und Steuern. Es gab keine zentrale Exekutive und keine Bundesgerichtsbarkeit. Die Konföderationsartikel traten 1781 in Kraft, doch der Staatenbund war nicht in der Lage, die drängenden Probleme der Zeit zu lösen.

31 Nachdem mit dem Frieden von Paris im Jahr 1783 der Druck von außen weggefallen war, wurde die Unfähigkeit des Kongresses, den Problemen im Innern zu begegnen, immer offensichtlicher und den Zeitgenossen stärker bewußt. Die Abhängigkeit der Zentralebene von der Finanzierung durch die Gliedstaaten, der daher drohende Bankrott und die fehlende Möglichkeit der Zentralebene, die vielfach aufbrechenden Handels- und Besteuerungskonflikte zwischen den einzelnen Staaten von sich aus zu lösen, führten innerhalb von wenigen Jahren zu der auch vom Kongreß aufgegriffenen **Forderung, die Konföderationsartikel zu revidieren.** An die Stelle des bisherigen „plan of confederation" sollte, wie es bei einem Treffen im Haus von *George Washington* ausdrücklich formuliert wurde (Mount Vernon Convention), ein „federal plan" treten.

III. Die Verfassung der Vereinigten Staaten von 1787

32 Art. I: Section 1. All legislative Powers herein granted shall be vested in a Congress of the United States, which shall consist of a Senate and House of Representatives.

Section 2. [1] The House of Representatives shall be composed of Members chosen every second Year by the People of the several States, and the Electors in each State shall have the Qualifications requisite for Electors of the most numerous Branch of the State Legislature.

Section 3. [1] The Senate of the United States shall be composed of two Senators from each State, chosen by the Legislature thereof, for six Years, and each Senator shall have one Vote.

Art. II: Section 1. [1] The executive Power shall be vested in a President of the United States of America. He shall hold his Office during the Term of four Years, and, together with the Vice President, chosen for the same Term, be elected, as follows:

[2] Each State shall appoint, in such Manner as the Legislature thereof may direct, a Number of Electors, equal to the whole Number of Senators and Representatives to which the State may be entitled in the Congress: but no Senator or Representative or Person holding an Office of Trust or Profit under the United States, shall be appointed an Elector.

Section 2. [2] He (The President) shall have Power, by and with the Advice and Consent of the Senate, to make Treaties, provided two thirds of the Senators present concur; and he shall nominate, and by and with the Advice and Consent of the Senate, shall appoint Ambassadors, other public Ministers and Consuls, Judges of the supreme Court, and all other Officers of the United States, whose Appointments are not herein otherwise provided for, and which shall be established by Law: but the Congress may by Law vest the Appointment of such inferior Officers, as they think proper, in the President alone, in the Courts of Law, or in the Heads of Departments.

Art. III: Section 1. The judicial Power of the United States, shall be vested in one supreme Court, and in such inferior Courts as the Congress may from time to time ordain and establish. The Judges, both of the supreme and inferior Courts, shall hold their Offices during good Behaviour, and shall, at stated Times, receive for their Services, a Compensation, which shall not be diminished during their Continuance in Office.

Art. IV: Section 4. The United States shall guarantee to every State in this Union a Republican Form of Government, and shall protect each of them against Invasion; and on Application of the Legislature, or of the Executive (when the Legislature cannot be convened) against domestic Violence.

Art. VI: [2] This Constitution, and the Laws of the United States which shall be made in Pursuance thereof; and all treaties made, or which shall be made, under the Authority of the United States, shall be the supreme Law of the Land; and the Judges in every State shall be bound thereby, any Thing in the Constitution or Laws of any State to the Contrary notwithstanding.

Amendment 10: The powers not delegated to the United States by the Constitution, nor prohibited by it to the States, are reserved to the States respectively, or to the people.

Amendment 14: Section 1. All persons born or naturalized in the United States, and subject to the jurisdiction thereof, are citizens of the United States and of the State wherein they reside. No State shall make or enforce any law

which shall abridge the privileges or immunities of citizens of the United States; nor shall any State deprive any person of life, liberty, or property, without due process of law; nor deny to any person within its jurisdiction the equal protection of the laws.
Amendment 17: [1] The Senate of the United States shall be composed of two Senators from each State, elected by the people thereof, for six years; and each Senator shall have one vote. The electors in each State shall have the qualifications requisite for electors of the most numerous branch of the State legislatures.
(Vgl. *Brugger*, unten Rn. 53, S. 265 ff.)

33 Im Mai 1787 kamen in Philadelphia Vertreter von 12 der 13 Staaten zu dem später so genannten **Verfassungskonvent** (Constitutional Convention) zusammen. Unter den 55 „Gründungsvätern" befanden sich *George Washington, Benjamin Franklin, James Madison* und *Alexander Hamilton*. Gleich zu Beginn wurde beschlossen, „that a national government ought to be established consisting of a Supreme Legislative, Executive, and Judiciary". Das Ergebnis der viermonatigen Beratungen war denn auch der Entwurf einer neuen Verfassung und nicht bloß – wie ursprünglich geplant – die Revision der Konföderationsartikel. Der Entwurf war durch folgende Hauptmerkmale gekennzeichnet: (1) Begründung der Staatsgewalt aus der Volkssouveränität, (2) starke Ausprägung der Gewaltenteilung (checks and balances) und (3) bundesstaatliche statt staatenbündische Organisation.

34 Ein **Bundesstaat** wird gemeinhin als die Zusammenfassung von Gliedstaaten zu einem Zentral- oder Gesamtstaat verstanden, wobei die Kompetenzen zwischen beiden staatlichen Ebenen aufgeteilt sind, die Gliedstaaten Einfluß auf die Willensbildung des Gesamtstaates haben und eine gewisse Homogenität zwischen Gliedstaaten und Gesamtstaat gewahrt ist. Die **Kompetenzen** sind nach der amerikanischen Verfassung von 1787 ausgewogener als nach den Konföderationsartikeln auf die beiden staatlichen Ebenen verteilt. Zwar gilt weiterhin wie nach Art. 30 GG die Grundregel, daß die staatliche Gewalt, soweit sie nicht dem Bund zugewiesen ist, bei den Gliedstaaten verbleibt (vgl. Amendment 10). Aber die Bundeskompetenz umfaßt nunmehr folgende wichtige Bereiche: zwischenstaatlichen Handel, Besteuerung, Währung, Bundesgerichtsbarkeit, auswärtige Politik, Verteidigung und eine allgemeine Ermächtigung zur Durchsetzung der einzelnen Kompetenzen.

35 Der **Einfluß der Gliedstaaten** auf die Willensbildung des Gesamtstaates erfolgt in den beiden Häusern des Kongresses als des Legisla-

§ 2. Die Nordamerikanische Revolution 17

tivorgans (vgl. Art. I Sec. 1) auf unterschiedliche Weise. Um einen Ausgleich zwischen kleinen und großen Gliedstaaten herbeizuführen, wird die Anzahl der Abgeordneten des Repräsentantenhauses nach der Bevölkerungszahl in den Einzelstaaten festgesetzt, während im Senat jedem Gliedstaat einheitlich zwei Stimmen zustehen (vgl. Art. I Sec. 2 Cl. 1, Sec. 3 Cl. 1 i. V. m. Amendment 17 Cl. 1). Für den Einfluß der Gliedstaaten ist bedeutsam, daß der Kongreß außer seinen Gesetzgebungskompetenzen und der Budgethoheit auch erhebliche Machtmittel gegenüber dem Präsidenten besitzt, namentlich bei der Ernennung von Beamten und Richtern sowie beim Abschluß völkerrechtlicher Verträge (vgl. Art. II Sec. 2 Cl. 2).

Die **Homogenität** zwischen Bund und Gliedern kommt vor allem 36 darin zum Ausdruck, daß der Bund jedem Gliedstaat die republikanische Staatsform garantiert (vgl. Art. IV Sec. 4), daß die wichtigsten Grundrechte nicht nur gegenüber der Bundesgewalt, sondern ausdrücklich auch gegenüber den Gliedstaaten gelten (vgl. Amendment 14 Sec. 1), und daß dem Bundesrecht Vorrang eingeräumt wird (vgl. Art. VI Cl. 2). Entsprechende Vorschriften enthält das Grundgesetz in Art. 28 Abs. 1 S. 1, Art. 1 Abs. 3 und Art. 31.

Der **Entwurf** der Verfassungsversammlung wurde dem Kongreß 37 übermittelt, der nur den Auftrag erteilt hatte, Vorschläge zur Revision der Konföderationsartikel auszuarbeiten, die dann der Zustimmung aller konföderierten Staaten bedurft hätten. Demgegenüber lautete Art. VII des Verfassungsentwurfs, daß die Ratifikation durch besondere Konvente von 9 Staaten für das Inkrafttreten der neuen Verfassung ausreichend sein sollte. Der Kongreß folgte diesem Vorschlag und legte den Entwurf den Gliedstaaten zur Ratifikation vor.

In der Öffentlichkeit entbrannte ein heftiger Streit zwischen Befür- 38 wortern (**Federalists**) und Gegnern (**Anti-Federalists**). Die Anti-Federalists wollten an dem Staatenbund, wie er aus dem Unabhängigkeitskrieg hervorgegangen war, festhalten, weil jede Stärkung der Zentralgewalt nach ihrer Auffassung die junge Republik gefährden und zu einer neuen Tyrannis führen würde; kritisiert wurde von ihnen auch das Fehlen eines Grundrechtskataloges. Dagegen traten die Federalists für eine effektive Zentralgewalt und eine Stärkung und Ausweitung der Wirtschaft ein; die individuelle Freiheit sahen sie durch die im Entwurf vorgesehenen Gewaltenkontrollen gesichert. Einen wesentlichen Anteil daran, daß die Position der Federalists obsiegte, hatten die 85 Zeitungsartikel, mit denen in den Jahren 1787 und 1788 *Alexander Hamilton, James Madison* und *John Jay* unter dem gemeinsamen Pseudonym *Publius,* dem Begründer der Römischen Republik, in die Verfassungsdebatte eingriffen und die schon im Jahr 1788 zusammengefaßt als Buch unter dem Titel „The Federalist: A collection of essays, written in favour of the new constitution" erschienen.

39   Die **Federalist Papers,** wie das Buch auch genannt wird, versuchen darzulegen, daß die Bildung eines Bundesstaates, einer Union, keineswegs den republikanischen Grundprinzipien widerspricht, für die die Amerikaner zuvor im Unabhängigkeitskrieg gekämpft hatten. Zum einen wird die friedens- und freiheitssichernde Funktion einer bundesstaatlichen Ordnung betont. Der Bund erscheint als geeignetes Mittel gegen Gefahren durch das Ausland und den Einfluß fremder Mächte sowie gegen Konflikte und Unstimmigkeiten zwischen den Einzelstaaten wie zwischen einzelnen Gruppen von Bürgern (factions). Die Komplikation der Entscheidungsprozesse im Bundesstaat dient daher auch dem Schutz von Minderheiten vor der Macht von Mehrheiten. Zum anderen fördert eine bundesstaatliche Ordnung den Handel und die Wirtschaft mit dem Ausland wie zwischen den Einzelstaaten und hat damit auch positive Auswirkungen auf die Staatseinkünfte. Insgesamt werden diese Abhandlungen auch heute noch als glänzender, quasi authentischer Kommentar zu den Grundlagen des amerikanischen Gemeinwesens, ja als „klassische Einführung in die Grundprobleme des demokratischen Verfassungsstaates" *(von Oppen-Rundstedt,* unten Rn. 53, S. 9) überhaupt angesehen.

40   Bis zum 21. Juni 1788 wurde der Entwurf, wie in Art. VII für das **Inkrafttreten** vorgesehen, von den Konventen in 9 Staaten angenommen. Aber erst mit seiner Annahme in den beiden großen und entscheidenden Staaten Virginia und New York im Juli 1788 waren die faktischen Voraussetzungen für das Inkrafttreten erfüllt. Als letzter Staat stimmte am 29. Mai 1790 Rhode Island dem Entwurf zu. Im Frühjahr 1789 versammelte sich der neue Kongreß in der vorläufigen Hauptstadt New York. Am 30. April 1789 trat *George Washington* als erster Präsident der Vereinigten Staaten von Amerika sein Amt an.

41   Das Fehlen eines **Grundrechtskataloges** in der Verfassung war schon während der Verfassungsversammlung bemängelt worden, und die Anti-Federalists waren nicht müde geworden, diesen Schwachpunkt zu brandmarken. Schließlich war auch während des Ratifikationsprozesses in vielen Gliedstaaten dringend geraten worden, dieses Versäumnis zu beheben. Daher beschloß der erste Kongreß schon am 25. September 1789 auf Vorschlag von *James Madison* 12 Zusatzartikel (Amendments) mit grundrechtlichem Inhalt. 10 davon wurden bis Ende 1791 ratifiziert und bilden die Federal Bill of Rights. Auch von den bis heute verabschiedeten weiteren 17 Zusatz-

artikeln betreffen einige grundrechtliche Fragen. Zu nennen sind besonders der 13. Zusatzartikel, der nach dem Bürgerkrieg (1861–1865) die Sklaverei abschaffte, Erweiterungen des Wahlrechts auf ehemalige Sklaven durch den 15. Zusatzartikel (1870), auf Frauen durch den 19. Zusatzartikel (1920), die Abschaffung von Wahlsteuern durch den 24. Zusatzartikel (1964) und die Senkung des Wahlalters auf 18 Jahre durch den 26. Zusatzartikel (1971).

Gegenüberstellung von Grundrechten in der Verfassung der USA und Entsprechungen im Grundgesetz: 42

Writ of habeas corpus not to be suspended except in rebellion or invasion. *Art. I, Sec. 9, Cl. 2.*	Art. 104: Formelle Anforderungen bei Freiheitsbeschränkungen
No ex post facto laws. *Art. I, Sec. 9, Cl. 3.*	Art. 103 Abs. 2: Verbot rückwirkender Strafgesetze
No establishment of religion. *1st Amendment.*	Art. 140 i. V. m. Art. 137 Abs. 1 WRV: Verbot der Staatskirche
No interference with religious belief. *1st Amendment.*	Art. 4 Abs. 1 und 2: Religionsfreiheit
No abridging of freedom of speech and press. *1st Amendment.*	Art. 5 Abs. 1: Meinungs- und Pressefreiheit
No interference with right of peaceable assembly and petition. *1st Amendment.*	Art. 8 und 17: Versammlungsfreiheit und Petitionsrecht
No unreasonable searches and seizures; no warrants issued but upon probable cause. *4th Amendment.*	Art. 2 Abs. 2 S. 2, Art. 13 und 14: Freiheit der Person, Unverletzlichkeit der Wohnung und Eigentumsgarantie
No double jeopardy. *5th Amendment.*	Art. 103 Abs. 3: Verbot der Doppelbestrafung
No compulsory self-incrimination. *5th Amendment.*	Art. 2 Abs. 1 i. V. m. Art. 1 Abs. 1: Kein Zwang zur Selbstbezichtigung
No persons to be deprived of life, liberty, property, without due process of law. *5th Admendment.*	Art. 19 Abs. 4, 101 Abs. 1 S. 2 und 103 Abs. 1: Justizgrundrechte
Speedy and public trial. *6th Amendment.*	Art. 19 Abs. 4 und Art. 20 Abs. 3 (Rechtsstaatsprinzip): Garantie effektiven Rechtsschutzes und Gerichtsöffentlichkeit
Trial of crimes by impartial Jury. *Art. III, Sec. 2, Cl. 3; 6th Amendment.*	Art. 92 und 97: Garantie der Unabhängigkeit, Neutralität und Distanz der Richter

Persons accused of crimes must be informed of charges, confronted with witnesses, have power to call witnesses, have assistance of counsel. *6th Amendment.*	Art. 103 Abs. 1: Anspruch auf rechtliches Gehör
No excessive bail or fines. No cruel and unusual punishments. *8th Amendment.*	Art. 20 Abs. 3 (Rechtsstaatsprinzip): Grundsatz der Verhältnismäßigkeit
No slavery or involuntary servitude. *13th Amendment.*	Art. 1 Abs. 1, 12 Abs. 2 und 3: Unantastbarkeit der Menschenwürde, Verbot des Arbeitszwangs und der Zwangsarbeit

IV. Marbury v. Madison

43   In der nordamerikanischen Revolution wurde das Institut des **Vorrangs der Verfassung** begründet, das Art. 20 Abs. 3 GG in die Worte kleidet: „Die Gesetzgebung ist an die verfassungsmäßige Ordnung ... gebunden." Die Distanz zwischen Verfassung und einfachem Gesetz kommt schon darin zum Ausdruck, daß sowohl die Bills of Rights als auch die Verfassungen von besonderen Konventen verabschiedet wurden und daß zu ihrer Revision nur eine von der gesetzgebenden Gewalt verschiedene verfassungsändernde Gewalt für befugt gehalten wurde. Inhaltlich bedeutet der Vorrang der Verfassung (paramount law), daß entgegenstehende, mit der Verfassung unvereinbare Gesetze unwirksam sind. Darin haben sich die Erfahrungen niedergeschlagen, die in den Kolonien mit dem Mutterland England gemacht worden waren: Auch ein Parlament kann Unrecht tun. Die Bills of Rights und die Verfassungen beinhalten so gesehen nicht nur eine Beschränkung der Regierung, sondern auch der einfachen Mehrheit des souveränen Volkes.

44   Gesichert wurde diese Bindung des Gesetzgebers an die Verfassung durch das **richterliche Prüfungsrecht** (judicial review). Das richterliche Prüfungsrecht, also die Letztentscheidungskompetenz der Gerichte bei der Auslegung der Verfassung, wurde nicht nur durch Gerichte der Gliedstaaten, sondern auch durch den Supreme Court schon im letzten Jahrzehnt des 18. Jahrhunderts in Anspruch genommen (*M. Marcus*, in: Rechtsgeschichte, Band 19 [2011], S. 200 ff.). Begründet wurde es aber erst in folgendem Fall:

Sachverhalt: Die Federalists hatten bei den Kongreßwahlen im Jahr 1800   45
eine Niederlage erlitten. Der abtretende Präsident *John Adams* wollte noch
möglichst viele seiner Parteigänger in Staatsämtern unterbringen und unterschrieb noch am letzten Tag seiner Amtsperiode u. a. die Urkunde, mit der
William Marbury zum Friedensrichter ernannt werden sollte. Der Senat hatte
der Ernennung zugestimmt, und der geschäftsführende Secretary of State,
John Marshall, hatte die Ernennungsurkunde mit dem Siegel der Vereinigten
Staaten versehen. Allerdings war die Ernennungsurkunde nicht mehr an *Marbury* ausgehändigt worden. Der neugewählte republikanische Präsident *Thomas Jefferson* betrachtete die Ernennungen als nicht vollzogen und ungültig.
Marbury klagte daraufhin gegen den neuen Secretary of State, *James Madison*,
auf Übergabe der Ernennungsurkunde.

Die **Entscheidung** vom 24. Februar 1803 wurde von dem inzwi-   46
schen zum Chief Justice ernannten *John Marshall* abgefaßt. Schon
das verwundert; schließt doch beispielsweise § 18 Abs. 1 des Bundesverfassungsgerichtsgesetzes einen Richter des Bundesverfassungsgerichts von der Ausübung seines Richteramtes aus, wenn er an der Sache beteiligt oder in derselben Sache bereits von Amts wegen tätig
gewesen ist. Die Begründung des Urteils ist sehr kompliziert. Im
Rückblick ist immer wieder gesagt worden, daß *Marshall* mehrere
Möglichkeiten gehabt hätte, den Fall so zu entscheiden, daß sich die
Frage des Vorrangs der Verfassung und des richterlichen Prüfungsrechts gar nicht gestellt hätte. Doch Chief Justice *Marshall* hatte
wohl anderes im Sinn. Aufgrund eines komplizierten Gedankenganges konnte er sowohl die inhaltliche Bindung des von ihm selbst mitverantworteten Ernennungsakts annehmen als auch gleichzeitig dem
Kläger wegen Unzuständigkeit des Supreme Court den Prozeßerfolg
versagen und damit einen drohenden offenen Konflikt zwischen Regierung und Justiz vermeiden sowie schließlich, gewissermaßen unter
der Hand, das richterliche Prüfungsrecht festschreiben. Die Frage des
richterlichen Prüfungsrechts wurde im Zusammenhang mit der Zuständigkeit des Supreme Court erörtert. Für diese berief sich der Kläger nämlich auf eine Vorschrift aus dem Judiciary Act von 1789. Dagegen ergab sich aus Art. III Sec. 2 Cl. 2 der Verfassung gerade keine
Zuständigkeit des Supreme Court für Fälle der vorliegenden Art.

Zur **Begründung** eines Vorrangs der Verfassung stützt sich *Mar-*   47
shall außer auf die Vorrangklausel für das Bundesrecht (vgl. oben
Rn. 36) darauf, der Akt der Verfassunggebung habe grundlegende
und dauerhafte Prinzipien festgelegt und hierzu gehöre vor allem,
daß jeder Teil der Staatsgewalt spezifische Kompetenzen habe, die
nicht überschritten werden dürften. Für das richterliche Prüfungs-

recht macht *Marshall* hauptsächlich folgendes geltend: „It is emphatically the province and the duty of the judicial department to say what the law is. Those who apply the rule to particular cases, must of necessity expound and interpret that rule. If two laws conflict with each other, the courts must decide on the operation of each. So if a law be in opposition to the constitution; if both the law and the constitution apply to a particular case, so that the court must either decide that case conformably to the law, disregarding the constitution; or conformably to the constitution, disregarding the law; the court must determine which of these conflicting rules governs the case. This is of the very essence of judicial duty. If then the courts are to regard the constitution; and the constitution is superior to any ordinary act of the legislature, the constitution, and not such ordinary act, must govern the case to which they both apply." (5 U. S. [1 Cranch] 137 [1803]; vgl. *W. Brugger,* JuS 2003, S. 320 ff.; *W. Heun,* Der Staat 2003, S. 267 ff.)

V. Wirkungen in Deutschland

48   Während der amerikanische Unabhängigkeitskrieg zunächst große Aufmerksamkeit in den aufgeklärten bürgerlichen Kreisen Deutschlands fand, beherrschten in den folgenden Jahrzehnten die Französische Revolution und *Napoléon* die Szene. In der Zeit der politischen Repression nach 1819 (vgl. unten Rn. 263 ff.) wurden die Vereinigten Staaten von Amerika aber zu einem Vorbild für die in der Opposition stehende demokratische und nationale Bewegung: Amerika galt als Land der Freiheit und Volksherrschaft, und der in Amerika verwirklichte Föderalismus konnte als Modell für die Einigung des in Dutzende von Königreichen, Fürstentümern und Städten zersplitterten Deutschlands betrachtet werden. In den Debatten der Nationalversammlung von 1848/49 (vgl. unten Rn. 331 ff.) stand bei Vergleichen mit anderen Verfassungen diejenige der Vereinigten Staaten von Amerika ganz im Vordergrund, zwar nicht im Sinne einer direkten Übernahme oder Rezeption, wohl aber als Bezugspunkt der Argumentation. An zwei zentralen Stellen ist eine weitgehende Übernahme amerikanischer Verfassungselemente in die Paulskirchenverfassung festzustellen: beim Verhältnis der Gliedstaaten zum Reich und bei der Einrichtung des Reichsgerichts, für das der Supreme Court Pate stand.

Der Heidelberger Professor **Mittermaier** führte in der Nationalversammlung aus: „Gern weilt dagegen der Blick Desjenigen, dem die Form eines wahren Bundesstaats am Herzen liegt, bei der Verfassung der nordamerikanischen Staaten. In jenem Land ist die Aufgabe gelöst, die Macht einer Centralregierung – dem Zwecke der amerikanischen Verfassung treu: einen vollkommenen Verein zu bilden, Gerechtigkeit zu begründen, innere Ruhe zu sichern, für gemeinsame Vertheidigung zu sorgen, und den Segen der Freiheit zu bewahren –, mit der vollsten Möglichkeit einer wohlthätigen Entwickelung der Einzelstaaten in Harmonie zu bringen. Eine lange Reihe von Jahren hat dem ehrwürdigen Gebäude Festigkeit gegeben, und gezeigt, daß die dort gewählte Form, wie Mohl in seinem Werke über Amerika mit Recht sagt, als ein Wunder unserer Zeit, vor Allem des Nachdenkens des Staatsmannes würdig ist." – „Was ist es, was als Zierde der amerikanischen Verfassung angesehen wird? Das Oberste Gericht. Es ist das einzige Mittel, wodurch die Unbestimmtheiten, die in der Verfassung sind, behoben und die Lücken ausgefüllt werden, das einzige Mittel, wodurch die notwendige Fortbildung bewirkt werden kann. Lesen Sie die amerikanische Verfassung, wie man es gewohnt ist, in schlechten Übersetzungen, und vergleichen Sie sie mit dem, was sie wirklich im Leben ist, so werden Sie sehen, sie verdankt ihr Leben, ihre Kraft, die Sicherheit der Bestimmungen über Einzelheiten den Entscheidungen des Bundesgerichts. An die Erfahrungen Amerikas, meine Herren, bitte ich Sie sich zu wenden … Folgen wir dem Beispiel Amerikas und dann werden wir die herrlichsten Früchte davon ernten. Ich bitte Sie, auch unser Gesetz nach den Erfahrungen von Amerika zu ergänzen." (Vgl. *Wigard,* unten Rn. 351, Band 4, S. 2724; Band 5, S. 3614.)

Bei der **Schaffung des Grundgesetzes** übte die Verfassung der USA vor allem in zwei Bereichen eine Vorbildfunktion aus: bei der Ausgestaltung der Grundrechte und der Verfassungsgerichtsbarkeit. Für die Aufnahme eines Grundrechtsteils wurde auf den amerikanischen Rechtsgedanken Bezug genommen, daß eine Verfassung, und sei es auch eine vorläufige, die nicht Grundrechte einschließe, schlechterdings keine Verfassung sei. Die zentrale Vorschrift des Art. 1 Abs. 3 GG, wonach die Grundrechte alle Staatsgewalt als unmittelbar geltendes Recht binden, war von der amerikanischen Rechtsentwicklung der Verfassung als „paramount law" inspiriert. Die Frage, ob ein spezielles Verfassungsgericht geschaffen werden sollte oder ein einheitliches höchstes Bundesgericht wie in den USA oder auch in der Schweiz, war lange umstritten und wurde erst spät zugunsten der ersteren Lösung entschieden. Die wichtigste Gemeinsamkeit zwischen dem **Supreme Court** und dem Bundesverfassungsgericht besteht in der Existenz des richterlichen Prüfungsrechts und den durch die Kompetenzen zur Normenkontrolle gegebenen beträchtlichen Einwirkungen der Verfassungsrechtsprechung auf den politischen Prozeß. Gewichtige Unterschiede dürfen allerdings nicht übersehen werden: Die richterliche Verwerfungskompetenz ist in Deutschland gem. Art. 100 Abs. 1 GG auf das Bundesverfassungsgericht konzentriert, und es besteht weitergehend als in den USA eine abstrakte Normenkontrollkompetenz (vgl. Art. 93 Abs. 1 Nr. 2, 2 a GG).

51 **Gegen das amerikanische Modell** entschied man sich in einer Reihe staatsorganisatorischer Fragen. So wurde nicht das Präsidialsystem, sondern das parlamentarische Regierungssystem eingeführt. Als Föderativorgan, das die Beteiligung der Länder an der Gesetzgebung und Verwaltung des Bundes sicherstellen soll, wurde der gouvernementale Bundesrat anstelle des Senatssystems eingesetzt. Zu nennen sind weiter die Wahl der Richter durch besondere Richterwahlausschüsse statt durch das Volk und eine moderate statt einer strikten Trennung von Staat und Kirche.

52 Auch unter der **Geltung des Grundgesetzes** wird dem amerikanischen Verfassungsrecht eine Aufmerksamkeit zuteil wie sonst keinem anderen ausländischen Verfassungsrecht. In der Rechtsprechung des Bundesverfassungsgerichts hat dies deutliche Spuren hinterlassen, so vor allem bei der Deutung des Gleichheitssatzes als auch den Gesetzgeber bindendes Willkürverbot, der Methode der verfassungskonformen Auslegung und dem interpretativen Ausbau rechtsstaatlicher Verfahrensgrundsätze („fair trial"). Unverkennbar ist auch, welches Gewicht das Bundesverfassungsgericht im politischen Prozeß der Bundesrepublik Deutschland gewonnen hat und wie es sich dadurch der Rolle des Supreme Court in den USA annähert. Schließlich zeigen sich gewisse verfassungsrechtliche Parallelentwicklungen beim Föderalismus: In beiden Staaten ist ein kontinuierlicher Zentralisierungsprozeß zu beobachten; die Theorien des kooperativen Föderalismus und der Politikverflechtung haben von den USA nach Deutschland ausgestrahlt. Bei den Bundeskompetenzen „kraft Natur der Sache" und „kraft Sachzusammenhangs" hat die amerikanische Theorie von den „implied powers" Pate gestanden.

VI. Literatur

53 W. P. *Adams,* Republikanische Verfassung und bürgerliche Freiheit. Die Verfassungen und politischen Ideen der amerikanischen Revolution, 1973; *K. von Beyme,* Vorbild Amerika? Der Einfluß der amerikanischen Demokratie in

der Welt, 1986; *W. Brugger,* Amerikanischer Einfluß auf die Grundrechtsentwicklung in Deutschland, in: *J. Isensee/P. Kirchhof* (Hg.), Handbuch des Staatsrechts, Band IX, 3. Aufl. 2011, § 186; *B. Brunhöber,* Die Erfindung „demokratischer Repräsentation" in den Federalist Papers, 2010; *H. Dippel,* Die amerikanische Verfassung in Deutschland im 19. Jahrhundert. Das Dilemma von Politik und Staatsrecht, 1994; *A. Hamilton/J. Madison/J. Jay,* Die Federalist Papers. Übersetzt, eingeleitet und mit Anmerkungen versehen von B. Zehnpfennig, 2007; *J. Heideking,* Die Verfassung vor dem Richterstuhl: Vorgeschichte und Ratifizierung der amerikanischen Verfassung 1787–1791, 1988; *ders./C. Mauch,* Geschichte der USA, 6. Aufl. 2008; *H. Hofmann,* Zur Herkunft der Menschenrechtserklärungen, JuS 1988, S. 841 ff.; *D. Howard,* Die Grundlegung der amerikanischen Demokratie, 2001; *E. Kotte,* Revolutionäre Werte und republikanische Prinzipien im Staatsgründungsprozess der USA, in: *F.-J. Arlinghaus* u. a. (Hg.), Verfassungsgeschichte aus internationaler und diachroner Perspektive, 2010, S. 99 ff.; *P. Krüger,* Einflüsse der Verfassung der Vereinigten Staaten auf die deutsche Verfassungsentwicklung, ZNR 1996, S. 226 ff.; *K. Loewenstein,* Verfassungsrecht und Verfassungspraxis der Vereinigten Staaten, 1959; *B. Pieroth,* Amerikanischer Verfassungsexport nach Deutschland, NJW 1989, S. 1333 ff.; *H. Steinberger,* 200 Jahre amerikanische Bundesverfassung. Zu Einflüssen des amerikanischen Verfassungsrechts auf die deutsche Verfassungsentwicklung, 1987; *K. Stern,* Grundideen europäisch-amerikanischer Verfassungsstaatlichkeit, 1984; *L. H. Tribe,* American Constitutional Law, Bd. 1, 3. Aufl. 2000; *R. Wahl,* Der Vorrang der Verfassung, Der Staat 1981, S. 485 ff.

§ 3. Die Französische Revolution

I. Zeittafel

54 1789 Zusammentreten der Generalstände (5. 5.)
Verfassunggebende Nationalversammlung (6. 7.)
Sturm auf die Bastille (14. 7.)
Abschaffung der Feudalherrschaft (4. 8.)
Erklärung der Menschen- und Bürgerrechte (26. 8.)
Säkularisation (2. 11.)
1791 Verabschiedung der Verfassung (3. 9.)
1792 Abschaffung der Monarchie und Ausrufung der Republik
1793 Hinrichtung des Königs (21. 1.)
Verfassungsentwurf der Girondisten (Febr.)
(Jakobinische) Verfassung des Jahres I (24. 6.)
1794 Abschaffung der Sklaverei in den Kolonien (16. Pluviose = 4. 2.)
Sturz *Robespierres* (9. Thermidor = 27. 7.)
1795 Verfassung des Jahres III
1799 Staatsstreich *Bonapartes* (18. Brumaire = 9. 11.); Konsulatsverfassung
1802 Ernennung *Napoléons* zum Konsul auf Lebenszeit
1804 Kaiserkrönung *Napoléons*
1814 Charte Constitutionnelle

II. Die geschichtliche Entwicklung im Sommer 1789

55   Am 5. Mai 1789 traten die **Generalstände** (Etats Généraux) in Versailles zusammen. Dieses Gremium bestand aus den Vertretern der drei Stände, wobei die ersten beiden Stände, Geistlichkeit (Klerus) und Adel, ebenso viele Vertreter hatten wie der Dritte Stand (Tiers Etat), der aber 95 % der Bevölkerung umfaßte. Die letzte Sitzung der Generalstände lag 175 Jahre zurück, so daß ihr Zusammentritt allein schon eine kleine Revolution darstellte. Er war Ausdruck der tiefen Krise, in der sich die Monarchie befand. Die politischen, wirtschaftlichen und sozialen Probleme spiegelten sich in den Beschwerdeschriften (Cahiers de doléances) wider, die die Ständevertreter mit nach Versailles brachten.

56   Eine Hauptforderung, die in den Beschwerdeschriften und demgemäß von vielen Ständevertretern erhoben wurde, war die nach einer

geschriebenen und rationalen Verfassung. Daß der moderne Staat eine derartige Verfassung bräuchte, darin hatten die großen politischen Schriftsteller des 18. Jahrhunderts, die Philosophen, wie sie in Frankreich genannt wurden, übereingestimmt. *Charles de Montesquieu* (1689–1755) hatte in seinem staatstheoretischen Hauptwerk „De L'Esprit des Lois" (1748) die Lehre von der Gewaltenteilung ausgearbeitet, wonach die Staatsgewalt im Sinn der Konkurrenz und des politischen Kompromisses gleichberechtigter politischer Kräfte auf drei verschiedene, voneinander unabhängige Träger verteilt wird, die sich gegenseitig kontrollieren und so jegliche Willkür verhindern sollen (vgl. *R. Weber-Fas,* JuS 2005, 882). *Voltaire* (1694–1778) hatte die Menschenrechte, die Abschaffung der Sklaverei und ständischer Privilegien, namentlich der Kirche, gefordert. *Jean-Jacques Rousseau* (1712–1778) hatte die Rechtfertigung des Staates im Gesellschaftsvertrag (vgl. „Du Contrat Social", 1762) gesehen und das von der Nationalrepräsentation beschlossene Gesetz als Ausdruck des Gemeinwillens (volonté générale) gefordert. Dies alles konnte nur durch eine Verfassung verwirklicht werden. Beflügelnd wirkte insoweit auch das Vorbild der Vereinigten Staaten von Amerika.

Nach dem Zusammentritt der Generalstände drehte sich eine erste entscheidende Auseinandersetzung um den **Abstimmungsmodus.** Der König und die ersten beiden Stände traten für das früher geübte Verfahren ein, wonach die Abstimmung „nach Ständen" erfolgen sollte. Das hätte der Geistlichkeit und dem Adel, den „Privilegierten", wie sie rückblickend genannt wurden, eine regelmäßige 2:1-Mehrheit gesichert; durchgreifende Reformen wären nicht zustande gekommen. Demgegenüber verlangten die Abgeordneten des Dritten Standes, daß man „nach Köpfen" abstimmen sollte. Dadurch konnten die politischen Forderungen des Dritten Standes mehrheitsfähig werden; denn sie hatten außer ihrer Stimmenhälfte Teile der niederen Geistlichkeit und des liberalen Adels auf ihrer Seite.

Diese Auffassung setzte sich endgültig durch, als die Generalstände mit einem „nach Köpfen" gefaßten Beschluß sich zunächst zur Nationalversammlung (Assemblée Nationale) und am 6. Juli zur **Verfassunggebenden Nationalversammlung** (Assemblée Nationale Constituante) erklärten. Darin lag „eine Auswechselung des Legitimationsprinzips von Herrschaft" (*Grimm,* VerfGesch, S. 24). Nach weiteren Auseinandersetzungen mit dem König wurde ein Ausschuß eingesetzt, der einen Verfassungsentwurf ausarbeiten sollte. Seine Mitglieder waren ganz überwiegend Gemäßigte, die keineswegs die

Monarchie abschaffen, sondern eine zwischen König und Nationalversammlung vereinbarte Verfassung ins Leben rufen wollten, welche die bisherige Ordnung zeitgemäß fortentwickeln, aber nicht umstürzen sollte. Doch jetzt – wie auch später noch mehrfach – zeigte sich, daß der revolutionäre Prozeß, einmal in Gang gesetzt, die Tendenz zur Beschleunigung und Radikalisierung in sich trug.

59 Am 14. Juli 1789 erfolgte der **Sturm auf die Bastille**, eine königliche Festung, die als Gefängnis diente und ein Symbol des monarchischen Absolutismus war (vgl. W. *Schulze*, Der 14. Juli 1789, 1989). Aber nicht nur die Bevölkerung in Paris rebellierte; auch in den Provinzen brachen Unruhen aus, wobei sich die bäuerlichen Aufstände sowohl gegen die Feudalherren als auch gegen nichtadelige Grundbesitzer richteten. Es drohte eine Agrarrevolte. Daraufhin beschloß die Verfassunggebende Nationalversammlung in der Nacht des 4. August 1789, die Feudalherrschaft samt aller Vorrechte des Adels abzuschaffen. Der Verfassungsausschuß wurde neu gewählt und beauftragt, nach dem Vorbild der amerikanischen Bills of Rights zunächst eine Erklärung der Menschen- und Bürgerrechte auszuarbeiten. Noch im Laufe des Juli legten die führenden Köpfe, darunter *La Fayette* und *Sieyès*, mehrere Entwürfe vor. Nach nur drei Wochen allerdings heftiger Debatten wurde folgende Fassung verabschiedet:

III. Die Erklärung der Menschen- und Bürgerrechte vom 26. August 1789

60 Die Vertreter des französischen Volkes, konstituiert als Nationalversammlung, haben in der Erwägung, daß die Unkenntnis, das Vergessen oder die Verachtung der Menschenrechte die alleinigen Ursachen der öffentlichen Mißstände und der Verdorbenheit der Regierungen sind, beschlossen, in einer feierlichen Erklärung die natürlichen, unveräußerlichen und heiligen Menschenrechte darzulegen, damit alle Mitglieder der Gesellschaft diese Erklärung beständig vor Augen haben und sie ihnen immerfort ihre Rechte und ihre Pflichten in Erinnerung bringt; damit die Handlungen der gesetzgebenden und der vollziehenden Gewalt in jedem Augenblick mit dem Ziel der politischen Ordnung verglichen werden können und dadurch mehr geachtet werden; und damit sich die Ansprüche der Bürger, indem sie in Zukunft auf einfache und unbestreitbare Grundsätze gegründet werden, immer auf die Wahrung der Verfassung und das Wohl aller richten.

Infolgedessen anerkennt und erklärt die Nationalversammlung in Gegenwart und unter dem Schutze des allerhöchsten Wesens folgende Menschen- und Bürgerrechte:

Art. 1. Die Menschen werden frei und gleich an Rechten geboren und bleiben es. Die gesellschaftlichen Unterschiede können nur im gemeinen Nutzen begründet sein.
Art. 2. Das Ziel jeder politischen Vereinigung ist die Erhaltung der natürlichen und unverlierbaren Menschenrechte. Diese Rechte sind die Freiheit, das Eigentum, die Sicherheit und der Widerstand gegen Unterdrückung.
Art. 3. Der Ursprung aller Souveränität liegt wesenhaft in der Nation. Keine Körperschaft und kein Einzelner kann eine Gewalt ausüben, die nicht ausdrücklich von ihr ausgeht.
Art. 4. Die Freiheit besteht darin, alles tun zu können, was einem anderen nicht schadet. Die Ausübung der natürlichen Rechte jedes Menschen hat also nur die Grenzen, die den übrigen Mitgliedern der Gesellschaft den Genuß der gleichen Rechte sichern. Diese Grenzen können nur durch das Gesetz bestimmt werden.
Art. 5. Das Gesetz hat nur das Recht, solche Handlungen zu verbieten, die der Gesellschaft schädlich sind. Alles, was durch das Gesetz nicht verboten ist, darf nicht verhindert werden, und niemand darf genötigt werden zu tun, was das Gesetz nicht befiehlt.
Art. 6. Das Gesetz ist der Ausdruck des allgemeinen Willens. Alle Bürger haben das Recht, persönlich oder durch ihre Vertreter an seiner Gestaltung mitzuwirken. Es soll für alle gleich sein, mag es beschützen oder bestrafen. Da alle Bürger in seinen Augen gleich sind, sind sie in gleicher Weise, nur nach ihrer Fähigkeit und ohne einen anderen Unterschied als den ihrer Tugenden und ihrer Talente zu allen Würden, Stellen oder Ämtern zugelassen.
Art. 7. Kein Mensch kann angeklagt, verhaftet oder gefangengehalten werden, außer in den durch das Gesetz bestimmten Fällen und in den Formen, die es vorgeschrieben hat. Diejenigen, die willkürliche Befehle veranlassen, ausfertigen, vollziehen oder vollziehen lassen, sind zu bestrafen; doch muß jeder Bürger, der auf Grund eines Gesetzes vorgeladen oder festgenommen wird, auf der Stelle gehorchen; leistet er Widerstand, macht er sich strafbar.
Art. 8. Das Gesetz soll nur solche Strafen festsetzen, die unbedingt notwendig sind, und niemand darf anders bestraft werden als auf Grund eines vor Begehung der Straftat beschlossenen, verkündeten und rechtmäßig angewandten Gesetzes.
Art. 9. Da jeder Mensch solange für unschuldig gehalten wird, bis er für schuldig erklärt worden ist, so soll, wenn seine Verhaftung für unerläßlich gehalten wird, jede Härte, die nicht erforderlich ist, um sich seiner Person zu versichern, vom Gesetz streng unterbunden werden.
Art. 10. Niemand soll wegen seiner Meinungen, selbst religiöser Art, belästigt werden, solange die Äußerung nicht die durch das Gesetz begründete öffentliche Ordnung stört.
Art. 11. Der freie Austausch der Gedanken und Meinungen ist eines der wertvollsten Menschenrechte; jeder Bürger kann mithin frei reden, schreiben und drucken, vorbehaltlich seiner Verantwortlichkeit für den Mißbrauch dieser Freiheit in den durch das Gesetz bestimmten Fällen.

Art. 12. Die Gewährleistung der Menschen- und Bürgerrechte erfordert eine Polizei und eine Armee; diese sind also zum Vorteil aller eingesetzt und nicht zum besonderen Nutzen derjenigen, denen sie anvertraut sind.
Art. 13. Für den Unterhalt von Polizei und Armee und für die Kosten der Verwaltung ist eine allgemeine Abgabe unerläßlich; sie soll gleichmäßig auf alle Bürger ihrem Vermögen entsprechend verteilt werden.
Art. 14. Alle Bürger haben das Recht, entweder selbst oder durch ihre Vertreter die Notwendigkeit der öffentlichen Abgabe festzustellen, diese frei zu bewilligen, ihre Verwendung zu überprüfen sowie Höhe, Veranlagung, Eintreibung und Dauer zu bestimmen.
Art. 15. Die Gesellschaft hat das Recht, von jedem öffentlichen Beamten Rechenschaft über seine Amtsführung zu verlangen.
Art. 16. Eine Gesellschaft, in der weder die Gewährleistung der Rechte zugesichert noch die Gewaltenteilung festgelegt ist, hat keine Verfassung.
Art. 17. Da das Eigentum ein unverletzliches und heiliges Recht ist, kann es niemandem entzogen werden, es sei denn, daß die gesetzlich festgestellte öffentliche Notwendigkeit es klar erfordert und unter der Bedingung einer gerechten und vorherigen Entschädigung.
(Vgl. *Willoweit/Seif*, Texte, S. 250 ff.).

61 Der **Einfluß der nordamerikanischen Rechteerklärungen** auf die französische Erklärung der Menschen- und Bürgerrechte ist offensichtlich: Er betraf den Inhalt, die handelnden Personen (besonders durch *La Fayette, Thomas Jefferson* und *Thomas Paine*) und sogar die Form (*Sieyès* etwa wollte den Abhandlungsstil statt der numerierten Artikel). Andererseits lassen sich auch gewisse Einflüsse der französischen Rechtstradition nachweisen. Es sei nur daran erinnert, daß der Begriff der Grundrechte (droits fondamentaux) schon vor der Revolution in Frankreich entstanden ist. Insgesamt hat die französische Verfassunggebende Nationalversammlung hier etwas Eigenes und Neues geschaffen.

62 Der Hauptunterschied zu den Bills of Rights liegt in dem **universellen Anspruch** der Erklärung der Menschen- und Bürgerrechte. An die Stelle der nüchtern-kalkulierenden Festschreibung einzelner staatsbürgerlicher Rechte tritt das pathetisch-umfassende Programm, das neben den eigentlichen Menschenrechten auch die „richtige" Organisation und Legitimation der Staatsgewalt beinhaltet (vgl. insoweit die Art. 3, 6 und 16). Es weht nicht nur der Geist der großen französischen Philosophen des 18. Jahrhunderts, auch ihre Staatsvorstellungen sind unmittelbar gegenwärtig, wenn es etwa in Art. 6 heißt, das Gesetz sei Ausdruck des allgemeinen Willens (der volonté générale im Verständnis *Rousseaus*), und wenn Art. 16 die Gewaltenteilung – ganz im Sinne *Montesquieus* – zur unverzichtbaren Grundlage jedes

Verfassungsstaates erklärt. Das Verständnis der Grundrechte als Programmsätze, als Ansporn für den Gesetzgeber, im Sinne dieser Grundrechte zu handeln, bedeutete zugleich, daß die Grundrechte nicht als unmittelbar anwendbare, justitiable Rechtsnormen verstanden wurden und es anders als in den USA nicht zur Herausbildung des Vorrangs der Verfassung einschließlich des richterlichen Prüfungsrechts kam.

Der zweite wesentliche Unterschied zwischen den nordamerikanischen Rechteerklärungen und der französischen Déclaration besteht in folgendem (vgl. *G. Stourzh,* JZ 1976, S. 397/402): In Frankreich, wo es galt, Standesunterschiede, Lehnsherrschaft, Patrimonialgerichtsbarkeit, mit einem Wort die **Feudalordnung abzuschaffen,** war die Gleichheitsforderung, obwohl gegenüber den Freiheitsforderungen abgeschwächt, immer noch stärker ausgeprägt als in Nordamerika, wo sie vor allem die ungleiche Behandlung der Kolonisten im Verhältnis zum englischen Mutterland beseitigen sollte (vgl. oben Rn. 27). Dagegen legen beide Rechteerklärungen gleich hohen Wert auf die Forderung nach Freiheit, besonders auch des Eigentums.

Inhaltlich ist die Erklärung der Menschen- und Bürgerrechte der **Triumph des Bürgertums über das Ancien Régime.** Eine wesentliche Stütze des Ancien Régime war die Geistlichkeit, die immerhin ein Viertel der Abgeordneten in der Verfassunggebenden Nationalversammlung stellte. Um religiöse Fragen wurde bei der Schaffung der Erklärung am intensivsten gestritten. In der Präambel war weder die Anrufung Gottes (invocatio Dei) noch ihre völlige Streichung mehrheitsfähig. Man einigte sich darauf, die Erklärung unter den „Schutz des allerhöchsten Wesens" zu stellen. Für religiöse Einrichtungen wurde keinerlei Garantie gegeben. *Mirabeau* wandte sich sogar gegen eine Aufnahme des Toleranzgebots mit dem Argument, daß dies das eigentlich Unmögliche, nämlich die Intoleranz, indirekt anerkenne. So erklärt sich, daß die Religionsfreiheit nur als Verbot der Diskriminierung des Bekenntnisses und nur als Unterfall des Verbots der Diskriminierung von Anschauungen überhaupt in Art. 10 geregelt worden ist.

Beherrschender Zug der Erklärung ist die **Gewährleistung von Freiheit.** In Art. 1 und 2 wird die Freiheit jeweils an erster Stelle genannt. In Art. 4 und 5 wird sie doppelt in ihrer allgemeinsten und umfassendsten Weise gewährleistet, nämlich als Freiheit, „alles tun zu können, was einem andern nicht schadet" bzw. „was durch das Gesetz nicht verboten ist". So allgemein und umfassend wird heute auch Art. 2 Abs. 1 GG verstanden (vgl. BVerfGE 6, 32), nachdem in den Beratungen des Parlamentarischen Rates schon folgende Fassung vorgeschlagen worden war: „Jeder kann tun und lassen, was er will." Weitere Freiheitsverbürgungen der Erklärung der Menschen- und Bürgerrechte wenden sich gegen konkret erfahrene Mißbräuche absolutistischer Herrschaft, so die Habeas corpus-Garantie in Art. 7, der Satz „nullum crimen sine lege" in Art. 8, die Unschuldsvermutung in Art. 9 und die Meinungsfreiheit in Art. 10 und 11. Allerdings fehlt auch eine Reihe von Freiheitsrechten, die aus der Nordamerikanischen Revolution schon bekannt sind, so die Versammlungs-, Vereinigungs-, Wohnungs- und Petitionsfreiheit.

66 Die **Gleichheit** wird in einer gegenüber der Freiheit erkennbar abgestuften Weise gewährleistet. Sie steht in Art. 1 an zweiter Stelle und wird in Art. 2 bei der Nennung der unverlierbaren Menschenrechte gar nicht erwähnt. Offenbar haben die Väter der „Déclaration" die Gleichheit weniger als individuelles Grundrecht denn als Staatsorganisationsprinzip aufgefaßt. So werden in dem organisationsrechtlichen Art. 6 die Rechtsanwendungsgleichheit und der gleiche Zugang aller Bürger zu den öffentlichen Würden, Stellen und Ämtern postuliert, wobei als Unterscheidungskriterien nur die jeweiligen „Fähigkeiten, Tugenden und Talente" zugelassen werden. Ein paralleler Dreiklang von „Eignung, Befähigung und fachlicher Leistung" findet sich noch heute in Art. 33 Abs. 2 GG. Ferner normiert Art. 13 die Abgaben- oder Steuergleichheit, die auch unter dem Grundgesetz als besondere Ausprägung des Gleichheitssatzes anerkannt ist (vgl. BVerfGE 82, 60/86 ff.; 84, 239/271).

67 Der **bürgerliche Charakter** der Erklärung der Menschen- und Bürgerrechte zeigt sich nicht nur in einem gewissen Nachrang der Gleichheit gegenüber der Freiheit, sondern auch im Fehlen aller Vorschriften, die breiteren Bevölkerungskreisen die tatsächliche Inanspruchnahme dieser Freiheiten ermöglicht hätten, sowie in der formal und inhaltlich herausgehobenen Art und Weise der Eigentumsgarantie. Schon in Art. 2 figuriert das Eigentum unmittelbar nach der Freiheit als ein „natürliches und unverlierbares" Menschenrecht. Die Eigentumsgarantie des Art. 17 bildet den markanten Abschluß des Rechtekatalogs, und das Eigentum wird hier nicht nur als „unverletzlich", sondern auch als „heilig" bezeichnet. Auch die Schranken, die gem. Art. 17 der Eigentumsfreiheit gezogen sind, werden so genau festgelegt, daß man darin sogar die wichtigsten der unter dem Grundgesetz geltenden Schranken-Schranken wiedererkennen kann: „es sei

denn, dass die gesetzlich festgestellte (= Parlamentsvorbehalt) öffentliche Notwendigkeit (= Verhältnismäßigkeitsgrundsatz) es klar erfordert (= Bestimmtheitsgrundsatz) und unter der Bedingung einer gerechten und vorherigen Entschädigung" (entspricht Art. 14 Abs. 3 S. 2 und 3 GG; *K. Bertram*, Die Gesetzgebung zur Neuregelung des Grundeigentums in der ersten Phase der Französischen Revolution [bis 1793] und deren Bedeutung für die deutsche Eigentumsdogmatik der Gegenwart, 2000, S. 273 ff.).

Die Erklärung enthielt aber nicht nur Grundrechte, sondern auch **grundlegende staatsorganisatorische Prinzipien,** die sie zu einem wichtigen Bezugspunkt der demokratischen Verfassungsbewegung des 19. Jahrhunderts machten. Art. 3 proklamiert zwar nicht die Volkssouveränität, aber das praktische Äquivalent der „Souveränität der Nation". Vom König, von der Krone oder Monarchie ist weder hier noch sonst an irgendeiner Stelle in dem Dokument die Rede. Gem. Art. 6 S. 1 ist das Gesetz ganz im Sinne *Rousseaus* der Ausdruck des allgemeinen Willens. Mit dem darauffolgenden Satz, wonach alle Bürger (citoyens) berechtigt sind, persönlich oder durch ihre Vertreter an der Gestaltung des Gesetzes mitzuwirken, ist die Volksvertretung installiert und das allgemeine Wahlrecht impliziert. Die Stellung des Gesetzgebers wurde abgerundet durch seine Budgethoheit in Art. 14. Damit stand die parlamentarische Demokratie auch in Europa definitiv auf der politischen Agenda. Hinzu kamen bestimmte rechtsstaatliche Gewährleistungen, wie der bereits angesprochene Grundsatz der Gewaltenteilung (Art. 16) und die verfassungsrechtliche Einbindung von Militär (Art. 12) und Verwaltung (Art. 15).

Insgesamt gilt die französische Erklärung der Menschen- und Bürgerrechte vom 26. August 1789 nicht zu Unrecht als das „Credo eines neuen Zeitalters" *(Michelet).* Sie hat einen **ungeheuren Widerhall** in ganz Europa gefunden. In Frankreich hat man sie unverändert in die Verfassung von 1791 und in erweiterter Form in die Verfassung von 1793 aufgenommen. Da sich wie schon die Verfassung der 4. Republik von 1946 auch diejenige der 5. Republik von 1958 in der Präambel auf die Erklärung von 1789 bezieht, ist sie sogar aktuell geltendes Recht in Frankreich. Die sich erst in den letzten Jahren entfaltende Rechtsprechung des Conseil Constitutionnel zu den Grundrechten stützt sich auf nichts anderes als den oben abgedruckten Text (vgl. *P. Pactet*, Institutions politiques et Droit constitutionnel, 14. Aufl. 1995, S. 471, 495).

IV. Die Entstehung der Verfassung vom 3. September 1791

70 Die Erklärung der Menschen- und Bürgerrechte wurde von der Verfassunggebenden Nationalversammlung veröffentlicht, ohne daß die Zustimmung des Königs eingeholt worden wäre. Man rechtfertigte dies damit, daß es sich um eine Grundsatzerklärung handele. Demgegenüber hielt man die Zustimmung des Königs für die Beschlüsse vom 4. August 1789 wegen ihrer weitreichenden rechtlichen Wirkungen für erforderlich. Angesichts der Weigerung des Königs trug nach hartem Ringen die Auffassung von *Sieyès*, die dieser in der berühmten Schrift „Was ist der Dritte Stand?" (1789) begründet hatte, den Sieg davon. Danach beruhte die verfassunggebende Gewalt auf einer speziellen und direkten Ermächtigung des Volkes und war nur durch das Naturrecht begrenzt. Die von der Verfassunggebenden Nationalversammlung verabschiedeten Gesetze bedurften daher keiner Zustimmung des Königs und konnten sofort verkündet und durchgeführt werden. Damit war zugleich definitiv klargestellt, daß der König nicht etwa oberhalb der in Art. 3 der Erklärung der Menschen- und Bürgerrechte genannten Nation stand, sondern ihr Repräsentant und der erste Diener des Staates war.

71 Die **Arbeit der Verfassunggebenden Nationalversammlung** dauerte noch rund zwei Jahre. Dabei ging sie nicht nach einem vorgefaßten logischen Arbeitsplan vor, sondern richtete sich häufig nach aus der inneren und äußeren Politik erwachsenden Dringlichkeiten. Die Debatten waren gründlich und von hohem intellektuellem Niveau. Sie fanden auch meistens vor einem eleganten und gebildeten Publikum statt. Größere Unruhe brachten folgende zwei Ereignisse herein: Im Oktober 1789 zwang das Volk von Paris die königliche Familie, von Versailles nach Paris umzuziehen. Die Verfassunggebende Nationalversammlung folgte und tagte hinfort im Saal der Manège, nicht weit vom königlichen Palast, den Tuilerien, entfernt. Im Sommer 1791 stellte die versuchte Flucht des Königs ins Ausland, die in Varennes aufgehalten wurde, die Versammlung vor die Frage, ob sie, wie von einigen Revolutionären verlangt, den radikalen Bruch mit der Monarchie wagen sollte. Zunächst wurde der König vorläufig seines Amtes enthoben, und die Versammlung übernahm selbst die vollziehende Gewalt. Dann aber kam es zu teilweise gewalttätigen

Demonstrationen, die mit Zustimmung der Mehrheit der Versammlung blutig unterdrückt wurden. Die Versammlung bekam Angst vor der eigenen Courage und gab dem Verfassungsentwurf im letzten Stadium der Beratungen noch eine traditionalistische und antidemokratische Tendenz. Insbesondere wurde auch der bisherige antikirchliche Effekt abgemildert.

Schon am 2. November 1789 hatte die Versammlung nämlich die **Säkularisation** beschlossen, mit der Folge, daß alles kirchliche Vermögen „der Nation zur Verfügung zu stellen" war. Damit wollte man nicht nur eine Stütze des Ancien Régime schwächen, sondern zugleich die ungeheuren Finanzprobleme meistern, die schon ein Grund für den Zusammentritt der Generalstände gewesen waren. Da mit der Abschaffung der Feudalherrschaft am 4. August 1789 auch die Erhebung von Kirchensteuern verboten worden war, wäre die Geistlichkeit ohne jedes Auskommen gewesen, wenn sich die Verfassunggebende Nationalversammlung nicht auf andere Weise ihrer angenommen hätte. So war im Jahr 1790 die sog. Zivilverfassung der Geistlichkeit entstanden, eine staatliche Regelung der gesamten – heute unter dem Grundgesetz als „eigene" anerkannten (Art. 140 GG i. V. m. Art. 137 Abs. 3 WRV) – Angelegenheiten der Kirche, die gegen das damals geltende Konkordat verstieß, konsequenterweise vom Papst verdammt wurde und ein regelrechtes Schisma in die französische Kirche hineintrug.

Am 3. September 1791 wurde die Verfassung verabschiedet. Einige Tage später erklärte der König sein Einverständnis und leistete den vorgesehenen Eid auf die Verfassung. Daraufhin wurde er wieder in sein Amt eingesetzt. Die Verfassung trat in Kraft, und die Verfassunggebende Nationalversammlung beendete ihre Arbeit. Die Verfassung begründete eine **konstitutionelle, noch keine parlamentarische Monarchie.** Zwar mußte der König die Minister aus den Reihen des einzigen Hauses des Parlaments, der Nationalversammlung, wählen, aber sie waren nur ihm verantwortlich. Der König repräsentierte auch die vollziehende Gewalt. Das Wahlrecht war auf die sog. aktiven Bürger beschränkt, die es allerdings im Namen der gesamten Nation als Inhaberin der gesamten Staatsgewalt (souveraineté) ausübten. Das aktive Wahlrecht wurde durch die Zahlung einer bestimmten Steuersumme erworben und erstreckte sich faktisch auf etwa die Hälfte der französischen Männer, die älter als 25 Jahre waren. Gesetzen gegenüber hatte der König ein Vetorecht, das aber nur eine für höchstens sechs Jahre aufschiebende Wirkung hatte.

36 Kap. 1. Entstehung des modernen Verfassungsrechts

74 Die Verfassung vom 3. September 1791 umfaßte weitere **bemerkenswerte Regelungen:** So mußten alle Richter vom Volk gewählt werden. Der Titel VI enthielt die schon 1790 verabschiedete Friedenserklärung an die Welt, deren erster Satz lautete: „Die französische Nation verzichtet darauf, jemals einen Krieg zu beginnen, um Eroberungen zu machen, und wird niemals ihre Streitkräfte gegen die Freiheit irgendeines Volkes einsetzen." Verfassungsänderungen wurden so erschwert, daß sie erst nach 10 Jahren hätten praktisch werden können. Die Erklärung der Menschen- und Bürgerrechte wurde der Verfassung vorangestellt. Als zusätzliche Grundrechte wurden in der Verfassung die Freizügigkeit, die Versammlungsfreiheit und das Petitionsrecht gewährleistet. Der Geist dieser Revolutionsverfassung, die gründlicher als alle späteren beraten wurde und den größten Einfluß auf die weitere verfassungsgeschichtliche Entwicklung ausgeübt hat, kommt am besten in folgenden Worten zum Ausdruck:

75 Präambel der Französischen Verfassung vom 3. September 1791: „Da die Nationalversammlung die Französische Verfassung auf den Grundsätzen aufbauen will, die sie eben anerkannt und erklärt hat, schafft sie unwiderruflich die Einrichtungen ab, welche die Freiheit und die Gleichheit der Rechte verletzen. Es gibt keinen Adel mehr, keinen Hochadel, keine erblichen Unterschiede, keine Standesunterschiede, keine Lehnsherrschaft, keine Patrimonialgerichtsbarkeiten, keine daraus abgeleiteten Titel, Benennungen und Vorrechte, keinen Ritterorden, keine Körperschaften oder Auszeichnungen, die Nachweise adeliger Abstammung erforderten oder die auf Unterschieden der Geburt beruhten, und keinen anderen Vorzug als den der öffentlichen Beamten in Ausübung ihres Dienstes. Kein öffentliches Amt kann mehr gekauft oder ererbt werden. Für keinen Teil der Nation, für kein Individuum gibt es mehr irgendein Privileg oder eine Ausnahme vom gemeinsamen Recht aller Franzosen. Es gibt keine Zünfte mehr, keine Körperschaften von Berufen, Künsten oder Handwerken. Das Gesetz erkennt weder geistliche Gelübde noch irgendwelche andere Verbindlichkeiten an, die den natürlichen Rechten oder der Verfassung entgegenstehen." (Vgl. *Willoweit/Seif*, Texte, S. 293 f.)

V. Die Entwicklung bis zur Verfassung des Jahres I

76 Die Verfassung von 1791 blieb nicht einmal ein ganzes Jahr in Kraft. Schon Mitte 1792 kam es zur Verfassungskrise, die in dem Sturm auf die Tuilerien und der Gefangensetzung der königlichen Familie am 10. August 1792 gipfelte. Das Parlament hatte angesichts des ausgebrochenen Krieges (vgl. unten Rn. 166) eine Reihe von Ge-

setzen über die Landesverteidigung verabschiedet, gegen die der König sein Veto einlegte. Die von der Verfassung von 1791 vorgesehenen Mechanismen zur Entscheidungsbildung im Falle eines Dissenses zwischen der Legislative und der durch den König repräsentierten Exekutive waren kompliziert und langwierig. Für das im Krieg erforderliche rasche Handeln der Staatsgewalten waren sie absolut inadäquat. In dieser Situation entschloß sich die Nationalversammlung dazu, das Veto des Königs zu übergehen und das Scheitern der Verfassung von 1791 zu erklären. Es wurden Neuwahlen zur Bildung eines – wiederum nach dem amerikanischen Vorbild so genannten – Nationalkonventes (Convention Nationale) ausgeschrieben, der eine neue Verfassung ausarbeiten sollte. Für diese Wahl wurde die Unterscheidung zwischen aktivem und passivem Wahlrecht aufgehoben. Es fand zum ersten Mal eine allgemeine Wahl statt, bei der allerdings die Frauen noch nicht wahlberechtigt waren. Auch war die Wahl noch nicht unmittelbar. Die Wahlbeteiligung lag bei nur knapp 10 %.

Der aus diesen Wahlen hervorgegangene **Konvent** war sehr revolutionär. Schon am Tag seines Zusammentritts am 21. September 1792 wurde beschlossen, „daß das Königtum in Frankreich abgeschafft" war. Einen Tag später wurde eine neue Zeitrechnung, d. h. der Beginn des Jahres I, eingeführt. Weitere drei Tage später wurde folgendes Dekret verabschiedet: „La République française est une et indivisible". Der alsbald gewählte Verfassungsausschuß bestand überwiegend aus Abgeordneten der gemäßigten Linken, sogenannten Girondisten (deren Führer aus der Gironde kamen). Ein einziges Mitglied des Verfassungsausschusses gehörte zur extremen Linken, den sog. Montagnards, die auf den obersten Rängen, dem Berg (montagne), saßen, das war *Danton*. Den größten Einfluß im Verfassungsausschuß hatte *Condorcet*, einer der letzten großen „Philosophen". Die Arbeiten des Verfassungsausschusses kamen allerdings erst in Gang, nachdem am 21. Januar 1793 der König *Ludwig XVI.* hingerichtet worden war.

Der **Verfassungsentwurf der Girondisten** war durch eine erweiterte Erklärung der Menschenrechte, eine strenge Gewaltenteilung sowie stark ausgebaute direkt-demokratische und föderalistische Elemente geprägt (vgl. *A. Kley/R. Amstutz*, Gironde-Verfassungsentwurf aus der französischen Revolution vom 15./16. Februar 1793, 2011). Unter starkem äußeren und inneren Druck (Koalition fast des gesamten Resteuropas gegen Frankreich, militärische Niederlagen der französischen Armee und Rückzug aus Belgien, Aufstand in der Vendée) gewannen die radikalen Montagnards (= Jakobiner) unter Führung von *Robespierre* an Boden. Dieser hatte schon dem Verfassungsausschuß einen Gegenentwurf vorgelegt; Mitte des Jahres 1793 erreichte er, daß fünf Gesinnungsgenossen, darunter *Saint-Just* (vgl. *R. Grawert*, in: FS Wahl, 2011, S. 75 ff.), Mitglieder des Verfassungsausschusses wurden. Aber erst die Verhaftung von 29 Girondisten am 2. Juni 1793 brachte den Jakobinern die Mehrheit im Konvent, der am 24. Juni 1793 eine neue Verfassung verabschiedete.

79 Diese **Verfassung des Jahres I** ist konsequent egalitär-demokratisch. Die wiederum vorangestellte Erklärung der Menschen- und Bürgerrechte geht weiter als jene von 1789. Sie nennt in Art. 2 nicht mehr die Freiheit, sondern die Gleichheit an erster Stelle. Das Eigentum wird gewährleistet, aber nicht mehr als „heilig" bezeichnet (Art. 16). Erstmals wird die Freiheit der Arbeit, des Erwerbes und des Handels garantiert (Art. 17). Ein Novum in der Verfassungsgeschichte sind auch folgende soziale Rechte: „Die öffentliche Unterstützung ist eine heilige Schuld. Die Gesellschaft schuldet ihren unglücklichen Mitbürgern den Unterhalt, indem sie ihnen entweder Arbeit verschafft oder denen, die außerstande sind zu arbeiten, die Mittel für ihr Dasein sichert" (Art. 21). „Der Unterricht ist für alle ein Bedürfnis. Die Gesellschaft soll mit aller Macht die Fortschritte der öffentlichen Aufklärung fördern und den Unterricht allen Bürgern zugänglich machen" (Art. 22). Die Artikel 33–35 normieren ein Widerstandsrecht, das nicht nur – wie schon 1789 – gegen Unterdrückung gerichtet ist, sondern auch den Fall umfaßt, daß die Regierung die Rechte des Volkes verletzt. Gegen den sog. Umsturz von oben gewährleistet auch Art. 20 Abs. 4 GG ein Widerstandsrecht, allerdings unter dem Vorbehalt, daß „andere Abhilfe nicht möglich ist".

80 In dem **organisationsrechtlichen Teil** der Verfassung ist nicht mehr von der Souveränität der Nation, sondern von der Volkssouveränität die Rede. Das allgemeine Wahlrecht für Männer, die das 21. Lebensjahr vollendet haben, wird grundsätzlich auf alle Ausländer erstreckt, die in Frankreich seit einem Jahr ansässig sind (vgl. oben Rn. 21). Es wird erstmals eine Direktwahl der Abgeordneten zur Nationalversammlung vorgeschrieben, für die das auch heute noch praktizierte Mehrheitssystem in zwei Wahlgängen maßgebend ist, wobei im ersten Wahlgang die absolute Stimmenmehrheit erforderlich ist und im zweiten Wahlgang die relative Stimmenmehrheit ausreicht. Die auf diese Weise gewählte Nationalversammlung als das einzige Corps législatif ist das bei weitem wichtigste Staatsorgan; Exekutive

und Judikative sind nur schwach ausgeprägt. Die vorgesehenen 24 Minister sollen von der Nationalversammlung auf Vorschlag von Urversammlungen in den Wahlkreisen gewählt werden. Wie sich schon bei der Bestellung der Exekutive zeigt, sind die Elemente direkter Demokratie stark ausgeprägt. Alle Gesetze müssen dann, wenn die Mehrzahl der Départements Einwendungen erhebt, vom Volk gebilligt werden. Allerdings gibt es keine Gesetzesinitiative durch das Volk, die der Verfassungsentwurf der Girondisten noch vorgesehen hatte. Über die „Beziehungen der Französischen Republik zu fremden Nationen" enthält die Verfassung folgende bemerkenswerte Vorschriften:

Verfassung des Jahres I – Auszug –: 81
Art. 118. Das französische Volk ist der Freund und natürliche Verbündete der freien Völker.
Art. 119. Es mischt sich nicht in die Regierung anderer Nationen ein; es duldet nicht, daß andere Nationen sich in die seine einmischen.
Art. 120. Es gewährt Ausländern, die um der Sache der Freiheit willen aus ihrem Vaterland vertrieben wurden, Zuflucht. Sie verweigert sie den Tyrannen.
Art. 121. Es schließt keinen Frieden mit einem Feind, der sein Gebiet besetzt hält.
(Vgl. *Franz*, Staatsverfassungen, S. 397.)

Die Verfassung selbst wurde einer **Volksabstimmung** unterzogen, 82
die eine überwältigende Zustimmung ergab. Dabei ist allerdings zu bedenken, daß die Wahlbeteiligung bei nur knapp 30 % lag, die Abstimmung mündlich und öffentlich erfolgte und eine Reihe von Bürgern ihre Zustimmung nur unter dem Vorbehalt der Streichung der einen oder anderen Einzelvorschrift gab. Die Verfassung trat nie in Kraft. Unmittelbar nach ihrer Annahme in der Volksabstimmung beschloß der Konvent, die Verfassung „bis zum Frieden" zu suspendieren. Die Abgeordneten des Konvents hatten erkannt, daß mit einer schwachen Exekutive auf der Grundlage der von ihnen beschlossenen Verfassung der Krieg (vgl. unten Rn. 168) nicht gewonnen und damit möglicherweise auch die Errungenschaften der Revolution nicht erhalten werden konnten. Die Verfassung des Jahres I gilt als die demokratischste der gesamten Französischen Revolution. Allerdings konnte die Probe aufs Exempel, ob sie nämlich auch in der Wirklichkeit dem Volk die Herrschaft in die Hände gegeben hätte, nicht erbracht werden.

VI. Weitere verfassungsgeschichtliche Stationen bis 1804

83 Nachdem die Suspension der Verfassung von 1793 beschlossen war, organisierte der Konvent die **vorläufige („revolutionäre") Regierung**. Die Regierungsgewalt wurde bei den Mitgliedern zweier Regierungsausschüsse konzentriert, dem Wohlfahrtsausschuß und dem Sicherheitsausschuß. Formell blieben diese Ausschüsse dem Konvent unterstellt, der ihre Mitglieder jeweils für einen Monat wählte. In der Praxis wählte der Konvent immer dieselben Mitglieder und billigte alle Entscheidungen des Wohlfahrtsausschusses. Unter der Führung von *Robespierre* unterwarf der Wohlfahrtsausschuß Frankreich einer fürchterlichen Diktatur. Auch viele Revolutionäre mußten auf die Guillotine, wie am 5. April 1794 (14. Germinal) *Danton* und seine Gefolgsleute. Es war das Jahr des „Schreckens" (la Terreur).

84 **Georg Büchner** hat in seinem Drama „Danton's Tod" aus dem Jahr 1835 *Robespierre* den Schrecken wie folgt rechtfertigen lassen: „Die Waffe der Republik ist der Schrecken, die Kraft der Republik ist die Tugend, – die Tugend, weil ohne sie der Schrecken verderblich, – der Schrecken, weil ohne ihn die Tugend ohnmächtig ist. Der Schrecken ist ein Ausfluß der Tugend, er ist nichts anderes als die schnelle, strenge und unbeugsame Gerechtigkeit. (...) Die Revolutions-Regierung ist der Despotismus der Freiheit gegen die Tyrannei. Erbarmen mit den Royalisten! rufen gewisse Leute. Erbarmen mit Bösewichtern? Nein! Erbarmen für die Unschuld, Erbarmen für die Schwäche, Erbarmen für die Unglücklichen, Erbarmen für die Menschheit! In einer Republik sind nur Republikaner – Bürger; Royalisten und Fremde sind Feinde." (Erster Act. Der Jacobinerklubb.)

85 Hervorzuheben ist aus dieser Zeit, daß der Konvent durch Dekret vom 4. Februar 1794 (16. Pluviose) die Sklaverei in den Kolonien abschaffte. Nach dem Sturz und der Hinrichtung *Robespierres* am 27. Juli 1794 (9. Thermidor) kamen die gemäßigten Girondisten wieder an die Macht. Diese gedachten zunächst nur, die Verfassung von 1793, die ja, sobald Friede war, wieder in Kraft treten sollte, in einigen wichtigen Punkten zu ändern. Nachdem aber im Mai 1795 (Prairial) die meisten Montagnards im Konvent verhaftet worden waren, kam es zu einer ganz neuen Verfassung, die am 22. August 1795 verabschiedet wurde.

86 Diese **Verfassung des Jahres III,** auch Direktorialverfassung genannt, verwirklichte die Vorstellungen des besitzenden Bürgertums, das zuviel Volksherrschaft verhindern, aber sich die Vorteile aus der

Revolution sichern wollte. Die Verfassung sollte die nunmehr etablierte bürgerliche Ordnung legitimieren. Verglichen mit der Verfassung von 1793 und sogar noch mit der von 1791 bedeutete sie einen „Rückschritt" *(Godechot).* Eine überarbeitete Erklärung der Menschen- und Bürgerrechte wurde nur widerstrebend der Verfassung vorangestellt. Der programmatische Art. 1 der Erklärung von 1789 wurde weggelassen. Statt von Menschenrechten ist von Rechten innerhalb der Gesellschaft die Rede. Die Gleichheitsrechte sind auf die formale Gleichheit vor dem Gesetz zurückgenommen. Die sozialen Rechte und erst recht das Widerstandsrecht fehlen ganz. An die Rechte schließen sich in der Erklärung Pflichten an, darunter erstmals die Militärdienstpflicht. Das Wahlrecht ist auf Bürger beschränkt, die direkte Steuern zahlen. Die gesetzgebende Gewalt wurde nach amerikanischem Vorbild in die Hände zweier Kammern gelegt, des Rates der Fünfhundert und des Rates der Alten. Bei der Gestaltung der Exekutive sollte einerseits eine erneute Diktatur verhindert, andererseits eine kräftige bürgerliche Führung ermöglicht werden. So errichtete man das Direktorium aus fünf von den beiden Kammern des Parlaments gewählten Mitgliedern, die auf fünf Jahre gewählt wurden und nicht direkt wiedergewählt werden konnten. Elemente direkter Demokratie waren außer bei Verfassungsänderungen nicht mehr vorgesehen; für diese aber wurde die hohe Hürde eines sich über neun Jahre hinziehenden Verfahrens errichtet. Souverän ist auch nicht mehr wie in den beiden vorangegangenen Verfassungen die Nation oder das Volk, sondern die Gesamtheit der französischen Bürger, d. h. aber praktisch nur derjenigen, die direkte Steuern zahlten.

Während der etwas mehr als vier Jahre, in denen die Verfassung des Jahres III in Kraft war, kam es immer wieder zu **Verfassungskrisen.** Sie hatten ihre Hauptursache darin, daß die Verfassung für den Konflikt zwischen Legislative und Exekutive, also zwischen den beiden Häusern des Parlaments und dem Direktorium, keine Lösungsmöglichkeit zur Verfügung stellte. So kam es mehrfach zu staatsstreichartigen Vorgängen. Insbesondere wurden Wahlen, die die Opposition an die Macht gebracht hätten, im Wege der von der Verfassung vorgesehenen Wahlprüfung für nichtig erklärt. Drei politische Hauptströmungen rangen um die Macht: auf der einen Seite die Royalisten, auf der anderen die Jakobiner und dazwischen die Gemäßigten, auch Republikaner genannt. Da die Verfassung des Jahres III auch in den sog. Schwesterrepubliken, z. B. Holland, Schweiz und Ligurien, wohin sie übernommen worden war, nicht funktionierte, breitete sich in

87

den führenden politischen Kreisen die Überzeugung aus, daß wieder eine neue Verfassung vonnöten sei.

88 Unter dem zusätzlichen Druck militärischer Niederlagen gelang *Napoléon* mit Hilfe des Direktoriumsmitglieds *Sieyès* der **Staatsstreich vom 9. November 1799** (18. Brumaire). In aller Eile wurde eine neue Verfassung ausgearbeitet, und zwar zum ersten Mal nicht von einer gewählten Versammlung, sondern von einem Ausschuß, der von der provisorischen Regierung, einem Direktorium aus drei Männern, darunter *Napoléon*, eingesetzt worden war. Zwar sollte die Verfassung noch Gegenstand einer Volksabstimmung sein, doch wurde sie von ihren Autoren am 25. Dezember 1799 in Kraft gesetzt, ohne daß man das Ergebnis der Volksabstimmung abgewartet hätte. Immerhin billigten viel mehr Bürger als früher die neue Verfassung, da sie der Anarchie überdrüssig waren.

89 Die **Verfassung des Jahres VIII** heißt auch Konsulatsverfassung. Sie war, was *Sieyès* von Verfassungen gefordert hatte, nämlich kurz und dunkel. Inhaltlich verwirklichte sie viele Vorstellungen von *Napoléon*. Auf eine vorangestellte Erklärung der Menschen- und Bürgerrechte wurde ganz verzichtet. An Grundrechten fanden sich im Schlußteil lediglich noch die Unverletzlichkeit der Wohnung, die individuelle Freiheit und das Petitionsrecht. Das allgemeine Wahlrecht wurde zwar wieder eingeführt, aber mittels eines komplizierten Systems mittelbarer Wahlen seiner politischen Wirkung beraubt. Die gesetzgebende Gewalt war in drei Körperschaften aufgeteilt und damit ebenfalls politisch weitgehend wirkungslos. Die eigentliche Macht lag beim Konsulat, bestehend aus dem Ersten Konsul, gewissermaßen als Staats- und Regierungschef, und zwei weiteren Konsuln, die aber nur beratende Stimme hatten. In den Händen des ersten Konsuls konzentrierte sich folglich die gesamte vollziehende Gewalt. Selbst das Gesetzesinitiativrecht lag bei den Konsuln. Als Gehilfen der Konsuln dienten sieben Minister, deren Zahl aber später erhöht wurde. Berühmt geworden sind die Minister des Äußeren und der Polizei, nämlich *Talleyrand* und *Fouché*. Die Verfassung schuf auch den noch heute bestehenden Staatsrat (Conseil d'Etat), der Gutachten über alle Gesetzesvorhaben und Verordnungen abzugeben und Verwaltungsstreitigkeiten zu entscheiden hatte. Bemerkenswert war eine Verfassungsvorschrift, die es der Regierung erlaubte, Personen verhaften zu lassen, die des Hochverrats verdächtig waren. Insgesamt bereitete die Verfassung von 1799 die Grundlage für *Napoléons* Militärdiktatur.

§ 3. Die Französische Revolution

In den folgenden Jahren baute **Napoléon** seine Macht weiter aus. Noch im Jahr 1800 wurden die großen und in der damaligen Zeit sehr fortschrittlichen Organisationsgesetze über die Verwaltung in den Départements, über die Gerichtsorganisation und die Auswahl der Richter, über die Finanzverwaltung und das Bildungswesen erlassen. Hier liegen die Grundlagen der straffen Zentralverwaltung Frankreichs. Im Jahr 1802 ließ sich *Napoléon* durch Plebiszit zum ersten Konsul auf Lebenszeit ernennen, im Jahr 1804 zum Kaiser krönen. Mit dem „Empire" endete die Vorbildfunktion, die die Französische Revolution für die Verfassungsgeschichte Deutschlands hatte.

90

Die folgende „tadellose Parabel" hat **Egon Friedell**, Kulturgeschichte der Neuzeit, 1927–1931, Neuausgabe 1982, S. 872, konstruiert, vor allem um zu zeigen, daß die Französische Revolution weder Freiheit noch Gleichheit gebracht hat. Dabei wird aber zweierlei verkannt: Zum einen hat der Absolutismus *Napoléons* anders als das Ancien Régime bedeutende und zukunftsweisende innere Reformen hervorgebracht. Zum anderen haben sich die Ideen der Französischen Revolution langfristig eben doch durchgesetzt.

90a

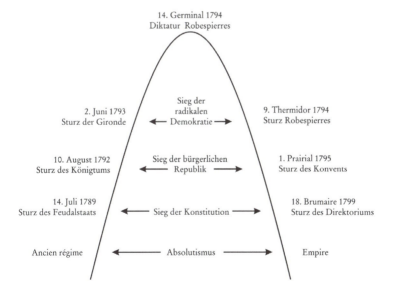

VII. Die Charte Constitutionnelle von 1814

91 Von großer Bedeutung war aber noch einmal die erste französische Verfassung nach *Napoléons* Sturz im April 1814. Zum König sollte nach der freien Entscheidung des französischen Volkes *Ludwig XVIII.* berufen werden. Dieser wollte jedoch keine Inthronisation von des Volkes Gnaden. Er setzte die „Charte Constitutionnelle" vom 4. Juni 1814 durch, die den Bruch mit der revolutionären Verfassungstradition bereits im Namen verdeutlichte. Schon die ersten Worte des Vorspanns („Von der göttlichen Vorsehung berufen...") zeigten, daß *Ludwig XVIII.* fest auf dem Boden des monarchischen Prinzips stand. Die Staatsgewalt lag nicht beim Volk, sondern in der Person des Königs. Die Verfassung wurde als eine Art Geschenk des Monarchen aufgefaßt, mit der er seine alleinige Staatsgewalt (autorité) freiwillig beschränkte.

92 In der Verfassung waren zwar drei Gewalten (puissances) vorgesehen; dabei handelte es sich jedoch um keine echte Gewaltenteilung. Der König spielte die dominierende Rolle. Er stand nicht nur an der Spitze der vollziehenden Gewalt, befehligte die Streitkräfte, erklärte Krieg und Frieden, schloß Verträge und erließ Verordnungen, sondern war auch in starkem Maße an der Gesetzgebung beteiligt, die er zusammen mit der Abgeordnetenkammer und der Pairs-Kammer ausübte. Während die Person des Königs selbst unantastbar war, konnten seine Minister von den Kammern zur Verantwortung gezogen werden. Aufgrund dieses Art. 13 und mehr noch aufgrund der Regierungspraxis *Ludwig XVIII.* wird die Meinung vertreten, damals sei der Parlamentarismus zum ersten Mal in Frankreich eingeführt worden (vgl. *Frotscher*, unten Rn. 95, S. 61). Eine solche Formulierung weckt allerdings leicht falsche Vorstellungen. Von einem Parlamentarismus im heutigen Verständnis des Wortes kann nicht die Rede sein. Die parlamentarischen Züge des Systems erscheinen vielmehr als Zugeständnis des im Prinzip souveränen Monarchen. Dabei muß man noch hinzufügen, daß sich das Parlament aufgrund des Wahlmodus allein aus dem hohen Adel und den Reichen des Landes zusammensetzte.

93 Die Charte war von den Ideen **Benjamin Constants**, des großen Theoretikers der konstitutionellen Monarchie, geprägt, der seinen „Cours de Politique Constitutionnelle" am 24. Mai 1814, also nur wenige Tage vor Inkrafttreten

der neuen Verfassung, veröffentlicht hatte. *Constant* unterschied fünf Verfassungsgewalten: „le pouvoir royal", „le pouvoir exécutif", „le pouvoir représentatif", „le pouvoir judiciaire" und „le pouvoir municipal". Sieht man einmal von der in diesem Zusammenhang bedeutungslosen Munizipalgewalt ab, so bleiben vier Gewalten, von denen drei den herkömmlichen Gewalten Legislative, Exekutive und Judikative entsprechen. Entscheidend für das *Constantsche* Verfassungsmodell ist jedoch die „vierte Gewalt", le pouvoir royal, die gewissermaßen zwischen den anderen Gewalten steht und deren Zusammenspiel überwacht. Der konstitutionelle Monarch als Träger des Pouvoir royal wird auf diese Weise über die anderen Gewalten, insbesondere über die Volksvertretung gestellt. Eine wirkliche Gewaltenteilung findet nicht statt. Der König, der auch die Exekutive einsetzt, die Richter ernennt und auf die Gesetzgebung entscheidenden Einfluß nimmt, ist im Grunde die einzige Quelle aller staatlichen Gewalt. Ihm steht das Volk, vertreten im Parlament (in den „assemblées représentatives"), gegenüber (Cours de Politique Constitutionnelle, Neuaufl. mit einer Einführung von *J. P. Pagés*, 1851, S. 57 ff.). Der Dualismus Staat – Gesellschaft, der den Zugang zu einem demokratischen Staatsverständnis sehr erschweren sollte, ist in dem *Constantschen* Modell einer konstitutionellen Monarchie deutlich angelegt (vgl. *Kimminich*, Verf-Gesch, S. 329 f.).

Die Charte Constitutionnelle galt den Zeitgenossen als **Muster** der Verfassung einer konstitutionellen Monarchie. Sie enthielt die vermittelnde Lösung zwischen Monarchie und Drittem Stand: Der König hatte die Souveränitätsrechte inne, band sich aber in der Ausübung an die Verfassung und nahm die Gesetzgebungsgewalt nur gemeinschaftlich mit den beiden Kammern wahr. Die französische Charte von 1814 beeinflußte die erste Phase der Verfassunggebung in Deutschland erheblich; insbesondere die Verfassungen der drei süddeutschen Staaten Bayern, Baden und Württemberg, belegen deutlich ihre Ausstrahlungskraft.

94

VIII. Literatur

J.-J. Chevallier, Histoire des institutions et des régimes politiques de la France de 1789 à 1958, 9. Aufl. 2001; *C. D. Classen*, Französischer Einfluß auf die Grundrechtsentwicklung in Deutschland, in: *J. Isensee/P. Kirchhof* (Hg.), Handbuch des Staatsrechts, Band IX, 3. Aufl. 2011, § 187; *W. Frotscher*, Regierung als Rechtsbegriff. Verfassungsrechtliche und staatstheoretische Grundlagen unter Berücksichtigung der englischen und französischen Verfassungsentwicklung, 1975; *F. Furet/M. Ozouf* (Hg.), Kritisches Wörterbuch der Französischen Revolution, 1996; *J. Godechot*, L'histoire constitutionnelle de la France de 1789 à nos jours, JöR 1989, S. 45 ff.; *P. C. Hartmann*, Französische

95

Verfassungsgeschichte der Neuzeit (1450–2002), 2. Aufl. 2003; *H. Hofmann,* Die Grundrechte 1789–1949–1989, NJW 1989, S. 3177 ff.; *G. Jellinek,* Die Erklärung der Menschen- und Bürgerrechte, 4. Aufl. 1927; *M. Kirsch,* Monarch und Parlament im 19. Jahrhundert. Der monarchische Konstitutionalismus als europäische Verfassungsform – Frankreich im Vergleich, 1999; *J.-D. Kühne,* Die französische Menschen- und Bürgerrechtserklärung im Rechtsvergleich mit den Vereinigten Staaten und Deutschland, JöR 1990, S. 1 ff.; *K. Loewenstein,* Volk und Parlament nach der Staatstheorie der französischen Nationalversammlung von 1789, 1922 (Nachdruck 1990); *C. A. Rasenack,* Gesetz und Verordnung in Frankreich seit 1789, 1967; *R. Redslob,* Die Staatstheorien der französischen Nationalversammlung von 1789, ihre Grundlagen in der Staatslehre der Aufklärungszeit und in den englischen und amerikanischen Verfassungsgedanken, 1912; *E. Schmitt,* Einführung in die Geschichte der Französischen Revolution, 2. Aufl. 1980; *M. Troper/L. Jaume* (Hg.), 1789 et l'invention de la constitution, 1998; *E. Weis,* Der Durchbruch des Bürgertums: 1776–1847, 2. Aufl. 1981 (Nachdruck 1990).

Kapitel 2. Deutschland am Ausgang des 18. Jahrhunderts

§ 4. Zentrale Begriffe der politischen Ordnung

I. Zeittafel

1648	Westfälischer Friede	96
1663	Immerwährender Reichstag zu Regensburg	
1740	Regierungsantritt *Friedrichs II.* (des Großen) und *Maria Theresias*	
1784	*Kant*: Was ist Aufklärung?	

II. Das Heilige Römische Reich Deutscher Nation

1. Bedeutung und Eigenart

Das Heilige Römische Reich Deutscher Nation war seit seiner Entstehung im 9./10. Jahrhundert (vgl. *Willoweit*, VerfGesch, S. 51) über viele Jahrhunderte bis zu seinem Ende im Jahr 1806 (vgl. unten Rn. 195) der staats- und völkerrechtliche Rahmen für die Ausübung politischer Herrschaft in Deutschland. Das Attribut „heilig" verwies auf das christliche Fundament dieses Reiches (vgl. *Hattenhauer*, Grundlagen, Rn. 11 ff.), dessen Kaisertum seit den Fränkischen Kaisern im 10. Jahrhundert auf der Krönung durch den Papst beruhte; auf sie wurde allerdings seit Ende des 15. Jahrhunderts verzichtet. Das Reich hieß aus demselben Grund „römisch", zugleich aber auch deshalb, weil damit an die großen politischen und kulturellen Traditionen des Römischen Weltreichs angeknüpft werden sollte. Das Reich führte schließlich den Zusatz „deutscher Nation", und der offizielle Titel des Kaisers umfaßte die Bezeichnung „Germaniae rex", weil sich seit Ende des 15. Jahrhunderts die Einsicht in die Realität der angrenzenden Nationalstaaten durchsetzte.

Die **Bewertung** des Heiligen Römischen Reichs Deutscher Nation 98 durch die Zeitgenossen in den letzten Jahrhunderten seines Bestehens war überwiegend negativ. *Pufendorf* nannte es in seiner berühmten, unter dem Pseudonym *Severino de Monzambano* veröffentlichten Schrift „De statu imperii Germanici" aus dem Jahr 1667 „einen irregulären und einem Monstrum ähnlichen Körper" (vgl. *Denzer,* unten Rn. 131, S. 199). Auch die im Dienst absolutistischer Landesherren stehenden Hofhistoriographen waren ablehnend eingestellt. Schließlich sahen die nationalstaatlich gesonnenen Geschichtsschreiber des 19. Jahrhunderts im Sacrum Imperium nur die das Moderne verhindernde Erstarrung (zur juristischen Debatte um die Reichsverfassung vor und nach 1648 vgl. *Stolleis* und *Haas,* unten Rn. 131).

99 Demgegenüber wird es **heute differenzierter** beurteilt und nicht nur einseitig negativ eingeschätzt. Das frühneuzeitliche Reich wird auch als ein Verband gewürdigt, der auf „Friedenserhaltung und Rechtswahrung, keineswegs aber Machtpolitik, Expansion zu Lasten von Nachbarn" (*Duchhardt,* unten Rn. 131, S. 178) ausgerichtet war. Seine Bedeutung beruhte nicht auf militärischer oder wirtschaftlicher Macht, es fehlte ihm die für den modernen Staat charakteristische Konzentration aller Kräfte. Aber: „Leben und Sinn des Deutschen Reiches bestanden noch im Verlauf des 18. Jahrhunderts darin, daß es Träger uralter und eingewurzelter Traditionen, Gedanken und Formen war und daß es seit unzähligen Generationen wenigstens einen gebrechlichen verfassungsrechtlichen Rahmen bot, der Deutschland zusammenhielt und an den sich trotz aller offenkundiger Schwächen viele Hoffnungen knüpften" (*Laufs,* Rechtsentwicklungen, S. 168). Es gar als Modellfall für die europäische Einigung oder für die Wirksamkeit internationaler Organisationen in der Gegenwart (z. B. die UNO) heranzuziehen, erscheint dagegen fernliegend (vgl. aber *A. Randelzhofer,* Völkerrechtliche Aspekte des Heiligen Römischen Reichs nach 1648, 1967). Kritisch bleibt schon hier festzuhalten, daß das Alte Reich aufgrund seiner feudalen Grundstrukturen den Weg in ein neues Zeitalter staatsbürgerlicher Freiheit und Gleichheit nicht weisen konnte (vgl. unten Rn. 187).

100 Die Möglichkeit, die **Verfassungsrechtslage** systematisch darzustellen, ist oft bezweifelt worden; die Rechtsnatur des Reichs sei „mit den Mitteln der juristischen Logik nicht zu begreifen" (*Willoweit,* VerfGesch, S. 173). Das beruht vor allem darauf, daß keine anerkannte Rechtsquellenlehre mit Normenhierarchie und Vorrangregeln existierte, welche die Rechtsschichten von vielen Jahrhunderten hätte aufeinander abstimmen können. Immerhin gab es die sog. Reichsgrundgesetze als wichtigste positivierte Rechtsregeln: die Goldene Bulle von 1356, den Ewigen Landfrieden und die Reichskammergerichtsordnung von 1495, den Augsburger Religionsfrieden und die Exekutionsordnung von 1555, die Reichspolizeiordnung

von 1577 sowie den Westfälischen Frieden von 1648. Die neuere Forschung weist deshalb zu Recht darauf hin, daß von einer „monströsen" (Verfassungs-)Gestalt des Reiches nicht die Rede sein könne, weil nahezu alle zentralen Bereiche und Institutionen, „wenn auch in unterschiedlichem Maße, auf einem reichsgrundgesetzlichen Fundament ruhen" (*Buschmann,* unten Rn. 131, S. 46 f.).

Der Westfälische Friede bestand aus zwei Urkunden, dem Instrumentum 101 Pacis Osnabrugense (IPO), das den Vertrag zwischen dem Reich und Schweden enthielt, und dem Instrumentum Pacis Monasteriense (IPM), das den Vertrag zwischen dem Reich und Frankreich enthielt. Der Westfälische Friede beendete den Dreißigjährigen Krieg, etablierte endgültig die Gleichheit der Religionsparteien und begründete eine Verpflichtung der Staatsgewalt zur Toleranz mit ersten Ansätzen von Gewissens- und Auswanderungsfreiheit. Die Schweiz und die Niederlande schieden offiziell aus dem Reich aus; Frankreich erzielte Ländergewinne östlich des Rheins; Schweden trat mit Vorpommern und dem Herzogtum Bremen und Verden in den Kreis der Reichsstände (vgl. unten Rn. 104) ein. Im Innern brachte der Westfälische Friede eine Gewichtsveränderung zugunsten der Reichsstände, die über den Reichstag ein umfassendes Mitbestimmungsrecht in allen Reichsangelegenheiten und außerdem das Bündnisrecht erhielten (zur „Staatsverfassung" des Westfälischen Friedens vgl. *S. U. Pieper,* in: *B. Großfeld* u. a. [Hg.], Westfälische Jurisprudenz, 2000, S. 27 ff.).

2. Reichsinstitutionen

An der Spitze des Reiches stand der Kaiser. Er wurde von den 102 Kurfürsten nach den Regeln der Goldenen Bulle von 1356 gewählt (vgl. *Laufs,* NJW 2006, 3189 ff.). Der Name dieses Verfassungsgesetzes leitet sich von der Goldkapsel (aurea bulla) ab, die sein Wachssiegel umschloß. Der Kurfürstenrat bestand seit 1298 aus sieben Mitgliedern, nämlich drei geistlichen – den Erzbischöfen von Mainz, Köln und Trier – und vier weltlichen – dem König von Böhmen, dem Pfalzgraf bei Rhein, dem Herzog von Sachsen sowie dem Markgrafen von Brandenburg (vgl. *A. Wolf,* Die Entstehung des Kurfürstenkollegs 1198–1298, 1998); 1623 kam der Herzog von Bayern als achtes, 1692 der Herzog von Braunschweig-Lüneburg (Hannover) als neuntes Mitglied hinzu. Ihnen gegenüber wurde vom Kaiser auch die Wahlkapitulation, eine Art Wahlversprechen mit dem Regierungsprogramm als Inhalt, abgegeben; seit dem 16. Jahrhundert wurde diese Wahlkapitulation stets vor der Wahl vereinbart. Die Kompetenzen des Kaisers waren dadurch beschränkt, daß er in allen wesentlichen Fragen an die Zustimmung der Reichsstände gebunden war. Die kaiserlichen Reservatrechte, wie das Recht der Standeserhöhung und der Ernennung von Notaren sowie der Verleihung von akademischen Titeln, waren nicht sehr bedeutend in der Sache, aber wegen der damit verbundenen Abgabenerhebung von finanziellem Gewicht.

103 Alle Kaiser mit einer Ausnahme kamen seit Mitte des 15. Jahrhunderts bis zum Ende des Heiligen Römischen Reiches im Jahr 1806 (vgl. unten Rn. 195), also über mehr als 350 Jahre, aus dem Hause Habsburg. Diese Verbindung der Kaiserkrone mit Österreich war wesentlich darin begründet, daß die Habsburger die mächtigsten Territorialherrscher waren und ihre Hausmacht in den Dienst der Erfüllung von Reichsfunktionen stellten. Probleme erwuchsen daraus, daß viele der Habsburger Lande weder deutsch waren noch überhaupt zum Reich gehörten und daß die Dynastie sich lange Zeit als Vorkämpferin der katholischen Sache empfand, während Deutschland überwiegend protestantisch war.

104 Reichsstände waren die reichsunmittelbaren Territorien, die im Reichstag Sitz und Stimme hatten (*Willoweit,* VerfGesch, S. 174). Der Reichstag tagte seit 1663 als Immerwährender Reichstag in Regensburg. Er bestand aus drei Kollegien: dem Kurfürstenrat, dem Fürstenrat, dem über 200 geistliche und weltliche Würdenträger angehörten, und dem Städterat der etwa 50 Reichsstädte. Jedes der drei Gremien hatte in der Theorie einen gleich starken Einfluß auf das Gesetzgebungsverfahren: Erst wenn alle drei Reichstagskollegien im Reichsgutachten (consultum imperii) übereinstimmten und der Kaiser diesem zustimmte (sanctio), kam der Reichsschluß (conclusum imperii), das Gesetz, zustande. Dieses wurde als Reichsabschied (recessus imperii), später als kaiserliches Patent veröffentlicht. Eine Gewichtung war nur unter ständisch Gleichen, wie im Fürstenrat, vorgesehen: Hier führten die kleineren Herrschaften gemeinschaftlich eine so genannte Kuriatstimme, während den Fürsten jeweils eine volle so genannte Virilstimme zustand. In der Praxis blieb jedoch das Mitentscheidungsrecht (votum decisivum) des Städterats weitgehend unbedeutend. Wollte er der Einigung zwischen Kurfürstenrat und Fürstenrat (commune duorum) nicht zustimmen, konnte er vom Kaiser als Herrn der Reichsstädte zum Nachgeben bewogen werden (vgl. *Willoweit,* VerfGesch, S. 176). Zu beachten ist, daß in Religionssachen das Prinzip der freundlichen Verständigung (amicabilis compositio) und damit das Erfordernis der Einstimmigkeit galt.

§ 4. Zentrale Begriffe der politischen Ordnung

Der **Ertrag der Gesetzgebungsarbeit** des Immerwährenden Reichstags in knapp anderthalb Jahrhunderten wird nicht ganz einheitlich beurteilt: Einerseits soll er „zur Verfassungsentwicklung kaum mehr etwas beigetragen" haben (*Laufs*, Rechtsentwicklungen, S. 171); andererseits werden die von ihm verabschiedete Reichsverteidigungsordnung von 1681, die Reichshandwerksordnung von 1731 und die Reichsmünzordnung von 1737 als „große Gesetzgebungswerke" gepriesen (*Willoweit*, VerfGesch, S. 176). Jedenfalls als Forum für diplomatische Verhandlungen und „maßgebliche Kontakt- und Kommunikationsstelle" (*Eisenhardt*, RechtsGesch, Rn. 196) für Kaiser und Reichsstände behielt der Reichstag eine sinnvolle Funktion. 105

Die **Reichskreise** dienten der regionalen Zusammenarbeit der Reichsstände, vor allem in den Bereichen der inneren (Landfrieden) und äußeren Sicherheit und des Münzwesens. Auf diese Weise sollten Aufgaben wahrgenommen werden, welche die Reichsorgane mangels eigener Verwaltungsorganisation und die einzelnen Stände mangels wirtschaftlicher und finanzieller Kraft nicht erfüllen konnten. Es handelte sich, wenn man die Begriffe moderner Verwaltungsrechtsdogmatik heranzieht, um eine Form der mittelbaren Reichsverwaltung. Seit der Reichskreisordnung von 1512 bestanden zehn Kreise – der österreichische, burgundische, kurrheinische, obersächsische, schwäbische, fränkische, bayerische, oberrheinische, westfälische und niedersächsische –, die eine lange gemeinsame Vorgeschichte und in der Reichsexekutionsordnung von 1555 eine gemeinsame Rechtsgrundlage besaßen. Ihre Effektivität und innere Geschlossenheit waren jedoch sehr unterschiedlich ausgeprägt (vgl. einerseits zum Fränkischen Reichskreis *R. Endres*, in: *Jeserich* u. a., Dt. VerwGesch I, S. 599 ff., und andererseits zum Oberrheinischen Kreis *H. Philippi*, ebd., S. 634 ff.). Alle Kreise hatten in den Kreistagen eine dem Reichstag vergleichbare ständische Versammlung. 106

Das Reich besaß auch zwei Gerichte. Der **Reichshofrat** in Wien gab Ständen, geistlichen und weltlichen Korporationen, aber auch Bürgern und Bauern in bestimmten Bereichen die Möglichkeit der Rechtsverteidigung. Trotz Zugangshürden und langer Prozeßdauer bot der Reichshofrat durchaus effektive rechtliche Schlichtung, Entscheidung und Vollstreckung. Allerdings wurden die Hofräte nicht nur vom Kaiser ernannt, sondern konnten bis in die zweite Hälfte des 18. Jahrhunderts hinein auch jederzeit von ihm entlassen werden. Zudem behielt sich der Kaiser in wichtigen Sachen die Entscheidung vor. So hat der Reichshofrat wie andere territoriale Hofgerichte seit 107 dem 16. Jahrhundert zwar die „Verrechtlichung sozialer Konflikte" gefördert (vgl. *W. Schulze*, Bäuerlicher Widerstand und feudale Herrschaft in der frühen Neuzeit, 1980, S. 76 f.), blieb dabei aber stark konservativ.

108 Das **Reichskammergericht** war 1495 auf dem Wormser Reichstag ins Leben gerufen worden. In Ergänzung des Ewigen Landfriedens sollte es eine gerichtsförmige Austragung von Streitigkeiten ermöglichen. Damit war ein wichtiger „erster Schritt zum Ausbau des Rechtsfriedens im Reich" (*H.-J. Becker*, NJW 1995, S. 2077/2081) getan. Auf Betreiben der Reichsstände wurde es weit entfernt vom kaiserlichen Hof in Frankfurt angesiedelt; seit 1526 hatte es seinen Sitz in Speyer, seit 1693 dann in Wetzlar. Während der Kaiser den „Kammerrichter" als Leiter des Gerichts und die Präsidenten als Vorsitzende der Senate allein bestimmen konnte, war die Bestellung der Beisitzer (Assessoren) nur im Einvernehmen mit den Ständen möglich. Die Beisitzer mußten zunächst nur zur Hälfte juristisch ausgebildet sein. Die Zuständigkeiten des Reichskammergerichts in Zivilsachen betrafen insbesondere Klagen gegen den Reichsfiskus und gegen reichsunmittelbare Herrschaften sowie Besitzstreitigkeiten zwischen diesen. In Strafsachen war es für bestimmte schwere Straftaten wie Bruch des Landfriedens zuständig. Seine Zuständigkeit als Berufungsinstanz war durch vielfältige Privilegien „de non appellando" der Territorialherrscher ausgehöhlt (zu einer Neubewertung der privilegia als „ein flexibles und effektives kaiserliches Gestaltungsinstrument" vgl. aber *G. Sydow*, Der Staat 2002, S. 263 ff.). Das schriftliche Verfahren war äußerst schwerfällig; Prozesse dauerten teilweise Jahrzehnte. Überdies war gegen die Urteile des Reichskammergerichts die Revision an den Reichstag zulässig. Fehlende Reformen und Anpassungen führten dazu, daß Effizienz und politische Bedeutung des Gerichts immer weiter zurückgingen. Diese Entwicklung stand in engem Zusammenhang mit dem Niedergang des Reiches und seiner Verfassung insgesamt. Das Reichskammergericht war insoweit auch „ein Seismograph für den Zustand des Reiches" (*Jahns*, unten Rn. 131, S. 675).

109 **Goethe** hat aus eigener Anschauung als Praktikant am Reichskammergericht über dessen Probleme berichtet: „Aber alle diese späteren und früheren Gebrechen entsprangen aus der ersten, einzigen Quelle: aus der geringen Personenzahl. Verordnet war, daß die Beisitzer in einer entschiedenen Folge und nach bestimmter Ordnung vortragen sollten. Ein jeder konnte wissen, wann die Reihe ihn treffen werde, und welchen seiner ihm obliegenden Prozesse;

er konnte darauf hinarbeiten, er konnte sich vorbereiten. Nun häuften sich aber die unseligen Reste; man mußte sich entschließen, wichtigere Rechtshändel auszuheben und außer der Reihe vorzutragen. Die Beurteilung der Wichtigkeit einer Sache vor der andern ist, bei dem Zudrang von bedeutenden Fällen, schwer, und die Auswahl läßt schon Gunst zu; aber nun trat noch ein anderer bedenklicher Fall ein. Der Referent quälte sich und das Gericht mit einem schweren verwickelten Handel, und zuletzt fand sich niemand, der das Urteil einlösen wollte. Die Parteien hatten sich verglichen, auseinandergesetzt, waren gestorben, hatten den Sinn geändert. Daher beschloß man, nur diejenigen Gegenstände vorzunehmen, welche erinnert wurden. Man wollte von der fortdauernden Beharrlichkeit der Parteien überzeugt sein, und hierdurch ward den größten Gebrechen die Einleitung gegeben; denn wer seine Sache empfiehlt, muß sie doch jemand empfehlen, und wem empföhle man sie besser als dem, der sie unter Händen hat? Diesen ordnungsgemäß geheimzuhalten, ward unmöglich; denn bei so viel mitwissenden Subalternen, wie sollte derselbe verborgen bleiben? Bittet man Beschleunigung, so darf man ja wohl auch um Gunst bitten: denn eben daß man seine Sache betreibt, zeigt ja an, daß man sie für gerecht hält. Geradezu wird man es vielleicht nicht tun, gewiß aber am ersten durch Untergeordnete; diese müssen gewonnen werden, und so ist die Einleitung zu allen Intrigen und Bestechungen gegeben." (Vgl. Dichtung und Wahrheit, III 12.)

III. Die Territorialherrschaft

1. Die Landstände

In der frühen Neuzeit war der Landesherr in den deutschen Territorien kein Alleinherrscher. Neben ihm hatten die Landstände mehr oder weniger teil an der Regierung. Ähnlich den Reichsständen waren die Landstände Zusammenschlüsse bestimmter **bevorzugter Gruppen oder Klassen** von Landesangehörigen, die in einer Ständeversammlung, dem Landtag, ein eigenes verfassungsrechtliches Organ besaßen und so eine frühe Form politischer Mitbestimmung praktizierten (vgl. *Krüger*, unten Rn. 131, S. 1). Dabei handelte es sich nicht um Volksvertretungen im modernen Sinn: Nur wenige Privilegierte waren an der Herrschaft beteiligt, um ihre eigenen Rechte zu wahren, nicht um die Untertanen zu vertreten (*B. Stollberg-Rilinger*, ZNR 2006, S. 279/284). Der Gedanke einer Volksrepräsentation, wie er heute in Art. 38 Abs. 1 S. 2 GG seinen verfassungsrechtlichen Niederschlag gefunden hat, brach sich erst in der Französischen Revolution Bahn, als sich die Generalstände zur Nationalversammlung erklärten (vgl. oben Rn. 58).

110

111 Obwohl die Landstände in den verschiedenen Regionen des Reichs höchst **unterschiedlich zusammengesetzt** waren, kann man eine Dreiteilung in Prälaten-, Ritter- und Städtekurien feststellen (vgl. *Willoweit*, VerfGesch, S. 87). Es gab aber auch Territorien, in denen nur ein Landstand, in der Regel der Ritterstand, oder zwei Landstände – insbesondere fehlte mancherorts der Stand der geistlichen Würdenträger – existierten. Gelegentlich trat auch der Bauernstand als vierter Landstand hinzu. Der Kreis der Landtagsberechtigten war durch strenge Aufnahmebedingungen sehr klein gehalten. Üblicherweise hing die Zugehörigkeit zur Ritterschaft von altadeliger Geburt und einem standesgemäßen Rittersitz ab. Altadelige Geburt bedeutete etwa, daß alle acht Urgroßeltern oder gar alle sechzehn Ururgroßeltern von adeliger Geburt sein mußten. Das erklärt teilweise den Rückgang der Landtagsberechtigten im Lauf der Zeit. Während beispielsweise auf dem Landtag von Kleve im Jahr 1740 noch 15 Ritterbürtige teilgenommen hatten, waren es im Jahr 1806 nur noch drei (vgl. O. *Hintze*, in: Acta Borussica, Bd. 6, Teil 1, 1901, S. 474 f.).

112 Die wichtigste Kompetenz der Landstände war das **Steuerbewilligungsrecht**. Es weitete sich vielfach zu einer eigenständigen Finanzverwaltung durch die Stände aus. Daneben gab es Mitwirkungsbefugnisse in Militärangelegenheiten und bei Thronstreitigkeiten. Der Umfang der Kompetenzen variierte nicht nur zwischen den einzelnen Territorien; auch innerhalb eines Territoriums wurde zwischen Landesherrn und Ständen ständig um die Macht gerungen, und die Kompetenzen der Landstände reichten unterschiedlich weit. Im Zeitalter des Absolutismus (vgl. unten Rn. 113 ff.) wurden die Befugnisse der Landstände stark zurückgedrängt und in manchen Territorien auch beseitigt. Andernorts, wie z. B. in Kleve und Mark, konnten die Landstände ihre Rechte auf Zusammentritt und auf Steuerbewilligung durch das Zeitalter der absoluten Monarchie hindurchretten (vgl. *G. Birtsch*, in: *P. Baumgart* [Hg.], Ständetum und Staatsbildung in Brandenburg-Preußen, 1983, S. 389/400).

2. Die Herausbildung des Absolutismus auf Landesebene

113 Im 17. und 18. Jahrhundert haben sich die **größeren Territorien** in Deutschland, obwohl formal immer noch belehnt durch das Reich, zu absolutistischen Herrschaften entwickelt. Unter dem Absolutismus versteht man eine Staats- und Regierungsform, bei der die gesamte Staatsgewalt ungeteilt und von keiner Mitwirkung der Stände

beschränkt in der Hand des Monarchen bzw. Landesherrn liegt; der absolutistische Staat wird mit dem Landesherrn quasi gleichgesetzt: „L'Etat c'est moi" *(Ludwig XIV.).* Es ist eine Besonderheit der deutschen Verfassungsgeschichte, daß sich die Herausbildung des Absolutismus in den Territorien und nicht auf der Ebene des Zentralstaates vollzogen hat. Die Loslösung von Beschränkungen geschah einerseits im Innern durch die Zurückdrängung der Mitbestimmungsrechte der Stände und andererseits gegenüber Kaiser und Reich durch eine praktisch unbegrenzte außenpolitische Betätigung (vgl. *E.-W. Böckenförde,* Der Staat 1969, S. 449/477).

Die **geschichtliche Entwicklung** des Absolutismus war verknüpft mit der Säkularisierung des politischen Denkens in der Neuzeit: An die Stelle von Glauben und Seelenheil trat das Gemeinwohl als Staatsinteresse. Überdies hatten die Glaubenskriege des 16. und 17. Jahrhunderts die Überzeugung genährt, daß staatliche Herrschaft die einzig mögliche Garantie für Frieden und Sicherheit bot. Am Beginn steht die Kennzeichnung des Staates als Inhaber der Souveränität durch *Jean Bodin* (1529–1596) in seinem Hauptwerk „Les six livres de la République" (1576): „La souveraineté est la puissance absolue et perpetuelle d'une République" (Sechs Bücher über den Staat. Buch I–III, hg. von *P.C. Mayer-Tasch*, 1981, S. 205: „Unter der Souveränität ist die dem Staat eignende absolute und zeitlich unbegrenzte Gewalt zu verstehen"). Während der Fürst für *Bodin* noch an das Naturrecht gebunden ist, sieht *Thomas Hobbes* (1588–1679) in seinem berühmten Buch „Leviathan" (1651) keine Beschränkungen der Staatsgewalt, deren Anordnungen selbst dann zu befolgen sind, wenn sie Gott gegenüber Unrecht darstellen. Allerdings fand diese extreme Theorie des Absolutismus im Reich keine Befürworter, mag sie auch durch mancherlei Willkürakte von Landesfürsten ihre tatsächliche Bestätigung gefunden haben (vgl. *Willoweit*, VerfGesch, S. 158). 114

Die wesentlichen **Kennzeichen der absolutistischen Landesherrschaft** waren die folgenden: 115
– Ein glänzender Hof bildete den Mittelpunkt der Herrschaft. Hier ließ sich der Landesherr mit Prunk und Pomp, Zeremonien und Zelebritäten, Sport und Spiel feiern.
– Das stehende Heer war das Symbol für die volle Handlungsfähigkeit und damit Unabhängigkeit der Herrschaft. Zu seiner Unterhaltung mußten neue Finanzquellen erschlossen werden; das wiederum setzte voraus, daß den Ständen das Steuerbewilligungsrecht genommen oder zumindest geschmälert wurde.

- Innerhalb der straff organisierten Verwaltung setzte sich eine durch und durch abhängige Beamtenschaft mit voller Kraft für den Herrscher ein. Autonome Bereiche wurden nicht mehr anerkannt; der unmittelbare Zugriff auf die Rechtsprechung führte zur Kabinettsjustiz.
- Der Herrscher war bestrebt, die Wirtschaft mit den politischen Mitteln des Staates anzukurbeln und die Produktivkräfte, insbesondere in den unzulänglich entwickelten Wirtschaftszweigen, gezielt zu entfalten (Merkantilismus). Der auf diese Weise bewirkte Einnahmenzuwachs diente der Finanzierung des stehenden Heeres, des rasch anschwellenden Verwaltungsapparates und der Prachtentfaltung am Hof.

116 **Adam Smith,** der Ahnherr des Wirtschaftsliberalismus, hat den Merkantilismus bereits 1776 kritisch beschrieben: „Das Merkantilsystem hemmt die Ausfuhr von gewerblichen Rohstoffen und Werkzeugen, um der eigenen Wirtschaft einen Vorteil zu verschaffen und um es ihr zu ermöglichen, den Export anderer Länder auf allen Auslandsmärkten zu unterbieten. Es beschränkt so den Export einzelner Waren, die durchweg billig sind, und möchte damit eine weit größere und wertvollere Ausfuhr anderer Waren erreichen. Der Merkantilismus fördert ferner die Einfuhr von gewerblichen Rohmaterialien, um die eigene Bevölkerung in die Lage zu versetzen, sie billiger zu verarbeiten, wodurch wiederum ein höherer Import hochwertiger Manufakturwaren verhindert wird." (Der Wohlstand der Nationen, 4. Buch, 8. Kap.) *Smith* beklagte die fehlende Freizügigkeit des Systems und den übermäßigen staatlichen Dirigismus, Ausdruck der erdrückenden Machtfülle des absolutistischen Staates, die nicht auf den eigentlichen staatlichen Bereich beschränkt blieb, sondern auch die Sphäre der Gesellschaft und der Wirtschaft erfaßte.

3. Reichsstädte und Reichsritter

117 Von der Staatsbildung im Zeichen des Absolutismus nicht erfaßt wurden die **reichsunmittelbaren Herrschaften.** Das waren zum einen die Reichsstädte, die von den Oligarchien des städtischen Patriziertums beherrscht wurden, und zum anderen die Reichsritter, kleine Landes- oder gar Dorfherren, die sich die Unabhängigkeit, insbesondere das Recht der eigenen Steuererhebung, erhalten hatten. Auch die Zusammenschlüsse zu Kantonen mit gemeinsamer Verwaltung und Jurisdiktion konnten jedoch den allmählichen Niedergang der Reichsritterschaft nicht aufhalten. Auch diesen „scheinbar hoffnungslos veralteten Herrschaftsgebilden" wird ein „spezifischer Beitrag für das politische Gleichgewicht im Reiche" zugesprochen (*Willoweit*, VerfGesch, S. 171): „Die 'Libertät' des Alten Reiches ist ohne die Freiräume, welche Reichsritter und Reichsstädte boten, kaum vorstellbar." Bei dieser positiven Bewertung wird aber nur unzureichend berücksichtigt, daß „Freiheiten" insgesamt nicht die Freiheit aller Bürger, sondern die Privilegien einzelner Personen meinte (*Sailer*, unten Rn. 131, S. 476) und daß die Privilegien der Reichsritter auf Kosten des umliegenden Landes und der abgabepflichtigen Bauern bestanden (vgl. unten Rn. 187).

IV. Der aufgeklärte Absolutismus als Staats- und Regierungsform

1. Was ist Aufklärung?

Immanuel Kant: „Aufklärung ist der Ausgang des Menschen aus seiner selbst verschuldeten Unmündigkeit. Unmündigkeit ist das Unvermögen, sich seines Verstandes ohne Leitung eines anderen zu bedienen. Selbst verschuldet ist diese Unmündigkeit, wenn die Ursache derselben nicht am Mangel des Verstandes, sondern der Entschließung und des Mutes liegt, sich seiner ohne Leitung eines andern zu bedienen. Sapere aude! Habe Mut, dich deines eigenen Verstandes zu bedienen! ist also der Wahlspruch der Aufklärung." (Vgl. „Beantwortung der Frage: Was ist Aufklärung?", zuerst erschienen in: Berlinische Monatsschrift vom 30. 9. 1784.) 118

Diese Textstelle betont die beiden **wichtigsten Gedanken** der Aufklärung: 119
– Sie stellt den Verstand, die Vernunft, die ratio in den Mittelpunkt. Jeder Mensch soll seinen eigenen Verstand gebrauchen, sich ein eigenes Urteil bilden. Die Aufklärung lehnt alle Vorurteile entschieden ab.
– Sie propagiert den Gedanken der Freiheit, die vor allem als geistige Mündigkeit verstanden wird. Verstand und Freiheit bedingen sich wechselseitig: Zum einen führt der Gebrauch des eigenen Verstandes den Menschen aus seiner Unmündigkeit heraus, so daß sich die Freiheit als Folge der Vernunft einstellen soll. Zum anderen ist die Freiheit auch die Voraussetzung, die den Siegeszug der Vernunft erst ermöglicht.

Immanuel Kant: „Zu dieser Aufklärung aber wird nichts erfordert als Freiheit; und zwar die unschädlichste unter allem, was nur Freiheit heißen mag, nämlich die: von seiner Vernunft in allen Stücken öffentlichen Gebrauch zu machen. Nun höre ich aber von allen Seiten rufen: räsonniert nicht! Der Offizier sagt: räsonniert nicht, sondern exerziert! Der Finanzrat: räsonniert nicht, sondern bezahlt! Der Geistliche: räsonniert nicht, sondern glaubt! (Nur ein 120 einziger Herr in der Welt sagt: räsonniert, so viel ihr wollt; und worüber ihr wollt, aber gehorcht!) Hier ist überall Einschränkung der Freiheit." (Vgl. oben Rn. 118.)

121 Hier zeigt sich allerdings auch eine für die deutsche Aufklärung charakteristische **Beschränkung** auf die geistige, d. h. wissenschaftliche, künstlerische und religiöse Freiheit, und ein Zurückschrecken vor der konsequenten Ausdehnung auf die politische Freiheit. Die Formel „Räsonniert, so viel ihr wollt und worüber ihr wollt; aber gehorcht!" kennzeichnet das Nebeneinander von Aufklärung und Absolutismus im damaligen preußischen Staat. *Kant* meinte nämlich, nur ein „starker" Staat mit einem „wohldisziplinierten zahlreichen Heer" (*Friedrich II.* hatte bei seinem Tode an die 200 000 Mann unter den Waffen versammelt) könne das sagen, was „ein Freistaat nicht wagen darf", nämlich: „Räsonniert, so viel ihr wollt!" Daraus folgt auch die strikte Ablehnung der Revolution.

122 Immanuel Kant: „Durch eine Revolution wird vielleicht wohl ein Abfall von persönlichem Despotism und gewinnsüchtiger oder herrschsüchtiger Bedrückung, aber niemals wahre Reform der Denkungsart zu Stande kommen; sondern neue Vorurteile werden, eben sowohl als die alten, zum Leitbande des gedankenlosen großen Haufens dienen." (Vgl. oben Rn. 118.) – „Wider das gesetzgebende Oberhaupt des Staats giebt es also keinen rechtmäßigen Widerstand des Volks; denn nur durch Unterwerfung unter seinen allgemeingesetzgebenden Willen ist ein rechtlicher Zustand möglich; also kein Recht des Aufstandes (seditio), noch weniger des Aufruhrs (rebellio), am allerwenigsten gegen ihn als einzelne Person (Monarch) unter dem Vorwande des Mißbrauchs seiner Gewalt (tyrannis) Vergreifung an seiner Person, ja an seinem Leben (monarchomachismus sub specie tyrannicidii). Der geringste Versuch hierzu ist Hochverrath (proditio eminens), und der Verräther dieser Art kann als einer, der sein Vaterland umzubringen versucht (parricida), nicht minder als mit dem Tode bestraft werden." (Metaphysische Anfangsgründe der Rechtslehre, 2. Teil, 1. Abschnitt, Allgemeine Anmerkung, A.)

123 Man wird *Kant* nicht gerecht, wenn man ihn wegen dieser Ablehnung eines Widerstandsrechts als staatstragenden „Verehrer des aufgeklärten Despotismus" (*H. Prutz*, Preuß. Jb. 1982, S. 535/543) bezeichnet. Seine Staatsphilosophie war entscheidend durch *Locke* und *Rousseau* geprägt: Er trat für Religions-, Gedanken- und Meinungsfreiheit als „unveräußerliche Rechte" mit dem Ziel völliger bürgerlicher Freiheit ein, hielt die Republik mit Gewaltentrennung und repräsentativer Regierungsform für die zwingende Folge der Gesellschaftsvertragslehren (vgl. unten Rn. 129), stritt für die Abschaffung der Privilegien des Adels und für die Öffentlichkeit des Staatshan-

delns (*Kühn*, unten Rn. 131, S. 434 f., 444 ff., 462). Richtig ist, daß *Kant* Staat und **Herrscher nicht kritisiert,** sondern im Gegenteil *Friedrich II.* als Wegbereiter der Aufklärung preist. Das Zeitalter der Aufklärung wird von ihm mit dem „Jahrhundert Friedrichs" gleichgesetzt, und auch heute wird anerkennend von dem „friderizianischen Zeitalter" gesprochen. Damit wird die Verbindung gewürdigt, die Aufklärung und Absolutismus in der Person dieses Herrschers eingegangen sind.

2. Aufgeklärter Absolutismus in Europa

Die Staats- und Regierungsform des aufgeklärten Absolutismus war nicht auf Preußen beschränkt. Die Franzosen sprechen von einem „déspotisme éclairé", die Italiener von einem „dispotismo illuminato" oder „assolutismo illuminato". Am ältesten ist der französische Begriff, der von den **Physiokraten** (*Turgot, Quesnay* u. a.) in der Mitte des 18. Jahrhunderts geprägt wurde. Diese gingen von der Überzeugung aus, daß nur ein absoluter Herrscher imstande sei, den Staat i. S. der Aufklärung umzugestalten und dabei insbesondere ihrem Hauptanliegen gerecht zu werden, nämlich den natürlichen Ablauf des Wirtschaftslebens von staatlicher Bevormundung zu befreien („qu'on laisse faire la nature"). 124

In Deutschland wurde der Begriff des aufgeklärten Absolutismus zunächst in erster Linie auf den friderizianischen Staat bezogen, im weiteren dann auf Österreich und die Regierungszeit *Josephs II.*, der seit 1765 Kaiser und – neben seiner Mutter *Maria Theresia* – Mitregent in den Erblanden war. *Friedrich II.* und *Joseph II.* waren jedoch nicht die einzigen **„Aufklärer auf deutschen Thronen"** (*Willoweit*, VerfGesch, S. 195). Die durch einschneidende Verfassungs- und Verwaltungsreformen gekennzeichnete Regentschaft *Maria Theresias* stand ebenso im Zeichen der Aufklärung wie die Regierungsweise anderer deutscher Fürsten, auch in den Klein- und Mittelstaaten. Das gilt etwa für *Carl Friedrich von Baden,* dessen Hofratsinstruktion aus dem Jahre 1794 als „das umfassendste und hervorragendste Bekenntnis eines deutschen Fürsten des 18. Jahrhunderts zum Gedankengut des aufgeklärten Absolutismus" (*K. Stiefel,* Baden 1648–1952, Bd. I, 1977, S. 125) gekennzeichnet worden ist, oder für Landgraf *Friedrich II. von Hessen,* der – durch seine Genfer Studienzeit geprägt und von den Ideen der Aufklärung tief beeindruckt – in der Kasseler „Provinz" seinem Vorbild, dem Preußenkönig, in schriftstel- 125 lerischer, gesetzgeberischer und regierungspraktischer Hinsicht nachzueifern trachtete (vgl. *F. Wolff,* in: *U. Schultz* [Hg.], Die Geschichte Hessens, 2. Aufl. 1989, S. 133 ff.). So stellen sich die Verfassungsverhältnisse in den kleineren deutschen Fürstentümern oft geradezu als eine Kopie des preußischen Vorbildes dar (vgl. unten Rn. 132 ff.).

126 Für Deutschland wird der Umschlag vom Hochabsolutismus zum aufgeklärten Absolutismus gemeinhin auf das Jahr 1740 datiert. Der in diesem Jahr erfolgte Regierungsantritt *Friedrichs II.* in Preußen und *Maria Theresias* in Österreich leitete ein neues Kapitel in der Verfassungsgeschichte dieser Staaten ein. Es kommt zu einer teilweisen Um- und Neugestaltung des Verfassungs- und Rechtslebens, die unter dem geistigen Einfluß der Aufklärung steht (*Conrad,* unten Rn. 131, S. 11). Die religiös-patriarchalische Staatsauffassung, welche die Regierungsgewalt des Herrschers auf einen göttlichen Ursprung, die lex divina im Sinne des christlichen Naturrechts, zurückführte, wurde durch die dem rationalistischen Naturrecht zuzuordnende Vorstellung verdrängt, derzufolge der Staat auf einem vertraglichen Zusammenschluß freier Individuen beruhte. Der **Staat als eigenständige Größe** wurde geboren. Der Monarch oder Landesherr konnte sich danach nicht mehr mit dem Staatswesen gleichsetzen. Er war nur noch der „erste Diener des Staates", nach heutiger Vorstellung ein Organ, das bei aller Machtvollkommenheit doch nur aufgrund und in Bindung an den (Herrschafts-)Vertrag mit den Untertanen regieren durfte. In der Ausübung der Regierungsgewalt war er nicht völlig frei, sondern unterlag auch Pflichten, die durch die Staatszwecke wie Ruhe und Sicherheit im Innern und nach außen sowie die Beförderung der allgemeinen Wohlfahrt bestimmt wurden. Diese Veränderung im Staatsdenken und daraus resultierender Regierungspraxis läßt sich besonders deutlich am Beispiel Brandenburg-Preußens nachvollziehen (vgl. unten Rn. 132 ff.).

127 Nur für **England** läßt sich eine Sonderentwicklung feststellen. Hier entschied sich das Schicksal der absoluten Monarchie bereits in den Verfassungskämpfen des 17. Jahrhunderts. Zwar blieb die Cromwellsche Republik (1649) nur ein kurzes Zwischenspiel, mit dem Erfolg der Glorious Revolution von 1688/89 aber wurde der Absolutismus endgültig überwunden und der Weg zu einer parlamentarischen Monarchie geebnet.

3. Der Einfluß des rationalistischen Naturrechts

Zur **Überwindung des Absolutismus** und zu den großen Revolutionen (vgl. oben Rn. 24, 62 ff.) hat das rationalistische Naturrecht oder Vernunftrecht des 17. und 18. Jahrhunderts wesentlich beigetragen. Es läßt sich vor allem durch folgende drei Merkmale charakterisieren (vgl. *Senn*, RechtsGesch, S. 244 f.): Es gilt orts- und zeitunabhängig für alle Menschen (Universalität); es begründet sich anders als das mittelalterliche Naturrecht nicht mehr religiös (Säkularität), und es beruht auf einer mathematischen Methode (Rationalität). Das Vernunftrecht hat die Menschenrechte als allgemein geltende Rechtsgrundlage hervorgebracht. Dabei spielte der Gedanke, daß staatliche Herrschaft eine vertragliche Grundlage habe, eine besondere Rolle. 128

Die in vielen Varianten vertretene Theorie des **Gesellschaftsvertrages** ist der Ausdruck naturrechtlicher Vorstellungen über die Freiheit des Individuums. Danach wird die Gesamtheit eines Volkes als der freiwillige Zusammenschluß ursprünglich gleicher und freier Menschen verstanden. Die staatliche Macht kann nur auf dem Mehrheitswillen seiner freien und gleichen Glieder beruhen. Der Zusammenschluß geschieht durch den Gesellschaftsvertrag, der sich entweder auf alle Rechte der Individuen bezieht oder von dem einige nicht übertragbare (Menschen-)Rechte ausgenommen werden. Durch einen zweiten Vertrag, den sog. Herrschaftsvertrag, überträgt sodann die Gemeinschaft die Ausübung der Macht entweder widerruflich oder unwiderruflich auf eine oder mehrere Personen, die diese Macht treuhänderisch zu verwalten haben. Die Grenzen der Zuständigkeit der Herrschenden werden in der für das moderne Verfassungsverständnis bedeutendsten Fassung der Theorie des Gesellschaftsvertrags durch *John Locke* (1632–1704) vor allem durch die Sicherung von „life, liberty, estates" der Gesellschaftsmitglieder gezogen (vgl. „Two Treatises of Government", 1690). 129

Umstritten ist der Beitrag der **deutschen naturrechtlichen Lehre** für die Entwicklung der Grundrechte. Während ihren bedeutendsten Vertretern *Samuel Pufendorf* (1632–1694), *Christian Thomasius* (1655–1728) und *Christian Wolff* (1679–1754) in der Vergangenheit ein großer Einfluß auf die Geschichte der liberalen Freiheitsrechte im allgemeinen und der amerikanischen Bills of Rights (vgl. oben Rn. 25) im besonderen attestiert worden ist, beurteilen dies neuere Forschungsarbeiten erheblich skeptischer (vgl. *Klippel,* unten Rn. 131, S. 92 ff.). Danach waren diese Lehren noch bis Mitte des 18. 130

Jahrhunderts überwiegend darauf gerichtet, die positiv-rechtlich abgesicherten ständischen Freiheiten zu entwerten; sie dienten also dem Ausbau des absolutistischen Staates. Der Gedanke des Gesellschaftsvertrages wurde teilweise sogar zur Begründung des völligen Verlusts der Freiheit des Individuums im Staat herangezogen. „Legitimation und Einschränkung des Absolutismus laufen parallel" (*Senn*, RechtsGesch, S. 242). Erst in der zweiten Hälfte des 18. Jahrhunderts tritt der Gedanke der Begrenzung von Herrschaft in den Vordergrund, zunächst allerdings nur in Form einer moralisch verpflichtenden Selbstbindung des Herrschers. Die Konzeption von Menschenrechten, die mit absoluter Geltung ausgestattet sind und für das Leben des einzelnen im Staat belangvoll werden, findet sich in Deutschland erst in den Naturrechtslehren am Ende des 18. Jahrhunderts. Die die Volkssouveränität propagierenden deutschen Jakobiner waren aber ihrer Zeit zu weit voraus (*O. Lamprecht*, Das Streben nach Demokratie, Volkssouveränität und Menschenrechten in Deutschland am Ende des 18. Jahrhunderts, 2001, S. 152 f.).

V. Literatur

131 *K. O. Frh. von Aretin*, Das Alte Reich 1648–1806, 4 Bände, 1993–2000; *A. Buschmann*, Heiliges Römisches Reich, in: *H.-J. Becker* (Hg.), Zusammengesetzte Staatlichkeit in der Europäischen Verfassungsgeschichte, 2006, S. 9 ff.; *H. Conrad*, Staatsgedanke und Staatspraxis des aufgeklärten Absolutismus, 1971; *H. Denzer* (Hg.), Samuel von Pufendorf, Die Verfassung des deutschen Reiches, 1994; *F. Dickmann*, Der Westfälische Frieden, 7. Aufl. 1998; *B. Diestelkamp* (Hg.), Das Reichskammergericht in der deutschen Geschichte, 1990; *W. Dotzauer*, Die deutschen Reichskreise in der Verfassung des Alten Reiches und ihr Eigenleben (1500–1806), 1989; *H. Duchhardt*, Barock und Aufklärung, 4. Aufl. 2007; *J. Haas*, Die Reichstheorie in Pufendorfs „Severinus de Monzambano", 2006; *W. Hubatsch* (Hg.), Absolutismus, 2. Aufl. 1988; *S. Jahns*, Das Reichskammergericht und seine Richter, Teil I: Darstellung, 2011; *D. Klippel*, Politische Freiheit und Freiheitsrechte im deutschen Naturrecht des 18. Jahrhunderts, 1976; *K. Krüger*, Die Landständische Verfassung, 2003; *M. Kühn*, Kant. Eine Biographie, 4. Aufl. 2004; *V. Preß*, Das Alte Reich. Ausgewählte Aufsätze, 2. Aufl. 2000; *H. Reinalter/H. Klueting* (Hg.), Der aufgeklärte Absolutismus im europäischen Vergleich, 2002; *B. Schildt*, Reichskammergericht – Geschichte, Verfassung, Überlieferung, Jura 2006, S. 493 ff.; *K.-P. Schroeder*, Mythos, Wirklichkeit und Vision: Die Geschichte vom langen Leben und Sterben des Heiligen Römischen Reiches Deutscher Nation, JuS 2006, S. 577 ff.; *M. Schröder* (Hg.), 350 Jahre Westfälischer Friede – Verfassungsgeschichte, Staatskirchenrecht, Völkerrechtsgeschichte, 1999; *W. Sellert*

(Hg.), Reichshofrat und Reichskammergericht. Ein Konkurrenzverhältnis, 1999; *B. Stollberg-Rilinger,* Vormünder des Volkes? Konzepte landständischer Repräsentation in der Spätphase des Alten Reiches, 1999; *M. Stolleis,* Staat und Staatsräson in der frühen Neuzeit, 1990; *ders.,* „Respublica mixta". Zur Verfassung des Alten Reichs, in: FS Frotscher, 2007, S. 23 ff.; *M. Weber,* Die Reichspolizeiordnungen von 1530, 1548 und 1577, 2002; *H. Welzel,* Naturrecht und materiale Gerechtigkeit, 4. Aufl. 1962 (Nachdruck 1990); *U. Wolter,* Der Immerwährende Reichstag zu Regensburg (1663–1806), JuS 1984, S. 837 ff.

§ 5. Aufgeklärter Absolutismus in Brandenburg-Preußen

I. Zeittafel

1740 Regierungsantritt *Friedrichs II.* (des Großen); grundsätzliche Abschaffung der Folter **132**
1743 Beschränkung der Todesstrafe
1748 *Montesquieu:* De l'Esprit des Lois
1752 Politisches Testament *Friedrichs II.*
1779 Müller-Arnold-Prozeß
1780 *Graf von Carmer* und *Svarez* beginnen Justizreformen
1786 Tod *Friedrichs II.*
1788 *Wöllner* wird Justizminister
1791 Verkündung des Allgemeinen Gesetzbuchs für die Preußischen Staaten (AGB)
1792 Suspension des AGB
1793 2. Polnische Teilung
1794 Inkrafttreten des Allgemeinen Landrechts für die Preußischen Staaten (ALR)

II. Friedrich II. als aufgeklärter Herrscher

Friedrich II. war eine die meisten seiner Zeitgenossen weit **überragende Persönlichkeit,** der deshalb auch zu Recht als „der Große" in die Geschichte eingegangen ist. Er regierte fast ein halbes Jahrhundert lang (1740–1786), vergrößerte das Territorium seines Staates in den Schlesischen Kriegen erheblich zu Lasten des Hauses Habsburg und trieb Säkularisierung und rationale Staatsorganisation maßgeblich voran. Es darf allerdings auch nicht übersehen werden, daß er dies mit **133**

64 Kap. 2. Deutschland am Ausgang des 18. Jahrhunderts

schweren Opfern der Bevölkerung erkaufte. So wird die preußische Niederlage von 1806 auch auf die Überforderung des Landes durch ihn zurückgeführt. *Friedrich II.* war nicht nur ein bedeutender Regierungspraktiker, sondern auch ein beachtlicher Staatstheoretiker, der z. B. ein lebenslanges briefliches und auch persönliches Zwiegespräch mit *Voltaire* pflegte. Kurz vor seinem Regierungsantritt hat er sich im „Antimachiavell" mit den zeitgenössischen Staatslehren auseinandergesetzt. In den Politischen Testamenten von 1752 und 1768 haben – als eine Art politischer Zwischenbilanz – seine Erfahrungen mit der Regierung und Verwaltung der preußischen Staates, aber auch seine theoretischen Vorstellungen über die richtige, d. h. durch die Aufklärung geprägte Regentschaft Eingang gefunden.

134 **Politisches Testament König Friedrichs II. aus dem Jahre 1752** – Auszug –: „Eine gut geleitete Staatsregierung muß ein ebenso fest gefügtes System haben wie ein philosophisches Lehrgebäude. Alle Maßnahmen müssen gut durchdacht sein, Finanzen, Politik und Heerwesen auf ein gemeinsames Ziel steuern: nämlich die Stärkung des Staates und das Wachstum seiner Macht. Ein System kann aber nur aus einem Kopfe entspringen; also muß es aus dem des Herrschers hervorgehen. Trägheit, Vergnügungssucht und Dummheit: diese drei Ursachen hindern die Fürsten an ihrem edlen Berufe, für das Glück ihrer Völker zu wirken. Solche Herrscher machen sich verächtlich, werden zum Spott und Gelächter ihrer Zeitgenossen, und ihre Namen geben in der Geschichte höchstens Anhaltspunkte für die Chronologie ab. Sie vegetieren auf dem Throne, dessen sie unwürdig sind, und denken nur an das liebe Ich. Ihre Pflichtvergessenheit gegen ihre Völker wird geradezu strafbar. Der Herrscher ist nicht zu seinem hohen Rang erhoben, man hat ihm nicht die höchste Macht anvertraut, damit er in Verweichlichung dahinlebe, sich vom Mark des Volkes mäste und glücklich sei, während alles darbt. Der Herrscher ist der erste Diener des Staates. Er wird gut besoldet, damit er die Würde seiner Stellung aufrechterhalte. Man fordert aber von ihm, daß er werktätig für das Wohl des Staates arbeite und wenigstens die Hauptgeschäfte mit Sorgfalt leite. Er braucht zweifellos Gehilfen. Die Bearbeitung der Einzelheiten wäre zu umfangreich für ihn. Aber er muß ein offenes Ohr für alle Klagen haben, und wem Vergewaltigung droht, dem muß er schleunig sein Recht schaffen. Ein Weib wollte einem König von Epirus eine Bittschrift überreichen. Hart fuhr er sie an und gebot ihr, ihn in Ruhe zu lassen. ,Wozu bist du denn König', erwiderte sie, ,wenn nicht, um mir Recht zu schaffen?' Ein schöner Ausspruch, dessen die Fürsten unablässig eingedenk sein sollten." (Vgl. *Volz,* unten Rn. 159, S. 133 f.)

135   In diesem, den **Geist der Aufklärung** atmenden Dokument werden Staatsaufbau und Regierungshandeln als „System" begriffen und denselben Anforderungen an Konsistenz und Folgerichtigkeit unterworfen, wie sie für ein philosophisches System („Lehrgebäude") charakteristisch sind. Bemerkenswert ist daneben das Ziel aller Regierungspolitik, das *Friedrich II.* darin sieht, die Macht des preußischen Staates, nicht die Macht des Hauses Hohenzollern zu fördern und zu stärken. Auch mit dieser Aussage unterscheidet sich der aufgeklärte Monarch von seinen Vorgängern: Der dynastische Gedanke wird zurückgedrängt, und um so heller leuchtet die Bedeutung des „Staates" als einer von der Person des Herrschers zu trennenden politischen Größe auf. Zwar bleibt der Landesherr wie im Absolutismus Inhaber der höchsten Staatsgewalt. Diese Macht ist ihm jedoch nur „anvertraut". Hier hat *Friedrich II.* eine Formulierung gewählt, die als Rezeption der naturrechtlichen Lehren über den Gesellschafts- und Herrschaftsvertrag zu interpretieren ist.

Schließlich findet sich in diesem Zusammenhang die von *Friedrich II.* wiederholt in seinen Schriften, zuerst im „Antimachiavell", aufgestellte These, daß der (aufgeklärte) Herrscher **„der erste Diener des Staates"** sei. Diese Formulierung, die eigentlich älteren Ursprungs ist, hat sich seitdem als die klassische Kennzeichnung des aufgeklärten Absolutismus als Regierungsform durchgesetzt. Während im „Antimachiavell" noch von dem Herrscher als „premier domestique du peuple" die Rede ist, heißt es in dem ebenfalls französisch abgefaßten Testament von 1752 – der friderizianischen Staatsauffassung sicher besser entsprechend –: „Le souverain est le premier serviteur de l'Etat". Auf den „Staat" kam es an; das „Volk" im heutigen demokratischen Sinn war *Friedrich II.* und seinem Jahrhundert noch völlig fremd. So hat er auch in seinen staatstheoretischen Schriften immer wieder die Erbmonarchie als die beste aller Herrschaftsformen verteidigt.

Der vierte Pfeiler, auf dem die Regierung eines aufgeklärten Monarchen neben „Finanzen, Politik und Heerwesen" ruhen sollte, war eine **wohlgeordnete Rechtspflege.** Einen Meilenstein hatte *Friedrich II.* schon kurz nach seiner Thronbesteigung mit der grundsätzlichen Abschaffung der Folter gesetzt; allerdings waren Ausnahmen für besonders schwerwiegende Delikte vorgesehen, und die Ordre wurde erst 1771 veröffentlicht (*M. Schmoeckel,* Humanität und Staatsraison, 2000, S. 19 ff., 569). 1743 wurde die Todesstrafe beschränkt. Es folgte 1747 die Beauftragung des Justizministers *Samuel von Cocceji* mit der Reform des gesamten Justizwesens, im Zuge derer auch die Juristenausbildung mit den beiden Staatsexamina zum ersten Mal in ein System gebracht wurde (*G. Dilcher,* in: FS Hans Thieme, 1986, S. 295/

300). Der Rechtspflege widmete *Friedrich II.* folgerichtig ein eigenes Kapitel im Politischen Testament von 1752, das beredt Zeugnis ablegt von der nun einsetzenden Entwicklung zum modernen Rechtsstaat, wie sie in den großen Kodifikationen am Ausgang des 18. Jahrhunderts ihren vorläufigen Abschluß finden sollte (vgl. unten Rn. 146 ff.). Die folgenden Kernsätze seines Programms sind weithin bekannt geworden: „In eigener Person Recht zu sprechen, ist eine Aufgabe, die kein Herrscher übernehmen kann, ein König von Preußen noch weniger als ein anderer... Ich habe mich entschlossen, niemals in den Lauf des gerichtlichen Verfahrens einzugreifen; denn in den Gerichtshöfen sollen die Gesetze sprechen und der Herrscher soll schweigen" (vgl. *Volz,* unten Rn. 159, S. 118).

138 Die Anerkennung der Unabhängigkeit der Rechtspflege, die aus diesen Sätzen spricht, war für das 18. Jahrhundert keineswegs selbstverständlich. Denn im absolutistischen Staat des 17. und 18. Jahrhundert stand dem Landesherrn die umfassende höchste Gewalt zu, in modernen Begriffen: die gesamte Staatsgewalt, und dazu gehörte „neben dem Majestätsrecht der Gesetzgebung auch das Majestätsrecht der höchsten Gerichtsbarkeit" (*H. Conrad,* Richter und Gesetz im Übergang vom Absolutismus zum Verfassungsstaat, 1971, S. 24). Da der Landesherr die Gerichtsgewalt nicht in jedem Fall selbst ausüben konnte, benötigte er die Richterschaft, die an seiner Stelle und in seinem Namen Recht sprach. Das schloß jedoch nicht aus, daß er für befugt gehalten wurde, kraft der ihm zustehenden höchsten Gewalt in jedes Gerichtsverfahren einzugreifen, den Richtern Anweisungen zu erteilen oder selbst die Entscheidung zu fällen. Man sprach insoweit auch von einem **„Machtspruch" des Landesherrn,** wobei der Begriff nicht aus moderner Sicht dahin mißverstanden werden darf, daß hier die Macht im Gegensatz zum Recht triumphiert hätte. Der Eingriff des Landesherrn in die Rechtspflege erschien vielmehr durch seine „plenitudo potestatis", also durch seine „Rechts-Macht" als Träger der gesamten Staatsgewalt gerechtfertigt (*M. Seif,* Der Staat 2003, S. 110/128 ff.). Der Machtspruch war danach kein rechtswidriger Akt herrscherlicher Willkür, sondern Ausfluß eines verfassungsrechtlichen Status.

139 Auf diesem Gebiet ist bei *Friedrich II.* ähnlich wie bei seiner Außenpolitik (vgl. *Kunisch,* unten Rn. 159, S. 123 ff.) eine **Diskrepanz zwischen Theorie und Praxis** festzustellen. Während er bei der Formulierung der genannten Grundsätze der Rechtspflege direkt von *Montesquieus* Schrift „De l'Esprit des Lois" aus dem Jahr 1748 beeinflußt war (vgl. *Dietrich,* unten Rn. 159, S. 96), mit der dieser die Gewaltenteilung und die Unabhängigkeit der Rechtspflege propagiert hatte, setzte er tatsächlich die Praxis der Machtsprüche fort. Es wurden für seine Regierungszeit insgesamt 33 Eingriffe in die Strafrechtspflege registriert (vgl. *J. Regge,* Kabinettsjustiz in Brandenburg-Preußen, 1977, S. 166 ff.). Berühmt geworden ist der folgende Fall.

III. Der Müller-Arnold-Prozeß

Sachverhalt: Der Wassermüller *Arnold* aus dem Gerichtsbezirk Pommerzig in der Neumark geriet mit der Zahlung des Mühlenpachtzinses in Rückstand und sollte deshalb von seinem Grundherrn, dem *Grafen von Schmettau,* von der Mühle vertrieben werden. Der Wassermüller machte demgegenüber geltend, daß der benachbarte Landrat *von Gersdorff* durch Anlage eines Karpfenteiches seiner Mühle das Wasser abgegraben habe und er aus diesem Grunde den Pachtzins nicht habe zahlen können. Vor der sog. Regierung zu Küstrin, dem höchsten Gericht der neumärkischen Lande, hatte der Wassermüller jedoch ebensowenig Erfolg mit seiner Klage auf Erlaß der Pacht wie vor dem Berliner Kammergericht, das aufgrund einer Appellation (der heutigen Berufung vergleichbar) mit der Sache beschäftigt im wesentlichen die vorinstanzliche Entscheidung bestätigte. *Arnold* war schließlich im Wege der Versteigerung von seiner Mühle vertrieben worden, wobei es gerade der Landrat *von Gersdorff* gewesen war, der die Mühle durch einen Strohmann ersteigert und alsbald gewinnbringend weiterveräußert hatte. 140

Friedrich II. glaubte, in diesen Entscheidungen einen Rechtsbruch zu Lasten eines Untertanen zu erkennen, und entschloß sich zu **persönlichem Eingreifen.** Er war bereits während des Prozesses von *Arnold* selbst mit der Bitte um Rechtsschutz angesprochen und für den Fall interessiert worden. Daraufhin hatte er im August 1779 eine Kommission, bestehend aus einem Offizier und einem Regierungsrat, mit der Aufgabe betraut, den Sachverhalt vor Ort zu ermitteln und einen entsprechenden Bericht abzufassen. Dieser Bericht war zugunsten des Wassermüllers ausgefallen. Als das Kammergericht dann am 11. Dezember 1779 gegen *Arnold* entschied, war die Geduld des obersten preußischen Gerichtsherrn erschöpft. Er zitierte sofort den Chef der Justiz, den Großkanzler *Freiherrn von Fürst und Kupferberg,* sowie die an dem Urteil beteiligten Kammergerichtsräte zu sich ins Schloß, um diese einer strengen Befragung in der Angelegenheit des Wassermüllers auszusetzen. Im Anschluß daran entließ *Friedrich II.* den Großkanzler *Fürst* mit den allerdings nicht aktenkundigen Worten: „Marsch, seine Stelle ist schon vergeben!" und ver- 141

68   Kap. 2. Deutschland am Ausgang des 18. Jahrhunderts

fügte gleichzeitig die Arrestierung der nach seiner Auffassung „schuldigen" Kammergerichtsräte. Er ließ ein Protokoll veröffentlichen, worin er verkündete, daß „vor der Justiz alle Leute gleich" seien; egal ob ein Prinz gegen einen Bauer klage oder umgekehrt, es müsse „ohne Ansehen der Person" allein „nach der Gerechtigkeit verfahren werden"; ein Justizkollegium, das Unrecht praktiziere, sei „gefährlicher und schlimmer" als „eine Diebesbande"; vor einer solchen könne man sich schützen, nicht aber vor Übeltätern im „Mantel der Justiz" (vgl. *Diesselhorst,* unten Rn. 159, S. 52 f.).

142 Vom Kriminalsenat des Kammergerichts verlangte *Friedrich II.* nunmehr, daß er das Urteil aufhebe, die an den bisherigen Verfahren beteiligten Richter bestrafe und dieselben zur Entschädigung des *Arnold* verurteile. Als sich der Kriminalsenat, unterstützt von dem damaligen Minister des Kriminaldepartements, *Freiherrn von Zedlitz,* weigerte, diesem Befehl nachzukommen, und auch gegenüber wiederholten Drohungen standhaft blieb, sprach der König am 1. Januar 1780 im Wege des **Machtspruchs** selbst das Urteil. Neben der Aufhebung der früheren Entscheidungen und einer Entschädigung für den Wassermüller verfügte er eine einjährige Festungshaft für die beteiligten Räte des Kammergerichts und der Neumärkischen Regierung.

143 Obwohl die betroffenen Richter schon nach kurzer Zeit von *Friedrich II.* begnadigt wurden, haben jedenfalls die gebildeten Schichten den Eingriff des Königs in die Rechtspflege als **ungerechtfertigt empfunden.** Der „Machtspruch" verlor seinen ursprünglichen Sinngehalt und wurde zum Antipoden des Rechtsspruchs. Zugleich zeigt sich am Beispiel der Rechtspflege, daß Aufklärung und Absolutismus wohl nur eine „Scheinehe" eingehen konnten. Denn wenn die Aufklärung die Unabhängigkeit der Rechtspflege verlangt, dann führt sie zur Gewaltenteilung und damit letztlich zur Auflösung absolutistischer Herrschaft. Der aufgeklärte Absolutismus trägt damit „den Keim der Überwindung in sich" (*K. O. von Aretin,* Der aufgeklärte Absolutismus, 1974, S. 12). So wird auch für die französischen Staatsverhältnisse in der zweiten Hälfte des 18. Jahrhunderts die einleuchtende These vertreten, die Aufklärung sei dort bereits so weit verbreitet und fortgeschritten gewesen, daß sie nicht mehr durch einen aufgeklärten Absolutismus „aufzufangen" gewesen sei, sondern direkt in die Revolution habe führen müssen (*von Aretin,* ebd., S. 37).

144 Obwohl sich der Monarch durchgesetzt hatte, förderte der Fall des Müllers *Arnold* langfristig die Etablierung der **Unabhängigkeit der Justiz.** Zwar ist es schon in § 6 der Einleitung zu dem Allgemeinen

Gesetzbuch für die Preußischen Staaten von 1791 zu einem Verbot der Machtsprüche gekommen; aber gerade diese Bestimmung fiel der von den Gegnern der Aufklärung herbeigeführten Schlußrevision des Gesetzes zum Opfer (vgl. unten Rn. 153). Der Grundsatz der Unabhängigkeit der Rechtspflege fand erst im 19. Jahrhundert allgemeine Anerkennung und wurde zu diesem Zeitpunkt auch in den Verfassungen verankert. Er ist bis heute ein für den Rechtsstaat wesentlicher Verfassungssatz geblieben. „Die Richter sind unabhängig und nur dem Gesetze unterworfen", heißt es in der zentralen Bestimmung des Art. 97 Abs. 1 GG zur sachlichen Unabhängigkeit. Daneben verbürgt Art. 97 Abs. 2 GG die persönliche Unabhängigkeit. Und wenn Art. 20 Abs. 2 S. 2 GG die Aufteilung der Staatsgewalt auf besondere Organe der Gesetzgebung, der vollziehenden Gewalt und der Rechtsprechung festlegt (Grundsatz der Gewaltenteilung), so folgt daraus schließlich, daß die dritte Gewalt auch organisatorisch unabhängig sein soll.

Die bisherige Betrachtung und Bewertung des Müller-Arnold-Prozesses geht allerdings von einem staatstheoretischen Modell aus, in dem Gewaltenteilung und Unabhängigkeit der Rechtspflege ihren festen, unbestrittenen Platz haben. Nur so wird die große Linie der Entwicklung hin zu dem modernen gewaltenteilenden Rechtsstaat deutlich. Die **Zeitgenossen** haben den Machtspruch des Königs, mit dem dieser das Recht zugunsten eines betroffenen Bürgers gerade durchsetzen wollte, durchaus unterschiedlich beurteilt, wie die Reaktion der Öffentlichkeit am 12. Dezember 1779 schlaglichtartig erhellt: „Vor dem Hause des gestürzten Ministers, dem (königlichen) Schloß gegenüber, fuhren in endlosen Reihen die Kutschen mit der Beamtenprominenz auf, um Beileidsbesuche abzustatten; zugleich drängten sich aber die Bauern mit Bittschriften am Schloßportal, und Bürgerhäuser wurden illuminiert als Dank an den König, der dem Volk sein Recht schaffte." (*Hubatsch*, unten Rn. 159, S. 219). Kabinettsjustiz im friderizianischen Preußen kann also nicht einfach mit „Willkürjustiz" gleichgesetzt werden (vgl. *Dietrich*, unten Rn. 159, S. 97).

145

IV. Das Allgemeine Landrecht für die Preußischen Staaten

Der Geist der Aufklärung drängte zur Gesetzgebung. Eine Bewegung, die der Weiterentwicklung des menschlichen Geistes sowie

146

dem sozialen und kulturellen Fortschritt dienen wollte, mußte an den bestehenden Rechtszuständen Kritik üben und eine grundlegende Verbesserung durch die Gesetzgebung vorschlagen (vgl. *Conrad,* unten Rn. 159, S. 9 ff.). Angesichts der damals herrschenden großen Unübersichtlichkeit des aus verschiedenartigsten Quellen gespeisten Rechts verlangten Verstand und Ratio (vgl. oben Rn. 119) nach einer **Kodifikation,** d. h. der Zusammenfassung des gesamten Rechts in einem einzigen Gesetzeswerk. Mit diesen Zielen der Aufklärung deckte sich das Interesse des absoluten Staates, der bemüht sein mußte, zum Zweck der effizienteren Leitung und Verwaltung für sein gesamtes Staatsgebiet ein einheitliches Recht zu schaffen. Dieses erleichterte die einheitliche, zentrale Verwaltung, und diese wiederum bildete die Voraussetzung für die Ausübung der absoluten Herrschaft. Es war also nicht nur ein „höheres", philosophisches Interesse des aufgeklärten Monarchen, das den Gang der Gesetzgebungsarbeiten begünstigte, sondern es ging um handfeste politische Belange.

147 Das ALR ist kein auf einen bestimmten Rechtsbereich, etwa das Zivilrecht, beschränktes Gesetzbuch, wie wir es heute gewohnt sind. Es wollte vielmehr die gesamte Rechtsordnung erfassen und regelte dementsprechend sowohl das Zivil-, Handels- und Seerecht als auch das Prozeßrecht, das Strafrecht und das Staatsrecht. Damit hatte das ALR den **Charakter eines Staats-Grundgesetzes,** wie es die Staatsrechtslehre der Aufklärung verstand. Es bildete „eine Verfassung in dem Sinne, in dem man dieses Wort begreift; es will nicht nur die Beziehungen der Bürger untereinander regeln, sondern auch die Beziehungen zwischen Bürger und Staat; es ist bürgerliches Gesetzbuch, Strafrecht und Verfassungsurkunde zugleich" (*Alexis de Tocqueville,* zit. nach *Laufs,* Rechtsentwicklungen, S. 184 f.).

148 Bemerkenswert ist die „**Verspätung**" des ALR, die Tatsache nämlich, daß die herausragende Kodifikation des aufgeklärten Absolutismus eigentlich erst in dem Zeitpunkt Gesetz wird, in dem die Epoche, deren Geist sie verkörpert, bereits zu Ende geht, in dem schon neue politische Gedanken und Ideen in den Stürmen der Französischen Revolution und in dem etwas milderen „Klima" der amerikanischen Unabhängigkeitsbewegung ihren Geltungsanspruch ankündigen. Während in Deutschland und speziell in Preußen die Aufklärung noch eine Verbindung mit dem Absolutismus einzugehen trachtet, führt sie in Frankreich fast gleichzeitig zur Überwindung des Absolutismus. Die amerikanische Entwicklung (vgl. oben

Rn. 19 ff.) ist aufgrund der völlig anderen Voraussetzungen nicht ohne weiteres vergleichbar.

Die Ereignisse um den Müller-Arnold-Prozeß gaben den letzten 149 Anstoß zur **Entstehung** des ALR. König *Friedrich II.* verlangte in einer Kabinettsorder „die Verbesserung des Justizwesens betreffend" vom 14. April 1780, Provinzialgesetzbücher herzustellen, über denen sich als umfassendes Gesetzeswerk das Landrecht mit subsidiärer Geltungskraft erheben sollte (vgl. *Conrad,* unten Rn. 159, S. 13 f.). Neben dem Ziel der Rechtsvereinheitlichung bestand *Friedrich II.* ausdrücklich auf einer Vereinfachung der Gesetze, die – anders als bis dato – dem gemeinen Mann verständlich sein und „das ganze Corps der bisherigen Advocaten" mit ihrem „Subtilitäten-Kram" überflüssig machen sollten. Der Erfolg des Gesetzgebungsunternehmens wurde dadurch gesichert, daß sehr fähige und für eine Reform aufgeschlossene Männer mit der Verwirklichung des Projekts beauftragt wurden. An die Stelle des entlassenen Großkanzlers *Fürst* trat der schlesische Justizminister *Graf von Carmer,* der sich ausgezeichnete Mitarbeiter holte, vor allem *Carl Gottlieb Svarez,* aber auch *Ernst Ferdinand Klein* (vgl. *Hattenhauer,* unten Rn. 159, S. 6 f.). In langjähriger intensiver Kooperation schufen sie zunächst das Allgemeine Gesetzbuch für die Preußischen Staaten und nach dessen Nichtinkrafttreten das Allgemeine Landrecht für die Preußischen Staaten.

Hans Hattenhauer: „*Svarez* und später auch *Klein* nahmen ihre Wohnung 150 in dem von *Carmer* gemieteten Palais, dem Trosselschen Hause vor dem Königstore. Fünfzehn Jahre lang wurde so zwischen den Reformern eine vita communis begründet, die ihresgleichen sucht. Ob von *Carmer* beabsichtigt oder nicht: durch die räumliche Nähe entspann sich unter den Reformern ein ununterbrochenes Gespräch, das es weder vorher noch nachher in solcher Dichte und Fruchtbarkeit in Deutschlands Rechtsgeschichte gegeben haben dürfte. Gemeinsam lebte man, gemeinsam arbeitete man und gemeinsam speiste und philosophierte man. *Svarez,* der in der Frühe bereits seit 5 Uhr an seiner Arbeit zu sitzen pflegte, traf seinen Chef – und nach dem Hinzukommen *Kleins* auch diesen – täglich von 9 bis 13 Uhr zum Vortrag. Hier wurden – bisweilen unterbrochen von einer Pause, in der man sich durch ein Glas Ungarwein stärkte – die großen Reformgesetze bis ins einzelne beraten. Am Nachmittag setzte man das Gespräch bei der gemeinsamen Spazierfahrt fort. Dieser ständige Gedankenaustausch war letztlich der Grund für die Entstehung des ALR." (Vgl. unten Rn. 159, S. 5.)

151 **Allgemeines Gesetzbuch für die Preußischen Staaten** vom 20. März 1791
– Auszug aus der Einleitung –:
I. Von den Gesetzen überhaupt
§ 6. Machtsprüche, oder solche Verfügungen der obern Gewalt, welche in streitigen Fällen, ohne rechtliches Erkenntniß, ertheilt worden sind, bewirken weder Rechte noch Verbindlichkeiten.
§ 12. Ein ohne dergleichen Prüfung (durch die Gesetzcommission) bekannt gemachtes Gesetz ist, in Ansehung des dadurch beeinträchtigten Staatsbürgers, unverbindlich und ohne Wirkung.
II. Allgemeine Grundsätze des Rechts. Verhältniß des Staats gegen seine Bürger.
§ 77. Das Wohl des Staats überhaupt, und seiner Einwohner insbesondere, ist der Zweck der bürgerlichen Vereinigung, und das allgemeine Ziel der Gesetze.
§ 78. Das Oberhaupt des Staats, welchem die Pflichten zur Beförderung des gemeinschaftlichen Wohls obliegen, ist, die äußern Handlungen aller Einwohner, diesem Zwecke gemäß, zu leiten, und zu bestimmen, berechtigt.
§ 79. Die Gesetze und Verordnungen des Staats dürfen die natürliche Freyheit und Rechte der Bürger nicht weiter einschränken, als es der gemeinschaftliche Endzweck erfordert.
(Vgl. Allgemeines Gesetzbuch für die Preußischen Staaten in vier Theilen, Berlin 1792, S. 3 ff.)

152 Dieses Gesetzbuch wurde zwar ordnungsgemäß verkündet, **trat aber nie in Kraft**; es wurde kurz vor dem vorgesehenen Termin des Inkrafttretens vom König auf unbestimmte Zeit suspendiert. Die Reformer hatten nur deshalb so ungestört an dem Projekt arbeiten können, weil sie die Unterstützung *Friedrichs II.* besaßen. Nach dessen Tod im Jahr 1786 bestieg *Friedrich Wilhelm II.* den Thron, der sich der Aufklärung nicht verpflichtet fühlte und einen dezidierten Antiaufklärer, *Johann Christoph von Wöllner,* zum Justizminister und Chef des geistlichen Departements machte. Dieser ist vor allem mit dem Wöllnerschen Religionsedikt hervorgetreten, das alle von der lutherischen Orthodoxie abweichenden Lehren verdammte. *Friedrich II.* hatte über ihn geurteilt: „Der *Wöllner* ist ein betrügerischer und intriganter Pfaffe." *Wöllner* hatte aber die etablierte ständische Gesellschaft Preußens hinter sich, für die dem Allgemeinen Gesetzbuch für die Preußischen Staaten der Geruch der Französischen Revolution anhaftete; man beschimpfte es in maßloser Übertreibung als „Gleichheitskodex" (vgl. *Hattenhauer,* unten Rn. 159, S. 12). Daß es gleichwohl nicht ganz scheiterte, beruhte auf zwei Gründen: Die Rechtspraxis nahm die Kodifizierung wohlwollend auf, und durch die Zweite Teilung Polens von 1793 entstand das Bedürfnis nach einem einheitlichen Recht für ein riesiges neues Staatsgebiet, das sich im Osten bis zu einer Linie von Danzig nach Krakau erstreckte.

So entstand nach einer „Schlußrevision" aus dem AGB das ALR. Die hierbei erfolgte **Abschwächung der reformerischen Tendenz** kam zum einen in der Streichung der oben Rn. 151 wiedergegebenen Vorschriften zum Ausdruck. D. h. es entfielen das Verbot der Machtsprüche, die Anordnung der Ungültigkeit der ohne Beteiligung der Gesetzkommission veröffentlichten Gesetze und die Vorschriften über die „politische Verfassung des Landes", nämlich über den Staatszweck (§ 77), die Verpflichtung des Landesherrn auf diesen Zweck (§ 78) und die Begrenzung der Staatsgewalt aus dem Staatszweck mit der Grundlegung des Verhältnismäßigkeitsgrundsatzes (§ 79). Zum anderen war die Änderung des Titels des Gesetzgebungswerkes signifikant: Man verstand unter einem „Gesetz" Verbote und Gebote für jedermann, während man unter „Landrecht" nur die Folge von Gesetzen verstand, das dementsprechend auch nur den Juristenstand und nicht den gemeinen Mann, das Volk, als Adressaten haben sollte. Hinzu kam, daß der Begriff „Landrecht" stärker die Rechtstradition evozierte und den Gedanken an rechtliche Neuerungen abwies (vgl. *Hattenhauer,* unten Rn. 159, S. 15f.). 153

Allgemeines Landrecht für die Preußischen Staaten vom 1. Juni 1794 – Auszug –: 154
Einleitung:
§ 14. Neue Gesetze können auf schon vorhin vorgefallene Handlungen und Begebenheiten nicht angewendet werden.
§ 74. Einzelne Rechte und Vortheile der Mitglieder des Staats müssen den Rechten und Pflichten zur Beförderung des gemeinschaftlichen Wohls, wenn zwischen beyden ein wirklicher Widerspruch (Collision) eintritt, nachstehn.
§ 75. Dagegen ist der Staat denjenigen, welcher seine besondern Rechte und Vortheile dem Wohle des gemeinen Wesens aufzuopfern genöthigt wird, zu entschädigen gehalten.
Zweiter Teil, 11. Titel:
§ 1. Die Begriffe der Einwohner des Staats von Gott und göttlichen Dingen, der Glaube, und der innere Gottesdienst, können kein Gegenstand von Zwangsgesetzen seyn.
§ 2. Jedem Einwohner im Staate muß eine vollkommene Glaubens- und Gewissensfreyheit gestattet werden.
§ 3. Niemand ist schuldig, über seine Privatmeinungen in Religionssachen Vorschriften vom Staate anzunehmen.
§ 4. Niemand soll wegen seiner Religionsmeinungen beunruhigt, zur Rechenschaft gezogen, verspottet, oder gar verfolgt werden.

§ 17. Die vom Staate ausdrücklich aufgenommenen Kirchengesellschaften haben die Rechte privilegirter Corporationen.
Zweiter Teil, 13. Titel:
§ 1. Alle Rechte und Pflichten des Staats gegen seine Bürger und Schutzverwandten vereinigen sich in dem Oberhaupte desselben.
§ 2. Die vorzüglichste Pflicht des Oberhaupts im Staate ist, sowohl die äußere als innere Ruhe und Sicherheit zu erhalten, und einen jeden bey dem Seinigen gegen Gewalt und Störungen zu schützen.
Zweiter Teil, 17. Titel:
§ 10. Die nöthigen Anstalten zur Erhaltung der öffentlichen Ruhe, Sicherheit, und Ordnung, und zur Abwendung der dem Publico, oder einzelnen Mitgliedern desselben, bevorstehenden Gefahr zu treffen, ist das Amt der Polizey.
(Vgl. *Hattenhauer*, unten Rn. 159, S. 57, 59, 549, 595, 626.)

155 Kennzeichnend für das ALR ist die Mischung von aufklärerischem Gedankengut und herkömmlichen, in der Ständeordnung und im Absolutismus verhafteten Rechts- und Staatsvorstellungen. Die gerade für den aufgeklärten Absolutismus charakteristische **Staatsauffassung** wird etwa in dem 13. Titel des Zweiten Teils deutlich, der von den Rechten und Pflichten „des Staats" handelt, nicht etwa von denen des Königs und der königlichen Familie. Der Staat wird von dem Herrscher unterschieden. Dieser hat nur noch eine, allerdings herausgehobene Funktion im Staat inne: Er ist das Staatsoberhaupt. Das dynastische Denken früherer Epochen ist verschwunden; die religiös-patriarchalische Staatsauffassung ist einer rationalistisch-naturrechtlichen gewichen. Der Staat und das Staatsoberhaupt haben „Pflichten", die besonders betont und vor den entsprechenden Rechten aufgeführt werden. Diese Rechte und Pflichten gründen sich, auch wenn das ALR – anders als § 77 AGB – insoweit schweigt, gedanklich auf den Gesellschafts- bzw. Herrschaftsvertrag des Naturrechts (vgl. oben Rn. 129). Dabei bleibt die Aufklärung auf die Verbindung mit dem Absolutismus beschränkt; sie geht nicht darüber hinaus. Das ALR kennt keine irgendwie geartete Gewaltenteilung. Der Monarch blieb Inhaber der unumschränkten obersten Gewalt.

156 Während die Staatsverhältnisse in dem geschilderten Maße aufklärerisch abgewandelt wurden, blieben die **gesellschaftlichen Verhältnisse** durch die neuen Gesetzesbestimmungen weitgehend unberührt. Die Reformer mußten sich an das ihnen vorgegebene Sozialmodell des Ständestaates halten, das sie in die Systematik des Zweiten Teils des ALR übernahmen. Nacheinander werden dort die verschiedenen Stände abgehandelt: erst der Bauernstand, dann der Bürgerstand, wei-

ter der Adel und schließlich das Königtum, jetzt allerdings als „der Staat" und „das Oberhaupt im Staate" aufklärerisch verfremdet. Bemerkenswert ist, daß die Sklaverei gem. § 196 II 5 ausdrücklich verboten und der Staat gem. §§ 1 ff. II 19, insbesondere durch „Armenanstalten", zur Sozialhilfe verpflichtet ist (vgl. *A. Breitenborn,* Randgruppen im Allgemeinen Landrecht für die Preußischen Staaten von 1794, 1994, S. 132 ff.).

Einige Einzelpunkte haben ihre Aktualität bis heute nicht verloren und sind teilweise sogar Bestandteil des öffentlichen Rechts der **Gegenwart** geworden:
– das Verbot rückwirkender Gesetze (§ 14 Einl.);
– das Rechtsinstitut der Aufopferung (§§ 74, 75 Einl.);
– die polizeiliche Generalklausel (§ 10 II 17);
– die Religionsfreiheit und rechtliche Stellung der Kirchen (§§ 1–4, 17 II 11).

Das **Gesamturteil** über das ALR fällt danach zwiespältig aus: Es kann als ein Schritt auf dem Weg zum Rechtsstaat bezeichnet werden. Rechtsstaatlich ist die Bindung der Staatsgewalt an das Gesetz und das Zurücktreten des Herrscherwillens hinter das vernünftige Gesetz. Auch die Vergrößerung der Rechtssicherheit und die Ansätze von Handlungs- und Gewissensfreiheit sind als rechtsstaatlicher Gewinn zu verbuchen. Auf der anderen Seite ist das ALR nicht als Vorläufer moderner Verfassungsstaatlichkeit anzusehen: Es fehlen jedwede Elemente einer Gewaltenteilung oder -beschränkung; die Rechtsbindung der Staatsgewalt ist nicht umfassend ausgestaltet; viele überkommene, vorverfassungsstaatliche Elemente, wie z. B. die Patrimonialgerichtsbarkeit als die dem Gutsherrn zustehende Gerichtsbarkeit (vgl. *M. Wienfort,* Der Staat 1994, S. 207 ff.) und überhaupt die ständische Ungleichheit mit der Privilegierung des Adels werden konserviert; umfassende individuelle Freiheit ist nicht intendiert. Das ALR ist bei weitem nicht so modern wie der nur wenige Jahre später verabschiedete französische Code Civil von 1804 (seit 1807: Code Napoléon). Mit amerikanischen und französischen Verfassungen der gleichen Zeit ist das ALR erst recht nicht zu vergleichen.

V. Literatur

C. Barzen, Die Entstehung des „Entwurf(s) eines allgemeinen Gesetzbuchs für die Preußischen Staaten" von 1780 bis 1788, 1999; *G. Birtsch/D. Willoweit* (Hg.), Reformabsolutismus und ständische Gesellschaft, 1998; *H. Conrad,* Die geistigen Grundlagen des Allgemeinen Landrechts für die preußischen Staaten von 1794, 1958; *M. Diesselhorst,* Die Prozesse des Müllers Arnold und das Eingreifen Friedrichs des Großen, 1984; *R. Dietrich* (Bearb.), Die politischen Testamente der Hohenzollern, 1986; *B. Dölemeyer/H. Mohnhaupt* (Hg.), 200 Jahre Allgemeines Landrecht für die preußischen Staaten. Wirkungsgeschichte und internationaler Kontext, 1995; *J. Eckert,* 200 Jahre Allgemeines Landrecht für die preußischen Staaten, Der Staat 1997, S. 622 ff.; *T. Finkenauer,* Vom Allgemeinen Gesetzbuch zum Allgemeinen Landrecht – preußische Gesetzgebung in der Krise, ZRG/GA 1996, S. 40 ff.; *W. Gose/T. Würtenberger* (Hg.), Zur Ideen- und Rezeptionsgeschichte des Preußischen Allgemeinen Landrechts, 1999; *H. Hattenhauer* (Hg.), Allgemeines Landrecht für die Preußischen Staaten von 1794, 3. Aufl. 1996; *W. Hubatsch,* Friedrich der Große und die preußische Verwaltung, 2. Aufl. 1982; *T. Karst,* Der Einfluss von Carl Gottlieb Svarez auf die preußische Gesetzgebung, ZRG/GA 2003, S. 180 ff.; *M. Kotulla,* Machtsprüche, strafgerichtliche Bestätigungsvorbehalte und die richterliche Unabhängigkeit, in: FS Merten, 2007, S. 199 ff.; *J. Kunisch,* Friedrich der Große. Der König und seine Zeit, 5. Aufl. 2005; *E. Schmidt,* Beiträge zur Geschichte des preußischen Rechtsstaates, 1980; *A. Schwennicke,* Zwischen Tradition und Fortschritt – Zum zweihundertsten Geburtstag des Preußischen Allgemeinen Landrechts von 1794, JuS 1994, S. 456 ff.; *H. Sendler,* Friedrich der Große und der Müller Arnold, JuS 1986, S. 759 ff.; *G.-C. von Unruh,* Staatsverwaltung und Rechtsprechung unter Friedrich dem Großen, Die Verwaltung 1987, S. 355 ff.; *G. B. Volz* (Hg.), Die Werke Friedrich des Großen, Bd. 7: Antimachiavell und Testamente, 1912.

Kapitel 3. Das Ende des Heiligen Römischen Reiches Deutscher Nation und die Reformen in Preußen

§ 6. Die Auflösung des Heiligen Römischen Reiches

I. Zeittafel

1792 Beginn der Koalitionskriege gegen Frankreich   160
Kanonade von Valmy (20. 9.)
1795 Sonderfrieden von Basel
1801 Frieden von Lunéville (9. 2.)
1803 Reichsdeputationshauptschluß (25. 2.)
1805 Schönbrunner Vertrag (15. 12.)
Preßburger Frieden (26.12.)
1806 Gründung des Rheinbundes (12. 7.)
Austritt der Rheinbund-Staaten aus dem Reich (1. 8.)
Niederlegung der Kaiserkrone durch *Franz II.* (6. 8.)

II. Die geschichtliche Entwicklung bis zum Reichsdeputationshauptschluß

„Mit der französischen Revolution wurde der nationaldemokrati-   161
sche Staatsgedanke das bewegende und bestimmende Prinzip der europäischen Staatengeschichte" (*Huber*, VerfGesch I, S. 8). Diese Feststellung kann man treffen, obwohl sich die endgültige Durchsetzung der nationaldemokratischen Idee in manchen Staaten wie z. B. in Deutschland noch lange hinauszögerte. Aber die **Auseinandersetzung um Nationalstaat und Volksherrschaft** bestimmte doch ganz wesentlich das politische Geschehen im 19. Jahrhundert. In Deutschland standen den neuen, von Frankreich ausgehenden Ideen vor allem drei Faktoren entgegen: die überkommene feudal-ständische Ordnung, der landesherrliche Absolutismus und die „alte" Reichsverfassung (vgl. oben Rn. 100). Das Heilige Römische Reich war – trotz des Zusatzes „Deutscher Nation" – gerade nicht nationalstaatlich, demokratisch und rational-weltlich konzipiert, sondern fußte auf einer

staatenbündischen Ordnung, deren Fundament eine abendländisch-universal gedachte und (jedenfalls ursprünglich) religiös überhöhte Reichsidee bildete. Der Zusammenprall beider Mächte, des revolutionären Frankreichs auf der einen und des traditionsbeladenen Reiches auf der anderen Seite, führte zur Auflösung des letzteren, die mit der Niederlegung der Kaiserkrone durch *Franz II.* im Jahre 1806 ihren sichtbaren staatsrechtlichen Abschluß fand.

162 Waren es schließlich auch französische Heere und napoleonische Politik, die den endgültigen Zusammenbruch des Reiches bewirkten, so liegen die eigentlichen Ursachen doch tiefer. Sie sind in der **Schwäche des Reiches** begründet, die man bereits in der zweiten Hälfte des 17. Jahrhunderts, nach Abschluß des Westfälischen Friedens, erkennen konnte (vgl. oben Rn. 98 ff.). Ausschlaggebend war, wie sich am Ende des 18. Jahrhunderts deutlicher denn je zeigte, daß das Heilige Römische Reich nur einen vergleichsweise lose organisierten Staatenbund bildete, nicht aber einen festgefügten Bundesstaat oder gar einen Zentralstaat. Die einzelnen Glieder des Reiches, die Territorien, hatten weitgehende Souveränität erlangt (vgl. oben Rn. 113). Die gemeinsamen Organe dieses Staatenbundes hatten nur sehr beschränkte Machtbefugnisse. Ansätze zu einer grundlegenden Reichsreform waren immer wieder gescheitert (vgl. *Eisenhardt,* RechtsGesch, Rn. 180 ff.).

163 Der Versuch, die **Heeresverfassung des Reiches** zu verbessern, war in Anbetracht schlagkräftiger, nationalstaatlich und damit zentral geleiteter Heere ungenügend. Das sollte sich auch in den Kriegen gegen das revolutionäre und später das napoleonische Frankreich zeigen. Insbesondere Preußen hatte keinerlei Interesse daran, daß der durch eine Modernisierung seiner Wehrverfassung errungene militärische Vorsprung – und damit eine wesentliche Basis seiner Machtstellung – durch eine Reichsheeresreform in Frage gestellt würde. Außerdem hatten die fortwährenden kriegerischen Auseinandersetzungen zwischen den beiden mächtigsten Reichsgliedern, nämlich Österreich und Preußen, nicht dazu beigetragen, übergreifende Reichsinteressen oder doch wenigstens eine starke gemeinsame Verteidigungsbereitschaft zu entwickeln.

164 Ein Blick auf die Landkarte macht weitere Probleme des Reiches deutlich. Am Ausgang des 18. Jahrhunderts bestand das Heilige Römische Reich aus über 300 souveränen Einzelstaaten. Hinzu kamen fast eineinhalbtausend reichsunmittelbare Gebiete (Reichsritterschaft). Diese **territoriale Aufsplitterung** hatte auch wirtschaftliche

§ 6. Die Auflösung des Heiligen Römischen Reiches   79

Folgen. Große Marktorganisationen konnten sich nicht entwickeln. Die ständische Gesellschaft bevorzugte trotz aller merkantilistischen Bemühungen des Staates überwiegend noch ein Wirtschaften nach den hausväterlichen Prinzipien der Versorgung des „ganzen Hauses", nicht die Gewinnmaximierung.

Die Industrialisierung hatte kaum eingesetzt. Zwar wurde z. B. 1784 die erste mechanische Spinnerei, 1785 die erste deutsche Dampfmaschine in Betrieb genommen, und in den 90er Jahren folgten die ersten Hochöfen (Königshütte, Gleiwitz/Oberschlesien), doch das waren bescheidene Anfänge etwa im Vergleich zu England, wo bereits im 18. Jahrhundert die Industrialisierung in vollem Gange war. So ist es nicht verwunderlich, daß der deutsche Export nach England um das Jahr 1800 nur 1/6 des Imports aus demselben Land ausmachte. Gerade in der Gegenüberstellung mit England wird ein bemerkenswerter Gleichklang zwischen der politischen und der ökonomischen Entwicklung beider Länder deutlich. So wie auf der einen Seite die kleinstaatliche, absolutistische Ordnung des Reiches die **wirtschaftliche Entwicklung in Deutschland gebremst** und verzögert hat, so trug auf der anderen der nationale, liberale englische Verfassungsstaat des 18. Jahrhunderts sein Teil zur kräftigen Förderung der dortigen Wirtschaftsexpansion bei. 165

Die politische Zersplitterung Deutschlands sollte aber schon bald, wenn nicht aufgehoben, so doch radikal vermindert werden. Nach dem Reichsdeputationshauptschluß vom Februar 1803 blieben nur 82 selbständige Territorien übrig. Die Reichsritterschaft verlor ihre Reichsunmittelbarkeit und wurde dem jeweiligen sie umgebenden weltlichen Territorium zugeschlagen. Wie konnte es zu einer so weitreichenden politischen Neuordnung kommen? Die **Konfrontation mit dem revolutionären Frankreich,** die schließlich die grundlegende territoriale Neuordnung Deutschlands und den endgültigen Zerfall des Reiches bewirken sollte, hatte verhältnismäßig harmlos begonnen. Kaiser *Leopold II.* und der preußische König *Friedrich Wilhelm II.* hatten sich bei einem Treffen im August 1791 in Pillnitz (Sachsen) von adligen französischen Emigranten eine mißverständliche Erklärung abnehmen lassen, in der sie die Französische Revolution verurteilten. Frankreich, noch unter der Regierung *Ludwig XVI.,* verlangte in ultimativer Form den ausdrücklichen Widerruf der Erklärung von Pillnitz. Es kam zum Krieg. Die verbündeten preußisch-österreichischen Truppen marschierten auf Paris, zogen 166 sich jedoch nach der militärisch bedeutungslosen „Kanonade von Valmy" im September 1792 zurück.

167 Dieses Ereignis verdient, auch in der Verfassungsgeschichte festgehalten zu werden, weil seine politische Bedeutung die militärische weit übersteigt. Es bezeichnet einen historischen Wendepunkt, den *Goethe* bereits am Abend nach der Kanonade mit den Worten richtig einschätzte: „Von hier und heute geht eine neue Epoche der Weltgeschichte aus" (*J. W. von Goethe,* Werke, Bd. 21, S. 49). Die **Französische Revolution** übernahm jetzt die Offensive. Die neu gewählte französische Volksvertretung, der Nationalkonvent, schaffte am 21. September 1792, einen Tag nach Valmy, die Monarchie ab und rief 4 Tage später die Republik aus (vgl. oben Rn. 77). Revolutionsheere besetzten in der Folgezeit das linke Rheinufer und eroberten Belgien. In einem bereits am 26. August von der Nationalversammlung beschlossenen und im September 1792 ausgefertigten Gesetz wurde solchen Männern, „die durch ihre Schriften und ihren Mut der Sache der Freiheit gedient und die Befreiung der Völker vorbereitet haben" (so der Text der Präambel, abgedruckt bei *H. Hecker,* NJW 1990, S. 1955/1956), die Eigenschaft eines citoyen français, also die französische Staatsangehörigkeit, verliehen. Zu den 17 Männern, die das Gesetz namentlich aufführte, gehörte neben dem Führer der „American Revolution" und ersten Präsidenten der neuen Republik, *George Washington,* neben *Jeremias Bentham, Thomas Paine* und *Friedrich Gottlieb Klopstock* auch *Friedrich Schiller* (vgl. *R. Haehling v. Lanzenauer,* NJW 1997, S. 1139). Diese Einbürgerung aller „Freunde der Freiheit, der universalen Brüderlichkeit" verdeutlichte eine ganz neue Form des Internationalismus. Die Revolution war über Frankreich hinausgegangen; sie erhob nun einen universalen Geltungsanspruch.

168 Nach der Hinrichtung *Ludwigs XVI.* im Januar 1793 kam eine **große gegenrevolutionäre europäische Koalition** zustande. Auch das Heilige Römische Reich selbst (nicht nur seine Glieder wie Österreich und Preußen) trat in den Krieg gegen Frankreich ein. Dieser sog. Erste Koalitionskrieg ging nach vergeblichen Friedensbemühungen auf dem Reichsfriedenskongreß in Rastatt im November 1797 in den Zweiten Koalitionskrieg (1799) über. Preußen hatte sich inzwischen jedoch aus der Koalition zurückgezogen. In dem später viel kritisierten Sonderfrieden von Basel im April 1795 erkannte es die französische Republik formell an, billigte die Besetzung der linksrheinischen Gebiete durch französische Truppen und vereinbarte die

Neutralität der norddeutschen Territorien in den zukünftigen Auseinandersetzungen. Dieser „Abfall vom Reich" (*Huber*, VerfGesch I, S. 30) hat sicherlich ebenso zur Auflösung des Heiligen Römischen Reiches beigetragen wie später die Gründung des Rheinbundes unter *Napoléons* Oberherrschaft.

Der zweite Koalitionskrieg endete denn auch mit einem Sieg Frankreichs, das im **Frieden von Lunéville** (1801) die Friedensbedingungen diktierte. Dieser Friedensvertrag hatte nicht nur außenpolitische Bedeutung, sondern – ebenso wie der Westfälische Frieden anderthalb Jahrhunderte zuvor – auch weitreichende Folgen für die innere Verfassung des Reiches. *Huber* (VerfGesch I, S. 40) spricht sogar davon, daß die verfassungsrechtliche Bedeutung des Friedens von Lunéville noch über die des Westfälischen Friedens hinausgegangen sei, weil jener im Gegensatz zu diesem keinen bewahrenden, trotz vieler einzelner Änderungen das Reichsgefüge insgesamt erhaltenden Charakter gehabt habe. Er sei vielmehr ein „Akt des Umsturzes", der vollkommenen territorialen Umwälzung und der Umgestaltung der Reichsverfassung von Grund auf gewesen. Dieser Einschätzung kann man in der Sache nur zustimmen, sieht man von dem Begriff des Umsturzes ab, dessen pejorativer Klang die bis in die Gegenwart für zulässig erachtete Möglichkeit der Siegermächte zu einer weitgehenden „Umgestaltung" der verfassungsrechtlichen Verhältnisse des besiegten Landes völlig unberücksichtigt läßt.

169

Aus der Sicht des Reiches waren vor allem **zwei Vertragsbestimmungen wesentlich:** Einmal wurde die Abtretung der linksrheinischen Gebiete an Frankreich nun endgültig de jure vollzogen. Zum anderen waren die linksrheinischen Verluste der weltlichen Territorien gemäß Art. VII des Vertrages vom ganzen Reich gemeinsam („collectivement") zu tragen, d. h. die weltlichen Fürsten, welche linksrheinische Gebiete verloren hatten, sollten im verbleibenden Reichsgebiet rechts des Rheins entschädigt werden. Über die Art der Entschädigung bestanden auch konkrete Vorstellungen. Als Entschädigungslande kamen die rechtsrheinischen geistlichen Fürstentümer und die Gebiete kleinerer Reichsstände, insbesondere der Reichsstädte, in Betracht.

170

Der Frieden von Lunéville steht in unmittelbarem Zusammenhang mit dem Reichsdeputationshauptschluß vom 25. Februar 1803. Der Reichstag mußte die in dem Friedensvertrag von *Napoléon* – seit dem Staatsstreich vom November 1799 Erster Konsul und damit faktisch Alleinherrscher (vgl. oben Rn. 89) – diktierten und vom Kaiser

171

„für das Reich" akzeptierten Bedingungen **in Reichsverfassungsrecht umsetzen.** Der Vorgang ist mit der Transformation völkerrechtlicher Vertragsbestimmungen in innerstaatliches Recht zu vergleichen, wie sie heute in Art. 59 Abs. 2 GG vorgesehen ist. Der Spielraum des Reichstages, der einen Ausschuß – eine außerordentliche „Reichsdeputation" – mit der Ausarbeitung des Entschädigungsgesetzes betraute, war gering. Denn Frankreich hatte sich in dem Friedensvertrag von Lunéville zusätzlich vorbehalten, an dem Werk der territorialen Neugliederung selbst mitzuarbeiten. Da auch Rußland als Garantiemacht des Westfälischen Friedens (seit 1779) ein Mitspracherecht beanspruchte, einigten sich zunächst Frankreich und Rußland auf einen Entschädigungsplan, der dann mit gewissen Modifikationen am 25. Februar 1803 von der Reichsdeputation als Reichshauptschluß angenommen wurde. Die Zustimmung des Reichstages erfolgte am 24. März 1803, und der Kaiser erteilte seine reichsoberhauptliche Genehmigung mit Dekret vom 27. April 1803. Der Reichsdeputationshauptschluß war das letzte Grundgesetz des Heiligen Römischen Reiches Deutscher Nation und zugleich die letzte Station auf dem Weg zu seinem Untergang.

172   **Hegel,** in seiner politischen Schrift über „Die Verfassung Deutschlands", diagnostizierte das Ende des Reiches sogar noch früher. Er meinte schon 1802, nach dem Frieden von Lunéville: „Deutschland ist kein Staat mehr". Zur Begründung seiner These fuhr er fort: „Die Gesundheit eines Staates offenbart sich im allgemeinen nicht sowohl in der Ruhe des Friedens als in der Bewegung des Kriegs ... So hat in dem Krieg mit der französischen Republik Deutschland an sich die Erfahrung gemacht, wie es kein Staat mehr ist, und ist seines politischen Zustandes sowohl in dem Krieg selbst als an dem Frieden inne geworden, der diesen Krieg endigte, und dessen handgreifliche Resultate sind: der Verlust einiger der schönsten deutschen Länder, einiger Millionen seiner Bewohner, eine Schuldenlast auf der südlichen Hälfte stärker als auf der nördlichen, welche das Elend des Kriegs noch weit hinein in den Frieden verlängert, und daß außer denen, welche unter die Herrschaft der Eroberer und zugleich fremder Gesetze und Sitten gekommen sind, noch viele Staaten dasjenige verlieren werden, was ihr höchstes Gut ist, – eigene Staaten zu sein" (vgl. unten Rn. 299, S. 23 f.).

III. Der Reichsdeputationshauptschluß vom 25. Februar 1803

§ 27 Abs. 1. Das Kollegium der Reichsstädte besteht in Zukunft aus den freien und unmittelbaren Städten: Augsburg, Lübeck, Nürnberg, Frankfurt, Bremen und Hamburg.

Abs. 2. Sie genießen in dem ganzen Umfang ihrer respektiven Gebiete die volle Landeshoheit und alle Gerichtsbarkeit ohne Ausnahme und Vorbehalt; jedoch der Appellation an die höchsten Reichsgerichte unbeschadet.

Abs. 15. Die Kurfürsten und Fürsten, welchen Reichsstädte als Entschädigung zufallen, werden diese Städte in Bezug auf ihre Municipalverfassung und Eigenthum auf den Fuß der in jedem der verschiedenen Lande am meisten privilegirten Städte behandeln, so weit es die Landesorganisation und dem allgemeinen Besten nöthigen Verfügungen gestatten. – Insbesondere bleibt ihnen die freie Ausübung ihrer Religion, und der ruhige Besitz aller ihrer zu kirchlichen und milden Stiftungen gehörigen Güter und Einkünfte gesichert.

§ 34. Alle Güter der Domkapitel und ihrer Dignitarien werden den Domänen der Bischöfe einverleibt, und gehen mit den Bisthümern auf die Fürsten über, denen diese angewiesen sind. In den zwischen mehrere vertheilten Bisthümern werden die in den einzelnen Theilen befindlichen Güter dieser Art mit denselben vereinigt.

§ 35. Alle Güter der fundirten Stifter, Abteyen und Klöster, in den alten sowohl als in den neuen Besitzungen, Katholischer sowohl als A. C. Verwandten, mittelbarer sowohl als unmittelbarer, deren Verwendung in den vorhergehenden Anordnungen nicht förmlich festgesetzt worden ist, werden der freien und vollen Disposition der respectiven Landesherrn, sowohl zum Behuf des Aufwandes für Gottesdienst, Unterrichts- und andere gemeinnützige Anstalten, als zur Erleichterung ihrer Finanzen überlassen, unter dem bestimmten Vorbehalte der festen und bleibenden Ausstattung der Domkirchen, welche werden beibehalten werden, und der Pensionen für die aufgehobene Geistlichkeit, nach den unten theils wirklich bemerkten, theils noch unverzüglich zu treffenden näheren Bestimmungen.

§ 36. Die namentlich und förmlich zur Entschädigung angewiesenen Stifter, Abteyen und Klöster, so wie die der Disposition der Landesherrn überlassenen, gehen überhaupt an ihre neuen Besitzer mit allen Gütern, Rechten, Kapitalien und Einkünften, wo sie auch immer gelegen sind, über, sofern oben nicht ausdrückliche Trennungen festgesetzt worden sind.

§ 63. Die bisherige Religionsübung eines jeden Landes soll gegen Aufhebung und Kränkung aller Art geschützt seyn; insbesondere jeder Religion der Besitz und ungestörte Genuß ihres eigenthümlichen Kirchenguts, auch Schulfonds nach der Vorschrift des Westphälischen Friedens ungestört verbleiben; dem Landesherrn steht jedoch frei, andere Religionsverwandte zu dulden und ihnen den vollen Genuß bürgerlicher Rechte zu gestatten.

(Vgl. *Huber*, Dok I, Nr. 1.)

173

84 Kap. 3. Reichsende und Reformen in Preußen

174 Der Reichsdeputationshauptschluß hat den förmlichen Schlußstrich unter eine Entwicklung gezogen, die spätestens seit dem Frieden von Lunéville festgelegt war. Die politische Landschaft Deutschlands und die Verfassungsstruktur des Heiligen Römischen Reiches wurden durch dieses Reichsgrundgesetz entscheidend verändert. Die Abtretung des linken Rheinufers an Frankreich hatte für das Reich zu massiven Gebietsverlusten geführt: Neben einer Reihe kleinerer Fürstentümer und Grafschaften gingen die früheren Erzbistümer Köln, Trier und Mainz, die Bistümer Worms und Speyer, das Kurfürstentum Pfalz, die Herzogtümer Kleve, Geldern und Jülich, Simmern und Zweibrücken sowie die vier linksrheinischen Reichsstädte Aachen, Köln, Speyer und Worms entweder ganz oder teilweise verloren. Die von diesen Verlusten betroffenen Landesherren sollten nach Art. VII des Lunéviller Friedensvertrags bestimmte Territorien und Güter innerhalb des Reiches als Entschädigung erhalten (*Hufeld*, unten Rn. 202, S. 60 f.). Der Reichsdeputationshauptschluß ging jedoch letztlich über die bloße Zuteilung bestimmter Entschädigungsländer weit hinaus und bewirkte eine **territoriale Neugestaltung Deutschlands** von ungeheurem Ausmaß. So wurden insgesamt 112 rechtsrheinische Reichsstände aufgehoben, darunter 19 Reichsbistümer, 44 Reichsabteien und 41 Reichsstädte.

175 Zwei Begriffe kennzeichneten diese territoriale „Umverteilung" und die damit verbundene politische Neuordnung des Reichs: der Begriff der Säkularisation und der der Mediatisierung. **Säkularisation**, wörtlich „Verweltlichung", bedeutete in diesem Zusammenhang die Übertragung der landesherrlichen (Staats-)Gewalt eines geistlichen Reichsfürsten auf ein weltliches Reichsfürstentum unter gleichzeitiger Übernahme des betroffenen Territoriums sowie die Einziehung des Kirchengutes zugunsten einer weltlichen Herrschaft. Die Aufhebung der geistlichen Territorialhoheit wird auch als Herrschaftssäkularisation bezeichnet; sie ist juristisch von der Vermögenssäkularisation als der Einziehung kirchlichen Eigentums zu unterscheiden, obwohl beide Formen der Säkularisation im Reichsdeputationshauptschluß zusammenfallen (vgl. *Huber*, VerfGesch I, S. 43 f.).

176 Der Begriff der **Mediatisierung** betraf dagegen die weltlichen Reichsstände, die Reichsstädte und die Angehörigen der Reichsritterschaft. Sie wurden mediatisiert, d. h. ihre Reichsunmittelbarkeit wurde aufgehoben, sie wurden „landesunmittelbar", und ihr Territorialbesitz wurde einem weltlichen Reichsfürstentum zugeschlagen. Säkularisation und Mediatisierung stellten keine „Erfindungen" der

§ 6. Die Auflösung des Heiligen Römischen Reiches 85

Reichsdeputation oder der den Frieden von Lunéville bestimmenden Großmächte dar; sie bildeten vielmehr – in ihrer allgemeinen Form – ältere Forderungen der Aufklärung, die in der politischen Diskussion des 18. Jahrhunderts immer größeres Gewicht erlangt hatten (vgl. *Hömig,* unten Rn. 202, S. 18 ff.). Insbesondere in der Französischen Revolution artikulierte sich die Überzeugung, alle Kirchengüter gehörten eigentlich der Allgemeinheit und seien mithin zum Nationaleigentum zu erklären (vgl. oben Rn. 72).

Die Säkularisation, die der Reichsdeputationshauptschluß vollzog, war nahezu total. Alle **reichsunmittelbaren geistlichen Fürstentümer** wurden von ihr erfaßt. Eine Ausnahme bildete nur das speziell für den Reichserzkanzler neu geschaffene Kurfürstentum Aschaffenburg-Regensburg, das in Zukunft das einzige geistliche Fürstentum im Reich sein sollte. Verschont wurden außerdem der Deutsche Orden und der Malteserorden, die „aus Rücksicht für die Kriegsdienste ihrer Glieder" (vgl. § 26 RDH) nicht säkularisiert, sondern selbst entschädigt wurden. Die Vermögenssäkularisation betraf nicht nur das Eigenvermögen der ehemals geistlichen Fürstentümer, sondern auch alle Güter der Domkapitel und ihrer Dignitarien (Inhaber eines höheren Kirchenamtes, z. B. Pröbste und Dekane), die nach § 34 RDH den Domänen der Bischöfe einverleibt und zusammen mit den Bistümern auf die weltlichen Fürsten übertragen wurden. 177

§ 35 RDH überstellte darüber hinaus auch die **Güter der landesunmittelbaren Stifte, Abteien und Klöster,** und zwar sowohl der katholischen als auch der protestantischen (A. C. Verwandte = Angehörige der Augsburger Konfession = Lutheraner und Calvinisten), „der freien und vollen Disposition der respectiven Landesherrn". Von dieser reichsrechtlichen Säkularisationsermächtigung machten die deutschen Einzelstaaten gern Gebrauch, zumal § 35 die Mittelverwendung sehr großzügig festlegte: Die konfiszierten Güter mußten nicht unbedingt den Aufwand für Gottesdienst, Unterrichts- und andere gemeinnützige Anstalten decken, sondern konnten auch „zur Erleichterung ihrer Finanzen" herhalten. 178

Neben der geschilderten weitreichenden Säkularisation normierte der Reichsdeputationshauptschluß die Mediatisierung der **deutschen Reichsstädte,** d. h. die Aufhebung ihrer Reichsunmittelbarkeit und ihre Unterwerfung unter die Landeshoheit eines weltlichen Fürsten. Nach § 27 RDH behielten nur 6 Städte (Augsburg, Lübeck, Nürnberg, Frankfurt, Bremen und Hamburg) „die volle Landeshoheit und alle Gerichtsbarkeit". Außerdem bestand eine Verpflichtung der 179

Reichsfürsten, die ihnen zugefallenen Reichsstädte, die sich doch verhältnismäßig widerstandslos in das Schicksal der Mediatisierung gefügt hatten, hinsichtlich ihrer Verfassung, ihres Eigentums und in Religionsfragen besonders zu behandeln.

180 Von einer Mediatisierung der **Reichsritterschaft** war im Reichsdeputationshauptschluß nicht die Rede. Aber obwohl ihr verfassungsrechtlicher Status nicht ausdrücklich angetastet wurde, bedeutete die vorgenommene Auflösung der überkommenen Verfassungsstruktur des Reiches zugleich das Ende der Reichsritterschaft. Denn „mit der Mediatisierung der Reichsstädte und der Säkularisation der geistlichen Reichsfürstentümer verlor das Alte Reich seine Funktion als politisches Bezugssystem aller Reichsstände" (*Schroeder,* unten Rn. 202, S. 29). Die weitere Auflösung der alten Ordnung war damit vorgezeichnet. Die fortbestehende Exemtion kleiner und kleinster reichsritterschaftlicher Herrschaftsgebiete von der landesherrlichen Staatsgewalt erschien als anachronistisch, und so nimmt es nicht wunder, daß die Reichsritterschaften seit dem Herbst 1803 auch ohne eine entsprechende Ermächtigung mediatisiert wurden („Rittersturm"; vgl. *Willoweit,* VerfGesch, S. 206).

181 Die mit der Säkularisation und Mediatisierung verbundene territoriale und politische Umgestaltung Deutschlands warf erhebliche Folgeprobleme auf, denen sich der Reichsdeputationshauptschluß ebenfalls annahm. So machte die Auflösung einzelner Territorien und die Neugewichtung anderer zunächst Veränderungen in der Reichsorganisation notwendig. Neben einer in § 32 RDH geregelten neuen Stimmenverteilung im Reichsfürstenrat war die **geänderte Zusammensetzung des Kurfürstenkollegs** von besonderer Bedeutung. Die aufgelösten Kurfürstentümer Pfalz, Köln und Trier schieden aus. Der bisherige Erzbischof von Mainz gehörte dem Kollegium nun als Erzbischof des neu geschaffenen Kurfürstentums Aschaffenburg-Regensburg an. Ihre bisherige Kurfürstenwürde bewahrten der Kaiser als König von Böhmen, der preußische König als Markgraf von Brandenburg, der König von England als Herzog von Hannover sowie die Herzöge von Sachsen und Bayern. Hinzu kamen der Herzog von Württemberg, der Markgraf von Baden, der Landgraf von Hessen-Kassel und der Erzherzog von Salzburg (vgl. § 31 RDH).

182 Andere wichtige Fragen, die sich aus der Verfassungsumwälzung ergaben, mußten auf **einzelstaatlicher Ebene** gelöst werden. Sie betrafen die Schulden und Verpflichtungen der aufgelösten geistlichen oder weltlichen Herrschaften, die Versorgung der „freigesetzten"

§ 6. Die Auflösung des Heiligen Römischen Reiches 87

Geistlichkeit und ihrer zahlreichen Arbeitnehmer sowie die politische und religiöse Verfassung in den umverteilten Gebieten. Der Reichsdeputationshauptschluß erlegte den einzelnen Reichsterritorien insoweit Verpflichtungen der verschiedensten Art auf. In den §§ 77 ff. RDH wurde etwa die Rechtsnachfolge der übernehmenden Landesherrn hinsichtlich aller „Kameral- und Landesschulden" des übernommenen Landes näher geregelt. Grundsätze für die Versorgung der aufgehobenen Geistlichkeit und ihrer Bediensteten finden sich in den §§ 35, 47 RDH, die durch eine Fülle von Detailregelungen ergänzt werden. Die Reichsdeputation hat hier besonders gründliche Arbeit verrichtet und dabei nicht nur sichergestellt, daß sämtlichen abtretenden geistlichen Regenten „auf Lebenslang eine ihrem Range und Stande angemessene freie Wohnung mit Meublement und Tafelservice" oder gar ein Sommeraufenthalt zustand (vgl. § 50), sondern auch in geradezu rührender Fürsorge der (adligen) Stiftsfräulein gedacht, die nach § 55 RDH „bei ihrem bisherigen Genusse" bleiben oder abgefunden werden sollten.

Die §§ 60 und 63 RDH garantierten schließlich den **grundsätzlichen Fortbestand der politischen und religiösen Verfassung** des säkularisierten Landes, wobei diese Status-quo-Garantien allerdings durch Regelungsvorbehalte zugunsten des betreffenden Landesherrn sogleich wieder relativiert wurden. § 63 RDH ist deutlich von dem aufklärerischen Bemühen um religiöse Toleranz geprägt. Die materielle Sicherung, die sein 2. Halbsatz verspricht, erstreckte sich nicht auf die nach den voranstehenden Bestimmungen zulässigen Säkularisierungen von Kirchengut. Sie war also ihrem Umfang nach erheblich eingeschränkt und schützte praktisch nur das Vermögen der örtlichen Pfarrkirchen. 183

Die **Rechtmäßigkeit des letzten Grundgesetzes** des Alten Reiches ist bis heute umstritten. Vor allem die katholische Kirche und ihre Vertreter haben die Säkularisationsbestimmungen von Anfang an als groben Rechtsbruch und eklatanten Verfassungsverstoß gebrandmarkt und versucht, jedenfalls die Einziehung des Kirchengutes rückgängig zu machen. Aber auch moderne Autoren wollen in rückschauender Begutachtung einen Verfassungsverstoß feststellen. So wird die formelle Rechtmäßigkeit des Reichsdeputationshauptschlusses im Hinblick auf die fehlende Mitwirkung der betroffenen Reichsstände in Zweifel gezogen. Ein Fürstentum konnte zwar aufgelöst werden, doch war wegen der Tragweite eines solchen Beschlusses Einstimmigkeit in allen Reichskollegien erforderlich. Ob das Ein- 184 stimmigkeitserfordernis verletzt wurde (so *Hömig*, unten Rn. 202, S. 126) oder ob das auf Resignation, nicht auf Zwang beruhende Fernbleiben der zur Auflösung vorgesehenen Reichsstände dem Reichsherkommen entsprechend als Zustimmung zu werten war (so *Knecht*, unten Rn. 202, S. 113 f.), erscheint jedoch problematisch. Eine materiell-rechtliche Argumentation stellt demgegenüber darauf ab, daß den Einzelstaaten, auch den geistlichen Territorien, „kraft eines unverbrüchlichen Verfassungssatzes" (so *Huber*, VerfGesch I, S. 57) bzw. eines „ungeschriebenen Grundsatzes des Verfassungsrechts" (so *Knecht*, unten Rn. 202, S. 277) eine Existenzgarantie zuzuerkennen sei, die durch die Auflösung gegen den Willen der Betroffenen verletzt worden sei. Ob sich eine so weitgehende Garantie wirklich begründen läßt, bleibt zweifelhaft.

185 Die Zweifel an seiner Rechtmäßigkeit haben der Wirksamkeit des Reichsdeputationshauptschlusses keinen Abbruch getan. Als Reichsgrundgesetz erlassen, hat er sogar das Reich überlebt und ist als Teil des gemeinen deutschen Staatsrechts über das Jahr 1806 hinaus in unmittelbarer Geltungskraft geblieben. *Huber* hat versucht, dieser Tatsache durch die Unterscheidung zwischen Rechtswidrigkeit und Rechtswirksamkeit Rechnung zu tragen. Nach seiner Auffassung war die Einziehung des Kirchenguts rechtswidrig, aber rechtswirksam, weil sie von „Staatsnotwendigkeiten" geboten wurde (VerfGesch I, S. 59). Ehe man solche zweifelhaften Rechtfertigungen heranzieht, sollte man von einem **revolutionären Akt** sprechen, der zwar gegen die bestehende Rechtsordnung verstieß, gleichzeitig aber neues Recht schuf. *Treitschke* hat den Reichsdeputationshauptschluß in diesem Sinne als eine „Fürstenrevolution" gekennzeichnet, die nur zerstört habe, was bereits tot gewesen sei, was die Geschichte dreier Jahrhunderte gerichtet habe (Deutsche Geschichte im Neunzehnten Jahrhundert, 1. Teil, 1879, S. 180 f.).

186 Als solcher hat der Reichsdeputationshauptschluß **weitreichende Bedeutung:** Er hat die föderative Verfassungsstruktur Deutschlands für das 19. Jahrhundert bestimmt und – darüber hinaus – den Weg zu moderner Staatlichkeit geebnet, ein Weg, der ohne diese „Fürstenrevolution" und die damit zusammenhängende Auflösung des Alten Reiches wohl nur durch eine Revolution von unten hätte freigekämpft werden können. Moderne Staatlichkeit ist ohne staatsbürgerliche Gleichheit nicht denkbar. Der Reichsdeputationshauptschluß hat das „auf dem Boden der Reichsruine üppig wuchernde Gestrüpp feudaler, kirchlicher, kommunaler und korporativer Privilegien und

Immunitäten" (*Schroeder,* unten Rn. 202, S. 458) kräftig ausgelichtet. Zu nennen ist an erster Stelle die Entfeudalisierung der hohen Geistlichkeit. Bis 1803 war die enge personelle Verknüpfung zwischen Adel und Klerus für Staat und (Stände-)Gesellschaft kennzeichnend gewesen. Domherrenstellen und Bischofsämter waren durchweg mit Adligen besetzt. Das änderte sich nach dem Wegfall der reichen Ausstattung, der Pfründe, schlagartig. In der Dekade von 1803 bis 1813 soll in Deutschland kein einziger Angehöriger adliger Familien den Priesterberuf ergriffen haben. So kam es zu einem „großen Prozeß sozialer Einebnung" (*Huber,* VerfGesch I, S. 53) in der Kirche und, gleichlaufend, zu einer Rückbesinnung auf die eigentlichen kirchlichen Aufgaben.

Aber auch die Mediatisierung der freien Reichsstädte und der 187 Reichsritterschaft, die auf den ersten Blick als Verlust an (dezentraler) Selbstverwaltung und als Zerstörung regionaler, kultureller und politischer Vielfalt erscheinen mag, bezeichnet einen wichtigen Schritt auf dem Weg in ein **neues Zeitalter staatsbürgerlicher Gleichheit und Freiheit**. Die Reichsritterschaft mit ihren zahlreichen Privilegien, die nur auf Kosten des umliegenden Landes und der abgabepflichtigen Bauern zu bewahren waren, hatte sich überlebt. Die alten Reichsstädte, deren Leben und Sozialstruktur man selbstverständlich auch viele bis heute faszinierende Aspekte abgewinnen kann (vgl. *Schroeder,* unten Rn. 202), waren durchweg streng oligarchisch organisiert und dürfen nicht als Keimzelle moderner bürgerschaftlicher Selbstverwaltung mißverstanden werden. So bleibt es bei der positiven Bewertung des Reichsdeputationshauptschlusses als eines zwar tiefen und schmerzhaften, aber für die weitere ökonomische, soziale und politische Entwicklung Deutschlands notwendigen Einschnitts in die überkommenen Verfassungsverhältnisse.

IV. Die Entstehung des Rheinbundes

Der Frieden von Lunéville und der Reichsdeputationshauptschluß 188 bezeichneten noch nicht das Ende der Auseinandersetzungen mit dem revolutionären und inzwischen napoleonischen Frankreich. Es kam – 1805 – zu dem **3. Koalitionskrieg.** Diesmal hatten sich England, Rußland und Österreich gegen *Napoléon* verbündet. Preußen stand erneut abseits. Charakteristischer noch für den Zustand des Reiches war die Tatsache, daß Bayern, Baden und Württemberg

Bündnisverträge mit *Napoléon* abschlossen und so auf Seiten einer reichsfremden Macht an dem Krieg teilnahmen. Nach der Niederlage der russisch-österreichischen Armeen bei Austerlitz war der Kaiser erneut gezwungen, sich einem französischen Friedensdiktat zu beugen. Dieser Friede von Preßburg vom 26. Dezember 1805 traf nicht nur Österreich schwer, er führte auch das Reich wieder einen Schritt weiter der Auflösung entgegen, indem er Bayern und Württemberg zu souveränen Königreichen erhob. Bezeichnenderweise spricht der Vertragstext auch nicht mehr von dem Heiligen Römischen Reich Deutscher Nation, sondern von einer Konföderation („Conféderation Germanique").

189 Wenige Tage vor Abschluß des Preßburger Friedens und unmittelbar nach der Niederlage der Koalition bei Austerlitz hatte Preußen einen Vertrag mit Frankreich abgeschlossen (**Schönbrunner Vertrag** vom 15. Dezember 1805), der das Reich ebenso empfindlich traf. Danach sollte Preußen gegen die Abtretung einiger anderer Gebiete Hannover erhalten, d. h. ein Reichsstand einigte sich mit einer außerdeutschen Macht über die Totalannexion des Gebietes eines anderen deutschen Reichsstandes, noch dazu eines Kurfürstentums.

190 So fügte sich Mosaikstein um Mosaikstein zur Auflösung des Heiligen Römischen Reiches zusammen. Den letzten Anstoß zur Niederlegung der Kaiserkrone gab dann der Zusammenschluß von 16 deutschen Fürsten (u. a. Bayern, Baden, Württemberg und Hessen-Darmstadt) zum sog. Rheinbund. In der Folgezeit traten weitere 23 Territorien dem Bündnis bei, das damit nahezu das gesamte „Dritte Deutschland", also Deutschland ohne die beiden Großmächte Preußen und Österreich, umfaßte. Im Vorspann der **Rheinbund-Akte** (RBA) vom 12. Juli 1806 *(Huber,* Dok. I, Nr. 2) wurde die Zielsetzung des neuen Bundes festgelegt: Dieser sollte den inneren und äußeren Frieden in Deutschlands Mitte sicherstellen, ein Ziel, das die Reichsverfassung („La Constitution Germanique") nach Meinung der vertragschließenden Parteien nicht mehr garantieren konnte. Als Bundesorgan sah Art. 6 RBA eine Bundesversammlung in Frankfurt vor, die in zwei Kollegien – das Kollegium der Könige und das Kollegium der Fürsten – unterteilt war. Die näheren Einzelheiten bezüglich Zuständigkeit und Arbeitsweise dieses Gremiums sollten in einem Fundamental-Statut geregelt werden, das Fürstprimas *Dalberg,* der designierte Vorsitzende der Bundesversammlung (vgl. Art. 10 RBA), binnen kürzester Frist als Entwurf vorlegen sollte. Dazu ist es jedoch nicht gekommen. Das Fundamental-Statut wurde nicht aus-

§ 6. Die Auflösung des Heiligen Römischen Reiches

gearbeitet, die Bundesversammlung ist nie zusammengetreten. Nach nur sieben Jahren ist der Rheinbund ohne förmliche Auflösung „einfach verschwunden" *(Mußgnug,* unten Rn. 202, S. 250).

So ist der Rheinbund zwar nicht als Staatenbund (als der er angelegt war) dauerhaft in die deutsche Verfassungsgeschichte eingegangen, er hat jedoch kurz- und längerfristig erhebliche verfassungspolitische Bedeutung entfaltet. In der Auseinandersetzung zwischen dem Heiligen Römischen Reich und dem napoleonischen Frankreich stellten sich die Rheinbundstaaten und damit ein Großteil der deutschen Reichsstände auf die Seite *Napoléons,* der nach Art. 12 RBA zum **Protektor des Bundes** erklärt wurde. Seine Stellung ging allerdings weit über die eines Schutzherrn hinaus. Praktisch mußten sich die Rheinbundstaaten den (macht)politischen Vorstellungen des französischen Kaisers unterwerfen und insbesondere mit erheblichen Truppenkontingenten (vgl. Art 35, 38 RBA) zu den Erfolgen der Grande Armée beitragen. Die Handschrift *Napoléons* trägt auch Art. 1 RBA, in dem die Rheinbundstaaten ihre dauernde Trennung vom Deutschen Reich aussprachen und damit dessen Schicksal endgültig besiegelten. In Ausführung dieser Bestimmung übersandten die Gründungsstaaten am 1. August 1806 ihre förmliche Austrittserklärung an den Reichstag *(Huber,* Dok. 1, Nr. 3). 191

Napoléon faßte in der Inschrift des von ihm 1807 bis 1809 errichteten Triumphbogens vor dem Louvre in Paris lapidar zusammen: „A la voix du vainqueur d'Austerlitz l'Empire d'Allemagne tombe. La Conféderation du Rhin commence. Les royaumes de Bavière et de Wurtemberg sont créés." 192

Der Abfall der Rheinbundstaaten vom Reich und das Zusammengehen mit dem französischen „Feind" haben vor allem in der späteren national-preußischen Geschichtsschreibung zu einer überzogen negativen Beurteilung des Rheinbundes geführt. Heute geht die überwiegende Auffassung zu Recht dahin, auch die positiven Erscheinungen, ja zum Teil Errungenschaften der Rheinbundzeit angemessen zu würdigen. Dazu zählen in erster Linie die **weitreichenden Rechts- und Verwaltungsreformen,** die – zeitgleich mit den *Stein-/Hardenbergschen* Reformen in Preußen (vgl. unten Rn. 204 ff.) – in einzelnen Rheinbundstaaten vorgenommen wurden. 193

Beispielhaft sind die bayerischen Reformen unter der Federführung des Grafen *Montgelas* zu nennen, mit denen das Land modernisiert und zu einem straff organisierten spätabsolutistischen Zentralstaat umgebaut wurde (vgl. *E. Weis,* JuS 2009, S. 772 ff.). Dabei war 194 die erste geschriebene Verfassung Bayerns, die Konstitution vom 1. Mai 1808, „in vielem eine Kopie der des Königreichs Westphalen" *(Brandt,* in: *Brandt/Grothe,* unten Rn. 202, S. 62). In dem von *Napoléon* geschaffenen und als Modellstaat konzipierten Königreich Westphalen (1807–1813) wurden beachtliche Reformen auf den Weg gebracht, welche die bürgerliche Freiheit und Gleichheit (u. a. Gewerbefreiheit, Judenemanzipation), die Gerichtsverfassung und die Verwaltungsorganisation betrafen und die einen deutlichen Fortschritt gegenüber den bisher bestehenden Zuständen bedeuteten. Sie beruhten auf der Konstitution des Königreichs Westphalen vom 15. November 1807 (vgl. Bulletin des Lois et Decrets du Royaume, Bd. 1, Cassel 1807), der ersten modernen Verfassung in Deutschland, die aber keine deutsche, sondern eine französische Schöpfung war. Dieser sog. **napoleonische Konstitutionalismus** und die damit einhergehenden Reformen haben ihre Bedeutung für die Herausbildung moderner Verfassungs- und Verwaltungsstrukturen in Deutschland behalten, auch wenn mit *Napoléons* Niederlage 1813 zugleich sein rheinbündisches Herrschafts- und Ausbeutungssystem endgültig diskreditiert war.

V. Die Niederlegung der Kaiserkrone

195 Am gleichen Tag, an dem die Rheinbundstaaten ihre Austrittserklärung übersandten, übergab auch der französische Gesandte am Reichstag zu Regensburg ein Schreiben, das mit der Feststellung schloß, seine Majestät der Kaiser von Frankreich könne die Existenz der deutschen Reichsverfassung nicht länger anerkennen. Das war ein politisch unverfrorenes und zugleich rechtlich fragwürdiges Unterfangen. Zur Begründung berief sich *Napoléon* darauf, die Reichsverfassung sei „nur ein Schatten ihrer selbst", der Reichstag habe aufgehört, einen eigenen Willen zu besitzen, und die Urteilssprüche der Reichsgerichte könnten nicht mehr durchgesetzt werden. *Napoléon* ging jedoch noch einen Schritt weiter. Er forderte in einem bis zum 10. August 1806 befristeten **Ultimatum** (*Huber,* VerfGesch I, S. 71) von *Franz II.* die Niederlegung der Kaiserkrone. Daraufhin ließ der Kaiser, der – vernichtend geschlagen – gar keine andere Wahl hatte, folgende Erklärung verkünden.

196 **Niederlegung der Kaiserkrone durch Franz II.** vom 6. August 1806 – Auszug –:

§ 6. Die Auflösung des Heiligen Römischen Reiches

„Wir erklären demnach durch Gegenwärtiges, daß Wir das Band, welches Uns bis jetzt an den Staatskörper des deutschen Reichs gebunden hat, als gelöst ansehen, daß Wir das reichsoberhauptliche Amt und Würde durch die Vereinigung der conföderirten rheinischen Stände als erloschen und Uns dadurch von allen übernommenen Pflichten gegen das deutsche Reich losgezählt betrachten und die von wegen desselben bis jetzt getragene Kaiserkrone und geführte kaiserliche Regierung, wie hiermit geschieht, niederlegen.

Wir entbinden zugleich Churfürsten, Fürsten und Stände und alle Reichsangehörigen, insonderheit auch die Mitglieder der höchsten Reichsgerichte und die übrige Reichsdienerschaft, von ihren Pflichten, womit sie an Uns, als das gesetzliche Oberhaupt des Reichs, durch die Constitution gebunden waren. Unsere sämmtlichen deutschen Provinzen und Reichsländer zählen Wir dagegen wechselseitig von allen Verpflichtungen, die sie bis jetzt, unter was immer für einem Titel, gegen das deutsche Reich getragen haben, los, und Wir werden selbige in ihrer Vereinigung mit dem ganzen österreichischen Staatskörper als Kaiser von Oesterreich unter den wiederhergestellten und bestehenden friedlichen Verhältnissen mit allen Mächten und benachbarten Staaten zu jener Stufe des Glückes und Wohlstandes zu bringen beflissen seyn, welche das Ziel aller Unserer Wünsche, der Zweck Unserer angelegensten Sorgfalt stets seyn wird".
(Vgl. *Huber*, Dok. I, Nr. 5.)

Der Erklärung lassen sich **drei rechtlich relevante Vorgänge** entnehmen: (1) Die Niederlegung der kaiserlichen Krone und damit des Amtes als Kaiser. (2) Die Entbindung aller Reichsstände und Reichsorgane sowie der Reichsbeamtenschaft von ihren reichsrechtlichen Pflichten. (3) Die Loslösung der habsburgischen Lande vom Reich. *Franz II.* ging mit dieser Erklärung weit über eine bloße Abdankung, d. h. den auf seine Person beschränkten Amtsverzicht, hinaus und erklärte das kaiserliche Amt als solches für „erloschen". Als Erlöschensgrund wurde das Vorgehen der Rheinbundstaaten angegeben; die eigene Erklärung hat für *Franz II.* insoweit keinen konstitutiven, sondern bloß deklaratorischen Charakter. Der Kaiser machte sich damit im Grundsatz die Auffassung *Napoléons* zu eigen, der bereits dem Reichstag gegenüber erklärt hatte, daß er die Existenz der Reichsverfassung (und damit notwendigerweise auch die des Reiches) nicht länger anerkennen könne (vgl. oben Rn. 190).

197

Vom Boden der alten Reichsverfassung aus betrachtet war ein solches **Vorgehen unzulässig.** Der Kaiser hatte nicht die Befugnis, einseitig durch Verzicht auf Krone und Regierung die Auflösung des Reiches herbeizuführen. Wenn man eine Selbstauflösung des Reiches auf verfassungsmäßigem Wege überhaupt für möglich hält, so hätte es eines Zusammenwirkens sämtlicher Reichsorgane und aller betroffe-

198

nen Einzelstaaten bedurft. Das einseitige Vorgehen eines Reichsorgans, in diesem Fall des Kaisers, reichte für die legale Beendigung des im Westfälischen Frieden noch einmal für die Ewigkeit bestätigten Bundes ebensowenig aus wie der eigenmächtige Austritt der Rheinbundstaaten aus dem Reich. *Franz II.* konnte also bei Einhaltung der Reichsverfassung nur seine Abdankung erklären. Eine Abdankung hatte – wie heute der Rücktritt des Bundespräsidenten oder des Bundeskanzlers – nur zur Folge, daß das betroffene Reichsamt vakant wurde und, wenn kein Stellvertreter vorhanden war, bis zur Neuwahl ein Interregnum eintrat. Beispiele für ein Interregnum, auch für ein längerfristiges, hat es in der deutschen Geschichte des Mittelalters immer wieder gegeben. Die weitergehenden Erklärungen *Franz II.* waren deshalb aus verfassungsrechtlicher Sicht unzulässig und unwirksam.

199 Man hat aus diesen Überlegungen heraus auch zu einem späteren Zeitpunkt, als die Neuordnung Deutschlands nach den napoleonischen Kriegen auf der Tagesordnung stand, ernsthaft erwogen, die Auflösung des Heiligen Römischen Reiches durch *Franz II.* für nichtig zu erklären und damit das Reich wieder erstehen oder genauer: weiter bestehen zu lassen. Erst der **Verzicht auf eine solche Reichserneuerung beim Wiener Kongreß 1814/15** soll nach verbreiteter Auffassung als „ein Akt freier Entscheidung die faktische Reichsauflösung von 1806 auch rechtlich sanktioniert" haben (*Huber*, Verf-Gesch I, S. 73). Doch erscheinen solche nachträglichen Legalisierungsbestrebungen allzu konstruiert. Man muß sich von der Vorstellung freimachen, gleichsam wie ein im Jahre 1806 zusammentretendes oberstes Verfassungsgericht die Vorgänge, die zur Auflösung des Alten Reiches geführt haben, nur rechtlich erfassen zu wollen. Die Erklärung des Kaisers bildete den formellen Abschluß einer Entwicklung, die durch eine Fülle von (Selbst-)Auflösungserscheinungen geprägt war.

200 Wie aus der kaiserlichen Erklärung vom 6. August 1806 weiter zu entnehmen ist, legte *Franz II.* zwar die römisch-deutsche Kaiserkrone nieder, behielt jedoch den Titel „**Kaiser von Österreich**" bei. Er hatte nämlich im August 1804, wenige Monate nachdem sich *Napoléon* zum „Kaiser der Franzosen" hatte ausrufen lassen, zusätzlich zu der ihm schon bisher kraft Reichsrechts zustehenden Kaiserwürde den neuen Titel eines Kaisers von Österreich angenommen (vgl. *Brauneder*, Öst. VerfGesch, S. 91). Auch dieses Vorgehen war aus verfassungsrechtlicher Sicht problematisch. Denn die Reichsverfas-

sung schloß nach ihrer Systematik und ihrem Zweck ein Doppelkaisertum aus. Es konnte im Heiligen Römischen Reich nur eine Kaiserwürde, die altüberlieferte, geben. Kein Territorialfürst war befugt, für seine Landesherrschaft eine eigene Kaiserwürde zu begründen.

Man fragt sich auch, welche **Ziele Franz II.** mit der Begründung eines österreichischen Erbkaisertums verfolgte. Die Antworten sind eher spekulativ. Einmal wird angenommen, *Franz II.* habe die Gleichstellung des Hauses Habsburg mit dem neu emporgekommenen französischen Kaisertum wahren wollen (so *Huber,* VerfGesch I, S. 63). Dagegen spricht jedoch, daß *Franz II.* bereits Kaiser war, den Titel also nicht unbedingt benötigte. Ein anderer Erklärungsversuch geht dahin, *Franz II.* habe die alte Reichsidee auf diese Weise erhalten wollen (so *Kimminich,* VerfGesch, S. 284 ff.). Österreich also als Nachfolger des Heiligen Römischen Reiches?

VI. Literatur

K. O. von Aretin, Heiliges Römisches Reich 1776–1806. Reichsverfassung und Staatssouveränität, Teil I: Darstellung, Teil II: Ausgewählte Aktenstücke, 1967; *H. Brandt/E. Grothe* (Hg.), Rheinbündischer Konstitutionalismus, 2007; *K. Härter,* Reichstag und Revolution 1789–1806, 1992; *R. Ham,* Die Constitution für das Königreich Westphalen von 1807, ZNR 2004, S. 227 ff.; *C. Hattenhauer,* Das Königreich Westphalen (1807–1813), in: *B. Großfeld* u. a. (Hg.), Westfälische Jurisprudenz, 2000, S. 67 ff.; *M. Hecker,* Napoleonischer Konstitutionalismus in Deutschland, 2005: *K. D. Hömig,* Der Reichsdeputationshauptschluß vom 25. Februar 1803 und seine Bedeutung für Staat und Kirche unter besonderer Berücksichtigung württembergischer Verhältnisse, 1969; *U. Hufeld* (Hg.), Der Reichsdeputationshauptschluß von 1803, 2003; *I. Knecht,* Der Reichsdeputationshauptschluß vom 25. Februar 1803, 2006; *H.-C. Kraus,* Das Ende des alten Deutschland. Krise und Auflösung des Heiligen Römischen Reiches Deutscher Nation 1806, 2. Aufl. 2007; *G. Krings,* Das Alte Reich am Ende – der Reichsdeputationshauptschluß 1803, JZ 2003, S. 173 ff.; *S. Mückl,* Das Heilige Römische Reich deutscher Nation: Idee, Verfassung, Untergang, Jura 2006, S. 602 ff.; *R. Mußgnug,* Der Rheinbund, Der Staat 2007, S. 249 ff.; *K.-P. Schroeder,* Das Alte Reich und seine Städte, Untergang und Neubeginn: Die Mediatisierung der oberdeutschen Reichsstädte im Gefolge des Reichsdeputationshauptschlusses 1802–03, 1991.

§ 7. Die Stein-/Hardenbergschen Reformen in Preußen

I. Zeittafel

1806   Niederlage Preußens in der Doppelschlacht bei Jena und Auerstedt
1807   Friedensvertrag von Tilsit (9. 7.)
           Nassauer Denkschrift des *Freiherrn vom Stein* (Juni)
           Edikt über die Bauernbefreiung (9. 10.)
1808   Städteordnung (19. 11.)
           Organisationsedikt betr. die Verfassung der obersten Staatsbehörden (24. 11.)
           Armeebefehl *Napoléons* zur Ächtung *Steins* (16. 12.)
1810–22   Preußische Regierung unter der Leitung von *Hardenberg*
1810   Finanzedikt (27. 10.)
           Gewerbesteuer-Edikt (28. 10.)
1812   Edikt über die Judenemanzipation (11. 3.)
1813   Einführung der allgemeinen Wehrpflicht

II. Der Zusammenbruch Preußens und der Aufstieg der Reformpartei

Drei Tage nach der Niederlegung der Kaiserkrone durch *Franz II.* und der damit verbundenen Auflösung des Reiches, am 9. August 1806, machte Preußen mobil, um sich nun auch auf die **militärische Auseinandersetzung mit Frankreich** einzurichten. Preußen, das sich an den Koalitionskriegen von 1799 und 1805 nicht beteiligt bzw. neutral verhalten hatte, das durch den Abschluß der (Separat-)Friedensverträge in Basel und Schönbrunn seinen eigenen Vorteil gesucht und das Reich seinem Schicksal überlassen hatte, trat nun selbst – an der Seite von Rußland – den Waffengang mit Frankreich an. In der Rückschau kann man nur sagen: „zu spät". Ein aktives Eingreifen Preußens in die beiden vorangegangenen Koalitionskriege hätte den napoleonischen Vormarsch und den Untergang des Reiches vielleicht aufhalten können, wobei allerdings die Frage offen bleibt, ob der Fortbestand des Alten Reiches im Interesse der deutschen Verfas-

§ 7. Die Stein-/Hardenbergschen Reformen in Preußen

sungsentwicklung wirklich wünschenswert gewesen wäre. Die Entscheidung im preußisch-französischen Krieg fiel binnen weniger Tage. Trotz zahlenmäßiger Überlegenheit erlitten die preußischen Truppen in der Doppelschlacht von Jena und Auerstedt (14. Oktober 1806) eine vernichtende Niederlage. Am 9. Juli 1807 wurde der Frieden von Tilsit geschlossen, durch den Preußen mehr als die Hälfte seiner Fläche und Bevölkerung verlor und zu exorbitanten Zahlungen an Frankreich verpflichtet wurde. Danach begann eine Zeit der Erneuerung des preußischen Staates, die vor allem durch die sog. *Stein-/Hardenbergschen* Reformen gekennzeichnet ist.

Karl Reichsfreiherr von und zum Stein war 1804 Minister für das Akzise-, Zoll-, Kommerz- und Fabrikwesen im Generaldirektorium geworden, das damals die zentrale preußische Staatsregierung bildete. In dieser Position hatte *Stein* auch die Möglichkeit, seine politischen Vorstellungen von einer grundlegenden Reform und Reorganisation des preußischen Staates im Kreise von Gleichgesinnten weiter zu entwickeln und damit ein größeres Publikum zu erreichen. Als ein früher Reformvorstoß ist seine 1806 entstandene „Darstellung der fehlerhaften Organisation des Kabinetts und der Notwendigkeit der Bildung einer Ministerial-Konferenz" (vgl. *Botzenhart/Ipsen*, unten Rn. 246, S. 71 ff.) zu bewerten. In dieser Denkschrift legte er die Rückständigkeit der preußischen Zentralverwaltung dar und forderte die Einführung moderner Fachministerien anstelle der veralteten Kabinettsregierung (vgl. unten Rn. 228).

Diese erste scharfe Attacke gegen das Kabinettssystem führte zum offenen Konflikt mit dem König; *Stein* wurde im Januar 1807 in Ungnade entlassen. In seine Heimat zurückgekehrt verfaßte er im Sommer 1807 die für die preußische Reformpolitik der Folgejahre wegweisende **Nassauer Denkschrift.** Hier werden die Schwerpunkte seiner späteren Regierungszeit vorgezeichnet: die Reorganisation der Verwaltung, die Beteiligung der Bürger, d. h. der Grundeigentümer, an den Staatsgeschäften und die Belebung eines national und monarchisch ausgerichteten Gemeinsinns. Schon im Oktober 1807 wurde *Stein* in das preußische Staatsministerium zurückgerufen und übernahm die Leitung der Staatsgeschäfte. Nur 14 Monate stand er an der Spitze des Ministeriums, dann mußte der preußische König ihn auf Druck *Napoléons* entlassen. Der Kaiser von Frankreich hatte *Stein* als gefährlichen Widersacher erkannt, den er sogar zum „Feind Frankreichs und des Rheinbundes" erklärte:

98 Kap. 3. Reichsende und Reformen in Preußen

207 **Armeebefehl Napoléons vom 16. Dezember 1808:** „1) Der genannte Stein, welcher Unruhen in Deutschland zu erregen suchte, wird zum Feind Frankreichs und des Rheinbundes erklärt. 2) Die Güter, welche besagter Stein, es sei in Frankreich oder in den Ländern des Rheinbundes besaß, sollen sequestriert werden. 3) Besagter Stein soll in Person überall, wo man seiner habhaft werden kann, von unsern Truppen oder denen unserer Alliierten ergriffen werden." (Vgl. *Botzenhart/Ipsen,* unten Rn. 246, S. 218.)

208 Es handelt sich um ein frühes Beispiel für die **Erklärung einer Person zum „Staatsfeind"**, in unverkennbarer Anlehnung an das ältere Rechtsinstitut der kaiserlichen Acht. So wie sich die Kaiser keineswegs immer an die Verpflichtung gehalten haben, die Reichsacht nur nach vorausgehendem Prozeß zu verhängen, verfügte auch *Napoléon* die Ächtung *Steins,* ohne daß irgendein Verfahren oder jedenfalls eine Anhörung des Betroffenen durchgeführt wurde. Es wirft schließlich ein bezeichnendes Licht auf die eingeschränkte Souveränität der Rheinbundstaaten, daß *Napoléon* aus seiner Stellung als Bundesprokurator ohne weitere Konsultationen das Recht ableitete, die Ächtung und Verhaftung *Steins* sowie die Konfiskation seiner Güter auch für diese Staaten verbindlich anordnen zu können.

209 *Stein* gehörte ebenso wie *Hardenberg,* der im Juni 1810 die Regierungsgeschäfte übernahm, zu den führenden Köpfen der **preußischen Reformpartei.** Diese hatte sich zum Ziel gesetzt, den preußischen Staat unter Verbindung überlieferter Formen mit neuen, fortschrittlichen Ideen zu erneuern und weiter zu entwickeln. *Hardenberg* hat in seiner Rigaer Denkschrift vom September 1807 von dem „Wahn" gesprochen, „daß man der Revolution am sichersten durch Festhalten am Alten und durch strenge Verfolgung der durch solche geltend gemachten Grundsätze" entfliehen könne; die neuen Ideen seien so stark, „daß der Staat, der sie nicht annimmt, entweder seinem Untergange oder der erzwungenen Annahme derselben entgegensehen muß" (vgl. *Winter,* unten Rn. 246, S. 305). Er sprach im weiteren dann von einer „Revolution im guten Sinn" (aaO., S. 306) als Ziel und leitendes Prinzip der Reformbewegung.

210 Im Anschluß an diese Begriffsbildung werden die *Stein-/Hardenbergschen* Reformen auch als „Revolution von oben" gekennzeichnet (vgl. etwa *T. Nipperdey,* Deutsche Geschichte 1800–1866, 5. Aufl. 1991, S. 32) und zur Begründung darauf hingewiesen, daß sie die überkommene Rechtsordnung in vielfacher Hinsicht gewaltsam umgestaltet und verletzt hätten. Da alle Reformmaßnahmen jedoch auf legalem Weg, d. h. durch ordnungsgemäß zustande gekommene und

ausgefertigte Gesetze (sog. Edikte) verwirklicht worden sind, erscheint der Revolutionsbegriff hier irreführend. Die Reformer haben ihre „Politik der defensiven Modernisierung" (*Fehrenbach*, unten Rn. 246, S. 109) gerade **nicht revolutionär, sondern evolutionär** in ständiger öffentlicher und nichtöffentlicher Auseinandersetzung mit ihren politischen Gegnern, im Kampf um die Regierungsverantwortung, durchgesetzt. Die politischen Gegner standen in der preußischen Restaurationspartei, die das altständische, auf dem Vorrang von Krone, Adel, Geistlichkeit und Bürokratie beruhende Staatsgefüge wiederbeleben wollte. Während die Reformer von *Steins* Regierungsantritt im Oktober 1807 bis zum Beginn des Wiener Kongresses das Übergewicht in der preußischen Politik besaßen, gelangten in der Folgezeit – trotz der fortbestehenden Staatskanzlerschaft *Hardenbergs* – die Anhänger eines restaurativen Kurses in die staatlichen Schlüsselpositionen und bestimmten spätestens seit den Karlsbader Beschlüssen von 1819 (vgl. unten Rn. 266 f.) die Geschicke Preußens.

III. Die fundamentale Neuordnung der Sozialstruktur des preußischen Staates

1. Die sog. Bauernbefreiung

Edikt den erleichterten Besitz und den freien Gebrauch des Grundeigentums so wie die persönlichen Verhältnisse der Landbewohner betreffend vom 9. Oktober 1807 – Auszug –:

§ 1. Jeder Einwohner Unsrer Staaten ist, ohne alle Einschränkung in Beziehung auf den Staat, zum eigenthümlichen und Pfandbesitz unbeweglicher Grundstücke aller Art berechtigt; der Edelmann also zum Besitz nicht blos adelicher, sondern auch unadelicher, bürgerlicher und bäuerlicher Güter aller Art, und der Bürger und Bauer zum Besitz nicht blos bürgerlicher, bäuerlicher und anderer unadelicher, sondern auch adelicher Grundstücke, ohne daß der eine oder der andere zu irgend einem Güter-Erwerb einer besonderen Erlaubniß bedarf, wenn gleich, nach wie vor, jede Besitzveränderung den Behörden angezeigt werden muß …

§ 2. Jeder Edelmann ist, ohne allen Nachtheil seines Standes, befugt, bürgerliche Gewerbe zu treiben; und jeder Bürger oder Bauer ist berechtigt, aus dem Bauer- in den Bürger- und aus dem Bürger- in den Bauerstand zu treten.

§ 10. Nach dem Datum dieser Verordnung entsteht fernerhin kein Unterthänigkeits-Verhältniß, weder durch Geburt, noch durch Heirath, noch durch Uebernehmung einer unterthänigen Stelle, noch durch Vertrag.

§ 11. Mit der Publikation der gegenwärtigen Verordnung hört das bisherige Unterthänigkeits-Verhältniß derjenigen Unterthanen und ihrer Weiber und

Kinder, welche ihre Bauergüter erblich oder eigenthümlich, oder Erbzinsweise, oder Erbpächtlich besitzen, wechselseitig gänzlich auf.
§ 12. Mit dem Martini-Tage Eintausend Achthundert und Zehn (1810.) hört alle Guts-Unterthänigkeit in Unsern sämmtlichen Staaten auf. Nach dem Martini-Tage 1810 giebt es nur freie Leute, so wie solches auf den Domainen in allen Unsern Provinzen schon der Fall ist, bei denen aber, wie sich von selbst versteht, alle Verbindlichkeiten, die ihnen als freien Leuten vermöge des Besitzes eines Grundstücks, oder vermöge eines besondern Vertrages obliegen, in Kraft bleiben.
(Vgl. *Huber,* Dok. I, Nr. 7.)

212 Unmittelbar nach seiner Berufung zum leitenden Minister setzte *Stein* mit dem Edikt vom 9. Oktober 1807 die vollständige **Abschaffung der Erbuntertänigkeit,** die sog. Bauernbefreiung, in Preußen durch. Schon *Friedrich II.* hatte die Erbuntertänigkeit, die insbesondere Schollenbindung, Hand- und Spanndienste und Gesindezwang umfaßte, als „von allen Lebensumständen die unglücklichsten" beseitigen wollen, aber eine derart grundlegende Reform nicht geschafft (vgl. *Kunisch,* oben Rn. 159, S. 468). Nach dem Martini-Tag (11. November) 1810 sollte es gemäß § 12 nur noch „freie Leute" geben. Die Gutsuntertänigkeit, die *Friedrich Wilhelm III.* auf den königlichen Domänen schon 1804 abgeschafft hatte, fiel damit für das gesamte Staatsgebiet weg. Die Begründung eines Untertänigkeitsverhältnisses, die nicht nur durch Geburt, sondern beispielsweise auch vertraglich erfolgen konnte, war nach dem Datum des Ediktes nicht mehr möglich (§ 10). Allerdings macht bereits der letzte Satz des § 12 deutlich, daß die Abschaffung der Erbuntertänigkeit nur zur persönlichen Freiheit der Bauern führte. Da die Eigentumsverhältnisse unberührt bleiben sollten, lebten die Bauern nach ihrer „Befreiung" nur als Besitzer, nicht als Eigentümer, auf ihren Hofstellen und konnten, wenn es dem adligen Eigentümer zweckmäßig erschien, jederzeit „gekündigt" und das Bauernland zum Gutsbesitz eingezogen werden. Auf diese Auswirkung des Ediktes ist sogleich zurückzukommen.

213 Wie der vollständige Titel es bereits anzeigt, ging es in dem Edikt vom 9. Oktober 1807 nicht nur um die persönliche Rechtsstellung der Landbevölkerung. Daneben standen zwei weitere Regelungen, deren Auswirkungen auf die Sozialstruktur des preußischen Staates nicht hoch genug eingeschätzt werden können: (1) die **Freigabe des Grundstücksverkehrs** und (2) der **Einstieg in die Berufs- und Gewerbefreiheit.** Nach § 1 war der Erwerb von Grundeigentum nicht länger ständischen Schranken unterworfen. Bürger und Bauern konn-

§ 7. Die Stein-/Hardenbergschen Reformen in Preußen

ten hinfort auch adeligen Grundbesitz erwerben, wobei die mit den Adelsgütern verbundenen öffentlich-rechtlichen Privilegien und Hoheitsrechte (insbesondere die Patrimonialgerichtsbarkeit bis 1848 und die Polizeigewalt bis 1872) bestehen blieben (*Duchhardt,* unten Rn. 246, S. 193). Umgekehrt war der Adel von nun an berechtigt, auch bürgerlichen oder bäuerlichen Grundbesitz zu erwerben. Diese Liberalisierung des Grundstücksverkehrs hatte im Zusammenspiel mit der Abschaffung der Erbuntertänigkeit eine „starke Expansion des Großgrundbesitzes in den östlichen Provinzen Preußens" (*Huber,* VerfGesch I, S. 192) zur Folge. Ständische Berufsschranken beseitigte § 2. Danach war jeder Adlige berechtigt, auch einen bürgerlichen Beruf auszuüben, und für Bürger und Bauern bestand nun die Möglichkeit, in den jeweils anderen (Berufs-)Stand zu wechseln.

Mit den Bestimmungen des Ediktes vom 9. Oktober 1807 wurde die preußische Gesellschaftsordnung fundamental umgestaltet. Die überkommene Sozialpyramide des Ständestaates wurde zwar nicht vollkommen eingestürzt, aber doch in wesentlichen Teilen abgebaut. Preußen entwickelte sich nicht von einem Tag auf den anderen zu einem modernen Staat, der auf der rechtlichen Freiheit und Gleichheit seiner sämtlichen Bürger beruht, es tat jedoch einen entscheidenden Schritt dorthin. Dabei stand der **wirtschaftsliberale Ansatz der Reformer** deutlich im Vordergrund. So wurde im Vorspann des Ediktes die Wiederherstellung und, wenn möglich, Erhöhung des allgemeinen Wohlstandes als Gesetzeszweck genannt und ausdrücklich darauf hingewiesen, daß „den Grundsätzen einer wohlgeordneten Staatswirtschaft gemäß" alle Erschwernisse zu beseitigen seien, die den einzelnen bisher hinderten, „den Wohlstand zu erlangen, den er nach dem Maß seiner Kräfte zu erreichen fähig war". Die liberale Nationalökonomie eines *Adam Smith,* die er in seinem Hauptwerk „Der Wohlstand der Nationen" 1776 entwickelt hatte (vgl. oben Rn. 116), hatte nun auch den Weg über den Kanal gefunden und brach die alte, ständestaatlich-absolutistische Ordnung Preußens auf. 214

Die durch das Edikt vom 9. Oktober 1807 eingeleiteten Maßnahmen haben die Entwicklung Preußens zum modernen Staat gefördert und werden insoweit zu Recht als eine notwendige und richtige Reform gewürdigt. Aber die Aufhebung der Erbuntertänigkeit ebenso wie die Liberalisierung des Grundstücksverkehrs haben auch **negative Folgen** gehabt. „Mit der Schollengebundenheit fiel auch der Bauernschutz fort" (*Huber,* VerfGesch I, S. 189). Der Gutsherr hatte nicht länger Fürsorgepflichten gegenüber seinen Gutsuntertanen. 215

Diese waren jetzt frei und mußten für sich selbst sorgen, während der Gutsherr nur sein eigenes wirtschaftliches Interesse verfolgen konnte. Das generelle Verbot des Bauernlegens, d. h. der Einziehung gutszugehörigen Bauernlandes zur Gutswirtschaft, wurde aufgehoben. Zwar beschränkte das Edikt die Einziehung bäuerlicher Besitzstellen unter bestimmten Voraussetzungen oder machte sie jedenfalls von einer behördlichen Genehmigung abhängig (vgl. §§ 6, 7), dennoch verloren viele der gerade „befreiten" Bauern als Folge der neuen Regelung ihren Hof und sanken auf die Stufe eines landwirtschaftlichen Arbeiters herab. Das Beispiel der preußischen Bauernbefreiung zeigt, daß die Freiheit gerade im Bereich der Wirtschaft flankierender Maßnahmen zum Schutz derjenigen bedarf, die dem sog. freien Spiel der Kräfte nicht gewachsen sind.

216 Theodor Storm hat die Bauernbefreiung ohne gleichzeitige Abschaffung der Adelsherrschaft in folgendem Gedicht mit dem Titel „Halbe Arbeit" kritisiert:
Leibeigenschaft war nur der Rumpf;
Nur halb erlegte man den Drachen,
Der noch aus dem feudalen Sumpf
Zu uns herüber reckt den Rachen.
Behalten blieb es bessern Tagen,
Das freche Haupt herabzuschlagen.
(Gedichte, Hamburger Lesehefte Verlag, 150. Heft, S. 76.)

217 Auch die späteren, das Edikt vom 9. Oktober 1807 ergänzenden Agrargesetze *Hardenbergs* haben die negativen Auswirkungen der Reform auf die wirtschaftlichen Verhältnisse vieler Bauern nicht wesentlich geändert. So wurde in dem Edikt über die „Regulierung der gutsherrlichen und bäuerlichen Verhältnisse" vom 14. September 1811 (Preuß. GS, S. 281) bestimmt, daß die bisher nicht zu Eigentum verliehenen bäuerlichen Besitzungen in Eigentum verwandelt und die darauf ruhenden Abgabe- und Dienstpflichten der Bauern **gegen die Abtretung eines Teils der Hofstelle** an den bisherigen Gutsherrn **abgelöst** werden sollten. Erbliche Besitzer mußten danach ein Drittel, nichterbliche Besitzer sogar die Hälfte ihres Bodens an den Gutsherrn abgeben. Der Landübergang konnte zwar durch die Zahlung einer dauernden Rente abgewendet werden, doch dazu fehlten häufig die Mittel, und die betroffenen Bauern gerieten erneut in wirtschaftliche Schwierigkeiten und in Abhängigkeit zu ihrem ehemaligen Grundherrn. So stand am Ende oft der Verkauf an einen reichen Großgrundbesitzer. Dazu trug bei, daß das Regulierungsedikt in der Zeit der politischen Repression nach 1815 (vgl. unten Rn. 263 ff.) zu Lasten der Bauern drastisch verschärft wurde (vgl. *Hattenhauer*, Grundlagen, Rn. 191). In West- und Süddeutschland verlief die Bauernbefreiung noch langsamer (vgl. *W. Rösener*, Die Bauern in der europäischen Geschichte, 1993, S. 221 ff.).

2. Der Übergang zur Gewerbefreiheit

Gewerbesteuer-Edikt vom 28. Oktober 1810 – Auszug –: 218
§ 1. Ein jeder, welcher in Unsern Staaten, es sei in den Städten, oder auf dem platten Lande, sein bisheriges Gewerbe, es bestehe in Handel, Fabriken, Handwerken, es gründe sich auf eine Wissenschaft oder Kunst, fortsetzen oder ein neues unternehmen will, ist verpflichtet, einen Gewerbeschein darüber zu lösen und die in dem beigefügten Tarif A. angesetzte Steuer zu zahlen. Das schon erlangte Meister-Recht, der Besitz einer Concession befreien nicht von dieser Verbindlichkeit.
§ 2. Der Gewerbeschein giebt demjenigen, auf dessen Namen er ausgestellt ist, die Befugniß, ein Gewerbe fortzusetzen oder ein neues anzufangen. Eins und das andere ohne Gewerbeschein, ist strafbar, und wer sich dessen schuldig macht, verfällt in eine Geldstrafe, welche dem sechsfachen Werthe der von ihm jährlich zu bezahlenden Steuer gleich ist …
(Vgl. *Huber*, Dok. I, Nr. 10.)

Unter dem Ministerium *Hardenberg* vollzog Preußen dann im 219 Oktober 1810 den Übergang zur „vollkommenen Gewerbefreiheit", die – im Finanzedikt vom 27. Oktober 1810 (Preuß. GS 1810, S. 25) bereits angekündigt – einen Tag später in dem Gewerbesteuer-Edikt normiert wurde. Dieses Edikt bildete das **Fundament der neuen Wirtschaftsverfassung,** die sich auf freien Zugang zum Gewerbe und auf freien Wettbewerb gründete. Die alte Zunftverfassung, die noch im Allgemeinen Landrecht für die Preußischen Staaten von 1794 (vgl. oben Rn. 154 ff.) ausdrücklich Anerkennung gefunden hatte, wurde aufgelöst; die überkommene ständische Gewerbeordnung zerschlagen (dazu *W. Frotscher*, in: *R. Schmidt* (Hg.), Öffentliches Wirtschaftsrecht, Besonderer Teil 1, 1995, S. 7 f.). Nach § 1 konnte von nun an jeder Bürger jedes Gewerbe, sei es nun Handel, Handwerk oder Fabrikation, fortsetzen oder neu anfangen, vorausgesetzt, er löste einen entsprechenden Gewerbeschein und zahlte dafür die festgesetzte Gewerbesteuer. Auch der Betrieb mehrerer unterschiedlicher Gewerbe war gestattet. Die Gewerbeausübung ohne erforderlichen Gewerbeschein war nach § 2 strafbar.

Die neu eröffnete Gewerbefreiheit wurde von Anfang an bestimm- 220 ten **gewerbepolizeilichen Beschränkungen** unterworfen, die der Abwehr von mit der Ausübung einzelner Gewerbe verbundenen Gefahren dienen sollten. So legte § 21 eine besondere Erlaubnispflicht für solche Gewerbe fest, „bei derem ungeschickten Betriebe gemeine Gefahr obwaltet, oder welche eine öffentliche Beglaubigung oder Unbescholtenheit erfordern". Unter den enumerativ aufgeführten erlaubnispflichtigen Gewerben findet man bemerkenswerterweise neben Gast- und Schankwirten, Maurern und Zimmerleuten, Totengräbern und Marionettenspielern auch Ärzte, Apotheker und Schauspieldirektoren. Die Einschränkung der Gewerbefreiheit im Interesse der öffentlichen Sicherheit und Ordnung wurde durch das Gesetz über die polizeilichen Verhältnisse der Gewerbe (Gewerbepolizeigesetz) vom 7. September 1811 (Preuß. GS 1811, S. 263) noch präzisiert und verstärkt.

3. Reformen im Bildungs- und Militärwesen

221 Die staatliche Neuordnung der preußischen Gesellschaft wurde durch einschneidende Reformen im Bildungs- und Militärwesen abgerundet, deren verfassungspolitische Bedeutung nicht unterschätzt werden darf. Denn der grundlegende Umbau von Staat und Gesellschaft verlangt, um erfolgreich zu sein, zugleich eine Veränderung im politischen Verhalten und Bewußtsein der Bürger oder mit einem modernen Begriff: einen „neuen Menschen", der nur durch entsprechende Erziehung „gebildet" werden kann. Dieser **Zusammenhang zwischen politischen Reformen und Bildungsreformen** im weiteren Sinn bestand in der preußischen Reformära ebenso wie beispielsweise in der jüngeren deutschen Nachkriegsgeschichte.

222 Die preußische Bildungsreform (dazu näher *Huber*, VerfGesch I, S. 261 ff.) ist untrennbar mit dem Namen **Wilhelm von Humboldt** verbunden, der 1809 – noch auf Vorschlag des *Freiherrn vom Stein* – zum Geheimen Staatsrat und Direktor der Sektion für Kultus und Unterricht ernannt wurde. Dabei handelte es sich um eine modern eingerichtete Zentralbehörde, die im Zuge der *Steinschen* Regierungsreform im Herbst 1808 (vgl. unten Rn. 227 ff.) als Abteilung des Innenministeriums errichtet worden war. Unter *Humboldts* Leitung als Sektionschef wurde das gesamte preußische Schulwesen neu organisiert und im wesentlichen dreigegliedert: Auf die Elementarschulen bauten die (humanistischen) Gymnasien und die Universitäten auf. Alle Schulen wurden einer strengen staatlichen Aufsicht unterstellt; die Lehrerausbildung wurde reglementiert und intensiviert, die Lehrerbesoldung deutlich verbessert.

Einen Höhepunkt des *Humboldtschen* Wirkens bezeichnete die 223
Gründung der Berliner Universität, die zu Michaelis (29. September) 1810 ihre Tore öffnete und den Unterrichtsbetrieb aufnahm. Sie diente als Vorbild für zahlreiche Universitätsneugründungen im 19. Jahrhundert, nicht nur in Preußen, sondern in ganz Europa. Ihre bestimmenden Prinzipien, die zugleich die *Humboldtsche* Universitätsidee kennzeichnen, nämlich die Freiheit von Forschung und Lehre, die Einheit von Forschung und Lehre sowie das Ideal einer universalen Bildung, sind bis in die Gegenwart (z. T. allerdings heftig umstrittene) Orientierungspunkte der Hochschulpolitik geblieben.

Auch die **Militärreform** ist von den preußischen Reformern als ein 224
„unlösbarer Teil der Staatsreform" (*Hubatsch,* unten Rn. 246, S. 178) verstanden worden. Das gilt sowohl für *Stein,* der sich für die Reorganisation des preußischen Militärwesens und für den Gedanken der allgemeinen Wehrpflicht aktiv eingesetzt hat, als auch für die Verantwortlichen selbst, also für *Scharnhorst* als Leiter des Allgemeinen Kriegsdepartementes und für seine Mitarbeiter *Gneisenau, Grolman* und *Boyen.* Sie waren davon überzeugt, daß sich die Reorganisation des preußischen Heeres nach dem Debakel von Jena und Auerstedt nicht auf gewisse organisatorische und technische Verbesserungen beschränken dürfe. Ihr Ziel war es vielmehr, im Einklang mit den allgemein-politischen Vorstellungen der Reformbewegung und in Parallele zur Bildungsreform auch eine grundlegende innere Erneuerung einzuleiten. Das überkommene Söldnerheer sollte durch eine gut ausgebildete, von Nationalbewußtsein durchdrungene Armee unter Beteiligung aller Bürger abgelöst werden.

Die **wichtigsten militärischen Reformmaßnahmen,** die diesem 225
Ziel dienten, waren die folgenden: (1) Aufhebung des Adelsmonopols für die Offiziersstellen durch Reglement vom 6. August 1808. Ein Anspruch auf eine Offiziersstelle sollte in Zukunft nicht mehr vom Geburtsstand, sondern von Kenntnissen und Bildung abhängig sein. Die notwendigen militärischen Kenntnisse einschließlich einer soliden Allgemeinbildung vermittelte die von *Scharnhorst* 1810 gegründete und von seinem Schüler *Clausewitz* geleitete Kriegsakademie in Berlin. (2) Einführung der allgemeinen Wehrpflicht durch Verordnung vom 9. Februar 1813 (vgl. *Huber,* Dok. I, Nr. 13), die zunächst nur für die Dauer des bevorstehenden (Freiheits-)Krieges gedacht war, dann aber auch für Friedenszeiten beibehalten wurde. Danach waren abgesehen von enggefaßten Exemtionen für gebrechliche junge Männer, für junge Geistliche, für die ältesten Söhne von Witwen und

andere für den Unterhalt einer Familie zuständige Personen alle waffenfähigen Bürger zum Wehrdienst verpflichtet. Die bisherige Möglichkeit, einen Ersatzmann gegen entsprechendes Entgelt zu stellen, fiel weg. (3) Einrichtung der Landwehr durch Verordnung vom 17. März 1813 (vgl. *Huber*, Dok. I, Nr. 14). Diese trat als eine zweite, selbständige Formation neben das stehende Heer, die sog. Linie. Die Landwehr bestand aus den wehrfähigen Männern vom 17. bis zum 40. Lebensjahr und trug zur Ausbreitung des Wehrgedankens im Volk bei.

4. Die Emanzipation der Juden

226 Die rechtliche **Gleichstellung aller preußischen Staatsbürger** wurde durch das Edikt betreffend die bürgerlichen Verhältnisse der Juden in dem Preußischen Staate vom 11. März 1812 (vgl. *Huber*, Dok. I, Nr. 12) ein gutes Stück vorangetrieben. Es räumte „den jüdischen Glaubensgenossen in Unserer Monarchie" – abgesehen von bestimmten durch die Religion bedingten Sondervorschriften für die Eheschließung und gewissen Einschränkungen etwa bei der Übernahme öffentlicher Ämter – die gleichen Rechte wie ihren christlichen Mitbürgern ein und legte ihnen auch die gleichen Pflichten auf. Noch in dem Edikt über die Bauernbefreiung (vgl. oben Rn. 211) hatte es in § 1 Abs. 2 geheißen: „In Absicht der Erwerbsfähigkeit solcher Einwohner, welche den ganzen Umfang ihrer Bürgerpflichten zu erfüllen, durch Religions-Begriffe verhindert werden, hat es bei den besonderen Gesetzen sein Verbleiben" (vgl. *Huber*, Dok. I, Nr. 7). Dadurch waren die Juden von dem freien Grundstücksverkehr ausgenommen. Der Umschwung ist vor allem auf die emanzipationsfreundliche Haltung *Hardenbergs* zurückzuführen.

IV. Die Reform der Staatsorganisation

1. Die neue Regierungsverfassung

227 Der „staatlich geplante und bewirkte soziale Wandel" setzte auch einen erneuerten Staatsapparat voraus (vgl. *Grimm*, VerfGesch, S. 80 f.). *Stein* und *Hardenberg* hatten von Beginn an eine Reform der Regierungsspitze und die Abschaffung des sog. **Kabinettssystems** gefordert. Das „Kabinett" der friderizianischen und nachfriderizianischen Zeit darf dabei nicht mit dem modernen Begriff gleichgesetzt werden. Während man heute unter dem Kabinett die Gesamtheit der Regierungsmitglieder, eventuell unter Einschluß auch der Staatssekretäre (z. B. in England), versteht, bezeichnete der ältere Begriff gerade den (möglichen) Gegenspieler der Fachminister. Der absolute Monarch konnte „aus dem Kabinett", d. h. aus seinen Privatgemächern, regieren, ohne die offiziellen Regierungsstellen – also in Preußen das für die Finanzen und die innere Verwaltung zuständige Generaldirektorium, das auch für die Kirchen- und Schulsachen zuständige Justizdepartement und das Oberkriegskollegium – um Rat fragen zu müssen. Bei dieser Regierung aus dem Kabinett unterstützten den König die Kabinettsräte, persönliche Vertraute des Herrschers ohne klar abgegrenzte sachliche und öffentliche Verantwortlichkeit, die jedoch im Laufe der Zeit ihre Stellung machtvoll ausbauen konnten.

Dieses „anachronistische Herrschaftssystem" (*Willoweit,* Verf- **228** Gesch, S. 212), das seinen Ursprung letztlich noch in der von rechtlichen Bindungen freien und unumschränkten Stellung des absoluten Monarchen hatte, wollten die Reformer beseitigen und durch eine nach Fachgebieten gegliederte, direkt unter dem König stehende Ministerialverwaltung ersetzen. Nachdem *Stein* bei seinem ersten Anlauf zur Reorganisation der Regierungsspitze noch gescheitert war und in Konsequenz sogar seine Entlassung aus dem Amt in Kauf nehmen mußte (vgl. oben Rn. 206), war er in seiner zweiten Amtszeit erfolgreicher. Im Sommer 1808 erreichte er die Aufhebung des Kabinetts. Mit dem am Tage seiner erneuten Entlassung fertiggestellten Organisationsedikt vom 24. November 1808, das durch Publikandum vom 16. Dezember 1808 mit geringfügigen Modifikationen (vgl. unten Rn. 229) in Kraft gesetzt wurde, schuf *Stein* die **Grundlagen einer modernen Regierungsorganisation.** Das Staatsministerium, vergleichbar der Bundesregierung als Kollegium (vgl. Art. 62 GG), war aufgegliedert in die fünf klassischen Ressorts: Inneres, Finanzen, Justiz, Äußere Angelegenheiten und Krieg. Die Aufteilung der Regierungsaufgaben erfolgte also nur nach der sachlichen, nicht nach einer räumlichen Zuständigkeit. Jeder Minister als Ressortleiter war dem König gegenüber für seinen Zuständigkeitsbereich verantwortlich; sichtbares Zeichen dieser Verantwortlichkeit war die Gegenzeichnung aller entsprechenden Anordnungen. Die Konzentration der Entscheidungsbefugnisse in einem Punkt, nämlich dem Staatsministerium, machte eine einheitliche Regierungspolitik erst möglich.

108 Kap. 3. Reichsende und Reformen in Preußen

229 **Publikandum betreffend die veränderte Verfassung der obersten Staatsbehörden der Preußischen Monarchie vom 16. Dezember 1808** – Auszug –:
„Eine möglichst kleine Zahl oberster Staatsdiener stehet an der Spitze einfach organisirter, nach Hauptverwaltungszweigen abgegrenzter Behörden; im genauesten Zusammenhang mit dem Regenten leiten sie die öffentlichen Geschäfte nach dessen unmittelbar ihnen ertheilten Befehlen, selbständig und selbstthätig mit voller Verantwortlichkeit, und wirken so auf die Administration der untergeordneten, in gleicher Art gebildeten Behörden kräftig ein."
(Vgl. Preuß. GS 1806–1810, S. 361.)

230 Die neue Regierungsverfassung bezeichnete nicht nur einen „Markstein der Verwaltungsgeschichte" (*Huber*, VerfGesch I, S. 150), sie hat auch die Staatsverfassung nachhaltig beeinflußt, indem nunmehr für jedes Staatshandeln eine unmittelbare Verantwortlichkeit begründet wurde. Diese **Ministerverantwortlichkeit** bestand zunächst gegenüber dem Monarchen als Träger der Staatsgewalt und wandelte sich später – mit dem Übergang zur demokratischen Staatsform – in eine parlamentarische Verantwortlichkeit.

231 **Organisationsplan für das preußische Staatsministerium 1808/09:**

Innenminister	Finanzminister	Justizminister	Außenminister	Kriegsminister
1. Allg. Polizeiabt. (Staatsrecht und Verfassung, Polizei, Armenwesen, Provinzial- und Kommunalaufsicht)	1. Abt. für die Generalkassen (Verwaltung des Schatzes, Etat- und Schuldenwesen, Münzwesen, Bankaufsicht, Lotterien)	Anstellung der Justizbediensteten; Aufsicht über Rechtspflege	1. Politische Abt.	1. Allg. Kriegsabt. (Personalwesen, Generalstab)
2. Abt. für Handel und Gewerbe (Landwirtschaft, Bauwesen, Fabriken, Bergwesen, Straßenbau und Gewässer)	2. Abt. für Domänen und Forsten		2. Handelspolitische Abt. (Konsulats-, Grenz- und Paßfragen)	2. Militärökonomieabt. (Heeresverwaltung)
3. Abt. für öffentlichen Unterricht und Kultus (Schulen und Universitäten, Religionsaufsicht u. a.)				
4. Allg. Gesetzgebungsabt.				

232 Nach *Steins* Plänen sollten die Minister zusammen mit den Prinzen des königlichen Hauses und einer Anzahl von Geheimen Staatsräten unter Vorsitz des Königs einen **Staatsrat** bilden, dem die oberste Leitung sämtlicher Regierungsgeschäfte obliegen sollte. Die den Staatsrat betreffenden Bestimmungen des Organisationsediktes vom Novem-

ber 1808 wurden jedoch nach *Steins* Entlassung zunächst suspendiert. *Hardenberg* hat den Gedanken des Staatsrates zwar wiederaufgenommen, aber in veränderter Form. Nach der Verordnung über die veränderte Verfassung aller obersten Staatsbehörden vom 27. Oktober 1810 (Preuß. GS 1811, S. 3) war der Staatsrat auf die Beratung des Königs beschränkt. Sein erstes Zusammentreten verzögerte sich jedoch um weitere sechseinhalb Jahre, bis das neue Verfassungsorgan endlich im März 1817 zu seiner ersten Sitzung zusammentrat.

Hardenberg hat die *Steinsche* Regierungsreform in einem weiteren wichtigen Punkt geändert. Während *Stein* eine kollegiale Leitung des Gesamtministeriums bevorzugt hatte, setzte *Hardenberg* eine streng bürokratisch-hierarchische Staatsleitung durch. Mit der Verordnung vom 27. Oktober 1810 wurde die preußische Regierungsverfassung um einen **Staatskanzler** erweitert, der als unumschränkter Regierungschef über den einzelnen Staatsministern stand. Ihm wurde „die Oberaufsicht und Kontrolle jeder Verwaltung ohne Ausnahme" zugewiesen. *Hardenberg,* der neben der Staatskanzlerschaft auch noch die Leitung des Innen- und des Finanzministeriums übernahm, war damit unter seinen Ministerkollegen nicht nur ein primus inter pares, sondern eine Art „Superminister" und gleichzeitig der die Regierungspolitik bestimmende Regierungschef, der die anderen Minister als nachgeordnet betrachtete. Damit führte er das sog. Kanzlerprinzip in das deutsche Staatsrecht ein. Obwohl Preußen nach *Hardenbergs* Tod im Jahre 1822 das Amt des Staatskanzlers wieder abschaffte und zum Kollegialprinzip auf Regierungsebene zurückkehrte, ist der Gedanke eines starken, mit besonderen Befugnissen ausgestatteten Regierungschefs in der deutschen Verfassungsgeschichte lebendig geblieben und hat heute in der sog. Richtlinienkompetenz des Bundeskanzlers (vgl. Art. 65 Satz 1 GG) seinen Niederschlag gefunden.

2. Provinzial- und Kommunalverfassung

Preußische Städteordnung vom 19. November 1808 – Auszug –:

§ 1. Dem Staat und den von solchem angeordneten Behörden, bleibt das oberste Aufsichtsrecht über die Städte, ihre Verfassung und ihr Vermögen, insoweit nicht in der gegenwärtigen Ordnung auf eine Theilnahme an der Verwaltung ausdrücklich Verzicht geleistet ist, vorbehalten.

§ 2. Diese oberste Aufsicht übt der Staat dadurch aus, daß er die gedruckten Rechnungsextrakte oder die öffentlich darzulegenden Rechnungen der Städte über die Verwaltung ihres Gemeinvermögens einsieht, die Beschwerden einzelner Bürger oder ganzer Abtheilungen über das Gemeinwesen entscheidet, neue Statuten bestätigt und zu den Wahlen der Magistratsmitglieder die Genehmigung ertheilt.

§ 14. Ein Bürger oder Mitglied einer Stadtgemeine ist der, welcher in einer Stadt das Bürgerrecht besitzt.

§ 16. In jeder Stadt giebt es künftig nur ein Bürgerrecht. Der Unterschied zwischen Groß- und Kleinbürgern und jede ähnliche Abtheilung der Bürger in mehrere Ordnungen wird daher hierdurch völlig aufgehoben.

§ 17. Das Bürgerrecht darf Niemanden versagt werden, welcher in der Stadt, worin er solches zu erlangen wünscht, sich häuslich niedergelassen hat und von unbescholtenem Wandel ist ...

§ 26. Einem jeden Bürger liegt die Verpflichtung ob, zu den städtischen Bedürfnissen aus seinem Vermögen und mit seinen Kräften die nötigen Beiträge zu leisten und überhaupt alle städtische Lasten verhältnismäßig zu tragen.

§ 47. Der Magistrat des Orts ist der Vorsteher der Stadt, dessen Befehlen die Stadtgemeine unterworfen ist. Seine Mitglieder und die Subjekte zu den öffentlichen Stadtämtern, wählt und präsentirt die Bürgerschaft.

§ 48. Die Bürgerschaft selbst wird in allen Angelegenheiten des Gemeinwesens, durch Stadtverordnete vertreten. Sie ist befugt, dieselbe aus ihrer Mitte zu wählen.

§ 73. Die Wahl der Stadtverordneten nach Ordnungen, Zünften und Korporationen in den Bürgerschaften, wird dagegen hierdurch völlig aufgehoben. Es nehmen an den Wahlen alle stimmfähige Bürger Antheil und es wirkt jeder lediglich als Mitglied der Stadtgemeine ohne alle Beziehung auf Zünfte, Stand, Korporation und Sekte.

§ 74. Das Stimmrecht zur Wahl der Stadtverordneten und Stellvertreter, steht zwar in der Regel jedem Bürger zu; jedoch sind als Ausnahmen, folgende davon ausgeschlossen: a) Diejenigen, welche ... unfähig seyn würden, das Bürgerrecht zu erlangen, wenn sie solches nicht schon besäßen, b) Magistratsmitglieder, während der Dauer ihres Amts, c) Bürger weiblichen Geschlechts, d) Unangesessene Bürger – in großen Städten, deren reines Einkommen noch nicht 200 Rthlr. – und in mittlern und kleinen Städten, deren reines Einkommen noch nicht 150 Rthlr. jährlich beträgt, und e) Personen, welchen als Strafe das Stimmrecht entzogen ist.

§ 84. Wahlfähig ist jeder Bürger, der ein Stimmrecht hat, ...

§ 85. Von den in jedem Bezirk zu erwählenden Stadtverordneten und Stellvertretern müssen wenigstens zwei Drittel mit Häusern in der Stadt angesessen seyn.

§ 108. Die Stadtverordneten erhalten durch ihre Wahl die unbeschränkte Vollmacht, in allen Angelegenheiten des Gemeinwesens der Stadt, die Bürgergemeine zu vertreten, sämtliche Gemeine-Angelegenheiten für sie zu besorgen und in Betreff des gemeinschaftlichen Vermögens, der Rechte und der Verbindlichkeiten der Stadt und der Bürgerschaft, Namens derselben, verbindende Erklärungen abzugeben.

(Preuß.GS 1806–10, S. 324.)

§ 7. Die Stein-/Hardenbergschen Reformen in Preußen

Stein und seine Mitstreiter für eine grundlegende Reform des preu- 235
ßischen Staates haben ihr Augenmerk nicht nur auf die obersten
Staatsbehörden gerichtet, sie wollten auch die unteren Verwaltungsebenen neu ordnen. Während jedoch die Pläne für eine Provinzialreform (vgl. dazu *Huber*, VerfGesch I, S. 161 ff.) ebenso wie die Entwürfe für eine Reform der Landgemeinde- und Kreisverfassung (vgl. *Hubatsch*, unten Rn. 246, S. 146 ff., 157 ff.) zunächst kaum vorankamen oder am Widerstand der bislang privilegierten Stände scheiterten, gelang *Stein* mit der Inkraftsetzung der Städteordnung am 19. November 1808 ein **epochaler, bis in die Gegenwart fortwirkender Gesetzeswurf** (vgl. die Bezugnahme in BVerfGE 79, 127/146). Er gilt seitdem als „Schöpfer des modernen Selbstverwaltungsgedankens" in Deutschland (*Ramin*, unten Rn. 246, S. 10), obwohl er selbst diesen Begriff nur vereinzelt verwendet hat.

Stein wollte, wie er bereits in der Nassauer Denkschrift betont 236
hatte, die Bürger wieder an den Staat heranführen und insbesondere die Fähigkeiten und das Ansehen der gebildeten Klassen für die Staatsverwaltung aktivieren; ein egalitär-demokratisches Staatsverständnis war ihm dagegen völlig fremd (vgl. unten Rn. 241). In dem Bericht an den König, mit dem *Stein* und der in seinem Auftrag mit der Abfassung betraute Minister *Schroetter* den Entwurf der Städteordnung übergaben, werden noch einmal die **Nachteile des bisherigen absolutistisch-wohlfahrtsstaatlichen Systems** scharf hervorgehoben: „Der Bürger hatte weder Kenntnis vom Gemeinwesen noch Veranlassung, dafür zu wirken, selbst nicht einmal einen Vereinigungspunkt. Eifer und Liebe für die öffentlichen Angelegenheiten, aller Gemeingeist, jedes Gefühl, dem Ganzen ein Opfer zu bringen, mußten verloren gehen. Selbst Bürger zu sein, ward längst nicht einmal mehr für Ehre gehalten. Man erwartete dagegen alles vom Staate ohne Vertrauen zu seinen Maßregeln und ohne wahren Enthusiasmus für die Verfassung" (vgl. *Botzenhart/Ipsen*, unten Rn. 246, S. 176).

Die preußische Städteordnung von 1808 gab den Städten eine **Ma-** 237
gistratsverfassung, wie sie sich in ähnlicher Form bis heute in einigen Ländern der Bundesrepublik, so in Hessen und Schleswig-Holstein, erhalten hat. Die Magistratsverfassung sieht – damals wie heute – zwei städtische Organe vor, nämlich die Stadtverordnetenversammlung und den Magistrat. Die Stadtverordnetenversammlung bestand aus einer bestimmten, nach der Größe der Stadt differierenden Zahl von Stadtverordneten, die aus Wahlen hervorgingen und die (Gesamt-)Bürgerschaft (die „Stadtgemeine") repräsentierten (vgl.

§ 48). Der Magistrat bestand aus einem Bürgermeister bzw. einem Oberbürgermeister in großen Städten sowie mehreren besoldeten und unbesoldeten Magistratsmitgliedern, die man mit den hauptamtlichen und ehrenamtlichen Stadträten etwa nach geltendem hessischen Kommunalverfassungsrecht vergleichen kann. Der Magistrat wurde von der Stadtverordnetenversammlung gewählt und war dieser auch nachgeordnet. Es fand also keine echte Gewaltenteilung statt; vielmehr fungierte der Magistrat als Exekutivorgan, das in allen wichtigen Angelegenheiten von den Entscheidungen der Stadtverordneten abhängig war. Diese hatten „die unbeschränkte Vollmacht", alle Selbstverwaltungsangelegenheiten für die Bürgerschaft zu besorgen und diese zu vertreten (vgl. § 108).

238 Ein zurückhaltend formuliertes **staatliches Aufsichtsrecht** (vgl. §§ 1, 2) stellte sicher, daß sich die städtische Verwaltung weder über die allgemeinen Gesetze noch über das Gesamtstaatsinteresse hinwegsetzen konnte (vgl. *G.-Ch. von Unruh*, in: *Jeserich* u. a., Dt. Verw-Gesch II, S. 417f.). Eine besondere Genehmigung der Aufsichtsbehörde war insbesondere für den Erlaß städtischer Satzungen („Statuten") vorgesehen, eine Regelung, die sich im modernen Kommunalrecht wiederfindet. In der Praxis wuchs sich allerdings das Aufsichtsrecht während der ersten Hälfte des 19. Jahrhunderts vielerorts zu einem „Staatsinterventionismus" aus (*C. Treffer*, Der Staat 1996, S. 251/256).

239 Während die *Steinsche* Städteordnung insoweit weitgehend mit einer modernen Magistratsverfassung übereinstimmt, ergeben sich bei der näheren Betrachtung der **Bürgerschaft** und ihrer Rechte deutliche Unterschiede. Die Städteordnung unterschied zunächst zwischen den Bürgern, die in der Stadt das Bürgerrecht besaßen (vgl. § 14), und den sog. Schutzverwandten als den Einwohnern, welche das Bürgerrecht nicht erlangt hatten. Der Erwerb des Bürgerrechts wurde jedoch erheblich erleichtert (vgl. § 17) und die frühere Unterscheidung zwischen Groß- und Kleinbürgern oder andere Unterteilungen aufgehoben (vgl. § 16). Auch dieses Reformgesetz nahm damit Abschied vom ständestaatlichen Denken: Jedem Bürger wurde die gleiche Verpflichtung auferlegt, zu den städtischen Lasten und Bedürfnissen verhältnismäßig beizutragen (vgl. § 26).

240 Das **Wahlrecht** wurde jedoch ungleich vergeben. Das aktive Wahlrecht, die Stimmfähigkeit, setzte neben der Eigenschaft als Bürger männlichen Geschlechts weiter voraus, daß der Betreffende entweder Grundbesitz in der Stadt hatte oder als „unangesessener Bürger" je-

denfalls ein jährliches Mindesteinkommen von 150 bzw. 200 Reichstalern erzielte (vgl. § 74). Dabei handelte es sich allerdings um einen verhältnismäßig geringen Zensus, der kleine Handwerker und Händler in der Regel nicht von der Wahl ausschloß. Gleichwohl betrug der Anteil der Bürger an der Gesamtbevölkerung zunächst nicht mehr als 10 % (*Duchhardt*, unten Rn. 246, S. 200). Obwohl das passive Wahlrecht an dieselben Voraussetzungen geknüpft war (vgl. § 84), wurden praktisch fast ausschließlich Honoratioren als Stadtverordnete gewählt. Der hohen Wertschätzung des Grundeigentums, die bereits in *Steins* Nassauer Denkschrift deutlich hervorscheint, entspricht die Regelung des § 85, wonach wenigstens zwei Drittel der Stadtverordneten mit Häusern in der Stadt „angesessen" sein mußten.

So berechtigt es danach ist, *Steins* Bedeutung für die Entwicklung der kommunalen Selbstverwaltung in Deutschland zu rühmen und die – gemessen an den damaligen Verhältnissen in Preußen – Fortschrittlichkeit seiner Reformvorstellungen hervorzuheben, so führt auf der anderen Seite doch **keine direkte Verbindungslinie** von dieser Form der Selbstverwaltung zu dem auf Freiheit und Gleichheit aller Bürger beruhenden demokratischen Prinzip. Die preußische Stadtgemeinde blieb noch „weit entfernt von einer egalisierten Bürgergesellschaft" (*Fehrenbach*, unten Rn. 246, S. 113). 241

3. Das uneingelöste Verfassungsversprechen

Die preußischen Reformer hatten von Anfang an – im Detail durchaus unterschiedliche – Pläne, eine Nationalrepräsentation einzurichten und die Rechte und Pflichten der Bürger in einer geschriebenen Staatsverfassung festzulegen. Es gelang ihnen jedoch nicht, während der Zeit, in der sie das politische Übergewicht besaßen, ihre verschiedenen Teilreformen durch eine **Repräsentativverfassung** abzurunden und zugleich gegen eine restaurative Umkehr abzusichern. So blieb Preußen – ebenso wie die andere deutsche „Großmacht" Österreich – bis zur Mitte des 19. Jahrhunderts ohne eine moderne geschriebene Verfassung und ohne eine Volksvertretung auf Gesamtstaatsebene. Dabei hatte es vielversprechende Ansätze gegeben. Nachdem sich schon die Ministerien *Stein* und *Dohna/Altenstein* mit dem Plan einer preußischen Nationalrepräsentation eingehend beschäftigt hatten (vgl. *Schmitz*, unten Rn. 246, S. 43 ff., 95 ff.), suchte *Hardenberg* den Weg zum Verfassungsstaat zu öffnen, indem er in das Finanzedikt vom 27. Oktober 1810 (vgl. *Huber*, Dok. I, Nr. 9) ein Verfassungsversprechen des Königs aufnehmen ließ. *Fried-* 242 *rich Wilhelm III.* machte darin seinen Untertanen die Auferlegung neuer oder erhöhter Abgaben mit der Verheißung „schmackhaft", der Nation eine Repräsentation sowohl in den Provinzen als auch für ganz Preußen geben zu wollen.

243 Das **Verfassungsversprechen** des Finanzedikts blieb uneingelöst. Der Widerstand der konservativen Opposition und die innen- und außenpolitische Unruhe der folgenden Jahre verhinderten die Inswerksetzung; phasenweise hielten auch die Reformer sie für weniger vordringlich (vgl. *Grimm,* VerfGesch, S. 92 ff.). Nach den „Befreiungskriegen" gegen die napoleonische Fremdherrschaft (1813), deren erfolgreicher Ausgang maßgebend auch der Opfer- und Kampfesbereitschaft des gesamten Volkes zu danken war, wurde der Ruf nach einer Repräsentativverfassung wieder lauter. Daraufhin gab *Friedrich Wilhelm III.* erneut ein unmißverständliches Verfassungsversprechen ab.

244 Verordnung über die zu bildende Repräsentation des Volks vom 22. Mai 1815 – Auszug –:

Damit sie jedoch desto fester begründet, der Preußischen Nation ein Pfand Unsers Vertrauens gegeben und der Nachkommenschaft die Grundsätze, nach welchen Unsere Vorfahren und Wir selbst die Regierung Unsers Reichs mit ernstlicher Vorsorge für das Glück Unserer Unterthanen geführt haben, treu überliefert und vermittelst einer schriftlichen Urkunde, als Verfassung des Preußischen Reichs, dauerhaft bewahrt werden, haben Wir Nachstehendes beschlossen:

§ 1. Es soll eine Repräsentation des Volks gebildet werden.

§ 2. Zu diesem Zwecke sind:

a) die Provinzialstände da, wo sie mit mehr oder minder Wirksamkeit noch vorhanden sind, herzustellen, und dem Bedürfnisse der Zeit gemäß einzurichten;

b) wo gegenwärtig keine Provinzialstände vorhanden, sind sie anzuordnen.

§ 3. Aus den Provinzialständen wird die Versammlung der Landes-Repräsentanten gewählt, die in Berlin ihren Sitz haben soll.

§ 4. Die Wirksamkeit der Landes-Repräsentanten erstreckt sich auf die Berathung über alle Gegenstände der Gesetzgebung, welche die persönlichen und Eigenthumsrechte der Staatsbürger, mit Einschluß der Besteuerung, betreffen.

(Vgl. *Huber,* Dok. I, Nr. 19.)

245 Die Verordnung über die Repräsentation des Volkes vom Mai 1815 stellt ein **spätes Aufleuchten der Reform** in Preußen dar. Die Bemühungen zur Schaffung einer preußischen Nationalrepräsentation sind zwar auch in der Folgezeit nicht gänzlich zum Erliegen gekommen,

die Kräfteverhältnisse hatten sich jedoch zuungunsten der Reformer verschoben. Die Restaurationspartei hatte seit Beginn des Wiener Kongresses ihren Vormarsch auf dem Feld der innenpolitischen Auseinandersetzung angetreten. Ihr gelang es, den König zum Bruch seines Verfassungsversprechens zu bewegen, eines Versprechens, das keineswegs nur als unverbindliches Programm, sondern als „verbindliche Verfassungszusage" (*Huber,* VerfGesch I, S. 304; a. A. wohl *Schmitz,* unten Rn. 246, S. 215) zu werten ist. Während die Verfassunggebung in Preußen zunächst scheiterte, Preußen also nicht den Weg zum Verfassungsstaat fand, gaben sich insbesondere die süddeutschen Staaten die ersten modernen Verfassungen in Deutschland. Dieser Phase, die als „deutscher Frühkonstitutionalismus" bezeichnet wird, widmet sich das folgende Kapitel.

V. Literatur

E. Botzenhart/G. Ipsen (Hg.), Freiherr vom Stein. Ausgewählte politische Briefe und Denkschriften, 2. unveränderte Aufl. 1986; *P. Burg,* Freiherr vom Stein – europäische und nationale Aspekte der Reform von Staat und Gesellschaft zu Beginn des 19. Jahrhunderts, VerwArch 1995, S. 495 ff.; *P. Cancik,* Verwaltung und Öffentlichkeit in Preußen, 2007; *H. Duchhardt,* Stein. Eine Biographie, 2. Aufl. 2010; *E. Fehrenbach,* Vom Ancien Régime zum Wiener Kongreß, 5. Aufl. 2008; *W. Hubatsch,* Die Stein-Hardenbergschen Reformen, 2. Aufl. 1989; *R. Koselleck,* Preußen zwischen Reform und Revolution. Allgemeines Landrecht, Verwaltung und soziale Bewegung von 1791–1848, 3. Aufl. 1981; *E. Ramin,* Die Geschichte der Selbstverwaltungsidee seit dem Freiherrn vom Stein, 1972; *C. Schmitz,* Die Vorschläge und Entwürfe zur Realisierung des preußischen Verfassungsversprechens 1806–1819, 2010; *B. Sösemann* (Hg.), Gemeingeist und Bürgersinn. Die preußischen Reformen, 1993; *M. Thiel,* Die preußische Städteordnung von 1808, 1999; *B. Vogel,* Allgemeine Gewerbefreiheit. Die Reformpolitik des preußischen Staatskanzlers Hardenberg (1810–1820), 1983; *G. Winter* (Hg.), Die Reorganisation des Preußischen Staates unter Stein und Hardenberg, 1. Teil, Bd. I, 1931 (Nachdruck 1982). **246**

Kapitel 4. Der Deutsche Bund und die Anfänge des Konstitutionalismus

§ 8. Der Deutsche Bund

I. Zeittafel

1812/13	Rußlandfeldzug *Napoléons*	
1813	Völkerschlacht vor Leipzig	
1814	1. Pariser Frieden	
1814/15	Wiener Kongreß	
1815	Deutsche Bundesakte (8. 6.)	
	Schlacht von Waterloo (18. 6.)	
1817	Wartburgfest	
1819	*Sandsches* Attentat; Karlsbader Beschlüsse	
1820	Wiener Schlußakte	
1830	Juli-Revolution in Frankreich	
1832	Hambacher Fest; Repressionsmaßnahmen des Deutschen Bundes	

II. Die Entstehung des Deutschen Bundes

Das **Ende der Vorherrschaft Frankreichs** unter *Napoléon* in Europa zeichnete sich mit dem Untergang der Großen Armee im Rußlandfeldzug von 1812/13 ab und wurde mit dem Sieg der drei Mächte Österreich, Preußen und Rußland über *Napoléon* in der Völkerschlacht vor Leipzig im Oktober 1813 besiegelt. Damit stellte sich die Frage einer Neuordnung der staatlichen Verhältnisse in Deutschland. Weit verbreitet war die Forderung nach einem deutschen Gesamtstaat mit einer Nationalrepräsentation. Die französische Fremdherrschaft hatte zu einer Besinnung auf die deutsche Einheit und Freiheit wesentlich beigetragen, und die Französische Revolution wirkte nach in dem Wunsch nach Parlament und Verfassung. Andere wiederum erstrebten die Erneuerung des Alten Reiches mit einem machtvollen Kaisertum von mittelalterlicher Größe *(Freiherr vom Stein)*.

Wilhelm von Humboldt: „Wenn man aber über den zukünftigen Zustand   249
Deutschlands redet, muss man sich wohl hüten, bei dem beschränkten Gesichtspunkte stehen zu bleiben, Deutschland gegen Frankreich sichern zu wollen. Wenn auch in der That der Selbständigkeit Deutschlands nur von dorther Gefahr droht, so darf ein so einseitiger Gesichtspunkt nie zur Richtschnur bei der Grundlegung zu einem dauernd wohlthätigen Zustand für eine grosse Nation dienen. Deutschland muss frei und stark seyn, nicht bloss, damit es sich gegen diesen, oder jenen Nachbar, oder überhaupt gegen jeden Feind vertheidigen könne, sondern deswegen, weil nur eine, auch nach aussen hin starke Nation den Geist in sich bewahret, aus dem auch alle Segnungen im Innern strömen; es muss frei und stark seyn, um das, auch wenn es nie einer Prüfung ausgesetzt würde, nothwendige Selbstgefühl zu nähren, seiner Nationalentwicklung ruhig und ungestört nachzugehen, und die wohlthätige Stelle, die es in der Mitte der Europäischen Nationen für dieselben einnimmt, dauernd behaupten zu können. … Es liegt in der Art, wie die Natur Individuen in Nationen vereinigt, und das Menschengeschlecht in Nationen absondert, ein überaus tiefes und geheimnissvolles Mittel, den Einzelnen, der für sich nichts ist, und das Geschlecht, das nur im Einzelnen gilt, in dem wahren Wege verhältnissmässiger und allmähliger Kraftentwickelung zu erhalten; und obgleich die Politik nie auf solche Ansichten einzugehen braucht, so darf sie sich doch nicht vermessen, der natürlichen Beschaffenheit der Dinge entgegen zu handeln. Nun aber wird Deutschland in seinen, nach den Zeitumständen erweiterten, oder verengerten Gränzen immer, im Gefühle seiner Bewohner, und vor den Augen der Fremden, Eine Nation, Ein Volk, Ein Staat bleiben." (Denkschrift über die deutsche Verfassung an den Freiherrn vom Stein vom Dezember 1813, in: *Wilhelm von Humboldt,* Werke in fünf Bänden, hg. v. *A. Flitner/K. Giel,* 3. Aufl. 1982, Bd. IV, S. 303 f.)

Die **Interessen der dominierenden Mächte** waren andere. Österreich mit seinen großen nichtdeutschen Teilen (Ungarn, Galizien, Kroatien und Norditalien) stellte sich verständlicherweise gegen die nationalstaatliche Einigung Deutschlands. Preußen fürchtete bei einem solchen Zusammenschluß zum damaligen Zeitpunkt die Vorherrschaft Österreichs und die Gleichstellung mit den kleineren deutschen Staaten. Die anderen europäischen Mächte sahen durch eine staatliche Einigung Deutschlands das Kräftegleichgewicht gestört. Überdies waren die absolutistisch, wenn auch teilweise aufgeklärt-absolutistisch regierten Monarchien Österreich, Preußen und Rußland allen verfassungsstaatlichen und parlamentarischen Tendenzen abhold. Der österreichische Außenminister und spätere Staatskanzler *Fürst Metternich* verfolgte am zielstrebigsten das „Legitimitätsprinzip", das allein die Wiedereinsetzung der überkommenen Herrschaften als geboten ansah und Nationalstaat sowie Volksherrschaft ausschloß. Die Richtung der politischen Neuordnung war in Art. 6   250

Abs. 2 des 1. Pariser Friedens vom Mai 1814 vorgegeben: „Les Etats de l'Allemagne seront indépendants et unis par un lien fédératif."

251 Auf dem **Wiener Kongreß**, der vom November 1814 bis zum Juni 1815 tagte (und tanzte), verfolgte der Vorsitzende *Metternich* vor allem das Ziel, eine neue europäische Friedensordnung zu errichten. Dafür mußte allerdings erst noch *Napoléon* in der Schlacht von Waterloo vom 18. Juni 1815 endgültig niedergeworfen werden. Politische Stabilität sah *Metternich* in erster Linie durch ein Gleichgewicht zwischen den führenden Mächten Österreich, Rußland, England, Preußen und Frankreich, der sog. Pentarchie, garantiert. Mit der Unterzeichnung der Deutschen Bundesakte vom 8. Juni 1815 wurde der Deutsche Bund gegründet. Diese Akte, die mit ihren 20 Artikeln nur einen „die Bundesverhältnisse rudimentär umreißenden Rahmenvertrag" (*Kotulla*, VerfGesch, Rn. 1306) bildete, wurde durch die Wiener Schlußakte vom 15. Mai 1820 ergänzt. Die Schlußakte faßte die Ergebnisse von Ministerialkonferenzen zusammen und verstärkte die Ausrichtung des Deutschen Bundes auf die Restaurationspolitik namentlich Österreichs und Preußens (vgl. unten Rn. 263 ff.). Sie wurde am 8. Juli 1820 vom Plenum der Bundesversammlung einstimmig als Bundesgrundgesetz angenommen.

III. Die Verfassung des Deutschen Bundes

252 **Deutsche Bundesakte (DBA) vom 8. Juni 1815** – Auszug –:
Präambel: Im Nahmen der allerheiligsten und untheilbaren Dreyeinigkeit.
Die souverainen Fürsten und freien Städte Deutschlands den gemeinsamen Wunsch hegend den 6. Artikel des Pariser Friedens vom 30. May 1814 in Erfüllung zu setzen, und von den Vortheilen überzeugt, welche aus ihrer festen und dauerhaften Verbindung für die Sicherheit und Unabhängigkeit Deutschlands, und die Ruhe und das Gleichgewicht Europas hervorgehen würden, sind übereingekommen, sich zu einem beständigen Bunde zu vereinigen …
Art. 1. Die souverainen Fürsten und freien Städte Deutschlands mit Einschluß Ihrer Majestäten des Kaisers von Oesterreich und der Könige von Preußen, von Dänemark und der Niederlande, und zwar
der Kaiser von Oesterreich, der König von Preußen, beyde für ihre gesammten vormals zum deutschen Reich gehörigen Besitzungen,
der König von Dänemark für Holstein, der König der Niederlande für das Großherzogthum Luxemburg,
vereinigen sich zu einem beständigen Bunde, welcher der deutsche Bund heißen soll.

§ 8. Der Deutsche Bund

Art. 2. Der Zweck desselben ist Erhaltung der äußeren und inneren Sicherheit Deutschlands und der Unabhängigkeit und Unverletzbarkeit der einzelnen deutschen Staaten.

Art. 3. Alle Bundes-Glieder haben als solche gleiche Rechte; sie verpflichten sich alle gleichmäßig die Bundes-Akte unverbrüchlich zu halten.

Art. 4. Die Angelegenheiten des Bundes werden durch eine Bundesversammlung besorgt, in welcher alle Glieder desselben durch ihre Bevollmächtigten theils einzelne, theils Gesammtstimmen folgendermaßen, jedoch unbeschadet ihres Ranges führen:

1. Oesterreich .... 1 Stimme
2. Preußen .... 1 Stimme
3. Bayern .... 1 Stimme
4. Sachsen .... 1 Stimme
5. Hannover .... 1 Stimme
6. Würtemberg .... 1 Stimme
7. Baden .... 1 Stimme
8. Churhessen .... 1 Stimme
9. Großherzogthum Hessen .... 1 Stimme
10. Dänemark wegen Holstein .... 1 Stimme
11. Niederlande wegen des Großherzogthums Luxemburg .... 1 Stimme
12. Die Großherzoglich und Herzoglich Sächsischen Häuser ..... 1 Stimme
13. Braunschweig und Nassau .... 1 Stimme
14. Meklenburg Schwerin und Meklenburg Strelitz .... 1 Stimme
15. Holstein-Oldenburg, Anhalt und Schwarzburg .... 1 Stimme
16. Hohenzollern, Lichtenstein, Reuß, Schaumburg Lippe,
    Lippe und Waldeck .... 1 Stimme
17. Die freien Städte Lübeck, Frankfurth, Bremen
    und Hamburg .... 1 Stimme

Totale 17 Stimmen

Art. 7 Abs. 4. Wo es aber auf Annahme oder Abänderung der Grundgesetze, auf organische Bundes Einrichtungen, auf jura singulorum oder Religions-Angelegenheiten ankommt, kann weder in der engern Versammlung noch in Pleno ein Beschluß durch Stimmenmehrheit gefaßt werden.

Art. 10. Das erste Geschäft der Bundesversammlung nach ihrer Eröffnung wird die Abfassung der Grundgesetze des Bundes und dessen organische Einrichtung in Rücksicht auf seine auswärtigen, militarischen und inneren Verhältnisse seyn.

Art. 11 Abs. 1–3. Alle Mitglieder des Bundes versprechen sowohl ganz Deutschland als jeden einzelnen Bundesstaat gegen jeden Angriff in Schutz zu nehmen und garantiren sich gegenseitig ihre sämmtlichen unter dem Bunde begriffenen Besitzungen.

Bey einmal erklärtem Bundeskrieg darf kein Mitglied einseitige Unterhandlungen mit dem Feinde eingehen, noch einseitig Waffenstillstand oder Frieden schließen.

Kap. 4. Deutscher Bund und Anfänge des Konstitutionalismus

Die Bundes-Glieder behalten zwar das Recht der Bündnisse aller Art; verpflichten sich jedoch, in keine Verbindungen einzugehen, welche gegen die Sicherheit des Bundes oder einzelner Bundesstaaten gerichtet wären.
Art. 13. In allen Bundesstaaten wird eine Landständische Verfassung statt finden.
(Vgl. *Huber,* Dok. I, Nr. 30.)

253 Wiener Schlußakte (WSA) vom 15. Mai 1820 – Auszug –:
Art. 1. Der deutsche Bund ist ein völkerrechtlicher Verein der deutschen souverainen Fürsten und freien Städte, zur Bewahrung der Unabhängigkeit und Unverletzbarkeit ihrer im Bunde begriffenen Staaten und zur Erhaltung der innern und äußern Sicherheit Deutschlands.
Art. 2. Dieser Verein besteht in seinem Innern als eine Gemeinschaft selbstständiger unter sich unabhängiger Staaten, mit wechselseitigen gleichen Vertrags-Rechten und Vertrags-Obliegenheiten, in seinen äußern Verhältnissen aber als eine in politischer Einheit verbundene Gesammt-Macht.
Art. 3. Der Umfang und die Schranken, welche der Bund seiner Wirksamkeit vorgezeichnet hat, sind in der Bundes-Acte bestimmt, die der Grundvertrag und das erste Grundgesetz dieses Vereins ist. Indem dieselbe die Zwecke des Bundes anspricht, bedingt und begrenzt sie zugleich dessen Befugnisse und Verpflichtungen.
Art. 5. Der Bund ist als ein unauflöslicher Verein gegründet, und es kann daher der Ausritt aus diesem Verein keinem Mitgliede desselben frey stehen.
Art. 26. Wenn in einem Bundesstaate durch Widersetzlichkeit der Unterthanen gegen die Obrigkeit die innere Ruhe unmittelbar gefährdet, und eine Verbreitung aufrührerischer Bewegungen zu fürchten, oder ein wirklicher Aufruhr zum Ausbruch gekommen ist, und die Regierung selbst, nach Erschöpfung der verfassungsmäßigen und gesetzlichen Mittel, den Beistand des Bundes anruft, so liegt der Bundes-Versammlung ob, die schleunigste Hülfe zur Wiederherstellung der Ordnung zu veranlassen. Sollte im letztgedachten Falle die Regierung notorisch außer Stande seyn, den Aufruhr durch eigene Kräfte zu unterdrücken, zugleich aber durch die Umstände gehindert werden, die Hülfe des Bundes zu begehren, so ist die Bundes-Versammlung nichts desto weniger verpflichtet, auch unaufgerufen zur Wiederherstellung der Ordnung und Sicherheit einzuschreiten. In jedem Falle aber dürfen die verfügten Maßregeln von keiner längern Dauer seyn, als die Regierung, welcher die bundesmäßige Hülfe geleistet wird, es nothwendig erachtet.
Art. 31. Die Bundes-Versammlung hat das Recht und die Verbindlichkeit, für die Vollziehung der Bundes-Acte und übrigen Grundgesetze des Bundes, der in Gemäßheit ihrer Competenz von ihr gefaßten Beschlüsse, der durch Austräge gefällten schiedsrichterlichen Erkenntnisse, der unter die Gewährleistung des Bundes gestellten compromissarischen Entscheidungen und der am Bundestage vermittelten Vergleiche, so wie für die Aufrechthaltung der von dem Bunde übernommenen besonderen Garantien, zu sorgen, auch zu diesem Ende, nach Erschöpfung aller andern bundesverfassungsmäßigen Mittel, die erforderlichen Executions-Maßregeln, mit genauer Beobachtung der in

einer besonderen Executions-Ordnung dieserhalb festgesetzten Bestimmungen und Normen, in Anwendung zu bringen.

Art. 35. Der Bund hat als Gesammt-Macht das Recht, Krieg, Frieden Bündnisse, und andere Verträge zu beschließen. Nach dem im 2. Artikel der Bundes-Acte ausgesprochenen Zwecke des Bundes übt derselbe aber diese Rechte nur zu seiner Selbstvertheidigung, zur Erhaltung der Selbstständigkeit und äußern Sicherheit Deutschlands, und der Unabhängigkeit und Unverletzbarkeit der einzelnen Bundes-Staaten aus.

Art. 57. Da der deutsche Bund, mit Ausnahme der freien Städte, aus souverainen Fürsten besteht, so muß dem hierdurch gegebenen Grundbegriffe zufolge die gesammte Staats-Gewalt in dem Oberhaupte des Staats vereinigt bleiben, und der Souverain kann durch eine landständische Verfassung nur in der Ausübung bestimmter Rechte an die Mitwirkung der Stände gebunden werden.

Art. 64. Wenn Vorschläge zu gemeinnützigen Anordnungen, deren Zweck nur durch die zusammenwirkende Theilnahme aller Bundesstaaten erreicht werden kann, von einzelnen Bundes-Gliedern an die Bundes-Versammlung gebracht werden, und diese sich von der Zweckmäßigkeit und Ausführbarkeit solcher Vorschläge im Allgemeinen überzeugt, so liegt ihr ob, die Mittel zur Vollführung derselben in sorgfältige Erwägung zu ziehen, und ihr anhaltendes Bestreben dahin zu richten, die zu dem Ende erforderliche freiwillige Vereinbarung unter den sämmtlichen Bundes-Gliedern zu bewirken.
(Vgl. *Huber,* Dok. I, Nr. 31.)

Der Geist, aus dem heraus der Deutsche Bund entstand, kommt in 254 der Präambel deutlich zum Ausdruck. Sein Zweck war in Art. 2 DBA sehr allgemein – und keineswegs widerspruchsfrei (vgl. *Kotulla,* Verf-Gesch, Rn. 1359 ff.) – mit der Gewährleistung der inneren und äußeren Sicherheit Deutschlands und der Unabhängigkeit und Unverletzlichkeit der einzelnen deutschen Staaten umschrieben. Seine **Zusammensetzung** ergab sich aus Art. 4 DBA; insgesamt waren es im Jahr 1815 41, am Ende nach verschiedenen Staatenzusammenschlüssen 34 Mitgliedstaaten. Bemerkenswert waren die Überschneidungen gem. Art. 1 DBA: Österreich und Preußen gehörten dem Bund nur mit ihren vor 1806 zum Reich zählenden Besitzungen an; im Falle Preußens waren daher namentlich Ost- und Westpreußen gewissermaßen Ausland. Andererseits gehörten die Könige von England, Dänemark und der Niederlande aufgrund von Personalunionen zum Deutschen Bund.

Die **Rechtsnatur** des Deutschen Bundes ergab sich aus Art. 1, 2, 3 255 und 5 WSA; ohne daß der Begriff selbst dort verwendet worden wäre, handelte es sich beim Deutschen Bund um den klassischen Fall eines Staatenbundes, in dem die Staatsgewalt im wesentlichen bei den Mitgliedstaaten verblieb. Der Bund hatte kaum Kompetenzen im Bereich von Verwaltung und Rechtsprechung; er besaß weder Minister und Behörden noch Gerichte. Immerhin kamen dem Bund, wie vor allem Art. 10 DBA zeigt, gewisse Gesetzgebungskompetenzen zu. Der Bund konnte also Rechtsnormen schaffen, die für die Betroffenen verbindlich waren. Zu ihrer Vollziehbarkeit bedurften sie allerdings der landesrechtlichen Publikation. In den Fällen, in denen die Stimmenmehrheit für einen Bundesbeschluß genügte, hatte dieser auch gegenüber einem überstimmten Mitgliedstaat Bindungswirkung. Bundesgesetze ergingen vor allem auf dem Gebiet der Organisation des Bundes (Austrägal-Ordnung von 1817; Exekutions-Ordnung von 1820; Kriegsverfassung von 1821/22; vgl. *Huber*, Dok. I, Nr. 37 ff.). Andere Gesetze, wie z. B. die Karlsbader Beschlüsse (vgl. unten Rn. 266 f.), verpflichteten darüber hinaus auch die Untertanen der Mitgliedstaaten.

256 Der Abschluß einer freiwilligen Vereinbarung unter allen Gliedstaaten gem. Art. 64 WSA bildete ein weiteres Mittel bundeseinheitlicher politischer Gestaltung. Insbesondere auf Gebieten, die außerhalb der Bundeskompetenz lagen, kam es auf diesem Weg zu einer **einzelstaatlichen Parallelgesetzgebung** auf der Grundlage einer vorausgegangenen völkerrechtlichen Vereinbarung. Hauptbeispiele dieser Art der Rechtsetzung waren die Allgemeine Deutsche Wechselordnung von 1848, die zusätzlich von der Nationalversammlung als Reichsgesetz verabschiedet wurde (vgl. *C. Schöler*, Deutsche Rechtseinheit. Partikulare und nationale Gesetzgebung (1780–1866), 2004, S. 277 f.), und das Allgemeine Deutsche Handelsgesetzbuch von 1861. Die beiden Gesetzeswerke kann man durchaus als „Vorläufer deutscher Rechtseinheit" bezeichnen (*Laufs*, Rechtsentwicklungen, S. 215).

257 Einziges **Bundesorgan** war gem. Art. 4 DBA die Bundesversammlung oder – wie sie in Anlehnung an den früheren Reichstag auch genannt wurde – der Bundestag als ständiger Gesandtenkongreß mit dem Sitz in Frankfurt. Neben dem in Art. 4 DBA geregelten Engeren Rat trat die Bundesversammlung auch in bestimmten Angelegenheiten grundsätzlicher Art als Plenum zusammen, in dem jeder Mitgliedstaat eigenständig stimmführungsbefugt war. Kennzeichnend für den staatenbündischen Charakter war auch, daß gem. Art. 7 Abs. 4 DBA in den wichtigsten Angelegenheiten, insbesondere dann, wenn die Rechte der Mitgliedstaaten berührt waren, Einstimmigkeit verlangt wurde.

258 Mit der **Bundesintervention** und der **Bundesexekution** hatte der Deutsche Bund auch gewisse exekutive Befugnisse. Die Bundesinter-

vention erlaubte gemäß Art. 26 WSA ein (auch militärisches) Eingreifen des Bundes zugunsten einer gliedstaatlichen Regierung mit dem Ziel, die bedrohte oder gestörte öffentliche Sicherheit und Ordnung zu erhalten oder wieder herzustellen. Beispiel für eine Bundesintervention ist etwa das militärische und verfassungspolitische Eingreifen des Bundes in den kurhessischen Verfassungskonflikt im Spätherbst 1850 (vgl. unten Rn. 364 ff.). Die Bundesexekution hatte ihre wichtigste Rechtsgrundlage in Art. 31 WSA. Danach konnte der Bund mit Zwangsmaßnahmen gegen einen Gliedstaat selbst vorgehen, der seine verfassungsmäßigen Bundespflichten verletzte. Auch von dieser Möglichkeit hat der Bund mehrfach Gebrauch gemacht, so etwa mit der Bundesexekution gegen Preußen 1866, die den sog. Deutschen Krieg einleitete (vgl. unten Rn. 394; weitere Beispiele bei *Huber,* VerfGesch I, S. 639).

Im **Außenverhältnis** zu anderen Staaten besaß der Deutsche Bund gem. Art. 35 WSA die volle Völkerrechtssubjektivität: Er konnte alle Arten völkerrechtlicher Verträge abschließen, Krieg führen und Frieden schließen, im völkerrechtlichen Verkehr handeln, Gesandtschaften austauschen usw. Gleichzeitig behielten aber auch die Gliedstaaten gem. Art. 11 Abs. 3 DBA ihre Völkerrechtssubjektivität; Abstriche hieran hätten vor allem Österreich und Preußen niemals hingenommen. Die danach zulässige Doppelgleisigkeit oder sogar Vielgleisigkeit der Außenpolitik von Bund einerseits und Gliedstaaten andererseits trug wesentlich zum Zerbrechen des Deutschen Bundes bei (vgl. unten Rn. 394). 259

Die zentrale Norm zur **Verfassungshomogenität** des Deutschen Bundes, nämlich Art. 13 DBA, wird bis heute als „das größte Rätsel der‚Akte'" angesehen (*Brandt,* VerfGesch, S. 56). Bei der Abfassung hatten die Großmächte, vor allem Österreich, nicht an eine demokratische Repräsentation, sondern an die Wiederherstellung des altständischen Verfassungswesens gedacht und auf diese Weise ein Hindernis gegen revolutionäre Neuerungen errichten wollen (vgl. *Fehrenbach,* oben Rn. 246, S. 133 f.). Demgegenüber befürchteten die süddeutschen Monarchen von landständischen Verfassungen eine Stärkung des gerade zu ihren Gunsten entmachteten Adels und betrachteten Art. 13 DBA auch als Eingriff in ihre Souveränität; ihrer Opposition ist die juristische Vagheit des Art. 13 DBA zuzuschreiben (vgl. *Grimm,* VerfGesch, S. 70 f.). Die in ihren Staaten erlassenen frühliberalen Verfassungen (vgl. unten Rn. 281 ff.) sahen eine staatliche Gesamtrepräsentation, nicht aber die Integrität des Staates gefährdende 260 ständische Teilrepräsentationen vor. Die Verfassunggebung des Frühkonstitutionalismus beruhte also auf einer „einmaligen, paradoxen Interessenparallelität zwischen absolutistischem Egalisierungswillen und teils altständischem, teils liberalem Repräsentationsverlangen" (*Willoweit*, VerfGesch, S. 221). In dieser süddeutschen Verfassungspolitik erkannte *Metternich* die Gefahr der Weiterentwicklung zu einem vollen konstitutionellen oder gar parlamentarischen System. In seinem Auftrag verfaßte sein Mitarbeiter, der Publizist und Staatsrechtler *Friedrich von Gentz* (vgl. *Stolleis*, Geschichte II, S. 145 f.), eine Schrift, die einer solchen Entwicklung mittels des Art. 13 DBA rechtliche Grenzen ziehen sollte und die 1819 den Teilnehmern der Karlsbader Konferenzen (vgl. unten Rn. 266 f.) übergeben wurde.

261 Friedrich von Gentz: „Landständische Verfassungen sind die, in welchen Mitglieder oder Abgeordnete durch sich selbst bestehender Körperschaften ein Recht der Teilnahme an der Staatsgesetzgebung überhaupt oder einzelnen Zweigen derselben die Mitberatung, Zustimmung, Gegenvorstellung oder in irgendeiner anderen verfassungsmäßig bestimmten Form ausüben. Das Wort landständische Verfassung hat, so lange es eine deutsche Sprache und Geschichte gibt, nie eine andere Bedeutung gehabt, und es konnte daher auch im 13. Artikel der Bundesakte keine andere gemeint sein. Repräsentativ-Verfassungen hingegen sind solche, wo die zur unmittelbaren Teilnahme an der Gesetzgebung und zur unmittelbaren Teilnahme an den wichtigsten Geschäften der Staatsverwaltung bestimmten Personen, nicht die Gerechtsame und das Interesse einzelner Stände, oder doch diese nicht ausschließend zu vertreten, sondern die Gesamtmasse des Volkes vorzustellen berufen sind. ... Landständische Verfassungen ruhen auf der natürlichen Grundlage einer wohlgeordneten bürgerlichen Gesellschaft, in welcher ständische Verhältnisse und ständische Rechte aus der eigentümlichen Stellung der Klassen und Korporationen, auf denen sie haften, hervorgegangen und im Laufe der Zeiten gesetzlich modifiziert ohne Verkürzung der wesentlichen landesherrlichen Rechte bestehen. Repräsentativ-Verfassungen sind stets in letzter Instanz auf dem verkehrten Begriff von einer obersten Souveränität des Volkes gegründet und führen auf diesen Begriff, wie sorgfältig er auch versteckt werden mag, notwendig zurück. Daher sind landständische Verfassungen ihrer Natur nach der Erhaltung aller wahren positiven Rechte und aller wahren im Staate möglichen Freiheiten günstig. Repräsentativ-Verfassungen hingegen haben die beständige Tendenz, das Phantom der sogenannten Volksfreiheit (d. h. der allgemeinen Willkür) an die Stelle der bürgerlichen Ordnung und Subordination und den Wahn allgemeiner Gleichheit der Rechte, oder, was um nichts besser ist, allgemeine Gleichheit vor dem Rechte, an die Stelle der unvertilgbaren, von Gott selbst gestifteten Standes- und Rechtsunterschiede zu setzen." (Über den Unterschied zwischen den landständischen und Repräsentativ-Verfassungen, in: *H. Brandt* [Hg.], Restauration und Frühliberalismus 1814–1840, 1979, S. 218 f.)

Vor dem Hintergrund dieser Auslegungsdebatte schrieb Art. 57 **262** WSA das **monarchische Prinzip** für die Gliedstaaten fest. Es sicherte dem Staatsoberhaupt die Substanz der Staatsgewalt; nur an der Ausübung der Staatsgewalt waren andere Organe beteiligt. „Die Landstände waren nach dem monarchischen Prinzip kein dem Landesherrn gleichgeordnetes primäres, sondern ein ihm nachgeordnetes sekundäres Staatsorgan" (*Huber*, VerfGesch I, S. 653). Sie konnten zwar Einfluß auf den Gesetzesinhalt nehmen, die eigentliche Gesetzgebung (Sanktion) blieb jedoch in der Hand des Monarchen. Immerhin konnte eine Verfassung regelmäßig auch nicht mehr ohne Beteiligung der Landstände beseitigt werden (vgl. unten Rn. 293 ff.). Insgesamt diente Art. 57 WSA als Bollwerk gegen demokratische, auf Volkssouveränität und Gewaltenteilung gerichtete Verfassungsbestrebungen. Innenpolitisch wurden überdies die Rechte des Adels weitgehend restauriert und die Judenemanzipation eingeschränkt (vgl. *Stolleis*, Geschichte II, S. 80).

IV. Die Zeit der politischen Repression

1. Feiern auf der Wartburg, Erwachen in Karlsbad

Die Forderungen nach nationaler Einheit und Freiheit (vgl. oben **263** Rn. 248) sind durch die Ergebnisse des Wiener Kongresses nicht befriedigt worden. Die Gesellschaft in Deutschland hat diese Ideen aber aufgenommen und weiter entwickelt. Die folgende Zeit ist geprägt von der **staatlichen Repression** des an Freiheit und Selbstorganisation interessierten Bürgertums durch die restaurative Politik der das „Legitimitätsprinzip" (vgl. oben Rn. 250) verfolgenden deutschen Fürsten. Diese ist treffend als „der Versuch einer ungeheuren politischen Verdrängung" (*Hattenhauer*, Grundlagen, Rn. 196) gekennzeichnet worden.

Zunächst waren es vor allem die deutschen Burschenschaften, die **264** ihre Unzufriedenheit mit der staatlichen Neuordnung Deutschlands nach den Befreiungskriegen deutlich zum Ausdruck brachten. Sie bildeten bis 1830 die Vorhut der nationalen Bewegung in Deutschland. Auf dem **Wartburgfest** im Oktober 1817 feierten sie gleichzeitig das 300-jährige Jubiläum der Reformation und die Wiederkehr des Tages der „Völkerschlacht" vor Leipzig. Lautstark verlangten sie die nationale Einheit und die Einführung der versprochenen Verfassungen. Am ersten Abend der Feier veranstalteten die radikaler gesinnten Festteilnehmer eine symbolische Bücherverbrennung, der einige vermeintlich besonders reaktionäre Werke zum Opfer fielen (vgl. *Huber,* VerfGesch I, S. 719 f.).

265 Zu den verbrannten Werken gehörte auch eine „Geschichte des Deutschen Reiches" des Schriftstellers und Verfassers von über 200 damals teilweise sehr erfolgreichen Theaterstücken *August von Kotzebue.* Anderthalb Jahre später, im März 1819, fiel der Autor selbst einem politischen Attentat der radikalen Gruppe innerhalb der deutschen Burschenschaft zum Opfer (sog. **Sandsches Attentat**). *Kotzebue* galt – zu Recht – als Zuträger der reaktionären russischen Regierung. Zu seiner Aufgabe gehörte es, über das geistige Leben in Deutschland, vor allem an den Universitäten, nach Rußland zu berichten. Der Attentäter, der Burschenschaftsstudent *Karl Sand,* bekannte sich bis zu seiner Hinrichtung unbeirrbar zu der „Überzeugungstat". Für die Stimmung im deutschen Bildungsbürgertum ist bezeichnend, daß etwa *Görres* dem Attentäter gegenüber seine „Mißbilligung der Handlung bei Billigung der Motive" aussprach (vgl. *Huber,* VerfGesch I, S. 731), ein Vorgang, der sich in ähnlicher Form bis in die jüngere deutsche Vergangenheit wiederholt hat, wenn man z. B. an die Stellungnahme einzelner Intellektueller zu den ersten RAF-Anschlägen zurückdenkt.

266 Die direkte revolutionäre Aktion hat, wie so oft, dem politischen Gegner nicht geschadet, sondern genützt. Noch im März 1819 sperrte die preußische Polizei den Turnplatz des berühmten „Turnvaters" *Jahn* auf der Hasenheide vor den Toren Berlins. Das Turnverbot bildete einen Teil der Demagogenverfolgung, die nun einsetzte. Ihre rechtliche Grundlage waren die **Karlsbader Beschlüsse** vom August 1819. Sie umfaßten die Entwürfe eines Universitätsgesetzes, eines Preßgesetzes, eines Untersuchungsgesetzes und einer vorläufigen Exekutionsordnung (vgl. *Huber,* Dok. I, Nr. 32 ff.), die vom Plenum der Bundesversammlung (vgl. oben Rn. 257) anschließend in Kraft gesetzt und von den Einzelstaaten in der Folge landesrechtlich publiziert und vollzogen wurden.

267 Die Karlsbader Beschlüsse enthielten **gravierende Beschränkungen** vor allem für die Presse und die Universitäten und damit für die entscheidenden Wirkungsstätten des geistigen Lebens überhaupt. An jeder Universität sollte ein „mit zweckmäßigen Instructionen und ausgedehnten Befugnissen" ausgestatteter landesherrlicher Bevollmächtigter, also ein Staatskommissar, angestellt werden (vgl. § 1

Abs. 1 Bundes-Universitätsgesetz). Weiter wurde eine Überwachung von Professoren und Studenten organisiert, die bei politischer Unzuverlässigkeit entlassen und relegiert werden sollten. Daran schloß sich in vielen Fällen eine strafrechtliche Verfolgung wegen Hochverrats mit drakonischen Strafen an (vgl. *Stolleis,* Geschichte II, S. 79). Für alle Druckwerke unter 320 Seiten Umfang (vgl. § 1 Bundes-Preßgesetz: 20 Druckbogen) wurde eine generelle Vorzensur angeordnet. Eine Zentraluntersuchungskommission wurde in Mainz gegründet, um „revolutionäre Umtriebe" polizeilich zu verfolgen. *Enzensberger* (in: *Büchner/Weidig,* unten Rn. 279, S. 39) hat die Einsetzung dieser gut funktionierenden Bundeszentralbehörde mit den bitteren Worten kommentiert: „Damit hatte Deutschland, wenn auch keine Verfassung, so doch ein Verfassungsschutzamt." Nachfolgend ein Beispiel für die konsequente landesrechtliche Umsetzung der Bundesgesetze in Preußen (zur „allumfassenden" Zensur in Österreich *W. Ogris,* in: FS Laufs, 2006, S. 243 ff.):

Preußische Zensur-Verordnung vom 18. Oktober 1819 – Auszug –: 268
Art. 1. Alle in Unserem Lande herauszugebende Bücher und Schriften, sollen der in den nachstehenden Artikeln verordneten Zensur zur Genehmigung vorgelegt, und ohne deren schriftliche Erlaubniß weder gedruckt noch verkauft werden.
Art. 2. Die Zensur wird keine ernsthafte und bescheidene Untersuchung der Wahrheit hindern, noch den Schriftstellern ungebührlichen Zwang auflegen, noch den freien Verkehr des Buchhandels hemmen. Ihr Zweck ist, demjenigen zu steuern, was den allgemeinen Grundsätzen der Religion, ohne Rücksicht auf die Meinungen und Lehren einzelner Religionspartheien und im Staate geduldeter Sekten, zuwider ist, zu unterdrücken, was die Moral und gute Sitten beleidigt, dem fanatischen Herüberziehen von Religionswahrheiten in die Politik und der dadurch entstehenden Verwirrung der Begriffe entgegen zu arbeiten; endlich zu verhüten, was die Würde und Sicherheit, sowohl des Preußischen Staats, als der übrigen deutschen Bundesstaaten, verletzt. Hierher gehören alle auf Erschütterung der monarchischen und in diesen Staaten bestehenden Verfassungen abzweckende Theorien; jede Verunglimpfung der mit dem Preußischen Staate in freundschaftlicher Verbindung stehenden Regierungen und der sie konstituirenden Personen, ferner alles was dahin zielt im Preußischen Staate, oder den deutschen Bundesstaaten Mißvergnügen zu erregen und gegen bestehende Verordnungen aufzureitzen; alle Versuche im Lande und außerhalb desselben Partheien oder ungesetzmäßige Verbindungen zu stiften, oder in irgend einem Lande bestehende Partheien, welche am Umsturz der Verfassung arbeiten, in einem günstigen Lichte darzustellen.
(Vgl. *Huber,* Dok. I, Nr. 35.)

2. Der deutsche Vormärz

269 Die Karlsbader Beschlüsse schufen nur äußerlich Ruhe und Ordnung. Viele Ereignisse der nächsten Jahre und Jahrzehnte zeigen, daß die nationalliberale ebenso wie die radikaldemokratische Opposition zwar unterdrückt, aber nicht ausgeschaltet wurden. Kräftigen Auftrieb erhielten alle Freiheitsbewegungen durch die französische Juli-Revolution von 1830, die auch in Deutschland eine neue Phase des politischen und gesellschaftlichen Aufbruchs einleitete. Die Zeit von 1830 bis zum März 1848, also bis zum Ausbruch der bürgerlichen Revolution (vgl. unten Rn. 309 ff.), wird als (deutscher) **Vormärz** bezeichnet. Die gelegentliche Rückdatierung dieser Epoche auf die Gründung des Deutschen Bundes im Jahr 1815 läßt die „Zäsur von 1830" (*Fehrenbach*, unten Rn. 279, S. 9) unberücksichtigt.

270 Die **Juli-Revolution in Frankreich** führte zum Sturz König *Karls X.* Der neue „Bürgerkönig", wie er genannt wurde, *Louis Philippe*, mußte einen Eid auf die Verfassung ablegen, bevor er den Thron Frankreichs besteigen durfte. Allerdings brachten die siegreiche Revolution und der Thronwechsel in Frankreich nicht die von vielen erhofften republikanischen Freiheiten. Die neue Verfassung beschränkte zwar die königliche Macht, aber sie räumte aufgrund des zensusabhängigen Wahlrechts nur den reichen Klassen ein Mitspracherecht im Staat ein; wahlberechtigt waren nicht einmal 5 % der erwachsenen männlichen Bevölkerung (vgl. *Mommsen*, unten Rn. 351, S. 43). Die Finanzbourgeoisie war die eigentliche Gewinnerin der französischen Juli-Revolution. Immerhin kam es nach der französischen Juli-Revolution auch in Deutschland zu beträchtlichen Unruhen, auf die der Deutsche Bund mit einem Beschluß „über Maßregeln zur Herstellung und Erhaltung der Ruhe in Deutschland" (*Huber*, Dok. I, Nr. 43) reagierte, und zu einer neuen Welle der Verfassunggebung (vgl. unten Rn. 283).

271 Die dadurch neubelebte und erstarkte Opposition dokumentierte ihren politischen Anspruch – ähnlich wie 1817 auf der Wartburg – wieder in einem Fest, dem **Hambacher Fest** vom Mai 1832. Die Zeitungen der radikalen Publizisten (und promovierten Juristen!) *Wirth* und *Siebenpfeiffer* waren im März 1832 verboten worden. In Flugblättern riefen diese zu einer „National-Versammlung" und einem „Konstitutions-Fest" auf dem Hambacher Schloß auf. Zwar waren die Organisatoren Radikale, die auf revolutionärem Weg die Monarchie abschaffen und durch eine Republik ersetzen wollten; doch ge-

lang es ihnen, neben fortschrittlichen Studenten und Akademikern auch sonstige Oppositionelle anzusprechen, insbesondere unzufriedene Pfälzer Bürger, Bauern und Winzer, die sich durch die bayerische Regierung und Verwaltung benachteiligt fühlten. So kam die größte freie politische Versammlung seit den Bauernkriegen zusammen; die Teilnehmerzahl lag zwischen 20 000 und 30 000. „Im hochgestimmten Miteinander einer Vielfalt von Menschen unterschiedlichster Berufe verkörperte sich die Sehnsucht einer Epoche, damit aber zugleich die Opposition zu den Obrigkeiten, die auf dem Wiener Kongreß und danach die in den Freiheitskriegen aufgekommenen nationalen und konstitutionellen Hoffnungen weithin enttäuscht hatten" (*Laufs,* Rechtsentwicklungen, S. 261). Als man nach vier festlichen Tagen auseinanderging, waren aber weder eine gemeinsame politische Plattform noch ein gemeinsames Aktionsprogramm ausgearbeitet worden.

Johann Georg August Wirth war seiner Zeit auch mit dem Gedanken eines durch die Volksherrschaft vereinten Europas weit voraus: „In dem Augenblicke, wo die deutsche Volkshoheit in ihr gutes Recht eingesetzt seyn wird, in dem Augenblicke ist der innigste Völkerbund geschlossen, denn das Volk liebt, wo die Könige hassen, das Volk vertheidigt, wo die Könige verfolgen, das Volk gönnt das, was es selbst mit seinem Herzblut zu erringen trachtet, und, was ihm das Theuerste ist, die Freiheit, Aufklärung, Nationalität und Volkshoheit, auch dem Brudervolke: das deutsche Volk gönnt daher diese hohen, unschätzbaren Güter auch seinen Brüdern in Polen, Ungarn, Italien und Spanien. Wenn also das deutsche Geld und das deutsche Blut nicht mehr den Befehlen der Herzoge von Oesterreich und der Kurfürsten von Brandenburg, sondern der Verfügung des Volkes unterworfen sind, so wird Polen, Ungarn und Italien frei, weil Rußland dann der Ohnmacht verfallen ist und sonst keine Macht mehr besteht, welche zu einem Kreuzzuge gegen die Freiheit der Völker verwendet werden könnte. Der Wiederherstellung des alten, mächtigen Polens, des reichen Ungarns und des blühenden Italiens folgt von selbst die Befreiung Spaniens und Portugals (…). Europa ist wiedergeboren und auf breiten natürlichen Grundlagen dauerhaft organisirt (…). Hoch! dreimal hoch das conföderirte republikanische Europa!" (unten Rn. 279, S. 42 f., 48.) 272

Beim Zug auf das Hambacher Schloß wurden zum ersten Mal öffentlich die **schwarz-rot-goldenen Farben** als Symbol der deutschen Einheits- und Freiheitsbewegung gezeigt. Die Männer trugen entsprechende Fahnen, Armbinden, Kokarden (an den Hüten und Mützen) und Rosetten (an den Rockaufschlägen), die Frauen entsprechende Schleifen. Die Farben Schwarz-Rot-Gold hatte sich die aus einem Zusammenschluß studentischer Landsmannschaften entstan- 273 dene Urburschenschaft 1815 in Jena gegeben. Dabei handelte es sich nicht, wie lange Zeit irrtümlich angenommen, um die „alten Reichsfarben", sondern um die Farben der Uniformen des 1813 gegründeten *Lützowschen* Freikorps. Diese Farben wurden dann auch die Farben der Revolution von 1848 (vgl. unten Rn. 312).

274 **Ferdinand Freiligrath** hat „Schwarz-Rot-Gold" im März 1848 im Londoner Exil besungen. Aus dem zwölfstrophigen Gedicht mögen die 1. und 9. Strophe als Kostprobe dienen:
In Kümmernis und Dunkelheit,
da mußten wir sie bergen!
Nun haben wir sie doch befreit,
befreit aus ihren Särgen!
Ha, wie das blitzt und rauscht und rollt!
Hurra, du Schwarz, du Rot, du Gold!
   Pulver ist Schwarz,
   Blut ist Rot,
   golden flackert die Flamme!
Die Freiheit ist die Nation,
ist aller gleich Gebieten!
Die Freiheit ist die Auktion
von dreißig Fürstenhüten!
Die Freiheit ist die Republik!
Und abermals: die Republik!
   Pulver ist Schwarz,
   Blut ist Rot,
   golden flackert die Flamme!
(Vgl. *E. Kittel* [Hg.], Ferdinand Freiligrath als deutscher Achtundvierziger und westfälischer Dichter, 1960, S. 119 ff.)

275 Der Deutsche Bund reagierte auf das Hambacher Fest mit **weiteren Unterdrückungsmaßnahmen** in diesem und den folgenden Jahren (vgl. *Kotulla*, VerfGesch, Rn. 1502 ff.). Zwei Bundesbeschlüsse über „Maßregeln zur Aufrechterhaltung der gesetzlichen Ruhe und Ordnung im Deutschen Bunde" vom 28. Juni und 5. Juli 1832 („Sechs Artikel" und „Zehn Artikel"; vgl. *Huber*, Dok. I, Nr. 44 ff.) ordneten u. a. folgendes an: Überwachung der „ständischen Verhandlungen in den Deutschen Bundesstaaten" und damit der freien Rede in den öffentlichen Sitzungen, Verschärfung der Zensur, Verbot aller politischen Vereinigungen, Beschränkung bisher nicht üblicher, sog. außerordentlicher Volksversammlungen und Volksfeste, Verbot von „öffentlichen Reden politischen Inhalts" und Bestrafung des öffentlichen Tragens nicht erlaubter Abzeichen einschließlich des „Errichtens von Freiheitsbäumen und dergleichen

Aufruhrzeichen". Die Hambacher Wortführer wurden gerichtlich verfolgt; einigen gelang die Flucht nach Frankreich und in die Schweiz. Angesichts dessen klagten auch gemäßigte Nationalliberale:

Paul Achatius Pfizer: „Ein Bund der Fürsten ward errichtet, das deutsche Volk aber mit einigen Verheißungen abgefunden, deren vollständige Erfüllung man bereits nicht mehr verlangen darf, ohne für einen Träumer oder Friedenstörer erklärt zu werden, und seit fünfzehn Jahren hat der Deutsche Bund nicht aufgehört, gegen die versprochene Preßfreiheit und Volksvertretung, so wie gegen die auf sie gegründeten Verfassungen selbst dann anzukämpfen, wenn, wie bei Erneuerung der Karlsbader Beschlüsse im Jahr 1824, jede äußere Veranlassung dazu gemangelt. Nach solchen Erfahrungen möchte etwas mehr als deutsche Gutmüthigkeit dazu gehören, den Deutschen Bund noch immer für den Freund und Beförderer konstitutioneller Freiheit zu halten, und wer ohne diese an kein Besserwerden glaubt, kann sein Vertrauen nicht in Diejenigen setzen, welche es für ‚unmöglich' halten, einem ‚aus den Fürstenrathe Deutschlands hervorgehenden Beschlusse mit dem Einwand einer Verletzung der Verfassung eines einzelnen Staates entgegenzutreten', und die längst erklärt haben, daß es ein Hauptzweck der neuern Gesetzgebung des Bundes sey, ‚den in einer noch lange zu beklagenden Epoche fast allgemeiner politischer Verwirrung mit so vieler Uebereilung gestifteten gemischten Verfassungen entgegenzuwirken'." (Ueber die Entwicklung des öffentlichen Rechts in Deutschland durch die Verfassung des Bundes, 1835, S. VIII f.; vgl. auch *Stolleis*, Geschichte II, S. 178 f.) 276

Andere beließen es nicht bei der Klage über fehlende Reformen. Sie predigten den Aufstand, die Revolution. Das Ziel, Republik und Demokratie, sollte mit Gewalt erreicht werden. Für diese **revolutionäre Strömung** der vormärzlichen Opposition in Deutschland steht beispielhaft folgende Flugschrift aus dem Jahr 1834, die von *Georg Büchner* entworfen und von dem Pfarrer *Ludwig Weidig* vor der Veröffentlichung überarbeitet worden ist: 277

Der **Hessische Landbote** beginnt mit den programmatischen Worten: „Friede den Hütten! Krieg den Palästen!" und geißelt scharf die politischen, sozialen und wirtschaftlichen Verhältnisse im Großherzogtum Hessen (Hessen-Darmstadt) wie in Deutschland überhaupt. „Der Staat", „die Verfassungen", „das Gesetz", „die Justiz" und die Fürstenherrschaft werden in ihren konkreten Auswirkungen auf die Lebensverhältnisse des kleines Mannes, insbesondere der Landbevölkerung, an die sich der „Hessische Landbote" richtet, einer unnachsichtigen, polemischen Kritik unterworfen. Das Gesetz ist „das Eigentum einer unbedeutenden Klasse von Vornehmen und Gelehrten, die sich durch ihr eignes Machwerk die Herrschaft zuspricht. ... Die Justiz ist in Deutschland seit Jahrhunderten die Hure der deutschen Fürsten". Nicht nur die Staats- und Lebensverhältnisse im Deutschen Bund, auch die neuen Verfassungen werden von den Autoren abgelehnt. Ihre Kritik richtet sich ins- 278 besondere gegen den Wahlmodus; sie fordern das allgemeine Wahlrecht (vgl. *Büchner/Weidig*, unten Rn. 279).

V. Literatur

279 *H. Angermeier*, Deutschland zwischen Reichstradition und Nationalstaat, ZRG/GA 1990, S. 19 ff.; *G. Büchner/L. Weidig*, Der Hessische Landbote, komm. von *H. M. Enzensberger*, 3. Aufl. 1987; *E. Fehrenbach*, Verfassungsstaat und Nationsbildung, 1815–1871, 2. Aufl. 2007; *H. Fenske* (Hg.), Vormärz und Revolution: 1840–1849, 3. Aufl. 2002; *W. Frotscher*, Ringen um den Verfassungsstaat. Verfassungsänderungen in der Zeit des Deutschen Bundes, in: *H. Neuhaus* (Hg.), Verfassungsänderungen, 2012, S. 89 ff.; *H.-W. Hahn*, Der Deutsche Bund, in: *H.-J. Becker* (Hg.), Zusammengesetzte Staatlichkeit in der Europäischen Verfassungsgeschichte, 2006, S. 41 ff.; *J. Kermann/G. Nestler/D. Schiffmann* (Hg.), Freiheit, Einheit und Europa. Das Hambacher Fest von 1832: Ursachen, Ziele, Wirkungen, 2007; *D. Langewiesche*, Europa zwischen Restauration und Revolution 1815–1849, 5. Aufl. 2007; *C. Menze*, Die Verfassungspläne Wilhelm von Humboldts, ZHF 1989, S. 329 ff.; *W. Mößle*, Die Verfassungsautonomie der Mitgliedstaaten des Deutschen Bundes nach der Wiener Schlußakte, Der Staat 1994, S. 373 ff.; *J. Müller*, Der Deutsche Bund 1815–1866, 2006; *H. Müller-Kinet*, Die höchste Gerichtsbarkeit im deutschen Staatenbund 1806–1866, 1975; *F. Shirvani*, Die Bundes- und Reichsexekution in der neueren deutschen Verfassungsgeschichte, Der Staat 2011, S. 102 ff.; *W. Siemann*, „Deutschlands Ruhe, Sicherheit und Ordnung." Die Anfänge der politischen Polizei 1806–1866, 1985; *ders.*, Metternich. Staatsmann zwischen Restauration und Moderne, 2010; *C. Sowada*, Die „Demagogenverfolgung" – Staatliche Unterdrückung politischer Gesinnung, JuS 1996, S. 384 ff.; *J. G. A. Wirth*, Das Nationalfest der Deutschen zu Hambach, 1832, Nachdruck 1981.

§ 9. Die Anfänge des Konstitutionalismus in Deutschland

I. Zeittafel

280 1814 Verfassung von Nassau
1816 Verfassungen weiterer mitteldeutscher Kleinstaaten
1818 Verfassungen von Baden und Bayern
1819 Verfassung von Württemberg
1820 Verfassung von Hessen-Darmstadt
1831 Verfassungen von Kurhessen und Sachsen

1833 Verfassung von Hannover
1837 Protest der Göttinger Sieben

II. Historische Einordnung

Die erste Phase moderner Verfassunggebung in Deutschland, die den Zeitraum von 1814 bis 1824 umgreift, wird mit dem Begriff „Frühkonstitutionalismus" bezeichnet. Sie entspricht in etwa – und das ist kein Zufall – der zeitlichen Begrenzung des deutschen **Frühliberalismus,** der als politische Ideologie und „Bewegung" unter dem Einfluß französischer und angelsächsischer Vorbilder nach 1815 entstand und bis in die 30er Jahre des 19. Jahrhunderts reichte (*K. G. Faber,* Der Staat 1975, S. 209). Der deutsche Frühliberalismus wollte nicht den offenen, revolutionären Bruch mit dem fürstlichen Obrigkeitsstaat und der überkommenen gesellschaftlichen Ordnung; er wollte reformieren, aber nicht den alten Ständestaat wiederherstellen (vgl. oben Rn. 110 ff.), und in dieses Programm paßte sich die Forderung nach liberaler Umgestaltung der staatlichen Ordnung durch Verfassungen nahtlos ein. Bei der Verfassunggebung spielte der Monarch eine entscheidende Rolle, sei es, daß er allein die Verfassung erließ, sei es – im Ausnahmefall –, daß sie mit ihm vereinbart wurde (vgl. unten Rn. 287). „Deutsches Verfassungsdenken im 19. Jahrhundert ist auf den Monarchen bezogen" (*Stolleis,* Geschichte II, S. 100). 281

Den Anfang in der Verfassunggebung des **deutschen Frühkonstitutionalismus** (zu dem zeitlich vorgelagerten sog. napoleonischen Konstitutionalismus vgl. oben Rn. 194) machte Nassau mit seiner Konstitution vom 1./2. September 1814. Es folgte im Jahre 1816 eine Reihe weiterer Kleinstaaten, nämlich Schwarzburg-Rudolstadt, Schaumburg-Lippe, Waldeck und Sachsen-Weimar. Zu diesen fünf ersten deutschen Verfassungen im modernen Sinn kamen 1818 vier weitere hinzu, zuerst der Kleinstaat Sachsen-Hildburghausen und danach die bedeutsameren Verfassungen der drei süddeutschen Mittelstaaten: Bayern am 26. Mai 1818, Baden am 22. August 1818 und Württemberg am 25. September 1819 (vgl. unten Rn. 284 ff.). In den Jahren 1819/20 vergrößerte sich der „konstitutionelle Klub" um Hannover, Braunschweig und Hessen-Darmstadt. Sachsen-Coburg (1821) und Sachsen-Meiningen (1824) beschließen die frühkonstitutionelle Phase. 282

134 Kap. 4. Deutscher Bund und Anfänge des Konstitutionalismus

283 Hiervon unterscheidet man den **mitteldeutschen Konstitutionalismus,** der sich im Anschluß an die französische Juli-Revolution von 1830 entwickelte. Er entsprang zwar dem gleichen Geist wie der Frühkonstitutionalismus, ging aber in der Beschränkung der monarchischen Gewalt weiter. Insbesondere wurde die Rechtsstellung der Landtage im Gesetzgebungsverfahren durch weit reichende Zustimmungserfordernisse (vgl. unten Rn. 358) und durch die Einräumung eines so genannten Initiativrechts, d. h. der Befugnis, selbst einen Gesetzentwurf vorzulegen, deutlich gestärkt. Außerdem waren alle Verfassungen nunmehr vereinbart, nicht oktroyiert (vgl. unten Rn. 287). Die von dem Marburger Staatsrechtslehrer *Sylvester Jordan* – neben *Karl von Rotteck* und *Karl Theodor Welcker,* den Führern der Opposition im badischen Landtag, einer der politisiertesten Liberalen im deutschen Vormärz – entscheidend geprägte kurhessische Verfassung vom 5. Januar 1831 ist dabei die fortschrittlichste Verfassung des deutschen Konstitutionalismus vor 1848 (vgl. *Frotscher,* unten Rn. 299). Auch die sächsische Verfassung vom 4. September 1831 und das hannoversche Staatsgrundgesetz vom 26. September 1833 (vgl. unten Rn. 293) sind dieser Phase der Verfassunggebung zuzurechnen. Zu diesem Zeitpunkt hatten fast alle deutschen Staaten eine Verfassung; allerdings standen die größten, Preußen und Österreich, weiterhin abseits. Beispielhaft wird im folgenden auf Württemberg und Hannover näher eingegangen.

III. Die Verfassung für das Königreich Württemberg vom 25. September 1819

1. Zur Entstehung

284 Wenn es nach dem württembergischen Herzog *Friedrich II.,* seit 1806 König *Friedrich I.* (1797–1816) gegangen wäre, hätte Württemberg – nach Nassau – an zweiter Stelle in der Reihenfolge moderner Verfassunggebung in Deutschland gestanden. Denn bereits am 15. März 1815 präsentierte der König dem gerade einberufenen gesamtwürttembergischen Landtag ein Verfassungsgesetz, sprach ein feierliches Gelöbnis auf diese Verfassung aus und proklamierte ihre sofortige Wirksamkeit. Die Gründe für diese überraschende konstitutionelle Begeisterung eines bis dahin streng absolutistisch regierenden Fürsten sind nicht etwa in seiner Person, sondern in den **Verhältnissen des Landes** zu suchen. Ebenso wie Baden und Bayern hatte

Württemberg sein Staatsgebiet in der napoleonischen Ära erheblich ausdehnen können, und es galt nun, das ungefähr auf den doppelten Umfang angewachsene Territorium auch rechtlich, verwaltungsmäßig und schließlich emotional zusammenzuschließen, „die württembergischen Lande" – wie *Hegel* (unten Rn. 299, S. 142) es ausgedrückt hat – „zu einem Staate zu errichten". Bürokratischer Zentralismus war dazu ein hilfreiches Instrument, das allein jedoch nicht ausreichte und nach den Befreiungskriegen auch wenig Zustimmung in der Bevölkerung fand. Also wollte *Friedrich* die Integrationswirkung einer Verfassung, und zwar einer Repräsentativverfassung, nutzen, um die staatliche Einheit des „neuen Württemberg" zu festigen.

Unterdessen hatte sich jedoch im ganzen Lande eine geschlossene **Opposition gegen die Verfassungspläne** des Monarchen gebildet. Der neu formierte Landtag stellte sich an die Spitze dieser Opposition und lehnte die vom König vorgelegte Verfassung ab. Auch diese Haltung bedarf der Erklärung. Hier wird, so könnte man meinen, mit verkehrten Fronten gekämpft: Der – jedenfalls bis dahin – absolute Monarch treibt die moderne Verfassunggebung voran. Die württembergischen Stände setzen diesem Vorhaben erbitterten Widerstand entgegen. *Habermas* (in: *Hegel,* unten Rn. 299, S. 349) hat dazu gemeint, es sei politisch verständlich gewesen, daß die Landstände dem zum Konstitutionalismus bekehrten absoluten Monarchen mißtraut und weitere demokratische Zugeständnisse und rechtsstaatliche Garantien gefordert hätten. So leicht sind die verkehrten Fronten jedoch nicht wieder zurechtzurücken. Die württembergischen Stände wollten nicht die französische Verfassung von 1793 oder auch nur von 1795 (vgl. oben Rn. 83 ff.) einführen, sie wollten vielmehr zu „ihrer" altständischen Verfassung zurückkehren, die *Friedrich* 1805 einseitig und ohne Rechtstitel aufgehoben hatte. Dieser Akt stellte zwar einen Staatsstreich von oben dar, der den verspäteten Übergang zum Absolutismus ermöglichte, aber die einfache Rückkehr zu der altständischen Verfassung hätte keinen Fortschritt bedeutet. Die alte Ständeverfassung hatte zwei Stände, nämlich die Geistlichkeit und die bürgerliche Oberschicht, in einem Maße begünstigt, daß *H. Treitschke* (Deutsche Geschichte im Neunzehnten Jahrhundert, 2. Teil, 1882, S. 295) von der „bürgerlich theologischen Oligarchie" Alt-Württembergs gesprochen hat. Um die Verteidigung dieser alten Rechte und Privilegien, nicht um die Gewinnung neuer demokratischer Freiheiten ging es den württembergischen Ständen in ihrer Auseinandersetzung mit dem König.

286 Hegel hat sich damals in einer anonymen Schrift über „Die Verhandlungen in der Versammlung der Landstände des Königreichs Württemberg im Jahre 1815 und 1816" in den politischen Tageskampf eingeschaltet, für den König Partei ergriffen und die Haltung der Stände mit scharfen Worten gegeißelt: „Man konnte von den württembergischen Landständen sagen, was von den französischen Remigranten gesagt worden ist, sie haben nichts vergessen und nichts gelernt; sie scheinen diese letzten fünfundzwanzig Jahre, die reichsten, welche die Weltgeschichte wohl gehabt hat, und die für uns lehrreichsten, weil ihnen unsere Welt und unsere Vorstellungen angehören, verschlafen zu haben" (unten Rn. 299, S. 185). *Hegel* stellte sich in dieser Schrift bedingungslos hinter das neue Recht. Er spielte das Ergebnis der Französischen Revolution „gegen diejenigen aus, deren Selbstverständnis hinter dem Begriff des modernen Staates altväterlich und ahnungslos zurückgeblieben" war (*Habermas,* in: *Hegel,* unten Rn. 299, S. 349). Nach seiner Auffassung hatte der König eine Verfassung vorgelegt, die auf der Höhe der Zeit stand, eine Verfassung, welche die „kostbare vollständige Erfahrung" (unten Rn. 299, S. 143) seit 1789 aufnahm und bewahrte.

287 *Friedrich* wich vor dem allgemeinen Widerstand zurück und erklärte sich im April 1815 zu Verhandlungen über das Verfassungsprojekt bereit. Es dauerte schließlich noch vier Jahre – *Friedrich* war inzwischen gestorben –, bis ein neu gewählter Landtag mit einer regierungsfreundlichen Mehrheit im Sommer 1819 einem geänderten Verfassungsentwurf zustimmte. Anders als in Baden und Bayern, die ein Jahr vorher neue Verfassungen erhalten hatten, handelte es sich bei der württembergischen Verfassung um einen **echten Verfassungsvertrag,** den ersten in der neueren deutschen Verfassungsgeschichte. Man unterscheidet danach zwischen oktroyierten und vereinbarten (paktierten) Verfassungen. Während die oktroyierte Verfassung einseitig vom Landesherrn aus höchster Machtvollkommenheit erlassen wird, beruhen vereinbarte Verfassungen auf einem Vertrag zwischen Fürst und Ständen (*Huber,* VerfGesch I, S. 318).

2. Wesentliche Bestimmungen

288 **Verfassung für das Königreich Württemberg vom 25. September 1819 –** Auszug –:

§ 1. Sämtliche Bestandtheile des Königreichs sind und bleiben zu einem unzertrennlichen Ganzen und zur Theilnahme an Einer und derselben Verfassung vereinigt.

§ 4. Der König ist das Haupt des Staates, vereinigt in sich alle Rechte der Staatsgewalt und übt sie unter den durch die Verfassung festgesetzten Bestimmungen aus.

Seine Person ist heilig und unverletzlich.

§ 21. Alle Württemberger haben gleiche staatsbürgerliche Rechte, und eben so sind sie zu gleichen staatsbürgerlichen Pflichten und gleicher Theilnahme an den Staats-Lasten verbunden, so weit nicht die Verfassung eine ausdrückliche Ausnahme enthält; auch haben sie gleichen verfassungsmäßigen Gehorsam zu leisten.

§ 24. Der Staat sichert jedem Bürger Freiheit der Person, Gewissens- und Denkfreiheit, Freiheit des Eigenthums und Auswanderungs-Freiheit.

§ 54. Der Geheime Rath bildet die oberste, unmittelbar unter dem Könige stehende und seiner Hauptbestimmung nach bloße berathende Staatsbehörde.

§ 55. Mitglieder des Geheimen Raths sind die Minister oder die Chefs der verschiedenen Departements und diejenigen Räthe, welche der König dazu ernennen wird.

§ 56. Die Verwaltungs-Departements, an deren Spitze die verschiedenen Minister stehen, sind folgende:
das Ministerium der Justiz;
das Ministerium der auswärtigen Angelegenheiten;
das Ministerium des Innern; das des Kirchen- und Schulwesens;
das Ministerium des Kriegswesens, und
das Ministerium der Finanzen.

§ 57. Der König ernennt und entläßt die Mitglieder des Geheimen Rathes nach eigener freier Entschließung. …

§ 88. Ohne Beistimmung der Stände kann kein Gesetz gegeben, aufgehoben, abgeändert oder authentisch erläutert werden.

§ 89. Der König hat aber das Recht, ohne die Mitwirkung der Stände die zu Vollstreckung und Handhabung der Gesetze erforderlichen Verordnungen und Anstalten zu treffen und in dringenden Fällen zur Sicherheit des Staates das Nöthige vorzukehren.

§ 92. Die Gerichtsbarkeit wird im Namen des Königs und unter dessen Oberaufsicht durch collegialisch gebildete Gerichte in gesetzlicher Instanzen-Ordnung verwaltet.

§ 93. Die Gerichte, sowohl die bürgerlichen, als die peinlichen, sind innerhalb der Grenzen ihres Berufes unabhängig.

§ 124. Die Stände sind berufen, die Rechte des Landes in dem durch die Verfassung bestimmten Verhältnisse zum Regenten geltend zu machen. Vermöge dieses Berufes haben sie bei Ausübung der Gesetzgebungs-Gewalt durch ihre Einwilligung mitzuwirken, in Beziehung auf Mängel oder Mißbräuche, die sich bei der Staats-Verwaltung ergeben, ihre Wünsche, Vorstellungen und Beschwerden dem Könige vorzutragen, auch wegen verfassungswidriger Handlungen Klage anzustellen, die nach gewissenhafter Prüfung für nothwendig erkannten Steuern zu verwilligen, und überhaupt das unzertrennliche Wohl des Königes und des Vaterlandes mit treuer Anhänglichkeit an die Grundsätze der Verfassung zu befördern.

§ 128. Die Stände theilen sich in zwei Kammern.

§ 129. Die erste Kammer (Kammer der Standesherrn) besteht:
1) aus den Prinzen des Königlichen Hauses;

138   Kap. 4. Deutscher Bund und Anfänge des Konstitutionalismus

2) aus den Häuptern der fürstlichen und gräflichen Familien, und den Vertretern der standesherrlichen Gemeinschaften, auf deren Besitzungen vormals eine Reichs- oder Kreistags-Stimme geruht hat;
3) aus den von dem Könige erblich oder auf Lebenszeit ernannten Mitgliedern.
§ 133. Die zweite Kammer (Kammer der Abgeordneten) ist zusammengesetzt:
1) aus 13 Mitgliedern des ritterschaftlichen Adels, welche von diesem aus seiner Mitte gewählt werden;
2) aus den sechs protestantischen General-Superintendenten;
3) aus dem Landesbischoff, einem von dem Domkapitel aus dessen Mitte gewählten Mitgliede, und dem der Amtszeit nach ältesten Dekan katholischer Confession;
4) aus dem Kanzler der Landes-Universität;
5) aus einem gewählten Abgeordneten von jeder der Städte Stuttgart, Tübingen, Ludwigsburg, Ellwangen, Ulm, Heilbronn und Reuttlingen;
6) aus einem gewählten Abgeordneten von jedem Oberamts-Bezirke.
§ 137. Die Abgeordneten von den Städten, die eigenes Landstandschaftsrecht haben, und von den Oberamts-Bezirken werden durch die besteuerten Bürger jeder einzelnen Gemeinde gewählt.
§ 155. Der Gewählte ist als Abgeordneter, nicht des einzelnen Wahlbezirkes, sondern des ganzen Landes anzusehen.
Es kann ihm daher auch keine Instruktion, an welche er bei seinen künftigen Abstimmungen in der Stände-Versammlung gebunden wäre, ertheilt werden.
§ 172. Gesetzes-Entwürfe können nur vom Könige an die Stände, nicht von den Ständen an den König gebracht werden. Den Ständen ist aber unbenommen, im Wege der Petition auf neue Gesetze sowohl, als auf Abänderung oder Aufhebung der bestehenden anzutragen.
Der König allein sanctionirt und verkündet die Gesetze unter Anführung der Vernehmung des (Geheimen Raths) und der erfolgten Zustimmung der Stände.
§ 195. Zum gerichtlichen Schutze der Verfassung wird ein Staats-Gerichtshof errichtet. Diese Behörde erkennt über Unternehmungen, welche auf den Umsturz der Verfassung gerichtet sind, und über Verletzung einzelner Punkte der Verfassung.
§ 199. Eine Anklage vor dem Staats-Gerichtshofe, wegen der oben (§ 195) erwähnten Handlung, kann geschehen von der Regierung gegen einzelne Mitglieder der Stände und des Ausschusses, und von den Ständen sowohl gegen Minister und Departements-Chefs als gegen einzelne Mitglieder und höhere Beamte der Stände-Versammlung.
(Vgl. *Huber,* Dok. I, Nr. 55.)

289   Diese Verfassung ist zunächst dadurch charakterisiert, daß sie die staatliche Einheit (vgl. § 1) unter dem **monarchischen Prinzip** (vgl. § 4) wahrte. Während die verfassunggebende Gewalt zwischen Kö-

nig und Ständen aufgeteilt war, sollte die Staatsgewalt des einmal konstituierten Staates ungeteilt in den Händen des Königs liegen. Dessen starke Stellung rührte des weiteren daher, daß ihm unmittelbar auch Heer und Verwaltung unterstanden. Das Kabinett („Geheimer Rat"), in dem die klassischen Ressorts vertreten waren (vgl. §§ 55 f.), war völlig abhängig vom Monarchen (vgl. § 57 Abs. 1) und hatte nur beratende Funktion (vgl. § 54).

Als parlamentarische Vertretung des ganzen Landes fungierte der **Landtag,** der auch mit dem Begriff „Ständeversammlung" belegt wurde. Er bestand aus zwei Kammern (vgl. §§ 128 ff., 133) und besaß folgende wichtige Aufgaben (vgl. § 124): Mitwirkung an der Gesetzgebung (vgl. auch §§ 88 f., 172), Kontrolle der Verwaltung, verstärkt durch die Ministeranklage vor dem Staatsgerichtshof (vgl. §§ 195, 199), und das Recht der Steuerbewilligung. Allerdings wurde nur ein Teil der Mitglieder der beiden Kammern gewählt, nämlich keiner der Standesherren in der ersten Kammer (vgl. § 129) und nur die Abgeordneten der Städte und Oberamtsbezirke in der zweiten Kammer (vgl. § 133 Nr. 5 und 6). Da es 64 Oberamtsbezirke gab (vgl. *R. von Mohl,* Das Staatsrecht des Königreiches Württemberg, 2. Aufl., 2. Band, 1840, S. 61 f.), waren die gewählten Abgeordneten in der zweiten Kammer allerdings deutlich in der Mehrheit. Für sie galt im Gegensatz zu früher das Prinzip der Gesamtrepräsentation und des freien Mandats (vgl. § 155). Das aktive Wahlrecht war gem. § 137 auf die „besteuerten Bürger" beschränkt (sog. Zensuswahlrecht) sowie durch die Einschaltung von Wahlmännern und Gewichtungen nach der direkten Steuerleistung so ausgestaltet, daß ca. 80 % des württembergischen Volkes unrepräsentiert blieben.

Auch die **Dritte Gewalt** befand sich in einem Zwischenstadium: Einerseits wurde sie im Namen des Königs und unter dessen Oberaufsicht ausgeübt (vgl. § 92); andererseits war sie schon in Grenzen unabhängig (vgl. § 93). Die eine Bestimmung bekräftigte das monarchische Prinzip und die Abwehr der Gewaltenteilung (vgl. oben Rn. 262); die andere Vorschrift kam den Forderungen der liberalen und konstitutionellen Bewegung entgegen. Gerichtsöffentlichkeit, Laienbeteiligung in Schwurgerichten und die Staatsanwaltschaft als Anklagebehörde stellten Errungenschaften der Französischen Revolution dar, die mit der französischen Herrschaft auch in Deutschland bekannt geworden waren. Sie erschienen dem Bürgertum als Garantien für die Herstellung von Gleichheit und Freiheit sowie die Überwindung ständischer und adeliger Privilegien. Der Kampf um diese gerichtsverfassungsrechtlichen Institute (vgl. z. B. *M. T. Fögen,* Der Kampf um Gerichtsöffentlichkeit, 1974) und gegen die andauernde Einflußnahme der Monarchen auf die Rechtspflege wurde für ganz Deutschland erst durch die Reichsjustizgesetze von 1877 (vgl. unten Rn. 453) entschieden.

292 **Grundrechte,** die aber anders als in der Nordamerikanischen und Französischen Revolution (vgl. oben Rn. 25, 41, 60) nicht als Menschenrechte, sondern nur als staatsbürgerliche Rechte verstanden wurden, sicherten die gesellschaftliche Sphäre gegenüber dem monarchischen Staat ab: An der Spitze stand der Gleichheitssatz (vgl. § 21), der aber durch die gleichzeitige „dreifache Privilegierung des Geburts-, Besitz- und Bekenntnisstandes" (*Huber,* VerfGesch I, S. 352), insbesondere bei der Zusammensetzung der Ständeversammlung und beim Wahlrecht, weit von der revolutionären „égalité" und dem modernen Verständnis staatsbürgerlicher Gleichheit entfernt war. Neben der Gleichheit waren einige grundlegende Freiheitsrechte gewährleistet (vgl. §§ 24 ff.). Ihre rechtliche Wirkung blieb – wie in den anderen frühkonstitutionellen Verfassungen auch (vgl. *Hilker,* unten Rn. 299, S. 167 ff.) – sehr beschränkt. Sie stellten keine vorstaatlichen Menschenrechte, sondern vom Landesherrn gewährte, um nicht zu sagen: geschenkte Staatsbürgerrechte dar. Sie waren jederzeit durch Gesetze einschränkbar und mangels effektiven Rechtsschutzes praktisch der Exekutive ausgeliefert. Dagegen besaßen sie eine hohe verfassungspolitische Bedeutung: „Die moralische Diskreditierung einer Regierung oder gar eines Monarchen, denen verfassungswidriges Verhalten vorgeworfen werden konnte, war erheblich; denn hier war die Heiligkeit des gegebenen Wortes und feierlicher Deklarationen berührt" (*Stolleis,* Geschichte II, S. 116). Das zeigte beispielhaft die folgende politische und verfassungsrechtliche Auseinandersetzung.

IV. Der hannoversche Verfassungskonflikt

293 Im Königreich Hannover war der **Weg zu einer modernen Verfassung** besonders lang und beschwerlich. Nach dem Ende der französischen Herrschaft 1814 fiel es, nachdem es in der napoleonischen Zeit zum Königreich Westfalen gehört hatte, an England zurück. Im Zug der Restauration wurde zunächst die altständisch-feudale, vornapoleonische Verfassungsordnung wiedererrichtet. Zwar wurde 1819 die Ständeversammlung nach dem englischen Muster eines Zweikam-

mersystems in der Weise reformiert, daß die erste Kammer aus Prälaten, Standesherren und Ritterschaft und die zweite Kammer aus Vertretern der Städte und der freien Bauern bestand. Über die Auswahl der Deputierten der Bauernschaft konnte man sich jedoch jahrelang nicht einigen, und in den Städten verhinderten autoritäre Stadtobrigkeiten eine angemessene politische Mitwirkung des mittelständischen Bürgertums. Die Spannungen führten schließlich im Jahr 1830 im Gefolge der Juli-Revolution in Frankreich zu offenem Aufruhr. Der wurde zwar unterdrückt, aber ein gemäßigt konservatives Kabinett betrieb nunmehr den Umbau des Landes im Sinne des Konstitutionalismus. Mit der Ausarbeitung eines Verfassungsentwurfs wurde der Göttinger Historiker *Friedrich Christoph Dahlmann* (vgl. *Stolleis,* Geschichte II, S. 180 ff.) beauftragt. Das nach langwierigen Verhandlungen verabschiedete Staatsgrundgesetz vom 26. September 1833 stellte einen Kompromiß aus liberalen und konservativen Vorstellungen dar, mit dem Hannover bis zum Staatsstreich von 1837 zum Kreis der konstitutionellen deutschen Staaten gehörte.

Diesen **Staatsstreich** unternahm König *Ernst August,* der im Jahr 1837 in Hannover an die Macht kam. Bereits als Thronfolger hatte er gegen das hannoversche Staatsgrundgesetz von 1833 protestiert, weil es die herrscherlichen Rechte preisgegeben habe, und sich für den Antritt seiner Regentschaft alle Rechte vorbehalten. Im Sinne seiner früheren Erklärungen vertagte König *Ernst August* einen Tag nach seinem Einzug in Hannover am 28. Juni 1837 den Landtag. Damit entzog er sich seiner verfassungsmäßigen Pflicht, dem Landtag gegenüber ein Verfassungsgelöbnis abzulegen. Der erste Schritt zur endgültigen Beseitigung des Staatsgrundgesetzes von 1833 war getan. Mit königlichem Patent vom 5. Juli 1837 stellte *Ernst August* dann fest, daß er sich weder formell noch materiell an die Verfassung gebunden fühle. Nachdem der Staatsrechtslehrer *Justus Christoph Leist* (vgl. *Stolleis,* Geschichte II, S. 54 f.) in einem Gutachten für den König die Ungültigkeit der Verfassung von 1833 behauptet hatte, weil sie der Zustimmung des Thronfolgers bedurft hätte, löste der König am 30. Oktober 1837 den Landtag auf und setzte zwei Tage später durch königliches Patent die Verfassung von 1819 wieder in Kraft (vgl. *von Thadden,* unten Rn. 299, S. 32 ff.).

Zunächst schien es, als ob die **Universität Göttingen,** die hochangesehene Georgia Augusta, in der die geistige Elite des Landes versammelt war, zu diesem Verfassungsbruch (zweifelnd *Schnapp,* Jura 2007, S. 823) schweigen wollte. Einem Antrag *Dahlmanns* an den Senat vom Juli 1837, eine Kommission zur Prüfung der Verfassungsfrage einzusetzen, war kein Erfolg beschieden. Man bereitete sich seit längerem auf die Feier des 100-jährigen Bestehens vor, die man sich nicht durch Auseinandersetzungen mit der Obrigkeit trüben lassen wollte. Doch eine Gruppe von sieben (von insgesamt 41) Hochschullehrern aus der die Naturwissenschaften einschließenden Philosophischen und der Juristischen Fakultät entschloß sich zu handeln. In einer „Protestation" an das Kuratorium der Universität stellten der Staatsrechtslehrer *Wilhelm Eduard Albrecht,* die Historiker *Friedrich Christoph Dahlmann* und *Georg Gottfried Gervinus,* die Germanisten *Jacob* und *Wilhelm Grimm,* der Orientalist *Heinrich Ewald* und der Physiker *Wilhelm Weber* am 18. November 1837 fest, daß das einseitig aufgehobene Staatsgrundgesetz von 1833 keineswegs rechtswidrig errichtet und deshalb gültig sei. Konsequenterweise fühle man sich weiterhin an das Staatsgrundgesetz von 1833 gebunden. Die Universität, der bei der nach Aufhebung des Staatsgrundgesetzes vorgesehenen Wahl zur Ständeversammlung der Charakter einer Wahlkörperschaft zukommen würde, könne diese Aufgabe rechtmäßig nicht wahrnehmen. Weder werde daher einer der Unterzeichner an der Wahl zur Ständeversammlung teilnehmen noch eine auf ihn fallende Wahl annehmen oder die gleichwohl zustandegekommene Ständeversammlung als legal anerkennen. Die zentrale Passage lautete:

296 Protestation der „Göttinger Sieben" vom 18. November 1837 – Auszug –:
„Wenn daher die unterthänigst Unterzeichneten sich nach ernster Erwägung der Wichtigkeit des Falles nicht anders überzeugen können, als daß das Staatsgrundgesetz seiner Errichtung und seinem Inhalte nach gültig sei, so können sie auch, ohne ihr Gewissen zu verletzen, es nicht stillschweigend geschehen lassen, daß dasselbe ohne weitere Untersuchung und Vertheidigung von Seiten der Berechtigten, allein auf dem Wege der Macht zu Grunde geht. Ihre unabweisliche Pflicht vielmehr bleibt, wie sie hiemit thun, offen zu erklären, daß sie sich durch ihren auf das Staatsgrundgesetz geleisteten Eid fortwährend verpflichtet halten müssen, und daher weder an der Wahl eines Deputirten zu einer auf andern Grundlagen als denen des Staatsgrundgesetzes berufenen allgemeinen Ständeversammlung Theil nehmen, noch die Wahl annehmen, noch endlich eine Ständeversammlung, die im Widerspruche mit den Bestimmungen des Staatsgrundgesetzes zusammentritt, als rechtmäßig bestehend anerkennen dürfen. Wenn die ehrerbietigst unterzeichneten Mitglieder der Landesuniversität hier als Einzelne auftreten, so geschieht dies nicht, weil sie an der Gleichmäßigkeit der Überzeugung ihrer Collegen zweifeln, sondern weil sie so früh als möglich sich vor den Conflicten sicher zu stellen wünschen, welche jede nächste Stunde bringen kann. Sie sind sich bewußt, bei treuer

Wahrung ihres amtlichen Berufs die studirende Jugend stets vor politischen Extremen gewarnt, und, so viel an ihnen lag, in der Anhänglichkeit an ihre Landesregierung befestigt zu haben. Allein das ganze Gelingen ihrer Wirksamkeit beruht nicht sicherer auf dem wissenschaftlichen Werthe ihrer Lehren, als auf ihrer persönlichen Unbescholtenheit. Sobald sie vor der studirenden Jugend als Männer erscheinen, die mit ihren Eiden ein leichtfertiges Spiel treiben, eben sobald ist der Segen ihrer Wirksamkeit dahin. Und was würde Sr. Majestät dem Könige der Eid unserer Treue und Huldigung bedeuten, wenn er von Solchen ausgienge, die eben erst ihre eidliche Versicherung freventlich verletzt haben?" (Vgl. *Huber,* Dok. I, Nr. 62.)

Die Protestation hatte wie zu erwarten **Konsequenzen:** Das Universitätskuratorium leitete die Erklärung zwar zunächst nicht an den Minister *von Schele* weiter und sicherte den Göttinger Sieben unter der Voraussetzung Vertraulichkeit zu, daß auch diese in Zukunft Zurückhaltung üben würden. Die Erklärung war aber durch tatkräftiges Mitwirken der Protestierenden bereits in Umlauf gekommen, und auch der König hatte von ihr Kenntnis erlangt. Bereits am 28. November 1837 wies er Minister *von Schele* an, schärfste Maßnahmen gegen die „revolutionären, hochverräterischen Tendenzen" zu ergreifen. Ein Verhör vor dem Universitätsgericht beschränkte sich auf die Frage, wie es zur Verbreitung der Erklärung gekommen sei. *Dahlmann, Jacob Grimm* und *Gervinus* gaben die Weitergabe von Abschriften, allerdings nicht an die Presse, zu. In einer Stellungnahme äußerte das Kuratorium Zweifel daran, daß das vom König gewünschte Strafverfahren auch wirklich zu einer Verurteilung führen würde. Ohne Durchführung der bundesgesetzlich vorgeschriebenen Anhörung verfügte *von Schele* daraufhin am 11. Dezember 1837 die Entlassung der sieben Wissenschaftler, für die König *Ernst August* nur die Bemerkung übrig gehabt haben soll, Professoren, Huren und Tänzerinnen könne man überall haben, wo man ihnen einige Taler mehr biete (vgl. *Hattenhauer,* Grundlagen, Rn. 242). *Dahlmann, Jacob Grimm* und *Gervinus* wurden zusätzlich des Landes verwiesen.

Erstmals haben hier Persönlichkeiten in hoher staatlicher Stellung, mit ausgezeichnetem wissenschaftlichen Ruf und von durchaus maßvoller politischer Gesinnung ihre wissenschaftliche und bürgerliche Existenz aufs Spiel gesetzt, um die verfaßte Ordnung gegen monarchische Willkür zu wahren. Damit haben sie zugleich der **liberalen Verfassungsbewegung** genützt.

V. Literatur

299 *G. Birtsch* (Hg.), Grund- und Freiheitsrechte von der ständischen zur spätbürgerlichen Gesellschaft, 1987; *E.-W. Böckenförde* (Hg.), Probleme des Konstitutionalismus im 19. Jahrhundert, 1975; *H. Brandt*, Parlamentarismus in Württemberg 1819–1870, 1987; *G. Dilcher*, Der Protest der Göttinger Sieben, 1988; *W. Frotscher*, Die kurhessische Verfassung von 1831 im konstitutionellen System des Deutschen Bundes, ZNR 2008, S. 45 ff.; *J. Gerner*, Vorgeschichte und Entstehung der württembergischen Verfassung im Spiegel der Quellen (1815–1819), 1989; *G. W. F. Hegel*, Politische Schriften, Nachwort von *J. Habermas*, 1966; *W. Heun*, Die Struktur des deutschen Konstitutionalismus des 19. Jahrhunderts im verfassungsgeschichtlichen Vergleich, Der Staat 2006, S. 365 ff.; *J. Hilker*, Grundrechte im deutschen Frühkonstitutionalismus, 2005; *F. Mögle-Hofacker*, Zur Entwicklung des Parlamentarismus in Württemberg, 1981; *K. Ruppert*, Bürgertum und staatliche Macht in Deutschland zwischen Französischer und deutscher Revolution, 1997; *M. Saage-Maaß*, Die Göttinger Sieben – demokratische Vorkämpfer oder nationale Helden?, 2007; *C. H. Schmidt*, Vorrang der Verfassung und konstitutionelle Monarchie, 2000; *C. Schulze*, Frühkonstitutionalismus in Deutschland, 2002; *M. Schwertmann*, Gesetzgebung und Repräsentation im frühkonstitutionellen Bayern, 2006; *R. von Thadden*, Die Göttinger Sieben, ihre Universität und der Verfassungskonflikt von 1837, 1987; *R. Wahl*, Rechtliche Wirkungen und Funktionen der Grundrechte im deutschen Konstitutionalismus, Der Staat 1979, S. 321 ff.; *T. Würtenberger*, Der Konstitutionalismus des Vormärz als Verfassungsbewegung, Der Staat 1998, S. 165 ff.

Kapitel 5. Die Revolution von 1848 und die Paulskirchenverfassung

§ 10. Die Entwicklung bis zur Wahl der Nationalversammlung

I. Zeittafel

1847 Offenburger Programm (12. 9.)
 Heppenheimer Protokoll (10. 10.)
1848 Februar-Revolution in Paris
 Heidelberger Versammlung (5. 3.)
 Sturz *Metternichs* (13. 3.)
 Umsturz in Preußen (18./19. 3.)
 Vorparlament in Frankfurt (31. 3.)
 Bundesbeschluß über Wahlgrundsätze (7. 4.)
 Ausrufung der Republik Baden (12. 4.)
 Wahl der Nationalversammlung (1. 5.)

II. Ansätze einer Parteienbildung

In den 40er Jahren wurde die Opposition, vor allem in den süddeutschen Staaten, immer stärker. Da sie nicht länger gezwungen war, ohne Rücksicht auf tiefgreifende Meinungsverschiedenheiten zusammenzustehen, bildeten sich bestimmte, festere **Gruppierungen innerhalb der Opposition** heraus, die auch als Parteien bezeichnet wurden. Die beiden Hauptrichtungen der Opposition, die gemäßigt Liberalen und die Radikaldemokraten (oder „Republikaner"), organisierten sich straffer und entwickelten politische Programme („Parteiprogramme" könnte man mit allen Vorbehalten sagen). Sie schufen sich z. T. auch die publizistischen Organe, um diese Programme einer breiteren Öffentlichkeit bekannt zu machen. Am deutlichsten wird die vormärzliche Parteienbildung in den Versammlungen der Demokraten in Offenburg und der Liberalen in Heppenheim. „Der Unterschied gegenüber den früheren Veranstaltungen der deutschen Opposition bestand darin, daß es sich nun nicht mehr um 'Feste' handelte, um Erinnerungs- oder Weihekundgebungen, die in dem Bekenntnis zu Ideen oder Überzeugungen ihren wesentlichen Inhalt hatten. Vielmehr ging es nun darum, auf dem Forum einer Zusammenkunft von Parteiführern konkrete politische Forderungen programmatisch festzulegen und zu verkünden und den Übergang zur Aktion vorzubereiten" (*Huber*, VerfGesch II, S. 449). Die erste dieser Versammlungen fand in Offenburg im September 1847 statt und vereinte die Führer der Demokraten, an ihrer Spitze *Friedrich Hecker* und *Gustav Struve*, beide übrigens Juristen. Die Versammlung beschloß das folgende Programm der deutschen Radikaldemokratie:

302 **Das Offenburger Programm vom 12. September 1847:**
Art. 1. Wir verlangen, daß sich unsere Staatsregierung lossage von den Karlsbader Beschlüssen vom Jahre 1819, von den Frankfurter Beschlüssen von 1831 und 1832 und von den Wiener Beschlüssen von 1834. Diese Beschlüsse verletzen gleichmäßig unsere unveräußerlichen Menschenrechte, wie die deutsche Bundesakte und unsere Landesverfassung.
Art. 2. Wir verlangen Preßfreiheit: das unveräußerliche Recht des menschlichen Geistes, seine Gedanken unverstümmelt mitzuteilen, darf uns nicht länger vorenthalten werden.
Art. 3. Wir verlangen Gewissens- und Lehrfreiheit. Die Beziehungen des Menschen zu seinem Gott gehören seinem innersten Wesen an, und keine äußere Gewalt darf sich anmaßen, sie nach ihrem Gutdünken zu bestimmen. Jedes Glaubensbekenntnis hat daher Anspruch auf gleiche Berechtigung im Staat. Keine Gewalt dränge sich mehr zwischen Lehrer und Lernende. Den Unterricht scheide keine Konfession.
Art. 4. Wir verlangen Beeidigung des Militärs auf die Verfassung. Der Bürger, welchem der Staat die Waffen in die Hand gibt, bekräftige gleich den übrigen Bürgern durch einen Eid seine Verfassungstreue.
Art. 5. Wir verlangen persönliche Freiheit. Die Polizei höre auf, den Bürger zu bevormunden und zu quälen. Das Vereinsrecht, ein frisches Gemeindeleben, das Recht des Volks, sich zu versammeln und zu reden, das Recht des Einzelnen, sich zu ernähren, sich zu bewegen und auf dem Boden des deutschen Vaterlandes frei zu verkehren, seien hinfür ungestört.
Art. 6. Wir verlangen Vertretung des Volks beim deutschen Bund. Dem Deutschen werde ein Vaterland und eine Stimme in dessen Angelegenheiten. Gerechtigkeit und Freiheit im Innern, eine feste Stellung dem Ausland gegenüber gebühren uns als Nation.
Art. 7. Wir verlangen eine völkstümliche Wehrverfassung. Der waffengeübte und bewaffnete Bürger kann allein den Staat schützen. Man gebe dem Volk Waffen und nehme von ihm die unerschwingliche Last, welche die stehenden Heere ihm auferlegen.

Art. 8. Wir verlangen eine gerechte Besteuerung. Jeder trage zu den Lasten des Staats nach Kräften bei. An die Stelle der bisherigen Besteuerung trete eine progressive Einkommenssteuer.

Art. 9. Wir verlangen, daß die Bildung durch Unterricht allen gleich zugänglich werde. Die Mittel dazu hat die Gesamtheit in gerechter Verteilung aufzubringen.

Art. 10. Wir verlangen Ausgleichung des Mißverhältnisses zwischen Arbeit und Kapital. Die Gesellschaft ist schuldig, die Arbeit zu heben und zu schützen.

Art. 11. Wir verlangen Gesetze, welche freier Bürger würdig sind und deren Anwendung durch Geschworenengerichte. Der Bürger werde von dem Bürger gerichtet. Die Gerechtigkeitspflege sei Sache des Volks.

Art. 12. Wir verlangen eine volkstümliche Staatsverwaltung. Das frische Leben eines Volks bedarf freier Organe. Nicht aus der Schreibstube lassen sich die Kräfte regeln und bestimmen. An die Stelle der Vielregierung der Beamten trete die Selbstregierung des Volks.

Art. 13. Wir verlangen Abschaffung aller Vorrechte. Jedem sei die Achtung freier Mitbürger einziger Vorzug und Lohn.

(Vgl. *Huber*, Dok. I, Nr. 71.)

Mit diesem Programm erstrebten die südwestdeutschen Demokraten, daß Deutschland den **Anschluß an die westliche Verfassungstradition** wiedergewinne. Die Berufung auf die „unveräußerlichen Menschenrechte" in Art. 1 verweist auf die Nordamerikanische und die Französische Revolution (vgl. oben Rn. 25, 62). In Art. 2, 3 und 5 werden nahezu alle Freiheitsrechte eingefordert, die heute im Grundrechtskatalog des Grundgesetzes verankert sind: die Meinungs- und Pressefreiheit, die Glaubens-, Gewissens- und Lehrfreiheit, persönliche Freiheit sowie die Vereins-, Versammlungs- und Redefreiheit und schließlich Freizügigkeit „auf dem Boden des deutschen Vaterlandes". Die Art. 8, 9, 10 und 13 betreffen die staatsbürgerliche Gleichheit und die damit unlösbar verknüpfte Gerechtigkeit. Art. 6 beinhaltet die zentralen Forderungen nach einem deutschen Parlament auf der Grundlage gleichen Wahlrechts und nach der Vollendung der nationalen Einheit. Verhältnismäßig breiten Raum beansprucht in Art. 4 und 7 auch die Frage der rechtlichen Einbindung des Militärs. Mehr Freiheit und Gleichheit versprach man sich schließlich von einer Volksjustiz (Art. 11) und der Abschaffung des Beamtentums (Art. 12).

Das Beispiel der Radikaldemokraten machte schnell Schule. Nur einen Monat später, im Oktober 1847, trafen sich die Führer der **Liberalen in Heppenheim,** um ihre politischen Ziele zu artikulieren. Das Ergebnis der Heppenheimer Beratungen war kein in einzelne

Punkte oder Artikel gegliedertes Programm, sondern ein zusammenhängender Text, ein Abschlusskommuniqué, das Heppenheimer Protokoll (vgl. *Huber*, Dok. I, Nr. 72), das folgende charakteristische Gemeinsamkeiten mit und Unterschiede zu dem Offenburger Programm aufwies:

305 Auch die gemäßigten Liberalen strebten die **nationale Einheit** an. Diese Forderung, die alle Gruppen der vormärzlichen Opposition vereinte, zeigt die Kraft des Nationalstaatsgedankens. In Heppenheim war man sich darüber „einig, daß von der Bundesversammlung, wie sie gegenwärtig besteht, nichts Ersprießliches zu erwarten sei". Stattdessen wollte man den seit 1834 bestehenden Deutschen Zollverein (vgl. *Kotulla*, Dok. I, S. 837 ff.), „das einzige Band gemeinsam deutscher Interessen", zu einem nationalen Bundesstaat erweitern. Dabei war an den Beitritt aller deutschen Länder gedacht, die bislang noch nicht Mitglied im Zollverein waren. Die Pläne der Liberalen erinnern in diesem Punkt an die Hoffnungen, die sich mit der Gründung der EWG im Jahr 1957 verbanden (vgl. oben Rn. 272). Auch in Heppenheim glaubte man, daß der wirtschaftliche Zusammenschluß eine Eigendynamik entfalten und so letztlich auch zur politischen Einheit führen könne. „Den Zoll- und Handelsverhältnissen würden sich andere verwandte Interessen anreihen, z. B. das Transportsystem von Land- und Wasserstraßen, gleiche Besteuerung, ..., Gewerbeverfassung, Marine, Konsulate, Handelsgesetz und dgl." Über die politische Verfassung des Bundes bestanden noch keine allzu konkreten Vorstellungen. „Unbestritten blieb, daß die Mitwirkung des Volkes durch gewählte Vertreter hierbei unerläßlich" sei. Staatlichkeit und monarchische Verfassung der Einzelstaaten sollten nicht angetastet werden.

306 Die **Freiheitsforderungen** nahmen in dem Protokoll von Heppenheim nicht den gleichen Raum ein wie in dem Offenburger Programm. Man war sich mit den Demokraten darin einig, daß vor allem die Pressefreiheit wiederhergestellt werden müsse. Andere Punkte wurden in vorsichtiger Formulierung angesprochen. Stark ausgeprägt waren die rechtsstaatlichen Postulate der Liberalen: die strikte Trennung von Verwaltung und Justiz, die Ablösung der Administrativjustiz und der Polizeistrafgewalt und das heute in Art. 28 Abs. 2 GG garantierte Selbstverwaltungsrecht der Gemeinden.

307 Schließlich sprach das Heppenheimer Protokoll auch die **soziale Frage** an. Die Unterschiede zwischen dem Offenburger Programm und dem Heppenheimer Protokoll lagen zunächst und besonders offenkundig in dem angeschlagenen Ton. Während die Liberalen vor-

sichtig und abwägend formulierten, einige Fragen auch bewußt offenließen oder der Berichterstattung durch eine Kommission überantworteten, stellten die Demokraten eindeutige, leicht verständliche Forderungen auf. Dennoch ist beachtenswert, daß die Liberalen die Lage der ärmeren Volksklassen nicht übergingen, obwohl diese sicher nicht zu ihrem „Mitgliederstamm" zu zählen waren.

III. Von der Heidelberger Versammlung zum Vorparlament

Die Zeichen zum Sturm setzte wieder einmal Frankreich. Im Februar 1848 brach die **Revolution in Paris** aus. Die Monarchie wurde abgeschafft. Frankreich war wieder eine Republik, deren neue Verfassung vom 4. November 1848 in vielen Bestimmungen an die demokratischen Verfassungen der Revolutionszeit erinnert (vgl. oben Rn. 76 ff.). Das allgemeine Wahlrecht wurde eingeführt und die Gewaltenteilung als wesentlicher Verfassungsgrundsatz verankert. Die gesetzgebende Gewalt lag wieder in der Hand einer einzigen Kammer. Die Exekutive war einem Präsidenten anvertraut, der vom Volk unmittelbar für 4 Jahre gewählt wurde. Der diesbezügliche Art. 43 zeigt deutlich den Geist, der den Verfassungsgeber von 1848 beseelte: „Le peuple français délègue le pouvoir exécutif à un citoyen qui reçoit le titre de Président de la République". 308

Die Revolution in Paris strahlte auf das übrige Europa aus. In Italien, Ungarn, Böhmen und Polen brachen während der ersten Jahreshälfte Unruhen oder Aufstände aus. In **Deutschland** forderten an vielen Orten Volksversammlungen die Umgestaltung des Deutschen Bundes und eine Volksvertretung. Am 5. März 1848 traten in Heidelberg 51 Oppositionspolitiker aus den verschiedenen deutschen Ländern zusammen (sog. Heidelberger Versammlung), um – gestützt auf ihr öffentliches Ansehen und zum großen Teil auf ein Mandat in einer Länderkammer – die Wahl eines deutschen Nationalparlaments vorzubereiten. Der von der Versammlung eingesetzte Ausschuß (sog. Siebener-Ausschuß) lud mit Schreiben vom 12. März alle früheren und gegenwärtigen Ständemitglieder sowie weitere „Männer des Vertrauens" zur weiteren Beratung und Wahlvorbereitung auf den 30. März nach Frankfurt ein. Am 31. März trat dieses aus 574 Personen bestehende sog. Vorparlament in der Frankfurter Paulskirche zusammen, wo es vier Tage lang beriet. 309

310 Inzwischen hatte die Revolution in den deutschen Territorien Erfolg. Die entscheidenden Ereignisse spielten sich dabei in **Österreich und Preußen** ab. Am 13. März kam es in Wien zur Errichtung von Barrikaden und zum Kampf zwischen dem Militär und Arbeitern und Studenten. Staatskanzler *Metternich*, die beherrschende Persönlichkeit in der Führung des Deutschen Bundes bis zu diesem Zeitpunkt, wurde gestürzt und floh nach England. Nur wenige Tage später griff die Revolution auf Berlin über. Am Nachmittag des 18. März brachen schwere Kämpfe zwischen Regierungstruppen und bürgerlichen Verbänden aus, die rund 300 Opfer forderten, die sog. Märzgefallenen. König *Friedrich Wilhelm IV.* erklärte in seinem Aufruf „An meine lieben Berliner!", daß er zu Verhandlungen mit den Aufständischen bereit sei, und berief noch am gleichen Tag ein neues liberales Ministerium. In weiteren Proklamationen vom 21. und 22. März sicherte er dem preußischen Volk das Eintreten für die nationalstaatliche Einigung Deutschlands („Preußen geht fortan in Deutschland auf"; vgl. *Huber*, Dok. I, Nr. 152) und die Einführung einer konstitutionellen Verfassung für Preußen zu. Auch in vielen anderen deutschen Staaten wurden im Lauf des März liberale Ministerien eingesetzt.

311 **Hermann von Gilm**, Dichterjurist aus Tirol und Hofkanzleipraktikant in Wien, berichtete als Akteur und Augenzeuge: „Seit drei Tagen trag ich die Muskete. Meine Hand ist schwer, mein Herz zittert, meine Augen sind feucht. Wien hat eine glorreichere Revolution gehabt als Paris. Wir sind frei. Frei!!! Mit Blut wurde die Freiheit erkauft. Alle die Szenen zu schildern, die um mich vorgingen, vermag ich nicht. Wer Wien am 13., 14. und 15. März nicht gesehen, hat nie gefühlt, wie ein Volk Geschichte macht. Am 13. überall Kampf und Tod und dann der unermeßliche Jubel, das Europa durchschütternde Siegesgeschrei. In Wien wurde die Freiheit der Völker entschieden. Die Zensur ist abgeschafft, alle Religionen sind frei. Kaiser Ferdinand ist konsitutioneller Kaiser. Alle Finsterlinge sind verschwunden. Metternich vertrieben und mit ihm das ganze gleißnerische Gezücht." (Familien- und Freundesbriefe. Hg. von *Moritz Necker*, Wien 1912, S. 350)

312 In **Frankfurt**, das nunmehr wieder zum Schauplatz der wichtigsten Ereignisse wurde, standen drei politische Gremien mit durchaus unterschiedlicher Legitimation nebeneinander. Seit Ende März arbeitete das Vorparlament. Daneben existierte aber nach wie vor der Bundestag, der außerdem einen verfassungsvorbereitenden Ausschuß aus „Männern des öffentlichen Vertrauens", und zwar je einem Abgesandten aus den 17 im Engeren Rat des Bundestages vertretenen Ein-

zelstaaten, eingesetzt hatte (sog. Siebzehner-Ausschuß). Der Bundestag hatte sich inzwischen von einem „Saulus der Reaktion" zu einem „Paulus der Revolution" gewandelt. Er beeilte sich, den revolutionären Forderungen Rechnung zu tragen und gleichsam „eine Brücke zwischen Revolution und Legitimität" (*Botzenhart*, VerfGesch, S. 42) zu schlagen: Am 3. März räumte er den Einzelstaaten das Recht zur Einführung der Pressefreiheit ein; am 9. März erkannte er die Farben Schwarz-Rot-Gold, die er jahrzehntelang als Zeichen des Umsturzes verfolgt hatte (vgl. oben Rn. 275), als Bundesfarben an; am 2. April beschloß er die Aufhebung aller seit 1819 erlassenen Bundes-Ausnahmegesetze; am 7. April übernahm er die Entschließung des Vorparlaments über die Wahlberechtigung (vgl. unten Rn. 314) als Bundesbeschluß (vgl. *Huber*, Dok. I, Nr. 75, 76, 78, 83). Dabei ist zu berücksichtigen, daß die Kursänderung im Bundestag Folge der Umbildung der einzelstaatlichen Regierungen war; die Bundestagsgesandten erhielten ihre Weisungen jetzt von bürgerlich-liberalen Kabinetten, den sog. Märzministerien.

Das Nebeneinander von Vorparlament, Bundestag und Siebzehner-Ausschuß ist verfassungsrechtlich deshalb von Bedeutung, weil das eigentlich revolutionäre und unitarische Organ – das Vorparlament – auf diese Weise nicht die alleinige Führung bei der Neuordnung Deutschlands übernehmen konnte. Der Versuch der **Radikaldemokraten**, die nur im Vorparlament stärker vertreten waren, dieses Organ zum vorläufigen Träger der deutschen Staatsgewalt zu erheben, Bundestag und Siebzehner-Ausschuß auszuschalten und eine Entscheidung für die republikanische Staatsform bereits vor den Wahlen zur Nationalversammlung zu erzwingen, scheiterte. Daraufhin zogen 40 Radikale unter der Führung *Heckers* aus dem Vorparlament aus (vgl. *Huber*, VerfGesch II, S. 599 ff.). Die demokratische Linke des Vorparlaments brach auseinander. Während die äußerste Linke *Hecker* folgte, blieb die gemäßigte Linke mit *Robert Blum* im Vorparlament und unterwarf sich dem Mehrheitsbeschluß. Am 12. April proklamierte *Hecker* dann die Republik in Baden, aber auch die direkte revolutionäre Aktion hatte keinen Erfolg. Seine Freiwilligenscharen unterlagen nach wenigen Tagen den regulären badischen und hessischen Truppen. Er selbst floh in die Schweiz und emigrierte später in die USA; so konnte es im legendären „Heckerlied" heißen: „Er hängt an keinem Baume, / Er hängt an keinem Strick, / Er hängt nur an dem Traume / Der freien Republik."

314 Das **Vorparlament** lehnte nicht nur den Antrag ab, die erbliche Monarchie abzuschaffen, sondern auch denjenigen, nach dem Vorbild des französischen Konvents von 1792 (vgl. oben Rn. 82 f.) permanent beisammenzubleiben. Die Gemäßigten waren also in der Mehrheit. Immerhin stellte das Vorparlament entschieden demokratische Wahlrechtsgrundsätze auf, die von der Bundesversammlung übernommen und von den meisten deutschen Staaten durch Gesetz für verbindlich erklärt wurden und nach denen die Wahl zur Nationalversammlung am 1. Mai 1848 überwiegend stattfand. Aktiv und passiv wahlberechtigt war „jeder volljährige, selbständige Staatsangehörige"; allerdings fielen darunter nicht die Frauen, und auch das Kriterium der Selbständigkeit ließ Raum für mehr oder weniger liberale Landesgesetze und wahlbehördliche Praxis; im ungünstigsten Falle waren aber höchstens 25 % der erwachsenen männlichen Bevölkerung von der Wahl ausgeschlossen (vgl. *Huber,* VerfGesch II, S. 607 f.; *Willoweit,* VerfGesch, S. 237). Desweiteren wählte das Vorparlament aus seiner Mitte einen Fünfziger-Ausschuß, der die Bundesversammlung beraten sollte. Dieses Vorgehen war zwar revolutionär, weil gegen die Verfassung des Deutschen Bundes (vgl. oben Rn. 257) verstoßend, aber gleichzeitig doch sehr gemäßigt, weil auf bloße Beratung beschränkt. Schließlich faßte das Vorparlament seine politischen Ziele in folgendem Beschluß zusammen:

315 **Beschluß des Vorparlaments über Grundrechte und Forderungen des deutschen Volkes:**
Die Versammlung empfiehlt, mit ihrer grundsätzlichen Zustimmung, dem constituierenden Parlamente zur Prüfung und geeigneten Berücksichtigung die nachstehenden Anträge, welche bestimmte Grundrechte als geringstes Maaß deutscher Volksfreiheit verlangen, und die im deutschen Volke lebenden Wünsche und Forderungen aussprechen:
Gleichstellung der politischen Rechte, ohne Unterschied des Glaubensbekenntnisses, und Unabhängigkeit der Kirche vom Staate.
Volle Preßfreiheit.
Freies Vereinigungsrecht.
Petitionsrecht.
Eine freie volksvertretende Landesverfassung mit entscheidender Stimme der Volksabgeordneten in der Gesetzgebung und Besteuerung und mit Verantwortlichkeit der Minister.
Gerechtes Maaß der Steuerpflicht nach der Steuerkraft.
Gleichheit der Wehrpflicht und des Wehrrechts.
Gleiche Berechtigung aller Bürger zu Gemeinde- und Staatsämtern.
Unbedingtes Auswanderungsrecht.
Allgemeines deutsches Staatsbürgerrecht.

Lehr- und Lernfreiheit.
Schutz der persönlichen Freiheit.
Schutz gegen Justizverweigerungen.
Unabhängigkeit der Justiz.
Oeffentlichkeit und Mündlichkeit der Rechtspflege und Schwurgerichte in Strafsachen.
Ferner:
ein volksthümliches Creditsystem mit Ackerbau- und Arbeiterkassen.
Schutz der Arbeit durch Einrichtungen und Maaßregeln, um Arbeitsunfähige vor Mangel zu bewahren, Erwerbslosen lohnende Beschäftigung zu verschaffen, die Verfassung des Gewerb- und Fabrikwesens den Bedürfnissen der Zeit anzupassen.
Schulunterricht für alle Classen, Gewerbe und Berufe aus Staatsmitteln.
Anerkennung endlich der Auswanderung als Nationalangelegenheit und Regelung derselben zum Schutze der Auswanderer.
(Vgl. *Huber,* Dok. I, Nr. 81.)

§ 11. Die Paulskirche und ihr Scheitern

I. Zeittafel

1848 Eröffnungssitzung der Nationalversammlung in Frankfurt (18. 5.) **316**
Reichsgesetz über die Einführung einer provisorischen Zentralgewalt für Deutschland (28. 6.)
Wahl des Erzherzogs *Johann* zum Reichsverweser (29. 6.)
Eröffnung der Grundrechtsdebatte im Plenum (3. 7.)
Übertragung der Befugnisse der Bundesversammlung auf den Reichsverweser (12. 7.)
Malmöer Waffenstillstand (29. 8.)
Ratifikation des Malmöer Waffenstillstandes durch die Nationalversammlung (16. 9.)
Ausrufung der „Deutschen Republik" durch *Struve* (21. 9.)
Eroberung Wiens durch *Windischgrätz* (31. 10.)
Kabinett *Brandenburg* in Preußen (8. 11.)
Kabinett *Schwarzenberg* in Österreich (21. 11.)
Oktroyierte Verfassung in Preußen (5. 12.)
Verkündung des Grundrechtsteils der Reichsverfassung als Gesetz (27. 12.)
1849 Annahme der Reichsverfassung (27. 3.)
Verkündung der Reichsverfassung; Wahl König *Friedrich Wilhelms IV.* von Preußen zum deutschen Kaiser (28. 3.)

Ablehnung der Kaiserkrone durch *Friedrich Wilhelm IV.* (3. 4.)
Reichswahlgesetz (12. 4.)
Verwerfung der Reichsverfassung durch Preußen (28. 4.)
Reichsverfassungskampagne (Mai)
Auflösung der Nationalversammlung (Rumpfparlament) in Stuttgart (18. 6.)
Reichsverweser gibt Befugnisse auf (August)
Wiederaufnahme der Tätigkeit des Bundestages in Frankfurt (1. 9.)

II. Die Zusammensetzung der Nationalversammlung

317 Als die Nationalversammlung zu ihrer **Eröffnungssitzung** am 18. Mai 1848 in der Frankfurter Paulskirche zusammenkam, wurde der feierliche Einzug der Volksvertreter mit Begeisterung begleitet. „Des Vaterlandes Größe, des Vaterlandes Glück. O, schafft sie, o, bringt sie dem Volk zurück!" stand hinter dem Präsidentenstuhl, den der mit großer Mehrheit gewählte Liberale *Heinrich von Gagern* einnahm. Dieser proklamierte zum Auftakt der Beratungen: „Deutschland will eins sein, ein Reich, regiert vom Willen des Volkes, unter der Mitwirkung aller seiner Gliederungen" und verband so den nationalen, demokratischen und konstitutionellen Gedanken (vgl. *H. Dippel,* JöR 2000, S. 1/17 f.).

318 Die Zusammensetzung der Nationalversammlung macht deutlich, warum von einem **„Honoratiorenparlament"** die Rede ist. Die kaum je erreichte volle Stärke betrug 649 bzw. 655 Abgeordnete (vgl. *Kühne,* unten Rn. 351, S. 571). Für die Statistiken werden regelmäßig Abgeordnete und gewählte Stellvertreter in der Gesamtzahl von rund 830 Volksvertretern zusammengenommen (vgl. *Huber,* VerfGesch II, S. 610 ff.). Drei Viertel von ihnen waren Akademiker, davon die Hälfte Juristen. Dieser „Juristendominanz" wird ein „insgesamt mäßigender, konservativer Einfluß" zugeschrieben (vgl. *Stolleis,* Geschichte II, S. 272). Mehr als die Hälfte aller Abgeordneten stand im Staatsdienst. Demgegenüber kamen aus wirtschaftlichen Berufen gerade einmal 12 %, und die Masse der Kleinbauern und Arbeiter war in der Nationalversammlung praktisch nicht repräsentiert. Trotz unübersehbarer Vorzeichen einer sozialen Krise – 1844 hatten die schlesischen Weber den Aufstand geprobt, 1848 gab es soziale Unruhen in ganz Europa, und im gleichen Jahr erschien das „Kommunistische Manifest" – war die Zusammensetzung der Nationalver-

sammlung Ausdruck der Vorherrschaft der bürgerlichen Gesellschaft und der noch weithin unbestrittenen sozialen Anerkennung ihrer Vertreter, der sog. Honoratioren; nur 15% der Abgeordneten waren übrigens adelig. Wenn es in einem Spottvers hieß: „Dreimal 100 Advokaten – Vaterland, du bist verraten; dreimal 100 Professoren – Vaterland, du bist verloren!", dann waren nicht nur die Zahlen übertrieben, auch die Volksstimmung war nicht getroffen.

Der in der Zeit des Vormärz in Gang gekommene Prozeß des Zusammenschlusses von politischen Gesinnungsgenossen zu Parteien wurde durch die Debatten in der Nationalsammlung entscheidend vorangetrieben. Es bildeten sich **Fraktionen,** die nach ihren Frankfurter Tagungslokalen benannt wurden. Im wesentlichen lassen sich drei politische Richtungen unterscheiden: (1) Die Linke war demokratisch-republikanisch ausgerichtet, und zwar mit dem extremen Flügel, der zu revolutionärer Aktion bereit war („Donnersberg", 7% der Abgeordneten), und dem gemäßigten Flügel, der das Ziel auf parlamentarischem Weg erreichen wollte („Deutscher Hof", 8%). (2) Die Rechte bildeten die Monarchisten, die durchweg zugleich partikularistisch und klerikal dachten („Café Milani", 6%). (3) Im Zentrum versammelten sich die Liberalen verschiedenster Schattierung. Grob kann man auch hier zwischen einem linken und einem rechten Zentrum unterscheiden: Das linke Zentrum war nur aus taktischen Gründen bzw. übergangsweise zur Hinnahme der konstitutionellen Monarchie bereit („Württemberger Hof", 6%; „Westend Hall", 7%). Das breite rechte Zentrum bekannte sich zur konstitutionellen Monarchie („Casino", 21%; „Landsberg", 6%; „Augsburger Hof", 7%). Immerhin blieb knapp ein Drittel der Abgeordneten, die sog. Wilden, fraktionslos. 319

Diese Fraktionen waren bloße **Vorläufer** von Fraktionen im heutigen Parlamentarismus: Fraktionswechsel, vor allem im Zentrum, kamen häufiger vor, und die Fraktionsdisziplin war noch schwach ausgeprägt, dagegen die Prinzipientreue der einzelnen Abgeordneten umso mehr (vgl. *Ribhegge,* unten Rn. 351, S. 36). Neben den politischen Überzeugungen spielten auch „Querverbindungen landschaftlicher, stammesmäßiger und partikularstaatlicher Art" (*Huber,* Verf-Gesch II, S. 612) bei der Fraktionsbildung eine Rolle. Im Verlauf der Auseinandersetzungen um die zukünftige Verfassung Deutschlands schufen die unterschiedlichen Auffassungen, insbesondere in der Nationalstaatsfrage (vgl. unten Rn. 333 f.), ganz neue Gruppierungen, die oft quer durch die drei Hauptparteien hindurchliefen. Die Zugehörig- 320 keit zur erbkaiserlich-kleindeutschen oder zur großdeutschen Fraktion wurde dann wichtiger als die ursprüngliche Verbundenheit mit dem liberalen oder dem demokratischen Parteiprogramm. Zu einer Anerkennung der Fraktionen in der Geschäftsordnung kam es nicht.

III. Die provisorische Zentralgewalt

321 Reichsgesetz über die Einführung einer provisorischen Zentralgewalt für Deutschland vom 28. Juni 1848:
1) Bis zur definitiven Begründung einer Regierungsgewalt für Deutschland soll eine provisorische Zentralgewalt für alle gemeinsamen Angelegenheiten der deutschen Nation bestellt werden.
2) Dieselbe hat
a) die vollziehende Gewalt zu üben in allen Angelegenheiten, welche die allgemeine Sicherheit und Wohlfahrt des deutschen Bundesstaates betreffen;
b) die Oberleitung der gesammten bewaffneten Macht zu übernehmen, und namentlich die Oberbefehlshaber derselben zu ernennen;
c) die völkerrechtliche und handelspolitische Vertretung Deutschlands auszuüben, und zu diesem Ende Gesandte und Konsuln zu ernennen.
3) Die Errichtung des Verfassungswerkes bleibt von der Wirksamkeit der Zentralgewalt ausgeschlossen.
4) Ueber Krieg und Frieden und über Verträge mit auswärtigen Mächten beschließt die Zentralgewalt im Einverständnisse mit der Nationalversammlung.
5) Die provisorische Zentralgewalt wird einem Reichsverweser übertragen, welcher von der Nationalversammlung gewählt wird.
6) Der Reichsverweser übt seine Gewalt durch von ihm ernannte, der Nationalversammlung verantwortliche Minister aus. Alle Anordnungen desselben bedürfen zu ihrer Gültigkeit der Gegenzeichnung wenigstens eines verantwortlichen Ministers.
7) Der Reichsverweser ist unverantwortlich.
8) Ueber die Verantwortlichkeit der Minister wird die Nationalversammlung ein besonderes Gesetz erlassen.
9) Die Minister haben das Recht, den Berathungen der Nationalversammlung beizuwohnen und von derselben gehört zu werden.
10) Die Minister haben die Verpflichtung, auf Verlangen der Nationalversammlung in derselben zu erscheinen und Auskunft zu ertheilen.
11) Die Minister haben das Stimmenrecht in der Nationalversammlung nur dann, wenn sie als deren Mitglieder gewählt sind.
12) Die Stellung des Reichsverwesers ist mit der eines Abgeordneten der Nationalversammlung unvereinbar.
13) Mit dem Eintritte der Wirksamkeit der provisorischen Zentralgewalt hört das Bestehen des Bundestages auf.

§ 11. Die Paulskirche und ihr Scheitern

14) Die Zentralgewalt hat sich in Beziehung auf die Vollziehungsmaaßregeln, soweit thunlich, mit den Bevollmächtigten der Landesregierungen in's Einvernehmen zu setzen.
15) Sobald das Verfassungswerk für Deutschland vollendet und in Ausführung gebracht ist, hört die Thätigkeit der provisorischen Zentralgewalt auf. (Vgl. *Huber,* Dok. I, Nr. 85.)

Dieses Gesetz weist folgende **charakteristische Merkmale** auf: 322
– Die Nationalversammlung versteht sich nicht nur als verfassunggebende Versammlung, sondern auch als oberste Reichsgewalt, die andere Gewalten einsetzt und zur Ausübung von Reichsgewalt ermächtigt.
– Die Mehrheit erkennt damit das Prinzip der Volkssouveränität an, da die Nationalversammlung ihre Legitimität aus der allgemeinen Volkswahl bezieht.
– Die Nationalversammlung geht mit der Abschaffung des Bundestages als höchstem Organ des Deutschen Bundes (Nr. 13; vgl. oben Rn. 257) und der Normierung als Bundesstaat (Nr. 2 a) vom Vorrang der Reichsgewalt über die Landesgewalt aus.
– Die Nationalversammlung sieht sich andererseits nicht – wie z. B. der Konvent in der Französischen Revolution (vgl. oben Rn. 83) – als Vollziehungsausschuß und Exekutive, sondern richtet eine solche eigens ein (Nr. 5 ff.).
– Das parlamentarische System der Abhängigkeit der Regierung vom Parlament wird bezüglich der Reichsminister, aber nicht hinsichtlich des als Staatsoberhaupt fungierenden Reichsverwesers eingeführt (Nr. 6 f.).

Auf der Grundlage dieses Gesetzes wählte die Nationalversammlung am 29. Juni 1848 den Erzherzog *Johann von Österreich* zum **Reichsverweser,** d. h. zum provisorischen Staatsoberhaupt. Der berief ein Kabinett – damals nannte man es Ministerium – unter der Leitung des *Fürsten Karl zu Leiningen* (vgl. *H. Nehlsen,* in: FS Kroeschell, 1997, S. 763 ff.). Die Bundesversammlung übertrug dem Reichsverweser am 12. Juli 1848 „namens der deutschen Regierungen die Ausübung dieser ihrer Befugnisse" und erklärte damit ihre bisherige Tätigkeit für beendet (*M. Heckel,* in: FS Oppermann, 2001, S. 15/28). Die revolutionäre Umgestaltung des Deutschen Bundes zu einem deutschen Bundesstaat hatte bis dahin Erfolg (vgl. *R. Heikaus,* Die ersten Monate der provisorischen Zentralgewalt für Deutschland [Juli bis Dezember 1848], 1997). 323

158   Kap. 5. Revolution von 1848 und Paulskirchenverfassung

IV. Der Herbst 1848: Krise und Rückschlag

324   Die Krise wurde ausgelöst durch den Waffenstillstand von Malmö vom 26. August 1848, mit dem die preußische Regierung den Bundeskrieg gegen Dänemark und die Erhebung der schleswig-holsteinischen Herzogtümer beenden wollte. Der Waffenstillstand führte zu einer doppelten Krise: einer **Regierungs- und Parlamentskrise** sowie einer außerparlamentarischen Vertrauenskrise. Der von Preußen vereinbarte Waffenstillstandsvertrag von Malmö bedurfte nach Nr. 4 des Reichsgesetzes über die Einführung einer provisorischen Zentralgewalt der Ratifikation durch die Reichszentralgewalt und die Nationalversammlung. Das Reichskabinett *Leiningen* lehnte den Vertrag zunächst ab, beugte sich dann jedoch der Macht der Tatsachen und trat für die Annahme des Vertrages ein. Die Nationalversammlung beschloß dagegen am 5. September 1848 mit den Stimmen der Linken und eines Teils der Mitte die Sistierung, d. h. den Aufschub aller zur Ausführung des Malmöer Vertrages ergriffenen militärischen und sonstigen Maßnahmen.

325   Daraufhin **trat das Reichskabinett *Leiningen* zurück.** Es folgte damit zum ersten Mal in der deutschen Geschichte den Regeln des parlamentarischen Regierungssystems. Weder konnte es sich der Auffassung des Parlaments anschließen noch glaubte es, gegen den Willen der parlamentarischen Mehrheit regieren zu dürfen. Die Mehrheit der Nationalversammlung, die den Sistierungsbeschluß gefaßt hatte, war sich nur in der Ablehnung des Malmöer Vertrages und der Regierungsempfehlung einig. Eine konstruktive Regierungskoalition vermochte sie nicht zu bilden. So gründete sich „der erste Regierungssturz, zu dem es in Deutschland unter dem parlamentarischen System kam, ... praktisch auf ein destruktives Mißtrauensvotum" (*Huber*, VerfGesch II, S. 678). Am 16. September 1848 lenkte die regierungsunfähige Nationalversammlung ein und beschloß – diesmal mit den Stimmen der Rechten und eines Teils der Mitte –, die Ratifikation des Malmöer Abkommens. Die Regierungs- und Parlamentskrise war damit abgewendet.

326   Diese Ereignisse führten außerdem zu einer schwerwiegenden **Vertrauenskrise.** Die zögernde, unentschlossene und schließlich nachgiebige Haltung des Parlaments wurde in weiten Kreisen der Bevölkerung als Verrat am schleswig-holsteinischen Befreiungskampf und

damit zugleich als ein „Verrat an der deutschen Sache" empfunden. Die nachträgliche Sanktion des preußischen Alleinganges erschien als ein Zurückweichen der „neuen" Gewalten in Frankfurt vor der „alten" fürstlichen Gewalt in Berlin. Karikaturisten sahen in der Entscheidung vom 16. September bereits die Beerdigung des „Siebenmonatskindes" der deutschen Einheit (vgl. Fragen an die deutsche Geschichte, 19. Aufl. 1996, S. 114). Andere Kritiker haben den 16. September als den „schwarzen Tag des Frankfurter Parlaments" bezeichnet (*Valentin,* unten Rn. 351, Bd. 2, S. 157). Eine so herbe Kritik hatte die Nationalversammlung jedoch nicht verdient. Die außen- und innenpolitische Situation ließ ihr kaum eine andere Handlungsmöglichkeit. Der Waffenstillstand von Malmö war auch auf massiven Druck von russischer und englischer Seite zustandegekommen. Die endgültige Ablehnung des Waffenstillstandes hätte das gerade erst in der Entstehung begriffene, innenpolitisch in keiner Weise gefestigte neue deutsche Staatsgebilde mit großer Wahrscheinlichkeit in einen europäischen Krieg gestürzt, der die Errungenschaften der Revolution in weit stärkerem Maße in Frage gestellt hätte.

Die radikaldemokratische Linke verschloß sich dieser Einsicht und suchte nach der parlamentarischen Niederlage in der Abstimmung vom 16. September die **Entscheidung außerhalb des Parlaments.** Noch am gleichen Tag, als die Nationalversammlung den Malmöer Vertrag billigte, kam es vor der Paulskirche zu Demonstrationen und Ausschreitungen. In einer Versammlung vom 17. September auf der Frankfurter Pfingstweide wurden die 257 Abgeordneten, die für die Ratifikation gestimmt hatten, als „Verräter am deutschen Volk" gebrandmarkt und eine bewaffnete Volksversammlung für den nächsten Tag beschlossen. Die provisorische Zentralgewalt rief daraufhin zum Schutz der Nationalversammlung preußisches und österreichisches Militär in die Stadt. Nach kurzen, aber heftigen Straßenkämpfen wurde der „Frankfurter September-Aufstand" niedergeworfen. Auch in einigen mittel- und südwestdeutschen Staaten, auf welche die Unruhen übergegriffen hatten, konnten sich die Radikalen nicht behaupten. Als *Struve* am 21. September 1848 vom Lörracher Rathaus die „Deutsche Republik" proklamierte und alle waffenfähigen Männer „zur Rettung des bedrohten Vaterlandes" zu den Waffen rief, wurden seine Anhänger nach wenigen Tagen von badischen Linientruppen vernichtend geschlagen. Die sog. Zweite Revolution in Deutschland war gescheitert.

160 Kap. 5. Revolution von 1848 und Paulskirchenverfassung

328 Die verfassungsgeschichtliche Bedeutung dieser Ereignisse liegt in der Tatsache, daß die Revolution, die in den Tagen des Vormärz bei allen unterschiedlichen Zielsetzungen doch eine Einheit gebildet hatte, jetzt **endgültig gespalten** war. Die Radikaldemokraten waren erneut in die Illegalität verbannt. Sie spielten in den nächsten 70 Jahren, also bis zur Revolution von 1918, keine entscheidende Rolle mehr in der deutschen Verfassungsgeschichte. Der demokratische Gedanke blieb wohl lebendig, aber er entbehrte für zwei Generationen jeder politischen Wirksamkeit. Die Volkssouveränität hatte den Kampf mit dem monarchischen Prinzip verloren. Denn die die Mehrheit in der Nationalversammlung bildenden und die meisten Länderregierungen tragenden Liberalen strebten nicht die Demokratie an. Ihr Programm war auf die Einführung des monarchischen Konstitutionalismus und auf die bundesstaatliche Einigung Deutschlands gerichtet (*K. G. Faber,* Der Staat 1975, S. 220). Der Liberalismus wurde zur Partei des Bildungs- und Besitzbürgertums. Die durch die Aufstände bewirkte Furcht vor einer radikalen Demokratisierung der Massen machte überdies viele Liberale in der Folgezeit zu Konzessionen an das konservative Lager bereit.

329 Damit sind zugleich Voraussetzungen für die nun beginnende **Gegenrevolution** genannt. Am 31. Oktober 1848 nahm der kaiserliche Feldmarschall *Fürst Windischgrätz* die von Aufständischen besetzte und verteidigte österreichische Hauptstadt ein. Mehrere 1000 Tote und schreckliche Verwüstungen waren die Bilanz des Sieges der monarchistischen Reaktion über die Stadt. *Blum,* Abgeordneter der Paulskirche, der auf der Seite der Aufständischen gekämpft hatte, wurde ohne Rücksicht auf seine parlamentarische Immunität standrechtlich erschossen. An die Spitze des neuen, gegenrevolutionären österreichischen Kabinetts trat am 21. November *Fürst Schwarzenberg,* ein Verfechter der großösterreichischen Restauration. Fast gleichzeitig hatte die Gegenrevolution in Preußen einen ersten Erfolg. König *Friedrich Wilhelm IV.* berief Anfang November gegen den Widerstand der preußischen Nationalversammlung das konservative Kabinett *Graf von Brandenburg.* Der König umschrieb die Aufgabe der neuen Regierung mit den eindeutigen Worten: „die Märzrevolution entschieden und siegreich zu stürzen" (*Huber,* VerfGesch II, S. 748). Dazu verhängte er am 11. November über Berlin den Belagerungszustand und ließ die politische Opposition gewaltsam unterdrücken. Aus dieser Zeit stammt auch die Parole eines hohen preußischen Offiziers: „Gegen Demokraten helfen nur Soldaten."

Am 5. Dezember 1848 löste der König die preußische Nationalver- 330
sammlung auf und **oktroyierte eine Verfassung.** Diese Verfassung
bekräftigte schon durch die Form ihres Erlasses das monarchische
Prinzip und wurde deshalb von der Paulskirchenversammlung heftig
abgelehnt (vgl. *M. Heckel,* in: FS Oppermann, 2001, S. 15/30 ff.). Sie
war jedoch inhaltlich relativ liberal und zeichnete sich beispielsweise
durch einen umfangreichen Katalog von (Grund-)Rechten der Preußen aus, der durch das gleichzeitig erlassene Wahlgesetz für die
zweite Kammer noch um das allgemeine und gleiche Wahlrecht ergänzt wurde. Die oktroyierte Verfassung vom 5. Dezember 1848
hatte den Zweck, die Liberalen für die Krone zurückzugewinnen.
Nach dem Sieg der Gegenrevolution hätte König *Friedrich Wilhelm
IV.* sie auch in ihrer revidierten Fassung (vgl. unten Rn. 368 ff.) am
liebsten wieder abgeschafft; bis 1858 (vgl. unten Rn. 387) „war die
Geschichte dieser Verfassung diejenige ihrer Mißachtung" (*Hattenhauer,* Grundlagen, Rn. 280).

V. Die Entstehung der Paulskirchenverfassung

Eine Hauptforderung des Liberalismus war die verfassungskräftige 331
Verbürgung von Grundrechten. Das Bürgertum strebte nach einer
staatsfreien gesellschaftlichen Sphäre, in der sich Geist und Materie,
Gedanken und Kapital, eben „Freiheit und Eigentum" entfalten
konnten. Zwar sollte der Staat auch insofern regulierend eingreifen
können, allerdings nur durch Gesetze, die von einem Parlament
mehrheitlich gebilligt wurden (sog. Vorbehalt des Gesetzes). Folgerichtig war die Forderung nach Grundrechten von der Forderung
nach einem parlamentarischen System begleitet; denn nur der entscheidende Einfluß auf die Gesetzgebung diente den Interessen des
Bürgertums.

Die Bedeutung, welche die Nationalversammlung gerade der Fest- 332
legung der Grundrechte beimaß, kommt auch darin zum Ausdruck,
daß sie diesen Teil der Verfassungsarbeit vorrangig in Angriff nahm.
Hierbei spielte auch eine Rolle, daß bei den Grundrechten eine größere Übereinstimmung erwartet wurde als bei anderen Grundfragen
der Verfassung (vgl. *Ribbhegge,* unten Rn. 351, S. 50). Unmittelbar
nach der Regelung der provisorischen Zentralgewalt wurde am
3. Juli 1848 die Grundrechtsdebatte im Plenum eröffnet, nachdem
schon im Mai und Juni Ausschußarbeit geleistet worden war. In den

intensiven Beratungen wurde der **Anschluß an den Grundrechtsstandard der westlichen Welt** erreicht. Das Reichsgesetz „betreffend die Grundrechte des deutschen Volkes" vom 27. Dezember 1848 stand in der Tradition des demokratischen Verfassungsgedankens und wirkte über die Rezeption in der Weimarer Reichsverfassung (vgl. unten Rn. 517) bis ins Grundgesetz hinein. Es wurde später als Abschnitt VI mit den §§ 130–189 in die Paulskirchenverfassung eingefügt.

333 Während bei den Grundrechten lediglich die frühkonstitutionellen Ansätze ausgebaut werden mußten, ging es bei der **Staatsorganisation** um eine völlige Neukonzeption. Zwar bestand Einigkeit darüber, daß ein Nationalstaat das Verfassungswerk krönen sollte; gestritten wurde aber über seine Gestalt: monarchisch oder republikanisch, föderalistisch oder unitarisch. Gravierende Probleme bereitete insbesondere das Verhältnis des Reiches zu den Ländern mit außerdeutschen Territorien, namentlich zu Österreich, das mit seinen fast 40 Millionen Einwohnern nur zu einem knappen Viertel aus Deutschen bestand. Die ungeteilte Zugehörigkeit dieses Vielvölkerstaates zum Deutschen Reich hätte letztlich eine Rückkehr zum staatenbündischen System bedeutet. Der völlige Verzicht auf Österreich, die sog. kleindeutsche Lösung, hätte hingegen den Nationalstaat unvollendet gelassen. Die Mehrheit der Nationalversammlung entschied sich daher am 27. Oktober 1848 dafür, lediglich die deutschen Gebietsteile Österreichs in das Reich zu integrieren, während die nichtdeutschen Territorien nur durch die Person des Kaisers mit dem deutschen Teil Österreichs verbunden sein sollten (sog. großdeutsche Lösung). Auf diese Weise sollte die bundesstaatliche Struktur der Verfassung erhalten bleiben, ohne auf Österreich ganz verzichten zu müssen. Damit stand Österreich allerdings vor der Alternative „Eintritt in das Reich unter Preisgabe der staatlichen Einheit oder Erhaltung seiner staatsrechtlichen Einheit unter Ausscheiden aus dem Reich" (*Huber*, Verf-Gesch II, S. 799). Nachdem die Gegenreaktion unter dem kaiserlichen Feldmarschall *Fürst Windischgrätz* vor Wien gesiegt hatte (vgl. oben Rn. 329) und die neue österreichische Führung unter *Fürst Schwarzenberg* nicht bereit war, sich der neuen Zentralgewalt nach bundesstaatlichen Grundsätzen unterzuordnen, gewann in Österreich die Idee eines Siebzigmillionenreiches unter Einschluß auch der nichtdeutschen Teile Österreichs die Oberhand.

334 Das führte zu einer **neuen Fraktionsbildung** in der Nationalversammlung: (1) Die vereinigte Linke stritt für den Einheitsstaat mit

Einkammersystem und einem auf Zeit gewählten Reichsstatthalter. (2) Die Erbkaiserlichen („Weidenbusch") traten für die kleindeutsche, Österreich ausschließende Lösung mit dem preußischen König als Erbkaiser ein. (3) Die großdeutsche Rechte („Pariser Hof") wollte Österreich einbinden und schlug ein kollektives Bundesdirektorium der beiden deutschen Großmächte und der vier Königreiche (Bayern, Hannover, Sachsen, Württemberg) vor. Keine der drei Fraktionen hatte die Mehrheit. Aber die Erbkaiserlichen stellten inzwischen mit *Gagern* den Ministerpräsidenten und besaßen eine gewisse Führungsrolle. Mit ihren Stimmen und solchen aus dem linken Lager wurde die Paulskirchenverfassung am 27. März 1849 angenommen und tags darauf verkündet. Die Zustimmung von Teilen der Linken wurde dadurch gewonnen, daß für die Wahl zum Volkshaus in dem gem. § 94 Abs. 2 erlassenen Reichswahlgesetz vom 12. April 1849 (vgl. *Huber*, Dok. I, Nr. 108 a) das allgemeine, gleiche, direkte und geheime Wahlrecht normiert wurde. Einschränkungen bestanden nur insoweit, als Unbescholtenheit verlangt wurde, die Wähler männlich und 25 Jahre alt sein mußten und keine Armenunterstützung aus öffentlichen Mitteln beziehen durften. Ein derart fortschrittliches Wahlrecht bestand zu diesem Zeitpunkt mit Ausnahme Frankreichs in keinem anderen europäischen Staat.

VI. Staatsorganisation und Grundrechte in der Paulskirchenverfassung

Die Paulskirchenverfassung „war die **erste vollentwickelte Konzeption** einer deutschen Gesamtstaatsverfassung national-bürgerlicher Prägung" (*Huber*, VerfGesch II, S. 821). Alle späteren Verfassungen – die Bismarcksche Reichsverfassung von 1871, die Weimarer Reichsverfassung von 1919 und sogar das Grundgesetz von 1949 – orientierten sich an dem Verfassungsmodell von 1849. Daher sollen die wichtigsten Grundsätze und Einzelvorschriften der Paulskirchenverfassung hier dargestellt werden, obwohl diese wegen des Scheiterns der Revolution (vgl. unten Rn. 345 ff.) keine praktische Wirksamkeit erlangte. 335

Verfassung des Deutschen Reiches vom 28. März 1849 – Auszug –: 336
§ 1. Das deutsche Reich besteht aus dem Gebiete des bisherigen deutschen Bundes.

Die Festsetzung der Verhältnisse des Herzogthums Schleswig bleibt vorbehalten.

§ 2. Hat ein deutsches Land mit einem nichtdeutschen Lande dasselbe Staatsoberhaupt, so soll das deutsche Land eine von dem nichtdeutschen Lande getrennte eigene Verfassung, Regierung und Verwaltung haben. In die Regierung und Verwaltung des deutschen Landes dürfen nur deutsche Staatsbürger berufen werden.

Die Reichsverfassung und Reichsgesetzgebung hat in einem solchen deutschen Lande dieselbe verbindliche Kraft, wie in den übrigen deutschen Ländern.

§ 5. Die einzelnen deutschen Staaten behalten ihre Selbstständigkeit, soweit dieselbe nicht durch die Reichsverfassung beschränkt ist; sie haben alle staatlichen Hoheiten und Rechte, soweit diese nicht der Reichsgewalt ausdrücklich übertragen sind.

§ 65. Alle Gesetze und Verordnungen der Reichsgewalt erhalten verbindliche Kraft durch ihre Verkündigung von Reichswegen.

§ 66. Reichsgesetze gehen den Gesetzen der Einzelstaaten vor, insofern ihnen nicht ausdrücklich eine nur subsidiäre Geltung beigelegt ist.

§ 68. Die Würde des Reichsoberhauptes wird einem der regierenden deutschen Fürsten übertragen.

§ 69. Diese Würde ist erblich im Hause des Fürsten, dem sie übertragen worden. Sie vererbt im Mannsstamme nach dem Rechte der Erstgeburt.

§ 70. Das Reichsoberhaupt führt den Titel: Kaiser der Deutschen.

§ 73. Die Person des Kaisers ist unverletzlich.

Der Kaiser übt die ihm übertragene Gewalt durch verantwortliche von ihm ernannte Minister aus.

§ 74. Alle Regierungshandlungen des Kaisers bedürfen zu ihrer Gültigkeit der Gegenzeichnung von wenigstens einem der Reichsminister, welcher dadurch die Verantwortung übernimmt.

§ 80. Der Kaiser hat das Recht des Gesetzvorschlages. Er übt die gesetzgebende Gewalt in Gemeinschaft mit dem Reichstage unter den verfassungsmäßigen Beschränkungen aus. Er verkündigt die Reichsgesetze und erläßt die zur Vollziehung derselben nöthigen Verordnungen.

§ 84. Ueberhaupt hat der Kaiser die Regierungsgewalt in allen Angelegenheiten des Reiches nach Maaßgabe der Reichsverfassung. Ihm als Träger dieser Gewalt stehen diejenigen Rechte und Befugnisse zu, welche in der Reichsverfassung der Reichsgewalt beigelegt und dem Reichstage nicht zugewiesen sind.

§ 85. Der Reichstag besteht aus zwei Häusern, dem Staatenhaus und dem Volkshaus.

§ 86. Das Staatenhaus wird gebildet aus den Vertretern der deutschen Staaten.

§ 88 Abs. 1. Die Mitglieder des Staatenhauses werden zur Hälfte durch die Regierung und zur Hälfte durch die Volksvertretung der betreffenden Staaten ernannt.

§ 93. Das Volkshaus besteht aus den Abgeordneten des deutschen Volkes.

§ 94. Die Mitglieder des Volkshauses werden für das erste Mal auf vier Jahre, demnächst immer auf drei Jahre gewählt.

Die Wahl geschieht nach den in dem Reichswahlgesetze enthaltenen Vorschriften.

§ 96. Die Mitglieder beider Häuser können durch Instruktionen nicht gebunden werden.

§ 99. Das Recht des Gesetzvorschlages, der Beschwerde, der Adresse und der Erhebung von Thatsachen, so wie der Anklage der Minister, steht jedem Hause zu.

§ 100. Ein Reichstagsbeschluß kann nur durch die Uebereinstimmung beider Häuser gültig zu Stande kommen.

§ 101. Ein Reichstagsbeschluß, welcher die Zustimmung der Reichsregierung nicht erlangt hat, darf in derselben Sitzungsperiode nicht wiederholt werden.

Ist von dem Reichstage in drei sich unmittelbar folgenden ordentlichen Sitzungsperioden derselbe Beschluß unverändert gefaßt worden, so wird derselbe, auch wenn die Zustimmung der Reichsregierung nicht erfolgt, mit dem Schlusse des dritten Reichstages zum Gesetz. Eine ordentliche Sitzungsperiode, welche nicht wenigstens vier Wochen dauert, wird in dieser Reihenfolge nicht mitgezählt.

§ 125. Die dem Reiche zustehende Gerichtsbarkeit wird durch ein Reichsgericht ausgeübt.

§ 126. Zur Zuständigkeit eines Reichsgerichts gehören:

a) Klagen des Einzelstaates gegen die Reichsgewalt wegen Verletzung der Reichsverfassung durch Erlassung von Reichsgesetzen und durch Maaßregeln der Reichsregierung, so wie Klagen der Reichsgewalt gegen einen Einzelstaat wegen Verletzung der Reichsverfassung.

b) Streitigkeiten zwischen dem Staatenhause und dem Volkshause unter sich und zwischen jedem von ihnen und der Reichsregierung, welche die Auslegung der Reichsverfassung betreffen, wenn die streitenden Theile sich vereinigen, die Entscheidung des Reichsgerichts einzuholen.

c) Politische und privatrechtliche Streitigkeiten aller Art zwischen den einzelnen deutschen Staaten.

d) Streitigkeiten über Thronfolge, Regierungsfähigkeit und Regentschaft in den Einzelstaaten.

e) Streitigkeiten zwischen der Regierung eines Einzelstaates und dessen Volksvertretung über die Gültigkeit oder Auslegung der Landesverfassung.

f) Klagen der Angehörigen eines Einzelstaates gegen die Regierung desselben, wegen Aufhebung oder verfassungswidriger Veränderung der Landesverfassung.

Klagen der Angehörigen eines Einzelstaates gegen die Regierung wegen Verletzung der Landesverfassung können bei dem Reichsgericht nur angebracht werden, wenn die in der Landesverfassung gegebenen Mittel der Abhülfe nicht zur Anwendung gebracht werden können.

g) Klagen deutscher Staatsbürger wegen Verletzung der durch die Reichsverfassung ihnen gewährten Rechte. Die näheren Bestimmungen über den

Umfang dieses Klagerechts und die Art und Weise dasselbe geltend zu machen, bleiben der Reichsgesetzgebung vorbehalten.

h) Beschwerden wegen verweigerter oder gehemmter Rechtspflege, wenn die landesgesetzlichen Mittel der Abhülfe erschöpft sind.

i) Strafgerichtsbarkeit über die Anklagen gegen die Reichsminister, insofern sie deren ministerielle Verantwortlichkeit betreffen.

k) Strafgerichtsbarkeit über die Anklagen gegen die Minister der Einzelstaaten, insofern sie deren ministerielle Verantwortlichkeit betreffen.

l) Strafgerichtsbarkeit in den Fällen des Hoch- und Landesverraths gegen das Reich.

Ob noch andere Verbrechen gegen das Reich der Strafgerichtsbarkeit des Reichsgerichts zu überweisen sind, wird späteren Reichsgesetzen vorbehalten.

m) Klagen gegen den Reichsfiscus.

n) Klagen gegen deutsche Staaten, wenn die Verpflichtung, dem Anspruche Genüge zu leisten, zwischen mehreren Staaten zweifelhaft oder bestritten ist, so wie wenn die gemeinschaftliche Verpflichtung gegen mehrere Staaten in einer Klage geltend gemacht wird.

§ 130. Dem deutschen Volke sollen die nachstehenden Grundrechte gewährleistet seyn. Sie sollen den Verfassungen der deutschen Einzelstaaten zur Norm dienen, und keine Verfassung oder Gesetzgebung eines deutschen Einzelstaates soll dieselben je aufheben oder beschränken können.

§ 137. Vor dem Gesetze gilt kein Unterschied der Stände. Der Adel als Stand ist aufgehoben.

Alle Standesvorrechte sind abgeschafft.

Die Deutschen sind vor dem Gesetze gleich.

Alle Titel, insoweit sie nicht mit einem Amte verbunden sind, sind aufgehoben und dürfen nie wieder eingeführt werden.

Kein Staatsangehöriger darf von einem auswärtigen Staate einen Orden annehmen.

Die öffentlichen Aemter sind für alle Befähigten gleich zugänglich.

Die Wehrpflicht ist für Alle gleich; Stellvertretung bei derselben findet nicht statt.

§ 138. Die Freiheit der Person ist unverletzlich.

Die Verhaftung einer Person soll, außer im Falle der Ergreifung auf frischer That, nur geschehen in Kraft eines richterlichen, mit Gründen versehenen Befehls. Dieser Befehl muß im Augenblicke der Verhaftung oder innerhalb der nächsten vier und zwanzig Stunden dem Verhafteten zugestellt werden.

Die Polizeibehörde muß Jeden, den sie in Verwahrung genommen hat, im Laufe des folgenden Tages entweder freilassen oder der richterlichen Behörde übergeben....

§ 143. Jeder Deutsche hat das Recht, durch Wort, Schrift, Druck und bildliche Darstellung seine Meinung frei zu äußern.

Die Preßfreiheit darf unter keinen Umständen und in keiner Weise durch vorbeugende Maaßregeln, namentlich Censur, Concessionen, Sicherheitsbestellungen, Staatsauflagen, Beschränkungen der Druckereien oder des Buch-

§ 11. Die Paulskirche und ihr Scheitern 167

handels, Postverbote oder andere Hemmungen des freien Verkehrs beschränkt, suspendirt oder aufgehoben werden.
Ueber Preßvergehen, welche von Amts wegen verfolgt werden, wird durch Schwurgerichte geurtheilt.
Ein Preßgesetz wird vom Reiche erlassen werden.
§ 174. Alle Gerichtsbarkeit geht vom Staate aus. Es sollen keine Patrimonialgerichte bestehen.
§ 182. Die Verwaltungsrechtspflege hört auf; über alle Rechtsverletzungen entscheiden die Gerichte.
Der Polizei steht keine Strafgerichtsbarkeit zu.
§ 184. Jede Gemeinde hat als Grundrechte ihrer Verfassung:
a) die Wahl ihrer Vorsteher und Vertreter;
b) die selbstständige Verwaltung ihrer Gemeindeangelegenheiten mit Einschluß der Ortspolizei, unter gesetzlich geordneter Oberaufsicht des Staates;
c) die Veröffentlichung ihres Gemeindehaushaltes;
d) Oeffentlichkeit der Verhandlungen als Regel.
§ 186. Jeder deutsche Staat soll eine Verfassung mit Volksvertretung haben. Die Minister sind der Volksvertretung verantwortlich.
§ 187. Die Volksvertretung hat eine entscheidende Stimme bei der Gesetzgebung, bei der Besteuerung, bei der Ordnung des Staatshaushaltes; auch hat sie – wo zwei Kammern vorhanden sind, jede Kammer für sich – das Recht des Gesetzvorschlags, der Beschwerde, der Adresse, so wie der Anklage der Minister.
Die Sitzungen der Landtage sind in der Regel öffentlich.
§ 194. Keine Bestimmung in der Verfassung oder in den Gesetzen eines Einzelstaates darf mit der Reichsverfassung in Widerspruch stehen.
(RGBl. vom 28. April 1849; vgl. *Limbach* u. a., Verfassungen, S. 87 ff.)

1. Das Reich als Bundesstaat

Das Verhältnis von Reich und Ländern war nach **bundesstaat-** 337
lichem Muster geordnet. Das Deutsche Reich war mehr als eine
bloße völkerrechtliche Vereinigung, als ein Staatenbund. Es hatte
selbst Staatsqualität, ohne daß die Staatsqualität der deutschen Länder
aufgehoben wurde. An versteckter Stelle, bei der Übergangsregelung
für die Zahl der Mitglieder des Staatenhauses in § 87 Abs. 2, fällt auch
der Ausdruck selbst: „So lange die deutsch-österreichischen Lande an
dem Bundesstaate nicht Theil nehmen …". Die Probleme, die sich aus
der Verbindung deutscher und nichtdeutscher Territorien unter einer
Herrschaft namentlich in Österreich ergaben, wurden durch § 2 zwar
im nationalstaatlichen Sinn entschieden; gleichzeitig wurde aber
durch § 1 und die genannte Übergangsvorschrift des § 87 Abs. 2 die
großdeutsche Lösung offengehalten, die allerdings wegen der damit

verbundenen Teilung des österreichischen Territoriums keine Realisierungschance besaß (vgl. oben Rn. 333).

338 Alle Merkmale eines Bundesstaates (vgl. oben Rn. 34) finden wir in folgenden Einzelvorschriften ausgeprägt: Die gesamte **Staatsgewalt** war zwischen Reich und Ländern **aufgeteilt**. Dabei folgte die Paulskirchenverfassung dem aus der Verfassung der Vereinigten Staaten bekannten und auch von Art. 30 GG festgelegten Enumerationsprinzip (vgl. § 5). Dem Reich waren schon diejenigen Gesetzgebungszuständigkeiten übertragen, die auch unter dem Grundgesetz den Kernbestand ausschließlicher und konkurrierender Gesetzgebungsgegenstände bilden (vgl. Art. 73 und 74 GG), insbesondere Wehrverfassung, Verkehrswesen, Wirtschafts- und Steuerrecht, Bürgerliches und Handelsrecht, Strafrecht und Prozeßrecht. Hier zeigte sich das starke wirtschaftliche Interesse an der Reichseinheit. Die Verwaltungszuständigkeiten des Reichs waren allerdings gegenüber heute (vgl. Art. 86 ff. GG) noch weiter reduziert, um die einzelstaatlichen Zuständigkeitseinbußen so gering wie möglich zu halten, und umfaßten im wesentlichen nur die auswärtigen Angelegenheiten und das Militär. Für das Verhältnis von Reichsrecht und Landesrecht galt wie heute (vgl. Art. 31 GG) der Vorrang des Reichsrechts (vgl. §§ 66, 194). Das Reich war auch nicht mehr wie der Deutsche Bund (vgl. oben Rn. 255) auf die Verkündung durch die Gliedstaaten angewiesen (vgl. § 65). Für die nötige Verfassungshomogenität zwischen beiden Ebenen des Bundesstaates war gesorgt (vgl. unten Rn. 341).

338a Der Einfluß der Gliedstaaten auf das Reich erfolgte vor allem durch das **Staatenhaus**, dessen 192 Mitglieder zur Hälfte durch die Regierung und zur Hälfte durch die Volksvertretung der betreffenden Staaten ernannt wurden (vgl. § 88 Abs. 1). Für die Verteilung auf die Einzelstaaten war ein fester Schlüssel vorgesehen, wobei Preußen mit 40 Mitgliedern an der Spitze lag. Da auch für die Mitglieder des Staatenhauses das freie Mandat gelten sollte (vgl. § 96), hätte dieses eine sachliche Unabhängigkeit erlangt, die es wesentlich von der Frankfurter Bundesversammlung, aber auch vom heutigen Bundesrat unterscheidet.

2. Reichsoberhaupt und Reichstag

339 Die Erbkaiserlichen hatten obsiegt: Das Deutsche Reich war eine Monarchie (vgl. §§ 68–70). Aber auch die demokratische Linke hatte mit dem aus allgemeinen Wahlen hervorgehenden Volkshaus (vgl. oben Rn. 334) einen Erfolg zu verbuchen (vgl. §§ 93 f.). Volkshaus und Staatenhaus bildeten gem. § 85 den Reichstag. Das Charakteristische der Paulskirchenverfassung war nun, daß die Reichsgewalt zwischen dem Kaiser als Reichsoberhaupt und dem Reichstag aufgeteilt war: Sowohl bei der Gesetzgebung als auch bei der Regierung wirkten beide zusammen. Aber bei der Gesetzgebung konnte sich letztlich der Reichstag durchsetzen, weil die Reichsregierung nur ein suspensives Veto hatte (vgl. §§ 80, 99–101). Dagegen war der Einfluß des Reichstags auf die Regierung noch sehr schwach, da allein der Kaiser gem. § 73 Abs. 2 die Minister ernannte und deren Verantwortlichkeit (vgl. §§ 73 f.) im wesentlichen durch die Ministeranklage gem. § 126 Buchst. i rechtlich sanktioniert war. Ein parlamentarisches System (vgl. oben Rn. 322) war daher durch die Paulskirchenverfassung noch nicht vorgesehen, auch wenn Praxis (vgl. oben Rn. 325) und Pläne in der Nationalversammlung dahin tendierten (vgl. *C. Gusy*, in: FS Otte, 2006, S. 533/543 ff.). Die starke Stellung des Kaisers kam auch in der Zuständigkeitsvermutung des § 84 zum Ausdruck.

3. Die Reichsgerichtsbarkeit

Bei dem gem. § 125 einzurichtenden und gem. § 126 mit weitreichenden Kompetenzen ausgestatteten Reichsgericht hat der Supreme Court der Vereinigten Staaten Pate gestanden (vgl. oben Rn. 48 f.). Das Reichsgericht kann als Vorläufer des Bundesverfassungsgerichts bezeichnet werden. Wie heute in Art. 93 GG findet sich in § 126 ein umfangreicher Zuständigkeitskatalog. Auffällige Parallelen bestehen etwa bei den Reich-Länder-Streitigkeiten (Buchst. a), den Organstreitigkeiten (Buchst. b), den Länderstreitigkeiten (Buchst. c) und der Verfassungsbeschwerde (Buchst. g). Die Organstreitigkeiten auf Reichsebene (Buchst. b) waren allerdings auf die drei Organe Staatenhaus, Volkshaus und Reichsregierung beschränkt und verlangten zudem eine Einigung der streitenden Organe auf die Anrufung des Reichsgerichts (sog. fakultative Zuständigkeit; vgl. *H. Maurer*, in: FS Frotscher, 2007, S. 53 f.). Die Fortschrittlichkeit der Paulskirchenverfassung zeigt sich besonders an der Bestimmung über die Verfassungsbeschwerde (Buchst. g); denn dieses Rechtsinstitut hat erst 1969, also 120 Jahre später, mit Art. 93 Abs. 1 Nr. 4 a GG Eingang in das gesamtstaatliche deutsche Verfassungsrecht gefunden (in den §§ 90 ff. BVerfGG war die Verfassungsbeschwerde allerdings schon seit 1951 geregelt).

4. Grundrechte

341 Die neue Dimension der Grundrechte kommt in der Eingangsvorschrift des § 130 zum Ausdruck, der die **unmittelbare Verbindlichkeit** der Grundrechte auch innerhalb der deutschen Einzelstaaten festlegte. In diesem Zusammenhang sind auch die kurz vor dem Ende des Grundrechtsabschnitts stehenden §§ 186, 187 interessant: Inhaltlich betreffen sie die Verfassungshomogenität der Einzelstaaten mit dem Reich, die heute in Art. 28 Abs. 1 GG normiert ist. Damals bezog sie sich vor allem auf die Einrichtung einer Volksvertretung und deren Mitwirkung an den wichtigen politischen Entscheidungen. Für alle Landtage vorgeschrieben war auch der Grundsatz der Öffentlichkeit der Parlamentsverhandlungen (§ 187 Abs. 2; vgl. auch § 184 Buchst. d). Formal erstaunt aus heutiger Sicht die Verortung der Verfassungshomogenität bei den Grundrechten. Die Verwirklichung politischer Freiheit durch die Gesetze hat sich noch nicht so klar von dem Gedanken abgelöst, daß Freiheit auch vor den Gesetzen gewährleistet werden muß. Hier wie auch in der Zuweisung von Grundrechten an die Gemeinden durch § 184 zeigt sich, daß die liberale Vorstellung eines Gegensatzes zwischen Staat und Gesellschaft dem Frankfurter Grundrechtskatalog zwar zugrundelag, aber nicht immer konsequent durchgehalten wurde (vgl. auch *Kühne*, unten Rn. 351, S. 88).

342 Durch § 137 wird die staatsbürgerliche **Gleichheit** konsequent eingeführt. Viele der **Freiheitsgrundrechte** werden überhaupt zum ersten Mal, jedenfalls in einer tatbestandlich so weiten Fassung, gewährleistet. Das betrifft namentlich die politischen Grundrechte, wie Meinungs- und Pressefreiheit (§ 143), Petitionsrecht (§ 159), Versammlungsfreiheit (§ 161) und Vereinigungsfreiheit (§ 162), aber auch die Freiheit der Person, indem erstmals der Richtervorbehalt für Verhaftungen normiert wird (§ 138 Abs. 2; vgl. *T. Ollinger*, Die Entwicklung des Richtervorbehalts im Verhaftungsrecht, 1997, S. 307 ff.). Manche der Formulierungen finden sich noch im Grundgesetz. Es wird auch schon zwischen Jedermann- oder Menschenrechten und Deutschen- oder Bürgerrechten unterschieden (vgl. z. B. § 138 im Gegensatz zu § 143).

343 Die über Art. 19 Abs. 4 GG hinausgehende Generalklausel der **Rechtswegeröffnung** gem. § 182 setzte die Abschaffung damaliger „Verwaltungsrechtspflege" oder Administrativjustiz voraus, die gerade nicht durch unabhängige Richter, sondern durch Verwaltungsbeamte ausgeübt wurde und die daher noch keinen effektiven Rechtsschutz gewähren konnte (vgl. *Pahlow* und *Sydow,* unten Rn. 351). Zu erwähnen ist auch die Abschaffung der Patrimonialgerichtsbarkeit durch §§ 167, 174 (vgl. *S. Werthmann,* Vom Ende der Patrimonialgerichtsbarkeit, 1995).

Das Einführungsgesetz vom 27. Dezember 1848 schrieb die **sofortige Anwendung** der Grundrechte „im ganzen Umfange des deutschen Reichs" (*Huber,* Dok. I, S. 389 Fn. 5) vor. Doch die Gegenrevolution war schon so stark, daß mehrere Staaten, insbesondere Österreich und Preußen, die Publizierung der Grundrechte, die nach dem Recht des Deutschen Bundes zum Inkrafttreten erforderlich gewesen wäre (vgl. oben Rn. 255), ablehnten. Praktische Wirkung konnten die Grundrechte so nicht entfalten. Nur zweieinhalb Jahre später wurden sie überdies auch formell aufgehoben (vgl. unten Rn. 354). 344

VII. Das Scheitern der Revolution

Einen Tag, nachdem die Reichsverfassung angenommen worden war, wählte die Nationalversammlung am 28. März 1849 mit 290 Stimmen bei 248 Enthaltungen den preußischen König *Friedrich Wilhelm IV.* zum **Kaiser der Deutschen.** Am 3. April 1849 erschien eine Deputation der Nationalversammlung in Berlin, um dem König die Kaiserwürde feierlich anzutragen. Dessen schriftlich vorbereitete Antwort kam einer Ablehnung gleich; inoffiziell soll er deutlicher geworden sein und die Kaiserkrone als „Reif aus Dreck und Letten (= Schlamm) gebacken" bezeichnet haben. Die letzte Chance der Märzrevolution war dahin. Oft wird die Antwort des preußischen Königs vom 3. April als „Schicksalsstunde der Revolution" herausgestellt. In Wirklichkeit waren die Würfel bereits lange vorher, im November und Dezember 1848, gefallen. Die Antwort an die Deputation der Nationalversammlung zeigte denn auch einen – etwa im Vergleich zu dem Aufruf „An meine lieben Berliner!" vom März 1848 – selbstsicheren, von Gottesgnadentum und monarchischem Prinzip durchdrungenen Herrscher, der die Legitimation der Nationalversammlung zu Verfassunggebung und Kaiserwahl rundweg bestritt und der sich in seinem Schlußsatz auch noch als Nothelfer gegen den „inneren Feind" anbot: 345

Erwiderung König Friedrich Wilhelms IV. an die Deputation der Nationalversammlung vom 3. April 1849 – Auszug –: 346

„Aber, meine Herren, Ich würde Ihr Vertrauen nicht rechtfertigen, Ich würde dem Sinne des deutschen Volkes nicht entsprechen, Ich würde

Deutschlands Einheit nicht aufrichten, wollte Ich, mit Verletzung heiliger Rechte und Meiner früheren ausdrücklichen und feierlichen Versicherungen, ohne das freie Einverständniß der gekrönten Häupter, der Fürsten und freien Städte Deutschlands, eine Entschließung fassen, welche für sie und für die von ihnen regierten deutschen Stämme die entschiedensten Folgen haben muß.

An den Regierungen der einzelnen deutschen Staaten wird es daher jetzt sein, in gemeinsamer Berathung zu prüfen, ob die Verfassung dem Einzelnen, wie dem Ganzen frommt, ob die Mir zugedachten Rechte Mich in den Stand setzen würden, mit starker Hand, wie ein solcher Beruf es von Mir fordert, die Geschicke des großen deutschen Vaterlandes zu leiten und die Hoffnungen seiner Völker zu erfüllen.

Dessen möge Deutschland aber gewiß sein, und das, Meine Herren, verkündigen Sie in allen seinen Gauen: Bedarf es des preußischen Schildes und Schwertes gegen äußere oder innere Feinde, so werde Ich auch ohne Ruf nicht fehlen. Ich werde dann getrost den Weg Meines Hauses und Meines Volkes gehen, den Weg der deutschen Ehre und Treue!"
(Vgl. *Huber,* Dok. I, Nr. 114.)

347 Die Reichsverfassung vom 28. März 1849 bestand die von *Friedrich Wilhelm IV.* in seiner Antwort angekündigte fürstliche Prüfung nicht: Am 28. April 1849 teilte der preußische Ministerpräsident dem preußischen Bevollmächtigten bei der Reichszentralgewalt die **Ablehnung der Reichsverfassung** mit. Unabhängig von der Frage, ob das Inkrafttreten der Reichsverfassung als Akt der verfassunggebenden Gewalt des (Reichs-)Volkes überhaupt eine Publikation durch die Einzelstaaten verlangte (vgl. oben Rn. 344), die in dreißig kleineren Staaten, nicht aber in Preußen und den anderen großen Staaten erfolgte, entfaltete sie keine Rechtswirkung mehr (vgl. *Frotscher,* oben Rn. 279, S. 110).

348 Die Ablehnung der Reichsverfassung durch Preußen löste im Mai 1849 eine nationalrevolutionäre Bewegung aus, welche die Reichsverfassung im direkten Kampf durchsetzen wollte. Diese sog. **Reichsverfassungskampagne** wurde durch einen Aufruf der Nationalversammlung an Regierungen und Volk vom 4. Mai 1849 unterstützt, die Reichsverfassung „zur Anerkennung und Geltung zu bringen" (vgl. *Huber,* Dok. I, Nr. 122). Unruhen im Rheinland und Aufstände in Baden, Sachsen und in der Rheinpfalz wurden von dem herbeigerufenen preußischen Militär unterdrückt. Gleichzeitig wurde durch die gewaltsamen Aufstände das gemäßigte Bürgertum verschreckt. Viele der preußischen und österreichischen Beamten in der Nationalversammlung folgten schlicht der dienstlichen Weisung, ihre Amtsgeschäfte in der Heimat wiederaufzunehmen.

349 Der Rest der Nationalversammlung, der aus etwa 100 Abgeordneten bestand, zog sich zunächst nach Stuttgart zurück. Dieses sog. **Rumpfparlament** wurde am 18. Juni 1849 von württembergischen Truppen aufgelöst; die Parlamentarier wurden ausgewiesen. Die letzten Aufständischen verteidigten die Bundesfestung Rastatt, die wochenlang belagert wurde. Sie fiel schließlich am 23. Juli 1849. Das preußische Militär übernahm selbst die Standgerichtsbarkeit: Fast 1000 Strafurteile, darunter 26 Todesurteile, wurden allein in Baden vollstreckt. 80 000 Verfolgte, 6 % der badischen Bevölkerung, wanderten aus (vgl. Fragen an die deutsche Geschichte, 19. Aufl. 1996, S. 129). Im August 1849 stimmte der Reichsverweser der interimistischen Wahrnehmung seiner Befugnisse durch Österreich und Preußen zu. Am 1. September 1849 nahm die Bundesversammlung (der Bundestag) in Frankfurt ihre (seine) Tätigkeit wieder auf. Die Revolution war endgültig gescheitert. Ganz vergeblich war das Wirken der „Achtundvierziger" aber nicht: Von ihnen ging ein beachtlicher allgemeiner „Modernisierungsschub" (*Boldt*, VerfGesch, S. 103) aus, und bei der Schaffung der Weimarer Reichsverfassung griff man auf das Vorbild der Paulskirchenverfassung zurück (vgl. unten Rn. 517).

350 **Heinrich Heine** hat sich mit der gescheiterten Revolution von 1848/49 satirisch in dem Gedicht „Michel nach dem März" auseinandergesetzt, dessen Anfang und Ende wie folgt lauten:
Solang ich den deutschen Michel gekannt,
War er ein Bärenhäuter;
Ich dachte im März, er hat sich ermannt
Und handelt fürder gescheuter.
Wie stolz erhob er das blonde Haupt
Vor seinen Landesvätern!
Wie sprach er – was doch unerlaubt –
Von hohen Landesverrätern.
…
Ich sah das sündenergraute Geschlecht
Der Diplomaten und Pfaffen,
Die alten Knappen vom römischen Recht,
Am Einheitstempel schaffen –
Derweil der Michel geduldig und gut
Begann zu schlafen und schnarchen,
Und wieder erwachte unter der Hut
Von vierunddreißig Monarchen.
(Vgl. *H. Heine*, Sämtliche Schriften, Bd. VI/1, 1975, S. 270 f.)

VIII. Literatur

351 *H. Best,* Die Männer von Bildung und Besitz. Struktur und Handeln parlamentarischer Führungsgruppen in Deutschland und Frankreich, 1990; *W. Boldt,* Die Anfänge des deutschen Parteiwesens – Fraktionen, politische Vereine und Parteien in der Revolution, 1971; *M. Botzenhart,* Deutscher Parlamentarismus in der Revolutionszeit 1848–1850, 1977; *H. Fenske* (Hg.), Quellen zur Revolutionsgeschichte in Deutschland 1848/49, 1996; *R. Hachtmann,* Berlin 1848, 1997; *J.-D. Kühne,* Die Reichsverfassung der Paulskirche. Vorbild und Verwirklichung im späteren deutschen Rechtsleben, 2. Aufl. 1998; *A. Laufs,* Die Frankfurter Nationalversammlung 1848/49 – Das erste frei gewählte gesamtdeutsche Parlament und sein Werk, JuS 1998, S. 385 ff.; *B. Mann,* Das Ende der deutschen Nationalversammlung im Jahre 1849, HZ 1972, S. 265 ff.; *T. Mommsen,* Die Grundrechte des deutschen Volkes mit Belehrungen und Erläuterungen, 1849 (Neudruck 1969); *W. J. Mommsen,* 1848. Die ungewollte Revolution. Die revolutionären Bewegungen in Europa 1830–1849, 1998; *L. Pahlow,* Administrativjustiz versus Justizstaat, ZNR 2000, S. 11 ff.; *W. Pauly,* Die Verfassung der Paulskirche und ihre Folgewirkungen, in: *Isensee/Kirchhof,* HdbStR I, S. 93 ff.; *W. Ribhegge,* Das Parlament als Nation. Die Frankfurter Nationalversammlung 1848/49, 1998; *H. Scholler* (Hg.), Die Grundrechtsdiskussion in der Paulskirche. Eine Dokumentation, 2. Aufl. 1982; *W. Siemann,* Die deutsche Revolution von 1848/49, 9. Aufl. 1996; *G. Sydow,* Die Revolution von 1848/49: Ursprung der modernen Verwaltungsgerichtsbarkeit, VerwArch 2001, S. 389 ff.; *V. Valentin,* Geschichte der deutschen Revolution 1848–1849, 2 Bände, 1930 f. (Neudruck 1998); *O. Vossler,* Die Revolution von 1848 in Deutschland, 7. Aufl. 1981; *F. Wigard* (Hg.), Stenographischer Bericht über die Verhandlungen der Constituierenden Nationalversammlung zu Frankfurt a. M., 9 Bände, 1848–1850.

Kapitel 6. Die Restauration nach 1848 und die Gründung des Deutschen Reiches

§ 12. Von der gescheiterten Revolution bis zum Norddeutschen Bund

I. Zeittafel

1849	Dreikönigsbündnis (26. 5.)	352
	Entwurf der Erfurter Unionsverfassung (28. 5.)	
	Einführung des Dreiklassenwahlrechts in Preußen (30. 5.)	
1850	(Revidierte) Preußische Verfassung (31. 1.)	
	Olmützer Punktation (29. 11.)	
1851	Rückkehr Preußens in den Bundestag (12. 5.)	
	Bundesreaktionsbeschluß; Aufhebung der Grundrechte (23. 8.)	
1858	Beginn der Neuen Ära in Preußen	
1862–1866	Preußischer Verfassungskonflikt	
1864	Deutsch-dänischer Krieg	
1866	Rücktritt Preußens vom Bundesvertrag (14. 6.)	
	Schlacht von Königgrätz (3. 7.)	
	Bündnisvertrag Preußens mit den Norddeutschen Staaten (18. 8.)	
	Schutz- und Trutzbündnis Preußens mit Bayern, Württemberg und Baden (22. 8.)	
	Frieden von Prag (23. 8.)	
	Indemnitätsgesetz (14. 9.)	
	Annexion Hannovers, Kurhessens, Nassaus und Frankfurts (20. 9.) sowie Schleswigs und Holsteins (24. 12.)	
1867	Reichstagswahl (Februar)	
	Verfassung des Norddeutschen Bundes (16. 4.)	
1869	Gewerbeordnung für den Norddeutschen Bund	
1870	Strafgesetzbuch	

II. Die Wiederherstellung des vorrevolutionären Verfassungszustandes

353 Mit dem endgültigen Scheitern der Revolution im Frühsommer 1849 verblühten nicht nur alle Träume von der Errichtung eines einheitlichen deutschen Nationalstaates auf der Grundlage der Volkssouveränität, auch die in den einzelnen Staaten im Verlauf der Revolution bereits eingetretenen Veränderungen von Regierungsverfassung und Regierungspolitik wurden bis auf wenige Ausnahmen wie die Abschaffung der Patrimonialgerichtsbarkeit (vgl. oben Rn. 342) rückgängig gemacht. Der vorrevolutionäre Verfassungszustand wurde weitgehend wiederhergestellt, wurde restauriert. Insofern kann man die Spätphase des Deutschen Bundes, die üblicherweise mit dem Begriff „Reaktionsära" belegt wird, vielleicht treffender noch als Zeit der **„Restauration"** kennzeichnen. Die deutschen Fürsten, die – zumeist gestützt auf ihre alten Machtinstrumente, nämlich Heer und Beamtentum – die Staatsgewalt wieder fest in Händen hielten, konnten darangehen, die Errungenschaften der Revolutionsjahre wieder abzubauen. Die damit verbundenen Auseinandersetzungen liefen überall nach demselben Schema ab. Zunächst wurden die liberalen Ministerien in den deutschen Territorien durch konservative Regierungen ersetzt. Danach galt es, Verfassungsbestimmungen zu revidieren, die das Gedankengut von 1848 verkörperten. Schließlich mußten „widerspenstige" Parlamente diszipliniert werden, ein Ziel, dem die ungewöhnlich häufigen Parlamentsauflösungen dieser Jahre dienten. Insgesamt kam es zu einer erneuten „Verfestigung des monarchischen Prinzips" (*Grimm*, VerfGesch, S. 208).

354 Die Bundesversammlung in Frankfurt, die seit dem Herbst 1850 ihre Tätigkeit wieder aufgenommen hatte, leistete den Länderregierungen mit ihren Beschlüssen von 1851 und 1854 die aus dem Vormärz bekannte und bewährte „Schützenhilfe". Sie forderte die Regierungen der einzelnen Bundesstaaten auf, zum Zwecke der **Wiederherstellung der inneren Ruhe und Ordnung** die in den Ländern „seit dem Jahre 1848 getroffenen staatlichen Einrichtungen und erlassenen gesetzlichen Bestimmungen einer sorgfältigen Prüfung zu unterwerfen und dann, wenn sie mit den Grundgesetzen des Bundes nicht in Einklang stehen, diese nothwendige Übereinstimmung ohne Verzug wieder zu bewirken" (Bundesreaktionsbeschluß vom 23. Au-

gust 1851; vgl. *Huber,* Dok. II, Nr. 1). Am gleichen Tag hob die Bundesversammlung den von der Paulskirche verabschiedeten Grundrechtskatalog (vgl. oben Rn. 341 ff.) auf:

Beschluß der Bundesversammlung vom 23. August 1851: „Die in Frankfurt unter dem 27. December 1848 erlassenen, in dem Entwurfe einer Verfassung des deutschen Reichs vom 28. März 1849 wiederholten sogenannten Grundrechte des deutschen Volks können weder als Reichsgesetz, noch, so weit sie nur auf Grund des Einführungsgesetzes vom 27. December 1848, oder als Theil der Reichsverfassung in den einzelnen Staaten für verbindlich erklärt sind, für rechtsgültig gehalten werden. Sie sind deßhalb in so weit in allen Bundesstaaten als aufgehoben zu erklären. Die Regierungen derjenigen Staaten, in denen Bestimmungen der Grundrechte durch besondere Gesetze in's Leben gerufen sind, sind verpflichtet, sofort die erforderlichen Einleitungen zu treffen, um diese Bestimmungen außer Wirksamkeit zu setzen, in so fern sie mit den Bundesgesetzen oder den ausgesprochenen Bundeszwecken in Widerspruch stehen" (vgl. *Huber,* Dok. II, Nr. 2).

355

Die Bundesversammlung wirkte ferner auf eine **Einschränkung der Pressefreiheit** hin. So enthielt der Bundesreaktionsbeschluß einen Appell an die Regierungen, „durch alle gesetzlichen Mittel die Unterdrückung der Zeitungen und Zeitschriften unter Bestrafung der Schuldigen herbeizuführen, welche atheistische, socialistische oder communistische oder auf den Umsturz der Monarchie gerichtete Zwecke verfolgen". Das Bundes-Preßgesetz vom 6. Juli 1854 (vgl. *Huber,* Dok. II, Nr. 3) gestattete den Betrieb eines Gewerbes, das sich mit dem Druck von Schriften befaßte, nur noch den Inhabern einer „besonderen persönlichen Concession". Im gleichen Jahr wurde auch das Vereinswesen einer repressiven Regelung unterworfen (vgl. unten Rn. 454). Reise- und Postfreiheit wurden nach den gescheiterten Versuchen, eine Bundeszentralpolizei mit eigenständigen Ermittlungsbefugnissen einzurichten, durch informelle Zusammenarbeit der politischen Polizeien der größeren Mitgliedstaaten des Deutschen Bundes überwacht (vgl. *J. Jäger,* ZRG/GA 1999, S. 266/272 f.). Im folgenden soll das Vorgehen der Reaktion in den deutschen Ländern am Beispiel von Kurhessen und Preußen veranschaulicht werden.

356

III. Der kurhessische Verfassungskonflikt

Im Februar 1850 berief Kurfürst *Friedrich Wilhelm* den hochkonservativen Minister *Hassenpflug* an die Spitze des Kabinetts. Dieser Schritt führte notwendigerweise zu Konflikten mit der von der libe-

357

ralen Partei dominierten Ständeversammlung. Die Liberalen befürworteten einen Verbleib Kurhessens in der **Erfurter Union.** Dieses Bündnis stellte den von Preußen initiierten Versuch dar, die deutsche Einigung auf der Grundlage der fürstlichen Souveränität zu erreichen. Österreich wandte sich von Anfang an gegen die preußischen Pläne. Dennoch kam im Mai 1849 zunächst ein Dreikönigsbündnis zwischen Preußen, Sachsen und Hannover zustande, und es wurde der Entwurf einer Unionsverfassung vorgelegt. In der Folgezeit traten weitere 27 Staaten der Union bei. Am 31. Januar 1850 wurde ein Unionsparlament gewählt, das im März 1850 in Erfurt zusammentrat. Im April wurde die Erfurter Unionsverfassung förmlich verabschiedet (vgl. *Huber*, Dok. I, Nr. 209). Sie war eng an den Text der Frankfurter Reichsverfassung (vgl. oben Rn. 336) angelehnt, unterschied sich von dieser jedoch durch die stärkere Betonung des monarchischen Prinzips. Die Würde des Reichsoberhauptes sollte der Krone Preußens übertragen werden; der Kaisertitel war nicht vorgesehen. Mangels der für notwendig erachteten Zustimmung der in der Union zusammengeschlossenen Regierungen, die vor allem auf die ablehnende österreichische Haltung Rücksicht nehmen wollten, trat die Unionsverfassung nie in Kraft. Man beschränkte sich auf die Begründung eines provisorischen Bundesverhältnisses.

358 *Hassenpflug* distanzierte sich von der Politik der Erfurter Union. Von der Unterstützung Österreichs und des Deutschen Bundes versprach er sich Hilfe bei der Durchsetzung der Restauration im eigenen Lande. Als sich die Ständeversammlung (umgangssprachlich auch „Landtag" oder „Landstände" genannt) weigerte, den Staatshaushalt zu bewilligen und eine Fortgeltung der Abgabengesetze zu beschließen, veranlaßte dies die Regierung am 12. Juni und am 2. September zur Auflösung der Versammlung. Am 4. September 1850 erließ der Kurfürst eine **Steuer-Notverordnung,** in der er die Weitererhebung der Abgaben verfügte. Dieses Vorgehen stand jedoch in einem eklatanten Widerspruch zu § 143 der kurhessischen Verfassung von 1831 (vgl. oben Rn. 283). Satz 2 dieser Vorschrift bestimmte: „Ohne landständische Bewilligung kann vom Jahre 1831 an weder in Kriegs- noch in Friedenszeiten eine direkte oder indirekte Steuer, so wenig, als irgend eine sonstige Landesabgabe, sie habe Namen, welchen sie wolle, ausgeschrieben oder erhoben werden …" Jetzt mußte sich zeigen, welche Kraft die geschriebene Verfassung in der Verfassungswirklichkeit des kurhessischen Staates entfalten konnte. Diese Kraft

war nicht gering einzuschätzen, aber sie konnte sich im Ergebnis doch nicht gegenüber der fürstlichen Macht behaupten.

Die allgemeine Verurteilung des Verfassungsbruchs zwang den Kurfürsten am 7. September, den Kriegszustand zu verhängen. Aber im Gegensatz zu den Verfechtern des liberalen Gedankengutes in anderen Ländern waren die kurhessischen Landstände in ihrem **Widerstand gegen den Verfassungsbruch** nicht auf sich gestellt. Zunächst griff die Justiz in die Auseinandersetzung zwischen Regierung und Ständen ein. Das Oberappellationsgericht in Kassel, das höchste Gericht des Landes, erklärte die Steuer-Notverordnung am 12. September für verfassungswidrig und nichtig (vgl. *Huber*, Dok. I, Nr. 251). 359

Es nahm dabei ein Recht für sich in Anspruch, das bis heute ein Eckpfeiler des voll ausgebildeten Rechtsstaates geblieben ist: das sog. **richterliche Prüfungsrecht.** Darunter ist die Befugnis der Gerichte zu verstehen, jede zur Anwendung stehende Norm auf ihre Vereinbarkeit mit höherrangigem Recht zu prüfen, also insbesondere die Prüfung der Gesetze auf ihre Verfassungsmäßigkeit. Dieses Rechtsinstitut ist zum ersten Mal in der Auslegung der amerikanischen Verfassung zum Tragen gekommen (vgl. oben Rn. 46 f.). In der deutschen konstitutionellen Monarchie des 19. Jahrhunderts war das richterliche Prüfungsrecht keine Selbstverständlichkeit (vgl. *N. Herrmann*, Entstehung, Legitimation und Zukunft der konkreten Normenkontrolle im modernen Verfassungsstaat, 2001, insb. S. 79 ff.). Im Gegenteil, die Anhänger des monarchischen Prinzips wehrten sich dagegen, daß die Gerichte ein von der Autorität des Fürsten getragenes Gesetz wegen Verstoßes gegen die Verfassung nicht anwandten. Die wegweisende Entscheidung des amerikanischen Supreme Court in Sachen Marbury v. Madison aus dem Jahre 1803 fand in Deutschland kaum Beachtung und zunächst keine Nachahmung. Im Schrifttum ebenso wie in der Praxis der Gerichte wurde eine derartige inzidente Normenkontrolle durchweg abgelehnt. Um so bemerkenswerter ist die Entscheidung des Oberappellationsgerichts Kassel aus dem Jahre 1850. Sie bezeichnet den Beginn der Auseinandersetzung um das richterliche Prüfungsrecht in Deutschland, eine Auseinandersetzung, die noch unter der Weimarer Reichsverfassung hohe Wellen schlug (vgl. dazu nur den Kommentar von *G. Anschütz*, Die Verfassung des Deutschen Reichs, 14. Aufl. 1933, Art. 70 Erläut. 3–5) und erst unter dem Grundgesetz mit der Normierung des Art. 100 GG ihren endgültigen Abschluß fand. 360

361 Kurfürst *Friedrich Wilhelm* und sein Minister *Hassenpflug* wandten sich an den Deutschen Bund, um Beistand gegen die Opposition im eigenen Land zu erlangen. Preußen und die übrigen Mitglieder der Erfurter Union waren noch nicht wieder in der österreichisch orientierten Bundesversammlung vertreten. Der Frankfurter Rumpfbundestag forderte die kurhessische Regierung in seinem Beschluß vom 21. September 1850 auf, sämtliche ihr zur Verfügung stehenden Mittel anzuwenden, um die bedrohte landesherrliche Autorität wiederherzustellen. Gleichzeitig bekundete er die Absicht, gegebenenfalls „alle zur Sicherung oder Wiederherstellung des gesetzlichen Zustandes erforderlich werdenden Anordnungen zu treffen". Darin lag bereits die deutliche **Drohung mit einer Bundesintervention** nach Art. 25f. WSA (vgl. oben Rn. 257). Der Kurfürst kam dem Verlangen der Bundesversammlung nach, indem er am 28. September 1850 in einer zweiten Notverordnung den Kriegszustand verschärfte und unter Berufung auf das in § 2 der kurhessischen Verfassung verankerte monarchische Prinzip den Gerichten die Kompetenz zur Prüfung der Verfassungsmäßigkeit landesherrlicher Verordnungen absprach. Jedweder Widerstand gegen die Steuer-Notverordnung wurde verboten.

362 Das Oberappellationsgericht erklärte jedoch in seinem Beschluß vom 3. Oktober 1850 auch diese Verordnung für verfassungswidrig (vgl. *Huber,* Dok. I, Nr. 256). Dabei stand das höchste Gericht des Landes in seinem Konflikt mit der landesherrlichen Regierung nicht allein, sondern reihte sich in die breite Front derer ein, die sich dem „Verfassungsumsturz von oben" aktiv widersetzten. Auch die unteren kurhessischen Gerichte folgten der Entscheidung des Oberappellationsgerichts. Besonders bemerkenswert und im Vergleich zu den Auseinandersetzungen in anderen deutschen Ländern ungewöhnlich war die Tatsache, daß sich in Kurhessen 1850 auch die Beamtenschaft und sogar das Militär gegen den Landesherrn wandten und ihm die Gefolgschaft verweigerten. In diesem Zusammenhang gewinnt der **Verfassungseid** eine große Bedeutung (vgl. *D. Bock,* ZRG/GA 2006, S. 166ff.). Der Oberbefehlshaber der kurhessischen Armee, General *Bauer,* dem der Kurfürst die Durchsetzung des Kriegszustandes übertragen hatte, versagte dem Landesherrn unter Berufung auf den Verfassungseid den Gehorsam.

363 Der **kurhessische Offizierseid** lautete: „Ich gelobe und schwöre zu Gott dem Allmächtigen einen leiblichen Eid, daß ich dem allerdurchlauchtigsten Landesfürsten Wilhelm II., Kurfürsten von Heßen, und Friedrich Wilhelm, Kurprinzen und Mitregenten, in allen und jeden Vorfällen, zu Kriegs- und

§ 12. Von der gescheiterten Revolution bis zum Norddeutschen Bund 181

Friedenszeiten getreu und redlich dienen, die Verfaßung beobachten, die Befehle meiner Vorgesetzten genau befolgen und den Offiziers-Kriegsartikeln überall nachkommen wolle. So wahr mir Gott helfe und sein heiliges Wort. Amen" (vgl. *Huber,* Dok. I, Nr. 262).

Am 10. Oktober erbaten General *Bauer* und mit ihm nahezu sämtliche Offiziere der kurhessischen Armee unter Berufung auf den Verfassungseid den Abschied. Doch auch dieser Schritt konnte den Verfassungsumsturz nicht aufhalten. Normenkontrolle und Verfassungseid erwiesen sich in der Verteidigung der Verfassung zwar nicht als stumpfe Waffen, aber sie konnten der im Deutschen Bund zusammengeballten fürstlichen Macht keinen dauerhaften Widerstand entgegensetzen. Am 16. Oktober ordnete der Bundestag die **Bundesintervention** in Kurhessen an. Zehn Tage später beschloß er den Einmarsch der Bundestruppen in Kurhessen (zur Rechtmäßigkeit der Interventionsbeschlüsse *Ham,* unten Rn. 400, S. 189 ff.). Preußen, das der Politik des Deutschen Bundes in bezug auf Kurhessen heftig widersprochen hatte, ließ daraufhin seine Truppen gleichfalls einrücken.

Der drohende Krieg um die Vorherrschaft in Deutschland konnte in letzter Minute durch die sog. **Olmützer Punktation** vom 29. November 1850 verhindert oder jedenfalls um 16 Jahre verschoben werden. Preußen mußte in dieser Übereinkunft endgültig auf den Plan verzichten, die deutsche Frage im Rahmen der Erfurter Union unter Ausschluß Österreichs und in der Form eines kleindeutschen, dynastisch geeinten Bundesstaates zu lösen. Es kehrte „reumütig" in den Schoß des Deutschen Bundes zurück. Seit dem Mai 1851 nahmen wieder alle Staaten der Erfurter Union am Bundestag teil. Die Bundesgrundgesetze von 1815 und 1820 (vgl. oben Rn. 251) galten unverändert weiter. Der Status quo ante war wiederhergestellt. Für die verfassungsrechtlichen Auseinandersetzungen in den deutschen Einzelstaaten, wie zuerst in Hessen, hatte die Einigung der beiden Großmächte die Auswirkung, daß jede Opposition und jeder Versuch, liberale Verfassungspositionen gegen den Landesherrn oder gegen konservative Regierungen zu verteidigen, hinfällig wurden. So beteiligte sich jetzt auch Preußen an dem Vollzug der Bundesintervention in Kurhessen.

Das Oberappellationsgericht Kassel wich dem übermächtigen Druck und faßte am 18. Dezember 1850 den Beschluß, die Steuer-Notverordnung nunmehr anzuerkennen (vgl. *Huber,* Dok. I, Nr. 260). Der Kurfürst beeilte sich, noch im Dezember im Erlaßweg festzustellen, daß es keinem Offizier erlaubt sei, unter Berufung auf

364

365

366

seinen Verfassungseid die Rechtmäßigkeit von dienstlichen Befehlen in Zweifel zu ziehen. Anfang 1851 hob er den Verfassungseid ganz auf und ordnete wieder den reinen Fahneneid an. Die in Kurhessen mit der Durchführung der Bundesbeschlüsse beauftragten Kommissare taten ein übriges, um Verfassungskonflikte in der Zukunft zu verhindern. Ihr Ziel war die Beseitigung der fortschrittlichen Verfassung von 1831. Am 13. April 1852 erhielt das Kurfürstentum mit ausdrücklicher Zustimmung des Bundestages eine neue, **oktroyierte Verfassung.** Diese war zwar im Text weitgehend an die Verfassung von 1831 angelehnt, aber die Bestimmungen mit ausgesprochen liberalem oder gar demokratischem Charakter wurden im Sinne der Reaktion umgestaltet oder verschwanden ganz. Dazu gehörten etwa die Gleichheit vor dem Gesetz, die freie Berufswahl, der gleiche Zugang zu den öffentlichen Ämtern, die Freiheit der Person und des Eigentums, die Pressefreiheit, der Verfassungseid, die persönliche Unabhängigkeit der Richter, das Einkammersystem und das Steuerbewilligungsrecht der Stände.

367 So endete der kurhessische Verfassungskonflikt mit einem eindeutigen **Erfolg der reaktionären Kräfte.** Die Restauration wurde durchgesetzt, alle liberalen oder demokratischen Veränderungen rückgängig gemacht. Kurhessen war kein Einzelfall. Im Königreich Hannover etwa wiederholten sich einige Jahre später die Ereignisse, nur mit dem Unterschied, daß aktiver Widerstand gegen den Verfassungsbruch der landesherrlichen Regierung kaum anzutreffen war (vgl. W. Frotscher, Der Staat 1971, S. 383 ff.). Die Revolutionsjahre 1848/49 lagen inzwischen weit zurück. Der Bundestag hatte seine alte Stärke wiedergefunden. Und er war auch zu den Disziplinierungstechniken des Systems *Metternich* zurückgekehrt.

IV. Die preußische Verfassung vom 31. Januar 1850 und das preußische Dreiklassenwahlrecht

368 Verfassungsurkunde für den Preußischen Staat vom 31. Januar 1850 – Auszug –:
Art. 44. Die Minister des Königs sind verantwortlich. Alle Regierungsakte des Königs bedürfen zu ihrer Gültigkeit der Gegenzeichnung eines Ministers, welcher dadurch die Verantwortlichkeit übernimmt.
Art. 45. Dem Könige allein steht die vollziehende Gewalt zu. Er ernennt und entläßt die Minister. Er befiehlt die Verkündigung der Gesetze und erläßt die zu deren Ausführung nöthigen Verordnungen.

Art. 46. Der König führt den Oberbefehl über das Heer.

Art. 51. Der König beruft die Kammern und schließt ihre Sitzungen. Er kann sie entweder beide zugleich oder auch nur eine auflösen. Es müssen aber in einem solchen Falle innerhalb eines Zeitraums von sechzig Tagen nach der Auflösung die Wähler und innerhalb eines Zeitraums von neunzig Tagen nach der Auflösung die Kammern versammelt werden.

Art. 52. Der König kann die Kammern vertagen. Ohne deren Zustimmung darf diese Vertagung die Frist von dreißig Tagen nicht übersteigen und während derselben Session nicht wiederholt werden.

Art. 62. Die gesetzgebende Gewalt wird gemeinschaftlich durch den König und durch zwei Kammern ausgeübt.

Die Uebereinstimmung des Königs und beider Kammern ist zu jedem Gesetze erforderlich.

Finanzgesetz-Entwürfe und Staatshaushaltungs-Etats werden zuerst der zweiten Kammer vorgelegt; letztere werden von der ersten Kammer im ganzen angenommen oder abgelehnt.

Art. 63. Nur in dem Falle, wenn die Aufrechterhaltung der öffentlichen Sicherheit, oder die Beseitigung eines ungewöhnlichen Nothstandes es dringend erfordert, können, insofern die Kammern nicht versammelt sind, unter Verantwortlichkeit des gesammten Staatsministeriums, Verordnungen, die der Verfassung nicht zuwiderlaufen, mit Gesetzeskraft erlassen werden. Dieselben sind aber den Kammern bei ihrem nächsten Zusammentritt zur Genehmigung sofort vorzulegen.

Art. 64. Dem Könige, so wie jeder Kammer, steht das Recht zu, Gesetze vorzuschlagen.

Gesetzesvorschläge, welche durch eine der Kammern oder den König verworfen worden sind, können in derselben Sitzungsperiode nicht wieder vorgebracht werden.

Art. 71. Auf jede Vollzahl von zweihundert und fünfzig Seelen der Bevölkerung ist ein Wahlmann zu wählen. Die Urwähler werden nach Maaßgabe der von ihnen zu entrichtenden direkten Staatssteuern in drei Abtheilungen getheilt, und zwar in der Art, daß auf jede Abtheilung ein Drittheil der Gesammtsumme der Steuerbeträge aller Urwähler fällt.

Die Gesammtsumme wird berechnet:

a) gemeindeweise, falls die Gemeinde einen Urwahlbezirk für sich bildet;

b) bezirksweise, falls der Urwahlbezirk aus mehreren Gemeinden zusammengesetzt ist.

Die erste Abtheilung besteht aus denjenigen Urwählern, auf welche die höchsten Steuerbeträge bis zum Belaufe eines Drittheils der Gesammtsteuern fallen.

Die zweite Abtheilung besteht aus denjenigen Urwählern, auf welche die nächst niedrigeren Steuerbeträge bis zur Gränze des zweiten Drittheils fallen.

Die dritte Abtheilung besteht aus den am niedrigsten besteuerten Urwählern, auf welche das dritte Drittheil fällt.

Jede Abtheilung wählt besonders und zwar ein Drittheil der zu wählenden Wahlmänner....

Art. 72 Abs. 1. Die Abgeordneten werden durch die Wahlmänner gewählt.

Art. 83. Die Mitglieder beider Kammern sind Vertreter des ganzen Volkes. Sie stimmen nach ihrer freien Ueberzeugung und sind an Aufträge und Instruktionen nicht gebunden.
Art. 86. Die richterliche Gewalt wird im Namen des Königs durch unabhängige, keiner anderen Autorität als der des Gesetzes unterworfenen Gerichte ausgeübt.
Die Urtheile werden im Namen des Königs ausgefertigt und vollstreckt.
Art. 99. Alle Einnahmen und Ausgaben des Staats müssen für jedes Jahr im Voraus veranschlagt und auf den Staatshaushalts-Etat gebracht werden.
Letzterer wird jährlich durch ein Gesetz festgestellt.
Art. 106 Abs. 2. Die Prüfung der Rechtsgültigkeit gehörig verkündeter Königlicher Verordnungen steht nicht den Behörden, sondern nur den Kammern zu.
(Vgl. *Huber,* Dok. I, Nr. 194.)

369 Der Verfassungskonflikt, der den preußischen Staat in den Jahren 1862–66 erschütterte (vgl. unten Rn. 387 ff.), rührte nicht wie in Kurhessen von einem eindeutigen fürstlichen Verfassungsbruch her. Er beruhte auch nicht allein auf den politischen Kräfteverhältnissen im Land, d. h. er war nicht nur Folge der starken liberalen Opposition im Parlament, sondern er war bereits in der preußischen Verfassung selbst angelegt. Nach der Oktroyierung einer Verfassung im Dezember 1848 (vgl. oben Rn. 330) erhielten die zwischenzeitlich vertagte Erste Kammer und die im Juli 1849 nach dem sog. Dreiklassenwahlrecht (vgl. unten Rn. 377 ff.) neu gewählte Zweite Kammer Gelegenheit, Änderungen an der Verfassung vorzunehmen. Das Ergebnis war die **sog. revidierte Verfassung vom 31. Januar 1850,** die am 2. Februar in Kraft trat und bis zum Ausbruch der Revolution im November 1918 ihre Geltung behielt. Die Revision stellte nach den Worten des späteren Kaisers *Wilhelm I.* eine Verbesserung „im konservativen Sinne" dar (*Kotulla,* VerfGesch, Rn. 1828).

370 Die preußische Verfassung von 1850 unterscheidet sich nach ihrem Wortlaut wesentlich von den bereits dargestellten Verfassungen des frühen und mittleren Konstitutionalismus. Sie enthält keine dem Art. 57 WSA entsprechende, das monarchische Prinzip ausdrücklich festlegende Bestimmung mehr (vgl. oben Rn. 262). Statt dessen teilt sie die gesamte **Staatsgewalt in drei Funktionen** auf, die jeweils verschiedenen Organen zur Ausübung zugewiesen sind. Nur die vollziehende Gewalt steht nach Art. 45 allein dem König zu, während die gesetzgebende Gewalt zwischen König und Kammern geteilt ist (Art. 62) und die richterliche Gewalt zwar im Namen des Königs, aber doch durch unabhängige Gerichte ausgeübt wird (Art. 86).

Die **Vorrangstellung des preußischen Königs** in diesem Verfassungssystem ist gleichwohl unübersehbar. Er übt die vollziehende Gewalt allein aus (Art. 45 S. 1). Zwar bedürfen alle seine Handlungen zu ihrer Gültigkeit der Gegenzeichnung eines Ministers, welcher dadurch die Verantwortlichkeit übernimmt (Art. 44 S. 2). Dieser Umstand schmälert die Macht des Königs jedoch nur geringfügig. Die Verantwortlichkeit bedeutet nämlich nicht, daß die Minister vom Vertrauen der Kammern abhängen. Die Ernennung und Entlassung der Minister steht vielmehr allein dem König zu (Art. 45 S. 2). Art. 61 räumt zwar den Kammern das Recht ein, in bestimmten Fällen (z. B. bei einer Verfassungsverletzung) eine Ministeranklage zu beschließen. Zu einem solchen Verfahren kam es jedoch nicht, weil das notwendige Ausführungsgesetz zu Art. 61 nie verabschiedet wurde. Des weiteren konnte der Monarch die Gesetzgebung weitgehend mitbestimmen (Art. 62). Zur Verkündung eines Gesetzes bedurfte es eines königlichen Befehls (Art. 45 S. 3). Dem Landesherrn stand also ein Vetorecht im Hinblick auf die von den Kammern beschlossenen Gesetze zu. Der ausdrückliche Ausschluß des richterlichen Prüfungsrechts hinsichtlich königlicher Verordnungen (Art. 106 Abs. 2) wurde „stets als eklatanter Sieg der Reaktion über den Rechtsstaat von 1848 angesehen" (*Hugo Preuß*, in: Verfassunggebende deutsche Nationalversammlung [1919], Aktenstück Nr. 391, S. 484). Diese Machtfülle des Königs verbietet es, von einer Gewaltenteilung im klassischen Sinne zu sprechen. Die Verfassung rückt jedoch deutlich von dem überkommenen monarchischen Prinzip ab, wie es noch in den Verfassungen des frühen und mittleren Konstitutionalismus als oberster Grundsatz verankert war (vgl. oben Rn. 289), und geht einige vorsichtige erste Schritte in Richtung auf eine echte Gewaltenteilung.

371

In der zeitgenössischen Staatsrechtswissenschaft und -praxis hat man diese Entwicklung nicht wahrhaben wollen. Statt dessen bemühte sich die Literatur zum preußischen Staatsrecht, die in der Verfassungsurkunde jedenfalls teilweise verwirklichte Gewaltenteilung hinwegzuinterpretieren und am uneingeschränkten monarchischen Prinzip festzuhalten. Als methodischer Ansatzpunkt diente diesem Vorhaben die Aufspaltung von Rechtsinhaberschaft und Rechtsausübung, also das altbewährte *Gentzsche* Argumentationsschema (vgl. oben Rn. 261). Man behauptete, der König vereinige nach wie vor alle Rechte der Staatsgewalt in seiner Person, nur die Ausübung der Staatsgewalt sei unter verschiedene Staatsorgane aufgeteilt. Da die

372

preußische Verfassung selbst in bezug auf die Innehabung der Staatsgewalt keine Aussage enthielt, die eine solche Theorie hätte stützen können, wollte man aus ihrem insoweit angenommenen Schweigen folgern, daß immer noch der Satz des Allgemeinen Landrechts (§ 1 II 13) Geltung habe, wonach „alle Rechte und Pflichten des Staats gegen seine Bürger und Schutzverwandten sich in dem Oberhaupte desselben vereinigen" (vgl. oben Rn. 155). Diese **monarchistische Betrachtungsweise** (vgl. *Frotscher*, oben Rn. 95, S. 143 f.) mußte im Falle eines Verfassungskonflikts – das lehren die Ereignisse der Jahre 1862 bis 1866 – weittragende Bedeutung haben. Eine andere, die gewaltenteilende Grundstruktur berücksichtigende Verfassungsinterpretation hätte in wichtigen Fragen sicher andere Ergebnisse erzielt. Hier zeigt sich die „monarchistische Befangenheit" (*Adolf Merkl*), in der die Mehrheit der deutschen Staatsrechtslehre des 19. Jahrhunderts verharrte.

373 Als fortschrittlich kann auch die Aufnahme von staatsbürgerlichen **Grundrechten und -pflichten** im Titel II der preußischen Verfassung bezeichnet werden. Der Gesetzgeber ließ sich bei der Aufnahme dieser sog. „Rechte der Preußen" stark von dem Grundrechtskatalog der Paulskirche beeinflussen (*Anschütz*, unten Rn. 400, S. 92).

374 Nach Art. 4 S. 1 waren alle Preußen vor dem Gesetz gleich. Mit dieser Bestimmung war die volle **rechtliche Gleichstellung aller Preußen** intendiert. Standesvorrechte wurden ausdrücklich abgeschafft (Art. 4 S. 2). Da in dieser Zeit in Deutschland der Vorrang der Verfassung noch nicht anerkannt war, wurde die Gleichheit „vor dem Gesetz" als ein an die Gerichte und die Verwaltung adressiertes Gleichbehandlungsgebot, nicht jedoch als eine für den Gesetzgeber bindende Bestimmung aufgefaßt (*Huber*, VerfGesch III, S. 102). Die nahezu wortgleiche Bestimmung des Art. 3 Abs. 1 GG, die heute allen Menschen die Gleichheit „vor dem Gesetz" garantiert, wird demgegenüber in systematischer Verknüpfung mit Art. 1 Abs. 3 GG als Rechtsanwendungs- *und* Rechtsetzungsgleichheit verstanden. Als Ausprägung des Gleichheitsgedankens in der preußischen Verfassung sind ferner die Allgemeinheit der Schulpflicht, der Wehrpflicht und der Steuerpflicht zu erwähnen.

375 Die preußische Verfassung enthielt auch eine Reihe von **Freiheitsgrundrechten,** wie z. B. die Freiheit der Person (Art. 5 S. 1), die Religionsfreiheit (Art. 12 S. 1), die Meinungs- und Pressefreiheit (Art. 27), die Versammlungsfreiheit (Art. 29), die Vereinigungsfreiheit (Art. 30) und eine Eigentumsgarantie (Art. 9). Diese grundrechtlichen Verbür-

gungen wurden jedoch in ihrer Wirkung wiederum dadurch relativiert, daß der Vorrang der Verfassung noch nicht anerkannt war. Hinzu kam die grundsätzliche Ablehnung politischer Freiheitsrechte durch den preußischen Staat und die zeitgenössische Staatsrechtslehre. So sah z. B. *Anschütz* (unten Rn. 400, S. 134) die Hauptbedeutung des Art. 5 nicht in der Gewährleistung der Freiheit, sondern in dem Gesetzesvorbehalt des Satzes 2. Ihm zufolge war es nicht Sinn des Art. 5, Eingriffe von seiten des Gesetzgebers zu verhindern. Er faßte die Vorschrift als bloßen Spezialfall des Prinzips der Gesetzmäßigkeit der Verwaltung auf. Diese Argumentation wurde auch auf die anderen Grundrechte übertragen.

Nach dem preußischen König waren die Kammern als Mitträger der gesetzgebenden Gewalt das wichtigste Organ im Staat und zugleich des Königs potentieller Gegenspieler. Die erste Kammer, seit 1855 das **Herrenhaus** genannt, setzte sich ähnlich wie in Württemberg (vgl. oben Rn. 290) vor allem aus Angehörigen des hohen Adels und aus vom König berufenen Mitgliedern zusammen (vgl. *H. Spenkuch*, Das preußische Herrenhaus, 1998). Die zweite Kammer, das **Abgeordnetenhaus**, sollte demgegenüber das demokratische Element, die eigentliche Volksrepräsentation darstellen. Dahinter stand wohl auch der Gedanke, ein Gleichgewicht zwischen der mehr dynamischen Kraft der zweiten Kammer und dem eher beharrenden, statischen Element der ersten Kammer zu schaffen. Eine solche Zweiteilung des Parlaments gab dem König überdies die Möglichkeit, in Konfliktfällen als übergeordnete „neutrale" Gewalt den Ausschlag zu geben.

Das preußische Abgeordnetenhaus war jedoch keine echte Volksrepräsentation, sondern vielmehr eine Vertretung der besitzenden Klassen. Die Schuld daran trug das berühmt-berüchtigte **Dreiklassenwahlrecht,** das in Preußen mit der Verordnung vom 30. Mai 1849 (Preuß. GS, S. 205) eingeführt wurde und ebenso wie die Verfassung selbst bis 1918 in Kraft blieb. Das preußische Dreiklassenwahlrecht verwirklichte nicht einen der für den demokratischen Verfassungsstaat der Gegenwart nahezu selbstverständlichen Wahlrechtsgrundsätze (vgl. Art. 38 Abs. 1 S. 1 und Art. 28 Abs. 1 S. 2 GG):

Es gab **keine allgemeine Wahl.** Frauen und Fürsorgeempfänger waren von der Wahl ausgeschlossen (Art. 70 Abs. 1 der Verfassung und § 8 der Verordnung vom 30. Mai 1849). Im übrigen war das Wahlrecht jedoch von geburts- oder berufsständischen Voraussetzungen ebenso wie von den wirtschaftlichen Verhältnissen unabhängig.

379 Es gab **keine direkte oder unmittelbare Wahl**. Die Urwähler wählten zunächst Wahlmänner, und diese wählten dann die Abgeordneten der zweiten Kammer (Art. 72 Abs. 1 der Verfassung und § 1 der Verordnung vom 30. Mai 1849).

380 Es gab vor allem **keine gleiche Wahl**. Die Ungleichheit der Wahlen zum preußischen Abgeordnetenhaus resultierte in erster Linie aus der Einteilung der Wählerschaft in drei getrennte Klassen. Die Urwähler wurden nach Maßgabe ihrer Steuerzahlungen in drei Abteilungen eingeteilt, und zwar in der Art, daß auf jede Abteilung ein Drittel des gesamten Steueraufkommens entfiel (Art. 71 Abs. 1 S. 2 der Verfassung und § 10 der Verordnung vom 30. Mai 1849). Die Klasse I bestand aus den Urwählern, welche die höchsten Steuerleistungen bis zum Betrag eines Drittels des Gesamtaufkommens in dem jeweiligen Wahlbezirk erbrachten. Die Klasse II bildeten die Urwähler, welche die nächstniedrigeren Steuerleistungen bis zur Grenze des zweiten Drittels entrichteten. Wer übrigblieb, kam in die Klasse III und mußte dort zusammen mit den Nichtbesteuerten wählen. Jede Abteilung wählte 1/3 der zu wählenden Wahlmänner (Art. 71 Abs. 6 der Verfassung und § 14 der Verordnung vom 30. Mai 1849).

381 Das hatte zur Folge, daß der **Erfolgswert** der Stimme eines begüterten Wählers, der in Klasse I wählen durfte, **ungleich** höher war als der eines Wählers der Klasse III. Das Ausmaß des Mißverhältnisses wird deutlich, wenn man sich die Verteilung der Urwähler auf die drei Klassen vor Augen führt. 1850 zählte die Klasse I 153 000 (= 4,7 %), die Klasse II 409 000 (= 12,6 %) und die Klasse III 2 691 000 (= 82,7 %) der Urwähler. Bei der Wahl im Jahre 1903 war die Begünstigung der Wohlhabenden noch stärker. Auf die Klasse I entfielen 239 000 (= 3,36 %), auf die Klasse II 857 000 (= 12,07 %) und auf die Klasse III 6 006 000 (= 84,57 %) der Urwähler. Im Durchschnitt verfügte ein Wähler der Klasse I im Jahre 1850 über das 17 1/2fache, im Jahre 1903 über das 25fache Stimmgewicht eines Wählers der Klasse III (vgl. *Huber,* VerfGesch III, S. 91). Das Dreiklassenwahlrecht führte neben der bewußten und gewollten Privilegierung des Besitzes aber auch zu teilweise grotesken Ergebnissen, die ursprünglich sicher nicht beabsichtigt waren. Erstaunlich viele gutsituierte Bürger und Honoratioren mußten in der dritten Klasse wählen, weil sie einem Wahlbezirk angehörten, in dem es einige wenige Steuerzahler gab, die ausgesprochen hohe Steuern zahlten. Umgekehrt konnte man in einem ärmlichen, ausschließlich von Arbeitern bewohnten Wahlbezirk bereits mit einem geringen Steuerbetrag in die Klasse I aufstei-

gen. So kam es zu dem Kuriosum, daß bei den Wahlen 1893 Reichskanzler *Caprivi* und acht preußische Minister in der Klasse III wählten und 1903 der Reichskanzler *Bülow* zusammen mit 270 Urwählern in der Klasse III abstimmte, während in der Klasse I desselben Bezirks ein Wurstfabrikant allein die beiden Wahlmänner bestimmen konnte.

Dem Gesetzgeber des Dreiklassenwahlrechts erging es ein wenig wie dem Zauberlehrling. Bei seiner Einführung war er davon ausgegangen, daß vor allem die Großgrundbesitzer vom Lande in der Klasse I wählen würden und dadurch eine stabile konservative Mehrheit in der Kammer sichergestellt sei. Dies war jedoch ein Trugschluß. Das infolge der Industrialisierung wirtschaftlich erstarkte Bürgertum gewann aufgrund seiner hohen Steuerleistungen zunehmend politischen Einfluß. Es verhalf der **liberalen Partei** zu einer **Mehrheit** in der zweiten Kammer. Der Antagonismus zwischen den Liberalen und der konservativen Regierung führte 1862 zum preußischen Verfassungskonflikt, der bis 1866 andauern sollte. Das Dreiklassenwahlrecht war daher ursächlich für die spätere Krise. In der Folgezeit wirkte sich der Wahlmodus aufgrund von Steueränderungen und des Wechsels bürgerlicher I. Klasse-Wähler in das konservative Lager allerdings wieder zugunsten der Konservativen aus. 382

Die ungeheure Bevorrechtung der vermögenden Klassen wurde durch die **Wahlkreiseinteilung** noch verstärkt. Tendenziell wurde der ländlich geprägte Osten des Landes gegenüber dem industriellen Westen begünstigt, mit der Folge, daß die überwiegend konservativen Wähler des Ostens im Verhältnis ungleich mehr Abgeordnete stellten, als in den vorwiegend liberalen oder sozialistischen Wahlkreisen im Westen und in Berlin gewählt wurden. Bei ungefähr gleicher Bevölkerungszahl hatte z. B. die Stadt Berlin nur 12 Sitze, während auf die Provinz Ostpreußen 32 Mandate entfielen. Diese Diskrepanzen wurden durch die Wanderungsbewegungen, ausgelöst durch die zunehmende Industrialisierung, noch verstärkt (vgl. unten Rn. 499). 383

Zusammenfassend läßt sich das preußische Dreiklassenwahlrecht als **Inkarnation der Wahlungerechtigkeit** und Ungleichheit beschreiben. Für die breite Masse der Bevölkerung war die auf diese Weise gewählte „Volks"-Vertretung ohne Wert und Bedeutung. Dementsprechend gering war die Wahlbeteiligung. Sie erreichte im Jahre 1903 in der Klasse III einen Tiefstand von ca. 21 %, während sie in der Klasse I immerhin noch bei etwa 49 % lag. Das preußische Abgeordnetenhaus konnte unter diesen Voraussetzungen nicht als 384

Repräsentation des Volkes gelten, so daß sich Art. 83 als Fiktion erwies.

385 Dem preußischen Wahlrecht ermangelte es jedoch nicht nur an der Allgemeinheit, Unmittelbarkeit und Gleichheit der Wahl, es fehlte schließlich auch die für eine wahrhaft freie Wahl unverzichtbare Geheimhaltung des Wahlvorganges. Die Wahlen in Preußen waren **öffentlich**. Die Stimmabgabe wurde zu Protokoll genommen (§ 21 der Verordnung vom 30. Mai 1849). Dabei konnte die zuletzt wählende Klasse I der Wahl der vorher wählenden Klassen II und III beiwohnen, die ihrerseits aber nach Abschluß der Wahlhandlung „zum Abtreten veranlaßt" wurden (§ 10 der auf § 32 der Verordnung beruhenden Ausführungsbestimmung). Auch die Stimmabgabe durch die Wahlmänner erfolgte gem. § 30 der Verordnung öffentlich. Die Regierung wollte sich auf diese Weise die Möglichkeit der Einwirkung auf die Wähler sichern. Die Stimmabgabe sollte in Abhängigkeit von „natürlichen Autoritäten" erfolgen, um die politische und soziale Ordnung nicht zu gefährden. Die Äußerung eines adligen Abgeordneten im Herrenhaus spricht für sich: „Wer nicht den Muth hat, seine Meinung offen zu sagen, sollte auch nicht die Gelegenheit erhalten, sie im Geheimen zu sagen" (Sten. Berichte des preuß. Herrenhauses 1866/67, S. 103; vgl. auch *Pieroth*, JuS 1991, S. 89/90 f.). Behörden, Gutsherren und Unternehmer gaben sich alle Mühe, ihre Untergebenen in deren Wahl-Mut zu bestärken. Beamte, die nicht für die Konservativen stimmten, mußten mit ihrer Entlassung, Strafversetzung oder Nichtbeförderung rechnen. Guts- und Industriearbeitern drohten ähnliche Gefahren, wobei die Abhängigkeit der Industriearbeiter sich zum Teil auch zugunsten der Liberalen auswirkte.

386 Faszinierend bleibt, wie sich trotz eines solchen die „Regierungsstabilität" begünstigenden Wahlsystems eine **starke Opposition** im preußischen Abgeordnetenhaus bilden und einen Verfassungskonflikt mit König und Regierung wagen konnte, einen Verfassungskonflikt, der den preußischen Staat in seinen Grundfesten erschütterte. Auf eine Ursache ist bereits hingewiesen worden (vgl. oben Rn. 382). Die Auseinandersetzung selbst soll Gegenstand des nächsten Abschnitts sein.

V. Der preußische Verfassungskonflikt

Im Oktober 1858 übernahm Prinz *Wilhelm,* der spätere König und Kaiser *Wilhelm I.,* in Preußen die Regentschaft. Man sprach von der „**Neuen Ära**" und erwartete von dem Prinzregenten eine Liberalisierung der preußischen Politik. Nicht zu Unrecht, denn *Wilhelm* verfügte als erstes die Ablösung des hochkonservativen Ministeriums *Manteuffel* durch ein liberal-konservatives Kabinett. Das Programm der neuen Regierung, das der Prinzregent in einer Ansprache vom 8. November 1858 selbst entwickelte, stellte eine deutliche Absage an die bisherige reaktionäre Verfassungs- und Verwaltungspolitik ebenso wie an eine klerikale Kirchen- und Schulpolitik dar (vgl. *Huber,* VerfGesch III, S. 273 f.). Für das zurückhaltend proklamierte politische Ziel der nationalen Einigung Deutschlands ging man auf das liberale Bürgertum zu. Ein weniger beachtetes Beispiel für eine konkrete Reformmaßnahme bildete die längst überfällige Abschaffung des Grundsteuerprivilegs des Adels (vgl. *Hattenhauer,* Grundlagen, Rn. 105, 121).   387

Zum Konflikt mit dem Abgeordnetenhaus kam es aufgrund der von *Wilhelm* geplanten **Heeresreform.** Nach den Plänen des Prinzregenten sollte die Truppenstärke von 150 000 auf 220 000 Mann erhöht werden. Gleichzeitig stellte er sich Bestrebungen, die dreijährige Dienstzeit um ein Jahr zu verkürzen, entschieden entgegen. Die Landwehr, die seit den Freiheitskriegen als Bürgerheer oder gar als „Volk in Waffen" verstanden wurde, sollte reduziert und in ihrer Bedeutung zurückgesetzt werden, wogegen die Linie, d. h. die regulären Truppen, das Berufsheer, verstärkt werden sollte. Die zweite Kammer, in der die Liberaldemokraten über eine Mehrheit verfügten, wandte sich gegen die beabsichtigten Reformen. Insbesondere lehnte sie die Beibehaltung der dreijährigen Dienstzeit und die Verkleinerung der Landwehr ab. Sie verweigerte die Bereitstellung der für die Reorganisation des Heeres erforderlichen Mittel im Haushaltsplan. Am 15. Mai 1860 stimmte sie jedoch einem Kompromißvorschlag des Finanzministers zu. Dieser sah vor, daß das Abgeordnetenhaus die für das folgende Jahr notwendigen Finanzmittel bewilligte (vgl. *Huber,* Dok. II, Nr. 36). Im Gegenzug sicherte die Regierung zu, daß aufgrund der provisorischen Bewilligung keine unumkehrbaren Reorganisationsmaßnahmen getroffen würden. Prinz *Wilhelm* ver-   388 wandte die Gelder jedoch zur Einleitung einer tiefgreifenden Umstrukturierung des Heeres.

389 Daraufhin versuchte das im Dezember 1861 neugewählte Abgeordnetenhaus, in dem die Liberalen und die Fortschrittspartei eine deutliche Mehrheit besaßen, der Heeresreform wirksamer entgegenzutreten. Man war zu provisorischen Bewilligungen nicht mehr bereit und verlangte die Spezialisierung des Militäretats, um die Mittel für die Reorganisation im Haushaltsansatz deutlich erkennen und gegebenenfalls aus dem Etat streichen zu können. König *Wilhelm,* der nach dem Tod seines Bruders am 2. Januar 1861 die Krone übernommen hatte, reagierte auf diesen Schachzug der liberaldemokratischen Mehrheit mit der **Auflösung des Abgeordnetenhauses** am 11. März 1862.

390 Bei den Neuwahlen am 6. Mai 1862 erzielten die liberalen Kräfte ein überragendes Wahlergebnis. Auf sie entfielen über 80% der Mandate, die konservative Partei erlitt eine vernichtende Niederlage. Die Regierung konnte nun kaum noch hoffen, daß die Kammer die nötigen Gelder für die Reform des Heeres in den Haushaltsplan einstellen würde. In dieser Situation, in der sich der König bereits mit dem Gedanken trug, auf den Thron zu verzichten, fand sich **Otto von Bismarck** bereit, notfalls auch ohne Budget zu regieren. Der König übertrug ihm noch am selben Tag die interimistische Leitung des Staatsministeriums. Die zweite Kammer beschloß das von *Bismarck* vorgelegte Haushaltsgesetz nur in modifizierter Form. Es fehlten jegliche Mittel für die Reorganisation des Heeres. In seiner bekannten Rede vom 30. September 1862 verurteilte *Bismarck* die Verweigerungshaltung des Parlamentes scharf: „Nicht durch Reden und Majoritätsbeschlüsse werden die großen Fragen der Zeit entschieden – das ist der große Fehler von 1848 und 1849 gewesen – sondern durch Eisen und Blut" (*Huber,* Dok. II, Nr. 46). Das preußische Abgeordnetenhaus zeigte sich von diesen Ausführungen nicht beeindruckt. Es blieb bei seinem Streichungsbeschluß.

391 Daraufhin ließ *Bismarck* den Landtag schließen und ging zum sog. **budgetlosen Regiment** über. In den folgenden Jahren schwelte der Verfassungs- und Heereskonflikt weiter. Das Abgeordnetenhaus wurde mehrfach vorzeitig geschlossen oder aufgelöst, ohne daß sich die politischen Kräfteverhältnisse entscheidend veränderten. Schließlich führte der militärische Sieg über Österreich in der Schlacht bei Königgrätz am 3. Juli 1866 und die sich abzeichnende deutsche Einigung zu einer Aussöhnung zwischen *Bismarck* und der nationallibe-

ralen Partei, die dessen deutsche Politik unterstützen wollte. Im September 1866 wurde der preußische Verfassungskonflikt mit der Verabschiedung und dem Inkrafttreten des sog. Indemnitätsgesetzes beigelegt. „Indemnität" bedeutete hier die nachträgliche Legalisierung des budgetlosen Regiments.

Wie ist der preußische Verfassungskonflikt verfassungsgeschichtlich zu bewerten? Es ging im Kern um die Frage der politischen Machtverteilung im Staat, in streng verfassungsrechtlicher Sicht um die Verteilung der Staatsgewalt. Die preußische Verfassung von 1850 enthielt mit Art. 45 S. 1 und Art. 62 durchaus Bestimmungen, die das Problem betrafen (vgl. oben Rn. 371). Zudem mußten nach Art. 99 alle Einnahmen und Ausgaben des Staates durch ein Haushaltsgesetz festgestellt werden. Aber die Verfassung enthielt keine Vorschriften für den Konfliktfall. Es war nicht ausdrücklich bestimmt, was geschehen sollte, wenn die nach Art. 62 erforderliche Einigung nicht zustande kam. Die Beantwortung dieser Frage hing davon ab, wen man als Souverän im Staat betrachtete. Jetzt spielte die monarchistische Interpretation der preußischen Verfassung eine Rolle (vgl. oben Rn. 372). Wenn man der Meinung war, es gelte nach wie vor das monarchische Prinzip, d. h. der König vereinige alle Staatsgewalt in seiner Person, dann war die Entscheidungsgewalt in Zweifelsfällen dem König zuzusprechen; es bestand eine „Zuständigkeitsvermutung zu seinen Gunsten" (*Grimm*, VerfGesch, S. 116). So argumentierte folgerichtig die **Lückentheorie**": Sollte die Verfassung eine „Lücke" enthalten, so müsse diese entsprechend dem monarchischen Prinzip durch die Entscheidung des Königs geschlossen werden. 392

So hat sich auch in der bekanntesten Auseinandersetzung zwischen königlicher Regierung und Volksvertretung, im preußischen Verfassungskonflikt der Jahre 1862 bis 1866, das monarchische Prinzip, obgleich nicht ausdrücklich in der preußischen Verfassung verankert, noch einmal behauptet. Es kommt hier nicht darauf an zu beurteilen, ob diese Erfolge der Idee des Königtums langfristig genutzt oder vielleicht eher geschadet haben, ob man wirklich von „Siegen" sprechen kann oder besser nicht (vgl. *Boldt*, VerfGesch, S. 116 ff.). Fest steht, daß die monarchische Regierungsgewalt jederzeit in der Lage war, sich gegenüber der Volksvertretung durchzusetzen. Nur in der kurhessischen Verfassungskrise von 1850 konnte sich eine Regierung nicht auf ihren eigenen Machtapparat, auf Armee, Beamtentum und Gerichte, stützen, sondern war gezwungen, sich außerhalb ihres Landes Hilfe zu holen. Die Verfassungskonflikte in Hessen und Preu- 393 ßen ebenso wie in Hannover (vgl. *Huber,* VerfGesch III, S. 215 ff.) zeigen somit, daß das monarchische Prinzip bis zum Ende des Deutschen Bundes theoretisch und praktisch der oberste Grundsatz des Verfassungslebens geblieben ist. Eine wirkliche Gewaltenteilung fand nicht statt. Deutschland verharrte in einem **monarchischen Konstitutionalismus** (vgl. *Frotscher,* oben Rn. 95, S. 105 ff., 130).

VI. Der Norddeutsche Bund

394 Mit dem 1864 von Preußen und Österreich gemeinsam geführten Krieg gegen Dänemark, das sich Schleswig entgegen einem alten Vertrag, wonach Schleswig und Holstein „up ewig ungedeelt" bleiben sollten, einverleibt hatte, schuf *Bismarck* die Ausgangslage für eine Lösung der deutschen Frage in seinem Sinne. Schleswig-Holstein wurde von Dänemark abgetrennt und der Verwaltung der beiden deutschen Großmächte unterstellt. Damit war der spätere Konflikt vorprogrammiert. Gemeinsam mit einer von Preußen beantragten Bundesreform bildeten die norddeutschen Herzogtümer zwei Jahre später den Anlaß zum sog. **Deutschen Krieg von 1866** zwischen Preußen und Österreich, durch den auch der Deutsche Bund zerbrach: Nachdem gegen das eigenmächtig in Holstein einrückende Preußen die Bundesexekution beschlossen worden war, trat Preußen am 14. Juni 1866 unter Verstoß gegen Art. 5 WSA (vgl. oben Rn. 253) vom Bundesvertrag zurück. Die militärische Entscheidung zugunsten der norddeutschen Großmacht fiel rasch. Nach dem Sieg bei Königgrätz am 3. Juli 1866 widerstand Preußen der Versuchung und dem Drängen seines Monarchen, Österreich durch einen Marsch auf Wien eine vollständige Niederlage beizubringen, da dies unweigerlich die führende Großmacht des Kontinents, nämlich das Frankreich *Napoléons III.,* auf den Plan gerufen hätte. *Bismarck* schloß Frieden, bevor Frankreich und andere Mächte eingreifen konnten, und verzichtete gleichzeitig auf eine Demütigung Österreichs, um es nicht als zukünftigen Bündnispartner zu verlieren. Im Frieden von Prag vom 23. August 1866 konnte Österreich seine territoriale Integrität wahren, mußte jedoch seine Einwilligung zu der Auflösung des Deutschen Bundes und einer „neuen Gestaltung Deutschlands" unter Ausschluß Österreichs geben.

395 Art. IV des Friedensvertrages von Prag: „Seine Majestät der Kaiser von Oesterreich erkennt die Auflösung des bisherigen Deutschen Bundes an und

giebt Seine Zustimmung zu einer neuen Gestaltung Deutschlands ohne Betheiligung des Oesterreichischen Kaiserstaates. Ebenso verspricht Seine Majestät, das engere Bundes-Verhältniß anzuerkennen, welches Seine Majestät der König von Preußen nördlich von der Linie des Mains begründen wird, und erklärt Sich damit einverstanden, daß die südlichen von dieser Linie gelegenen Deutschen Staaten in einen Verein zusammentreten, dessen nationale Verbindung mit dem Norddeutschen Bunde der nähern Verständigung zwischen beiden vorbehalten bleibt und der eine internationale unabhängige Existenz haben wird" (vgl. *Huber,* Dok. II, Nr. 185).

Auf die Initiative Preußens hin kam es zur gleichen Zeit zur **Gründung des Norddeutschen Bundes,** dem zunächst 15 deutsche Staaten angehörten. In der Folgezeit sollte die Mitgliederzahl auf 23 ansteigen. Im September 1866 annektierte Preußen Hannover, Kurhessen, Nassau und Frankfurt, im Dezember 1866 auch noch Schleswig und Holstein, und vergößerte so sein Territorium um ein Viertel. Mit den süddeutschen Staaten Bayern, Württemberg und Baden schloß es im August 1866 Schutz- und Trutzbündnisse ab, mit Hessen-Darmstadt 1867 eine Militärkonvention, wonach alle hessischen Truppen preußischem Oberbefehl unterstanden. Der Norddeutsche Bund stellte ein Offensiv- und Defensivbündnis zur Aufrechterhaltung der inneren und äußeren Sicherheit dar. Ferner kamen die verbündeten Regierungen überein, später einen Bundesstaat zu gründen und zu diesem Zweck den Entwurf einer Bundesverfassung auszuarbeiten. Sie beschlossen die Wahl eines Bundesparlamentes aufgrund des von der Nationalversammlung in der Paulskirche verabschiedeten Reichswahlgesetzes vom 12. April 1849 (vgl. oben Rn. 334). Erstaunlicherweise galt also ein demokratisches Wahlrecht, das für *Bismarck* wohl ein unitarisches Band gegen partikulare Kräfte darstellte. Bei den Wahlen zum Reichstag im Februar 1867 gewann die rechte Mitte die Oberhand. Schon am 16. April 1867 beschloß der Reichstag mit großer Mehrheit eine von *Bismarck* entworfene Verfassung, welche am 1. Juli 1867 in Kraft trat. Damit war ein Bundesstaat entstanden (näher *Maurer,* unten Rn. 449, S. 32 ff.). 396

Da die Verfassung des Norddeutschen Bundes im wesentlichen mit der noch ausführlich zu erörternden Reichsverfassung von 1871 (vgl. unten Rn. 417) übereinstimmte, seien hier nur folgende grundlegende Bestimmungen erwähnt: **Organe des Norddeutschen Bundes** waren der vom Volk gewählte Reichstag, der Bundesrat als Ländervertretung und das Präsidium, welches die Exekutivfunktion ausübte. Nach Art. 20 i. V. mit dem Wahlgesetz vom 31. Mai 1869 (vgl. *Huber,* 397

Dok. II, Nr. 209) sollte der Reichstag auch künftig aus allgemeinen, gleichen und unmittelbaren Wahlen hervorgehen. Das Reichspräsidium stand der Krone Preußens zu (Art. 11). Es hatte das Recht, den Bundeskanzler zu ernennen und abzuberufen.

398 Der **Bundeskanzler** hatte keine eigene Organstellung. Er führte den Vorsitz im Bundesrat; ihm kam die Aufgabe zu, die Anordnungen des Präsidiums gegenzuzeichnen, um ihnen Gültigkeit zu verleihen. Durch die Gegenzeichnung übernahm er die Verantwortlichkeit für die entsprechenden Anordnungen und Verfügungen (Art. 17 S. 2). Diese Bestimmung, die erst im Laufe der Beratungen auf einen entsprechenden Antrag des Nationalliberalen *Bennigsen* in die Verfassung eingefügt wurde, wies dem Bundeskanzler als einzigem verantwortlichen Minister die entscheidende Position innerhalb der Exekutive zu, so daß *Huber* (VerfGesch III, S. 659) ihn aufgrund dieser Stellung – im Gegensatz zum Verfassungswortlaut – bereits als ein „unmittelbares oberstes Bundesorgan" einordnen will. Es überrascht nicht, daß der instinktsichere Politiker *Bismarck,* dem das Kanzleramt erwartungsgemäß im Juli 1867 übertragen wurde, dieser Ergänzung des Art. 17 nicht widersprochen hat. Die Gesetzgebung stand dem Reichstag und dem Bundesrat gemeinsam zu. Aufgrund der Tätigkeit dieser Organe kam es in der Folgezeit zu einer Rechtsvereinheitlichung im Bundesgebiet. Wichtige Gesetze waren u. a. die Gewerbeordnung vom 21. Juni 1869 und das Strafgesetzbuch vom 31. Mai 1870, welche in veränderter Form heute noch gelten.

399 Nach *Bismarcks* Plänen sollte der Norddeutsche Bund nur ein Zwischenschritt zu einem „kleindeutschen" Bundesstaat sein. In der Tat spricht für seinen **Übergangscharakter,** daß die Nord/Süd-Teilung durch die Mainlinie keine Tradition in der deutschen Geschichte hatte. Die preußischen Bestrebungen stießen jedoch auf den Widerstand Bayerns, welches die preußische Vormachtstellung ablehnte. Auch Frankreich wandte sich gegen eine Ausweitung des Norddeutschen Bundes. *Bismarck* konnte sein Ziel der deutschen Einheit daher erst mit der Gründung des Deutschen Reiches verwirklichen.

VII. Literatur

400 *G. Anschütz,* Die Verfassungsurkunde für den Preußischen Staat, Bd. II, 1912; *A. Biefang,* Politisches Bürgertum in Deutschland 1857–1868. Nationale Organisationen und Eliten, 1994; *H. Dreier,* Der Kampf um das Budgetrecht als Kampf um die staatliche Steuerungsherrschaft. Zur Entwicklung des modernen Haushaltsrechts, in: *W. Hoffmann-Riem/E. Schmidt-Aßmann* (Hg.), Effizienz als Herausforderung an das Verwaltungsrecht, 1998, S. 59 ff.; *E. Engelberg,* Bismarck: Urpreuße und Reichsgründer, 1985; *W. Frotscher,* Monarchisches Prinzip kontra liberale Verfassungspositionen, JuS 2000, S. 943 ff.; *L. Gall,* Bismarck. Der weiße Revolutionär, 1997; *G. Grünthal,* Das preußische Dreiklassenwahlrecht, HZ 1978, S. 17 ff.; *ders.,* Parlamentarismus in Preußen 1848/49–1857/58, 1982; *R. Ham,* Bundesintervention und Verfassungsrevision, 2004; *M. Kotulla,* Das konstitutionelle Verfassungswerk Preußens (1848–1918). Eine Quellensammlung mit hist. Einf., 2003; *H.-C. Kraus,* Ursprung und Genese der „Lückentheorie" im preußischen Verfassungskonflikt, Der Staat 1990, S. 209 ff.; *T. Kühne,* Dreiklassenwahlrecht und Wahlkultur in Preußen 1867–1914, 1994; *M. Pape,* Die Verfassungsgebung in Preußen. Akteure – Ziele – Handlungsspielräume, ZNR 2000, S. 188 ff.; *K. E. Pollmann,* Parlamentarismus im Norddeutschen Bund 1867–1870, 1985; *D. Schefold,* Verfassung als Kompromiß? Deutung und Bedeutung des preußischen Verfassungskonflikts, ZNR 1981, S. 137 ff.; *H. Seier* (Hg.)/*U. von Nathusius* (Bearb.), Akten und Dokumente zur kurhessischen Parlaments- und Verfassungsgeschichte 1848–1866, 1987; *R. Wahl,* Der preußische Verfassungskonflikt und das konstitutionelle System des Kaiserreichs, in: *E.-W. Böckenförde* (Hg.), Moderne deutsche Verfassungsgeschichte (1815–1914), 2. Aufl. 1981, S. 208 ff.

§ 13. Die Reichsgründung

I. Zeittafel

1870 Emser Depesche (13. 7.)   401
Kriegserklärung Frankreichs an Preußen (19. 7.)
Sieg von Sedan (2. 9.)
Beitritt der süddeutschen Staaten zum Norddeutschen Bund (November)
Empfang der Kaiserdeputation des Norddeutschen Reichstages (18. 12.)
1871 Inkrafttreten der Reichsverfassung (1. 1.)
Kaiserproklamation im Spiegelsaal des Schlosses von Versailles (18. 1.)
Gesetz betreffend die Verfassung des Deutschen Reiches (16. 4.)

II. Die geschichtliche Entwicklung bis zur Kaiserproklamation in Versailles

Bismarck wollte die großen Fragen der Zeit – anders als 1848/49 – 402
nicht durch Reden und Majoritätsbeschlüsse, sondern „durch Eisen

und Blut" entscheiden (vgl. oben Rn. 390). Tatsächlich gelang ihm auf diese Weise die Lösung eines Problems, das die deutsche Verfassungsgeschichte eigentlich seit dem Beginn der Neuzeit, insbesondere aber im Laufe des 19. Jahrhunderts, immer dringender bewegt hat, nämlich des Problems der nationalen Einheit. Um den Widerstand Frankreichs und der auf ihre Unabhängigkeit bedachten süddeutschen Staaten gegen eine Ausweitung des Norddeutschen Bundes zu überwinden, nutzte *Bismarck* eine Krise der preußisch-französischen Beziehungen aus. Einem Mitglied der katholischen Nebenlinie des preußischen Herrscherhauses, dem Prinzen *Leopold von Hohenzollern-Sigmaringen,* war der spanische Thron angetragen worden. Frankreich betrachtete die Aussicht, daß ein Hohenzoller das Land an seiner Südgrenze beherrschen sollte, mit tiefem Argwohn. Es kam zu einem unerfreulichen Zusammentreffen zwischen dem in Bad Ems weilenden preußischen König und dem französischen Gesandten, über das *Bismarck* durch ein Telegramm (die sog. **Emser Depesche**) informiert wurde. Der preußische Außenminister und Bundeskanzler verlieh dieser Nachricht durch Abänderung des Textes eine für Frankreich provozierende Note und veröffentlichte sie anschließend.

403 Daraufhin erklärte Frankreich den **Krieg** – wie es *Bismarcks* Plänen entsprach. Nun fühlten sich Baden, Bayern und Württemberg aufgerufen, Preußen entsprechend ihren Pflichten aus den Schutz- und Trutzbündnissen vom 22. August 1866 Beistand zu leisten. Das feindselige Verhalten Frankreichs hatte eine Stärkung der deutsch-nationalen Emotionen in den süddeutschen Ländern zur Folge. Nach dem Sieg über die französischen Truppen bei Sedan am 2. September 1870, der Eroberung von Paris und der Gefangennahme *Napoléons III.* konnte die deutsche Einigung vollzogen werden.

404 Dies geschah durch den Abschluß der sog. **Novemberverträge** zwischen dem Norddeutschen Bund und den süddeutschen Staaten Baden, Bayern, Hessen-Darmstadt und Württemberg (vgl. *Huber,* Dok. II, Nr. 219, 220, 223). Man vereinbarte die Gründung eines „Deutschen Bundes", dessen Verfassung weitgehend der des Norddeutschen Bundes entsprechen sollte. Insofern hatte sich *Bismarck* durchzusetzen verstanden, welcher auf einen Erhalt der preußischen Vormachtstellung bedacht war. Im Dezember beschlossen der Bundesrat und der Reichstag des Norddeutschen Bundes im Einverständnis mit den Regierungen der vier süddeutschen Staaten, den Text der Verfassung zu ändern (vgl. *Huber,* Dok. II, Nr. 232). Der neue Staat

sollte nicht Deutscher Bund, sondern Deutsches Reich genannt werden. Der König von Preußen, dem das Präsidium zustand, sollte den Namen Deutscher Kaiser tragen. Am 18. Januar 1871 wurde der preußische König *Wilhelm I.* im Spiegelsaal des Schlosses von Versailles zum Kaiser gekrönt. Mit der Wahl gerade dieses Tages wurde bewußt an die Krönung *Friedrichs I.* zum ersten preußischen König im Dom zu Königsberg 170 Jahre vorher angeknüpft und so „das preußische Fundament des neuen deutschen Kaiseramts" (*Huber,* VerfGesch III, S. 751) betont.

III. Die Beurteilung der Reichsgründung

Die Beurteilung der Reichsgründung von 1871 ist bis heute kontrovers geblieben. Das zeigte sich deutlich an ihrem 100. Geburtstag 1971, als man sich weithin nicht sicher war, wie man das Ereignis sinnvoll begehen sollte, welches Maß an Begeisterung oder jedenfalls freudiger Rückbesinnung am Platze sei. Der **Unterschied zu 1848/49** wird offenbar: Die Märzrevolution, die Paulskirche und schließlich der Entwurf einer Reichsverfassung – an diese liberal-demokratische Tradition kann man unbesorgt anknüpfen. Bei der Reichsgründung von 1871 plagen uns dagegen Zweifel. Von der Bismarck-Euphorie vergangener Epochen sind wir, glücklicherweise, weit entfernt. So ergeben sich kritische Fragen zur Reichsgründung und ihren Folgen: Wurden 1871 vielleicht die Ursachen jener Entwicklung geschaffen, die „zwangsläufig" zu den historischen Ereignissen von 1914, 1933, 1939 und 1945 geführt hat? Leitete die Reichsgründung wirklich eine Verfassungsepoche ein, die früher von vielen als „die gute alte Zeit" apostrophiert wurde? Oder hat nicht die Erinnerung wie so oft die Geschehnisse verklärt und das Urteil getrübt? 405

Anlaß zur Skepsis gibt schon das äußerliche Bild der **Kaiserproklamation im Schloß von Versailles.** Man führe sich den bekannten Stich *Anton von Werners* vor Augen, dessen Bild zum Sinnbild wird. In der Mitte steht *Bismarck,* breitbeinig in hohen Schaftstiefeln, vor ihm, um 3 Stufen erhöht, der Kaiser. Um ihn herum versammeln sich nur Fürstlichkeiten und Militär mit ihren Uniformen, Schärpen, Bändern, Pickelhauben, Orden und erhobenen Säbeln. Vom deutschen Volk oder auch nur seinen Repräsentanten fehlt jede Spur. So wendet sich der Kaiser in seiner persönlichen Ansprache im Spiegelsaal von Versailles auch nur an die „Durchlauchtigsten Fürsten und 406

Bundesgenossen!" und macht den Charakter der Reichsgründung als einer aus der fürstlichen Souveränität entspringenden Handlung deutlich (vgl. *Huber,* Dok. II, Nr. 255).

407 An diesen Aspekt der Reichsgründung knüpft die **Kritik** an, wie sie etwa von *Franz Schnabel* in den 50-er Jahren im Rahmen der allgemeinen Diskussion über die Krise des Nationalstaates und das Problem Bismarck besonders pointiert vorgetragen worden ist. Nach *Schnabel* kann die Reichsgründung nur als Folge einer Politik angesehen und bewertet werden, die sich der Methoden der klassischen, vom Machiavellismus geprägten Diplomatie bediente und die maßgeblich von einem Mann *(Bismarck)* bestimmt wurde, der monarchisch gesinnt war und dessen Hauptziel in der Ausdehnung und Vermehrung der Macht Preußens bestand (*Schnabel,* unten Rn. 449).

408 Die Kaiserproklamation in Versailles zeigt jedoch nur einen Gesichtspunkt, der für die Reichsgründung zwar wesentliche Bedeutung hat, in dem sich die Vorgänge aber nicht erschöpfen. Die Reichsgründung darf nicht als ein bloßes Werk von Monarchie und Diplomatie mißverstanden werden, dem die Bürger in Deutschland mehr oder weniger gleichgültig gegenübergestanden hätten. Die Gründung des Reiches kann nicht mit der Gründung des Deutschen Bundes von 1815 verglichen werden. Die Einigung im Jahre 1871 rief einen **Sturm der Begeisterung** hervor.

409 **Heinrich von Sybel,** ein nationalliberaler Historiker, schrieb wenige Tage nach der Kaiserproklamation und unmittelbar nach der Kapitulation von Paris an seinen Parteifreund und Fachgenossen *Baumgarten:* „Lieber Freund, ich schreibe von all diesen Quisquilien und meine Augen gehen immer herüber zu dem Extrablatt und die Tränen fließen mir über die Backen. Wodurch hat man die Gnade Gottes verdient, so große und mächtige Dinge erleben zu dürfen? Und wie wird man nachher leben? Was zwanzig Jahre der Inhalt alles Wünschens und Strebens gewesen, das ist nun in so unendlich herrlicher Weise erfüllt! Woher soll man in meinen Lebensjahren noch einen neuen Inhalt für das weitere Leben nehmen?" (in: *Heyderhoff,* unten Rn. 449, S. 494).

410 Ähnlich wie *Sybel* mag es damals vielen gegangen sein. Der militärische und politische Erfolg ließ die Kritik jedenfalls in Deutschland verstummen. Nur aus der Distanz des konservativen Schweizers fürchtete *Jakob Burckhardt* (Briefe, Bd. V, 1963, S. 184), daß künftig alle Darstellungen über die neuere Geschichte „auf 1870/71 orientiert" sein würden, „bis die ganze Weltgeschichte von Adam an siegesdeutsch angestrichen" sei. Ganz in diesem Sinne stellte *Heinrich von Sybel* in seinem siebenbändigen Werk „Die Begründung des

Deutschen Reiches durch Wilhelm I." (unten Rn. 449), dem Standardwerk der nationalliberalen Geschichtsschreibung, das preußisch-deutsche Einigungswerk als **Verwirklichung einer gemäßigt liberalen Staatskonzeption** dar. Zu diesem Zweck mußte die preußische Geschichte vielfach beschönigt oder umgedeutet werden.

In der **Geschichtsschreibung Sybels** trat die reaktionäre, monarchistische Politik *Bismarcks* während des preußischen Verfassungskonflikts hinter den Verdiensten des preußischen Ministers um die nationale Einheit zurück (vgl. *von Sybel*, aaO., S. 422 ff.). Er begrüßte die Verabschiedung des von *Bismarck* vorgeschlagenen Indemnitätsgesetzes, da dieses den Verfassungskonflikt beendete. Der so gewonnene innere Friede habe eine „fruchtbare Thätigkeit in der deutschen Sache" ermöglicht. Versöhnlich hoffte er einerseits, daß der König niemals wieder ohne ein vom Abgeordnetenhaus genehmigtes Budget regieren werde, und andererseits, daß die Volksvertretung in der Zukunft keinen Staatsnotstand mehr veranlassen werde (*von Sybel*, aaO., S. 429). Der Verstoß der Monarchie gegen verfassungsmäßige Rechte des Parlaments wurde verharmlost im Interesse der Herstellung der deutschen Einheit. Einer Einheit, die anders als 1848 nicht auf dem Streben freiheitlich demokratischer Kräfte, sondern auf dem politischen Willen des konservativ-monarchisch gesinnten, auf den Ausbau der Vormachtstellung Preußens abzielenden *Bismarck* beruhte. Die Gründung des Norddeutschen Bundes pries der Historiker als realpolitische Meisterleistung (*von Sybel*, aaO., S. 461 ff.). Es sei dem preußischen König gelungen, „was die Nationalversammlung (1848) nicht vermocht hatte: beraten von seinem großen Minister, fand er den Boden für ein stabiles Gleichgewicht des Ideals und der Realität". 411

So verwischten sich in der zeitgenössischen nationalliberalen Geschichtsschreibung die Gegensätze zwischen der konservativen preußischen Regierung und dem Liberalismus. Bezeichnend für die auf Ausgleich, ja Unterordnung unter die fürstliche Gewalt bedachte Einstellung weiter Bevölkerungskreise in Deutschland ist auch der Umstand, daß derselbe *Eduard von Simson*, der bereits einmal – 1849 – vergeblich einem preußischen König die Kaiserkrone angeboten hatte, sich erneut an die Spitze einer Kaiserdeputation stellte, um im Namen des Norddeutschen Reichstages *Wilhelm I.* die Kaiserwürde anzutragen. Der **deutsche Liberalismus** hatte sich grundlegend gewandelt. Er bildete nicht mehr die in den Zeiten des Vormärz von der monarchischen Staatsgewalt so gefürchtete Opposition. Die nationalliberale Bewegung war seit 1866 ein Bündnis mit *Bismarck*, mit der konservativen preußischen Staatsführung, eingegangen. Sie hatte die großen Ziele von 1848/49 aufgeben müssen bis auf eines: die deutsche Einigung. Die von *Simson* angeführte Kaiserdeputation überbrachte eine Adresse des Reichstages des Norddeutschen Bundes 412 an König *Wilhelm I.,* die am 10. Dezember mit überwältigender Mehrheit (188 gegen 6 Stimmen) angenommen worden war. Sie macht die breite Zustimmung der Bevölkerung zu der bevorstehenden Reichsgründung deutlich. Nur die 6 Abgeordneten der sozialdemokratischen Arbeiter-Partei, darunter *August Bebel* und *Wilhelm Liebknecht,* stimmten dagegen.

413 Die **Adresse des Reichstages** lautete:
„Dank den Siegen, zu der Ew. Majestät die Heere Deutschlands in treuer Waffengenossenschaft geführt hat, sieht die Nation der dauernden Einigung entgegen.

Vereint mit den Fürsten Deutschlands naht der Norddeutsche Reichstag mit der Bitte, daß es Ew. Majestät gefallen möge, durch Annahme der deutschen Kaiserkrone das Einigungswerk zu weihen.

Die deutsche Krone auf dem Haupte Ew. Majestät wird dem wieder aufgerichteten Reiche deutscher Nation Tage der Macht, des Friedens, der Wohlfahrt und der im Schutze der Gesetze gesicherten Freiheit eröffnen."
(Vgl. *Huber,* Dok. II, Nr. 233.)

414 Die bewußte Anknüpfung an die Tradition des Heiligen Römischen Reiches Deutscher Nation, das jetzt „wieder aufgerichtet" werden sollte, täuschte eine Kontinuität vor, die in Wirklichkeit nicht bestand. *Bismarck,* der die Reichsverfassung maßgeblich geprägt hatte, ging es nicht darum, das Alte Reich wiederaufleben zu lassen. Die **Struktur des neuen Staates** unterschied sich von der des Heiligen Römischen Reiches grundlegend. Sie war nicht staatenbündisch, sondern bundesstaatlich, nicht universal, sondern national. Es wurde auch keine religiöse Führungsrolle beansprucht (*Kimminich,* VerfGesch, S. 414). So waren die großen Worte von dem „wieder aufgerichteten Reiche deutscher Nation" eigentlich irreführend, aber das war zugleich ihre Funktion. Das bewußte Zurückgehen auf die Tradition des Alten Reiches, das kaum einer der Lebenden noch erfahren hatte und das deshalb in ganz anderem Glanze erstrahlte als die von bitteren Erfahrungen geprägte Erinnerung an den Deutschen Bund, mobilisierte die Gefühle, die um die Jahreswende 1870/71 ohnehin nicht zur Ruhe kamen. Gerade erst hatte man den militärischen Triumph, nach der Schlacht bei Sedan, in überschwenglicher Weise ausgekostet und gefeiert, da stellte sich auch der politische Erfolg ein: Die Reichsgründung kam zustande. In solch stürmischen Phasen der geschichtlichen Entwicklung, in denen Krieg und Außenpolitik eine besondere Rolle spielen, bleibt für die kritische Betrachtung des Erreichten und des Erreichbaren zunächst wenig Zeit. Innenpolitische Probleme treten leicht in den Hintergrund. Soziale und politische Gegensätze werden zeitweise überdeckt. So war es auch im Januar 1871. Die nationale Begeisterung schlug (fast) alle in ihren Bann.

Es stellt sich die Frage, welcher Beurteilung der Reichsgründung zuzustimmen ist: dem Enthusiasmus der Zeitgenossen oder der späteren scharfen Kritik etwa aus der Feder *Franz Schnabels*. Eine ausgewogene Stellungnahme wird sicherlich zwischen diesen beiden Positionen zu suchen sein. Aus **heutiger Perspektive** wäre eine Gründung des Deutschen Staates auf der Basis nationaler Selbstbestimmung, wie sie 1848/49 versucht wurde, einer Einigung auf der Grundlage militärischer Erfolge und fürstlicher Absprachen und Händel (König *Ludwig II.* von Bayern ließ sich die Zustimmung zur Reichsgründung nur gegen das [geheime] Versprechen persönlicher Jahresdotationen in einer Gesamthöhe von annähernd 5 Millionen Mark abringen) sicherlich vorzuziehen gewesen. Die Chance für eine „nationalrevolutionäre, nationaldemokratische Staatsgründung, eine Garibaldi-Gründung" (*Nipperdey*, unten Rn. 449, S. 81) war jedoch vertan. 1871 gab es zu *Bismarcks* Plänen, realistisch betrachtet, nur die Alternative, auf die deutsche Einheit zu verzichten und die Verfassungsordnungen in den Einzelstaaten weiter zu entwickeln. So sollte man sich von der mehr pauschalen Debatte für und wider die Reichsgründung abwenden und stattdessen fragen, wie das neue Reich verfassungsrechtlich ausgestaltet war. Trug seine Verfassungsordnung bereits den Keim späterer politischer Mißerfolge und Konflikte bis hin zur Katastrophe des 1. Weltkrieges in sich? Oder waren vielleicht nur die Nachfolger des großen „Baumeisters" *Bismarck* zu schwach, um das glänzend konzipierte Werk länger als eine Generation zu bewahren? 415

IV. Die Verfassung des Deutschen Reiches vom 16. April 1871

Die Verfassung des Deutschen Reiches bestand aus einer Vielzahl von Einzeldokumenten, nämlich den „Novemberverträgen" und ihren Schlußprotokollen sowie der Verfassungsänderung betreffend die Bezeichnungen „Deutsches Reich" und „Deutscher Kaiser" (vgl. oben Rn. 404). Eine Bündelung dieser Teilstücke in einer **einheitlichen Verfassungsurkunde** war notwendig. Diese erfolgte durch das Gesetz betreffend die Verfassung des Deutschen Reiches vom 16. Ap- 416

204   Kap. 6. Restauration nach 1848 und Reichsgründung

ril 1871, welches vom Reichstag mit überwältigender Mehrheit verabschiedet wurde. Nach Billigung durch den Bundesrat sowie Ausfertigung und Verkündung durch den Kaiser trat diese Fassung am 4. Mai 1871 in Kraft. Sie sollte bis zur Novemberrevolution 1918, also nahezu fünfzig Jahre, mit nur wenigen substanziellen Änderungen (vgl. *Schmidt-De Caluwe*, unten Rn. 449) Bestand haben.

417 **Verfassung des Deutschen Reiches vom 16. April 1871** – Auszug –:
Seine Majestät der König von Preußen im Namen des Norddeutschen Bundes, Seine Majestät der König von Bayern, Seine Majestät der König von Württemberg, Seine Königliche Hoheit der Großherzog von Baden und Seine Königliche Hoheit der Großherzog von Hessen und bei Rhein für die südlich vom Main belegenen Theile des Großherzogthums Hessen, schließen einen ewigen Bund zum Schutze des Bundesgebietes und des innerhalb desselben gültigen Rechtes, sowie zur Pflege der Wohlfahrt des Deutschen Volkes. Dieser Bund wird den Namen Deutsches Reich führen und wird nachstehende Verfassung haben.
Art. 1. Das Bundesgebiet besteht aus den Staaten Preußen mit Lauenburg, Bayern, Sachsen, Württemberg, Baden, Hessen, Mecklenburg-Schwerin, Sachsen-Weimar, Mecklenburg-Strelitz, Oldenburg, Braunschweig, Sachsen-Meiningen, Sachsen-Altenburg, Sachsen-Koburg-Gotha, Anhalt, Schwarzburg-Rudolstadt, Schwarzburg-Sondershausen, Waldeck, Reuß älterer Linie, Reuß jüngerer Linie, Schaumburg-Lippe, Lippe, Lübeck, Bremen und Hamburg.
Art. 2. Innerhalb dieses Bundesgebietes übt das Reich das Recht der Gesetzgebung nach Maßgabe des Inhalts dieser Verfassung und mit der Wirkung aus, daß die Reichsgesetze den Landesgesetzen vorgehen ...
Art. 4. Der Beaufsichtigung Seitens des Reichs und der Gesetzgebung desselben unterliegen die nachstehenden Angelegenheiten:
1) die Bestimmungen über Freizügigkeit, Heimaths- und Niederlassungsverhältnisse, Staatsbürgerrecht, Paßwesen und Fremdenpolizei und über den Gewerbebetrieb, einschließlich des Versicherungswesens, ...
2) die Zoll- und Handelsgesetzgebung und die für die Zwecke des Reichs zu verwendenden Steuern;
3) die Ordnung des Maaß-, Münz- und Gewichtssystems nebst Feststellung der Grundsätze über die Emission von fundirtem und unfundirtem Papiergeld;
4) die allgemeinen Bestimmungen über das Bankwesen;
5) die Erfindungspatente;
6) den Schutz des geistigen Eigenthums;
8) das Eisenbahnwesen, ...
10) das Post- und Telegraphenwesen, ...
13) die gemeinsame Gesetzgebung über das Obligationenrecht, Strafrecht, Handels- und Wechselrecht und das gerichtliche Verfahren;
14) das Militairwesen des Reichs und die Kriegsmarine;
16) die Bestimmungen über die Presse und das Vereinswesen.

Art. 5 Abs. 1. Die Reichsgesetzgebung wird ausgeübt durch den Bundesrath und den Reichstag. Die Uebereinstimmung der Mehrheitsbeschlüsse beider Versammlungen ist zu einem Reichsgesetze erforderlich und ausreichend.

Art. 9. Jedes Mitglied des Bundesrathes hat das Recht, im Reichstage zu erscheinen und muß daselbst auf Verlangen jederzeit gehört werden, um die Ansichten seiner Regierung zu vertreten, auch dann, wenn dieselben von der Majorität des Bundesrathes nicht adoptirt worden sind. Niemand kann gleichzeitig Mitglied des Bundesrathes und des Reichstages sein.

Art. 11. Das Präsidium des Bundes steht dem Könige von Preußen zu, welcher den Namen Deutscher Kaiser führt. Der Kaiser hat das Reich völkerrechtlich zu vertreten, im Namen des Reichs Krieg zu erklären und Frieden zu schließen, Bündnisse und andere Verträge mit fremden Staaten einzugehen, Gesandte zu beglaubigen und zu empfangen.

Zur Erklärung des Krieges im Namen des Reichs ist die Zustimmung des Bundesrathes erforderlich, es sei denn, daß ein Angriff auf das Bundesgebiet oder dessen Küsten erfolgt.

Insoweit die Verträge mit fremden Staaten sich auf solche Gegenstände beziehen, welche nach Artikel 4 in den Bereich der Reichsgesetzgebung gehören, ist zu ihrem Abschluß die Zustimmung des Bundesrathes und zu ihrer Gültigkeit die Genehmigung des Reichstages erforderlich.

Art. 12. Dem Kaiser steht es zu, den Bundesrath und den Reichstag zu berufen, zu eröffnen, zu vertagen und zu schließen.

Art. 13. Die Berufung des Bundesrathes und des Reichstages findet alljährlich statt und kann der Bundesrath zur Vorbereitung der Arbeiten ohne den Reichstag, letzterer aber nicht ohne den Bundesrath berufen werden.

Art. 14. Die Berufung des Bundesrathes muß erfolgen, sobald sie von einem Drittel der Stimmenzahl verlangt wird.

Art. 15. Der Vorsitz im Bundesrathe und die Leitung der Geschäfte steht dem Reichskanzler zu, welcher vom Kaiser zu ernennen ist.

Der Reichskanzler kann sich durch jedes andere Mitglied des Bundesrathes vermöge schriftlicher Substitution vertreten lassen.

Art. 16. Die erforderlichen Vorlagen werden nach Maßgabe der Beschlüsse des Bundesrathes im Namen des Kaisers an den Reichstag gebracht, wo sie durch Mitglieder des Bundesrathes oder durch besondere von letzterem zu ernennende Kommissarien vertreten werden.

Art. 17. Dem Kaiser steht die Ausfertigung und Verkündigung der Reichsgesetze und die Ueberwachung der Ausführung derselben zu. Die Anordnungen und Verfügungen des Kaisers werden im Namen des Reichs erlassen und bedürfen zu ihrer Gültigkeit der Gegenzeichnung des Reichskanzlers, welcher dadurch die Verantwortlichkeit übernimmt.

Art. 18. Der Kaiser ernennt die Reichsbeamten, läßt dieselben für das Reich vereidigen und verfügt erforderlichen Falls deren Entlassung.

Den zu einem Reichsamte berufenen Beamten eines Bundesstaates stehen, sofern nicht vor ihrem Eintritt in den Reichsdienst im Wege der Reichsgesetzgebung etwas Anderes bestimmt ist, dem Reiche gegenüber diejenigen Rechte zu, welche ihnen in ihrem Heimathslande aus ihrer dienstlichen Stellung zugestanden hatten.

Art. 19. Wenn Bundesglieder ihre verfassungsmäßigen Bundespflichten nicht erfüllen, können sie dazu im Wege der Exekution angehalten werden. Diese Exekution ist vom Bundesrath zu beschließen und vom Kaiser zu vollstrecken.

Art. 20 Abs. 1. Der Reichstag geht aus allgemeinen und direkten Wahlen mit geheimer Abstimmung hervor.

Art. 22. Die Verhandlungen des Reichstages sind öffentlich.

Wahrheitsgetreue Berichte über Verhandlungen in den öffentlichen Sitzungen des Reichstages bleiben von jeder Verantwortlichkeit frei.

Art. 23. Der Reichstag hat das Recht, innerhalb der Kompetenz des Reichs Gesetze vorzuschlagen und an ihn gerichtete Petitionen dem Bundesrathe resp. Reichskanzler zu überweisen.

Art. 24. Die Legislaturperiode des Reichstages dauert drei Jahre. Zur Auflösung des Reichstages während derselben ist ein Beschluß des Bundesrathes unter Zustimmung des Kaisers erforderlich.

Art. 25. Im Falle der Auflösung des Reichstages müssen innerhalb eines Zeitraumes von 60 Tagen nach derselben die Wähler und innerhalb eines Zeitraumes von 90 Tagen nach der Auflösung der Reichstag versammelt werden.

Art. 26. Ohne Zustimmung des Reichstages darf die Vertagung desselben die Frist von 30 Tagen nicht übersteigen und während derselben Session nicht wiederholt werden.

Art. 29. Die Mitglieder des Reichstages sind Vertreter des gesammten Volkes und an Aufträge und Instruktionen nicht gebunden.

Art. 30. Kein Mitglied des Reichstages darf zu irgend einer Zeit wegen seiner Abstimmung oder wegen der in Ausübung seines Berufes gethanen Aeußerungen gerichtlich oder disziplinarisch verfolgt oder sonst außerhalb der Versammlung zur Verantwortung gezogen werden.

Art. 31. Ohne Genehmigung des Reichstages kann kein Mitglied desselben während der Sitzungsperiode wegen einer mit Strafe bedrohten Handlung zur Untersuchung gezogen oder verhaftet werden, außer wenn es bei Ausübung der That oder im Laufe des nächstfolgenden Tages ergriffen wird.

Gleiche Genehmigung ist bei einer Verhaftung wegen Schulden erforderlich.

Auf Verlangen des Reichstages wird jedes Strafverfahren gegen ein Mitglied desselben und jede Untersuchungs- oder Civilhaft für die Dauer der Sitzungsperiode aufgehoben.

Art. 32. Die Mitglieder des Reichstages dürfen als solche keine Besoldung oder Entschädigung beziehen.

Art. 69. Alle Einnahmen und Ausgaben des Reichs müssen für jedes Jahr veranschlagt und auf den Reichshaushalts-Etat gebracht werden. Letzterer wird vor Beginn des Etatsjahres nach folgenden Grundsätzen durch ein Gesetz festgestellt.

Art. 76. Streitigkeiten zwischen verschiedenen Bundesstaaten, sofern dieselben nicht privatrechtlicher Natur und daher von den kompetenten Gerichtsbehörden zu entscheiden sind, werden auf Anrufen des einen Theils von dem Bundesrathe erledigt.

Verfassungsstreitigkeiten in solchen Bundesstaaten, in deren Verfassung nicht eine Behörde zur Entscheidung solcher Streitigkeiten bestimmt ist, hat auf Anrufen eines Theiles des Bundesrath gütlich auszugleichen oder, wenn das nicht gelingt, im Wege der Reichsgesetzgebung zur Erledigung zu bringen.

Art. 78. Veränderungen der Verfassung erfolgen im Wege der Gesetzgebung. Sie gelten als abgelehnt, wenn sie im Bundesrathe 14 Stimmen gegen sich haben.

Diejenigen Vorschriften der Reichsverfassung, durch welche bestimmte Rechte einzelner Bundesstaaten in deren Verhältniß zur Gesammtheit festgestellt sind, können nur mit Zustimmung des berechtigten Bundesstaates abgeändert werden.

(RGBl., S. 64; vgl. *Limbach* u. a., Verfassungen, S. 127 ff.)

1. Das Reich als Bundesstaat

Ebenso wie der mit der Paulskirchenverfassung konzipierte Staat war das Deutsche Reich von 1871 ein Bundesstaat (vgl. oben Rn. 337 f.), bestehend aus 22 monarchischen Staaten und drei Stadtrepubliken (vgl. Art. 1); durch eine Verfassungsänderung trat 1873 das von Frankreich abgetretene Reichsland Elsaß-Lothringen hinzu. Damit erfüllte sich der gerade für das nationalstaatliche Denken des 19. Jahrhunderts bezeichnende Wunsch nach einem stärkeren, engeren Zusammenschluß, den der Deutsche Bund von 1815 als eine bloße völkerrechtliche Vereinigung, ein Staatenbund, nicht hatte gewähren können. Die bundesstaatliche Lösung des Problems der inneren Staatsform stellte den geglückten **Kompromiß zwischen nationalem Unitarismus und territorialstaatlichem Partikularismus** dar. Um eine integrative Wirkung entfalten zu können, mußte die Reichsverfassung dem Wunsch der deutschen Einzelstaaten nach einer gewissen Eigenständigkeit und Unabhängigkeit Rechnung tragen. Deshalb einigte man sich auf eine ausgesprochen föderale Verfassungsstruktur. Diese läßt sich auch an der Präambel ablesen, welche die Fürsten der Einzelstaaten als Gründer des neuen Bundesstaates nennt. Die Länder hatten aufgrund der starken Stellung des Bundesrates im Verfassungsgefüge auf die Entscheidungsfindung im Reich einen beachtlichen Einfluß. Sie behielten auch ihre volle territoriale Souveränität, d. h. eine Neugliederung des Staatsgebietes konnte nur von ihnen, nicht aber von den Organen des Reiches beschlossen werden (vgl. Art. 78 Abs. 2). Auf der anderen Seite kam auch der Einheitsgedanke nicht zu kurz. Mit dem nationalen Kaisertum, der auf den Kanzler

418

Kap. 6. Restauration nach 1848 und Reichsgründung

zugeschnittenen zentralen Reichsleitung und dem Nationalparlament (dem Reichstag) fügte die Verfassung starke unitarische Institutionen in den Staatsaufbau ein.

419 Die Ausübung der staatlichen Befugnisse war wie in jedem Bundesstaat teils Sache des Zentralstaates und teils Sache der Gliedstaaten. Art. 4 bestimmte ausdrücklich die Gegenstände, die der **Beaufsichtigung und Gesetzgebung** seitens des Reichs unterliegen sollten. Hinzu kamen eine Reihe einzelner Zuständigkeiten, die in anderen Verfassungsbestimmungen geregelt waren, z. B. die Reichszuständigkeit für das Wahlrecht nach Art. 20 Abs. 2, für das Haushaltsrecht nach Art. 69 und für Verfassungsänderungen nach Art. 78. Da der Reichsgesetzgeber die Verfassung ändern konnte, besaß er die sog. Kompetenz-Kompetenz, d. h. die Befugnis, die eigene Zuständigkeit durch verfassungsänderndes Reichsgesetz über den zunächst vorgesehenen Umfang hinaus auf Kosten der Länder zu erweitern. Allerdings war diese Zuständigkeit zur verfassungsändernden Gesetzgebung gem. Art. 78 Abs. 1 an eine qualifizierte Zustimmung im Bundesrat geknüpft. Da im Bundesrat insgesamt 58 Stimmen versammelt waren, konnte Preußen mit seinen 17 Stimmen allein eine Verfassungsänderung blockieren.

420 Der Zuständigkeitskatalog des Art. 4 nennt bereits viele der Materien, die auch heute zur Gesetzgebungszuständigkeit des Bundes nach Art. 73, 74 GG gehören, nur mit dem Unterschied, daß die Reichsverfassung noch keine Differenzierung zwischen ausschließlicher und konkurrierender Gesetzgebung kannte. Das Bundesverfassungsgericht hat aus der stetigen Verwendung und teilweise wörtlichen **Übernahme der Begriffe** in den Kompetenzordnungen der neueren deutschen Verfassungsgeschichte den Schluß gezogen, daß bei der Auslegung des geltenden Verfassungsrechts die traditionelle Bedeutung dieser Begriffe unbedingt berücksichtigt werden müsse. So hat das Gericht für den Begriff des „bürgerlichen Rechts" (vgl. Art. 74 Abs. 1 Nr. 1 GG) entschieden, daß dieser „grundsätzlich in demselben Sinne wie früher verstanden" werden müsse (BVerfGE 61, 149/175 zur Nichtigkeit des Staatshaftungsgesetzes). Der umfassendere Begriff des „bürgerlichen Rechts" war durch die Lex Miquel-Lasker (vgl. unten Rn. 453) anstelle der ursprünglichen Beschränkung auf das „Obligationen-, Handels- und Wechselrecht" in Art. 4 Nr. 13 aufgenommen worden.

421 Neben den in der Reichsverfassung ausdrücklich aufgeführten Reichszuständigkeiten existierten nach allgemeiner Auffassung wei-

tere sog. **ungeschriebene Reichszuständigkeiten.** Diese ergaben sich zum einen aus der Natur der Sache, d. h. eine ungeschriebene Kompetenz war dann anzunehmen, wenn eine Materie begriffsnotwendig nur durch ein Reichsgesetz geregelt werden konnte. Diese Voraussetzungen lagen zum Beispiel im Hinblick auf die Regelung der Rechtsverhältnisse der Reichsbeamten vor. Zum anderen kannte die damalige Verfassungspraxis auch ungeschriebene Zuständigkeiten kraft Sachzusammenhangs. Eine solche war zu bejahen, wenn eine dem Reich ausdrücklich zugewiesene Materie nicht hätte sinnvoll geregelt werden können, ohne daß zugleich eine nicht ausdrücklich zugewiesene Materie mitgeregelt wurde. Diese Anerkennung einzelner, quasi denknotwendiger ungeschriebener Gesetzgebungszuständigkeiten des Zentralstaates ist später von der Staatsrechtslehre sowohl unter der Weimarer Reichsverfassung als auch unter dem Grundgesetz übernommen worden.

Für den Fall einer Kollision zwischen einer reichsgesetzlichen und einer landesgesetzlichen Bestimmung galt nach Art. 2 S. 1 der Grundsatz **„Reichsrecht bricht Landesrecht"** oder wie es damals formuliert war: Die Reichsgesetze gehen den Landesgesetzen vor. Heute ist dieses für jeden Bundesstaat grundlegende Prinzip in Art. 31 GG verankert. Auch die seltenen Eingriffe in die Verfassungsautonomie der Länder wurden auf Art. 2 S. 1 gestützt, weil die Reichsverfassung kein Homogenitätsgebot normierte (vgl. *Holste,* unten Rn. 449, S. 140 ff.). 422

Während der Gesetzgebung des Reiches doch eine Vielzahl von Materien zugewiesen war, erstreckte sich die **unmittelbare Reichsverwaltung** nur auf wenige Gebiete. Das ergab sich bereits aus der Formulierung des Art. 4, der von einer „Beaufsichtigung seitens des Reiches" sprach (vgl. heute Art. 84 GG: Landesverwaltung unter Bundesaufsicht). Zu den Gegenständen der unmittelbaren Reichsverwaltung gehörten von Verfassungs wegen die auswärtigen Angelegenheiten (Art. 11), das Post- und Telegrafenwesen (Art. 48 ff.), die Kriegsmarine (Art. 53) und das Militärwesen (Art. 63 ff.). Hinsichtlich anderer Bereiche wie z. B. der Verwaltung der 1875 gegründeten Reichsbank, des Patentwesens, der Sozialversicherung sowie Teilbereichen des Eisenbahnwesens, des Finanzwesens und des Versicherungswesens vermochte das Reich kraft (verfassungsändernden) Reichsgesetzes weitere Verwaltungszuständigkeiten zu erlangen (vgl. *R. Mußgnug,* in: *Jeserich* u. a., Dt. VerwGesch III, S. 187 f.). Allgemein zeigte sich in der Entwicklung des Deutschen Reiches eine deutliche Unitarisierungstendenz, die auch eine Verlagerung von 423

Aufgaben der Verwaltung an die zentrale Reichsgewalt beinhaltete. Insgesamt betrachtet blieb die Verwaltung jedoch, ähnlich wie in der Gegenwart, der Kernbereich der Länderstaatlichkeit. Auf einigen Gebieten besaßen die Länder von vornherein die Gesamtzuständigkeit für Gesetzgebung und Verwaltung (sog. gliedstaatliche Autonomie). Hinzu traten die Bereiche, in denen das Reich für die Gesetzgebung, die Bundesstaaten aber für die Verwaltung – unter Aufsicht des Reiches – zuständig waren (sog. gliedstaatliche Verwaltungskompetenz; vgl. *W. Frotscher*, in: *Jeserich* u. a., Dt. VerwGesch III, S. 407 ff.). Die Abgrenzung zwischen Bundes- und Landesverwaltung ist heute in den Art. 83 ff. GG in vergleichbarer Weise geregelt.

2. Die Reichsorgane

424   Die Reichsverfassung ging von drei Staatsorganen aus, deren Angelegenheiten jeweils in einem besonderen Abschnitt der Verfassung geregelt waren, nämlich dem Bundesrat (Art. 6 ff.), dem Bundespräsidium (Art. 11 ff.) und dem Reichstag (Art. 20 ff.). Das Amt des Reichskanzlers, das für die Verfassungsentwicklung im „Bismarck-Reich" so große Bedeutung gewinnen sollte, daß man davon sagte, es sei speziell auf die Person *Bismarcks* zugeschnitten gewesen und habe alle Nachfolger überfordert, war nicht in einem eigenen Abschnitt der Verfassung geregelt, sondern unter den Vorschriften über das Präsidium „versteckt".

425   a) **Der Bundesrat.** Die Bestimmungen über den Bundesrat waren denjenigen über Präsidium und Reichstag vorangestellt. Dies hatte seinen Grund. Ebenso wie heute die Stellung des Bundestages dadurch betont wird, daß der entsprechende Abschnitt des Grundgesetzes den Regelungen über Bundesrat, Bundespräsident und Bundesregierung vorgeht, so sollte der Bundesrat nach der Reichsverfassung von 1871 als oberstes Organ des Reiches gegenüber Kaiser und Reichstag hervorgehoben werden. Allerdings hat er die ihm zugedachte Rolle als „**Central-Organ des Reiches**" (*von Rönne*, unten Rn. 449, Sp. 221) in der Verfassungswirklichkeit nicht zu spielen vermocht. Obwohl ihm einige bedeutsame Rechte zustanden, nahm der Einfluß des Bundesrates im Laufe der Zeit ab (vgl. unten Rn. 463).

426   Nach Art. 6 bestand der Bundesrat aus den „Vertretern der Mitglieder des Bundes", also aus **Vertretern der Mitgliedstaaten.** Jedes Land hatte eine von der Verfassung festgelegte Stimmzahl im Bundesrat. Die meisten entfielen auf Preußen, das 17 Stimmen besaß. Es folgten

Bayern mit 6, Sachsen und Württemberg mit 4 Stimmen, Baden und Hessen mit 3, Mecklenburg-Schwerin und Braunschweig mit 2 Stimmen. Alle anderen Mitgliedstaaten verfügten nur über eine Bundesratsstimme. Hinzu kamen ab 1911 drei Stimmen für das Reichsland Elsaß-Lothringen, die aber nicht gezählt wurden, wenn Preußen nur durch den Hinzutritt dieser Stimmen die Mehrheit erlangt hätte (vgl. *Huber*, Dok. II, S. 388 Fn. 7). An dieser Verteilung wird das deutliche Übergewicht Preußens erkennbar, das fast ein Drittel der Stimmen auf sich vereinigte. Die Gesamtheit der Stimmen eines Landes konnte nur einheitlich abgegeben werden (Art. 6 Abs. 2), und zwar auch dann, wenn ein Mitgliedstaat durch mehrere Bundesratsbevollmächtigte vertreten war. Die Ländervertreter waren weisungsabhängig. Dem entspricht heute Art. 51 Abs. 3 GG.

Der Bundesrat war seiner Struktur nach **keine Erste Kammer,** weder in der verbreiteten Form eines Oberhauses wie in den meisten konstitutionellen Monarchien (man denke an das preußische Herrenhaus und das englische House of Lords) noch in der Form eines Senats oder Staatenhauses wie z. B. nach der amerikanischen Verfassung oder der Paulskirchenverfassung. Der Bundesrat der Reichsverfassung orientierte sich vielmehr an seinen staatenbündischen Vorläufern, also an dem Bundestag des Deutschen Bundes und an dem Reichstag des Heiligen Römischen Reiches Deutscher Nation. Diese Bundesratstradition hat sich in Deutschland über die Weimarer Reichsverfassung bis heute erhalten.

Die wichtigste **Kompetenz** des Bundesrates war die Mitwirkung an der Gesetzgebung gem. Art. 5. Der Bundesrat war außerdem an der auswärtigen Gewalt beteiligt, insbesondere beim Abschluß von Staatsverträgen und bei einer eventuellen Kriegserklärung (Art. 11 Abs. 2, 3). Er konnte die sog. selbständige, d. h. kein vorausgehendes Aufsichtsverfahren voraussetzende Reichsexekution gegen pflichtvergessene Mitgliedstaaten beschließen (Art. 19) und Rechtsverordnungen nach Maßgabe der Reichsgesetze sowie allgemeine Verwaltungsvorschriften erlassen. Der Reichstag durfte nur im Zusammenwirken zwischen ihm und dem Kaiser aufgelöst werden (Art. 24 S. 2). Schließlich fungierte der Bundesrat auch als Organ der verfassungsrechtlichen Streitentscheidung (Art. 76, 77). Ein Verfassungsgericht sah die Reichsverfassung im Unterschied zur Paulskirchenverfassung nicht vor (vgl. auch unten Rn. 443).

429 **b) Der Kaiser.** Den Bestimmungen über den Bundesrat folgte der Abschnitt über das Präsidium. Es stand nach Art. 11 dem **König von Preußen** zu, der den Namen „Deutscher Kaiser" führen sollte. Diese Bezeichnung verdrängte zunehmend den Begriff des Präsidiums. Durch die Verbindung zwischen preußischem Königtum und Kaiseramt wurde die Stellung Preußens im Reich weiter verstärkt, zumal die tatsächliche Macht des Kaisers im Verlauf der geschichtlichen Entwicklung zunahm.

430 Zu den wichtigsten **Befugnissen** des Kaisers zählten die Ernennung und Entlassung des Reichskanzlers (Art. 15 Abs. 1), das Recht zur Berufung, Eröffnung, Vertagung und Schließung von Bundesrat und Reichstag sowie – gemeinsam mit dem Bundesrat – zur Auflösung des Reichstages (Art. 12, 24 S. 2), die Einbringung von Vorlagen im Bundesrat und die Einbringung von Bundesratsvorlagen im Reichstag (Art. 16), die Ausfertigung und Verkündung der Reichsgesetze (Art. 17 S. 1), die auswärtige Gewalt, welche das Recht zur Entscheidung über Krieg und Frieden beinhaltete (Art. 11), die Befehlsgewalt über das Heer und die Kriegsmarine (Art. 53 Abs. 1, 63, 64), das Recht zur Ernennung und Entlassung der Reichsbeamten (Art. 18 Abs. 1) und die Verwaltungshoheit auf den Gebieten der unmittelbaren Reichsverwaltung (Art. 17 S. 1).

431 Problematisch war nach der Reichsverfassung vor allem das **Verhältnis von Kaiser und Reichskanzler.** Beide gehörten eng zusammen. Sie waren nicht wie Bundespräsident und Bundeskanzler (bzw. Bundesregierung) nach dem Grundgesetz zwei verschiedene Organe mit selbständigen Wirkungsbereichen. Kaiser und Reichskanzler hatten vielmehr eine gemeinsame Aufgabe: Sie sollten – unbeschadet der Befugnisse von Bundesrat und Reichstag – die Regierungsgewalt des Reiches ausüben. Dabei war der Kaiser dem Kanzler formal übergeordnet. Er konnte nach seiner freien Entscheidung den Reichskanzler ernennen und entlassen (Art. 15 Abs. 1). Der Reichstag besaß insoweit keinerlei Mitspracherechte. Der Reichsverfassung lag das konstitutionelle Regierungssystem zugrunde, d. h. die Regierung war – anders als in einem parlamentarischen Regierungssystem – nicht von der Volksvertretung abhängig. Aufgrund seiner Abhängigkeit vom Kaiser mußte der Kanzler den politischen Willen des Kaisers bei seiner Amtsführung beachten. Der Kanzler war jedoch keinesfalls nur eine Marionette des Kaisers, denn nach Art. 17 S. 2 bedurften Anordnungen und Verfügungen des Kaisers zu ihrer Gültigkeit der Gegenzeichnung durch den Kanzler, welcher damit die Verantwortlichkeit

übernahm. Aus dem Zusammenspiel von Art. 11, der dem Kaiser die Regierungsgewalt zuwies, mit Art. 17 S. 2 folgte, daß die Bestimmung der Richtlinien der Politik Kaiser und Kanzler gemeinsam oblag. In der Verfassungspraxis gelang es allerdings dem versierten Politiker *Bismarck*, dem Amt des Kanzlers gegenüber dem des Kaisers mehr Gewicht zu verleihen. Er war es, der die politische Richtung wies (vgl. unten Rn. 492).

Der Reichskanzler war der einzige Reichsminister. Es gab **kein Regierungskollegium.** Der Sache nach (nicht aber von der Rechtsstellung her) übten die Reichsämter, an deren Spitze jeweils ein Staatssekretär stand, die Funktion von Ministerien aus (vgl. unten Rn. 466). Sie waren jedoch dem Reichskanzler nachgeordnet; die Staatssekretäre besaßen keine Ressortverantwortlichkeit wie heutige Bundesminister gem. Art. 65 S. 2 GG. 432

c) **Der Reichstag.** Der Reichstag stellte das demokratisch-unitarische Organ im Verfassungsgefüge des Reiches dar. Er ging nach Art. 20 Abs. 1 aus allgemeinen und direkten Wahlen mit geheimer Abstimmung hervor. Die Verfassung garantierte also drei der wichtigsten **Wahlrechtsgrundsätze:** die Allgemeinheit der Wahl, die Unmittelbarkeit der Wahl sowie die Wahrung des Wahlgeheimnisses. Es fehlte der fundamentale Satz von der gleichen Wahl. Aber auch die Wahlrechtsgleichheit war im Deutschen Reich von 1871, jedenfalls auf Reichsebene, gewährleistet. Denn es galt nach wie vor das Wahlrecht von 1849, das zunächst in das Wahlgesetz für den Reichstag des Norddeutschen Bundes Eingang gefunden hatte (vgl. oben Rn. 396). Damit standen sich in Deutschland bis 1918 das demokratische Reichstagswahlrecht und das reaktionäre preußische Dreiklassenwahlrecht gegenüber. Die Auswirkungen sind nicht zu übersehen. Preußen blieb dank des Dreiklassenwahlrechts ein überwiegend hochkonservativer Staat, während die Kräfte des Fortschritts im Reich eher Fuß fassen konnten. 433

Aber auch dieses Unterfangen war schwer genug. Denn Wahlrechtsgleichheit ist nicht gleich **Wahlrechtsgleichheit.** Man darf sich insoweit von der frühen Einführung dieses demokratischen Wahlrechtsgrundsatzes in Deutschland nicht blenden lassen. Während die Wahlrechtsgleichheit heute die Gleichheit im Zählwert und weitgehend auch im Erfolgswert der Stimmen impliziert, war im Deutschen Reich nur die Gleichheit im Zählwert ("one man one vote") anerkannt. Die Gleichheit des Erfolgswertes verlangt, daß jede abgege- 434 bene Stimme für die Zusammensetzung des Parlamentes das gleiche Gewicht hat. Dieses Kriterium spielt zum einen eine Rolle bei der Wahlkreiseinteilung. Gleichheit des Erfolgswertes ist nicht gegeben, wenn die Einteilung nach dem Gebietsumfang ohne Rücksicht auf die Zahl der Wahlberechtigten erfolgt. Zum andern entspricht im Grunde nur das Verhältniswahlrecht der Erfolgswertgleichheit.

435 Im Kaiserreich nun führte die wachsende Ungleichheit der Bevölkerungszahl in den einzelnen Wahlkreisen, verbunden mit dem Mehrheitswahlrecht, dazu, daß sich die abgegebenen Stimmen in höchst unterschiedlicher Weise in Mandate umsetzten. Man kann diesen Tatbestand als eine extreme **Ungleichheit im Erfolgswert** kennzeichnen. Diese Ungleichheit benachteiligte hauptsächlich die Sozialdemokratie, deren Anhänger sich vorwiegend in den industriellen Ballungszentren und damit in den bevölkerungsstärksten Wahlbezirken befanden. Begünstigt wurden die konservativen Parteien und das katholische Zentrum. So waren für ein Reichstagsmandat im Jahre 1871 durchschnittlich 10 000 Stimmen erforderlich; die Konservativen benötigten 9600 und die Nationalliberalen 9300 Stimmen, wogegen die Sozialdemokratie 62 000 Stimmen pro Mandat erringen mußte. Im Jahre 1907 waren im Durchschnitt 28 000 Stimmen nötig, tatsächlich mußten jedoch die Konservativen nur 17 700, das Zentrum 20 800 und die Sozialdemokratie 75 800 Stimmen für ein Mandat gewinnen (vgl. *Huber*, VerfGesch III, S. 875).

436 Nach Art. 24 S. 1 dauerte die **Legislaturperiode** zunächst drei Jahre, seit 1888 dann fünf Jahre. Einberufung und Eröffnung ebenso wie Vertagung und Schließung standen ausschließlich dem Kaiser zu (Art. 12), der allerdings in seiner Entscheidung gewissen Bindungen unterlag (vgl. Art. 13, 26). Der Reichstag hatte weder ein Selbstversammlungs- noch ein Selbstvertagungsrecht. Das wichtigste Mittel in der Auseinandersetzung zwischen Regierung und parlamentarischer Opposition in der konstitutionellen Monarchie, die Auflösung, bedurfte nach Art. 24 S. 2 der Übereinstimmung zwischen Bundesrat und Kaiser. Ein Recht zur Selbstauflösung bestand nicht. Insgesamt wurden 4 von den 13 Reichstagen, die zwischen 1871 und 1913 gewählt wurden, vorzeitig aufgelöst. Ein besonderer Grund für die Auflösung war nicht erforderlich. Im heutigen Staatsrecht ist die Bundestagsauflösung nur in besonderen Fällen möglich (vgl. Art. 63 Abs. 4 und 68 Abs. 1 GG).

437 Die wichtigsten **Kompetenzen** des Reichstages waren die Mitwirkung an der Gesetzgebung (Art. 5), die Verabschiedung des Reichs-

haushalts in Form eines Gesetzes (Art. 69) und die Genehmigung auswärtiger Verträge, welche Gegenstände der Reichsgesetzgebung betrafen (Art. 11 Abs. 3). Ein Gesetz war auch für die Feststellung der Friedens-Präsenzstärke des Heeres erforderlich (Art. 60 S. 2); doch gab es darüber ständig Auseinandersetzungen mit dem Kaiser, der gem. Art. 63 Abs. 4 den „Präsenzstand" des Heeres bestimmte. Eine solche Unklarheit besteht heute nicht mehr (vgl. Art. 65 a und Art. 87 a Abs. 1 GG).

In Art. 29 war das sog. **freie Mandat** normiert, das seit der Französischen Revolution als unverzichtbarer Bestandteil jedweder Repräsentativverfassung angesehen wird. Dem entspricht auch heute Art. 38 Abs. 1 S. 2 GG. Bereits für die Reichstagsabgeordneten darf die Abhängigkeit von den politischen Parteien, die sich in Deutschland in der zweiten Hälfte des 19. Jahrhunderts fest etabliert haben, nicht übersehen werden. Partei- und Fraktionsdisziplin gehörten damals wie heute zum parlamentarischen Tagesgeschäft. Allerdings war die Einbindung der Reichstagsabgeordneten in den politischen „Schoß" einer Partei noch nicht so weit fortgeschritten. Die beachtliche Zahl von parteilosen Abgeordneten, von Parteiaustritten und -übertritten sowie von Parteiabspaltungen im Reichstag des Kaiserreichs sind dafür ein gewichtiger Beleg. 438

Der ursprüngliche Art. 32 legte für die Mitglieder des Reichstages ein **Diätenverbot** fest. Dadurch sollte die Unabhängigkeit der Abgeordneten gestärkt und dem Aufkommen eines Berufsparlamentarismus vorgebeugt werden. *Bismarck* sah in Diäten eine Besoldung des gebildeten Proletariats zum Zwecke des gewerbsmäßigen Betriebs der Demagogie. Das praktische und auch erwünschte Ergebnis dieses Diätenverbotes hätte eigentlich darin liegen müssen, daß nur Angehörige der vermögenden Klassen ein Abgeordnetenmandat übernehmen konnten. Doch gelang es den minderbemittelten Abgeordneten, auf andere Weise Unterhalt und Ersatz ihrer Auslagen zu erhalten. Durch (verfassungsänderndes) Reichsgesetz vom 21. Mai 1906 wurde das Diätenverbot nach vielen Anläufen, die regelmäßig im Bundesrat scheiterten, schließlich aufgehoben (vgl. *H. Butzer*, Diäten und Freifahrt im Deutschen Reichstag, 1999). 439

Heute ist die Frage der Diäten in Art. 48 Abs. 3 GG geregelt. Das Urteil des Bundesverfassungsgerichts aus dem Jahre 1975 (BVerfGE 40, 296) zu dieser Thematik zeigt, wie weit die Entwicklung inzwischen fortgeschritten ist. Das Gericht erkennt die Abgeordnetentätigkeit praktisch als Beruf an. Die Entschädigung, die der Abgeordnete gemäß Art. 48 Abs. 3 GG erhält, wird nicht 440 länger als bloße Aufwandsentschädigung, sondern als Einkommen, als „Entgelt für die Inanspruchnahme des Abgeordneten durch sein zur Hauptbeschäftigung gewordenes Mandat", eingestuft, mit der Folge, daß diese Summe wie jedes Einkommen versteuert werden muß. Politik ist seit dem Ausgang des 20. Jahrhunderts zum hochbezahlten Beruf geworden.

441 Schließlich war die Rechtsstellung des Abgeordneten nach der Reichsverfassung durch zwei Institute abgesichert, die bis heute Bestand haben, **Indemnität und Immunität.** Die in Art. 30 verbürgte Indemnität des Abgeordneten ist heute in Art. 46 Abs. 1 GG gewährleistet, der Immunitätsregelung in Art. 31 korrespondiert heute Art. 46 Abs. 2–4 GG. Während die Indemnität einen persönlichen Strafausschließungsgrund darstellt, beinhaltet die Immunität nur ein durch eine Genehmigung des Parlaments aufhebbares Strafverfolgungshindernis.

3. Grundrechte und Verfassungsgerichtsbarkeit

442 Die Reichsverfassung enthält **keinen Grundrechtskatalog.** Die katholische Fraktion im Reichstag hatte zwar bei der Schlußrevision der Verfassung Ende März 1871 die Aufnahme von Grundrechten, nämlich der Meinungs-, Versammlungs- und Vereinigungsfreiheit, der Bekenntnis- und Kultusfreiheit sowie der Unantastbarkeit der kirchlichen Selbstverwaltung gefordert, war jedoch mit ihrem Antrag nicht durchgedrungen. So richtete sich der Schutz des einzelnen durch Grundrechte nach den jeweiligen Regelungen in den Länderverfassungen. Hinzu kamen Freiheitsgewährleistungen durch (einfache) Reichsgesetze (vgl. unten Rn. 453). Es war also keine „grundrechtslose Zeit".

443 Im Unterschied zu der Paulskirchenverfassung (vgl. oben Rn. 340) sah die Reichsverfassung auch **kein Verfassungsgericht** vor. Das Reichsgericht lehnte eine Kontrolle der einfachen Gesetze am Maßstab der Verfassung (sog. richterliches Prüfungsrecht; vgl. oben Rn. 44 ff., 360 ff.) ausdrücklich ab. Als Organ der Streitentscheidung für einige der Gegenstände, die zu den Zuständigkeiten von Verfassungsgerichten zählen, fungierte der Bundesrat. Dieser war nach Art. 76 sowohl für Streitigkeiten nichtprivatrechtlicher Art zwischen verschiedenen Bundesstaaten als auch – subsidiär – für Verfassungsstreitigkeiten innerhalb eines Landes zuständig; außerdem konnte er gem. Art. 77 für den Fall der Justizverweigerung angerufen werden. In der Praxis versuchte der Bundesrat jedoch regelmäßig politisch

zu vermitteln oder ein Gericht als Schiedsinstanz einzuschalten (vgl. *U. Björner,* Die Verfassungsgerichtsbarkeit im Norddeutschen Bund und Deutschen Reich [1867–1918], 2000, S. 33 ff.).

4. Die rechtliche Einordnung des Reiches

Als letztes soll einer Frage des Verfassungsaufbaus nachgegangen 444 werden, deren Behandlung man eigentlich am Anfang erwarten könnte, nämlich der Frage nach dem **Träger der Staatsgewalt im Reich.** Waren es der Kaiser oder die Fürsten entsprechend dem monarchischen Prinzip? Oder gar das Volk entsprechend dem demokratischen Prinzip? Diese Frage ist außerordentlich schwer zu beurteilen, weil sich das Reich nicht so einfach in eine der idealtypischen Kategorien einordnen läßt. Eben deshalb erschien es sinnvoll, die Frage zurückzustellen. Eine Antwort läßt sich nur auf der Grundlage der Betrachtung der Bestimmungen über die Reichsorgane und ihre Stellung im Verfassungssystem geben.

Paul Laband, der führende Staatsrechtslehrer des ausgehenden 19. Jahrhun- 445 derts, beantwortete die Frage wie folgt: „Das Deutsche Reich ist keine Monarchie, sondern – wenn man den Ausdruck auf eine Vielheit juristischer Personen anwenden könnte – eine Demokratie. Das heißt: Träger der Souveränität des Reiches sind die sämmtlichen Mitglieder des Reiches, nicht der Kaiser.

Hier zeigt es sich zunächst von Wichtigkeit, den Begriff des Bundesstaates fest und ohne Schwanken im Auge zu behalten. Mitglieder des Reiches sind nicht die einzelnen Bürger und sie sind auch nicht zusammengenommen Träger der Reichsgewalt; Mitglieder des Reiches sind vielmehr die einzelnen Staaten und sie sämmtlich sind an der Reichsgewalt mitbetheiligt, grade so wie in der Demokratie die vollberechtigten Staatsbürger an der Staatsgewalt. Das Deutsche Reich ist nicht eine juristische Person von 40 Millionen Mitgliedern, sondern von 25 Mitgliedern" (*Laband,* unten Rn. 449, 1. Aufl., S. 88).

Der Begriff der Demokratie wird hier dahin mißverstanden, daß 446 bereits die formale Gleichheit der **Mitgliedstaaten** als juristische Personen für die Kennzeichnung als Demokratie genügen soll. Auf diese Weise könnten selbst Diktaturen, vorausgesetzt sie schließen sich zusammen, zur Demokratie werden. Nach *Laband* sind die Mitgliedstaaten, d. h. die deutschen Fürsten und freien Städte, in ihrer Gesamtheit Träger oder Inhaber der Reichssouveränität (*Laband,* unten Rn. 449, 1. Aufl., S. 89). Für seine Auffassung spricht die Präambel der Reichsverfassung, nach der das Reich als ein Staatskörper erschien, der ohne Beteiligung der Nation oder des Volkes allein auf dem Willen der Einzelstaaten beruhte. Sieht man von der besonderen

Verfassung der drei Reichsstädte einmal ab, so handelte es sich nach der Präambel um einen Fürstenbund, ähnlich dem Deutschen Bund von 1815 (vgl. oben Rn. 254 f.).

447 Entscheidend für die rechtliche Einordnung ist aber nicht allein die Präambel, sondern der gesamte Verfassungstext. Der ergibt, daß das neue Reich über einen bloßen staatenbündischen Zusammenschluß hinausführt, daß ein **Bundesstaat** entstanden ist. Dieses bringt die Reichsverfassung dadurch zum Ausdruck, daß sie den Organen des Reiches weitreichende eigene Aufgabenbereiche und eigene Entscheidungsbefugnisse gibt. Träger der Staatsgewalt können daher nicht die Mitgliedsländer sein (so auch *Huber,* VerfGesch III, S. 791). Die durch die Landesfürsten repräsentierten Mitgliedstaaten waren allerdings durch ihre Vertreter im Bundesrat an der Ausübung der Staatsgewalt auf Reichsebene beteiligt. Die hoheitliche Tätigkeit des Bundesrates ließ sich insofern auf das monarchische Prinzip zurückführen. Auch der Kaiser erscheint aufgrund seiner gewichtigen Rechte nach der Verfassung als Träger eines Teiles der Staatsgewalt. Diese Gesichtspunkte sprechen für eine Charakterisierung des Reiches als Monarchie.

448 Dabei bliebe jedoch die Stellung des Reichstages im Verfassungsgefüge unberücksichtigt. Der Reichstag hat die Verfassung verabschiedet (vgl. oben Rn. 396, 416). Er ist zwar nicht der alleinige Träger der Staatsgewalt, die man dann wie in der Demokratie auf das (Wahl-)Volk zurückführen könnte, aber er ist doch an der Ausübung der Staatsgewalt beteiligt. Dabei reicht seine Position über die bloßen Mitwirkungsbefugnisse frühkonstitutioneller Ständevertretungen weit hinaus. Der Reichstag hat ein Stück Reichsstaatsgewalt inne. Damit aber ist das monarchische Prinzip im strengen Sinne aufgegeben, ohne daß bereits das demokratische Prinzip an seine Stelle getreten ist. Es handelt sich um eine Übergangsstaatsform. *Huber* (VerfGesch III, S. 774) etwa meint: „Das Reich war Demokratie und Monarchie zugleich". Besser noch sollte man von einer **„eingeschränkten Monarchie"** sprechen, um das Übergewicht des monarchischen über das demokratische Element zu betonen.

V. Literatur

449 *E. Fehrenbach,* Die Reichsgründung in der deutschen Geschichtsschreibung, in: *Th. Schieder/E. Deuerlein* (Hg.), Reichsgründung 1870/71, 1970,

S. 259 ff.; *L. Gall,* Europa auf dem Weg in die Moderne 1850–1890, 5. Aufl. 2009; *C. F. von Gerber,* Grundzüge des deutschen Staatsrechts, 3. Aufl. 1880 (Nachdruck 1998); *J. Heyderhoff* (Hg.), Deutscher Liberalismus im Zeitalter Bismarcks. Eine politische Briefsammlung, Bd. I, 1925 (Nachdruck 1970); *H. Holste,* Der deutsche Bundesstaat im Wandel (1867–1933), 2002; *E. R. Huber,* Das Kaiserreich als Epoche verfassungsstaatlicher Entwicklung, in: *Isensee/Kirchhof* (Hg.), HdbStR I, S. 129 ff.; *P. Laband,* Das Staatsrecht des Deutschen Reiches, Bd. I, 1. Aufl. 1876 u. 5. Aufl. 1911 (Nachdruck 1964); *H. Maurer,* Entstehung und Grundlagen der Reichsverfassung von 1871, in: FS Stern, 1997, S. 29 ff.; *T. Nipperdey,* Deutsche Geschichte 1866–1918, Bd. II, 2. Aufl. 1993; *R. Schmidt-De Caluwe,* „Veränderungen der Verfassung erfolgen im Wege der Gesetzgebung". Änderungen des Reichsverfassungsrechts zwischen 1871 und 1918, in: *H. Neuhaus* (Hg.), Verfassungsänderungen, 2012, S. 127 ff.; *F. Schnabel,* Das Problem Bismarck, in: *ders.,* Abhandlungen und Vorträge 1914–1965, 1970, S. 196 ff.; *H. von Sybel,* Die Begründung des Deutschen Reiches durch Wilhelm I., Bd. V, 3. Aufl. 1890; *L. von Rönne,* Das Verfassungsrecht des Deutschen Reiches, in: Annalen des Deutschen Reiches, 1871, Sp. 1–312.

Kapitel 7. Der Spätkonstitutionalismus

§ 14. Verfassungsentwicklungen unter Bismarck

I. Zeittafel

450 1870 Strafgesetzbuch (31. 5.)
           Päpstliches Unfehlbarkeitsdogma (18. 7.)
     1872 Jesuitengesetz
     1873 Lex Miquel-Lasker
     1875 Einführung der obligatorischen Zivilehe (6. 2.)
           Gründung der Sozialistischen Arbeiterpartei Deutschlands (Mai)
           Preußisches Verwaltungsgerichtsgesetz (3. 7.)
     1877 Gerichtsverfassungsgesetz (27. 1.)
           Strafprozeßordnung (1. 2.)
     1878 Stellvertretungsgesetz (17. 3.)
           Sozialistengesetz (21. 10.)
     1881 Erste Kaiserliche Botschaft zur sozialen Frage
     1883 Krankenversicherungsgesetz
     1884 Unfallversicherungsgesetz
     1889 Invaliditäts- und Altersversicherungsgesetz

II. Nationalliberale Verfassungspolitik bis 1878

1. Politische Spannungslagen

451 Das neugegründete Reich sah sich von Anfang an mit großen politischen Problemen konfrontiert. **Innenpolitisch** galt es, extrem unterschiedliche Interessen und Kräfte auszuhalten und in den Prozeß der politischen Willensbildung einzubinden. In der Mitte des politischen Spektrums (vgl. *Huber,* VerfGesch IV, S. 3 ff.) stand das liberale und nationale Bürgertum, das die Reichsgründung freudig begrüßt hatte (vgl. oben Rn. 408 ff.) und dementsprechend positiv dem Reich gegenüberstand. Es bildete jedoch keinen monolithischen Block, sondern zerfiel ebenfalls in mehrere unterschiedliche Gruppen. Die größte Gruppe stellten die Nationalliberalen, die bis 1878 gewissermaßen als *Bismarcks* Regierungspartei fungierten. Demgegenüber hielten linksliberale bürgerliche Gruppierungen, deren bedeutendste die Fortschrittspartei war, an dem Ziel einer parlamentarischen Demokratie fest. Erheblichen politischen Einfluß hatte nach wie vor das rechte Lager, das sich insbesondere aus den konservativen Eliten Preußens (Altfeudale, Junker) zusammensetzte und durch die Reichsgründung keineswegs geschwächt worden war. Innerhalb der Konservativen gab es eine starke Gruppe, die *Bismarck* bedingungslos unterstützte, die Freikonservativen oder Reichspartei. Auf der anderen Seite des politischen Spektrums wuchs das Industrieproletariat beständig an und mit ihm sein Sprachrohr, die Sozialdemokratische Partei, die 1875 aus dem Zusammenschluß der Anhänger von *Ferdinand Lassalle* und *Karl Marx* hervorgegangen war (vgl. unten Rn. 470). Eine zusätzliche Komplizierung erfuhr die Parteienlandschaft durch das Zentrum, das sich als Repräsentant des deutschen Katholizismus verstand und – bei konservativer Grundhaltung – eine große Bandbreite politischer Positionen abdeckte.

Außenpolitisch stand das Deutsche Reich im harten Konkurrenzkampf der Nationalstaaten, in dem an vorderster Stelle sich zu behaupten *Bismarcks* größter Ehrgeiz war. So hatte er auch die Annexion Elsaß-Lothringens im Jahr 1871 betrieben, obwohl er wissen mußte, daß damit der Keim zu einem neuen Krieg gelegt wurde. Nationalismus und Militarismus wurden zu unheilvollen Triebfedern der Politik: „Vorrang genoß alles, was der nationalen Abgrenzung und Expansion, der Verteidigung und Kriegsbereitschaft diente" (*Willoweit*, VerfGesch, S. 268). Den Reichsbürgern französischer und noch mehr polnischer Abstammung wurde die freie Entfaltung ihrer eigenen Kultur und Sprache zunehmend erschwert. Statt dessen zielten staatliche Zwangsmaßnahmen auf eine verstärkte Assimilierung. Das wurde in der preußischen Polenpolitik besonders deutlich, die der polnisch sprechenden Bevölkerung nicht nur im Jahr 1876 Deutsch als Amtssprache aufzwang, sondern auch einer vermeintlichen Polonisierung des preußischen Ostens durch Massenausweisungen und gezielte staatliche Förderung deutscher Ansiedlungen in den Ostprovinzen zu begegnen suchte (vgl. *Huber*, VerfGesch IV, S. 483 ff.). Darüber hinaus breitete sich vor allem in den östlichen Teilen des Reiches auch offener Antisemitismus aus. 452

2. Der Ausbau des liberalen Rechtsstaates

453 Ein Mittel zur Integration des frisch gegründeten Reiches war die Erfüllung bestimmter liberaler Forderungen nach größerer Berechenbarkeit staatlichen Handelns, insbesondere bei der Ausübung der Rechtspflege, und der Erweiterung von Freiheitsspielräumen. Die Kräfte des Bürgertums wurden dadurch weiter freigesetzt und zugleich in ihrem Wirken abgesichert. Nachdem schon im Norddeutschen Bund Gewerbe- und Koalitionsfreiheit, Freizügigkeit und Bekenntnisfreiheit gesetzlich verankert worden waren, kamen durch Reichsgesetze folgende **freiheitliche und rechtsstaatliche Garantien** hinzu:

– Verbot rückwirkender Gesetze und gesetzloser Strafen in § 2 des Strafgesetzbuches vom 31. Mai 1870 (RGBl., S. 197);
– Briefgeheimnis in § 5 des Postgesetzes vom 28. Oktober 1871 (RGBl., S. 347);
– Pressefreiheit im Reichsgesetz vom 7. Mai 1874 (RGBl., S. 65);
– Einführung der obligatorischen Zivilehe im Jahr 1875 (vgl. unten Rn. 461), nachdem durch das Reichsgesetz vom 20. Dezember 1873 (RGBl., S. 379; die sog. Lex Miquel-Lasker) die Gesetzgebungskompetenz des Reiches auf „das gesammte bürgerliche Recht" ausgedehnt worden war;
– Recht auf den gesetzlichen Richter, Unabhängigkeit der Gerichte und Öffentlichkeit der Gerichtsverhandlungen im Gerichtsverfassungsgesetz vom 27. Januar 1877 (RGBl., S. 77);
– Schutz der persönlichen Freiheit, der Wohnung und des Besitzes vor willkürlicher Verhaftung, Durchsuchung und Beschlagnahme in der Strafprozeßordnung vom 1. Februar 1877 (RGBl., S. 253).

454 Der Ausbau des liberalen Rechtsstaates durch die Reichsgesetzgebung erfolgte zunächst nur partiell, weil insbesondere der für die politische Freiheit zentrale Bereich des **Vereins- und Versammlungsrechts von der Liberalisierung ausgespart** blieb. So waren politische Vereine dem insoweit äußerst restriktiven Landesrecht unterworfen. Für die ständigen Ortsvereine galt aufgrund des noch vom Deutschen Bund erlassenen Bundes-Vereinsgesetzes von 1854 (*Huber,* Dok. II, Nr. 4) sowie entsprechender Landesgesetze das Verbindungsverbot, d. h. das Verbot des überörtlichen Zusammenschlusses. Nur sog. Wahlvereine, die für die Dauer des Wahlkampfes existierten, waren hiervon ausgenommen. Parteipolitik auf Reichsebene konnte angesichts dessen nur über organisatorische Hilfskonstruktionen betrieben werden, indem man etwa Zentralkomitees oder Zentralvereine bildete, die sich nicht aus Ortsvereinen zusammensetzten, sondern mit Einzelmitgliedern beschickt wurden (vgl. *Huber,* VerfGesch IV, S. 7 f.). Eine Liberalisierung auf diesem Feld brachten erst die Lex Hohenlohe vom 11. Dezember 1899, die das Verbindungsverbot aufhob (RGBl., S. 699; vgl. *Huber,* Dok. II, Nr. 351), und das Reichsvereinsgesetz vom 19. April 1908, das Vereinigungs- und Versammlungsfreiheit gewährte, allerdings unter dem Vorbehalt des Polizeirechts (RGBl., S. 151; vgl. *Huber,* Dok. III, Nr. 10).

Der Rechtsstaat verlangt eine effektive Kontrolle der Rechtmäßigkeit staatlichen Handelns. Zum Ausbau des Rechtsstaates zählt daher die **Entstehung der Verwaltungsgerichtsbarkeit** in dieser Zeit. Eine denkbare Alternative, die § 182 der Paulskirchenverfassung (vgl. oben Rn. 343) vorgesehen und die in ähnlicher Form auch *Otto Bähr* in seinem Buch „Der Rechtsstaat" (1864) ausgearbeitet hatte, nämlich Rechtsschutz gegen staatliches Verwaltungshandeln durch die ordentlichen Gerichte zu gewähren, wurde nur in den republikanischen Hansestädten aufgenommen, überwiegend aber abgelehnt. Erfolg hatte demgegenüber *Rudolf von Gneist* mit seiner Forderung nach einer „Verwaltungsjurisdiktion" durch Kollegialorgane, die aus „ständigen unabhängigen Beamten" (Der Rechtsstaat, 1872, S. 291) und ehrenamtlichen Mitgliedern, die den besitzenden Schichten angehörten, gebildet werden sollten. Baden war auf diesem Weg mit dem Gesetz vom 5. Oktober 1863 vorangegangen, das Streitigkeiten des öffentlichen Rechts einer besonderen Verwaltungsbehörde in einem besonders ausgestalteten Verfahren zuwies und außerdem als höhere Instanz und ausschließliches Rechtsprechungsorgan den Verwaltungsgerichtshof schuf (vgl. *E. Walz,* Das Staatsrecht des Großherzogtums Baden, 1909, S. 126). Dem folgten in den 70er Jahren die meisten süddeutschen Staaten (vgl. *Sydow,* unten Rn. 486). In Preußen wurde zögerlicher und zurückhaltender eine Verwaltungsgerichtsbarkeit ab 1874 eingeführt; zu nennen ist vor allem das Verwaltungsgerichtsgesetz vom 3. Juli 1875 (Preuß. GS, S. 375), das u. a. das Oberverwaltungsgericht errichtete (vgl. *Stump,* unten Rn. 486, S. 25 ff.). Sowohl nach Zuständigkeitsumfang als auch nach Kontrolldichte waren diese Anfänge jedoch noch weit von dem heutigen durch Art. 19 Abs. 4 GG und die Verwaltungsgerichtsordnung geprägten Standard entfernt.

3. Der Kulturkampf

456 *Bismarck* betrieb die Reichsintegration mit Zuckerbrot und Peitsche; neben dem partiellen Ausbau des liberalen Rechtsstaates stand die **Disziplinierung der „Reichsfeinde"**. Als solche galten alle, denen *Bismarck* eine eingeschränkte Loyalität zum neuen Reich unterstellte: in erster Linie Katholiken und Sozialisten (vgl. unten Rn. 470 ff.), aber auch Linksliberale, Polen, Dänen und althannoversche Welfenanhänger. Der erste großangelegte Versuch staatlicher Disziplinierung erfaßte die Katholische Kirche, die zum einen als supranationale Einrichtung dem Nationalstaat verdächtig war und zum anderen mit dem Dogma der Unfehlbarkeit des Papstes vom 18. Juli 1870 sowie dem resoluten Vorgehen gegen dessen Kritiker (vgl. *Huber/Huber,* unten Rn. 486, S. 421 ff., 460 ff.) die Liberalen aller Schattierungen gegen sich aufgebracht hatte.

457 Das Aufeinandertreffen von Staat und Kirche mündete in den sog. Kulturkampf. Darunter versteht man die Gesamtheit der staatlichen Maßnahmen, insbesondere die Welle von Reichs- und Landesgesetzen, die zwischen 1871 und 1878 **gegen die Katholische Kirche gerichtet** wurden (vgl. *Huber/Huber,* unten Rn. 486, S. 522 ff.). Der Begriff stammt von dem Mitbegründer der Fortschrittspartei *Rudolf Virchow* und sollte den „Kampf für die Kultur" und gegen die autoritäre „Bevormundung" durch die Katholische Kirche bezeichnen; der Kampf wurde von den führenden protestantischen Kirchenrechtlern unterstützt (vgl. *S. Ruppert,* ZevKR 2004, S. 689 ff.). Einige der Gesetze haben längerfristige Bedeutung gehabt, so der „Kanzelparagraph" (§ 130 a StGB), der unter Strafe stellte, daß Geistliche staatliche Angelegenheiten in einer den öffentlichen Frieden gefährdenden Weise zum Gegenstand der Verkündung machten, und der erst 1953 wieder aufgehoben wurde. Andere gesetzliche Regelungen, wie die Verschärfung der Schulaufsicht und ihre Erstreckung auf den Religionsunterricht, die Einführung eines staatlichen Kulturexamens für die Theologiestudenten und einer Anzeigepflicht bei der Einstellung von Geistlichen, wurden gegen Ende der 70er Jahre abgemildert und in der Folgezeit aufgehoben. Ihren Widerstand gegen diese Gesetze büßten über 1800 Priester und Bischöfe mit Gefängnisstrafen oder Ausweisung. Ein markantes Beispiel für ein Kulturkampfgesetz auf Reichsebene ist das folgende:

Jesuitengesetz vom 4. Juli 1872: 458
§ 1. Der Orden der Gesellschaft Jesu und die ihm verwandten Orden und ordensähnlichen Kongregationen sind vom Gebiet des Deutschen Reiches ausgeschlossen.
Die Errichtung von Niederlassungen derselben ist untersagt. Die zur Zeit bestehenden Niederlassungen sind binnen einer vom Bundesrath zu bestimmenden Frist, welche sechs Monate nicht übersteigen darf, aufzulösen.
§ 2. Die Angehörigen des Ordens der Gesellschaft Jesu oder der ihm verwandten Orden oder ordensähnlichen Kongregationen können, wenn sie Ausländer sind, aus dem Bundesgebiet ausgewiesen werden; wenn sie Inländer sind, kann ihnen der Aufenthalt in bestimmten Bezirken oder Orten versagt oder angewiesen werden.
§ 3. Die zur Ausführung und zur Sicherstellung des Vollzugs dieses Gesetzes erforderlichen Anordnungen werden vom Bundesrathe erlassen.
(RGBl., S. 253; vgl. *Huber*, Dok. II, Nr. 285.)

Die Jesuiten hatten, seitdem im Jahr 1848 in vielen deutschen Staa- 459
ten das früher bestehende staatliche Verbot aufgehoben worden war, beträchtlichen Einfluß und öffentliche Macht in Deutschland gewonnen. Ihre vielfältigen Aktivitäten riefen jedoch auch die Kritiker und Gegner auf den Plan: „Nicht nur den protestantischen, sondern fast mehr noch den katholischen Regierungen, insbesondere aber den liberalen Schichten der Gesellschaft galt der Jesuitenorden als eine den Staat wie die bürgerliche Freiheit gefährdende Institution" (*Huber*, VerfGesch IV, S. 705). Der Reichstag folgte der öffentlichen Meinung, als er mit großer Mehrheit den Reichskanzler aufforderte, einen Gesetzentwurf gegen die **„staatsgefährdende Tätigkeit" der Jesuiten** vorzulegen. Die zurückhaltende Bundesratsvorlage, die nur die Möglichkeit von Aufenthaltsbeschränkungen für die Ordensmitglieder vorsah, wurde durch den Reichstag auf Betreiben der Liberalen zu einem dauernden Verbot verschärft. Zur Ausführung ordnete der Bundesrat zudem gem. § 3 des Jesuitengesetzes an, daß den Angehörigen des Ordens jede Ausübung der Ordenstätigkeit, insbesondere eine Tätigkeit in Kirche und Schule und die Abhaltung von Missionen, untersagt war (vgl. *Huber*, VerfGesch IV, S. 707).

In der **Gartenlaube** erschien folgendes Gedicht, in dem Aufklärung und 460
Nationalismus gegen die Jesuiten und die Katholische Kirche mobilisiert werden:
In der Völker bang Gewissen
Schleicht von Neuem alter Wahn;
Denn von Sonnenfinsternissen
Dunkelt's um den Vatican. –
„Wie ein Leichnam sollt Ihr werden,"

Tönt Loyola's Zauberspruch.
Deutsches Reich, du neugebor'nes,
Trotzest diesem Bann und Fluch.
In der Heimath eines Hutten
Zünden Eure Strahlen nicht,
Und wir leuchten dunklen Kutten
Unverzagt in's Angesicht.
(*Rudolf Gottschall,* zit. nach P. Sprengel, Geschichte der deutschsprachigen Literatur 1870–1900, 1998, S. 16)

461 Das Jesuitengesetz ist erst 1917 vollständig aufgehoben worden. Zu den bleibenden Errungenschaften des Kulturkampfes zählt die **Einführung der obligatorischen Zivilehe.** Sie bildete seit Jahrzehnten eine Hauptforderung der Liberalen aller Richtungen. In Preußen war eine Reform schon deshalb überfällig, weil in der Rheinprovinz die unter der napoleonischen Herrschaft eingeführte Zivilehe beibehalten worden war, während in den anderen Landesteilen das traditionelle kirchliche Eheschließungsrecht galt. Nachdem durch das preußische Gesetz vom 9. März 1874 die Beurkundung der Eheschließung in die Hand der staatlichen Standesbeamten gelegt worden war, erstreckte das Reichsgesetz vom 6. Februar 1875 die obligatorische Zivilehe auf das ganze Reichsgebiet (vgl. *Huber,* VerfGesch IV, S. 723 f., 733 f.). Dieses umfassende Gesetz zur Neuordnung des Personenstandswesens ist nicht nur als ein weiterer Schachzug in der Auseinandersetzung zwischen Staat und Kirche zu werten, sondern stellte zugleich einen wesentlichen Schritt zur Vereinheitlichung des Bürgerlichen Rechts in Deutschland dar.

462 Der beharrliche Widerstand des Kaisers gegen das Gesetz konnte erst durch die Einfügung des sog. **Kaiserparagraphen** überwunden werden, der – nur unwesentlich abgewandelt – noch heute als § 1588 im BGB steht: „Die kirchlichen Verpflichtungen in Ansehung der Ehe werden durch die Vorschriften dieses Abschnitts nicht berührt." Die Vorschrift ist überflüssig; denn einerseits werden innerkirchliche Verpflichtungen ohnehin vom BGB nicht geregelt, und andererseits geht nach dem rechtsstaatlichen Primat des Rechts im Kollisionsfall das BGB vor.

III. Veränderungen in der Regierungsorganisation

463 Die in ihren entscheidenden Strukturen von *Bismarck* selbst geschaffene Verfassung war auf eine **politische Vorherrschaft des**

Reichskanzlers angelegt, die nur durch die Abhängigkeit von dem Vertrauen des Kaisers (vgl. oben Rn. 431) beschränkt war. Daher spricht man auch vom „System Bismarck". Der Bundesrat, formal und entstehungsgeschichtlich das oberste Regierungsorgan (vgl. oben Rn. 425 ff.), konnte diese Rolle nicht ausfüllen. Als Kollegialorgan war er schon rein faktisch dazu nicht in der Lage. *Bismarck,* als Reichskanzler auch Vorsitzender des Bundesrates, ließ ihn diese Rolle zudem gar nicht erst spielen; er wollte selbst und allein die Fäden der Reichspolitik in der Hand halten. Er hat deshalb kaum je an Sitzungen des Bundesrates teilgenommen. Auf der anderen Seite sollte die Herrschaft des Reichskanzlers auch durch den Reichstag nicht in Frage gestellt werden; insbesondere wollte *Bismarck* jeden Ansatz zu einer parlamentarischen Verantwortlichkeit der Reichsregierung unterbinden. Aus dieser Haltung erklärt sich, daß es im Reich anfangs keine ausdifferenzierte Regierungsorganisation wie auf Landesebene gab, sondern lediglich das Reichskanzleramt, das alle Reichskompetenzen wahrnahm und *Bismarck* unterstand.

Auf diese Weise ließen sich jedoch die vielfältigen Regierungsaufgaben auf Dauer nicht bewältigen. Schon bald begann eine **Ausdifferenzierung der obersten Reichsbehörden,** bei der aus den genannten Gründen die Bezeichnung „Ministerium" konsequent vermieden wurde: Bereits 1870 wurde das preußische Außenministerium als Auswärtiges Amt zunächst des Norddeutschen Bundes, dann des Deutschen Reiches übernommen. 1872 wurde die Kaiserliche Admiralität, 1873 das Reichseisenbahnamt, 1876 das Amt des Generalpostmeisters und 1877 das Reichsjustizamt errichtet. Bezeichnenderweise wurden zuerst die Tätigkeitsbereiche, bei denen eine spezifische Sachaufgabe im Vordergrund stand, in einem Reichsamt organisatorisch verselbständigt. Einen vorläufigen Abschluß fand dieser Prozeß 1878/79 mit der Umbenennung des Reichskanzleramtes in Reichsamt des Innern, der Errichtung der Reichskanzlei (vgl. *M. Neumann,* AöR 1999, S. 108/109) und des Reichsschatzamtes. Diese Maßnahmen standen im Zusammenhang mit der innenpolitischen Neuorientierung (vgl. unten Rn. 467 ff.). Die Ausdifferenzierung wurde wie folgt rechtlich flankiert und fundiert: **464**

Stellvertretungsgesetz vom 17. März 1878: **465**
§ 1. Die zur Gültigkeit der Anordnungen und Verfügungen des Kaisers erforderliche Gegenzeichnung des Reichskanzlers, sowie die sonstigen demselben durch die Verfassung und die Gesetze des Reichs übertragenen Obliegenheiten können nach Maßgabe der folgenden Bestimmungen durch

Stellvertreter wahrgenommen werden, welche der Kaiser auf Antrag des Reichskanzlers in Fällen der Behinderung desselben ernennt.

§ 2. Es kann ein Stellvertreter allgemein für den gesammten Umfang der Geschäfte und Obliegenheiten des Reichskanzlers ernannt werden. Auch können für diejenigen einzelnen Amtszweige, welche sich in der eigenen und unmittelbaren Verwaltung des Reichs befinden, die Vorstände der dem Reichskanzler untergeordneten obersten Reichsbehörden mit der Stellvertretung desselben im ganzen Umfang oder in einzelnen Theilen ihres Geschäftskreises beauftragt werden.

§ 3. Dem Reichskanzler ist vorbehalten, jede Amtshandlung auch während der Dauer einer Stellvertretung selbst vorzunehmen.

§ 4. Die Bestimmung des Artikels 15 der Reichsverfassung wird durch dieses Gesetz nicht berührt.

(RGBl., S. 7; vgl. *Huber,* Dok. II, Nr. 266.)

466 Danach konnte die nach Art. 17 der Verfassung von 1871 erforderliche Gegenzeichnung des Reichskanzlers auch durch Stellvertreter vorgenommen werden. Auf diese Weise wurden „die Vorstände der dem Reichskanzler untergeordneten obersten Reichsbehörden" (§ 2 S. 2), d. h. die **Staatssekretäre als Chefs der Reichsämter,** aufgewertet. Sie konnten nun eigenständig beim Kaiser vortragen. Da in ihren Ämtern die Gesetzesvorlagen ausgearbeitet wurden, ergab sich auch die Notwendigkeit, dazu im Reichstag Stellung zu nehmen. Dies konnten sie aber nur auf einem Umweg tun: Häufig waren sie zugleich preußische Bundesratsbevollmächtigte, und so folgte ihr Rederecht im Reichstag aus Art. 9 der Verfassung von 1871. Im übrigen diente § 3 des Stellvertretungsgesetzes dazu, die Abhängigkeit der Staatssekretäre von *Bismarck* aufrechtzuerhalten. Nur zweimal sollen in seiner Amtszeit gemeinsame Konferenzen der Staatssekretäre stattgefunden haben; das Wort „Reichsregierung" soll *Bismarck* gar für den Amtsgebrauch verboten haben (*Willoweit,* VerfGesch, S. 269). Die Staatssekretäre der Reichsämter blieben ihm unterstellte Reichsbeamte, doch entwickelte sich unter dem Stellvertretungsgesetz eine aus dem Reichskanzler und den Staatssekretären bestehende Reichsleitung und damit eine Umformung der reinen Kanzlerregierung zu einem kollegialen Regierungsstil.

IV. Konservative Verfassungspolitik ab 1878

1. Die politische Wende von 1878

Die Nationalliberalen, auf die sich *Bismarck* bei der Reichsgründung und in den ersten Jahren danach gestützt hatte, traten nicht nur für die nationale Einigung, sondern auch für internationalen Freihandel ein. Dieser wurde zunächst auch von *Bismarck* selbst gefördert. Hauptsächlich wirtschaftliche Gründe bewogen ihn jedoch im Jahr 1878 zu einem Kurswechsel: Die Freihandels- wurde durch eine **Schutzzollpolitik** ersetzt. Die Neuorientierung war teils durch strukturelle Schwächen der deutschen Wirtschaft, teils durch eine entsprechende Abschottung anderer großer Staaten, vor allem Frankreichs und Rußlands, bedingt. Hinzu kam, daß wohlfahrtsstaatliche Steuerung dem politischen Denken *Bismarcks* ohnehin sympathisch war (vgl. unten Rn. 478) und die Erhebung von Zöllen und Monopoleinnahmen den Gestaltungsspielraum der Regierung vergrößerte, weil sie nicht dem Budgetrecht des Parlaments unterlag. 467

Nachdem Versuche, die Unterstützung der Nationalliberalen Partei für die neue Politik zu gewinnen – *Bismarck* hatte Ende 1877 deren führendem Politiker *Bennigsen* sogar die Übernahme des Amts eines Reichsstaatssekretärs und preußischen Staatsministers angeboten –, gescheitert waren, nutzte *Bismarck* die Stimmung nach zwei fehlgeschlagenen Attentaten auf Kaiser *Wilhelm I.* im Sommer 1878 aus. Er setzte gem. Art. 24 f. der Verfassung von 1871 die Auflösung des Reichstages und Neuwahlen durch, welche starke **Gewinne der Konservativen** erbrachten und das Ende der nationalliberalen Vorherrschaft bedeuteten. Die Wahlkampfparolen gegen die „mechanische Weltanschauung" der Liberalen und für den „Wohlstand des Volkes und somit die nationale Kraft" (vgl. *Willoweit,* VerfGesch, S. 272) hatten gezündet. 1879 wurde die neue, protektionistische Politik mit der Normierung von Agrar- und Industrieschutzzöllen in Gesetzesform gegossen. An den Spitzen der Behörden wurden vielfach Liberale durch Konservative ersetzt. 468

Die politische Wende von 1878 bedeutete zugleich die **Einstellung des Kulturkampfes.** Mehrere Gründe haben *Bismarck* hierzu bewogen (vgl. *Huber,* VerfGesch IV, S. 772 f.). Zum einen hat er wohl die Aussichtslosigkeit des Kampfes gegen Rom und den politischen Katholizismus erkannt. Zum anderen benötigte er die Zentrumspartei, 469 die durch den Kulturkampf großen Zulauf erhalten hatte, für seine neue Wirtschafts-, Finanz- und Sozialpolitik. Ferner erwies sich eine Fortsetzung des Kulturkampfes als dem konservativen Staatsinteresse abträglich; denn die Katholische Kirche verkörperte durchaus auch Werte, die *Bismarck* schätzte: Autorität, Ruhe und Ordnung. Schließlich wurde die Einstellung des Kulturkampfes durch einen Papstwechsel im Jahr 1878 erleichtert. Mit der Katholischen Kirche konnte der eigentliche innenpolitische Feind, die Sozialdemokratie, besser bekämpft werden. In diesem Sinn hat *Bismarck* in einer Rede vor dem Herrenhaus am 23. März 1887 erklärt: „Papst und Kaiser haben in dieser Beziehung das gleiche Interesse und müssen gegen Anarchie und Umsturz gleichmäßig Front machen" (vgl. *Kimminich*, VerfGesch, S. 449 f.).

2. Die Sozialistenverfolgung

470 Eine wichtige Etappe auf dem Weg zum Sozialistengesetz von 1878 war der Hochverratsprozeß gegen *August Bebel* und *Wilhelm Liebknecht*, die im März 1872 zu je 2 Jahren Festungshaft verurteilt wurden. Ihnen war vorgeworfen worden, sie hätten durch Gründung und Leitung der **Sozialdemokratischen Arbeiterpartei,** durch Mitarbeit in der Internationalen Arbeiter-Assoziation, durch Zeitungsaufsätze und Versammlungsreden planmäßige Vorbereitungen zur gewaltsamen Verfassungsänderung getroffen und damit den Straftatbestand des Hochverrats erfüllt (vgl. *Huber,* VerfGesch IV, S. 1145). Beide hatten 1869 in Eisenach die Sozialdemokratische Arbeiterpartei (SDAP) als ein – strenger an *Marx* orientiertes – Konkurrenz-Unternehmen zu dem von *Ferdinand Lassalle* im Jahr 1863 in Leipzig ins Leben gerufenen Allgemeinen Deutschen Arbeiterverein (ADAV) gegründet. Als der Druck auf die Arbeiterbewegung stärker wurde, als weitere Prozesse folgten und schließlich im März 1875 der ADAV in ganz Preußen verboten wurde, schlossen sich die beiden rivalisierenden sozialistischen Gruppen (die „Lassalleaner" und die „Eisenacher", wie man sie auch nannte) zusammen. Die Vereinigung fand im Mai 1875 in Gotha statt. Ein gemeinsam erarbeitetes Programm, das sog. Gothaer Programm, legte die Ziele der neuen Partei fest, die sich jetzt „Sozialistische Arbeiterpartei Deutschlands" nannte. Obwohl sie sich zur Legalität bekannte, wurde sie 1877 in Preußen und 1878 nach der politischen Wende (vgl. oben Rn. 468) auch im Reich verboten.

Gesetz gegen die gemeingefährlichen Bestrebungen der Sozialdemokratie ("Sozialistengesetz") vom 21. Oktober 1878 – Auszug –: 471

§ 1. Vereine, welche durch sozialdemokratische, sozialistische oder kommunistische Bestrebungen den Umsturz der bestehenden Staats- oder Gesellschaftsordnung bezwecken, sind zu verbieten.

Dasselbe gilt von Vereinen, in welchen sozialdemokratische, sozialistische oder kommunistische auf den Umsturz der bestehenden Staats- oder Gesellschaftsordnung gerichtete Bestrebungen in einer den öffentlichen Frieden, insbesondere die Eintracht der Bevölkerungsklassen gefährdenden Weise zu Tage treten.

Den Vereinen stehen gleich Verbindungen jeder Art.

§ 6. Zuständig für das Verbot und die Anordnung der Kontrolle ist die Landespolizeibehörde. Das Verbot ausländischer Vereine steht dem Reichskanzler zu.

Das Verbot ist in allen Fällen durch den Reichsanzeiger, das von der Landespolizeibehörde erlassene Verbot überdies durch durch das für amtliche Bekanntmachungen der Behörde bestimmte Blatt des Ortes oder des Bezirkes bekannt zu machen.

Das Verbot ist für das ganze Bundesgebiet wirksam und umfaßt alle Verzweigungen des Vereins, sowie jeden vorgeblich neuen Verein, welcher sachlich als der alte sich darstellt.

§ 9. Versammlungen, in denen sozialdemokratische, sozialistische oder kommunistische auf den Umsturz der bestehenden Staats- oder Gesellschaftsordnung gerichtete Bestrebungen zu Tage treten, sind aufzulösen.

Versammlungen, von denen durch Thatsachen die Annahme gerechtfertigt ist, daß sie zur Förderung der im ersten Absatze bezeichneten Bestrebungen bestimmt sind, sind zu verbieten.

Den Versammlungen werden öffentliche Festlichkeiten und Aufzüge gleichgestellt.

§ 11. Druckschriften, in welchen sozialdemokratische, sozialistische oder kommunistische auf den Umsturz der bestehenden Staats- oder Gesellschaftsordnung gerichtete Bestrebungen in einer den öffentlichen Frieden, insbesondere die Eintracht der Bevölkerungsklassen gefährdenden Weise zu Tage treten, sind zu verbieten.

Bei periodischen Druckschriften kann das Verbot sich auch auf das fernere Erscheinen erstrecken, sobald auf Grund dieses Gesetzes das Verbot einer einzelnen Nummer erfolgt.

§ 16 Abs. 1. Das Einsammeln von Beiträgen zur Förderung von sozialdemokratischen, sozialistischen oder kommunistischen auf den Umsturz der bestehenden Staats- oder Gesellschaftsordnung gerichteten Bestrebungen, sowie die öffentliche Aufforderung zur Leistung solcher Beiträge sind polizeilich zu verbieten. Das Verbot ist öffentlich bekannt zu machen.

(RGBl., S. 351; vgl. *Huber*, Dok. II, Nr. 287.)

Das Sozialistengesetz richtete sich gem. § 1 Abs. 1 **mit general-** 472
klauselartiger Weite gegen „sozialdemokratische, sozialistische

oder kommunistische Bestrebungen". Es ermächtigte zu einem Einschreiten gegen Vereine (§ 1), Versammlungen (§ 9), Druckschriften (§ 11) und Beitragssammlungen (§ 16). Vereine, welche die Tatbestandsvoraussetzungen gem. § 1 Abs. 1 erfüllten, waren gem. § 6 Abs. 1 durch die Landespolizeibehörden (bei ausländischen Vereinen durch den Reichskanzler) zu verbieten. Um die Berufung auf die – die wahren Absichten möglicherweise verschleiernde – Vereinssatzung zu verhindern, waren gem. § 1 Abs. 2 auch die Vereine zu verbieten, in denen die genannten Bestrebungen „in einer den öffentlichen Frieden" auch nur „gefährdenden Weise zu Tage treten". Hier von Tatbestandsmerkmalen zu sprechen, die „eine elastische Auslegung gestatteten" (*Huber*, VerfGesch IV, S. 1161), ist wahrlich nicht zu hart formuliert.

473 Hinzu kam, daß gegen die Maßnahmen der Landespolizeibehörden (bei Vereins- und Druckschriftenverbot) und der Polizeibehörden (bei Versammlungs- und Beitragssammlungsverbot) **kein Rechtsschutz** vor Verwaltungsgerichten, sondern lediglich eine Beschwerde an eine andere administrative Instanz (Aufsichtsbehörde oder bei schweren Eingriffen die durch das Gesetz eingerichtete Reichskommission) vorgesehen war. Allerdings bestand gegenüber den strafgerichtlichen Sanktionen, die das Sozialistengesetz gem. §§ 17–20 ermöglichte (Geld- und Freiheitsstrafen bis zu einem Jahr), der normale Rechtsschutz nach Maßgabe der Strafprozeßordnung.

474 Das Sozialistengesetz wurde schon von Zeitgenossen als rechtsstaatlich bedenkliches Ausnahme- und Maßnahmegesetz kritisiert. Nach Maßgabe des Grundgesetzes wäre es in mehrfacher Hinsicht **verfassungswidrig:** Ein Vereinsverbot ist gem. Art. 9 Abs. 2 GG nur zulässig, wenn sich die Zwecke oder die Tätigkeit des Vereins gegen die Strafgesetze, die verfassungsmäßige Ordnung oder gegen den Gedanken der Völkerverständigung richten; jedenfalls der geplante Umsturz der bestehenden Gesellschaftsordnung reicht hierfür nicht aus. Zuständigkeit und Verfahren eines Vereinsverbots sind aus rechtsstaatlichen Gründen im Vereinsgesetz erheblich genauer als damals geregelt. Durch das Sozialistengesetz werden auch Vereine erfaßt, welche die Merkmale einer politischen Partei gem. § 2 Abs. 1 des Parteiengesetzes und Art. 21 GG erfüllen. Daher dürften sie heute gem. Art. 21 Abs. 2 S. 2 GG ausschließlich durch das Bundesverfassungsgericht verboten werden. Zu ähnlichen Urteilen über die Verfassungswidrigkeit am Maßstab des Grundgesetzes käme man für die weiteren Sanktionen, die das Sozialistengesetz vor allem hinsicht-

§ 14. Verfassungsentwicklungen unter Bismarck   233

lich Versammlungen (vgl. Art. 8 GG) und Druckschriften (vgl. Art. 5 Abs. 1 S. 2 GG) vorsah. Schließlich würde der Ausschluß des Rechtswegs gegen Maßnahmen der Exekutive gegen Art. 19 Abs. 4 GG verstoßen.

Das Sozialistengesetz sollte ursprünglich nur bis zum 31. März 1881 in Kraft bleiben. Es wurde jedoch **viermal verlängert,** bis der Reichstag im Januar 1890 gegen *Bismarcks* Votum eine weitere Verlängerung ablehnte. 1878/79 verhängten die Gerichte insgesamt 600 Jahre Gefängnis wegen Vergehen gegen das Sozialistengesetz. Tausende entzogen sich der Verfolgung durch Auswanderung. In bewußter Übertreibung hat *August Bebel* die Verfolgung der Sozialisten mit der der Christen in Rom verglichen. Im übrigen war auch diesem Disziplinierungsversuch längerfristig kein Erfolg beschieden. Sozialdemokraten konnten nach dem damals geltenden Persönlichkeitswahlrecht weiterhin in den Reichstag gewählt werden. Zwischen 1878 und 1890 stieg die Zahl der Stimmen für diese Kandidaten von 300 000 auf 1,4 Millionen. 475

3. Die Sozialversicherungsgesetzgebung

Auch für die soziale Frage hielt *Bismarck* jedoch nicht nur harte Unterdrückungsmaßnahmen, sondern zugleich ein „Zuckerbrot" bereit. In bewußter Abkehr von liberalen Vorstellungen bemühte er sich, die Lage der Arbeiterschaft durch **sozialreformerische Maßnahmen** zu verbessern und auf diese Weise die revolutionäre Sprengkraft, die sich hier entwickelt hatte, zu entschärfen sowie seine Macht zu stabilisieren. So ist die Erste Kaiserliche Botschaft zur sozialen Frage vom 17. November 1881 (*Huber,* Dok. II, Nr. 291) entstanden, in der verkündet wurde, „daß die Heilung der sozialen Schäden nicht ausschließlich im Wege der Repression sozialdemokratischer Ausschreitungen, sondern gleichmäßig auf dem der positiven Förderung des Wohles der Arbeiter zu suchen sein werde". 476

Bismarck führte dazu in seiner Reichstagsrede zur Vorlage des Unfallversicherungsgesetzes am 2. April 1881 aus: 477

„Der Herr Abgeordnete Richter hat auf die Verantwortlichkeit des Staates, für das, was er thut, ... aufmerksam gemacht ... Ich habe das Gefühl, daß der Staat auch für seine Unterlassungen verantwortlich werden kann. Ich bin nicht der Meinung, daß das „laisser faire, laisser aller", „das reine Manchesterthum in der Politik", „Jeder sehe, wie er's treibe, Jeder sehe, wo er bleibe", „wer nicht stark genug ist zu stehen, wird niedergerannt und zu Boden getreten", „wer da hat, dem wird gegeben, wer nicht hat, dem wird genommen" – daß

das im Staat, namentlich in dem monarchischen, landesväterlich regierten Staat Anwendung finden könne; im Gegentheil, ich glaube, daß Diejenigen, die auf diese Weise die Einwirkung des Staates zum Schutz des Schwächeren perhorresziren, ihrerseits sich dem Verdacht aussetzen, daß sie die Stärke, die ihnen, sei es kapitalistisch, sei es rhetorisch, sei es sonstwie, beiwohnt, zum Gewinn eines Anhangs, zur Unterdrückung der Anderen, zur Anbahnung einer Parteiherrschaft ausbeuten wollen und verdrießlich werden, sobald ihnen dieses Beginnen durch irgend einen Einfluß der Regierung gestört wird …
Die Aufgabe der Regierung ist es, den Gefahren, wie sie uns vor einigen Tagen von dieser Stelle hier aus beredtem Munde mit überzeugenden Belegen geschildert wurden, ruhig und furchtlos ins Auge zu sehen, aber auch die Vorwände, die zur Aufregung der Massen benutzt werden, die sie für verbrecherische Lehren erst gelehrig machen, so viel an uns ist, zu beseitigen.
Nennen Sie das Sozialismus oder nicht, es ist mir das ziemlich gleichgiltig." (Vgl. *Huber,* Dok. II, Nr. 290.)

478 *Bismarck* bekannte sich hier offen zu dem Gedanken eines **sozialstaatlichen Interventionismus,** den er ausdrücklich gegen einen reinen Manchester-Liberalismus, ein sozial- und wirtschaftspolitisches Laissez-faire, verteidigte. *Bismarck* also als früher Sozialist? Und wie ist diese, auch in anderen Reden des Reichskanzlers und in den von ihm entworfenen Kaiserlichen Botschaften zur sozialen Frage propagierte Hinwendung zum Sozialismus mit der gleichzeitigen rücksichtslosen Sozialistenverfolgung zu vereinbaren? Die Antwort ergibt sich aus der völlig anderen ideologischen Basis, von der *Bismarck* bei den von ihm eingeleiteten Sozialreformen ausging. Es handelte sich um einen patriarchalisch gefärbten Staatssozialismus, wie er ansatzweise auch bereits in der Fürsorge absolutistischer Herrscher für ihre Untertanen sichtbar geworden war und wie er am Ausgang des 19. Jahrhunderts in der Idee eines sozialen Königtums wieder auflebte.

479 Auf diesem geistigen Hintergrund wurde in den Jahren 1883–1889 ein für die damalige Zeit fortschrittliches und vorbildliches **System der sozialen Sicherung** geschaffen, dessen wesentliche Strukturmerkmale der gesetzlichen Pflichtversicherung gegen die Risiken moderner Arbeitswelt (Krankheit, Alter und Invalidität sowie Unfall) bei hälftiger Beitragszahlung sowie Selbstverwaltung durch Arbeitgeber und Arbeitnehmer unter staatlicher Aufsicht über die Reichsversicherungsordnung von 1911 bis in das heute geltende Sozialgesetzbuch erhalten geblieben sind (vgl. *M. Stolleis,* Geschichte des Sozialrechts in Deutschland, 2003). Damals wurde als erstes das Krankenversicherungsgesetz von 1883 verabschiedet; es folgte 1884 das Unfallversicherungsgesetz, und schließlich – nach weiteren Unfall- und Krankenversicherungsgesetzen für Sonderbereiche (Land- und Forstwirtschaft, Bauwirtschaft, Seeschiffahrt) – rundete das Invaliditäts- und Altersversicherungsgesetz von 1889 die große Sozialreform ab. Die Arbeitslosenversicherung kam erst 1927 hinzu. Die *Bismarckschen* Sozialversicherungsgesetze waren trotz ihrer damaligen politischen Motivation ein entscheidender Schritt zum modernen Sozialstaat, der sich soziale Gerechtigkeit und sozialen Ausgleich zur Aufgabe macht und daraus zugleich seine Existenz rechtfertigt.

V. Die Wissenschaft vom Staatsrecht des Deutschen Reiches

Mit dem Spätkonstitutionalismus verbindet man auch einen berühmt-berüchtigten **Methodenwandel im öffentlichen Recht** (vgl. *Stolleis*, Geschichte II, S. 331 ff.): die Hinwendung zu einem konsequenten staatsrechtlichen Positivismus. Natürlich gingen auch die Staatsrechtslehrer in der ersten Hälfte des 19. Jahrhunderts, die letzten Reichspublizisten, die Theoretiker des Rheinbundes und des Deutschen Bundes, vom positiven Recht aus; auch sie verglichen und systematisierten die vorfindlichen Norminhalte. Aber es gab noch keine bewußte, klare und konsequente Scheidung der juristischen von historischen, politischen und wirtschaftlichen Überlegungen. Wo der Wortlaut der Gesetzes- und Verfassungstexte nicht weiterhalf, erfolgte ein noch nicht wissenschaftlich reflektierter und disziplinierter Rückgriff auf Staatszwecke und Staatstypen, naturrechtliche Systeme und rechtsvergleichend gewonnene Begriffe und Institute. Es gab mit einem Wort noch nicht die Trennung zwischen dem geltenden Staatsrecht und der theoretischen Rechtfertigung des Staates, wie sie insbesondere die Allgemeine Staatslehre versucht. 480

Ausgehend vom Zivilrecht und getragen von der das Denken im 19. Jahrhundert stark prägenden Philosophie des Positivismus setzte sich ab der Jahrhundertmitte auch im öffentlichen Recht ein **positivistischer Ansatz** mehr und mehr durch. Eine derartige „juristische" anstelle der „naturhistorischen Methode" propagierte als erster *Carl Friedrich von Gerber*. Ihm ging es um scharfe und genaue Grundbegriffe und um die logische Konstruktion eines wissenschaftlichen Systems mit der Möglichkeit folgerichtiger und zwingender juristischer Herleitungen (vgl. die Vorrede seiner „Grundzüge eines Sys- 481 tems des deutschen Staatsrechts", 1865; 2. Aufl. 1869; 3. Aufl. 1880). Das Staatsrecht sollte „von allen nichtjuristischen, bloß der ethischen und politischen Betrachtung angehörenden Stoffen gereinigt" werden, und die Allgemeine Staatslehre wurde als „Vorspiel im philosophischen Himmel" abgetan (vgl. Grundzüge, 3. Aufl. 1880, S. 237 f.). Fortgesetzt, ausgebaut und zu „jahrzehntelanger geistiger Vorherrschaft im Fach" (*M. Friedrich,* AöR 1986, S. 197/198) geführt wurde der staatsrechtliche Positivismus von einem anderen:

482 **Paul Laband:** „Die Dogmatik ist nicht die *einzige* Seite der Rechtswissenschaft, aber sie ist doch eine derselben. Die wissenschaftliche Aufgabe der *Dogmatik* eines bestimmten positiven Rechts liegt aber in der Konstruktion der Rechtsinstitute, in der Zurückführung der einzelnen Rechtssätze auf allgemeinere Begriffe und andererseits in der Herleitung der aus diesen Begriffen sich ergebenden Folgerungen. Dies ist, abgesehen von der Erforschung der geltenden positiven Rechtssätze, d. h. der vollständigen Kenntnis und Beherrschung des zu bearbeitenden Stoffes, eine rein logische Denktätigkeit. Zur Lösung dieser Aufgabe gibt es kein anderes Mittel als die Logik; dieselbe läßt sich für diesen Zweck durch nichts ersetzen; alle historischen, politischen und philosophischen Betrachtungen – so wertvoll sie an und für sich sein mögen – sind für die Dogmatik eines konkreten Rechtsstoffes ohne Belang und dienen nur zu häufig dazu, den Mangel an konstruktiver Arbeit zu verhüllen. Ich begreife es vollkommen, daß jemand der Rechtsdogmatik keinen Geschmack abgewinnen kann und es vorzieht, vergangene Zeiten zu erforschen oder die Einrichtungen verschiedener Völker zu vergleichen oder die nützlichen und schädlichen Folgen gewisser staatlicher Institutionen zu erwägen; ich verstehe es aber nicht, wenn jemand einer dogmatischen Behandlung es zum Vorwurf macht, daß sie mit logischen Schlußfolgerungen operiert, statt mit historischen Untersuchungen und politischen Erörterungen. Von einer Ueberschätzung der juristischen Dogmatik weiß ich mich frei, und ich bin weit entfernt davon, das *alleinige* Ziel aller rechtswissenschaftlichen Arbeiten in einer möglichst folgerichtigen Dogmatik des geltenden Rechts zu erblicken; aber ich kann es nicht als richtig anerkennen, wenn jemand der *Dogmatik* andere Aufgaben stellt als die gewissenhafte und vollständige Feststellung des positiven Rechtsstoffes und die logische Beherrschung desselben durch Begriffe" (vgl. unten Rn. 503, S. IX).

483 Der staatsrechtliche Positivismus ist einerseits als **wissenschaftlicher Fortschritt** zu würdigen. So ist die klare Unterscheidung von Recht und Politik, von Argumenten de lege lata und de lege ferenda auch für heutiges staatsrechtliches Arbeiten schlechthin konstitutiv. Rechtliche Begriffe und Einrichtungen sind damals geklärt, staatsrechtliche Dogmatik und Konstruktion weiterentwickelt worden. Methodenfragen sind zum ersten Mal ausgiebig und tiefschürfend er-

örtert worden. *Laband* hat „Standards rechtswissenschaftlichen Argumentierens gesetzt" (*W. Pauly,* Der Methodenwandel im deutschen Spätkonstitutionalismus, 1993, S. 218). Zu allem trug bei, daß seit 1871 eine für ganz Deutschland geltende Verfassung vorlag, die diesen Rationalitätsgewinn ermöglichte und verlangte (vgl. *P. von Oertzen,* Die soziale Funktion des staatsrechtlichen Positivismus, 1974, S. 334 ff.). *Labands* Verdienst war es überdies, mit seinem mehrbändigen „Staatsrecht des Deutschen Reiches" ein wissenschaftliches Meisterwerk verfaßt zu haben: „Seine gedankliche Kraft und seine sprachliche Ökonomie sind in der Tat noch heute bewundernswert" (*Stolleis,* Geschichte II, S. 345).

Andererseits ist an dem staatsrechtlichen Positivismus **berechtigte Kritik** zu üben. Die begriffliche und konstruktive Methode ist zur Begriffsjurisprudenz übersteigert worden, d. h. daß Normen und Entscheidungen aus Begriffen abgeleitet werden, die ihrerseits nicht normativ begründet werden (vgl. *K. F. Röhl/H. G. Röhl*, Allgemeine Rechtslehre, 3. Aufl. 2008, S. 71). Vor allem aber verschleiert der staatsrechtliche Positivismus den Umstand, daß seine juristische Methode zum Teil selbst auf politischer Entscheidung beruht. Das wird besonders deutlich bei *Gerber,* der noch gar nicht an geltendes Reichsverfassungsrecht anknüpfte, als er die Willensmacht des Herrschers, die Allkompetenz des Staates und die Unterwerfung des Untertanen zu den zentralen Begriffen und Konstruktionselementen des Staatsrechts machte. Die Prämissen seiner Lehre waren gegen die Ideen von 1848 gerichtet, und so bekämpfte er offen Volkssouveränität, Gewaltenteilung und parlamentarisches Regierungssystem (vgl. *Stolleis,* Geschichte II, S. 334). Auch *Laband* war Monarchist – *Otto von Gierke* hat ihm gar einen „unverkennbaren absolutistischen Zug" attestiert –, doch deckten sich bei ihm politische und wissenschaftliche Auffassungen angesichts einer monarchischen Verfassung über weite Strecken zu Recht. So kann eine Verfassung, die keine Grundrechte enthält, auch nicht grundrechtlich interpretiert werden.

Die extrem weit getriebene **Formalisierung und Inhaltsleerung des Rechts** haben aber wohl viele der Schwierigkeiten einer demokratischen Entwicklung nach 1918 und damit möglicherweise die Pervertierung des Rechts nach 1933 mitverursacht. Hier ist freilich eine differenzierte Betrachtung geboten. So darf nicht übersehen werden, daß sich hervorragende staatsrechtliche Positivisten, wie *Gerhard Anschütz* und *Hans Kelsen,* in den Dienst der Weimarer Republik und gegen die Nationalsozialisten gestellt haben und daß sich die nationalsozialistische Rechtslehre selbst zu einer dem Rechtspositivismus diametral entgegengesetzten Irrationalität bekannte (vgl. unten Rn. 642).

VI. Literatur

486   *O. von Bismarck*, Werke in Auswahl, 8 Bände, 1962–1975; *H. Boldt*, Rechtsstaat und Ausnahmezustand, 1967; *E. R. Huber*, Grundrechte im Bismarckschen Reichssystem, in: *ders.*, Bewahrung und Wandlung. Studien zur deutschen Staatstheorie und Verfassungsgeschichte, 1975, S. 132 ff.; *E. R. Huber/W. Huber*, Staat und Kirche im 19. und 20. Jahrhundert, Bd. II: Staat und Kirche im Zeitalter des Hochkonstitutionalismus und des Kulturkampfs 1848–1890, 1976; *M. Kaltenborn*, Die Sozialgesetzgebung des Reichskanzlers Fürst Otto von Bismarck, JZ 1998, S. 770 ff.; *R. Morsey*, Die oberste Reichsverwaltung unter Bismarck 1867–1890, 1957; *O. Pflanze*, Bismarck, 2 Bände, 2008; *G. A. Ritter* (Hg.), Deutsche Parteien vor 1918, 1973; *ders.*, Bismarck und die Grundlegung des deutschen Sozialstaates, in: FS Zacher, 1998, S. 789 ff.; *E. Schmidt-Volkmar*, Der Kulturkampf in Deutschland 1871–1890, 1962; *C. Schönberger*, Das Parlament im Anstaltsstaat, 1997; *U. Stump*, Preußische Verwaltungsgerichtsbarkeit 1875–1914, 1980; *G. Sydow*, Die Verwaltungsgerichtsbarkeit des ausgehenden 19. Jahrhunderts, 2000; *N. Ullrich*, Gesetzgebungsverfahren und Reichstag in der Bismarck-Zeit, 1996; *J. Umlauf*, Die deutsche Arbeiterschutzgesetzgebung 1880–1890. Ein Beitrag zur Entwicklung des sozialen Rechtsstaates, 1980; *H.-U. Wehler*, Das Deutsche Kaiserreich 1871–1918, 8. Aufl. 1988.

§ 15. Verfassungsentwicklungen unter Kaiser Wilhelm II.

I. Zeittafel

487   1890   Entlassung *Bismarcks*
1899   Lex Hohenlohe
1900   Inkrafttreten des Bürgerlichen Gesetzbuchs (BGB)
1908   Reichsvereinsgesetz
1912   Einführung von Mißbilligungsanträgen in die Geschäftsordnung des Reichstags
1914   Beginn des Ersten Weltkriegs
1918   Einführung der Verhältniswahl in großen Reichstagswahlkreisen (24. 8.)
Verfassungsreformgesetze (28. 10.)

II. Die „Verpreußung" des Reiches

Preußen hatte im Reich eine **hegemoniale Stellung:** Es besaß ein deutliches Übergewicht im Bundesrat (17 von 58 Stimmen). Es stellte das Präsidium und die Regierung des Reiches durch die Personalunion von preußischem König und Deutschem Kaiser sowie preußischem Ministerpräsidenten und Reichskanzler (vgl. oben Rn. 429). Und in der Verfassungspraxis kam die Verzahnung zwischen preußischer Ministerialbürokratie und Reichsämtern hinzu. Die Leiter der Reichsämter, die den Titel „Staatssekretär" trugen, erhielten zugleich den Rang von preußischen Staatsministern (vgl. oben Rn. 466). Diese normative Lage spiegelte aber im wesentlichen nur die tatsächlichen Verhältnisse wider. Preußen hatte keinen ernsthaften Konkurrenten unter den Mitgliedstaaten. Etwa zwei Drittel des Reichsgebietes und drei Fünftel der Reichseinwohnerschaft (25 von 42 Millionen) waren preußisch (*Kotulla*, VerfGesch, Rn. 2063). Gleichwohl waren die Probleme, die sich aus dem Dualismus Reich-Preußen ergaben, erheblich. Sie wurden in der Regierungszeit *Bismarcks* noch von seiner Person „überbrückt" (*Schoeps,* unten Rn. 503, S. 273), machten sich aber in der Folge immer störender bemerkbar und wirkten noch in der Weimarer Republik fort (vgl. unten Rn. 524).

488

Hans-Joachim Schoeps: „Mit der Reichsgründung begann sich das ‚Preußentum' infolge seiner starken Prägekraft über das gesamte Deutschtum zu lagern; häufig wurde dies – zumal in Süddeutschland – als ‚Aufpfropfung' empfunden und das Reich als ein ‚verlängertes Großpreußen' bezeichnet. Jedenfalls haben preußische Wertbegriffe, Leitbilder, Amtsvorstellungen und Institutionen das übrige Deutschland stark beeinflußt. ... Die ‚Verpreußung' des Reiches mußte aber notwendig auf Kosten der preußischen Substanz gehen; Vergröberungen und klischeehafte Veräußerlichungen konnten nicht lange ausbleiben. ... Übertriebenes militärisches Gebaren, Militarisierung auch des zivilen Lebens, eine seltsame Hofrangordnung, die den Leutnant noch über den Professor stellte, schroffes Auftreten und mangelndes Einfühlungsvermögen haben die Preußen nach 1871 in Süddeutschland, im Hannoverschen und in den neuerworbenen Reichslanden oft sehr unbeliebt gemacht. ... Schnauz- und Befehlston von Schalterbeamten gegenüber dem Publikum, arrogantes Auftreten und unbelehrbarer Dünkel, verknüpft mit Servilität gegenüber Mächtigeren – das alles waren Entartungserscheinungen, die Preußen oft bis zur Karikatur heruntersinken ließen" (vgl. unten Rn. 503, S. 274 f.).

489

Besonders in der Regierungszeit *Wilhelms II.* traten solche preußischen Untugenden hervor und verletzten die Gefühle der Nichtpreu-

490

ßen im Reich. Preußens Ungeschick und antipreußisches Ressentiment beleuchtet beispielhaft der sog. **Zabern-Fall** im Jahre 1913. Ein 20-jähriger preußischer Leutnant, der in der Garnison Zabern im Elsaß stationiert war, hatte wiederholt elsässische Rekruten und Bürger als „Wackes" bezeichnet, obwohl er um den für jeden Elsässer beleidigenden Charakter dieses Ausdrucks wußte. Sein Fehlverhalten löste antipreußische Demonstrationen und schließlich Tumulte seitens der Bevölkerung aus. Daraufhin setzte der Regimentskommandeur Truppen gegen die Bevölkerung ein, ließ eine größere Zahl von Zivilisten ohne Haftbefehl festnehmen und hielt sie über Nacht im Kohlenkeller der Kaserne fest. Als der Zabern-Fall auch im Reichstag zur Sprache kam, beeilte sich der Reichskanzler, in seiner Stellungnahme das Vorgehen des Militärs mit der zweifelhaften Behauptung zu rechtfertigen, daß die Militärbehörde „Beleidigungen, die ihr zugefügt werden, nicht auf sich sitzen lassen kann" (*Huber*, Dok. III, Nr. 43).

III. Das persönliche Regiment Wilhelms II.

491   Am 18. März 1890 suchte *Bismarck* um seine Entlassung nach, die ihm zwei Tage später auch gewährt wurde. Der Lotse ging von Bord des Staatsschiffes, so hat es die Zeitschrift „Punch" in einer berühmt gewordenen Karikatur dargestellt. Man könnte die verfassungsgeschichtliche Zäsur, die in dem **Sturz Bismarcks** zu sehen ist, auch mit den Worten überschreiben: Vom Bismarck-Reich zum Kaiserreich, um die veränderten Gewichte von Kanzler- und Kaiseramt und die damit verbundenen Änderungen in der Regierungsweise hervorzuheben. Denn Kaiser *Wilhelm II.* hatte den Anspruch, selbst das Reich zu regieren, „sein eigener Minister und Kanzler zu sein" (*Huber*, VerfGesch IV, S. 330).

492   Ein solches **persönliches Regiment** zielte allerdings auf eine Überdehnung seiner verfassungsrechtlichen Kompetenzen. Denn der Kaiser hatte zwar eine starke Stellung, weil er nach seiner freien Entscheidung den Reichskanzler ernennen und entlassen konnte (vgl. oben Rn. 430). Im juristischen Schrifttum wurde dies noch zur sog. Handlanger-Theorie zugespitzt: Dem Reichskanzler komme nur die Funktion eines „Gehilfen" zu; der Kaiser bestimme allein die Richtlinien der Politik (*Laband*, unten Rn. 503, Bd. I, S. 232). Dabei wurde aber Art. 17 S. 2 der Reichsverfassung in seiner normativen Bedeutung und Tragweite verkannt. Der Reichskanzler und preußische Mi-

§ 15. Verfassungsentwicklungen unter Kaiser Wilhelm II. 241

nisterpräsident übernahm mit der Gegenzeichnung der kaiserlichen Verfügungen und Anordnungen die rechtliche „Verantwortlichkeit", wenn auch nach der Reichsverfassung keine juristischen Sanktionsmittel, nicht einmal die Ministeranklage wie nach der Paulskirchenverfassung, eingeräumt waren (vgl. oben Rn. 339). *Laband* sprach insoweit zutreffend von einer „lex imperfecta" (unten Rn. 503, Bd. I, S. 381 f.). Eine selbstherrliche monarchische Staatsleitung höhlte diese Verantwortlichkeit aus. Zugespitzt lautete der Vorwurf an *Wilhelm II.*, er habe die maßgebenden Entscheidungen der Innen- und Außenpolitik eigenmächtig außerhalb des staatsrechtlichen Verantwortlichkeitssystems gefällt.

Wilhelm II. hat diesen Vorwurf allerdings mehr durch Worte denn durch Taten herausgefordert („Regiment der unverantwortlichen Rede"). 1891 schockierte er die Öffentlichkeit mit dem Satz: „Einer nur ist Herr im Reich; keinen anderen dulde ich." Wenige Monate später trug er in das Goldene Buch der Stadt München die Worte ein: „Suprema lex regis voluntas" (Das höchste Gesetz ist der Wille des Fürsten). Die Träger der höchsten Staatsämter seien „Handlanger" des Kaisers. Seinem Oheim, König *Eduard VII.* von England, erklärte er, er sei der einzige Verantwortliche für die deutsche Außenpolitik; die Regierung und sein Land müßten ihm unbedingt folgen. Diese Äußerungen haben dazu beigetragen, das Regime *Wilhelms II.* im In- und Ausland als rückschrittlich und aggressiv zu diskreditieren. Zudem sind sie ein Ausdruck für die politische Unbesonnenheit und Großmannssucht des letzten deutschen Kaisers (vgl. *Huber,* VerfGesch IV, S. 330 ff.). 493

In der Realität war der Selbstregierungsanspruch des Kaisers unerfüllbar. Die Reichsleitung gewann nach dem Sturz *Bismarcks* immer größeres Gewicht. Das ging schließlich soweit, daß Reichskanzler und Staatssekretäre regelmäßig Konferenzen abhielten; faktisch hatte sich eine Reichsregierung etabliert. Damit einher ging eine **wachsende Bedeutung des Reichstages.** Sein Einfluß auf die Gesetzgebung nahm stetig zu: Von der Reichsleitung wurden Forderungen und Resolutionen aus der Mitte der Volksvertretung berücksichtigt, es kam zu Verhandlungen zwischen Abgeordneten und Reichsbürokratie, es bildeten sich Bündnisse zwischen Fraktionen des Reichstages und den Reichskanzlern. Es fand also inhaltlich eine „Parlamentarisierung der Reichsleitung" (*G. Anschütz,* DJZ 1917, S. 697 ff.) statt, ohne daß eine volle Ausprägung des parlamentarischen Regierungssystems auch in formeller und personeller Hinsicht, nämlich als Abhängigkeit der Innehabung des Regierungsamts von der Zustimmung und dem Vertrauen der Parlamentsmehrheit, vor Kriegsende erreichbar war. Dahingehende verfassungsändernde Gesetzgebungsinitiati- 494 ven der Sozialdemokraten und Linksliberalen hatten keinen Erfolg (vgl. *Rauh,* unten Rn. 503, S. 176 ff.).

495 Ein erster Schritt zur Parlamentarisierung erfolgte 1912, als die SPD mit mehr als einem Drittel aller Stimmen bei einer Wahlbeteiligung von 84,5 Prozent stärkste Fraktion im Reichstag geworden war. Durch eine Änderung der Geschäftsordnung des Reichstags wurden **Billigungs- und Mißbilligungsanträge** gegenüber der Reichsleitung für zulässig erklärt (vgl. *Huber,* Dok. II, S. 428; III, S. 46, 345). Bis zum Ende der Monarchie kam es zu zwei Mißbilligungsvoten: im Januar 1913 wegen der preußischen Polenpolitik und im Dezember 1913 zum Zabern-Fall (vgl. oben Rn. 490).

IV. Die Entwicklung im 1. Weltkrieg

496 **Deutsche Kriegserklärung an Rußland vom 1. August 1914:**
„Die Kaiserliche Regierung hat sich seit dem Beginn der Krise bemüht, sie einer friedlichen Lösung zuzuführen. Einem von Seiner Majestät dem Kaiser von Rußland ausgesprochenen Wunsche nachkommend, hat sich Seine Majestät der Deutsche Kaiser gemeinsam mit England bemüht, eine Vermittlerrolle bei den Kabinetten von Wien und Petersburg durchzuführen, als Rußland, ohne die Ergebnisse davon abzuwarten, zur Mobilisierung seiner gesamten Land- und Seestreitkräfte schritt.
Infolge dieser bedrohlichen, durch keine militärische Vorbereitung von deutscher Seite begründete Maßnahme sah sich das Deutsche Reich einer ernsten und unmittelbaren Gefahr gegenüber. Wenn die Kaiserliche Regierung es unterlassen hätte, dieser Gefahr zu begegnen, hätte sie die Sicherheit und sogar die Existenz Deutschlands aufs Spiel gesetzt. Die deutsche Regierung sah sich daher gezwungen, sich an die Regierung Sr. M. des Kaisers aller Reußen zu wenden und auf die Einstellung der erwähnten militärischen Handlungen zu dringen. Da Rußland dieser Forderung nicht nachgekommen ist (Textvariante: auf diese Forderung keine Antwort erteilen zu sollen geglaubt hat) und durch diese Weigerung/Haltung kundgetan hat, daß sein Vorgehen gegen Deutschland gerichtet ist, beehre ich ich mich im Auftrage meiner Regierung Ew. Exz. mitzuteilen, was folgt:
S. M. der Kaiser, mein erhabener Herrscher, nimmt im Namen des Reichs die Herausforderung an und betrachtet sich als im Kriegszustand mit Rußland befindlich."
(Vgl. *Huber,* Dok. III, Nr. 73.)

497 Die **Kriegserklärung** hatte neben der außen- auch eine innenpolitische Seite. Gem. Art. 68 S. 1 der Reichsverfassung von 1871 konnte der Kaiser, „wenn die öffentliche Sicherheit in dem Bundesgebiete be-

§ 15. Verfassungsentwicklungen unter Kaiser Wilhelm II. 243

droht ist, einen jeden Theil desselben in Kriegszustand erklären". Das geschah durch eine Kaiserliche Verordnung vom 31. Juli 1914 (RGBl., S. 263; vgl. *Huber,* Dok. III, Nr. 70). Rechtsfolge war gem. Art. 68 S. 2 der Reichsverfassung die Geltung des Preußischen Gesetzes über den Belagerungszustand vom 4. Juni 1851 (Preuß. GS, S. 451; vgl. *Huber,* Dok. I, Nr. 199). Dessen zentraler § 4 bestimmte, daß mit der Bekanntmachung der Erklärung des Belagerungszustandes die vollziehende Gewalt an die Militärbefehlshaber überging und die Zivilverwaltungs- und Gemeindebehörden den Anordnungen und Aufträgen der Militärbefehlshaber Folge zu leisten hatten. Diese Form einer Militärdiktatur blieb während des ganzen 1. Weltkriegs bestehen. Eine „juristische Mobilmachung" zeigte sich darüber hinaus in einer drastischen Beschneidung der landesverfassungsrechtlich oder reichsgesetzlich gewährleisteten Grundrechte (*Stolleis,* Geschichte III, S. 57 f.). Im übrigen erfolgte die Kriegserklärung gegenüber dem Kriegsgegner gem. Art. 11 Abs. 2 der Reichsverfassung durch den Kaiser mit Zustimmung des Bundesrats (vgl. oben Rn. 428, 430). Der Reichstag war hieran nicht beteiligt, beschloß aber mit großen Mehrheiten die für die Kriegsführung erforderlichen Gesetze.

Von den innenpolitischen Folgen des 1. Weltkrieges ist vor allem **498** der nachhaltige **Ausbau staatlicher Regulierung** hervorzuheben. Durch § 3 Abs. 1 des Gesetzes vom 4. August 1914 (RGBl., S. 327; vgl. *Huber,* Dok. III, Nr. 83) wurde der Bundesrat „ermächtigt, während der Zeit des Krieges diejenigen gesetzlichen Maßnahmen anzuordnen, welche sich zur Abhilfe wirtschaftlicher Schädigungen als notwendig erweisen"; gem. § 3 Abs. 2 waren die Maßnahmen auf Verlangen des Reichstages aufzuheben, was allerdings niemals geschehen ist. Auf dieser Grundlage sind insgesamt 825 Verordnungen auf allen Gebieten der Kriegswirtschaft, des Währungs- und Finanzrechts, Zivil-, Arbeits-, Sozial- und Gerichtsverfassungsrechts erlassen und umfangreiche Behörden errichtet worden. Das Gesetz über den vaterländischen Hilfsdienst vom 5. Dezember 1916 sollte – inspiriert von der Obersten Heeresleitung mit *Ludendorff* und *Hindenburg* – der Militarisierung der Heimatfront dienen; ein kritischer werdender Reichstag hat ihm jedoch eine andere Ausrichtung gegeben, so daß es auch als „Kernstück in der Fortbildung des Sozialstaats" (*Huber,* Dok. III, S. 148) bezeichnet wird. Es schuf eine Dienstpflicht für alle männlichen Deutschen zwischen 17 und 60 Jahren, errichtete „ständige Arbeiter- und Angestelltenausschüsse" in allen größeren Betrieben und tat mit der Bildung von staatlichen

Schlichtungsausschüssen den entscheidenden Schritt auf dem Weg in das kollektive Arbeitsrecht.

499 In der letzten Phase des 1. Weltkriegs kam es doch noch zur **Einführung des parlamentarischen Regierungssystems,** um das in Deutschland so lange vergeblich gerungen worden war. Seit Frühjahr 1917 machte die „Demokratisierung der inneren Verhältnisse" zunehmend Fortschritte, und Mitte 1918 wurde eine Reform des Reichstagswahlrechts verabschiedet, die wenigstens die gröbsten Ungleichheiten beseitigen sollte (vgl. *Rauh,* unten Rn. 503, S. 367 ff., 408 ff.). So hatten sich im Verlauf der Industrialisierung groteske Verzerrungen im Größenverhältnis der Wahlkreise ergeben. Beispielsweise hatte 1912 der größte Reichstagswahlkreis in Berlin ca. 1,3 Millionen, der kleinste dagegen, Schaumburg-Lippe, lediglich 47 000 Einwohner. Die weitergehenden Forderungen der Sozialdemokraten und Linksliberalen nach einem Verhältniswahlsystem, dem Frauenwahlrecht und der Herabsetzung des Wahlalters auf 20 Jahre konnten sich aber immer noch nicht durchsetzen. Eine Mehrheit fand das Gesetz vom 24. August 1918, das wenigstens in Großstädten und Industriegebieten das Verhältniswahlrecht einführte (RGBl., S. 1079; vgl. *Huber,* Dok. III, Nr. 177). Gesetzesvorhaben, welche die Abschaffung des preußischen Dreiklassenwahlrechts (vgl. oben Rn. 377 ff.) zum Ziel hatten, wurden nicht mehr verabschiedet. Den Höhepunkt und Abschluß der Entwicklung bildete die folgende Verfassungsänderung:

500 Gesetz zur Abänderung der Reichsverfassung vom 28. Oktober 1918 – Auszug –:
Die Reichsverfassung wird wie folgt abgeändert:
1. Im Artikel 11 werden die Absätze 2 und 3 durch folgende Bestimmungen ersetzt:
Zur Erklärung des Krieges im Namen des Reichs ist die Zustimmung des Bundesrats und des Reichstags erforderlich.
Friedensverträge sowie diejenigen Verträge mit fremden Staaten, welche sich auf Gegenstände der Reichsgesetzgebung beziehen, bedürfen der Zustimmung des Bundesrats und des Reichstags.
2. Im Artikel 15 werden folgende Absätze hinzugefügt:
Der Reichskanzler bedarf zu seiner Amtsführung des Vertrauens des Reichstags.
Der Reichskanzler trägt die Verantwortung für alle Handlungen von politischer Bedeutung, die der Kaiser in Ausübung der ihm nach der Reichsverfassung zustehenden Befugnisse vornimmt.

§ 15. Verfassungsentwicklungen unter Kaiser Wilhelm II. 245

Der Reichskanzler und seine Stellvertreter sind für ihre Amtsführung dem Bundesrat und dem Reichstag verantwortlich.
3. Im Artikel 17 werden die Worte gestrichen:
„welcher dadurch die Verantwortlichkeit übernimmt."
(RGBl., S. 1274; vgl. *Huber*, Dok. III, Nr. 206.)

Mit dieser Verfassungsänderung wurde der „vorbehaltlose Übergang zum parlamentarischen Regierungssystem" (*Huber*, VerfGesch V, S. 584) vollzogen. Der neue Art. 11 Abs. 2 und 3 erweiterte die Kompetenzen des Reichstages in den grundlegenden außenpolitischen Angelegenheiten. Der neue Art. 15 Abs. 3 führte die für das parlamentarische Regierungssystem kennzeichnende **Abhängigkeit des Reichskanzlers vom Reichstag** ein. Danach besaß der Reichstag die Kompetenz, den Reichskanzler durch ein Mißtrauensvotum zum Rücktritt zu zwingen. Zugleich folgte aus dieser Vorschrift die Pflicht des Kaisers, auf ein Mißtrauensvotum des Reichstages hin den Reichskanzler zu entlassen. Allerdings blieb es beim uneingeschränkten Ernennungsrecht des Kaisers gem. Art. 15 Abs. 1 (vgl. oben Rn. 430 f.). Der neue Art. 15 Abs. 4 erstreckte die Verantwortlichkeit des Reichskanzlers und damit zugleich die parlamentarische Kontrolle über den bisher durch Art. 17 abgesteckten Bereich hinaus auf „alle Handlungen von politischer Bedeutung", womit nach der Entstehungsgeschichte der Vorschrift vor allem die Akte der militärischen Kommandogewalt gemeint waren (vgl. *Huber*, VerfGesch V, S. 590). Der neue Art. 15 Abs. 5 erweiterte die Verantwortlichkeit des Reichskanzlers auf seine Stellvertreter; im übrigen bewirkte er keine Änderung des bisherigen Rechts. Indem aber der Bundesrat den Reichskanzler nur „in Verantwortlichkeit nehmen", nicht jedoch – wie der Reichstag – ihm das „Vertrauen" entziehen konnte, wurde die Verdrängung des Bundesrates vom ersten Platz in der Hierarchie der Reichsorgane (vgl. oben Rn. 425) und seine Ersetzung durch den Reichstag nochmals deutlich.

501

Bedeutung für das politische Leben im Kaiserreich konnte diese Verfassungsänderung nicht mehr erlangen. Die **militärische Niederlage** stand fest, und bis zur Ausrufung der Republik waren es keine zwei Wochen mehr (vgl. unten Rn. 508). Auch wenn die Einführung des parlamentarischen Systems durch das Gesetz vom 28. Oktober 1918 in der Logik der verfassungsgeschichtlichen Entwicklung lag, kamen zu diesem Zeitpunkt zwei besondere Motive hinzu: Außenpolitisch diente sie gegenüber den westlichen Kriegsgegnern und insbesondere dem amerikanischen Präsidenten *Wilson* als „Vorzeige-

502

objekt" für demokratische Reformen; innenpolitisch sollte das Parlament Verantwortung für den verlorenen Krieg übernehmen (*Rauh*, unten Rn. 503, S. 433, 457).

V. Literatur

503   *E. Fehrenbach*, Wandlungen des deutschen Kaisergedankens 1871–1918, 1969; *H. Gies*, Die Regierung Hertling und die Parlamentarisierung in Deutschland 1971/18, Der Staat 1974, S. 471 ff.; *D. Grosser*, Vom monarchischen Konstitutionalismus zur parlamentarischen Demokratie, 1970; *P. Laband*, Das Staatsrecht des Deutschen Reiches, 5. Aufl. 1911–1914 (Nachdruck 1964); *W. Loth*, Das Kaiserreich. Obrigkeitsstaat und politische Mobilisierung, 2. Aufl. 1997; *M. Rauh*, Die Parlamentarisierung des Deutschen Reiches, 1977; *C.-W. Reibel*, Bündnis und Kompromiß. Parteienkooperation im Deutschen Kaiserreich, HZ 2011, S. 69 ff.; *J. C. G. Röhl*, Wilhelm II., 3 Bände, 2001/2009; *H.-J. Schoeps*, Preußen. Geschichte eines Staates, 1992; *M. Stürmer* (Hg.), Das kaiserliche Deutschland, 2. Aufl. 1977 (Nachdruck 1984); *C. Vondenhoff*, Hegemonie und Gleichgewicht im Bundesstaat. Preußen 1867–1933, 2001; *F. Zunkel*, Industrie und Staatssozialismus, 1974.

Kapitel 8. Die Weimarer Republik

§ 16. Revolution und Verfassungsneuordnung

I. Zeittafel

1918 Beginn der Matrosenaufstände (29. 10.)
Generalstreik in Berlin; Abdankung des Kaisers; *Ebert* wird Reichskanzler; *Scheidemann* ruft die Republik aus (9. 11.)
Kaiser *Wilhelm II.* geht ins Exil nach Holland; Einsetzung des Rats der Volksbeauftragten (10. 11.)
Erlaß der Reichsregierung über das Weiterbestehen der Reichsämter (11. 11.)
Reichswahlgesetz (30. 11.)
Reichskongreß der Arbeiter- und Soldatenräte Deutschlands (16.–20. 12.)
1919 Gründung der Kommunistischen Partei Deutschlands (1. 1.)
Sog. Spartakusaufstand (5.–11. 1.)
Wahlen zur Nationalversammlung (19. 1.)
Zentralrat überträgt Gewalt auf Nationalversammlung (4. 2.)
Zusammentritt der Nationalversammlung in Weimar (6. 2.)
Gesetz über die vorläufige Reichsgewalt (10. 2.)
Wahl *Eberts* zum Reichspräsidenten (11. 2.)
Berufung *Scheidemanns* zum Reichsministerpräsidenten (13. 2.)
Reichsgesetz zur Durchführung der Waffenstillstandsbestimmungen (6. 3.)
Unterzeichnung des Versailler Friedensvertrages (28. 6.)
Annahme der Weimarer Reichsverfassung (31. 7.)
Ausfertigung der Weimarer Reichsverfassung (11. 8.)

II. „Voran zur deutschen Republik" – Die Entwicklung von den Matrosenaufständen bis zur Annahme der Reichsverfassung

Die Verfassungsänderung vom 28. Oktober 1918 (vgl. oben Rn. 500 f.) hätte unter anderen außen- und innenpolitischen Vorzeichen den evolutionären Übergang zu einer parlamentarisch-demokratischen Staatsform unter Beibehaltung der Monarchie bewirken können. Angesichts der unabwendbaren militärischen Niederlage und des allgemeinen Wunsches nach einem schnellen und „guten" Frieden, der – wie es insbesondere die Antwortschreiben des amerikanischen Präsidenten *Wilson* auf das deutsche Friedensangebot (vgl. *Huber*, Dok. III, Nr. 210, 212, 214) nahelegten – von der Abdankung der bisherigen „Beherrscher der deutschen Politik" und der Abschaffung der bestehenden „monarchistischen Autokratie" abhängig schien, kam die **systemimmanente Oktoberreform** zu spät.

506 Als die kaiserliche Flotte trotz der militärisch aussichtslosen Lage den Befehl zum Auslaufen gegen die englische Marine erhielt, brach am 29. Oktober 1918 eine Meuterei aus. Die Matrosen befürchteten, in eine sinnlose, todbringende „Verzweiflungsschlacht" geschickt zu werden. Die Aufstände breiteten sich rasch von Wilhelmshaven und Kiel über das ganze Land aus. Der revolutionäre Funke sprang auch auf die Arbeiter über. In den ersten Novembertagen bildeten sich in vielen Großstädten **Arbeiter- und Soldatenräte,** welche die politische Führung auf lokaler Ebene übernahmen. Am 9. November kam es in Berlin zum Generalstreik und im Anschluß daran ebenfalls zur Bildung von Arbeiter- und Soldatenräten. Diesen Räten gehörten mehrheitlich Mitglieder der Sozialdemokratischen Partei Deutschlands (SPD) und der von ihr im April 1917 abgespaltenen Unabhängigen Sozialdemokratischen Partei Deutschlands (USPD) an.

507 Bekanntmachung über die Abdankung Kaiser Wilhelms II. vom 9. November 1918:
Der Kaiser und König hat sich entschlossen, dem Throne zu entsagen. Der Reichskanzler bleibt noch so lange im Amte, bis die mit der Abdankung des Kaisers, dem Thronverzicht des Kronprinzen des Deutschen Reiches und von Preußen und der Einsetzung der Regentschaft verbundenen Fragen geregelt sind. Er beabsichtigt, dem Regenten die Ernennung des Abgeordneten Ebert zum Reichskanzler und die Vorlage eines Gesetzentwurfs wegen der sofortigen Ausschreibung allgemeiner Wahlen für eine Verfassungsgebende deutsche Nationalversammlung vorzuschlagen, der es obliegen würde, die künftige Staatsform des deutschen Volkes, einschließlich der Volksteile, die ihren Eintritt in die Reichsgrenzen wünschen sollten, endgültig festzustellen. (Vgl. *Huber*, Dok. III, Nr. 238.)

508 Unter dem Druck der Ereignisse entschloß sich der Kaiser schließlich zur Abdankung, die der Reichskanzler, Prinz *Max von Baden*, am 9. November 1918 gegen 12 Uhr mittags bekanntgab. Unmittelbar danach übergab Prinz *Max von Baden* das Amt des Reichskanz-

lers an den Vorsitzenden der Sozialdemokratischen Partei, *Friedrich Ebert,* obwohl er zu einem solchen Schritt nach der Verfassung nicht ermächtigt war. Im Bemühen um eine quasilegale Regierungskontinuität erfolgte die Übergabe der Amtsgeschäfte „vorbehaltlich der gesetzlichen Genehmigung". Die revolutionäre Bewegung war jedoch mit diesem Schachzug nicht mehr aufzuhalten und in die bestehende Verfassungsordnung einzubinden. Am frühen Nachmittag des gleichen Tages rief der Sozialdemokrat *Scheidemann,* Staatssekretär in der Regierung des Prinzen *Max,* von einem Fenster des Reichstages aus den zusammengeströmten Massen zu: „Wir haben auf der ganzen Linie gesiegt; das Alte ist nicht mehr. Ebert ist zum Reichskanzler ernannt ... Die Hohenzollern haben abgedankt. Sorgt dafür, daß dieser stolze Tag durch nichts beschmutzt werde. Er sei ein Ehrentag für immer in der Geschichte Deutschlands. Es lebe die deutsche Republik!" (vgl. *Huber,* Dok. IV, Nr. 2). Mit dieser **Proklamation der Republik,** die mit *Ebert* nicht abgesprochen war und auf dessen heftige Kritik stieß, endete die Epoche der Monarchie in Deutschland. Am 10. November 1918 ging Kaiser *Wilhelm II.* ins Exil nach Holland.

Nur zwei Stunden nach *Scheidemann* rief auch *Karl Liebknecht* vom Balkon des Berliner Stadtschlosses die Republik aus, allerdings eine andere: die „freie, sozialistische Republik Deutschland" (vgl. *Michaelis/Schraepler,* unten Rn. 543, S. 373 ff.). Der Vorfall macht schlaglichtartig die unterschiedlichen Kräfte und Strömungen in dieser Zeit des revolutionären Umbruchs deutlich. *Liebknecht* war Mitglied des „Spartakusbundes", der für die Errichtung einer deutschen Räterepublik nach russischem Vorbild eintrat und zugleich den linken Flügel der USPD bildete. SPD und USPD arbeiteten nach den revolutionären Ereignissen vom November 1918 zunächst zusammen. Am 10. November bildete *Ebert* den **„Rat der Volksbeauftragten" als eine provisorische Reichsregierung.** Dieses Gremium setzte sich aus je drei Vertretern der SPD und der USPD zusammen; den Vorsitz übernahmen gleichberechtigt *Ebert* und der Unabhängige Sozialdemokrat *Haase.* Dieser Rat der Volksbeauftragten wurde von den Arbeiter- und Soldatenräten als Zentralgewalt des Reiches anerkannt. Mit Erlaß vom 11. November 1918 (vgl. *Huber,* Dok. IV, Nr. 8) stellte er unmittelbar nach Übernahme der „Regierungsgewalt" das Weiterbestehen der Reichsämter und der sonstigen Reichsbehörden sicher, um die öffentliche Ordnung und den Fortgang der Verwaltungstätigkeit zu gewährleisten.

510 Zwischen den Mehrheitssozialisten und der USPD entbrannte jedoch schon bald heftiger Streit um die zukünftige Staatsform des Reiches. Sollte eine verfassunggebende Nationalversammlung den Weg zu einer parlamentarischen Demokratie ebnen oder sollte zwangsweise ein sozialistisches Rätesystem eingeführt werden? Diese Frage wurde auf dem **Reichskongreß der Arbeiter- und Soldatenräte Deutschlands** vom 16. bis 20. Dezember 1918 eindeutig entschieden. Mit 344 gegen 98 Stimmen wurde der Antrag *Däumigs* (USPD), eine sozialistische Räterepublik zu errichten, abgelehnt. Der Antrag von *Cohen-Reuß* (SPD), die Wahlen zur deutschen Nationalversammlung am 19. Januar 1919 abzuhalten, fand dagegen die Zustimmung von 400 Delegierten; nur etwa 50 stimmten dagegen. Ferner beschloß der Reichskongreß, daß der Rat der Volksbeauftragten vorläufig die gesetzgebende und die vollziehende Gewalt ausüben und ein von dem Kongreß bestellter „Zentralrat der Arbeiter- und Soldatenräte" die Ausübung der Staatsgewalt „parlamentarisch überwachen" sollte. Dieser Beschluß macht zugleich das Selbstverständnis des Reichskongresses als Träger der gesamten Staatsgewalt deutlich:

511 Beschluß des Reichskongresses der Arbeiter- und Soldatenräte Deutschlands vom 18. Dezember 1918:
1. Der Reichskongreß der „Arbeiter- und Soldaten-Räte Deutschlands", die gesamte politische Macht repräsentiert, überträgt bis zur anderweitigen Regelung durch die Nationalversammlung die gesetzgebende und vollziehende Gewalt dem Rat der Volksbeauftragten.
2. Der Kongreß bestellt ferner einen Zentralrat der Arbeiter- und Soldaten-Räte, der die parlamentarische Überwachung des deutschen und des preußischen Kabinetts ausübt. Er hat das Recht der Berufung und Abberufung der Volksbeauftragten des Reiches und – bis zur endgültigen Regelung der staatlichen Verhältnisse – auch der Volksbeauftragten Preußens.
3. Zur Überwachung der Geschäftsführung in den Reichsämtern werden vom Rat der Volksbeauftragten Beigeordnete der Staatssekretäre bestimmt. In jedes Reichsamt werden zwei Beigeordnete entsandt, die aus den beiden sozialdemokratischen Parteien zu entnehmen sind. Vor der Berufung der Fachminister und der Beigeordneten ist der Zentralrat zu hören.
(Vgl. *Huber*, Dok. IV, Nr. 47.)

512 Die weitere Spaltung der revolutionären Kräfte wurde mit diesen Beschlüssen nicht aufgehalten. Ende Dezember 1918 schieden die Unabhängigen Sozialdemokraten aus dem Rat der Volksbeauftragten aus, und nur wenige Tage später gründete die extreme Linke durch die Vereinigung von Spartakusbund und „Bremer Linksradikalen" eine eigene Partei, die „Kommunistische Partei Deutschlands"

(KPD), die unter der Führung von *Karl Liebknecht* und *Rosa Luxemburg* stand (vgl. *Kolb,* unten Rn. 543, S. 9 ff., 16). Im Januar 1919, unmittelbar vor den Wahlen zur verfassunggebenden Nationalversammlung, kam es in Berlin zum sog. **Spartakus-Aufstand,** den die regierende SPD nur mit Hilfe des Militärs niederschlagen konnte. *Karl Liebknecht* und *Rosa Luxemburg* wurden – nach ihrer Gefangennahme – von Freikorpsangehörigen ermordet. Man hat der Sozialdemokratie und insbesondere ihren damaligen Führern in der Regierung, *Ebert* und *Noske,* immer wieder den „Pakt mit den alten Mächten des Kaiserreichs", mit Militär und Bürokratie, vorgeworfen und ihr Verhalten als Verrat an der Revolution gebrandmarkt.

Einer nüchternen **verfassungsgeschichtlichen Analyse** kann diese Kritik nicht standhalten. Sicherlich war es für die demokratische Entwicklung des neuen Staates nicht förderlich, daß die Funktionseliten des Kaiserreichs und insbesondere die gerade geschlagene Armee so schnell wieder zum Machtfaktor aufsteigen konnten. Doch das Ausscheren der USPD aus der gemeinsamen Regierungsverantwortung und der Aufstand der Spartakisten haben die SPD praktisch in die Arme der bürgerlichen „Ordnungsgaranten" getrieben. Die Niederwerfung des Aufstandes unter Einsatz des Militärs erscheint vom Standpunkt der SPD als konsequente und richtige Entscheidung. Die Mehrheitssozialdemokraten wollten keine Räterepublik, keine Verfassungsumformung nach russischem Muster. So dachte nicht nur die Führungsspitze, sondern auch die Basis der Partei. Sozialdemokratische Arbeiter veranstalteten im Januar 1919 Massenveranstaltungen, auf denen sie ein Vorgehen der Regierung gegen die „Linken" forderten. 513

Aus den Wahlen zur Nationalversammlung, nur eine Woche nach der Niederschlagung des Aufstandes, ging die SPD mit großem Abstand als stärkste Partei hervor. Auch darin ist ein Vertrauensbeweis zu sehen. „Der Januaraufstand *war* der Putschversuch einer radikalen Minderheit" (*Winkler,* unten Rn. 595, S. 60). Wer hier nur von „Unruhen" spricht, bei denen *Noske* gegen harmlose „Zivilisten" mit der Reichswehr vorgegangen sei (so etwa *Gusy,* unten Rn. 543, S. 40), wird den Ereignissen nicht gerecht. Mit der Niederwerfung des Spartakus-Aufstandes waren die Weichen für die weitere Verfassungsentwicklung endgültig gestellt. Die neue Staatsform sollte eine **gewaltenteilende, parlamentarische Demokratie nach westlichem Vorbild** werden. Zwar konnte sich noch im April 1919 eine Räterepublik in München etablieren, doch ist dieser Versuch nur mehr als 514

515 Die Wahl zur **verfassunggebenden Nationalversammlung** am 19. Januar 1919 bedeutete einen wichtigen ersten Schritt auf dem Weg in eine gesicherte Verfassungsneuordnung. Auf der Grundlage des neuen Wahlrechts, das dann auch in der Verfassung festgeschrieben wurde (vgl. unten Rn. 530), kam es zu einem Sieg der Kräfte, die für die parlamentarische Demokratie standen: Die SPD errang 37,9%, das Zentrum 19,7% und die Deutsche Demokratische Partei (DDP) 18,6% der Stimmen (vgl. *Huber*, Dok. IV, Nr. 533). Am 6. Februar 1919 trat die Nationalversammlung in Weimar, nicht in der noch immer unsicheren Hauptstadt Berlin, zu ihrer konstituierenden Sitzung zusammen. Sie erließ am 10. Februar 1919 das Gesetz über die vorläufige Reichsgewalt (RGBl., S. 169; vgl. *Huber*, Dok. IV, Nr. 77); einen Tag später wurde *Ebert* zum ersten Reichspräsidenten gewählt. Er übernahm sein Amt noch am gleichen Tag und berief am 13. Februar den Abgeordneten *Scheidemann* zum ersten Ministerpräsidenten des Reiches, der an die Spitze der aus den Parteien der „Weimarer Koalition" (SPD, Zentrum und DDP) gebildeten Reichsregierung trat. Das Werk der Verfassunggebung wurde im Sommer 1919 abgeschlossen. Am 31. Juli nahm die Nationalversammlung den Entwurf, der im wesentlichen von dem Berliner Staatsrechtler und DDP-Politiker *Hugo Preuß* vorbereitet worden war (vgl. *Stolleis*, Geschichte III, S. 80 ff.), mit 262 gegen 75 Stimmen bei einer Enthaltung an. Der Reichspräsident fertigte die sog. Weimarer Reichsverfassung am 11. August aus und verkündete sie.

III. Die Weimarer Reichsverfassung

516 Verfassung des Deutschen Reichs vom 11. August 1919 – Auszug –:
Art. 1. Das Deutsche Reich ist eine Republik.
Die Staatsgewalt geht vom Volke aus.
Art. 3. Die Reichsfarben sind schwarz-rot-gold. Die Handelsflagge ist schwarz-weiß-rot mit den Reichsfarben in der oberen inneren Ecke.
Art. 5. Die Staatsgewalt wird in Reichsangelegenheiten durch die Organe des Reichs auf Grund der Reichsverfassung, in Landesangelegenheiten durch die Organe der Länder auf Grund der Länderverfassungen ausgeübt.
Art. 6. Das Reich hat die ausschließliche Gesetzgebung über:
1. die Beziehungen zum Ausland;
2. das Kolonialwesen;

§ 16. Revolution und Verfassungsneuordnung

3. die Staatsangehörigkeit, die Freizügigkeit, die Ein- und Auswanderung und die Auslieferung;
4. die Wehrverfassung;
5. das Münzwesen;
6. das Zollwesen sowie die Einheit des Zoll- und Handelsgebiets und die Freizügigkeit des Warenverkehrs;
7. das Post- und Telegraphenwesen einschließlich des Fernsprechwesens.
Art. 7. Das Reich hat die Gesetzgebung über:
1. das bürgerliche Recht;
2. das Strafrecht;
3. das gerichtliche Verfahren einschließlich des Strafvollzugs, sowie die Amtshilfe zwischen Behörden;
4. das Paßwesen und die Fremdenpolizei; …
6. das Presse-, Vereins- und Versammlungswesen; …
9. das Arbeitsrecht, die Versicherung und den Schutz der Arbeiter und Angestellten, sowie den Arbeitsnachweis;
10. die Einrichtung beruflicher Vertretungen für das Reichsgebiet; …
12. das Enteignungsrecht; …
14. den Handel, das Maß- und Gewichtswesen, die Ausgabe von Papiergeld, das Bankwesen sowie das Börsenwesen;
15. den Verkehr mit Nahrungs- und Genußmitteln sowie mit Gegenständen des täglichen Bedarfs;
16. das Gewerbe und den Bergbau;
17. das Versicherungswesen;
18. die Seeschiffahrt, die Hochsee- und Küstenfischerei;
19. die Eisenbahnen, die Binnenschiffahrt, den Verkehr mit Kraftfahrzeugen zu Lande, zu Wasser und in der Luft, sowie den Bau von Landstraßen, soweit es sich um den allgemeinen Verkehr und die Landesverteidigung handelt; …
Art. 8. Das Reich hat ferner die Gesetzgebung über die Abgaben und sonstigen Einnahmen, soweit sie ganz oder teilweise für seine Zwecke in Anspruch genommen werden. Nimmt das Reich Abgaben oder sonstige Einnahmen in Anspruch, die bisher den Ländern zustanden, so hat es auf die Erhaltung der Lebensfähigkeit der Länder Rücksicht zu nehmen.
Art. 9. Soweit ein Bedürfnis für den Erlaß einheitlicher Vorschriften vorhanden ist, hat das Reich die Gesetzgebung über:
1. die Wohlfahrtspflege;
2. den Schutz der öffentlichen Ordnung und Sicherheit.
Art. 10. Das Reich kann im Wege der Gesetzgebung Grundsätze aufstellen für:
1. die Rechte und Pflichten der Religionsgesellschaften;
2. das Schulwesen einschließlich des Hochschulwesens und das wissenschaftliche Büchereiwesen;
3. das Recht der Beamten aller öffentlichen Körperschaften;
4. das Bodenrecht …
5. das Bestattungswesen.

Art. 12 Abs. 1. Solange und soweit das Reich von seinem Gesetzgebungsrechte keinen Gebrauch macht, behalten die Länder das Recht der Gesetzgebung. Dies gilt nicht für die ausschließliche Gesetzgebung des Reichs.
Art. 13 Abs. 1. Reichsrecht bricht Landrecht.
Art. 14. Die Reichsgesetze werden durch die Landesbehörden ausgeführt, soweit nicht die Reichsgesetze etwas anderes bestimmen.
Art. 17. Jedes Land muß eine freistaatliche Verfassung haben. Die Volksvertretung muß in allgemeiner, gleicher, unmittelbarer und geheimer Wahl von allen reichsdeutschen Männern und Frauen nach den Grundsätzen der Verhältniswahl gewählt werden. Die Landesregierung bedarf des Vertrauens der Volksvertretung.
Die Grundsätze für die Wahlen zur Volksvertretung gelten auch für die Gemeindewahlen. ...
Art. 19. Über Verfassungsstreitigkeiten innerhalb eines Landes, in dem kein Gericht zu ihrer Erledigung besteht, sowie über Streitigkeiten nichtprivatrechtlicher Art zwischen verschiedenen Ländern oder zwischen dem Reich und einem Land entscheidet auf Antrag eines der streitenden Teile der Staatsgerichtshof für das Deutsche Reich, soweit nicht ein anderer Gerichtshof des Reichs zuständig ist.
Der Reichspräsident vollstreckt das Urteil des Staatsgerichtshofs.
Art. 21. Die Abgeordneten sind Vertreter des ganzen Volkes. Sie sind nur ihrem Gewissen unterworfen und an Aufträge nicht gebunden.
Art. 22. Die Abgeordneten werden in allgemeiner, gleicher, unmittelbarer und geheimer Wahl von den über zwanzig Jahre alten Männern und Frauen nach den Grundsätzen der Verhältniswahl gewählt. Der Wahltag muß ein Sonntag oder öffentlicher Ruhetag sein.
Das Nähere bestimmt das Reichswahlgesetz.
Art. 25. Der Reichspräsident kann den Reichstag auflösen, jedoch nur einmal aus dem gleichen Anlaß.
Die Neuwahl findet spätestens am sechzigsten Tage nach der Auflösung statt.
Art. 41. Der Reichspräsident wird vom ganzen deutschen Volke gewählt.
Wählbar ist jeder Deutsche, der das fünfunddreißigste Lebensjahr vollendet hat. Das Nähere bestimmt ein Reichsgesetz.
Art. 43. Das Amt des Reichspräsidenten dauert sieben Jahre. Wiederwahl ist zulässig.
Vor Ablauf der Frist kann der Reichspräsident auf Antrag des Reichstags durch Volksabstimmung abgesetzt werden. Der Beschluß des Reichstags erfordert Zweidrittelmehrheit. Durch den Beschluß ist der Reichspräsident an der ferneren Ausübung des Amtes verhindert. Die Ablehnung der Absetzung durch die Volksabstimmung gilt als neue Wahl und hat die Auflösung des Reichstags zur Folge.
Der Reichspräsident kann ohne Zustimmung des Reichstags nicht strafrechtlich verfolgt werden.
Art. 47. Der Reichspräsident hat den Oberbefehl über die gesamte Wehrmacht des Reichs.

Art. 48. Wenn ein Land die ihm nach der Reichsverfassung oder den Reichsgesetzen obliegenden Pflichten nicht erfüllt, kann der Reichspräsident es dazu mit Hilfe der bewaffneten Macht anhalten.

Der Reichspräsident kann, wenn im Deutschen Reiche die öffentliche Sicherheit und Ordnung erheblich gestört oder gefährdet wird, die zur Wiederherstellung der öffentlichen Sicherheit und Ordnung nötigen Maßnahmen treffen, erforderlichenfalls mit Hilfe der bewaffneten Macht einschreiten. Zu diesem Zwecke darf er vorübergehend die in den Artikeln 114, 115, 117, 118, 123, 124 und 153 festgesetzten Grundrechte ganz oder zum Teil außer Kraft setzen.

Von allen gemäß Abs. 1 oder Abs. 2 dieses Artikels getroffenen Maßnahmen hat der Reichspräsident unverzüglich dem Reichstag Kenntnis zu geben. Die Maßnahmen sind auf Verlangen des Reichstags außer Kraft zu setzen.

Bei Gefahr im Verzuge kann die Landesregierung für ihr Gebiet einstweilige Maßnahmen der in Abs. 2 bezeichneten Art treffen. Die Maßnahmen sind auf Verlangen des Reichspräsidenten oder des Reichstags außer Kraft zu setzen.

Das Nähere bestimmt ein Reichsgesetz.

Art. 53. Der Reichskanzler und auf seinen Vorschlag die Reichsminister werden vom Reichspräsidenten ernannt und entlassen.

Art. 54. Der Reichskanzler und die Reichsminister bedürfen zu ihrer Amtsführung des Vertrauens des Reichstags. Jeder von ihnen muß zurücktreten, wenn ihm der Reichstag durch ausdrücklichen Beschluß sein Vertrauen entzieht.

Art. 56. Der Reichskanzler bestimmt die Richtlinien der Politik und trägt dafür gegenüber dem Reichstag die Verantwortung. Innerhalb dieser Richtlinien leitet jeder Reichsminister den ihm anvertrauten Geschäftszweig selbständig und unter eigener Verantwortung gegenüber dem Reichstag.

Art. 60. Zur Vertretung der deutschen Länder bei der Gesetzgebung und Verwaltung des Reichs wird ein Reichsrat gebildet.

Art. 61 Abs. 1. Im Reichsrat hat jedes Land mindestens eine Stimme. Bei den größeren Ländern entfällt auf eine Million Einwohner eine Stimme. Ein Überschuß, der mindestens der Einwohnerzahl des kleinsten Landes gleichkommt, wird einer vollen Million gleichgerechnet. Kein Land darf durch mehr als zwei Fünftel aller Stimmen vertreten sein.

Art. 63 Abs. 1. Die Länder werden im Reichsrat durch Mitglieder ihrer Regierungen vertreten. Jedoch wird die Hälfte der preußischen Stimmen nach Maßgabe eines Landesgesetzes von den preußischen Provinzialverwaltungen bestellt.

Art. 68 Abs. 2. Die Reichsgesetze werden vom Reichstag beschlossen.

Art. 73. Ein vom Reichstag beschlossenes Gesetz ist vor seiner Verkündung zum Volksentscheid zu bringen, wenn der Reichspräsident binnen eines Monats es bestimmt. Ein Gesetz, dessen Verkündung auf Antrag von mindestens einem Drittel des Reichstags ausgesetzt ist, ist dem Volksentscheid zu unterbreiten, wenn ein Zwanzigstel der Stimmberechtigten es beantragt.

Ein Volksentscheid ist ferner herbeizuführen, wenn ein Zehntel der Stimmberechtigten das Begehren nach Vorlegung eines Gesetzentwurfs stellt. Dem Volksbegehren muß ein ausgearbeiteter Gesetzentwurf zugrunde liegen. Er ist von der Regierung unter Darlegung ihrer Stellungnahme dem Reichstag zu unterbreiten. Der Volksentscheid findet nicht statt, wenn der begehrte Gesetzentwurf im Reichstag unverändert angenommen worden ist.

Über den Haushaltsplan, über Abgabengesetze und Besoldungsordnungen kann nur der Reichspräsident einen Volksentscheid veranlassen.

Das Verfahren beim Volksentscheid und beim Volksbegehren regelt ein Reichsgesetz.

Art. 74. Gegen die vom Reichstag beschlossenen Gesetze steht dem Reichsrat der Einspruch zu.

Der Einspruch muß innerhalb zweier Wochen nach der Schlußabstimmung im Reichstag bei der Reichsregierung eingebracht und spätestens binnen zwei weiteren Wochen mit Gründen versehen werden.

Im Falle des Einspruchs wird das Gesetz dem Reichstag zur nochmaligen Beschlußfassung vorgelegt. Kommt hierbei keine Übereinstimmung zwischen Reichstag und Reichsrat zustande, so kann der Reichspräsident binnen drei Monaten über den Gegenstand der Meinungsverschiedenheit einen Volksentscheid anordnen. Macht der Präsident von diesem Rechte keinen Gebrauch, so gilt das Gesetz als nicht zustande gekommen. Hat der Reichstag mit Zweidrittelmehrheit entgegen dem Einspruch des Reichsrats beschlossen, so hat der Präsident das Gesetz binnen drei Monaten in der vom Reichstag beschlossenen Fassung zu verkünden oder einen Volksentscheid anzuordnen.

Art. 76 S. 1 und 2. Die Verfassung kann im Wege der Gesetzgebung geändert werden. Jedoch kommen Beschlüsse des Reichstags auf Abänderung der Verfassung nur zustande, wenn zwei Drittel der gesetzlichen Mitgliederzahl anwesend sind und wenigstens zwei Drittel der Anwesenden zustimmen.

Art. 109. Alle Deutschen sind vor dem Gesetze gleich.

Männer und Frauen haben grundsätzlich dieselben staatsbürgerlichen Rechte und Pflichten.

Öffentlichrechtliche Vorrechte oder Nachteile der Geburt oder des Standes sind aufzuheben. Adelsbezeichnungen gelten nur als Teil des Namens und dürfen nicht mehr verliehen werden. ...

Art. 120. Die Erziehung des Nachwuchses zur leiblichen, seelischen und gesellschaftlichen Tüchtigkeit ist oberste Pflicht und natürliches Recht der Eltern, über deren Betätigung die staatliche Gemeinschaft wacht.

Art. 128 Abs. 1. Alle Staatsbürger ohne Unterschied sind nach Maßgabe der Gesetze und entsprechend ihrer Befähigung und ihren Leistungen zu den öffentlichen Ämtern zuzulassen.

Art. 130 Abs. 1. Die Beamten sind Diener der Gesamtheit, nicht einer Partei.

Abs. 2. Allen Beamten wird die Freiheit ihrer politischen Gesinnung und die Vereinigungsfreiheit gewährleistet.

Art. 133. Alle Staatsbürger sind verpflichtet, nach Maßgabe der Gesetze persönliche Dienste für den Staat und die Gemeinde zu leisten.

Die Wehrpflicht richtet sich nach den Bestimmungen des Reichswehrgesetzes....

Art. 155 Abs. 1. Die Verteilung und Nutzung des Bodens wird von Staats wegen in einer Weise überwacht, die Mißbrauch verhütet und dem Ziele zustrebt, jedem Deutschen eine gesunde Wohnung und allen deutschen Familien, besonders den kinderreichen, eine ihren Bedürfnissen entsprechende Wohn- und Wirtschaftsheimstätte zu sichern. Kriegsteilnehmer sind bei dem zu schaffenden Heimstättenrecht besonders zu berücksichtigen.

Abs. 3. Die Bearbeitung und Ausnutzung des Bodens ist eine Pflicht des Grundbesitzers gegenüber der Gemeinschaft. Die Wertsteigerung des Bodens, die ohne eine Arbeits- oder eine Kapitalaufwendung auf das Grundstück entsteht, ist für die Gesamtheit nutzbar zu machen.

Art. 161. Zur Erhaltung der Gesundheit und Arbeitsfähigkeit, zum Schutz der Mutterschaft und zur Vorsorge gegen die wirtschaftlichen Folgen von Alter, Schwäche und Wechselfällen des Lebens schafft das Reich ein umfassendes Versicherungswesen unter maßgebender Mitwirkung der Versicherten.

Art. 162. Das Reich tritt für eine zwischenstaatliche Regelung der Rechtsverhältnisse der Arbeiter ein, die für die gesamte arbeitende Klasse der Menschheit ein allgemeines Mindestmaß der sozialen Rechte erstrebt.

Art. 163. Jeder Deutsche hat unbeschadet seiner persönlichen Freiheit die sittliche Pflicht, seine geistigen und körperlichen Kräfte so zu betätigen, wie es das Wohl der Gesamtheit erfordert.

Jedem Deutschen soll die Möglichkeit gegeben werden, durch wirtschaftliche Arbeit seinen Unterhalt zu erwerben. Soweit ihm angemessene Arbeitsgelegenheit nicht nachgewiesen werden kann, wird für seinen notwendigen Unterhalt gesorgt. ...

Art. 165 Abs. 1. Die Arbeiter und Angestellten sind dazu berufen, gleichberechtigt in Gemeinschaft mit den Unternehmern an der Regelung der Lohn- und Arbeitsbedingungen sowie an der gesamten wirtschaftlichen Entwicklung der produktiven Kräfte mitzuwirken. Die beiderseitigen Organisationen und ihre Vereinbarungen werden anerkannt.

(RGBl. 1919, S. 1383; vgl. *Limbach* u. a., Verfassungen, S. 153 ff.)

1. Anknüpfung an 1871 oder an 1848/49

Die Weimarer Republik wurde von Anfang an als **Rechtsnachfolgerin des Deutschen Reiches von 1871,** ja als mit diesem staatsrechtlich identisch angesehen. Der führende Kommentator der Weimarer Verfassung, *Anschütz* (unten Rn. 543, Einl. S. 1), meinte dazu: „Die Verfassung hat gewechselt, der Staat ist geblieben." Die Revolution hatte nach überwiegender Auffassung das Reich nicht zerstört, sondern nur seine Verfassung geändert (*Anschütz*, unten Rn. 543, Einl. S. 3 und S. 8 m. w. N.). Nach dieser These knüpfte die Weimarer Republik also in ihrer Staatlichkeit an das Kaiserreich an, allerdings unter veränderten Verfassungsbedingungen. Die Verfassungsneuordnung, welche von der Nationalversammlung in Weimar vorgenommen wurde, stand nicht in der Tradition von 1871, sondern in der von 1848/49. Die Paulskirchenverfassung (vgl. oben Rn. 332, 349) hat der Reichsverfassung von 1919 in vielen Punkten als Vorbild gedient.

518 Die unterschiedliche Bewertung der deutschen Verfassungstradition kam in den **parlamentarischen Auseinandersetzungen um die künftigen Reichsfarben** und in der endgültigen Fassung des Art. 3 WRV deutlich zum Ausdruck. Der Ersatz der von *Bismarck* persönlich festgelegten Farben des Norddeutschen Bundes und des Deutschen Reichs von 1871 Schwarz-Weiß-Rot (vgl. *J. Wieland*, in: FS Hollerbach, 2001, S. 81/96) durch die Farben der 48-er Revolution Schwarz-Rot-Gold war heftig umkämpft (vgl. die Verhandlungen der verfassunggebenden Deutschen Nationalversammlung, Bd. 327, Sten. Berichte, S. 1224 ff.). Mehrheitssozialisten, Zentrum und ein Teil der DDP setzten sich für den Flaggenwechsel ein. In ihren Augen war die alte Reichsflagge Symbol eines dynastischen, unter der Vorherrschaft Preußens stehenden Deutschlands – eines Systems, mit dem sich große Teile des Volkes aufgrund der im Kaiserreich erfahrenen politischen Ausgrenzung nicht identifizieren konnten (*Dr. David*, Reichsminister des Innern, aaO.). Sie willigten jedoch in einen Kompromiß: Die alten Reichsfarben sollten – gestützt auf das praktisch-seemännische Argument, sie seien auf weite Entfernung besonders klar erkennbar – die deutsche Handelsflagge schmücken. Der Flaggenstreit, der noch die weitere Entwicklung der Weimarer Republik begleiten sollte, ist Ausdruck für die fehlende Übereinstimmung in Grundfragen der Nation (vgl. unten Rn. 576 ff.).

2. Das Reich als Republik und Demokratie

519 Art. 1 WRV legte die neue Staatsform des Deutschen Reiches fest. Dieses war gemäß Absatz 1 eine Republik, d. h. es gab nicht länger ein erbliches Staatsoberhaupt wie in der Monarchie. Nach Absatz 2 ging die Staatsgewalt nunmehr vom Volke aus; es galt also das Grundprinzip der Demokratie. Die **Volkssouveränität** war hergestellt, das monarchische System endgültig aus der deutschen Verfassungsordnung verbannt. Die Weimarer Demokratie war ihrer Grundstruktur nach eine mittelbare oder repräsentative. Das Volk übte die Staatsgewalt durch Wahlen und durch besondere Organe der Gesetzgebung, der Verwaltung und der Rechtsprechung aus (vgl. Art. 5 WRV). Dem entspricht die heutige Regelung in Art. 20 Abs. 2 GG.

Aber die Reichsverfassung von 1919 enthielt auch **viele Elemente** **520** **direkter Demokratie.** So wurde der Reichspräsident vom Volk gewählt (Art. 41 Abs. 1 WRV), das unter bestimmten Voraussetzungen auch seine Abwahl vor Ablauf der siebenjährigen Amtsperiode erreichen konnte (Art. 43 Abs. 2 WRV). Die erste unmittelbare Wahl eines Reichspräsidenten fand dann erst nach *Eberts* plötzlichem Tod im Frühjahr 1925 statt. Die Aufnahme von Bestimmungen über Volksbegehren und Volksentscheid (Art. 73–76 WRV) gab den Bürgern außerdem die Möglichkeit der unmittelbaren Beteiligung am Gesetzgebungsverfahren. Tatsächlich ist es nur zu acht Volksbegehren auf Reichsebene gekommen, von denen zwei zu einem Volksentscheid geführt haben („Fürstenenteignung" und „Young-Plan"). Diese schlugen zwar hohe politische Wellen, blieben aber im Ergebnis erfolglos. Auch aufgrund der Erfahrungen in der Weimarer Republik, die in der neueren Forschung allerdings unterschiedlich und differenzierend bewertet werden, hat das Grundgesetz die Formen direkter Demokratie bewußt wieder abgebaut. Nur für den Fall einer Länderneugliederung sieht Art. 29 GG heute – ebenso wie Art. 18 WRV – die Möglichkeit eines Volksbegehrens und eines Volksentscheids vor.

Die **politischen Parteien** wurden in der Reichsverfassung nur an einer Stelle, nämlich in Art. 130 Abs. 1 WRV, und noch dazu mit einem negativen Unterton erwähnt (die Beamten als „Diener der Gesamtheit, nicht einer Partei"). Trotz der darin wohl zum Ausdruck kommenden „parteiskeptischen Grundhaltung der Weimarer Verfassung" (*Stein*, unten Rn. 543, S. 46) kann man die Weimarer Republik bereits als eine parteienstaatliche Demokratie kennzeichnen. Das vorgesehene parlamentarische Regierungssystem verlangte nach einer Selbstorganisation des „Volkes" in Parteien, und selbst die antiparlamentarischen und demokratiefeindlichen Kräfte waren in Parteien organisiert (NSDAP, KPD, DNVP). Auch ohne ausdrückliche Normierung, wie sie erst das Grundgesetz in Art. 21 vorgenommen hat, galt in der Verfassungswirklichkeit, daß die Parteien bei der politischen Willensbildung des Volkes entscheidend mitwirkten. Ihr Einfluß schwand jedoch mit dem Übergang zu einem präsidialen Regierungssystem in der Endphase der Weimarer Republik (vgl. unten Rn. 557 ff.). **521**

3. Das Reich als Bundesstaat

Das Reich bestand zunächst aus 24 Ländern, nachdem sich im Zuge der Revolution die beiden Reuß vereinigt hatten. Nach dem Zusammenschluß mehrerer kleiner Länder zu dem neuen Land Thü- **522** ringen durch Reichsgesetz vom 30. April 1920 sowie dem Anschluß Coburgs an Bayern und Waldecks an Preußen durch Reichsgesetze vom gleichen Tag verminderte sich die Zahl auf 17 (Preußen, Bayern, Sachsen, Württemberg, Baden, Hessen, Thüringen, Hamburg, Mecklenburg-Schwerin, Oldenburg, Braunschweig, Anhalt, Bremen, Lippe, Lübeck, Mecklenburg-Strelitz, Schaumburg-Lippe). Diese Länder bildeten einen Bundesstaat. Die **innere Staatsform** des Deutschen Reiches wurde 1919 also **nicht verändert.** Zwar wurde in der zeitgenössischen Staatsrechtslehre auch die These vertreten, die neue Republik stelle lediglich einen dezentralisierten Einheitsstaat dar (*Poetzsch-Heffter,* unten Rn. 543, S. 74 ff.), aber diese Auffassung widersprach der Verfassung (vgl. nur Art. 5 WRV).

523   Der neue Bundesstaat erhielt jedoch ein anderes Gesicht. Das Reich war den nichtsouveränen Ländern jetzt übergeordnet (*Stolleis,* Geschichte III, S. 119), und im Verhältnis der Länder untereinander waren die politischen Mitspracherechte ausgewogener verteilt. Das weitaus größte Bundesland, **Preußen, verlor** seine **Hegemonialstellung,** die es nach der Reichsverfassung von 1871 innegehabt hatte (vgl. oben Rn. 426, 488). Die organisatorische und personelle Verklammerung von Reichsbehörden und preußischen Behörden wurde beseitigt. Für den Reichsrat, in dem die Länder nach wie vor entsprechend ihrer Größe ein unterschiedliches Stimmengewicht besaßen, galt die „Schutzvorschrift" des Art. 61 Abs. 1 S. 4 WRV, derzufolge kein Land durch mehr als zwei Fünftel aller Stimmen vertreten sein durfte. Die Macht der preußischen Staatsregierung erfuhr durch die Regelung des Art. 63 Abs. 1 S. 2 WRV eine weitere Einschränkung. Danach wurde die Hälfte der preußischen Reichsratsstimmen von den Provinzialverwaltungen bestellt; diese Reichsratsmitglieder waren als einzige nicht an Weisungen ihrer Regierung gebunden.

524   So wurde zwar die rechtliche Hegemonie Preußens abgebaut, das z. T. erdrückende politische Übergewicht des mit Abstand gebietsgrößten und einwohnerstärksten Reichslandes – *Huber* (VerfGesch VI, S. 64) spricht von der „Erhaltung der faktischen Hegemonialmacht" – blieb jedoch ein Verfassungs- und Verwaltungsproblem der Republik. So nimmt es nicht wunder, daß von ihrem Beginn bis zu den letzten Tagen vor der nationalsozialistischen Machtergreifung die verschiedensten Bestrebungen zu einer umfassenden **Reichsreform** unternommen wurden, mit der das Verhältnis von Reich und Ländern neu geordnet und insbesondere der Dualismus Reich-Preußen beseitigt werden sollte (vgl. *W. Frotscher,* in: *Jeserich* u. a., Dt.

VerwGesch IV, S. 130 ff.; *Holste,* oben Rn. 449, S. 465). Weitgehende Übereinstimmung bestand allerdings nur hinsichtlich der Notwendigkeit einer gebietlichen und kompetenzrechtlichen Neuordnung der föderalen Verhältnisse. Die Zielvorstellungen der Befürworter einer Reform klafften dagegen weit auseinander, wobei alle Vorschläge, die auf eine Aufteilung oder völlige Umwandlung Preußens hinausliefen, auf breiten preußischen Widerstand stießen. So war letztlich auch die Arbeit einer im Januar 1928 eigens zu dem Thema einberufenen Länderkonferenz und des daraus hervorgegangenen Verfassungsausschusses zum Scheitern verurteilt.

Die **Abgrenzung der Zuständigkeiten** zwischen Reich und Ländern folgte dem Muster der Reichsverfassung von 1871. Die Weimarer Reichsverfassung führte die Kompetenzen des Reiches ausdrücklich auf. Alle nicht genannten Materien fielen in den Aufgabenbereich der Länder. Die neue Verfassung weitete den Zuständigkeitskatalog des Reiches im Vergleich zu der alten Reichsverfassung beträchtlich aus. Dabei lag das Schwergewicht der Gesetzgebungstätigkeit beim Reich, während die Gesetzesausführung, die Exekutive, in erster Linie Sache der Länder war (vgl. Art. 14 WRV). Der für den Bundesstaat charakteristische Vorrang des Reichsrechts war in Art. 12 Abs. 1 WRV normiert. Eine Besonderheit gegenüber der Bismarckverfassung ist zu erwähnen, die sich bis in das Verfassungsrecht der Gegenwart erhalten hat. Die Weimarer Verfassung unterschied ähnlich wie das Grundgesetz zwischen ausschließlicher Gesetzgebung (Art. 6 WRV – Art. 71, 73 GG), konkurrierender Gesetzgebung (Art. 7, 8, 9, 12 Abs. 1 WRV – Art. 72, 74, 74 a GG) und Grundsatzgesetzgebung (Art. 10, 11 WRV – Art. 91 a, 109 Abs. 3 GG). **525**

Eine für das Verhältnis zwischen Ländern und Reich bemerkenswerte Vorschrift stellt schließlich der Art. 17 WRV dar. Danach mußten die Länder „eine freistaatliche Verfassung" haben, für die Wahlen zur Volksvertretung in den Ländern und Gemeinden galten die Wahlrechtsgrundsätze des Reiches, und schließlich bedurften die einzelnen Landesregierungen des Vertrauens der jeweiligen Volksvertretung. Die alte Reichsverfassung hatte den Ländern die Ausgestaltung ihrer Verfassung vollkommen anheimgestellt. Demgegenüber wollten die Schöpfer der Weimarer Reichsverfassung – nach dem Vorbild der Paulskirchenverfassung (vgl. oben Rn. 341), vor allem aber der USA und der Schweiz – durch die Aufnahme der Grundsatznorm des Art. 17 WRV eine gewisse Übereinstimmung zwischen der Verfassungsstruktur des Reiches und der Länder in wichtigen Fragen her- **526** stellen. Art. 17 WRV wird deshalb auch als **Homogenitätsklausel** bezeichnet. Das Erfordernis einer freistaatlichen Verfassung bedeutete, daß die Gliedstaaten eine republikanische Staatsform haben mußten. Dadurch sollte verhindert werden, daß einzelne Länder zur Monarchie zurückkehrten. Art. 17 Abs. 1 S. 2 und 3 WRV verpflichtete die Länder auf das System der parlamentarischen Demokratie, wodurch die Einführung einer Räterepublik in einzelnen Ländern von vornherein ausgeschlossen wurde. Auch das geltende Verfassungsrecht kennt eine solche Homogenitätsklausel, die sogar, was den Umfang der Festlegung betrifft, noch über Art. 17 WRV hinausgeht (vgl. Art. 28 Abs. 1 GG).

4. Die Reichsorgane

527   Die WRV sah **vier** Reichsorgane vor: den Reichstag, den Reichspräsidenten, die Reichsregierung und den Reichsrat. Zwar ähnelte dieses System äußerlich dem Organschema des Kaiserreichs, doch war die Verteilung der Gewichte grundverschieden. Neu hinzu kam der Staatsgerichtshof für das Deutsche Reich als ein oberstes Verfassungsgericht, das allerdings auf Grund seiner deutlich schwächeren Stellung nicht wie das Bundesverfassungsgericht heute (vgl. § 1 Abs. 1 BVerfGG) zugleich als „Verfassungsorgan" gekennzeichnet werden kann.

528   Der **Reichstag,** das unmittelbar vom Volk legitimierte Parlament, rückte, wie es der parlamentarisch-demokratischen Staatsform entsprach, an die Spitze der verfassungsrechtlichen Bedeutungsskala, der Reichsrat fiel dagegen auf den letzten Platz zurück. Der Reichstag sollte das für die Gesetzgebung bestimmende Organ sein. Diese von der Verfassung intendierte parlamentarische Gesetzgebung trat in der Endphase der Weimarer Republik allerdings immer weiter hinter eine auf das Notverordnungsrecht des Art. 48 Abs. 2 WRV gestützte präsidentielle Gesetzgebung zurück (vgl. unten Rn. 557 ff.). Der Reichspräsident hatte daneben die Befugnis, bei fehlender Übereinstimmung zwischen Reichstag und Reichsrat einen Volksentscheid anzuordnen.

529   Eine wesentliche Neuerung bedeutete die von der Verfassung vorgesehene **Abhängigkeit der Regierung von der Parlamentsmehrheit.** Nach Art. 54 WRV bedurften Reichskanzler und Reichsminister zu ihrer Amtsführung des Vertrauens des Reichstages. Jeder von ihnen mußte zurücktreten, wenn ihm der Reichstag durch ausdrücklichen Beschluß sein Vertrauen entzog. Insbesondere der Satz 2 des Art. 54, das sog. destruktive Mißtrauen, zog die für die Weimarer Re-

publik charakteristische Regierungsinstabilität nach sich. In 14 Jahren wurden nicht weniger als 20 Regierungen „verbraucht". Immer waren es die Parteien der extremen Rechten und Linken, die sich zwar im Sturz der Regierung einig waren, die jedoch weder in der Lage noch überhaupt bereit waren, selbst die Regierungsverantwortung zu übernehmen. So führte das in Art. 54 WRV besonders rein ausgeprägte parlamentarische Regierungssystem zu einer schweren Krise des Parlamentarismus. Die Schöpfer des Grundgesetzes haben aus diesen Erfahrungen gelernt und das parlamentarische Regierungssystem durch die Schaffung von Art. 67 GG stabilisiert. Der Bundestag kann dem Bundeskanzler das Mißtrauen nur dadurch aussprechen, daß er mit der Mehrheit seiner Mitglieder einen Nachfolger wählt (sog. konstruktives Mißtrauen; zu seinen Ursprüngen in der Weimarer Staatsrechtslehre vgl. *L. Berthold*, Der Staat 1997, S. 81ff.).

Die Abgeordneten des Reichstags wurden gem. Art. 22 S. 1 WRV in allgemeiner, gleicher, unmittelbarer und geheimer Wahl nach den Grundsätzen der Verhältniswahl gewählt. Das aktive und passive Wahlrecht wurde auf alle Frauen erstreckt, die das Wahlalter von 20 bzw. – für die Wählbarkeit – 25 Jahren erreicht hatten. Damit erfuhren die seit 1849 für die Gesamtstaatsebene bestehenden fortschrittlichen **Wahlrechtsgrundsätze** (vgl. oben Rn. 334, 396, 433) ihre dem Standard des modernen Verfassungsstaates gemäße Abrundung. Neu war, daß alle Mandate nach den Grundsätzen der Verhältniswahl vergeben wurden. Mit diesem Wahlsystem sollte erreicht werden, daß die Zusammensetzung des Reichtags die Stärke der zur Wahl angetretenen Parteien möglichst getreu widerspiegelte und auch die kleineren Parteien und Wählergruppen ihre politischen Positionen im Parlament zur Geltung bringen konnten. Dieses reine Verhältniswahlrecht hatte jedoch den Nachteil, daß es der Parteienzersplitterung Vorschub leistete, die Parlamentsarbeit erschwerte und – im Zusammenwirken mit dem destruktiven Mißtrauensvotum (vgl. oben Rn. 529) – die Regierungsinstabilität beförderte. Unter dem Grundgesetz ist das Verhältniswahlrecht deshalb modifiziert und die Entscheidungsfähigkeit des Parlaments durch eine Sperrklausel in Form einer 5%-Hürde gestärkt worden (vgl. §§ 1, 6 Abs. 6 BWahlG). 530

Die **Rechtsstellung der Abgeordneten** blieb im Vergleich mit den Regelungen im Deutschen Reich von 1871 weitgehend unverändert. Sie wurden als Vertreter des ganzen Volkes angesehen (Repräsentationsprinzip), waren nur ihrem Gewissen unterworfen und an Weisungen und Aufträge nicht gebunden (Art. 21 WRV). Während die 531 rechtliche Unwirksamkeit jeder Form der Einflußnahme, z. B. durch eine Blankoverzichtserklärung oder die Vereinbarung von Vertragsstrafen, außer Streit stand, wurde über die politischen Bindungen der Abgeordneten in einem zunehmend von den Parteien und diversen Interessengruppen bzw. Verbänden bestimmten Staatswesen heftig gestritten (vgl. *Gusy*, unten Rn. 543, S. 126 f.). Diese verfassungspolitische Kontroverse um die Bedeutung und Funktion des freien Abgeordnetenmandats in einem Parteienstaat ist auch unter dem Grundgesetz immer wieder aufgeflammt. Dem Schutz der freien Mandatsausübung dienten – wie schon unter der Reichsverfassung (vgl. oben Rn. 441) – die in der Verfassung verankerten Grundsätze der Immunität und der Indemnität sowie als neue Regelung ein Zeugnisverweigerungsrecht (Art. 38 WRV). Der weiteren Professionalisierung des Abgeordneten-„Berufs" trug die Entschädigungsregelung des Art. 40 WRV Rechnung.

532 Neben dem Reichstag nahm der **Reichspräsident** eine beherrschende Stellung in Verfassungsrecht und -wirklichkeit der Weimarer Republik ein. Dies wird bei der Betrachtung seiner wichtigsten Befugnisse deutlich. Der Reichspräsident konnte den Reichstag auflösen, allerdings nur einmal aus dem gleichen Anlaß (Art. 25 Abs. 1 WRV). Die Verfassung knüpfte das Auflösungsrecht nicht an bestimmte Voraussetzungen. Der Reichspräsident konnte die Parlamentsauflösung – ebenso wie in vordemokratischen Zeiten der Monarch – ohne sachlich nachprüfbaren Grund als Kampfmittel zur Durchsetzung seiner eigenen politischen Ziele verwenden. Dieses praktisch unbegrenzte Auflösungsrecht, von dem insbesondere *Hindenburg* wiederholt Gebrauch gemacht hat (vgl. die Auflösungsverfügungen bei *Huber*, Dok. IV, Nr. 162), hat die von den Verfassungsvätern angestrebte Machtbalance zwischen Reichspräsident und Reichstag zugunsten des ersteren verschoben, so daß im nachhinein mit gutem Grund von einer „zentralen Unzulänglichkeit" der Weimarer Verfassung gesprochen wird (*Gusy*, unten Rn. 543, S. 467; vgl. auch S. 92, 102 f.).

533 Die Machtfülle des Reichspräsidenten zeigt sich auch an einer anderen Verfassungsvorschrift, die dem Reichspräsidenten **quasi diktatorische Befugnisse** einräumte: Art. 48 WRV. Während Abs. 1 der Bestimmung dem Reichspräsidenten unter bestimmten Voraussetzungen „das scharfe Schwert" der Reichsexekution an die Hand gab, erlaubte ihm Abs. 2, bei einer erheblichen Störung oder Gefährdung der öffentlichen Sicherheit und Ordnung die „nötigen Maßnahmen" zu treffen

§ 16. Revolution und Verfassungsneuordnung 265

und erforderlichenfalls mit Hilfe der bewaffneten Macht einzuschreiten. Im Zuge dieser Maßnahmen durfte er auch einzelne Grundrechte ganz oder zum Teil außer Kraft setzen. Damit besaß der Reichspräsident jedenfalls in Krisenzeiten außerordentliche Machtbefugnisse, zumal der Begriff der „nötigen Maßnahmen" weit interpretiert wurde. Auch der Erlaß von gesetzesvertretenden Verordnungen wurde dazu gerechnet, für die sich der Ausdruck „Notverordnungen" durchsetzte. Eigentlich waren alle Notmaßnahmen auf Verlangen des Reichstages wieder außer Kraft zu setzen (Art. 48 Abs. 3 WRV). Doch diesem Verfassungsbefehl konnte sich der Reichspräsident durch Auflösung des Reichstages nach Art. 25 WRV entziehen (vgl. unten Rn. 559). Ferner stand dem Reichspräsidenten der Oberbefehl über die Wehrmacht zu (Art. 47 WRV), und er ernannte und entließ die Reichsminister (Art. 53 WRV). Die unmittelbare Wahl durch das Volk (Art. 41 Abs. 1 WRV) verschaffte dem Gewählten eine weitaus größere Legitimation und auch Autorität, als es eine Wahl durch andere Staatsorgane (wie etwa heute die Wahl des Bundespräsidenten durch die Bundesversammlung gem. Art. 54 GG) vermocht hätte.

So war die Weimarer Reichsverfassung durch einen **Dualismus** 534 **zweier Staatsorgane** gekennzeichnet, der in verhängnisvoller Weise auf dem Repräsentationsdualismus der konstitutionellen Monarchie aufbaute. Auf der einen Seite stand das Staatsoberhaupt, der Reichspräsident, der die Funktion eines „Ersatzkaisers" übernahm und dementsprechend auch als der „pouvoir neutre" oder – noch gefährlicher – als die eigentliche Verkörperung des „Staates" erschien. Auf der anderen Seite stand der Reichstag, das Parlament, das in erster Linie nicht den Staat, sondern „nur" die Gesellschaft repräsentierte. Eine solche unvermittelte Gegenüberstellung von Staat und Gesellschaft ist mit dem demokratischen Prinzip jedoch nicht zu vereinbaren; sie führt auf Dauer zu einer gefährlichen Schwächung der parlamentarisch-demokratischen Institutionen (vgl. unten Rn. 584 ff.).

Die **Reichsregierung** erfuhr durch ihre Anerkennung als selbständiges Staatsorgan eine deutliche Aufwertung gegenüber der Reichsverfassung von 1871. Sie war als Kollegium, bestehend aus Reichskanzler und Reichsministern ausgestaltet, wobei der Reichskanzler gem. Art. 56 WRV die Richtlinien der Politik bestimmen und dafür auch gegenüber dem Reichstag die Verantwortung tragen sollte. Die Regelungen über Reichsregierung und Reichspräsidenten fanden sich in einem gemeinsamen Abschnitt der Verfassung, weil beide Staatsorgane funktionell dem Exekutivbereich zugeordnet wurden. 535

536 Der **Reichsrat** bestand nach Art. 63 Abs. 1 WRV aus Ländervertretern, die von ihrer jeweiligen Regierung entsandt und instruiert wurden. Nur die preußischen Provinzialdelegierten (vgl. oben Rn. 522) waren nicht an Weisungen der preußischen Staatsregierung gebunden. Der Reichsrat sollte – wie heute der Bundesrat (Art. 50 GG) – die Interessen der Länder bei der Gesetzgebung und Verwaltung des Reiches wahrnehmen (Art. 60 WRV). Seine Stellung war im Vergleich zu der des Bundesrates im Kaiserreich deutlich abgeschwächt. Er war zwar am Gesetzgebungsverfahren beteiligt, jedoch nicht als gleichwertige zweite Kammer. Er hatte nur die Möglichkeit, gegen die vom Reichstag beschlossenen Gesetze Einspruch einzulegen (vgl. Art. 68 Abs. 2, 74 WRV), der aber vom Reichstag mit einer Zweidrittelmehrheit überstimmt werden konnte. Zustimmungsgesetze, wie sie im Grundgesetz vorgesehen sind, waren der Weimarer Verfassung noch fremd.

537 Die Errichtung des **Staatsgerichtshofs für das Deutsche Reich** beruhte auf Art. 108 WRV i. V. m. dem Gesetz über den Staatsgerichtshof vom 9. Juli 1921 (RGBl. 905). Der endgültige Staatsgerichtshof wurde – wie schon der vorläufige Staatsgerichtshof gem. Art. 172 WRV – bei dem Reichsgericht gebildet, ist jedoch trotz personeller Überschneidungen als selbständiger Gerichtshof anzusehen. Er war vor allem für sog. föderative Streitigkeiten zuständig, nämlich für Verfassungsstreitigkeiten innerhalb eines Landes, soweit kein Landesverfassungsgericht bestand, für öffentlich-rechtliche Streitigkeiten zwischen verschiedenen Ländern oder zwischen dem Reich und einem Land (vgl. Art. 19 Abs. 1 WRV). Hinzu kamen einzelne, über die Verfassung verstreute Zuständigkeiten wie die Anklageverfahren gegen den Reichspräsidenten, den Reichskanzler oder einzelne Reichsminister wegen schuldhafter Verletzung der Reichsverfassung oder eines Reichsgesetzes gem. Art. 59 WRV.

537a Dagegen **fehlten wesentliche**, zum Kern heutiger Verfassungsgerichtsbarkeit zählende **Verfahren** wie Organstreitigkeiten auf Reichsebene, die abstrakte und konkrete Normenkontrolle sowie die Verfassungsbeschwerde. Ansätze für das richterliche Prüfungsrecht (vgl. oben Rn. 360) kamen denn auch nicht vom Staatsgerichtshof, sondern von den Fachgerichten (*S. Kempny*, DÖV 2010, S. 974 ff.). Die politisch bedeutsamsten, in der rechtlichen Argumentation aber fragwürdigen Entscheidungen des Staatsgerichtshofs betrafen die Verfassungsmäßigkeit des sog. Preußenschlags (vgl. unten Rn. 563 ff.), mit dem der Untergang der Weimarer Republik ein weiteres Stück vorangetrieben wurde. So wurde in Weimar – anders als noch 1871 (vgl.

oben Rn. 443) – zwar eine selbständige Verfassungsgerichtsbarkeit auf Reichsebene etabliert, die jedoch nicht den Stand erreichte, der sie heute als einen Eckpfeiler des Verfassungsstaates erscheinen lässt.

5. Grundrechte und Grundpflichten

Die Weimarer Reichsverfassung legte in ihrem zweiten Hauptteil (Art. 109–165) die Grundrechte und Grundpflichten der Deutschen fest. Bereits die erste Bestimmung dieses Teils, Art. 109 Abs. 1 WRV, beinhaltete die Gleichheit aller Deutschen vor dem Gesetz, wobei allerdings lebhaft umstritten war, ob die Norm neben der (formellen) Rechtsanwendungsgleichheit auch die materielle Rechtsgleichheit umfaßte (vgl. *Anschütz,* unten Rn. 543, Bem. 1, 2 zu Art. 109, und aus heutiger Sicht *C. Gusy,* ZNR 1993, S. 167 f.). Art. 109 Abs. 2 WRV verankerte die *staatsbürgerliche* Gleichberechtigung der Geschlechter, die jedoch durch den Zusatz „grundsätzlich" sogleich eine Einschränkung erfuhr. Das passive Wahlrecht für Frauen wurde aus dieser Bestimmung abgeleitet. Die Verfassung kannte neben den Grundrechten erstmalig in der deutschen Verfassungsgeschichte auch Grundpflichten (vgl. z. B. Art. 120, 133, 155 Abs. 3, 163 Abs. 1 WRV). Die herausgehobene Bedeutung des Gleichheitssatzes, die Aufnahme von Grundpflichten und die Normierung von sozialen, ja z. T. sozialistischen Grundrechten (vgl. z. B. Art. 155 Abs. 1, 161, 163 Abs. 2, 165 Abs. 1 WRV) markiert die Abkehr vom (rein) liberalen Staatsverständnis des 19. Jahrhunderts und die **Hinwendung zu einem sozialen Rechtsstaat.** Der Begriff des „sozialen Rechtsstaates" (vgl. heute Art. 28 Abs. 1 GG) wurde in der Weimarer Reichsverfassung zwar noch nicht verwendet, aber erstmals 1930 von *H. Heller* in seiner Schrift „Rechtsstaat oder Diktatur?" geprägt. 538

Der **Grundrechtsteil** der Weimarer Reichsverfassung unterscheidet sich schon aufgrund seines Umfanges deutlich von dem entsprechenden, auf 19 Artikel reduzierten Abschnitt des Grundgesetzes. Aber auch die inhaltlichen und konzeptionellen Unterschiede sind nicht zu übersehen. Die Weimarer Nationalversammlung hat versucht, in fünf großen Abschnitten (die Einzelperson, das Gemeinschaftsleben, Religion und Religionsgesellschaften, Bildung und Schule sowie das Wirtschaftsleben betreffend) bestimmte Lebensbereiche durch die Festlegung von verfassungsmäßigen Rechten und Pflichten der betroffenen Bürger sowie die (objektive) Garantie besonders bedeutsamer Einrichtungen des privaten und des öffentlichen Rechts zu ordnen. 539

540 Inhaltlich handelt es sich um den „bemerkenswerten **Versuch zeitgemäßer Fortschreibung** des Grundrechtskatalogs" (*Pieroth/Schlink*, Grundrechte. Staatsrecht II, 26. Aufl. 2010, Rn. 38). Die klassische Forderung des Liberalismus nach dem Schutz individueller Rechte und Freiheiten sollte durch eine soziale, die tatsächlichen Lebens- und Wirtschaftsverhältnisse berücksichtigende Dimension der Grundrechte ergänzt werden. Insbesondere der Abschnitt über das Wirtschaftsleben (Art. 151 ff. WRV) spiegelt das nachrevolutionäre Ringen der neuen, auf die Verwirklichung von Sozialismus und Wirtschaftsdemokratie gerichteten politischen Kräfte mit der traditionellen individualistisch-liberalen Rechts- und Staatsauffassung wider. Da keine Seite in der Verfassunggebenden Nationalversammlung ein deutliches Übergewicht erlangte, zeigt sich die Weimarer Reichsverfassung gerade in ihrem Grundrechtsteil als der Versuch eines „Klassenkompromisses" (*G. Anschütz*, Drei Leitgedanken der Weimarer Reichsverfassung, 1923, S. 26).

541 Große weltanschauliche Gegensätze prägen auch die Auseinandersetzungen über das **Verhältnis von Staat und Kirche** sowie das Schulwesen. Während die Sozialdemokraten und Liberalen das Ziel verfolgten, das bisherige landesherrliche Kirchenregiment, wonach die evangelischen Monarchen zugleich die Aufsicht über die Kirchen ausübten (vgl. *R. Zippelius*, Staat und Kirche, 1997, S. 138 ff.), abzuschaffen, die Trennung von Staat und Kirche verfassungsrechtlich festzuschreiben und alle Religionsgemeinschaften einschließlich der Kirchen unterschiedslos als private Vereine einzuordnen, wollten die konservativen Parteien und das Zentrum die überkommenen Rechte der Kirchen, insbesondere deren Status als Körperschaften des öffentlichen Rechts, weitgehend bewahren und angesichts der Erfahrungen im Kulturkampf (vgl. oben Rn. 456 ff.) das kirchliche Selbstbestimmungsrecht verfassungsrechtlich garantieren. Der in den Art. 135–141 gefundene Kompromiß erwies sich als so ausgewogen, daß er weitgehend ins Grundgesetz übernommen wurde (vgl. unten Rn. 791).

542 Diese Verschiedenartigkeit in den geistigen Wurzeln und der Kompromißcharakter der Gesamtregelung bilden wohl nicht die Ursache dafür, daß die Weimarer Grundrechte im Ergebnis nur eine magere, auf die klassischen liberalen Freiheitspositionen beschränkte Erfolgsbilanz vorweisen können. Gravierend war dagegen ein eher formaler Umstand: Der Bereich subjektiver, eventuell einklagbarer Rechte und Pflichten wurde deutlich überschritten; einzelne Bestimmungen hat-

ten von vornherein nur appellativen Charakter wie etwa die Forderung an die Reichsregierung, ein Mindestmaß sozialer Rechte „für die gesamte arbeitende Klasse der Menschheit" anzustreben (Art. 162 WRV). So nimmt es nicht wunder, daß „kein Teil der Verfassung der Auslegung in Theorie und Praxis so große Schwierigkeiten bereitet hat wie dieser" (*Apelt,* unten Rn. 543, S. 291). Die Wortgewaltigkeit des Verfassunggebers führte im Ergebnis dazu, daß Rechtsprechung und Lehre, die ohnehin zu einer liberal-rechtsstaatlichen Interpretation der Grundrechte tendierten, viele Bestimmungen des zweiten Teils der Weimarer Reichsverfassung nicht als aktuelles Recht, sondern als **unverbindliche Programmsätze** verstanden und deshalb bei der konkreten Rechtsanwendung außer acht ließen. Das Grundgesetz hat auch aus diesem Auslegungsstreit gelernt. Heute bestimmt Art. 1 Abs. 3 GG unmißverständlich, daß die nachfolgenden Grundrechte alle Träger der Staatsgewalt (Gesetzgebung, vollziehende Gewalt und Rechtsprechung) als „unmittelbar geltendes Recht" binden.

IV. Literatur

G. Anschütz, Die Verfassung des Deutschen Reichs vom 11. August 1919, **543** 14. Aufl. 1933 (Nachdruck 1987); *W. Apelt,* Geschichte der Weimarer Verfassung, 2. Aufl. 1964; *E. Eichenhofer* (Hg.), 80 Jahre Weimarer Reichsverfassung – Was ist geblieben?, 1999; *W. Frotscher,* Direkte Demokratie in der Weimarer Verfassung, DVBl. 1989, S. 541 ff.; *C. Gusy,* Die Weimarer Reichsverfassung, 1997; *ders.,* Die Weimarer Verfassung und ihre Wirkung auf das Grundgesetz, ZNR 2010, S. 208 ff.; *O. Jung,* Direkte Demokratie in der Weimarer Republik, 1989; *H. Klaus,* Der Dualismus Preußen versus Reich in der Weimarer Republik in Politik und Verwaltung, 2006; *E. Kolb,* Die Weimarer Republik, 8. Aufl. 2012; *M. Kuhli,* Zur Verfassung von Weimar – eine Einführung, Jura 2009, S. 321 ff.; *P. Longerich* (Hg.), Die Erste Republik. Dokumente zur Geschichte des Weimarer Staates, 1992; *W. Pauly,* Grundrechtslaboratorium Weimar, 2004; *L. Richter,* Reichspräsident und Ausnahmegewalt, Der Staat 1998, S. 221 ff.; *G. Robbers,* Die Staatslehre der Weimarer Republik, Jura 1993, S. 69 ff.; *G. Roellecke,* Konstruktionsfehler der Weimarer Verfassung, Der Staat 1996, S. 599 ff.; *R. Schiffers,* Elemente direkter Demokratie im Weimarer Regierungssystem, 1971; *H. Schneider,* Die Reichsverfassung vom 11. August 1919, in: *Isensee/Kirchhof,* HdbStR I, S. 177 ff.; *K. Stein,* Parteiverbote in der Weimarer Republik, 1999; *H.-J. Wiegand,* Direktdemokratische Elemente in der deutschen Verfassungsgeschichte, 2006; *F. Wittreck* (Hg.), Weimarer Landesverfassungen. Textausgabe mit Einf., 2004.

§ 17. Die krisengeschüttelte Republik

I. Zeittafel

544 1920 Kapp-Putsch (13. 3.)
1922 Vertrag von Rapallo zwischen dem Deutschen Reich und der Sowjetunion (16. 4.)
Ermordung *Walther Rathenaus* (24. 6.)
Gesetzesbeschluß zur Verlängerung der Amtszeit des Reichspräsidenten *Ebert* (24. 10.)
1923 Besetzung des Ruhrgebiets durch Frankreich (9. 1.)
Hitler-Putsch (8./9. 11.)
1925 Konferenz von Locarno (5.–16. 10.)
Wahl *Hindenburgs* zum Reichspräsidenten (26. 4.)
1926 Erlaß der Flaggenverordnung durch *Hindenburg* (5. 5.)
Berliner Vertrag (24. 4.)
Aufnahme Deutschlands in den Völkerbund (8. 9.)
1929 Konferenz in Den Haag, Annahme des Young-Plans (6.–31. 8.)
Tod *Gustav Stresemanns* (3. 10.)
Volksbegehren gegen den Young-Plan
New Yorker Börsenkrach, Beginn der Weltwirtschaftskrise (25. 10.)
1930 Einsetzung der Präsidialregierung *Brüning* (30. 3.)
sog. „Erbitterungswahlen" (14. 9.)
1932 Wiederwahl *Hindenburgs* zum Reichspräsidenten (10. 4.)
Rücktritt *Brünings* (30. 5.)
Einsetzung der Regierung *Papen* (1. 6.)
Abkommen von Lausanne – Streichung der Reparationen (8. 7.)
„Preußenschlag" (20. 7.)
Reichstagswahl (31. 7.)
Urteil des Staatsgerichtshofs zum „Preußenschlag" (25. 10.)
Reichstagswahl (6. 11.)
Ernennung *Schleichers* zum Reichskanzler (3. 12.)
1933 Rücktritt des Reichskanzlers *Schleicher* (28. 1.)

II. Am Rande des Chaos –
August 1919 bis Ende 1923

Mit der Verabschiedung der Verfassung war die erste Phase der Weimarer Republik abgeschlossen. Bis hin zur sog. Machtergreifung durch *Hitler* am 30. Januar 1933 lassen sich drei weitere Phasen unterscheiden. Die 2. Phase umfaßt den Zeitraum vom August 1919 bis Ende 1923. Sie ist gekennzeichnet durch außerordentliche **politische und wirtschaftliche Schwierigkeiten** des neuen deutschen Staates. Das Klima war von Agitation gegen die junge Republik geprägt, als deren Gipfel der Kapp-Putsch im März 1920 und der Hitler-Putsch in München im November 1923 zu sehen sind. Die innenpolitische „Opposition zu Weimar" nutzte die von allen Deutschen als drückend und ungerecht empfundenen und von den Regierungspolitikern nur notgedrungen akzeptierten Bestimmungen des Versailler Friedensvertrages vom 28. Juni 1919 für ihre Propagandazwecke aus. 545

Die **„Dolchstoßlegende"** wurde verbreitet. Sie besagte – in völliger Verkennung der Realität und häufig in bewußter Verkehrung derselben –, daß die deutsche Armee im Felde unbesiegt geblieben und ihr die politische Linke in den Rücken gefallen sei. „Wie Siegfried unter dem hinterlistigen Speerwurf des grimmigen Hagen, so stürzte unsere ermattete Front", schrieb der ehemalige Feldmarschall und spätere Reichspräsident *Paul von Hindenburg* (Aus meinem Leben, 1920, S. 403). Den Parteien der Weimarer Koalition wurde die Verantwortung für den „Dolchstoß" von 1918 und für die „Erfüllungspolitik" gegenüber den Siegermächten zugeschoben. Der Friedensvertrag von Versailles stieß in Deutschland auf einmütige Ablehnung. Auch die verantwortlichen Politiker unterzeichneten ihn nur, weil ihnen keine andere Wahl blieb. Er enthielt Bestimmungen über Gebietsabtretungen und Wiedergutmachungsleistungen, die Deutschlands Wirtschaftskraft auf Jahre hinaus lähmten. Besondere Empörung löste der sog. Kriegsschuldartikel aus, der Deutschland für den Ausbruch des 1. Weltkrieges zum Alleinverantwortlichen stempelte. 546

Art. 231 des Friedensvertrages von Versailles: „Die alliierten und assoziierten Regierungen erklären und Deutschland erkennt an, daß Deutschland und seine Verbündeten als Urheber für alle Verluste und Schäden verantwortlich sind, die die alliierten und assoziierten Regierungen und ihre Staatsangehörigen infolge des ihnen durch den Angriff Deutschlands und seiner Verbündeten aufgezwungenen Krieges erlitten haben." (RGBl. 1919, S. 685.) 547

548 Die Reichstagswahlen vom 6. Juni 1920 spiegelten die allgemeine Unzufriedenheit und die **antidemokratischen Strömungen** im Lande wider. Die Weimarer Koalition aus SPD, DDP und Zentrum verlor von ihrer Dreiviertelmehrheit in der Nationalversammlung mehr als die Hälfte der Sitze (vgl. *Huber,* Dok. IV, Nr. 533). Die demokratische Mitte, welche die neue Verfassung geschaffen hatte, war damit zertrümmert; und es ist bezeichnend, daß die „Koalition der ersten Stunde" bis zum Ende der Republik nie wieder die Mehrheit zurückgewinnen konnte. Die Gewinner der Wahlen von 1920 standen auf der linken und rechten Seite des Parteienspektrums: Es waren die USPD und die KPD, die Deutschnationale Volkspartei (DNVP) und die Deutsche Volkspartei (DVP). Abgesehen von der KPD, die bereits aus Protest gegen die parlamentarisch-demokratische Neuordnung den Wahlen zur Nationalversammlung ferngeblieben war, hatten sie alle bei der Abstimmung am 31. Juli 1919 gegen die neue Verfassung gestimmt. Einzelne außenpolitische Erfolge wie der Abschluß des Rapallo-Vertrages im April 1922, der den Ausgleich mit der Sowjetunion bewerkstelligte, vermochten das politische Klima nicht nachhaltig zu verändern. Sechs Wochen nach Vertragsschluß wurde *Walther Rathenau,* „Erfüllungspolitiker" und Baumeister des Rapallo-Vertrages (vgl. *L. Gall,* Walther Rathenau, 2009), von Mitgliedern der rechtsextremen „Organisation Consul" ermordet.

549 Aber die innenpolitischen Auseinandersetzungen dieser Zeit wurden nicht nur durch die prinzipielle Gegnerschaft großer Teile der Bevölkerung zu der parlamentarischen Demokratie geprägt, sondern immer stärker auch durch gravierende ökonomische Probleme. Die Erfüllung des Versailler Vertrages, die von der Reichsregierung in Angriff genommen werden mußte, war mit Reparationsleistungen verbunden, welche die deutsche Volkswirtschaft weit überforderten. Hinzu kam aber auch eine unsolide Finanzpolitik, die den schon 1919 eingeschlagenen Weg der Staatsverschuldung bedenkenlos fortsetzte, bis im Dezember 1922 ein Defizit von 469 Milliarden Mark angewachsen war (vgl. *Kolb,* oben Rn. 543, S. 45). Die **Inflation** war nicht mehr zu stoppen. Am 11. Januar 1923 besetzte Frankreich das Ruhrgebiet, was nicht nur eine Welle nationaler Empörung auslöste, sondern auch enorme Steuerausfälle zur Folge hatte. Die fehlenden Finanzmittel wurden von der Notenpresse gedruckt. Der Wert der Mark sank ins Bodenlose. Der Mittelstand wurde durch die Inflation hart getroffen. Ende 1923 hatte sich die Zahl der Fürsorgeempfänger gegenüber 1913 verdreifacht. So hinterließen die Krisenjahre 1922/23 eine tiefe Verunsicherung.

III. Zeit der Erholung – Anfang 1924 bis Herbst 1929

In der Folgezeit gelangte das Weimarer Staatsschiff in etwas ruhigere Gewässer. Diese dritte Phase der Republik, die den Zeitraum von 1924 bis 1929 umfaßt, zeigte alle Anzeichen einer zunehmenden Stabilisierung der politischen Verhältnisse. Die Einführung der Rentenmark (15. November 1923) hatte den währungspolitischen Grundstein gelegt. Die deutsche Wirtschaft konnte sich erholen. Steigende Löhne und Produktionsziffern führten zu einer gewissen Beruhigung des politischen und sozialen Klimas. Das Wort von den „Goldenen Zwanziger Jahren" ist, wenn überhaupt, für diese Zeit zutreffend. Der wirtschaftliche Aufschwung ging dabei Hand in Hand mit großen außenpolitischen Erfolgen. 550

Letztere waren maßgeblich *Gustav Stresemann* zu verdanken, welcher sechs Jahre lang das Amt des Außenministers und für kurze Zeit (1923) zugleich das Amt des Reichskanzlers bekleidete. Der nationalliberal gesinnte Politiker, Gründer und Führer der Deutschen Volkspartei (DVP), erkannte, daß eine Revision des Versailler Vertrages in Anbetracht der militärischen Machtverhältnisse nur durch eine Politik der Verständigung zu erreichen war. Es gelang ihm, die Aussöhnung mit den ehemaligen Kriegsgegnern, insbesondere mit Frankreich, voranzutreiben und weitere Reparationserleichterungen durchzusetzen. In den Verträgen von Locarno vom Oktober 1925 wurden die Westgrenzen Deutschlands anerkannt. Die Absicherung nach Osten erfolgte durch den Abschluß eines Freundschaftsvertrages mit Rußland, des sog. Berliner Vertrages vom 24. April 1926. Schließlich wurde Deutschland in den Völkerbund aufgenommen (8. September 1926). Dies bedeutete das Ende der außenpolitischen Isolierung. 551

Nach dem Tode des Reichspräsidenten *Ebert* am 28. Februar 1925 kam es zur ersten **Volkswahl des Reichspräsidenten** nach Art. 41 WRV. Diese konnte der ehemalige Feldmarschall *Paul von Hindenburg*, der Kandidat der Rechtsparteien, im zweiten Wahlgang knapp gegen seinen von den Parteien der „Weimarer Koalition" unterstützten Konkurrenten *Marx* gewinnen. Während *Hindenburg* 48,3 % der 552

Stimmen auf sich vereinigen konnte, erreichten der Zentrumspolitiker *Marx* 45,3 % und der Kandidat der KPD *Thälmann* 6,4 %. Bei einem solchen Wahlergebnis drängt sich die spekulative Frage auf, wie die Geschicke der Weimarer Republik verlaufen wären, wenn die KPD – wie die SPD es getan hat – im zweiten Wahlgang ihren Kandidaten zurückgezogen und so den Sieg des Mitte-Links-Kandidaten *Marx* (rein rechnerisch) ermöglicht hätte. Die Wahl *Hindenburgs* jedenfalls kann nur als ein für die weitere Entwicklung der krisengeschüttelten Republik verhängnisvolles Ereignis angesehen werden. Zwar fühlte sich der hochkonservative, zugleich von preußischem Pflichtbewußtsein durchdrungene *Hindenburg* aufgrund seines Amtseides (Art. 42 WRV) an die Verfassung gebunden. Diese Bindung war jedoch eher formaler Natur. In der Endphase der Weimarer Republik, als sich die innenpolitische Auseinandersetzung radikalisierte und die parlamentarische Demokratie, um zu überleben, auf überzeugte Anhänger dringend angewiesen war, mußte sich die antirepublikanische Einstellung ihres höchsten Repräsentanten staatszerstörend auswirken.

IV. Der Niedergang der Republik – Vom Tod Stresemanns bis zum Rücktritt des Reichskanzlers von Schleicher

553 Das Jahr 1929 markiert eine erneute Wende in der politischen Entwicklung des Deutschen Reiches. Zunächst verlor die Außenpolitik mit dem Tod *Stresemanns* am 3. Oktober ihren bewährten und vor allem im Ausland anerkannten Lenker. Sein früher Tod wie schon der *Eberts* haben *Fritz Stern* (Fünf Deutschland und ein Leben, 2. Aufl. 2007, S. 97) zu der düsteren Bemerkung veranlaßt, in Weimar sei „sogar der Tod antirepublikanisch" gewesen. Mit dem New Yorker Börsenkrach vom 25. Oktober 1929 begann die **Weltwirtschaftskrise**. Sie stürzte die wirtschaftliche und soziale Ordnung, die sich gerade in Deutschland entfaltet hatte, wieder in das Chaos. Die Arbeitslosigkeit stieg sprunghaft an. Von 1929 bis 1932 sank das Volkseinkommen um ca. 40 %. Die Phase der Konsolidierung nahm ein abruptes Ende.

554 Eine politische Radikalisierung setzte ein. Zu dieser trug auch das **Volksbegehren gegen den Young-Plan** bei. Im Young-Plan wurde

die Reparationssumme neu festgelegt. Deutschland sollte insgesamt 112 Milliarden Mark in jährlichen Raten über einen Zeitraum von 59 Jahren bezahlen. Außerdem war die Räumung des Rheinlandes vorgesehen. Die Neuregelung bedeutete eine Verbesserung der Lage Deutschlands. Dennoch empfanden viele die geplante jahrzehntelange Belastung durch die Reparationszahlungen als Ausbeutung und ungerechtfertigte Demütigung. Diese Emotionen nutzte die politische Rechte zu ihren Gunsten. Die DNVP unter *Hugenberg* und die NSDAP sowie weitere rechte Kräfte schlossen sich zu einem sog. „Reichsausschuß" zusammen, welcher auf der Grundlage des Art. 73 Abs. 3 WRV ein Volksbegehren gegen den Young-Plan initiierte. Es wurde der Entwurf eines „Gesetzes gegen die Versklavung des deutschen Volkes", auch „Freiheitsgesetz" genannt, erarbeitet (vgl. *Huber*, Dok. IV, Nr. 382). In § 1 wurde die Reichsregierung verpflichtet, den Alliierten zur Kenntnis zu geben, daß das erzwungene Kriegsschuldanerkenntnis des Versailler Vertrages der geschichtlichen Wahrheit widerspreche und völkerrechtlich unverbindlich sei. Das Ruhrgebiet sollte bedingungslos geräumt werden (§ 2). § 3 untersagte die Übernahme neuer Lasten und Verpflichtungen gegenüber auswärtigen Mächten. Im Fall des Verstoßes gegen § 3 machten sich die Mitglieder der Regierung und ihre Bevollmächtigten nach § 4 strafbar.

Der Entwurf genügte den **verfassungsrechtlichen Anforderungen** nicht. Nach Art. 73 Abs. 3 WRV war nämlich nur das Begehren nach Vorlegung eines „Gesetzentwurfs" zulässig. Gegenstand eines Volksbegehrens konnte also nur eine Materie sein, die der Regelung durch Reichsgesetz zugänglich war. Darunter fielen weder konkrete Handlungsanweisungen an den Reichspräsidenten in bezug auf völkerrechtliche Akte (vgl. Art. 54 WRV) noch Fragen, welche die Richtlinienkompetenz des Kanzlers betrafen (vgl. Art. 56 WRV). Das „Freiheitsgesetz" stand daher nicht im Einklang mit der Verfassung (vgl. die gutachtliche Äußerung der Reichsregierung *Hermann Müller*, in: *Huber*, Dok. IV, Nr. 384). Die Volksbegehrensfähigkeit eines solchen Entwurfs ließ sich nur dann bejahen, wenn man – mit einem Teil der Lehre und der Praxis – ein verfassungswidriges Begehren als ein verfassungsänderndes auffaßte (vgl. *G. Kaisenberg*, in: *Anschütz/Thoma*, unten Rn. 595, Bd. II, S. 208). Das war möglich, da unter der Weimarer Reichsverfassung eine Verfassungsänderung nicht ausdrücklich erfolgen mußte, sondern durch jedes Gesetz oder Plebiszit, das mit den erforderlichen Mehrheiten zustande kam, bewirkt werden konnte (W. *Jellinek,* in: *Anschütz/Thoma,* unten Rn. 595, Bd. II, S. 185, 187 f.). Das Grundgesetz dagegen läßt im Interesse der Rechtsklarheit nur Verfassungsänderungen zu, die den Wortlaut ausdrücklich ändern oder ergänzen (vgl. Art. 79 Abs. 1 S. 1 GG).

556 Das Volksbegehren wurde trotz der aufgezeigten verfassungsrechtlichen Bedenken zugelassen und fand knapp die nach Art. 73 Abs. 3 S. 1 WRV erforderliche Zustimmung von 10 % der Wahlberechtigten. Der Reichstag weigerte sich, das Gesetz zu verabschieden. Es kam zum **Volksentscheid,** bei dem nur 13,8 % für das „Freiheitsgesetz" stimmten. Das bedeutete in der Sache eine schwere Niederlage für die Initiatoren. Dennoch profitierte insbesondere die NSDAP von der Unterstützung des Volksbegehrens. Die Propaganda, die in zahlreichen Blättern des Pressekonzerns *Hugenberg* verbreitet wurde, kam den Nationalsozialisten zugute. Während der Anti-Young-Plan-Kampagne erzielten sie erstmals beachtliche Ergebnisse bei Landtags- und Kommunalwahlen.

557 Nach dem Scheitern der „Großen Koalition" von SPD, Zentrum, Bayerischer Volkspartei, DDP und DVP unter dem Reichskanzler *Hermann Müller* im März 1930 setzte *Hindenburg* die **Präsidialregierung** (auch Präsidialkabinett genannt) **Brüning** ein (30. März 1930). Die Regierung stützte sich fortan nicht mehr auf eine parlamentarische Mehrheit, sondern war vom Vertrauen des Reichspräsidenten abhängig. Der katholische Zentrumspolitiker *Heinrich Brüning,* der sich in seinen „Memoiren" (1970) selbst als Monarchist und Gegner der parlamentarischen Demokratie dekuvrierte, erhielt den Auftrag, eine Rechtswendung in der Politik unter Ausschluß der Sozialdemokratie einzuleiten. Ohne die sog. Brüning-Diskussion (vgl. etwa *Kolb,* oben Rn. 543, S. 230 ff.) hier wiederaufzunehmen, ist doch festzuhalten, daß mit *Hindenburg* und *Brüning* seit März 1930 zwei Männer an der Spitze der Weimarer Republik standen, die beide zutiefst einer völlig anderen Verfassungsordnung zugewandt waren. Gemeinsam formten sie das Regierungssystem autoritär um. Der Reichskanzler konnte sich nicht länger auf Parlament und Parteien stützen, sondern war darauf angewiesen, daß *Hindenburg* ihm das Instrument der Notverordnung nach Art. 48 Abs. 2 WRV zur Verfügung stellte.

558 Wirtschaftspolitisch verfolgte *Brüning* eine **deflationäre Sparpolitik.** Sein oberstes Ziel war die Herstellung eines ausgeglichenen Haushalts und die Beseitigung der Reparationslast. Durch die pünkt-

liche Zahlung der Raten wollte er eine gute Zahlungsmoral demonstrieren und gleichzeitig eine Situation herbeiführen, in der die Leistungsunfähigkeit Deutschlands offenbar wurde. Auf diese Weise sollten die Alliierten zum Einlenken bewogen werden. Zur Erreichung dieses Ziels nahm er Massenarbeitslosigkeit und die Verarmung weiter Teile der Bevölkerung in Kauf. Seine Bemühungen hatten tatsächlich Erfolg. In dem Abkommen von Lausanne vom 8. Juli 1932 verzichteten die Gläubiger bis auf eine geringfügige Abschlußzahlung auf alle Ansprüche.

Zu dieser Zeit war *Brüning* jedoch schon nicht mehr im Amt und die politische Radikalisierung weit fortgeschritten. Im Juli 1930 lehnte der Reichstag zwei Deckungsvorlagen der Regierung zur Sanierung des Haushalts ab. Daraufhin erließ der Reichspräsident die Gesetze in Form zweier **Notverordnungen** nach Art. 48 Abs. 2 WRV. Aufgrund von Anträgen der SPD und der KPD wurden diese Notverordnungen gemäß Art. 48 Abs. 3 WRV vom Reichstag außer Kraft gesetzt. *Hindenburg* reagierte mit der Auflösung des Parlaments nach Art. 25 Abs. 1 WRV und dem Erlaß einer neuen inhaltsgleichen Notverordnung, welche die beiden vorangegangenen zusammenfaßte. 559

Das Vorgehen von Kanzler und Reichspräsident war in verfassungsrechtlicher Hinsicht äußerst bedenklich. Die in Art. 48 Abs. 2 WRV enthaltenen Befugnisse wurden durch eine extrem weite Auslegung über Gebühr strapaziert. Diese **Interpretation des Art. 48 WRV** wurde schon in der zeitgenössischen Staatsrechtslehre heftig kritisiert. So meinte *R. Grau* in dem angesehenen „Handbuch des Deutschen Staatsrechts" (Die Diktaturgewalt des Reichspräsidenten, in: *Anschütz/Thoma,* unten Rn. 595, S. 274 ff.), die Norm habe die Funktion, die Verfassung zu erhalten; es bedeute dagegen einen Mißbrauch, aufgrund des Art. 48 zu regieren. Die Vorschrift erlaube nur vorläufige Maßnahmen zur Bekämpfung von Einzelgefahren und sei kein „zweiter Weg der Gesetzgebung, dessen Beschreiten dem Reichspräsidenten und der Reichsregierung, wenn sie das Parlament nicht anzugehen wünschen, neben der parlamentarischen Gesetzgebung offenstünde" (S. 276). Eine erhebliche Gefahr im Sinne des Art. 48 Abs. 2 WRV könne auch in dem „Spiel der verfassungsmäßigen Kräfte selbst" gesehen werden (S. 278). Der Reichspräsident sei auch bei einem Vorgehen nach Art. 48 Abs. 2 WRV an die Verfassung gebunden und unterliege der Kontrolle des Parlamentes. „Ergeben sich im Reichstag Schwierigkeiten der Mehrheitsbildung, so kann die Regierung aus der Tatsache, daß eine Mehrheit für die ihrer Ansicht nach zur ordnungsmäßigen Erledigung der Staatsgeschäfte erforderlichen Beschlüsse fehlt, nicht ohne weiteres die Berechtigung zum Erlaß von Diktaturmaßnahmen entnehmen" (S. 292). Habe der Reichstag eine Maßnahme des Reichspräsidenten nach Art. 48 Abs. 3 560

WRV wieder aufgehoben, so sei eine nachfolgende Auflösung des Reichstages ausgeschlossen. Dem stehe die parlamentarische Verantwortlichkeit des Reichspräsidenten entgegen (S. 292).

561 Bei den Neuwahlen am 14. September 1930 errang die NSDAP 107 Mandate (18,3 %) und wurde nach der SPD (143 Mandate, 24,5 %) zur zweitstärksten Fraktion (sog. „Erbitterungswahlen"). Die SPD entschloß sich nun trotz aller politischen Bedenken, ihren Oppositionskurs aufzugeben und die Regierung *Brüning* zu tolerieren, weil zu befürchten war, daß im Falle einer nochmaligen Parlamentsauflösung und nachfolgender Neuwahlen die Faschisten weitere Sitze im Reichstag hinzugewinnen würden. In den Folgejahren ergab sich eine immer stärkere **Verlagerung der Rechtsetzung vom Reichstag auf die Regierung.** 1930 verabschiedete der Reichstag noch 98 Gesetze, 1931 waren es 34 und 1932 nur noch 5. Dagegen stieg die Zahl der präsidialen Notverordnungen in der gleichen Zeit beständig: 1930 ergingen fünf, 1931 schon 44 und 1932 sogar 60 Notverordnungen. Die Zahl der Sitzungstage des Reichstags ging von 94 im Jahr 1930 über 41 im Jahr 1931 auf 13 im Jahr 1932 zurück. Diese Entwicklung widersprach eindeutig dem in der Verfassung enthaltenen Prinzip der parlamentarischen Demokratie (vgl. Art. 1 Abs. 2, Art. 54, Art. 68 Abs. 2 WRV) und dem Ausnahmecharakter des Art. 48 WRV. Die Notverordnungen dienten nicht der Wiederherstellung eines geordneten Staatslebens mit einem funktionsfähigen Parlament, sondern führten zu einer kontinuierlichen Aushöhlung der Verfassung. Die Präsidialregierung nahm den Parteien den Druck, nach Möglichkeiten der Koalitionsbildung zu suchen. Es fehlte die für das Funktionieren des parlamentarischen Systems notwendige Bereitschaft zum Kompromiß.

562 Bei den Reichspräsidentenwahlen am 10. April 1932 kam es zur **Wiederwahl Hindenburgs.** Er erhielt im zweiten Wahlgang 53 % der Stimmen. *Hitler* unterlag mit immerhin 36,8 %; der Kommunist *Thälmann* erzielte 10,2 % (vgl. *Huber,* Dok. IV, Nr. 160). *Hindenburgs* Erfolg war vor allem auf das Wahlverhalten von Sozialdemokraten und Katholiken zurückzuführen, welche den bisherigen Amtsinhaber als das kleinere Übel ansahen. Dies bedeutete für den nunmehr 84-jährigen, in monarchistisch-konservativem Denken verhafteten *Hindenburg* eine tiefe Enttäuschung. Er machte *Brüning* für seine Unbeliebtheit bei rechten Wählern verantwortlich. Der greise Präsident stand unter dem Einfluß seiner teils inoffiziellen Berater, der sog. „Kamarilla", von denen insbesondere der General *Kurt von*

Schleicher eine wichtige Rolle spielte. *Schleicher* entwarf ein „Zähmungskonzept", demgemäß eine neue, weiter rechts stehende Präsidialregierung unter Beteiligung der NSDAP gebildet werden sollte, in der sich die Nationalsozialisten politisch abnutzen sollten (vgl. auch unten Rn. 605). Er vereinbarte mit *Hitler,* daß er die Absetzung *Brünings* erwirken und für eine Neuwahl des Reichstages sorgen wolle. Die Nationalsozialisten rechneten für diesen Fall mit Stimmengewinnen. Als Gegenleistung sagte *Hitler* zu, eine neue Regierung tolerieren zu wollen. Auf Anraten von *Schleicher* drängte *Hindenburg* die Regierung *Brüning* am 30. Mai 1932 zum Rücktritt. *Franz von Papen* wurde am 1. Juni 1932 zum neuen Reichskanzler berufen.

Im Sommer 1932 brachte die Reichsregierung auch den wichtigsten Machtfaktor neben der Reichswehr unter ihre Kontrolle, nämlich das Land Preußen. Die preußische Regierung unter dem sozialdemokratischen Ministerpräsidenten *Otto Braun* (auch der „rote Zar von Preußen" genannt; vgl. zu Lebenswerk und Sturz dieses dienstältesten Ministerpräsidenten der Weimarer Republik *Schulze,* unten Rn. 595), die seit den Landtagswahlen vom 24. April 1932 in Ermangelung einer Mehrheit im Landtag nur noch die Geschäfte führte, war den konservativen Kreisen um den Reichspräsidenten seit langem ein Dorn im Auge. Der sog. **Preußenschlag, mit dem das letzte Bollwerk der Opposition niedergerissen wurde**, stellt ein für Juristen besonders interessantes Kapitel der jüngsten deutschen Verfassungsgeschichte dar. Mit einer auf Art. 48 Abs. 1 und 2 WRV gestützten Notverordnung „betreffend die Wiederherstellung der öffentlichen Sicherheit und Ordnung im Gebiet des Landes Preußen" vom 20. Juli 1932 (RGBl. I, S. 377) setzte *Hindenburg* den amtierenden Reichskanzler *Papen* zum Reichskommissar für das Land Preußen ein und ermächtigte ihn, die preußische Staatsregierung des Amtes zu entheben, die Dienstgeschäfte des preußischen Ministerpräsidenten zu übernehmen und einzelne Reichskommissare mit der Führung der preußischen Ministerien zu betrauen. Auf der Grundlage dieser Verordnung setzte *Papen* die preußische Landesregierung ab.

563

Durch eine auf Art. 48 Abs. 2 WRV gestützte weitere Notverordnung vom gleichen Tag (RGBl. I, S. 377) setzte *Hindenburg* für Groß-Berlin und die Provinz Brandenburg eine Reihe von **Grundrechten außer Kraft** und verfügte den Übergang der vollziehenden Gewalt auf den Reichswehrminister *Schleicher.* In einer amtlichen Mitteilung und einer Rundfunkrede vom gleichen Tag rechtfertigte *Papen* das Vorgehen gegen Preußen mit der „Gefahr kommunisti-

564

scher Zersetzungs- und Umsturztätigkeit", der entgegenzutreten die preußische Staatsregierung weder willens noch in der Lage sei. Es kam zu weitreichenden „Säuberungen" in der preußischen Polizei und inneren Verwaltung. Ausgetauscht wurden beispielsweise die gesamte Spitze der Berliner Polizei sowie zahlreiche Regierungspräsidenten und Landräte.

565 Das Land Preußen (vertreten durch die amtsenthobenen Staatsminister sowie die Fraktionen des Zentrums und der SPD im preußischen Landtag) sowie die Länder Baden und Bayern riefen hiergegen den **Staatsgerichtshof des Deutschen Reiches** gem. Art. 19 Abs. 1 WRV an. Die Entscheidungen des Staatsgerichtshofs in diesem Verfahren, einem der größten Verfassungsstreite der neueren deutschen Geschichte, sind ein bemerkenswertes Dokument für die Haltung einer entweder republik- und rechtsstaatsfeindlichen oder zumindest politisch naiven Justiz, die sich mit einem skurrilen juristischen Kompromiß (so die treffende Charakterisierung von *Heiber,* unten Rn. 595, S. 257) ihrer Aufgabe der rechtlichen Kontrolle von Maßnahmen der Reichsstaatsgewalt entzog. In seiner Hauptsacheentscheidung vom 25. Oktober 1932 erklärte der Staatsgerichtshof nämlich einerseits die erste Notverordnung für verfassungsgemäß, soweit sie den Reichskanzler zum Reichskommissar für Preußen bestellte und diesen ermächtigte, dem preußischen Ministerpräsidenten vorübergehend Amtsbefugnisse zu entziehen und diese Befugnisse selbst zu übernehmen oder anderen Reichskommissaren zu überlassen. Andererseits sprach der Staatsgerichtshof aus, daß sich diese Ermächtigung nicht habe darauf erstrecken dürfen, der preußischen Staatsregierung die Vertretung Preußens im Reichsrat oder sonst gegenüber dem Reich sowie gegenüber dem Landtag zu entziehen (vgl. RGZ 138, Anh. S. 1/21).

566 In der **Begründung der Entscheidung** wird zunächst festgestellt, daß sich die Verordnung nicht auf Art. 48 Abs. 1 WRV, der die sog. Reichsexekution regelte, stützen könne; denn eine Pflichtverletzung Preußens sei nicht erkennbar, insbesondere lasse sich die Behauptung der Reichsregierung, die preußische Staatsregierung habe es an der erforderlichen Tatkraft bei der Bekämpfung der kommunistischen Bewegung fehlen lassen, nicht halten. Allerdings war nach Auffassung des Gerichts Art. 48 Abs. 2 WRV, der die sog. Diktaturgewalt des Reichspräsidenten regelte und eine erhebliche Störung oder Gefährdung der öffentlichen Sicherheit und Ordnung voraussetzte, „offenkundig" und „ohne weiteres" erfüllt. Es sei auch nicht ersichtlich, daß der Reichspräsident das ihm durch Art. 48 Abs. 2 WRV eingeräumte Ermessen dadurch mißbraucht habe, daß er die Verordnung nicht zum Zweck der Wieder-

§ 17. Die krisengeschüttelte Republik 281

herstellung der öffentlichen Sicherheit und Ordnung erlassen habe. Soweit die in diese Richtung zielenden Behauptungen der Antragsteller dahin verstanden werden könnten, daß den Nationalsozialisten „Eröffnungen" vom Reichskanzler gemacht worden seien, seien sie durch die in der Hauptverhandlung vom Prozeßvertreter der Reichsregierung abgegebenen Erklärungen widerlegt. Schließlich sei auch der Hinweis darauf, daß in anderen Ländern ähnliche oder gleiche Verhältnisse wie in Preußen vorgelegen hätten und der Reichspräsident gleichwohl sein Einschreiten auf Preußen beschränkt habe, nicht geeignet, einen Ermessensmißbrauch darzutun. Allerdings finde die Zulässigkeit von Maßnahmen nach Art. 48 Abs. 2 WRV ihre Grenze in anderen Verfassungsvorschriften, im konkreten Fall in Art. 17 und 63 WRV. Art. 17 gewährleiste für jedes Land den Bestand einer des Vertrauens der Volksvertretung bedürftigen Landesregierung. An die Stelle einer solchen Landesregierung könne auch nicht vorübergehend ein anderes Organ gesetzt werden. Art. 63 bestimme, daß die Landesregierungen im Reichsrat durch ihre Mitglieder vertreten würden. Die Einrichtung des Reichsrats solle gewährleisten, daß die Belange der Länder neben denen des Reiches berücksichtigt würden. Das könne nur erreicht werden, wenn die Länderstimmen durch von der Reichsgewalt unabhängige Vertreter abgegeben würden. Reichskommissare seien demgegenüber Organe des Reiches und von der Reichsgewalt abhängig. Deshalb sei es unzulässig, einen Reichskommissar auch nur vorübergehend als Landesregierung einzusetzen und die Landesminister ihrer Ämter zu entheben. Denn die Übertragung von Zuständigkeiten auf Reichsorgane finde ihre Grenze darin, daß den Landesregierungen Befugnisse erhalten bleiben müßten, die zur Aufrechterhaltung der Selbständigkeit der Länder und ihrer rechtlichen Stellung im Reich unentbehrlich seien (vgl. RGZ 138, Anh. S. 1/35 ff.).

Bemerkenswert ist die Entscheidung des Staatsgerichtshofs weniger wegen der Konstruktion einer zwischen Reich und Land aufgeteilten Landesstaatsgewalt und der problematischen Uminterpretation der Ermächtigung, die preußische Staatsregierung ihres Amtes zu entheben, in eine angebliche Ermächtigung, „den Ministern vorübergehend Amtsbefugnisse zu entziehen". Auffällig ist vielmehr, mit welcher Hartnäckigkeit das Gericht eine **ernsthafte Prüfung verweigerte,** ob die Voraussetzung einer erheblichen Störung oder Gefährdung der öffentlichen Sicherheit und Ordnung wirklich vorlag und ob der Erlaß der Verordnung nicht ausschließlich politisch motiviert war. Die diesbezüglichen substantiierten Ausführungen und Beweisanträge der Prozeßvertreter des Landes Preußen, die u. a. die Vernehmungen *Hitlers, Papens, Schleichers* und *Fricks* zum Gegenstand hatten (vgl. Preußen contra Reich vor dem Staatsgerichtshof, Stenogrammbericht der Verhandlungen vor dem Staatsgerichtshof vom 10.–14. und vom 17. Oktober 1932, 1933, S. 65 ff., 73 ff.), wurden unter Hinweis auf die lapidare Erklärung des Prozeßvertreters

567

der Reichsregierung beiseite gewischt, daß es zwischen dieser und den Nationalsozialisten keine Vereinbarungen gegeben habe. Es war zugleich das „Vorspiel" für die nationalsozialistische Beseitigung des Föderalismus (*Stolleis,* Geschichte III, S. 122 und unten Rn. 622 ff.).

568 Demgegenüber kann kaum bezweifelt werden, daß der „Preußenschlag" **machtpolitisch motiviert** war und allein dazu diente, die letzte starke republikanische Bastion der in Preußen regierenden „Weimarer Koalition" aus SPD, DDP und Zentrum zu zerstören und die Machtbasis der Reichsregierung zu verbreitern. Die Regierung *Papen* hatte in internen Beratungen bereits am 12. Juli 1932 beschlossen, den „Sprung nach Preußen" zu wagen. Dann ordnete jedoch der preußische Innenminister *Severing* schärfste Maßnahmen gegen Waffenbesitz und Demonstrationen an. Der Plan der Reichsregierung, die Notverordnungen mit einer von der preußischen Regierung „tatenlos geduldeten kommunistischen Gefahr" zu rechtfertigen, war damit zunächst gescheitert. *Papen* holte sich jedoch zwei Tage später vom Reichspräsidenten blanko unterschriebene Notverordnungstexte, die er beliebig datieren durfte. Am 17. Juli 1932 kam es im preußischen Altona dann zu von den Nationalsozialisten angezettelten blutigen Auseinandersetzungen, bei denen 15 Menschen ums Leben kamen („Altonaer Blutsonntag"). Der günstige psychologische Moment, auf den *Papen* gewartet hatte, war da. Er datierte nunmehr die Notverordnungen auf den 20. Juli 1932. *Papen* selbst hat im übrigen in Gesprächen mit *Severing* eingestanden, daß es sich „schließlich um einen Akt der Staatsraison" handelte, und damit den wahren Charakter der Preußenaktion offenbart. Aussagekräftig sind des weiteren Äußerungen *Hugenbergs,* der die Beseitigung des „marxistischen Spuks" in Preußen und die Ersetzung der Regierung *Braun* durch einen Reichskommissar forderte und ausführte, daß die Reichsregierung sich nur durch Absetzung der preußischen Regierung „Autorität verschaffen und das Übel an der Wurzel packen" könne. Insgesamt spricht alles dafür, den „Preußenschlag" als „staatsstreichartigen Akt parteiischer Willkür" zu verstehen (vgl. *Bracher,* unten Rn. 595, S. 505 ff.; *Heiber,* unten Rn. 595, S. 255 f.).

569 Mit der politischen Gleichschaltung Preußens trat die Weimarer Republik in ihre Endphase. Bei den Reichstagswahlen vom 31. Juli 1932, elf Tage nach dem „Preußenschlag", konnte die NSDAP ihren Stimmenanteil auf 37,4 % steigern und wurde mit Abstand die stärkste Fraktion im Reichstag (vgl. *Huber,* Dok. IV, Nr. 533). Angesichts dieses Wahlerfolges wollte sich *Hitler* nicht mehr mit einer bloßen

Beteiligung an der Regierung zufriedengeben. Er verlangte das Amt des Reichskanzlers für sich. Doch *Hindenburg* wies ihn ab. Ein Antrag der KPD, *Papen* das Mißtrauen auszusprechen, fand die Zustimmung von 512 Abgeordneten. Nur 42 votierten für ihn. Daraufhin löste der Reichspräsident den Reichstag auf. Bei den Neuwahlen am 6. November 1932 sank der Stimmenanteil der NSDAP leicht auf 33,1 %. Der Reichspräsident beauftragte *Kurt von Schleicher* mit der Bildung einer dritten Präsidialregierung. Der **letzte Kanzler der Republik** scheiterte mit seinem Konzept, ein parteiübergreifendes Bündnis von Gewerkschaften, Verbänden und dem Strasser-Flügel der NSDAP („Querfront") herbeizuführen, schon nach knapp zwei Monaten. Am 28. Januar 1933 mußte auch er zurücktreten. „Der Weg zu Hitler war frei" (*Willoweit*, VerfGesch, S. 306).

V. Ursachen für das Scheitern der ersten deutschen Republik

1. Untauglichkeit monokausaler Erklärungsversuche

Die Weimarer Republik hat keinen Bestand gehabt. Diese Aussage beinhaltet an und für sich noch nichts Ungewöhnliches. Alle Staats- und Verfassungsordnungen der jüngeren deutschen Geschichte – und nicht nur der deutschen, sondern etwa auch der französischen – sind nach einiger Zeit aufgehoben und durch fundamental neue Konstitutionen ersetzt worden. Aber die **unverhältnismäßig kurze Dauer** der Weimarer Epoche, die sich nur über 14 Jahre erstreckt, ihre Krisenanfälligkeit und schließlich der Übergang in die totalitäre nationalsozialistische Gewaltherrschaft, die den absoluten Tiefpunkt der deutschen Verfassungsentwicklung bezeichnet, geben der Frage besonderes Gewicht: Woran ist die Weimarer Republik zugrundegegangen? Wo liegen die Ursachen für das Scheitern dieses Staates?

Wie so oft in der Verfassungsgeschichte muß man davor warnen, nur eine Ursache für den Zusammenbruch eines politischen Systems verantwortlich zu machen. Monokausale Erklärungen kommen einer bestimmten Ideologie meist näher als der Wahrheit. Eine Antwort auf die Frage nach dem Scheitern der Weimarer Republik muß deshalb verschiedene Ursachen aufzeigen, sie in Beziehung setzen und gewichten. Es handelt sich – darüber ist sich die moderne Geschichtsschreibung einig – um die „Aufhellung eines sehr komplexen Ursachengeflechts" (*Kolb*, oben Rn. 543, S. 250). Bedeutsame **externe und ökonomische Faktoren** sind bereits genannt worden: so die drückenden Verpflichtungen des Versailler Friedensvertrages, die eine wirtschaftliche und soziale Aufwärtsentwicklung erschwert oder unmöglich gemacht haben; die Weltwirtschaftskrise, in deren Gefolge sich wachsende Arbeitslosigkeit und politische Radikalisierung fast zwangsläufig einstellten.

572 Zu diesen überwiegend externen Faktoren gesellten sich **staatsorganisatorische Strukturmängel,** die bei der Verfassungsanalyse zutage traten. Die Weimarer Reichsverfassung litt vor allem unter zwei Regelungen, die mehr Konfliktstoff in sich bargen, als die junge Republik bewältigen konnte. Zum ersten konnte der Dualismus zwischen Reichstag und Reichspräsident (vgl. oben Rn. 534) allzuleicht im Sinne einer Fortführung der konstitutionell-monarchischen Regierungsform mißverstanden werden, vor allem unter einem Reichspräsidenten, der wie *Hindenburg* geistig noch in der Kaiserzeit verwurzelt war. Dieser Antagonismus wurde entscheidend dadurch begünstigt, daß der Reichspräsident direkt gewählt wurde. Auch die Volkswahl des Reichspräsidenten ist, jedenfalls in Verbindung mit seiner bereits beschriebenen Machtfülle, als Strukturmangel der Verfassung zu bewerten. Zum zweiten war das Verhältnis von Regierung und Parlament ohne Rücksicht auf die erforderliche Regierungsstabilität nach dem reinen, „unverfälschten" parlamentarischen System ausgestaltet (vgl. oben Rn. 529). Die Schwäche dieser Regelung ist zu Recht oft hervorgehoben worden. Sie gab den antiparlamentarischen Parteien der extremen Rechten und Linken, die sich in deutschen Großstädten bürgerkriegsähnliche Straßenkämpfe lieferten, die Möglichkeit, im Reichstag zum Sturz einer Regierung zusammenzuwirken und das parlamentarische Regierungssystem vollständig zu blockieren.

2. Demokratie ohne Konsens

573 Alle genannten Faktoren haben unbestreitbar zum Scheitern der Weimarer Republik beigetragen. Aber es mußte doch noch ein wesentlicher Umstand hinzutreten, um die Katastrophe in Form der nationalsozialistischen Herrschaft so rasch herbeizuführen. Auch heute kennen wir Wirtschaftskrisen, auch das Grundgesetz ist trotz aller Verbesserungen gegenüber der Weimarer Verfassung keine unerschütterliche „Lebensversicherung" für den Fortbestand der Bundesrepu-

blik in ihrer jetzigen Verfassungsform. Und doch erscheint der Staat der Gegenwart – trotz gelegentlich heftiger Kontroversen um den sog. „Verfassungsfeind" – nicht ernsthaft bedroht. Die entscheidende Schwäche der Weimarer Republik lag in der fehlenden Zustimmung weiter Bevölkerungskreise begründet, welche die Charakterisierung als „Demokratie ohne Konsens" rechtfertigt.

Der Begriff Konsens soll in diesem Zusammenhang eine Grundübereinstimmung in wesentlichen Verfassungsfragen bezeichnen. Ein solcher Konsens mochte für den Bestand eines monarchisch-absolutistischen Staates noch entbehrlich sein, für den modernen demokratischen Staat ist er unerläßlich. *Kimminich* (VerfGesch, S. 531) hat die „Krankheit" der Weimarer Republik in ähnlicher Weise diagnostiziert, wenn er schreibt: „In den ganzen 14 Jahren seiner Existenz gelang es dem Weimarer System nicht, die Legitimität zu erringen". Unter **Legitimität** versteht er hier in Anlehnung an die moderne Politikwissenschaft die innere Anerkennung der Verfassungsordnung von seiten der Bürger. Diese müssen der Überzeugung sein, daß die bestehenden politischen Institutionen und ihr verfassungsmäßiges Zusammenspiel – bei allen Unzulänglichkeiten und Schwächen, die man registriert und beklagt – doch die unter den konkreten Verhältnissen bestmöglichen sind. Dem Staat von Weimar fehlte diese Legitimität. Es bestand nicht einmal ein Grundkonsens über den Wert des demokratischen Systems als solchen.

Antidemokratisches Denken und Handeln bestimmte nicht nur die extremen Parteien auf der linken und auf der rechten Seite des Parteienspektrums, sondern in etwas verfeinerter Form auch das geistige Klima gerade der führenden und „staatstragenden" Schichten; insbesondere das akademische Deutschland war antirepublikanisch und antiliberal gesinnt. *Kurt Sontheimer* hat die Ergebnisse seiner einschlägigen Untersuchungen in dem vernichtenden Urteil zusammengefaßt: „Sie war eine Demokratie, in der es weithin keine demokratische Gesinnung gab" (*K. Sontheimer*, VfZ 1957, S. 42). Nach dem Urteil des Bundesverfassungsgerichts (BVerfGE 39, 334/368 f.) zur Frage der Übernahme politischer Extremisten in den öffentlichen Dienst, in dem das Gericht ein aktives Eintreten für die freiheitliche demokratische Grundordnung der Bundesrepublik verlangt, könnte man noch schärfer formulieren und feststellen: Der Staat von Weimar war mit Verfassungsfeinden durchsetzt. Das Wirken dieser antidemokratischen Kräfte soll im folgenden innerhalb von drei Bereichen deutlich gemacht werden, die durchaus untereinander in Beziehung stehen.

576 a) **Flaggenstreit und Staatstradition.** Art. 3 WRV beruhte, wie bereits dargestellt (vgl. oben Rn. 518), auf einem Kompromiß. Die Mehrheitssozialisten hatten im Bündnis mit dem Zentrum und einem Teil der DDP den **Ersatz der alten Reichsfarben** Schwarz-Weiß-Rot durch die Farben der Revolution von 1848, Schwarz-Rot-Gold, erreicht, während die rechte Opposition in der Nationalversammlung immerhin die Beibehaltung der schwarz-weiß-roten deutschen Handelsflagge als Erfolg verbuchen konnte. Der Streit um die Reichsfarben war mit dem in Art. 3 WRV erzielten Kompromiß nicht beendet. Wie ein Brand schwelte er weiter, um von Zeit zu Zeit hellodernd aufzubrechen und zu zeigen, daß nicht einmal die Symbole des neuen deutschen Staates allgemeine Anerkennung fanden. Bezeichnend sind die jahrelangen Auseinandersetzungen zwischen der Stadt Potsdam und dem Land Preußen.

577 Der sog. **Potsdamer Flaggenstreit** (vgl. *J. Freese*, in: *Ule*, unten Rn. 595, S. 165 ff.) entzündete sich an der Anordnung des preußischen Staatsministeriums vom August 1922, daß die Gebäude der Selbstverwaltungskörperschaften aus Anlaß der am 11. August stattfindenden Feier des Verfassungstages in den Reichs- und Landesfarben zu flaggen hätten. Der Magistrat der Stadt Potsdam faßte daraufhin den Beschluß, auf den städtischen Gebäuden nicht zu flaggen. In dem anschließenden Rechtsstreit trug der Magistrat u. a. vor, ein großer Teil der Bevölkerung, vielleicht die Mehrheit, stehe der Verfassung von 1919, vor allem aber dem Flaggenwechsel, ablehnend gegenüber. Die Weigerung des Magistrats sei deshalb auch sachlich gerechtfertigt. Das Preußische OVG entschied aus formalen Gründen zugunsten des Magistrats. Am 30. Juni 1925 erging wiederum eine Verfügung des preußischen Staatsministeriums, in der die Selbstverwaltungskörperschaften verpflichtet wurden, am 11. August neben der Landes- auch die Reichsflagge an allen öffentlichen Gebäuden zu zeigen. Als Reaktion hierauf beschloß der Magistrat der Stadt Potsdam am 27. Juli 1925, an allen Feiertagen, auch entgegen ministeriellen Erlassen, nur in den preußischen Landesfarben und in den Gemeindefarben zu flaggen. Wieder mußte sich das Preußische OVG mit der Angelegenheit beschäftigen, und wieder entschied es zugunsten des Magistrats der Stadt Potsdam. Es rechnete die Beflaggung der städtischen Gebäude zu dem Kreis der Selbstverwaltungsangelegenheiten, die nur durch Gesetz, nicht aber durch ministerielle Beschlüsse eingeschränkt werden könnten (Preuß. OVGE 82, 82). Das preußische Staatsministerium erhielt von der Entscheidung Ende Juli 1927 offizielle Kenntnis – zu spät, um das Flaggen in den Reichsfarben am Jahrestag der Verfassung noch durch Gesetz anordnen zu können. Der Landtag tagte erst am 11. Oktober wieder. Der Innenminister *Grzesinski* entschied sich des-

halb für den Erlaß einer Notverordnung gemäß Art. 55 der Preußischen Verfassung. Durch dieses Vorgehen konnte das Flaggen der Reichsfarben am 11. August 1927 durchgesetzt werden. Die Stadt Potsdam erhob nun Klage beim Staatsgerichtshof für das Deutsche Reich mit der Begründung, die Notverordnung erfülle nicht die verfassungsmäßigen Voraussetzungen für ihren Erlaß und sei deshalb verfassungswidrig. Der Staatsgerichtshof schloß sich in seinem Urteil vom 9. Juli 1928 (RGZ 121, Anh. S. 13) den Argumenten der Stadt Potsdam an und erklärte die Notverordnung für unvereinbar mit der Preußischen Verfassung. Am 17. März 1929 gab der preußische Landtag mit der Verabschiedung des Gesetzes über das Flaggen der Körperschaften des öffentlichen Rechts (Preuß.GS 1929, S. 23) dem Staatsministerium die nötige Rechtsgrundlage für die Anordnung des Flaggens in den Reichsfarben an die Hand und beendete so die langjährigen Auseinandersetzungen.

An der jahrelangen hartnäckigen Weigerung des Magistrats der Stadt Potsdam, die Farben der neuen Republik anzuerkennen, läßt sich – unabhängig von der rechtlichen Problematik – ablesen, wie tief die Abneigung und wie stark die Widerstände gegen die neue Republik waren. Die Stadtväter in Potsdam reihten sich mit ihrer Haltung in die breite Front derer ein, welche die neuen Reichsfarben ablehnten und damit zugleich – bewußt oder unbewußt – die wesentlichen Verfassungsänderungen gegenüber dem Reich von 1871. Es war ein Unglück für die Weimarer Republik, dass sie schließlich sogar mit einem Reichspräsidenten leben mußte, welcher der Tradition von 1871 mehr verbunden war als der von 1848/49. *Hindenburg* hat aus seiner Ablehnung gegen die neuen Reichsfarben kein Hehl gemacht. Am 5. Mai 1926 erließ er die sog. **Flaggenverordnung** (RGBl. 1926 I, S. 217), die bestimmte, daß die gesandtschaftlichen und konsularischen Behörden des Reichs an außereuropäischen Plätzen und an solchen Plätzen, die von Seehandelsschiffen angelaufen wurden, neben den Reichsfarben die schwarz-weiß-rote Handelsflagge zeigen sollten. Die Flaggenverordnung entfachte einen Sturm der Entrüstung auf republikanischer Seite. Man hatte noch nicht vergessen, daß 1920 beim Kapp-Putsch die Brigade *Erhardt* mit dem Lied „Hakenkreuz am Stahlhelm, Schwarz-Weiß-Rot das Band" in Berlin eingerückt war und die Gegenrevolution begonnen hatte. Doch der Proteststurm gegen die Flaggenverordnung hatte nur den Sturz des Reichskanzlers *Luther* und seiner Regierung zur Folge. Die Flaggenverordnung behielt ihre Gültigkeit.

Hindenburgs Bestreben, den alten schwarz-weiß-roten Reichsfarben wieder erhöhte Anerkennung zu verschaffen, zeigte sich auch bei anderer Gelegenheit. Anläßlich einer **Kriegergedenkfeier** im

Reichstag 1929 bemängelte er, daß der von der Regierung zur Ehre der Gefallenen bestimmte Kranz mit einer schwarz-rot-goldenen Schleife geschmückt war. Er fragte beim Reichsminister des Innern an, ob es nicht passender sei, die Schleifen in den Farben anzubringen, unter denen die Gefallenen gekämpft hätten. Im Folgejahr bemerkte er bei der gleichen Gelegenheit in ungehaltenem Ton: „Nun haben Sie doch wieder Schwarz-Rot-Gelb angebracht!" Sofort nach der Machtübernahme der Nationalsozialisten ordnete er dann ohne Rücksicht auf Art. 3 WRV an, daß die schwarz-weiß-rote Flagge und die Hakenkreuzflagge zu hissen seien (vgl. RGBl. 1933 I, S. 103). Der Flaggenstreit hat die Weimarer Republik nicht in den Strudel des Unterganges von 1932/33 gezogen. Aber es ist doch symptomatisch für den Zustand eines Gemeinwesens, wenn nicht einmal seine Symbole allgemeine Anerkennung und Achtung genießen.

580 **b) Die Stellung der Beamtenschaft.** Mit dem Inkrafttreten der Reichsverfassung von 1919 stellte sich zum ersten Mal die Frage nach dem **Verhältnis von Berufsbeamtentum und parlamentarischer Demokratie** (vgl. zum folgenden *Frotscher*, unten Rn. 595, S. 14 ff.). Die Nationalversammlung hatte sich entgegen anderen Konzepten für die Beibehaltung des Berufsbeamtentums entschieden. *Ebert* und die deutsche Sozialdemokratie, die erhebliche Vorbehalte gegenüber einer durchweg konservativen, in monarchischer Tradition aufgewachsenen Beamtenschaft hatten, glaubten 1918/19 zu Recht, nur mit Hilfe des bestehenden Verwaltungsapparates und des Heeres ein Versinken Deutschlands in Chaos und Anarchie aufhalten zu können (vgl. *Hattenhauer*, Grundlagen Rn. 596 ff.). Man versuchte, das Beamtentum zunächst einmal verfassungsrechtlich in einen demokratischen Staatsaufbau zu integrieren. Das bezeugen die Art. 128 und 130 WRV. Durch die Vorschrift des Art. 128 Abs. 1 WRV wurde der allgemeine Gleichheitsgrundsatz auf das Beamtenrecht ausgedehnt, um auf diese Weise sicherzustellen, daß der Zugang zu allen öffentlichen Ämtern weder von Geburt, Stand oder Gesellschaftsklasse noch von politischer Stellung oder Landeszugehörigkeit abhängig gemacht wurde (vgl. heute Art. 33 Abs. 1 und 2 GG). Diese Gewährleistung war dem demokratischen Staatsverständnis ebenso angemessen wie die in Art. 130 Abs. 1 WRV erfolgte Kennzeichnung der Beamten als „Diener der Gesamtheit", nicht einer Partei.

581 In der Verfassungswirklichkeit der Weimarer Republik konnte sich eine solche demokratische Konzeption des Berufsbeamtentums je-

doch nicht durchsetzen. Zu stark war die Bindung der höheren Beamtenschaft an die untergegangene Monarchie, zu stark ihre Ablehnung der Demokratie als neuer Staatsform. So war der Reichstag gezwungen, nach dem Attentat auf *Rathenau* im Juni 1922 (vgl. oben Rn. 548) ein **„Gesetz über die Pflichten der Beamten zum Schutze der Republik"** vom 21. Juli 1922 (RGBl. I, S. 590) zu erlassen. Dieses Gesetz fügte dem Reichsbeamtengesetz einen § 10 a ein, der ein bezeichnendes Licht auf die Situation des öffentlichen Dienstes in der jungen Republik wirft, weil er im Grunde die Dinge beim Namen nennt, die bereits geschehen waren.

§ 10 a Reichsbeamtengesetz: 582
Der Reichsbeamte ist verpflichtet, in seiner amtlichen Tätigkeit für die verfassungsmäßige republikanische Staatsgewalt einzutreten.
Er hat alles zu unterlassen, was mit seiner Stellung als Beamter der Republik nicht zu vereinbaren ist. Insbesondere ist ihm untersagt:
1. sein Amt oder die ihm kraft seiner amtlichen Stellung zugänglichen Einrichtungen für Bestrebungen zur Änderung der verfassungsmäßigen republikanischen Staatsform zu mißbrauchen;
2. bei Ausübung der Amtstätigkeit oder unter Mißbrauch seiner amtlichen Stellung über die verfassungsmäßige republikanische Staatsform, die Reichsflagge oder über die verfassungsmäßigen Regierungen des Reichs oder eines Landes zur Bekundung der Mißachtung Äußerungen zu tun, die geeignet sind, sie in der öffentlichen Meinung herabzusetzen;
3. bei Ausübung der Amtstätigkeit oder unter Mißbrauch seiner amtlichen Stellung auf die ihm unterstellten oder zugewiesenen Beamten, Angestellten und Arbeiter, Zöglinge oder Schüler im Sinne mißachtender Herabsetzung der verfassungsmäßigen republikanischen Staatsform oder der verfassungsmäßigen Regierungen des Reichs oder eines Landes einzuwirken;
4. ...

Dem Reichsbeamten ist weiterhin untersagt, in der Öffentlichkeit gehässig oder aufreizend die Bestrebungen zu fördern, die auf Wiederherstellung der Monarchie oder gegen den Bestand der Republik gerichtet sind, oder solche Bestrebungen durch Verleumdung, Beschimpfung oder Verächtlichmachung der Republik oder von Mitgliedern der im Amte befindlichen Regierung des Reichs oder eines Landes zu unterstützen.

Das Gesetz von 1922 vermochte die Haltung der Beamtenschaft 583 nicht entscheidend zu verändern. Das zeigen Äußerungen aus späterer Zeit. So schrieb *Julius Leber* 1926 im Lübecker Volksboten: „Loyal gegen die Verfassung. Dieses Wort ist im Laufe der Jahre für viele Beamte eine Ausrede geworden. Sie tun nichts, was in der Verfassung irgendwie ausdrücklich verboten ist. Im übrigen aber sabotieren sie die Verfassung, machen monarchistische Propaganda, bekennen sich zu

Schwarz-Weiß-Rot, schimpfen auf Demokratie und Parlament" (vgl. *Fenske,* unten Rn. 595, S. 135). Andere Beobachter urteilten ähnlich (vgl. *Zweigert,* unten Rn. 595, S. 473). Versuche sozialdemokratischer Minister, z. B. *Severings,* die überkommene Beamtenschaft mit Außenseitern und Parteigängern zu „demokratisieren", hatten nur teilweise Erfolg und schlossen die übrige Beamtenschaft in der Ablehnung solcher als „Ämterpatronage" und „Politisierung" angesehenen Maßnahmen nur noch enger zusammen. Dabei war man selbst keineswegs politisch neutral oder liberal, wie es gern behauptet wurde. So wird man im Ergebnis festhalten müssen, daß die **antidemokratische Haltung** weiter Kreise der Beamtenschaft zu der Instabilität und schließlich zum Untergang der Weimarer Demokratie ein gutes Stück beigetragen hat. Es war insbesondere die höhere Beamtenschaft, die zwar 1918/19 den Sturz in das Chaos abgewendet, dann jedoch nicht das richtige Verhältnis zur Demokratie gefunden hat. Die Forderung, die heute an jeden Beamten gestellt wird, nämlich jederzeit für die freiheitliche demokratische Grundordnung des Grundgesetzes einzutreten, wurde damals von vielen nicht erfüllt.

584 **c) Parlamentarismusschelte, Nationalismus und Antisemitismus.** Während die Weimarer Reichsverfassung eine politische Ordnung konstituierte, die in Anknüpfung an das westeuropäische und amerikanische Vorbild die Bereiche von Staat und Gesellschaft („civil society") mit Hilfe des parlamentarisch-demokratischen Prinzips verklammerte, verharrte die allgemeine Staatsauffassung in Deutschland weithin in ihrer traditionellen, aus dem 19. Jahrhundert übernommenen **dualistischen Vorstellung** von Staat und Gesellschaft (vgl. *W. Frotscher,* oben Rn. 95, S. 199 f.). Danach war der Staat keine von der Gesellschaft abgeleitete und dieser dienende Hoheitsmacht, sondern eine über die Gesellschaft (das Volk) sich erhebende eigenständige Größe. Die pluralistischen Kräfte der Gesellschaft, die im Parlament ihre Vertretung fanden, mußten demgegenüber leicht eine Abwertung erfahren. Der Parlamentarismus erschien auf dem Hintergrund der skizzierten Staatsauffassung nicht als unverzichtbare Legitimationsvoraussetzung der Staatsgewalt, sondern ganz im Gegenteil als eine Gefährdung „wahrer", d. h. in die Idealität gehobener Staatlichkeit.

585 **Carl Schmitt** war wohl der bedeutendste und gleichzeitig schärfste Kritiker, der dem überkommenen parlamentarischen System jede Funktionstüchtigkeit für die Gegenwart absprach und der darüber hinaus einen Gegensatz zwischen Parlamentarismus und Demokratie feststellen wollte. Hier eine Leseprobe:

„Der Glaube an den Parlamentarismus, an ein government by discussion, gehört in die Gedankenwelt des Liberalismus. Er gehört nicht zur Demokratie. Beides, Liberalismus und Demokratie, muß voneinander getrennt werden, damit das heterogen zusammengesetzte Gebilde erkannt wird, das die moderne Massendemokratie ausmacht."

„Jede wirkliche Demokratie beruht darauf, daß nicht nur Gleiches gleich, sondern, mit unvermeidlicher Konsequenz, das Nichtgleiche nicht gleich behandelt wird. Zur Demokratie gehört also notwendig erstens Homogenität und zweitens – nötigenfalls – die Ausscheidung oder Vernichtung des Heterogenen." „Das allgemeine und gleiche Wahl- und Stimmrecht ist vernünftigerweise nur die Folge der substantiellen Gleichheit innerhalb des Kreises der gleichen und geht nicht weiter als diese Gleichheit. Ein solches gleiches Recht hat einen guten Sinn, wo Homogenität besteht. Die Art Allgemeinheit des Wahlrechts aber, die der weltläufige Sprachgebrauch meint, bedeutet etwas anderes: jeder erwachsene Mensch, bloß als Mensch, soll eo ipso jedem anderen Menschen politisch gleichberechtigt sein. Das ist ein liberaler, kein demokratischer Gedanke; …"

„Es kann eine Demokratie geben ohne das, was man modernen Parlamentarismus nennt, und einen Parlamentarismus ohne Demokratie; und Diktatur ist ebensowenig der entscheidende Gegensatz zu Demokratie wie Demokratie der zu Diktatur."

„Am wenigsten wird es noch den Glauben geben, daß aus Zeitungsartikeln, Versammlungsreden und Parlamentsdebatten die wahre und richtige Gesetzgebung und Politik entstehe. Das ist aber der Glaube an das Parlament selbst. Sind Öffentlichkeit und Diskussion in der tatsächlichen Wirklichkeit des parlamentarischen Betriebes zu einer leeren und nichtigen Formalität geworden, so hat auch das Parlament, wie es sich im 19. Jahrhundert entwickelt hat, seine bisherige Grundlage und seinen Sinn verloren."
(*Carl Schmitt*, Die geistesgeschichtliche Lage des heutigen Parlamentarismus, 2. Aufl. 1926, S. 13 f., 16, 41, 63)

Schmitt ordnet den Parlamentarismus auf seiten des Liberalismus, nicht der Demokratie ein. Er entkleidet die Demokratie damit zweier Merkmale, die nach heutiger Staatsauffassung wesensbestimmend und unverzichtbar sind. Die liberale Komponente der modernen Demokratie darf zwar andere Strukturelemente (wie z. B. die Sozialstaatlichkeit) nicht verdrängen, aber ebensowenig kann sie selbst aufgegeben werden. *Schmitt* befreit die **„wirkliche Demokratie"** sodann von weiterem „Zierat": Auch das allgemeine und gleiche Wahlrecht wird als „ein liberaler, kein demokratischer Gedanke" abgelehnt. Der Gleichheitssatz wird auf die wahrhaft Gleichen beschränkt. Damit gibt *Schmitt* den Kern der politischen und rechtlichen Gleichheit und zugleich den Wesensgehalt des demokratischen Prinzips auf: Politische Gleichheit und Demokratie können nur die formale Gleichheit meinen. Wer sollte die materiellen Kriterien abstecken? Der Satz von der „Ausscheidung oder Vernichtung des Heterogenen" weist deutlich in die nationalsozialistische Zukunft. Ein pluralistisches Staatsmodell scheidet von vornherein aus. Nach Aufgabe des Gleichheitssatzes kann die Folgerung, sowohl eine Demokratie ohne Parlamentarismus als auch ein Parlamentarismus ohne Demokratie seien möglich, kaum überraschen. Der Gegensatz von Diktatur und Demokratie wird geleugnet. Wieder ist an die Auflösung der Weimarer Republik zu erinnern: Der Parlamentarismus fand 1933 sein Ende. Die „neue Demokratie" basierte auf der begeisterten Zustimmung der Massen zu diktatorischen Führerentscheidungen.

587 Die Parlamentarismuskritik *Schmitts* baut auf dem **Bild des Parlamentarismus des 19. Jahrhunderts** auf. Auch heute glauben wir nicht, daß die „wahre und richtige Gesetzgebung und Politik" aus Versammlungsreden und Parlamentsdebatten entsteht. Aber freie Presse („Zeitungsartikel"), Parteipolitik („Versammlungsreden") und Parlamentsöffentlichkeit („Parlamentsdebatten") garantieren doch die relativ beste und jedenfalls die für alle Staatsbürger erträglichste Form der politischen Herrschaft. Von *Schmitts* kritischen Äußerungen ist es nur ein kleiner (sprachlicher) Schritt zur Diffamierung des Parlaments als einer bloßen „Quasselbude", wie sie von Weimar bis heute zum politischen Repertoire extremer politischer Gruppierungen gehört.

588 *Carl Schmitt* stand mit seiner Kritik an der parlamentarischen Demokratie nicht allein. Antidemokratisches Denken durchzog nicht nur die Staatsrechtswissenschaft (vgl. *Stolleis,* Geschichte III, S. 63, 79f., 107ff.), sondern das gesamte geistige Leben in der Weimarer Republik. Dabei gingen antidemokratische und **völkisch-nationalistische Strömungen** eine unselige Verbindung ein. *Sontheimer* hat in seiner grundlegenden Bestandsaufnahme und Analyse die verschiedenen „antidemokratischen Ideenkreise" zusammengestellt und dabei auch die Bedeutung hervorgehoben, die ein übersteigertes Nationalgefühl für die Zerstörung der Weimarer Republik gehabt hat. „Die umfassendste Formel, mit der man der politischen Gestalt des Weimarer Staates gegenübertrat, war die, daß dieser Staat ein Produkt des Westens sei, daß Deutschland dagegen als das Land der Mitte eine eigene staatliche Form potentiell habe und aktuell finden müsse und nicht länger in staatlicher Schwäche den falschen Idealen eines 'faulen Westlertums' verschrieben sein dürfe. Denn diese Ideale seien gerade das Gegenteil echter deutscher Staatlichkeit, und nur wenn es

gelinge, aus der Kraft unseres Volkstums, aus der Vitalität des deutschen Menschen, aus den Quellen deutschen Blutes oder den Bedingungen deutschen Bodens ein neues staatliches Gebilde zu schaffen, könnten dieser Staat und seine Kultur sich wieder zur Größe erheben und ihre echte deutsche Form finden" (*K. Sontheimer,* VfZ 1957, S. 46).

Beispiele: „Auch das deutsche Volk", schreibt *Othmar Spann,* einflußreicher Soziologe der Weimarer Zeit, „hat Schmerzen und Ungemach … erduldet. … Nun gilt es, die Schmach zu sühnen, die Eiterbeule, die da heißt Demokratie und Marxismus, auszuschneiden" *(O. Spann,* Der wahre Staat, 1921, S. 299). Die Parteien als Träger der parlamentarischen Demokratie sind die besondere Zielscheibe der Kritik. Hemmungs- und verantwortungslos „übergießt" *Oswald Spengler* alle Institutionen, welche die junge Republik tragen sollen, mit seiner ätzenden Kritik. In dem Kapitel „Der Sumpf" heißt es etwa: „Aus der Angst um den Beuteanteil entstand auf den großherzoglichen Samtsesseln und in den Kneipen von Weimar die deutsche Republik, keine Staatsform, sondern eine Firma. In ihren Satzungen ist nicht vom Volk die Rede, sondern von Parteien, nicht von Macht, von Ehre und Größe, sondern von Parteien. Wir haben kein Vaterland mehr, sondern Parteien; keine Rechte, sondern Parteien; kein Ziel, keine Zukunft mehr, sondern Interessen von Parteien. … So ist der deutsche Parlamentarismus. Seit fünf Jahren keine Tat, kein Entschluß, kein Gedanke, nicht einmal eine Haltung …" *(O. Spengler,* Neubau des Deutschen Reiches, 1924, S. 9 f.). 589

Die Textstelle macht deutlich, in wie starkem Maße die Gegner des Weimarer Staates vom Gefühl bestimmt, von **irrationalen Überlegungen** geleitet wurden. Von einer nüchternen Analyse der politischen Entwicklung der letzten fünf Jahre kann keine Rede sein. Die Aussage ist deshalb auch bei sachlicher Überprüfung schlicht falsch. In der „Satzung" der Weimarer Republik, also in der Reichsverfassung, ist bereits in Art. 1 die Rede vom Volk als Träger der Staatsgewalt, während sich keine Bestimmung findet, die sich mit den Parteien als solchen befaßt. Lediglich der schon genannte Art. 130 Abs. 1 WRV erwähnt die Parteien in negativer Form. Die Beamten sollen gerade nicht Diener einer Partei sein (vgl. oben Rn. 580). Und selbstverständlich hat der deutsche Parlamentarismus in den Jahren von 1919 bis 1924 Taten, Entschlüsse und Gedanken hervorgebracht, mit denen sich *Spengler* nicht ernstlich auseinandersetzen will. 590

Der Weg von diesen antidemokratischen, irrational-nationalen Geistesströmungen zum **Antisemitismus** war nicht weit. Wie früh antisemitische Haltungen in der Weimarer Republik in aller Öffentlichkeit gepflegt wurden, davon gibt der sog. Borkum-Lied-Fall (vgl. 591

Preuß. OVGE 80, 176 ff. und dazu *C. H. Ule*, DVBl. 1981, S. 709/715 ff.) Kenntnis, der in den 20er Jahren für Aufsehen sorgte.

592 **Sachverhalt:** Die Kurkapelle des Nordseebades Borkum spielte seit Jahren regelmäßig das beliebte Borkum-Lied, den Marsch „Wir halten fest und treu zusammen, hipp, hipp, hurra". Zahlreiche Kurgäste sangen den Text zu der Melodie. In den ersten drei Strophen wird die Schönheit der Insel gepriesen; das Lied endet aber mit einem eindeutig antisemitischen Text: „An Borkums Strand nur Deutschtum gilt, Nur deutsch ist das Panier; Wir halten rein den Ehrenschild Germanias für und für. Doch wer dir naht mit platten Füßen, Mit Nasen krumm und Haaren kraus, Der soll nicht deinen Strand genießen, Der muß hinaus! Der muß hinaus!" Endlich 1924, nachdem ein Kurgast nach dem Absingen des Borkum-Liedes auch „Taten" von den Anwesenden verlangt hatte, griffen die Behörden ein. Die Gemeinde Borkum wurde durch Polizeiverfügung aufgefordert, der Kurkapelle das Spielen des Borkum-Liedes zu verbieten.

593 Der gegen die Verfügung gerichteten Klage der Gemeinde gab das **Preußische OVG** mit Urteil vom 14. Mai 1925 statt (vgl. E 80, 176 ff.), d. h. die Verbotsverfügung wurde wieder aufgehoben. Diese Entscheidung war, wenn nicht antisemitisch, so doch bedenklich „weltfremd" (*F. Bajohr*, „Unser Hotel ist judenfrei", 2003, S. 81 f.) und zudem juristisch angreifbar. Entsprechende Probleme beschäftigen auch das Polizeirecht der Gegenwart. Eine Polizeiverfügung darf nicht ohne Rechtsgrundlage ergehen. Hier kam die polizeiliche Generalklausel als Rechtsgrundlage in Betracht. Eine Störung bzw. Gefährdung der öffentlichen Sicherheit oder Ordnung ist im Borkum-Lied-Fall anzunehmen. Aber Maßnahmen der Gefahrenabwehr dürfen nur gegen den Störer gerichtet werden. Es stellte sich die Frage, ob nur die singenden Kurgäste oder auch die Kapelle und damit die Gemeinde Störer waren.

594 Das Preußische OVG sah nur die Kurgäste als Störer an. Das Spielen des an sich harmlosen Marsches habe den Kurgästen nur den Anlaß zum Singen des beanstandeten Textes geboten; gegen diese hätte die Polizei mit den ihr zu Gebote stehenden Rechtsmitteln einschreiten müssen (aaO., S. 190). Allerdings hätte man mit der vom Preußischen OVG (vgl. E 40, 216 ff.) schon früher benutzten Rechtsfigur des **Zweckveranlassers** durchaus zu einem anderen Ergebnis kommen können. Auch ein „Zweckveranlasser" ist im Gegensatz zum bloßen Veranlasser Störer im polizeirechtlichen Sinne. Streitig ist, wie der Veranlassungsbeitrag geartet sein muß, um die Einstufung als Störer zu rechtfertigen. Im konkreten Fall war nicht festgestellt

worden, daß die Kapelle den Marsch in der Absicht spielte, die Kurgäste zum Singen der antisemitischen Strophe zu veranlassen. Läßt man es genügen, daß das veranlassende Verhalten die Störung zwangsläufig herbeiführt, billigend in Kauf nimmt oder eine „natürliche Einheit" mit dem Erfolg bildet, so ist in Anbetracht der langjährigen Sangespraxis auch die Kapelle als Störer anzusehen (vgl. *Pieroth/Schlink/Kniesel,* Polizei- und Ordnungsrecht, 5. Aufl. 2008, § 9 Rn. 27 ff.).

VI. Literatur

G Anschütz/R. Thoma (Hg.), Handbuch des Deutschen Staatsrechts, Bd. II, 1932 (Nachdruck 1998); *K. D. Bracher,* Die Auflösung der Weimarer Republik, 5. Aufl. 1971 (Nachdruck 1984); Bundesrat (Hg.), Ein Staatsstreich? Die Reichsexekution gegen Preußen, 2007; *H. Fenske,* Monarchisches Beamtentum und demokratischer Staat. Zum Problem der Demokratie in der Weimarer Republik, in: Demokratie und Verwaltung, 1972, S. 117 ff.; *W. Frotscher,* Das Berufsbeamtentum im demokratischen Staat, 1975; *C. Gusy,* Weimar – die wehrlose Republik? Verfassungsschutzrecht und Verfassungsschutz in der Weimarer Republik, 1991; *ders.* (Hg.), Weimars lange Schatten – „Weimar" als Argument nach 1945, 2003; *H. Heiber,* Die Republik von Weimar, 22. Aufl. 1996; *B. Hoppe,* Von der parlamentarischen Demokratie zum Präsidialstaat. Verfassungsentwicklung am Beispiel der Kabinettsbildung in der Weimarer Republik, 1998; *E. Kolb* (Hg.), Friedrich Ebert als Reichspräsident. Amtsführung und Amtsverständnis, 1997; *A. Kurz,* Demokratische Diktatur? Auslegung und Handhabung des Art. 48 der Weimarer Verfassung 1919–25, 1992; *H. Möller,* Parlamentarismus in Preußen 1919–1932, 1985; *W. Pyta,* Hindenburg. Herrschaft zwischen Hohenzollern und Hitler, 2007; *H. Schulze,* Otto Braun oder Preußens demokratische Sendung, 1977; *K. Sontheimer,* Antidemokratisches Denken in der Weimarer Republik, 4. Aufl. 1994; *C. H. Ule* (Hg.), Verfassungs- und Verwaltungsgeschichte der Weimarer Republik im Spiegel der Rechtsprechung, 1971/72; *H. A. Winkler,* Weimar 1918–1933, 4. Aufl. 2005; *E. Zweigert,* Der Beamte im neuen Deutschland, in: Volk und Reich der Deutschen, Bd. II, hg. von *B. Harms,* 1929, S. 460 ff.

Kapitel 9. Der nationalsozialistische Staat

§ 18. Die sog. Machtergreifung

I. Zeittafel

1933 Ernennung *Hitlers* zum Reichskanzler durch Reichspräsident *Hindenburg* (30. 1.)
Auflösung des Reichstags (1. 2.)
„Schubladenverordnung" (4. 2.)
Reichstagsbrand (27. 2.)
„Reichstagsbrandverordnung" (28. 2.)
Reichstagswahl (5. 3.)
„Ermächtigungsgesetz" (24. 3.)
Vorläufiges Gesetz zur Gleichschaltung der Länder mit dem Reich (31. 3.)
Zweites Gesetz zur Gleichschaltung der Länder mit dem Reich (7. 4.)
Gründung der Deutschen Arbeitsfront (10. 5.)
Bücherverbrennungen (10. 5.)
Gesetz über Treuhänder der Arbeit (19. 5.)
Gesetz über die Einziehung kommunistischen Vermögens (26. 5.)
Selbstauflösung der DNF (vormals DNVP) (27. 6.)
Selbstauflösung der Zentrums-Partei (5. 7.)
Verordnung des Reichsinnenministers zur Auflösung der SPD (7. 7.)
Gesetz gegen die Neubildung von Parteien;
Gesetz über die Einziehung volks- und staatsfeindlichen Vermögens;
Gesetz über Volksabstimmungen (14. 7.)
Konkordat zwischen dem Heiligen Stuhl und dem Deutschen Reich (20. 7.)
Reichskulturkammergesetz (22. 9.)
Austritt des Deutschen Reiches aus dem Völkerbund (14. 10.)
Reichstagswahl (12. 11.)
1934 Gesetz zur Ordnung der nationalen Arbeit (20. 1.)
Gesetz über den Neuaufbau des Reichs (30. 1.)
Massaker an SA-Führern (30. 6.–2. 7.)
Gesetz über Maßnahmen der Staatsnotwehr (3. 7.)
Gesetz über das Staatsoberhaupt des Deutschen Reichs (1. 8.)
Tod *Hindenburgs* (2. 8.)

II. Die „legale" und die „nationale Revolution"

Binnen weniger Monate gelang es den Nationalsozialisten, die politische Macht auf sich zu vereinigen. Beseitigt wurden der Pluralismus politischer Parteien, die Verteilung der Staatsgewalt zwischen Reich und Ländern, die grundrechtlichen Schranken der Machtausübung und endgültig die Balance zwischen Legislative und Exekutive. Schlüsselbegriffe zum Verständnis der sog. nationalsozialistischen Machtergreifung sind: die „legale Revolution" und die „nationale Revolution" (vgl. *Bracher,* unten Rn. 687, S. 210 ff.). In Wirklichkeit fand ein „scheinlegaler und scheindemokratischer Umbruch" statt (*Grawert,* unten Rn. 687, S. 236). 597

1. Die „legale Revolution"

Dieser (paradoxe) Begriff wurde von einem prominenten Staatsrechtslehrer geprägt, nämlich von *Heinrich Triepel* (Deutsche Allgemeine Zeitung vom 2. April 1933; vgl. *Hirsch/Majer/Meinck,* unten Rn. 687, S. 116 ff.). Er kennzeichnete Taktik und offizielle Lesart der nationalsozialistischen Machtübernahme. Mit einem jedenfalls der äußeren Form nach legalen Vorgehen sollten die selbst in national und reaktionär gesonnenen Kreisen des politischen Establishments vorhandenen **Vorbehalte** gegenüber den Nationalsozialisten, insbesondere gegenüber der SA, **abgebaut** werden; denn während sich die Nationalsozialisten in der von ihnen so genannten „Kampfzeit" sozialrevolutionär gebärdet hatten, waren Bürgertum, Bürokratie und Armee überwiegend der Tradition des Obrigkeitsstaates, d. h. den Werten von Recht, Sicherheit und Ordnung, verpflichtet. Auf sie wirkte die Aufrechterhaltung der Legalität „sedativ" (*Dreier,* unten Rn. 687, S. 20). Die Taktik der „legalen Revolution" geht zurück auf *Hitlers* Erfahrungen aus seinem mißglückten Putschversuch (vgl. oben Rn. 545). Er hatte daraus gelernt, daß eine radikale Veränderung der bestehenden Verhältnisse nicht in totaler Konfrontation mit dem Staatsapparat, insbesondere mit Polizei und Reichswehr, sondern nur in kalkuliertem Zusammenspiel mit diesem zu erreichen war. Dazu gehörte auch und gerade die Wahrung zumindest des Scheins der Legalität (vgl. *Winkler,* oben Rn. 595, S. 235). 598

Den Nationalsozialisten einen legalen Anstrich zu geben, gelang *Hitler* in der Folgezeit vortrefflich. Bemerkenswert ist in diesem Zu- 599 sammenhang insbesondere sein Auftreten im sog. **Reichswehrprozeß** vor dem Reichsgericht. In diesem Verfahren waren drei Ulmer Reichswehroffiziere, die nationalsozialistische Zellen innerhalb des Offizierskorps gebildet hatten, wegen Hochverrats angeklagt. *Hitler* wurde zu Umsturzplänen der nationalsozialistischen Bewegung als Zeuge vernommen und legte am 25. September 1930 seinen „Legalitätseid" ab, mit dem er versicherte, daß der Nationalsozialismus seine Ziele, insbesondere den Aufbau des völkischen Reiches, nur noch auf streng legalem Weg verfolge. Diese Aussage vor dem Reichsgericht machte *Hitler* im bürgerlich-reaktionären Lager und bei der Reichswehr salonfähig und war daher eine wichtige Vorstufe zur „Machtergreifung". Auch in der Anfangszeit seiner Reichskanzlerschaft bemühte er sich – maßgeblich unterstützt von dem Juristen *Frick* – sehr darum, zumindest den Schein der Legalität zu wahren.

600 Hitlers sog. Legalitätseid: Der Zeuge *Hitler* erklärte, „daß er seine Ziele nur noch auf streng legalem Wege verfolge, den Weg in München im November 1923 nur ‚aus Zwang' gegangen sei und diesen Weg schon deshalb nicht mehr beschreite, weil er bei dem wachsenden Verständnis, das Deutschland der völkischen Freiheitsbewegung entgegenbringe, ein illegales Vorgehen gar nicht nötig habe; die Gewalt falle ihm mit der Zeit auf legalem Wege von selbst zu; das Wort ‚Revolution', das auch von ihm öfter gebraucht werde, bedeute die geistige Revolutionierung Deutschlands, die zur Gesamterhebung des deutschen Volkes führen solle. Wenn vom ‚Kampf' die Rede sei, so meine er damit den Selbstschutz seiner Partei gegen den Terror der Straße und gegen die Störung von Versammlungen; wenn er sogar davon gesprochen habe, daß bei der Revolution Köpfe in den Sand rollen werden und daß die Nationalsozialisten dafür sorgen sollten, daß es nicht die ihren seien, so habe er dabei den nationalsozialistischen Staatsgerichtshof im Auge gehabt, der nach Erringung der Gewalt auf legalem Wege seines Amtes walten werde ...; der auf dem völkischen Gedanken aufgebaute deutsche Staat, den er auf legalem Wege aufbauen wolle, sei das ‚Dritte Reich' ..." (Urteil des Reichsgerichts, Die Justiz, Bd. IV [1930/31], S. 187/213).

601 Die Erzeugung dieses legalen Scheins war wohl eine Hauptursache dafür, daß von Ländern, demokratischen Parteien und Gewerkschaften **kein nennenswerter Widerstand** gegen das sich etablierende *Hitler*-Regime aufgekommen ist. Ein Beleg hierfür ist etwa der betonte Legalitätskurs der Gewerkschaften. So erklärte der ADGB am 9. April 1933, wenige Wochen vor seiner Auflösung, daß er gewillt sei, die „Selbstverwaltungsorganisation der Arbeitskraft in den Dienst des neuen Staates zu stellen, der ein höheres Recht für sich in Anspruch nehmen könne, an dem die gewerkschaftliche Bewegungsfreiheit ihre

Grenzen finden müsse" (vgl. *H.-G. Schumann*, Nationalsozialismus und Gewerkschaftsbewegung, 1958, S. 166). Der Legalitätstaktik *Hitlers* aufgesessen sind auch die dem „Ermächtigungsgesetz" zustimmenden liberalen, konservativen und reaktionären Parteien, die sich von diesem Gesetz eine Rückkehr zur Legalität erhofften (vgl. unten Rn. 618). Demgegenüber dachten die Nationalsozialisten nicht daran, die durch das „Ermächtigungsgesetz" (noch) gezogenen rechtlichen Schranken zu beachten. So verstieß etwa das Gesetz über das Staatsoberhaupt des Deutschen Reichs vom 1. August 1934 (vgl. unten Rn. 626) klar gegen Art. 2 des „Ermächtigungsgesetzes" (vgl. unten Rn. 616).

2. Die „nationale Revolution"

Das Nationale war in Deutschland seit den Freiheitskriegen gegen 602 *Napoléon* stets ein besonders hoher Wert. Der Begriff der „nationalen Revolution" zielte im Sinn einer **umfassenden Integration** sowohl auf die deutsch-nationalen und rechtskonservativen Verbündeten und Komplizen der Nationalsozialisten als auch auf die Bevölkerung insgesamt. Die nationalsozialistische „Machtergreifung" mußte als „nationale Revolution" ausgegeben werden, weil die Nationalsozialisten in freien Wahlen nie mehr als ein gutes Drittel der Bevölkerung für sich gewinnen konnten. Selbst in der Reichstagswahl vom 5. März 1933, für die die Regierung *Hitler* massive finanzielle Unterstützung durch Großindustrie und Großfinanz erhielt und der eine entfesselte nationalsozialistische Propaganda und der Straßenterror von SA und SS vorausgingen, gelang es der NSDAP – bei einer Rekordwahlbeteiligung von knapp 90 % – nur, ungefähr 44 % der Stimmen auf sich zu vereinigen. Ein musterhaftes Beispiel für die Inszenierung des Nationalen war der Tag von Potsdam am 21. März 1933 – an diesem Tag hatte *Bismarck* 1871 den neuen Reichstag eröffnet –, der den psychologischen Hintergrund für das „Ermächtigungsgesetz" (vgl. unten Rn. 615 ff.) bildete:

Hitler bei der Eröffnung des neugewählten Reichstags in der Potsdamer 603 Garnisonkirche: „Indem nun aber die Nationale Regierung in dieser feierlichen Stunde zum ersten Male vor den neuen Reichstag hintritt, bekundet sie zugleich ihren unerschütterlichen Willen, das große Reformwerk der Reorganisation des deutschen Volkes und des Reichs in Angriff zu nehmen und entschlossen durchzuführen. Im Bewußtsein, im Sinne des Willens der Nation zu handeln, erwartet die nationale Regierung von den Parteien der Volksvertretung, daß sie nach 15-jähriger deutscher Not sich emporheben mögen über die Beengtheit eines doktrinären, parteimäßigen Denkens, um sich dem eisernen Zwang unterzuordnen, den die Not und ihre drohenden Folgen uns allen auferlegen ... Die Regierung der nationalen Erhebung ist entschlossen, ihre von dem deutschen Volke übernommene Aufgabe zu erfüllen. Sie tritt daher heute vor den Deutschen Reichstag mit dem heißen Wunsch, in ihm eine Stütze zu finden für die Durchführung ihrer Mission. Mögen Sie, meine Männer und Frauen, als gewählte Vertreter des Volkes, den Sinn der Zeit erkennen, um mitzuhelfen am großen Werk der nationalen Wiedererhebung" (vgl. *Morsey*, unten Rn. 687, S. 20 f.).

III. Regierungsübernahme und Ausschaltung von Opposition und Parlament

1. Das Kabinett des „Nationalen Zusammenschlusses"

604 Am 30. Januar 1933 wurde **Hitler** vom Reichspräsidenten *Paul von Hindenburg* zum **Reichskanzler** ernannt. Er bildete wie die vorangegangenen Reichskanzler seit *Brüning* eine Präsidialregierung, die – trotz der Beteiligung der Reichstagsfraktionen von NSDAP und DNVP – nur vom Reichspräsidenten und nicht vom Reichstag abhängig war. Eine Rückkehr zum parlamentarischen Regierungssystem fand nicht statt (*M. Will*, Der Staat 2004, S. 121 ff.). Die weiteren Minister wurden vom Stahlhelm (Bund der Frontsoldaten) und von anderen Parteilosen gestellt. Auffällig war die nominelle Schwäche der Nationalsozialisten: Sie stellten mit *Frick* (Innenminister), *Göring* (Minister ohne Geschäftsbereich, aber zugleich kommissarischer preußischer Innenminister) und *Hitler* (Reichskanzler) zunächst nur drei Kabinettsmitglieder. Am 13. März 1933 kam *Goebbels* als Minister für Volksaufklärung und Propaganda hinzu; den ihm erteilten Auftrag „der geistigen Einwirkung auf die Nation" (vgl. *Grawert*, unten Rn. 687, S. 245) führte er, wie sich zeigen sollte, bestens aus.

605 Nach **Einschätzung der deutsch-nationalen Koalitionspartner** *Hitlers* war das zahlenmäßige Verhältnis im Kabinett Ausdruck der realen Machtverhältnisse. Man glaubte, sich die Nationalsozialisten dienstbar machen zu können, sie zu „zähmen", zu disziplinieren und „einzurahmen". Plastischen Ausdruck findet diese Einschätzung etwa in Äußerungen *Schwerin von Krosigks*, nach denen man „den Wilddieb zum Förster machen" und „die unbequemsten und lautesten Aktionäre in den Aufsichtsrat wählen müsse", sowie in der Überzeugung *Papens*, der Skeptikern entgegenhielt: „In zwei Mona-

ten haben wir Hitler in die Ecke gedrückt, daß er quietscht ... Wir haben ihn uns engagiert." Das Konzept der „Zähmung" sollte durch personelle Kontinuität mit vorangegangenen Kabinetten (Außenminister *von Neurath,* Finanzminister *Schwerin von Krosigk,* Justizminister *Gürtner* und Verkehrsminister *von Eltz-Rübenach* hatten ihre Ämter bereits in den Kabinetten *Papen* und *Schleicher* inne), durch eine starke Position *Papens* und *Hugenbergs* im Kabinett und schließlich durch die unter dem Oberbefehl des Reichspräsidenten stehende Reichswehr verwirklicht werden.

Dieses „Zähmungs"-Konzept ging aber nicht auf. Die Koalitionspartner *Hitlers* verkannten, daß dessen insbesondere auch von *Hindenburg* und seiner Umgebung mit Wohlwollen registrierte „Bescheidenheit" nicht Ausdruck von Schwäche, sondern Taktik zur Machterlangung war. In dieser Phase der „Machtergreifung" war zur Aufrechterhaltung des Scheins einer „nationalen Revolution" Rücksichtnahme auf die deutsch-nationalen Koalitionspartner angezeigt. Bereits am Tag der Vereidigung der Regierung wurde dagegen deutlich, wie es um die **wahren Kräfteverhältnisse im Kabinett** bestellt war: Gegen den Widerstand *Hugenbergs* setzte *Hitler* im Kabinett die Auflösung des Reichstags durch. Er erhoffte sich, durch einen nach entsprechender Propaganda erzielten Wahlsieg der Nationalsozialisten die Kräfteverhältnisse im Kabinett endgültig zu seinen Gunsten zu verändern. Mit der Rücksichtnahme *Hitlers* war es dann auch schnell vorbei: Schon nach der Reichstagswahl vom 5. März 1933, also knapp fünf Wochen später, ging *Hitler* zur direkten Bekämpfung seiner ehemaligen Partner und Komplizen über. 606

Diese Reichstagswahl sollte keine parlamentarisch gestützte Regierung hervorbringen, sondern die von *Hitler* geführte Regierung plebiszitär bestätigen. So hieß es in der Verordnung zur Auflösung des Reichstags vom 1. Februar 1933 (RGBl. I, S. 45; vgl. *Huber,* Dok. IV, Nr. 162 b 7): „... löse ich den Reichstag auf, damit das deutsche Volk durch Wahl eines neuen Reichstags zu der neugebildeten Regierung Stellung nimmt." Diese **plebiszitäre Herrschaftstechnik** wurde durch das Gesetz über Volksabstimmungen vom 14. Juli 1933 (RGBl. I, S. 479) zunächst ausgebaut. Danach konnte die Reichsregierung das Volk befragen, ob es einer von ihr beabsichtigten Maßnahme oder einem Gesetzesvorhaben zustimmte oder nicht. Innerhalb eines Jahres gab es dann drei Plebiszite: Die Reichstagswahl vom 12. November 1933 beschränkte sich dadurch, daß nur die NSDAP zur Wahl stand, auf die Einforderung eines pauschalen Bekenntnisses zur 607

Regierungspolitik. Außerdem wurden Volksabstimmungen über den am 14. Oktober 1933 erfolgten Austritt aus dem Völkerbund und über die durch Gesetz vom 1. August 1934 (vgl. unten Rn. 637) vorgenommene Vereinigung der Ämter des Reichskanzlers und Reichspräsidenten durchgeführt. Dabei wurde dem Volk („Du, deutscher Mann, und Du, deutsche Frau") die Frage vorgelegt, ob es zustimme oder nicht. Mit rund 90 % Ja-Stimmen bei der Volksabstimmung zum Austritt aus dem Völkerbund war die Zustimmung gewaltig, aber keineswegs total. Zur Reichspräsidentschaft *Hitlers* gaben 84 % ihr „Ja", d. h. es gab 4,3 Millionen Nein-Stimmen. Das ließ die Vorliebe der Nationalsozialisten für Plebiszite deutlich erkalten. Später wurde nur noch einmal – über den „Anschluß" Österreichs im Jahr 1938 – eine Volksabstimmung durchgeführt (vgl. *O. Jung*, Plebiszit und Diktatur, 1995).

2. Die „Schubladenverordnung"

608 Das erste Mittel zur **Unterdrückung oppositioneller Parteien**, insbesondere von KPD und SPD, war die auf Art. 48 Abs. 2 WRV gestützte Verordnung des Reichspräsidenten zum Schutze des Deutschen Volkes vom 4. Februar 1933 (RGBl. I, S. 35; vgl. *von Münch*, Gesetze, Nr. 25), die „Schubladenverordnung" genannt wurde, weil sie offensichtlich dort bereit gelegen hatte. Sie enthielt einschränkende Regelungen über Versammlungen und Druckschriften. Danach konnten etwa öffentliche Versammlungen verboten werden, wenn eine unmittelbare Gefahr für die öffentliche Sicherheit zu besorgen war (§ 1 Abs. 2), oder aufgelöst werden, wenn in der Versammlung Organe, Einrichtungen, Behörden oder leitende Beamte des Staates beschimpft oder böswillig verächtlich gemacht wurden (§ 2 Nr. 2). Druckschriften, deren Inhalt geeignet war, die öffentliche Sicherheit zu gefährden, konnten polizeilich beschlagnahmt und eingezogen werden (§ 7 Abs. 1); periodische Druckschriften konnten u. a. verboten werden, wenn sie offensichtlich unrichtige Nachrichten enthielten, deren Verbreitung geeignet war, lebenswichtige Interessen des Staates zu gefährden (§ 9 Abs. 1 Nr. 7).

609 Daraus wird deutlich, daß die Verordnung sich hinsichtlich ihres Normtextes nicht wesentlich von bisherigen Polizeiverordnungen unterschied. Zum Terrorinstrument wurde sie vielmehr erst durch die **willkürliche und exzessive Anwendung** in der Praxis. Dabei war von entscheidender Bedeutung, daß die Nationalsozialisten durch *Göring* als Reichskommissar für das preußische Innenministe-

rium den Zugriff auf die Polizeimacht des mit Abstand größten und wichtigsten Landes der Republik hatten. Diese Unterordnung der preußischen Exekutive unter die Reichsexekutive geht zurück auf den „Preußenschlag" (vgl. oben Rn. 563 ff.), dem so für die „Machtergreifung" eminente Bedeutung zukam.

3. Die „Reichstagsbrandverordnung"

Der Reichstagsbrand am 27. Februar 1933 war für die Nationalsozialisten ein willkommener Anlaß, ihre **Verfolgungsmaßnahmen gegen Oppositionelle,** insbesondere gegen Kommunisten, mit Hilfe der sog. Reichstagsbrandverordnung drastisch zu verschärfen. Darin liegt die wesentliche historisch-politische Bedeutung dieses Ereignisses. Dagegen kommt es weniger darauf an, wer letztlich den Brand gelegt hat; heute wird überwiegend von der Alleintäterschaft *van der Lubbes* ausgegangen (*S. F. Kellerhoff*, Der Reichstagsbrand, 2008; vgl. aber *W. Pauly*, ThürVBl. 2008, S. 25 ff.). 610

Verordnung des Reichspräsidenten zum Schutz von Volk und Staat vom 28. Februar 1933 („**Reichstagsbrandverordnung**") – Auszug –: 611
Auf Grund des Artikels 48 Abs. 2 der Reichsverfassung wird zur Abwehr kommunistischer staatsgefährdender Gewaltakte folgendes verordnet:
§ 1. Die Artikel 114, 115, 117, 118, 123, 124 und 153 der Verfassung des Deutschen Reichs werden bis auf weiteres außer Kraft gesetzt. Es sind daher Beschränkungen der persönlichen Freiheit, des Rechts der freien Meinungsäußerung, einschließlich der Pressefreiheit, des Vereins- und Versammlungsrechts, Eingriffe in das Brief-, Post-, Telegraphen- und Fernsprechgeheimnis, Anordnungen von Haussuchungen und von Beschlagnahmen sowie Beschränkungen des Eigentums auch außerhalb der sonst hierfür bestimmten gesetzlichen Grenzen zulässig.
§ 2. Werden in einem Lande die zur Wiederherstellung der öffentlichen Sicherheit und Ordnung nötigen Maßnahmen nicht getroffen, so kann die Reichsregierung insoweit die Befugnisse der obersten Landesbehörden vorübergehend wahrnehmen.
§ 3. Die Behörden der Länder und Gemeinden (Gemeindeverbände) haben den auf Grund des § 2 erlassenen Anordnungen der Reichsregierung im Rahmen ihrer Zuständigkeit Folge zu leisten.
(RGBl. I, S. 83; vgl. *Huber*, Dok. IV, Nr. 530.)

Durch § 1 der „Reichstagsbrandverordnung" wurden zentrale Grundrechte außer Kraft gesetzt und damit ein **Ausnahmezustand** geschaffen. Dieser Ausnahmezustand erwies sich zudem als permanent, weil die „Reichstagsbrandverordnung" bis zum Ende des Dritten Reiches nicht mehr aufgehoben wurde. Aus der Sicht des 612

Grundgesetzes besteht dagegen eine dreifache Sicherung gegen die Außerkraftsetzung von Grundrechten durch eine Rechtsverordnung: (1) Gem. Art. 80 Abs. 1 S. 1 GG stehen Rechtsverordnungen unter dem Gesetz; sie haben keinen Gesetzesrang. (2) Erst recht kommt ihnen kein Verfassungsrang zu (vgl. Art. 79 Abs. 1 S. 1 GG). (3) Gem. Art. 18 GG darf die Verwirkung bestimmter Grundrechte im Einzelfall nur durch das Bundesverfassungsgericht ausgesprochen werden. Schon durch die „Reichstagsbrandverordnung" wurde nach Einschätzung vieler (vgl. *Broszat,* unten Rn. 687, S. 100) der entscheidende Schritt zur Willkürherrschaft der Nationalsozialisten getan.

613 Auf diese Verordnung gestützt wurden in der letzten Wahlkampfwoche vor der Reichstagswahl vom 5. März 1933 die gesamten Presse- und Versammlungsaktivitäten der linken Parteien unterdrückt. Die **„Revolution von unten",** der Terror der SA und NSDAP, brach sich Bahn. Aufschlußreich ist folgende Aussage *Görings* auf einer Kundgebung der NSDAP in Frankfurt am Main am 3. März 1933: „Meine Maßnahmen werden nicht angekränkelt sein durch irgendwelche juristischen Bedenken. Meine Maßnahmen werden nicht angekränkelt sein durch irgendeine Bürokratie. Hier habe ich keine Gerechtigkeit zu üben, hier habe ich nur zu vernichten und auszurotten, weiter nichts" (vgl. *J. C. Fest,* Hitler, 1976, S. 541). In einem Erlaß *Görings* vom 3. März 1933 zur „Reichstagsbrandverordnung" ist denn auch die Rede von der „rücksichtslosen Ausrottung der kommunistischen Gefahrenquelle". Für die praktische Anwendung erteilte *Göring* darin folgende Weisungen: § 1 der Verordnung beseitige alle gesetzlichen Schranken, soweit dies zur Erreichung des mit der Verordnung erstrebten Zieles zweckmäßig und erforderlich sei. Die erforderlichen Maßnahmen hätten sich zwar in erster Linie gegen Kommunisten, aber auch gegen diejenigen zu richten, die mit diesen zusammenarbeiteten und deren verbrecherische Ziele, wenn auch nur mittelbar, unterstützten oder förderten (vgl. *Hirsch/Majer/Meinck,* unten Rn. 687, S. 319). Bis zum Herbst 1933 sind rd. 100 000 Gegner der Nationalsozialisten auf der Grundlage der „Reichstagsbrandverordnung" in „Schutzhaft" genommen worden.

614 Die Ereignisse nach der „Reichstagsbrandverordnung" geben ein anschauliches Bild von der **Art und Weise der nationalsozialistischen „Machtergreifung":** eine in Wechselwirkung tretende Kombination von präsidialer Notverordnungspolitik („Revolution von

oben") und politischem Druck und Terror ("Revolution von unten"), mit anderen Worten eine Mischung aus legaler Verordnungstätigkeit und revolutionärer Praxis. Bemerkt werden sollte noch, daß die für *Hitler* völlig problemlose Verfügbarkeit des Instruments der präsidialen Notverordnung als Mittel der Machterlangung ohne die verfassungspolitische Entwicklung in den letzten Jahren der Weimarer Republik nicht denkbar ist (vgl. *Broszat,* unten Rn. 687, S. 24 ff.). Die Degeneration des parlamentarischen Systems zu einem autoritären Präsidialregime (vgl. oben Rn. 561) hatte insoweit verhängnisvolle Folgen.

4. Das „Ermächtigungsgesetz"

Nachdem die Praxis präsidialer Notverordnungsregierungen unter *Brüning* und in noch größerem Maße unter *Papen* zu einer weitgehenden **Aufhebung der Gewaltenteilung** zwischen Legislative und Exekutive geführt und die Reichsministerialbürokratie anstelle des Reichstags zum eigentlichen Gesetzgeber gemacht hatte („Entparlamentarisierung"), verschob das sog. Ermächtigungsgesetz endgültig die Balance zwischen Legislative und Exekutive zugunsten der letzteren: Mit der Übertragung der Gesetzgebungsbefugnis einschließlich der Befugnis zu Verfassungsänderungen (soweit diese nicht die Einrichtung des Reichstages und des Reichsrates als solche zum Gegenstand hatten) auf die Reichsregierung waren legislative und exekutive Gewalt vereint (vgl. *W. Frotscher,* oben Rn. 95, S. 168; *C. Bickenbach,* JuS 2008, S. 199 ff.). Die Folge war, daß von den 993 neuen Gesetzen in der Zeit des Nationalsozialismus nur acht vom Reichstag, alle anderen von der Reichsregierung erlassen wurden (vgl. *Mertens,* unten Rn. 687, S. 158). Das ursprünglich bis zum 1. April 1937 befristete „Ermächtigungsgesetz" wurde zweimal vom Reichstag verlängert, bis schließlich durch Führererlaß vom 10. Mai 1943 seine unbegrenzte Geltung angeordnet wurde.

Gesetz zur Behebung der Not von Volk und Reich vom 24. März 1933 („Ermächtigungsgesetz"):
Der Reichstag hat das folgende Gesetz beschlossen, das mit Zustimmung des Reichsrats hiermit verkündet wird, nachdem festgestellt ist, daß die Erfordernisse verfassungsändernder Gesetzgebung erfüllt sind:
Art. 1. Reichsgesetze können außer in dem in der Reichsverfassung vorgesehenen Verfahren auch durch die Reichsregierung beschlossen werden. Dies gilt auch für die in den Artikeln 85 Abs. 2 und 87 der Reichsverfassung bezeichneten Gesetze.

Art. 2. Die von der Reichsregierung beschlossenen Reichsgesetze können von der Reichsverfassung abweichen, soweit sie nicht die Einrichtung des Reichstags und des Reichsrats als solche zum Gegenstand haben. Die Rechte des Reichspräsidenten bleiben unberührt.
Art. 3. Die von der Reichsregierung beschlossenen Reichsgesetze werden vom Reichskanzler ausgefertigt und im Reichsgesetzblatt verkündet. Sie treten, soweit sie nichts anderes bestimmen, mit dem auf die Verkündung folgenden Tag in Kraft. Die Artikel 68 bis 77 der Reichsverfassung finden auf die von der Reichsregierung beschlossenen Gesetze keine Anwendung.
Art. 4. Verträge des Reichs mit fremden Staaten, die sich auf Gegenstände der Reichsgesetzgebung beziehen, bedürfen nicht der Zustimmung der an der Gesetzgebung beteiligten Körperschaften. Die Reichsregierung erläßt die zur Durchführung dieser Verträge erforderlichen Vorschriften.
Art. 5. Dieses Gesetz tritt mit dem Tage seiner Verkündung in Kraft. Es tritt mit dem 1. April 1937 außer Kraft; es tritt ferner außer Kraft, wenn die gegenwärtige Reichsregierung durch eine andere abgelöst wird.
(RGBl. I, S. 141; vgl. *Huber*, Dok. IV, Nr. 532.)

617 Da durch dieses Gesetz die Verfassung geändert wurde, bedurfte es gem. Art. 76 Abs. 1 S. 2 WRV einer **Zweidrittel-Mehrheit im Reichstag,** die nach einer Debatte erreicht wurde, die sowohl das scheinlegale Vorgehen der Regierung als auch den ungeheuren politischen Druck für die Abgeordneten deutlich machte. Von den 647 Abgeordneten des Reichstags stimmten 444 für das „Ermächtigungsgesetz" (vgl. *Morsey*, unten Rn. 687, S. 68). Dagegen stimmten alle 94 an der Abstimmung teilnehmenden Abgeordneten der SPD; die restlichen 26 Mitglieder der SPD-Fraktion sowie alle 81 kommunistischen Abgeordneten waren längst in „Schutzhaft" genommen oder ins Ausland geflohen und konnten daher an der Abstimmung nicht teilnehmen.

618 Exemplarisch für die trotz erheblicher Bedenken zustimmende Haltung der anderen Parteien ist die **Position des Zentrums.** Man glaubte hier mehrheitlich, daß durch die Zustimmung zum „Ermächtigungsgesetz" der Fortbestand des Zentrums gesichert und der Partei die Möglichkeit zur Mitarbeit im Staat erhalten werden könne. Dies ergibt sich insbesondere aus dem Protokoll einer Sitzung der Fraktion vom 23. März 1933, demzufolge die Rücksicht auf die Partei und ihre Zukunft das ausschlaggebende Motiv für die Zustimmung war (vgl. *Morsey*, unten Rn. 687, S. 42 f.). Aussagekräftig sind auch die Aufzeichnungen des Zentrums-Abgeordneten *Bachem* vom 25. März 1933. Danach hätte die Partei, wenn sie die Zustimmung verweigert hätte, „einen heroischen Abgang gehabt, aber ohne daß der katholischen Sache oder der Sache der Zentrumspartei etwas ge-

nützt worden wäre. Dann wäre das Tischtuch zwischen Zentrum und Nationalsozialismus völlig entzweigeschnitten gewesen, jede Mitarbeit mit den Nationalsozialisten und jede Möglichkeit einer Einflußnahme auf ihre Politik von vornherein unmöglich geworden" (vgl. *Matthias/Morsey*, unten Rn. 687, S. 431). Ein weiterer Grund für die Zustimmung des Zentrums war die Annahme, *Hitler* werde bei Ablehnung des Gesetzes seine Ziele auf anderem Wege durchsetzen. Demgegenüber versprach man sich vom „Ermächtigungsgesetz" die Chance, Schlimmeres zu verhüten und die Rückkehr zur Legalität zu ermöglichen (vgl. *Morsey*, unten Rn. 687, S. 42 f.).

Bezeichnend für die Selbstentmachtung des Parlaments und der dort vertretenen Parteien war auch die **Änderung der Geschäftsordnung des Reichstages** kurz vor der Verabschiedung des „Ermächtigungsgesetzes": Für verfassungsändernde Gesetze mussten nach Art. 76 S. 2 WRV 2/3 der gesetzlichen Mitgliederzahl, d. h. 432 von 647 Abgeordneten, anwesend sein. SPD und KPD verfügten über 201 Abgeordnete. Zur parlamentarischen Obstruktion hätte es daher ausgereicht, wenn neben den sozialdemokratischen und kommunistischen Mandatsträgern weitere 15 Abgeordnete der Abstimmung ferngeblieben wären. Um dem zuvorzukommen, beantragte die Reichsregierung am 21. März 1933, die Geschäftsordnung des Reichstages durch Einfügung eines § 2 a zu ändern, dessen S. 1 wie folgt lautete: „Wer ohne Urlaub oder infolge einer Erkrankung, die dem Abgeordneten die Teilnahme nicht tatsächlich unmöglich macht, an Vollsitzungen, Ausschußsitzungen oder Abstimmungen nicht teilnimmt, kann durch den Präsidenten bis zu sechzig Sitzungstagen von der Teilnahme an den Verhandlungen ausgeschlossen werden." Ergänzt wurde § 2 a durch einen neuen § 98 Abs. 3, der bestimmte, daß auch die Mitglieder als anwesend gelten sollten, die nach § 2 a ausgeschlossen werden konnten (vgl. *Morsey*, unten Rn. 687, S. 37). Diesem Antrag auf Änderung der Geschäftsordnung stimmten alle Parteien, mit Ausnahme der SPD, zu, obwohl die SPD ausdrücklich auf den manipulativen Charakter des Antrags hinwies; als unentschuldigt ferngeblieben i. S. d. § 2 a und damit als anwesend i. S. d. § 98 Abs. 3 galten nämlich auch die vorher verhafteten und in die Flucht getriebenen Abgeordneten.

Der **Reichsrat** beschloß ohne Diskussion, von dem Gesetzentwurf Kenntnis zu nehmen. Der nach Art. 76 Abs. 2 WRV mögliche Einspruch wurde nicht erhoben. Dies konnte allerdings nur deshalb geschehen, weil die Stimmen des Landes Preußen verfassungswidrigerweise (vgl. oben Rn. 565 f.) von den Reichsbeauftragten für das Land Preußen geführt wurden; ohne die fehlerhaft abgegebenen Stimmen blieb die Mehrheit des Reichsrates hinter dem Quorum zurück (vgl. *Grawert,* unten Rn. 687, S. 238).

621 Die **Legalität** des „Ermächtigungsgesetzes" ist bis heute **umstritten** geblieben. Unstreitig ist demgegenüber seine immense machtpolitische Bedeutung im Prozeß der „legalen Revolution". Schon *Carl Schmitt* bezeichnete es als „die vorläufige Verfassung der deutschen Revolution" (Das Reichsstatthaltergesetz, 1933, S. 9). Legal war die Revolution insofern, als es herrschende Meinung zu Art. 76 WRV war, daß die Befugnis zur Verfassungsänderung nicht gegenständlich beschränkt und auch die Möglichkeit der Beseitigung der Verfassung nicht ausgeschlossen war (vgl. *G. Anschütz,* oben Rn. 543, Bem. 1, 3 zu Art. 76). Diese Erfahrung ist ein maßgeblicher Impuls für die Einführung materieller Grenzen von Verfassungsänderungen durch die sog. Ewigkeitsgarantie gem. Art. 79 Abs. 3 GG geworden.

IV. Die „Gleichschaltung" der Länder

1. Die Ausschaltung Preußens

622 Für die nationalsozialistische „Machtergreifung" spielte das **Land Preußen** eine Schlüsselrolle. Insofern war die durch den „Preußenschlag" und das Urteil des Staatsgerichtshofs (vgl. oben Rn. 565 f.) entstandene Lage für die Nationalsozialisten ein „Glücksfall" (*R. Morsey,* VfZ 1963, S. 85/87). Zum einen kam ihnen zugute, daß sie im Zuge der *Papenschen* „Säuberungen" ihre Anhänger in führende Stellen der preußischen Innenverwaltung hatten einschleusen können; zum anderen bot die weithin beklagte gespaltene Lage in Preußen einen vortrefflichen Anlaß, unter Berufung auf Gründe der Staatsraison, nämlich der Einheitlichkeit der Staatsführung und der Beendigung des schädlichen „Dualismus Reich-Preußen", den größten deutschen Einzelstaat als eigenständiges Machtzentrum auszuschalten. Auch dabei bediente man sich wieder der Mittel der „legalen Revolution".

623 Um in dieser frühen Phase der „Machtergreifung" ein brutales Vorgehen zu vermeiden, machten sich die Nationalsozialisten dabei *Papen* in geschickter Weise dienstbar, der glaubte, in Kontinuität seiner Maßnahmen vom Juli 1932 zu handeln (vgl. oben Rn. 563). Schon

durch Verordnung des Reichspräsidenten vom 31. Januar 1933 (RGBl. I, S. 33; vgl. *Huber*, Dok. IV, Nr. 527) wurde *Papen* anstelle *Hitlers* das Amt des Reichskommissars für Preußen übertragen. Als erste Maßnahme erklärte *Papen* am 4. Februar 1933 die Kommunalparlamente in Preußen für aufgelöst. Nachdem auf verfassungsgemäßem Weg die Auflösung des preußischen Landtags nicht zu erreichen war, erließ Reichspräsident *Hindenburg* auf Vorschlag *Papens* am 6. Februar 1933 eine auf Art. 48 Abs. 1 WRV gestützte **Notverordnung „zur Herstellung geordneter Regierungsverhältnisse in Preußen"** (RGBl. I, S. 43; vgl. *Huber*, Dok. IV, Nr. 528), in der es hieß: „Durch das Verhalten des Landes Preußen gegenüber dem Urteil des Staatsgerichtshofs für das Deutsche Reich vom 25. Oktober 1932 ist eine Verwirrung im Staatsleben eingetreten, die das Staatswohl gefährdet. Ich übertrage deshalb bis auf weiteres dem Reichskommissar für das Land Preußen und seinen Beauftragten die Befugnisse, die nach dem erwähnten Urteil dem preußischen Staatsministerium und seinen Mitgliedern zustehen." Auf der Basis dieser Notverordnung verschaffte sich *Papen* die Möglichkeit, noch am gleichen Tag die Auflösung des Landtags mit Wirkung vom 4. März 1933 herbeizuführen (vgl. *Huber*, Dok. IV, Nr. 529).

Die Notverordnung vom 6. Februar 1933 war ein **zweiter Staatsstreich gegen Preußen.** Ob sich ihre Verfassungswidrigkeit allerdings schon unmittelbar aus dem Urteil des Staatsgerichtshofs ergibt, wie vielfach (etwa von *Broszat*, unten Rn. 687, S. 130) angenommen wird, ist fraglich; denn das Gericht hatte lediglich entschieden, daß durch eine auf Art. 48 Abs. 2 WRV gestützte Verordnung einer Landesregierung die Vertretung ihres Landes im Reichsrat und gegenüber dem Landtag nicht entzogen werden könne (vgl. RGZ 138, Anh. S. 1/39), und ausdrücklich offengelassen, welche Befugnisse sich aus Art. 48 Abs. 1 WRV ableiten ließen (vgl. RGZ 138, Anh. S. 1/36). Die Verfassungswidrigkeit der Notverordnung vom 6. Februar 1933 ergibt sich jedenfalls daraus, daß keine Pflichtverletzung des Landes Preußen vorlag, wie sie Art. 48 Abs. 1 WRV voraussetzte; denn die angebliche „Verwirrung im Staatsleben" war ja nur der vom Staatsgerichtshof angeordnete Zustand (vgl. oben Rn. 565 f.).

2. Das Ende der Länderstaatlichkeit

Vom 5. bis 9. März 1933 wurden in allen Ländern nach dem Vorbild Preußens nationalsozialistische Reichskommissare mit der Wahrnehmung polizeilicher Befugnisse beauftragt (vgl. *Broszat,* unten Rn. 687, S. 134). Scheinlegale Grundlage hierfür war § 2 der „Reichstagsbrandverordnung" (vgl. oben Rn. 611), wobei eine wirkliche Störung der öffentlichen Sicherheit und Ordnung in keinem der betroffenen Länder vorlag. Nach dem Verständnis der Nationalsozialisten war bereits jegliches abweichendes politisches Wollen eine derartige Störung. In der Folgezeit kam es überall zur **Bildung nationalsozialistisch geführter Landesregierungen;** auch hier war die Verfügungsmacht über die Polizei der entscheidende Hebel für die Machterlangung. Das Vorläufige Gleichschaltungsgesetz vom 31. März 1933 (RGBl. I, S. 153; vgl. *von Münch,* Gesetze, Nr. 11) brachte vor allem eine Verschiebung der Gewichte innerhalb der Länder zugunsten der Landesexekutive. Mit dem Zweiten Gleichschaltungsgesetz vom 7. April 1933 (RGBl. I, S. 173; vgl. *von Münch,* Gesetze, Nr. 12) wurden sog. Reichsstatthalter eingerichtet, die nach § 1 Abs. 1 S. 2 die Aufgabe hatten, „für die Beobachtung der vom Reichskanzler aufgestellten Richtlinien der Politik zu sorgen". Die Reichsstatthalter waren mit weitgehenden Kompetenzen ausgestattet, sie konnten insbesondere den Vorsitzenden der Landesregierung ernennen und entlassen sowie den Landtag auflösen und Neuwahlen anordnen. Aber auch das war nur ein kurzes Durchgangsstadium. Mit dem folgenden Gesetz wurden die Reste des Bundesstaates beseitigt.

626 Gesetz über den Neuaufbau des Reichs vom 30. Januar 1934:
Die Volksabstimmung und die Reichstagswahl vom 12. November 1933 haben bewiesen, daß das deutsche Volk über alle innenpolitischen Grenzen und Gegensätze hinweg zu einer unlöslichen, inneren Einheit verschmolzen ist.
Der Reichstag hat daher einstimmig das folgende Gesetz beschlossen, das mit einmütiger Zustimmung des Reichsrats hiermit verkündet wird, nachdem festgestellt ist, daß die Erfordernisse verfassungsändernder Gesetzgebung erfüllt sind.
Art. 1. Die Volksvertretungen der Länder werden aufgehoben.
Art. 2. (1) Die Hoheitsrechte der Länder gehen auf das Reich über.
(2) Die Landesregierungen unterstehen der Reichsregierung.
Art. 3. Die Reichsstatthalter unterstehen der Dienstaufsicht des Reichsministers des Innern.
Art. 4. Die Reichsregierung kann neues Verfassungsrecht setzen.
Art. 5. Der Reichsminister des Innern erläßt die zur Durchführung des Gesetzes erforderlichen Rechtsverordnungen und Verwaltungsvorschriften.
Art. 6. Dieses Gesetz tritt mit dem Tage der Verkündung in Kraft.
(RGBl. I, S. 75; vgl. *von Münch,* Gesetze, Nr. 13.)

V. Die Errichtung der Einparteienherrschaft

Innerhalb von knapp fünf Monaten war das „**Ende der Parteien**" 627 (so der Titel des einschlägigen Buchs von *Matthias* und *Morsey*, unten Rn. 687) besiegelt. Der Vorgang war zeitlich gestaffelt und geprägt durch die unterschiedliche Dosierung von Zwang und Gewalt. Zuerst und zugleich am drakonischsten wurde gegenüber den „marxistischen Parteien" (KPD und SPD) vorgegangen, ohne daß ein Parteiverbot erlassen wurde. Am 26. Mai 1933 wurde das Gesetz über die Einziehung kommunistischen Vermögens (RGBl. I, S. 293; vgl. *von Münch*, Gesetze, Nr. 28), am 7. Juli 1933 die Verordnung des Reichsinnenministers zur Unwirksamkeit der Mandate der SPD in Volksvertretungen (RGBl. I, S. 462; vgl. *von Münch*, Gesetze, Nr. 29) und am 14. Juli 1933 das Gesetz erlassen, das die Einziehung auch des Vermögens der SPD anordnete (RGBl. I, S. 479; vgl. *von Münch*, Gesetze, Nr. 30). Schonender verfuhr man mit den bürgerlichen Parteien einschließlich des deutsch-nationalen Koalitionspartners, die einem Verbot durchweg durch Selbstauflösung zuvorkamen: am 27. Juni 1933 die frühere DNVP, am 5. Juli 1933 die Zentrumspartei.

Bemerkenswert sind die Vorgänge um die **Ausschaltung der Zen-** 628 **trumspartei,** an der die Katholische Kirche, insbesondere der Vatikan, tatkräftig mitgewirkt hat (vgl. *K. D. Bracher*, NS-Machtergreifung und Reichskonkordat, 1959, S. 60: „Die Konkordatsverhandlungen… waren ein Dolchstoß in den Rücken der Zentrumspartei"). Am 28. März 1933 rief die Fuldaer Bischofskonferenz zur loyalen Unterstützung des NS-Regimes auf. Im Glauben, der Kampf der Nationalsozialisten gelte nicht der Amtskirche selbst, sondern ausschließlich dem politischen Katholizismus, war die Katholische Kirche, insbesondere der Vatikan, bereit, die Zentrumspartei zugunsten der Erhaltung des katholischen Einflusses im Schul- und Vereinswesen zu opfern (vgl. *Matthias/Morsey*, unten Rn. 687, S. 398). Ohne Widerstand des Vatikans wurde deshalb der Art. 32 in das Reichskonkordat aufgenommen, in dem sich der Heilige Stuhl verpflichtete, Bestimmungen zu erlassen, die für die Geistlichen und Ordensleute die Mitgliedschaft in politischen Parteien und die Tätigkeit für solche Parteien ausschlossen. Entsprechend konnte *Papen* am Abend des 3. Juli 1933 an den Außenminister *von Neurath* telegraphieren (vgl.

Matthias/Morsey, unten Rn. 687, S. 401 Fn. 40): „In Verhandlungen, die ich heute abend mit Pacelli (dem Kardinalstaatssekretär), (dem Freiburger) Erzbischof Gröber und Kaas (dem Führer der Zentrumspartei) hatte, ergab sich, daß die Auflösung der Zentrumspartei mit Abschluß des Konkordats hier als feststehend betrachtet und gebilligt wird." Den Schlußpunkt setzte das folgende Gesetz:

629 **Gesetz gegen die Neubildung von Parteien** vom 14. Juli 1933:
Die Reichsregierung hat das folgende Gesetz beschlossen, das hiermit verkündet wird:
§ 1. In Deutschland besteht als einzige politische Partei die Nationalsozialistische Deutsche Arbeiterpartei.
§ 2. Wer es unternimmt, den organisatorischen Zusammenhang einer anderen politischen Partei aufrechtzuerhalten oder eine neue politische Partei zu bilden, wird, sofern nicht die Tat nach anderen Vorschriften mit einer höheren Strafe bedroht ist, mit Zuchthaus bis zu drei Jahren oder mit Gefängnis von sechs Monaten bis zu drei Jahren bestraft.
(RGBl. I, S. 479; vgl. *von Münch,* Gesetze, Nr. 31.)

VI. Die „Gleichschaltung" der Gesellschaft

630 Ihrem totalitären Machtanspruch entsprechend gingen die Nationalsozialisten daran, auch den „vorpolitischen Raum" des **gesellschaftlichen Lebens** zu usurpieren und auch dort durch staatliche Reglementierung und/oder parteipolitische Kontrolle und Disziplinierung unerwünschte Einflüsse auszuschalten und die deutsche Volksgemeinschaft (vgl. unten Rn. 646) herzustellen (vgl. *Broszat,* unten Rn. 687, S. 173 ff.). Hervorzuheben sind die Bereiche der Wirtschaft und der Kultur.

631 Nach **Ausschaltung der Gewerkschaften** wurde am 10. Mai 1933 die „Deutsche Arbeitsfront" (DAF) gegründet. Die DAF umfaßte nach und nach die Gesamtheit der Arbeitnehmer und Arbeitgeber und hatte schließlich ca. 20 Mio. Mitglieder. Durch Gesetz vom 19. Mai 1933 (RGBl. I, S. 285; vgl. *von Münch,* Gesetze, Nr. 83) wurden „Treuhänder der Arbeit" institutionalisiert, die, gebunden an die Richtlinien und Weisungen der Reichsregierung, die Bedingungen für den Abschluß von Arbeitsverträgen regelten und auch ansonsten für die Aufrechterhaltung des Arbeitsfriedens zu sorgen hatten. Das bedeutete das Ende der Tarifautonomie. Die Arbeitgeberverbände lösten sich daraufhin selbst auf. Das Gesetz zur Ordnung der nationalen Arbeit vom 20. Januar 1934 (RGBl. I, S. 45; vgl. *von Münch,* Gesetze, Nr. 85) brachte weitere tiefgreifende Veränderungen der bisherigen

arbeitsrechtlichen Verhältnisse: Unter dem Leitbegriff der „Betriebsgemeinschaft", die durch ein Fürsorge- und Treueverhältnis zwischen Unternehmens-„Führer" und Arbeitnehmer-„Gefolgschaft" bestimmt werden sollte, wurden den Belegschaften ihre bisherigen betrieblichen Mitbestimmungsrechte vollständig genommen (vgl. *R. Wahsner*, Arbeitsrecht unter'm Hakenkreuz, 1994).

Auf **kulturellem Gebiet** setzten die Bücherverbrennungen vom 10. Mai 1933 in vielen Städten Deutschlands ein unübersehbares Signal. Besonders beschämend war, daß Studenten und andere Universitätsangehörige die Initiatoren und Wortführer bei diesem Akt der Barbarei gegenüber Literatur, Kunst und Wissenschaft waren. Wichtigstes Disziplinierungsorgan war sodann die durch das Gesetz vom 22. September 1933 (RGBl. I, S. 661) ins Leben gerufene Reichskulturkammer. Hinzu kamen das Schriftleitergesetz vom 4. Oktober 1933 (RGBl. I, S. 713), das Lichtspielgesetz vom 16. Februar 1934 (RGBl. I, S. 95) und das Theatergesetz vom 15. Mai 1934 (RGBl. I, S. 411; alle Gesetze in *von Münch*, Gesetze, Nr. 97–101). Sie alle dienten dazu, den Medien- und Kulturbetrieb propagandistischen Zwecken unterzuordnen und dienstbar zu machen. 632

VII. Die Vereinigung der gesamten Staatsgewalt in der Person des Führers

Hitler in einer Ansprache vom 6. Juli 1933 zu den Reichsstatthaltern: „Es sind mehr Revolutionen im ersten Ansturm gelungen, als gelungene aufgefangen und zum Stehen gebracht worden. Die Revolution ist kein permanenter Zustand … Man muß den frei gewordenen Strom der Revolution in das sichere Bett der Evolution lenken. Die Erziehung der Menschen ist dabei das wichtigste … Die Ideen und das Programm verpflichten uns nicht, wie Narren zu handeln und alles umzustürzen, sondern klug und vorsichtig unsere Gedankengänge zu verwirklichen. … Die Partei ist jetzt der Staat geworden, alle Macht liegt bei der Reichsgewalt. Es muß verhindert werden, daß das Schwergewicht des deutschen Lebens wieder in einzelne Gebiete oder gar Organisationen verlagert wird" (vgl. *Broszat*, unten Rn. 687, S. 259). 633

Diese Ansprache war gegen die **SA und deren „Stabschef" Röhm** gerichtet, die durch die Taktik der „legalen Revolution" und die Arrangements mit den deutsch-nationalen Kräften die ursprünglichen sozialrevolutionären Ziele der Partei preisgegeben sahen und eine „zweite Revolution" für erforderlich hielten, „um die eigentlichen Ziele der Bewegung gegen die Reaktion durchzusetzen" (vgl. *Erdmann*, unten Rn. 687, S. 94). Zwischen *Hitler* und *Röhm*, seinem ein- 634 zigen ernstzunehmenden Gegenspieler (vgl. *Broszat,* unten Rn. 687, S. 272), bestand ein grundsätzlicher Dissens über die Rolle und Bedeutung der SA im Dritten Reich. Während *Hitler* der SA lediglich die Aufgabe zuschrieb, nicht den Staat, sondern die Straße zu erobern, die Macht der Partei zu demonstrieren und Kundgebungen der Partei zu schützen, strebte *Röhm* danach, der SA (durch Verschmelzung mit der Reichswehr zu einer Miliz unter seiner Führung) die beherrschende Stellung im Staat zu verschaffen. Dabei wirkten in der SA noch die sozial-revolutionären Forderungen des Parteiprogramms der NSDAP weiter. In Gegnerschaft zu den machtpolitischen Ambitionen der SA standen die Reichswehrführung, insbesondere Reichswehrminister *von Blomberg,* die Parteiführung mit *Göring* und *Goebbels* und vor allem die SS mit *Himmler* und *Heydrich.* Reichswehr und SS waren deshalb *Hitlers* Hauptverbündete bei der gewaltsamen Entmachtung der SA im Sommer 1934.

635 Ein angeblich drohender Putsch der SA diente *Hitler* dazu, vom 30. Juni bis 2. Juli 1934 mit der SA-Führung „abzurechnen" **(Röhm-Putsch).** Die Reichswehr übernahm dabei durch die Lieferung von Waffen und Transportmitteln für die nach München beorderten SS-Einheiten eine wesentliche Rolle. Auch stand die Reichswehr bereit, selbst einzugreifen, falls es zu einer stärkeren Gegenwehr der SA gegen die SS-Kommandos kommen sollte. Im Verlauf der Aktion wurden *Röhm* sowie Dutzende anderer hoher SA-Führer ohne Verfahren in ihrer Wohnung, im Gefängnis Stadelheim in München oder im Lager Dachau erschossen. Die genaue Zahl der Erschossenen steht bis heute nicht fest; sie dürfte bei etwa 85 liegen. Gleichzeitig mit der Ermordung *Röhms* wurden ehemalige „Verräter" (z. B. *Gregor Strasser*) und alte Gegner *Hitlers* (z. B. *Schleicher*) umgebracht (*Broszat,* unten Rn. 687, S. 270f.). Damit war die Rolle der SA als eigenständiger Machtfaktor im Dritten Reich beendet.

636 Der einzige Artikel des **Gesetzes über Maßnahmen der Staatsnotwehr** vom 3. Juli 1934 (RGBl. I, S. 529; vgl. *von Münch,* Gesetze, Nr. 32) lautete: „Die zur Niederschlagung hoch- und landesverräterischer Angriffe am 30. Juni, 1. und 2. Juli 1934 vollzogenen Maßnahmen sind als Staatsnotwehr rechtens." Damit „legalisierte" die Regierung die Mordaktion, und die Willkürmacht des „Führers" wurde in aller Form zum Prinzip erhoben. Während man frühere Terroraktionen – etwa der SA – noch als unvermeidliche, aber zeitlich begrenzte Begleiterscheinungen einer Revolution dargestellt hatte, wurde nunmehr der Mord zum legalen Staatsakt erhoben und einer gerichtlichen Untersuchung entzogen. Unter dem Titel „Der Führer schützt das Recht" rechtfertigte der Staatsrechtslehrer *Carl Schmitt* in einem Aufsatz in der „Deutschen Juristenzeitung" vom 1. August 1934 (S. 945 ff.) das Massaker als „Richtertum des Führers", der „unmittelbar Recht schaffe", als „echte Gerichtsbarkeit", als „höchstes Recht der neuen Ordnung" (vgl. *B. Rüthers,* Carl Schmitt im Dritten Reich, 2. Aufl. 1990).

Gesetz über das Staatsoberhaupt des Deutschen Reichs vom 1. August 1934: 637
Die Reichsregierung hat das folgende Gesetz beschlossen, das hiermit verkündet wird:
§ 1. Das Amt des Reichspräsidenten wird mit dem des Reichskanzlers vereinigt. Infolgedessen gehen die bisherigen Befugnisse des Reichspräsidenten auf den Führer und Reichskanzler Adolf Hitler über. Er bestimmt seinen Stellvertreter.
§ 2. Dieses Gesetz tritt mit Wirkung von dem Zeitpunkt des Ablebens des Reichspräsidenten von Hindenburg in Kraft.
(RGBl. I, S. 747; vgl. *von Münch,* Gesetze, Nr. 3.)

Die mit *Hitlers* Vorgehen beim „Röhm-Putsch" und der Bewertung durch *Carl Schmitt* bereits vorgezeichnete Entwicklung zu einer unkontrollierten Zusammenballung der gesamten Staatsgewalt in der Person des Führers fand mit der Vereinigung der Ämter des Reichspräsidenten und des Reichskanzlers ihren folgerichtigen Abschluß. Reichspräsident *Hindenburg* starb am 2. August 1934. Damit trat das Gesetz über das Staatsoberhaupt in Kraft, das wiederum gegen Art. 2 S. 2 des „Ermächtigungsgesetzes" (vgl. oben Rn. 616) verstieß. Dieser Zeitpunkt wird als der **Abschluß der „Machtergreifung"** angesehen. Ergriffen haben die Nationalsozialisten die Macht übrigens erst im Lauf des Jahres 1933; anfangs wurde sie ihnen übergeben (vgl. oben Rn. 604 ff.). Nunmehr jedenfalls standen nichts und niemand *Hitler* mehr im Wege; seine Herrschaft war total. Die „offizielle" Staatsrechtslehre nahm insoweit kein Blatt vor den Mund: 638

Ernst Rudolf Huber: „Der Führer vereinigt in sich alle hoheitliche Gewalt des Reiches; alle öffentliche Gewalt im Staat wie in der Bewegung leitet sich von der Führergewalt ab. Nicht von ‚Staatsgewalt', sondern von ‚Führergewalt' müssen wir sprechen, wenn wir die politische Gewalt im völkischen Reich richtig bezeichnen wollen. Denn nicht der Staat als eine unpersönliche Einheit ist der Träger der politischen Gewalt, sondern diese ist dem Führer als dem Vollstrecker des völkischen Gemeinwillens gegeben. Die Führergewalt ist umfassend und total; sie vereinigt in sich alle Mittel der politischen Gestaltung; sie erstreckt sich auf alle Sachgebiete des völkischen Lebens; sie erfaßt 639 alle Volksgenossen, die dem Führer zu Treue und Gehorsam verpflichtet sind. Die Führergewalt ist nicht durch Sicherungen und Kontrollen, durch autonome Schutzbereiche und wohlerworbene Einzelrechte gehemmt, sondern sie ist frei und unabhängig, ausschließlich und unbeschränkt" (vgl. unten Rn. 687, S. 230).

§ 19. Herrschaftsprinzipien und -institutionen

I. Zeittafel

640 1933 Gesetz zur Wiederherstellung des Berufsbeamtentums (7. 4.)
„Erbgesundheitsgesetz" (14. 7.)
Gesetz zur Sicherung der Einheit von Partei und Staat (1. 12.)
1934 Einrichtung des Volksgerichtshofs (24. 4.)
Gesetz über die Vereidigung der Beamten und der Soldaten der Wehrmacht (20. 8.)
„Heimtückegesetz" (20. 12.)
1935 Reichsbürgergesetz;
„Nürnberger Gesetze" (15. 9.)
„Ehegesundheitsgesetz" (18. 10.)
1936 Gesetz über den Volksgerichtshof (18. 4.)
Erlaß über die Einsetzung eines Chefs der Deutschen Polizei im Reichsministerium des Innern (17. 6.)
1937 Deutsches Beamtengesetz (26. 1.)
1938 Reichspogromnacht (9. 11.)
1939 Deutscher Überfall auf Polen; Ausbruch des 2. Weltkriegs (1. 9.)
Gründung des Reichssicherheitshauptamtes (27. 10.)
1941 „Führerbefehl" zur „Endlösung der Judenfrage" (Juli);
Heydrich mit der Durchführung beauftragt (31. 7.)
1942 „Wannsee-Konferenz" (20. 1.)
1943 *Goebbels* im Sportpalast: „Wollt Ihr den totalen Krieg?" (18. 2.)

II. Die nationalsozialistische Weltanschauung

641 Über die Struktur der nationalsozialistischen Weltanschauung gibt es sehr unterschiedliche Auffassungen. Nach *F. Neumann* besteht zwischen der Doktrin und der Realität nationalsozialistischer Machtausübung ein opportunistischer Zusammenhang: „Die Ideologie des Nationalsozialismus enthält Elemente des Idealismus, Positivismus, Pragmatismus, Vitalismus, Universalismus, Institutionalismus, kurz

jeder nur denkbaren philosophischen Richtung" (Behemoth. Struktur und Praxis des Nationalsozialismus 1933–1944, 1984, S. 534). Auch nach *Broszat* war der Nationalsozialismus nicht primär eine ideologische oder programmatische, sondern vielmehr eine **charismatische Bewegung** (*Max Weber*), deren Weltanschauung durch den Führer *Hitler* verkörpert wurde (unten Rn. 687, S. 48 f.). Ähnlich verstand sich für *Erdmann* der Nationalsozialismus selbst als Hitlerbewegung (unten Rn. 687, S. 37). Andererseits hält *E. Nolte* zumindest die Weltanschauung *Hitlers* für ein Ideengebäude, „dessen Folgerichtigkeit und Konsistenz einem den Atem verschlägt" (Der Faschismus in seiner Epoche, 5. Aufl. 1979, S. 55). Feste Bestandteile der nationalsozialistischen Ideologie sind jedenfalls das Führerprinzip und die Rassenideologie.

1. Führerprinzip

Das Führerprinzip bedeutete, den „Führer" als Inhaber **„verfas-** 642 **sungstranszendenter Gewalt"** zu interpretieren (Ausdruck von *W. Kägi,* in: *Hirsch/Majer/Meinck,* unten Rn. 687, S. 146). Eine Vergleichbarkeit von *Hitlers* Führertum mit historischen Führerbegriffen wie überhaupt eine rechtstheoretische Erfassung wurden für unmöglich erklärt (vgl. *Carl Schmitt,* unten Rn. 687, S. 36 ff.). Für manche war der Führer gar von Gott erwählt und gesendet (vgl. *J. Heckel,* DVBl. 1937, S. 49/59 f.). Ein Ausdruck dieses Führerprinzips war etwa, daß Beamte und Soldaten den (für Soldaten zusätzlich noch „heiligen") Eid nicht auf den Staatschef oder die Verfassung, sondern auf den Führer *Adolf Hitler* ablegten (vgl. das Gesetz über die Vereidigung der Beamten und der Soldaten der Wehrmacht vom 20. August 1934, RGBl. I, S. 785). Die Präambel des Deutschen Beamtengesetzes vom 26. Januar 1937 (RGBl. I, S. 41; vgl. *von Münch,* Gesetze, Nr. 6) lautete: „Ein im deutschen Volk wurzelndes, von nationalsozialistischer Weltanschauung durchdrungenes Berufsbeamtentum, das dem Führer des Deutschen Reichs und Volkes, Adolf Hitler, in Treue verbunden ist, bildet einen Grundpfeiler des nationalsozialistischen Staates." Als das Bundesverfassungsgericht 1953 entschied, daß die Beamtenverhältnisse am 8. Mai 1945 erloschen waren, stützte es sich auch darauf, daß sie rechtlich durch die persönliche Treue zum Führer charakterisiert waren (BVerfGE 3, 58/98 ff.). Der Führer seinerseits war an kein Recht gebunden:

Beschluß des **Großdeutschen Reichstags** vom 26. April 1942: „Es kann 643 keinem Zweifel unterliegen, daß der Führer in der gegenwärtigen Zeit des

Krieges, in der das deutsche Volk in einem Kampf um Sein oder Nichtsein steht, das von ihm in Anspruch genommene Recht besitzen muß, alles zu tun, was zur Erringung des Sieges dient oder dazu beiträgt. Der Führer muß daher – ohne an bestehende Rechtsvorschriften gebunden zu sein – in seiner Eigenschaft als Führer der Nation, als Oberster Befehlshaber der Wehrmacht, als Regierungschef und oberster Inhaber der vollziehenden Gewalt, als oberster Gerichtsherr und als Führer der Partei jederzeit in der Lage sein, nötigenfalls jeden Deutschen – sei er einfacher Soldat oder Offizier, niedriger oder hoher Beamter oder Richter, leitender oder dienender Funktionär der Partei, Arbeiter oder Angestellter – mit allen ihm geeignet erscheinenden Mitteln zur Erfüllung seiner Pflichten anzuhalten und bei Verletzung dieser Pflichten nach gewissenhafter Prüfung ohne Rücksicht auf sogenannte wohlerworbene Rechte mit der ihm gebührenden Sühne zu belegen, ihn im besonderen ohne Einleitung vorgeschriebener Verfahren aus seinem Amte, aus seinem Rang und seiner Stellung zu entfernen." (RGBl. I, S. 247; vgl. *von Münch*, Gesetze, Nr. 9.)

644 Die unbegrenzte Führergewalt führte bemerkenswerterweise aber nicht zu einer monolithischen, sondern zu einer vielzentrigen Ordnung **(Polykratie, Herrschaftspluralismus)**. Vor allem das Verhältnis zwischen Staat und Partei wurde nach der Monopolisierung der politischen Macht nie geklärt, sondern in der Schwebe gehalten (vgl. unten Rn. 670 f.). Beide besaßen eben nur abgeleitete, dem charismatischen Führer unterworfene Macht: „Der ungebundene Wille des Führers und die von ihm erwartete personale (nicht primär amtsbezogene) Loyalität bewirkten, wie schon vorher in der Partei, so auch zunehmend im Staat, die Auflösung allgemeinverbindlicher Verfahrensweisen und institutioneller, körperschaftlicher Einheit und Geschlossenheit der Regierung" (*Broszat*, unten Rn. 687, S. 245 f.). Die „klassisch-bürokratischen Ordnungsmaximen", die für die Funktionstüchtigkeit des modernen Staates kennzeichnend sind, wurden „weitgehend ignoriert" (*Boldt*, VerfGesch, S. 280). Diese konsequente Auflösung systemvollen Regierens machte wiederum den Führer unentbehrlich.

644a Die gern und oft zur Charakterisierung des nationalsozialistischen Herrschaftssystems herangezogene These *Ernst Fraenkels* vom „**Doppelstaat**" (vgl. unten Rn. 687) trifft den angesprochenen Herrschaftspluralismus gerade nicht. Seine grundlegende Unterscheidung von „Normenstaat" und „Maßnahmenstaat" bezieht sich auf das Nebeneinander von Rechtsnormen und rechtsfreien Willkürmaßnahmen, also von (Schein-)Legalität und Illegalität (vgl. oben Rn. 598 und *H. Dreier*, Was ist doppelt in Ernst Fraenkels „Doppelstaat"?, in: FS Brünneck, 2011, S. 412 ff.).

2. Rassenideologie

Bestandteile der Rassenideologie waren der Glaube an das „Naturgesetz des ewigen Kampfes der Arten" und das daraus hergeleitete „Recht des Stärkeren". Angenommen wurde ein Herrschaftsauftrag der überlegenen **nordisch-arischen Herrenrasse**. Als Gegenbild zum germanischen „Herrenmenschen" erschienen Erbkranke, Schwache, Asoziale, Unnütze, Verachtete, Rassefremde; Chiffre für dieses Gegenbild wurde der Begriff des „lebensunwerten Lebens" oder des „Untermenschen". „Auslese" und „Ausmerzung" waren Leitbegriffe dieses Rassenwahns. 645

Die Fortsetzung der Rassenideologie im Staatsrecht bildete das **„völkische Prinzip"**. Das Selbstverständnis als „Herrenrasse" brachte das Großdeutsche Reich, die Eroberung weiter Teile Europas und gar den Anspruch auf Weltherrschaft hervor. Darüber hinaus bedeutete das „völkische Prinzip", daß das Volk nicht aus Individuen besteht, sondern aus Volksgenossen, aus Gliedern einer „naturhaften Einheit": Du bist nichts, Dein Volk ist alles. Die Volksgemeinschaft wurde geradezu als Urquelle des Rechts betrachtet (*Mertens*, unten Rn. 687, S. 136 f.; *T. Gutmann*, in: *H. Nehlsen/G. Brun* [Hg.], Münchener rechtshistorische Studien zum Nationalsozialismus, 1996, S. 7/12 ff.). Die Volksgemeinschaft war durch „Reinheit des deutschen Blutes" und eine politische Gleichgestimmtheit gekennzeichnet, die sich im rückhaltlosen Bekenntnis zum Führer äußerte. Grundrechte und andere subjektive öffentliche Rechte wurden verworfen (*Dreier,* unten Rn. 687, S. 36; *Pauly,* unten Rn. 687, S. 95 f.). 646

Heinrich Himmler: „Die nationalsozialistische Idee, die heute das deutsche Volk und Reich beherrscht, sieht im Volk, nicht im Einzelmenschen, die wirkliche Erscheinungsform des Menschtums. Das Volk wird begriffen nicht als zufällige Summe von Einzelnen, nicht einmal als die Gesamtheit der gegenwärtig lebenden Menschen gleichen Blutes, sondern als überpersönliche und überzeitliche Gesamtwesenheit, die begrifflich alle Generationen dieses Blutes – von den frühesten Ahnen bis zu den fernsten Enkeln – umfaßt. Dieser Volkskörper wird als organische Einheit gesehen, die von einem Gestaltungs- und Entwicklungsgesetz eigener Art beherrscht ist. Der Einzelmensch hat nur Sinn und Wert als Aufbauzelle in diesem Volkskörper. Er kann nie der Zweck, sondern nur das Mittel eines politischen Handelns sein." (Rede vom 12. März 1937, zit. nach *Dahm u. a.*, unten Rn. 687, S. 214.) 646a

III. Von der Zwangssterilisation zum Holocaust

1. Die Vernichtung „lebensunwerten Lebens"

647 Gesetz zur Verhütung erbkranken Nachwuchses vom 14. Juli 1933 („Erbgesundheitsgesetz") – Auszug –:

§ 1. (1) Wer erbkrank ist, kann unfruchtbar gemacht (sterilisiert) werden, wenn nach den Erfahrungen der ärztlichen Wissenschaft mit großer Wahrscheinlichkeit zu erwarten ist, daß seine Nachkommen an schweren körperlichen oder geistigen Erbschäden leiden werden.

(2) Erbkrank im Sinne dieses Gesetzes ist, wer an einer der folgenden Krankheiten leidet:
1. angeborenem Schwachsinn,
2. Schizophrenie,
3. zirkulärem (manisch-depressivem) Irresein,
4. erblicher Fallsucht,
5. erblichem Veitstanz (Huntingtonsche Chorea),
6. erblicher Blindheit,
7. erblicher Taubheit,
8. schwerer erblicher körperlicher Mißbildung.

(3) Ferner kann unfruchtbar gemacht werden, wer an schwerem Alkoholismus leidet.

§ 3. Die Unfruchtbarmachung können auch beantragen
1. der beamtete Arzt,
2. für die Insassen einer Kranken-, Heil- oder Pflegeanstalt oder einer Strafanstalt der Amtsleiter.

§ 5. Zuständig für die Entscheidung ist das Erbgesundheitsgericht, in dessen Bezirk der Unfruchtbarzumachende seinen allgemeinen Gerichtsstand hat.

§ 12. (1) Hat das Gericht die Unfruchtbarmachung endgültig beschlossen, so ist sie auch gegen den Willen des Unfruchtbarzumachenden auszuführen, sofern nicht dieser oder allein den Antrag gestellt hat. Der beamtete Arzt hat bei der Polizeibehörde die erforderlichen Maßnahmen zu beantragen. Soweit andere Maßnahmen nicht ausreichen, ist die Anwendung unmittelbaren Zwanges zulässig.

(RGBl. I, S. 529; vgl. *von Münch*, Gesetze, Nr. 61.)

648 Wie die nationalsozialistische Rassenideologie als solche hatte auch dieses Gesetz **geistige Vorläufer,** die sich bis in das 19. Jahrhundert zurückverfolgen lassen (vgl. *M. Schwartz,* VfZ 1998, S. 617 ff.). Schon damals wurde von wissenschaftlichen Kapazitäten die Unfruchtbarmachung „gewisser Klassen von Degenerierten", worunter sogar unheilbare Trinker fallen sollten, als „tätige Pflicht des Staates" gefordert (vgl. *W. Hanack,* Die strafrechtliche Unzulässigkeit künstlicher

Unfruchtbarmachungen, 1959, S. 55 f.). Offizielle Entwürfe für eine gesetzliche Regelung der Sterilisation hielten aber bis zum Jahr 1933 durchgängig daran fest, daß nur freiwillige Sterilisationen erlaubt werden könnten. Damit brach das Erbgesundheitsgesetz, dessen unmenschliche Zielsetzung in der offiziellen Begründung wie folgt umschrieben wurde: „Es geht um die Beschaffenheit der Erbverfassung unseres Volkes. Während die erbgesunden Familien größtenteils zum Ein- und Keinkindersystem übergegangen sind, pflanzen sich unzählige Minderwertige und erblich Belastete hemmungslos fort, deren kranker und asozialer Nachwuchs der Gesamtheit zur Last fällt. … So soll die Unfruchtbarmachung eine allmähliche Reinigung des Volkskörpers und die Ausmerzung von krankhaften Erbanlagen bewirken" (vgl. *W. Hoche,* Die Gesetzgebung des Kabinetts Hitler, 1933, S. 637 ff.).

Genaue Zahlenangaben über die **Auswirkungen** des Gesetzes liegen nicht vor. Es wird geschätzt, daß bis zum Kriegsbeginn ca. 300 000 Personen sterilisiert worden sind (vgl. *S. Kramer,* „Ein ehrenhafter Verzicht auf Nachkommenschaft", 1999, S. 101). Fest steht, daß in den ersten beiden Jahren nach Inkrafttreten des Gesetzes ca. 130 000 Sterilisationen vorgenommen worden sind. Für die spätere Zeit wird allgemein ein Rückgang der Zahlen angenommen. Die Begründungen lauten, die Masse der in Anstalten untergebrachten Erbkranken sei in der ersten Zeit sterilisiert worden, der Anfangseifer habe aber nachgelassen. Doch ist ein weiterer grauenvoller Grund zu nennen: Nach 1939 sind Erbkranke im Zuge der sog. Euthanasie nicht erst sterilisiert, sondern sogleich ermordet worden. 649

Das **Verwerfliche** des Erbgesundheitsgesetzes bestand darin, daß es Sterilisationen (a) gegen den Willen des zu Sterilisierenden sowie (b) gegen den Willen der gesetzlichen Vertreter bei – in heutiger Terminologie – Einwilligungsunfähigen zuließ. Auch die Erbgesundheitsgerichte, die für die Entscheidung zuständig waren (vgl. § 5), orientierten sich auschließlich an den Interessen der „Volksgemeinschaft" (*A. Ley,* in: Justizministerium des Landes NRW [Hg.], Justiz und Erbgesundheit, 2009, S. 39/62). Die Ersetzung der Einwilligung durch „Aufsichtspersonen" sahen die vorangegangenen, die Sterilisation nur auf freiwilliger Basis erlaubenden und insoweit als rechtsstaatlich zu qualifizierenden Entwürfe durchaus vor. Auch nach heutigem Recht ist unter engen inhaltlichen und prozeduralen Voraussetzungen eine Sterilisation von Betreuten mit Einwilligung des Betreuers zulässig (vgl. § 1905 BGB; *B. Pieroth,* FamRZ 1990, S. 117 ff.). 650

651 Auf der gleichen Linie lag das „**Ehegesundheitsgesetz**" (Gesetz zum Schutz der Erbgesundheit des deutschen Volkes vom 18. Oktober 1935, RGBl. I, S. 1246; vgl. *von Münch*, Gesetze, Nr. 62). Danach durfte eine Ehe nicht geschlossen werden, wenn einer der Verlobten an einer mit Ansteckungsgefahr verbundenen Krankheit litt, die eine erhebliche Schädigung der Gesundheit der Nachkommen befürchten ließ; wenn einer der Verlobten entmündigt war oder unter vorläufiger Vormundschaft stand; wenn einer der Verlobten an einer geistigen Störung litt, welche die Ehe für die Volksgemeinschaft unerwünscht erscheinen ließ; wenn einer der Verlobten an einer Erbkrankheit im Sinne des Gesetzes zur Verhütung erbkranken Nachwuchses litt.

652 Die **Euthanasieaktion** beruhte auf keiner gesetzlichen Grundlage, sondern auf einem nicht veröffentlichten Führererlaß von Ende Oktober 1939, wonach „die Befugnisse namentlich zu bestimmender Ärzte so zu erweitern (waren), daß nach menschlichem Ermessen unheilbar Kranken bei kritischster Beurteilung ihres Krankheitszustandes der Gnadentod gewährt werden kann" (*Moll*, unten Rn. 687, S. 89). Dies wurde durch die Tarnorganisationen „Reichsarbeitsgemeinschaft der Heil- und Pflegeanstalten" und durch die „Gemeinnützige Krankentransportgesellschaft mbH" durchgeführt. Die Gesamtzahl der Opfer wird auf knapp 140 000 Menschen geschätzt (vgl. *H. Friedlander*, Der Weg zum NS-Genozid, 1997). Der politisch-weltanschauliche Zusammenhang der Euthanasieaktion mit den genannten Gesetzen ist evident. Ebenso offensichtlich ist aber der krasse Unterschied des Verfahrens. Wurden zunächst besondere Verwaltungs- und Gerichtsinstanzen mit einem gesetzlich vorgeschriebenen Antrags- und Entscheidungsverfahren beauftragt, so waren später die Tarnorganisationen und geheimen Ermächtigungen bewußt als außergesetzliche Instrumente konstruiert, die unter Umgehung der von der Regierung selbst eingerichteten staatlichen Instanzen tätig wurden – ein für die Machtausübung des nationalsozialistischen Regimes charakteristischer Vorgang.

653 Eine kaum faßliche Steigerung der menschenverachtenden Grausamkeit bedeuteten die **Menschenversuche** in den Konzentrationslagern. Es handelte sich dabei um Experimente mit Unterdruck, Unterkühlung, Fleckfieberimpfstoffen, Sulfonamiden zur Wundbrandbekämpfung, chemischen Kampfstoffen, die oftmals „terminal", d. h. auf die Durchführung und Experimentbeobachtung bis zum Eintreten des Todes, angelegt waren (vgl. *E. Klee*, Auschwitz, die NS-Medizin und ihre Opfer, 1997).

2. Die Judenverfolgung

Der Antisemitismus als Ideologie war nicht originär und spezifisch nationalsozialistisch. Eine neue Qualität hatte aber die **methodische Umsetzung des Antisemitismus** zunächst in ein rechtlich-administratives Instrumentarium der Erfassung, Stigmatisierung und Diskriminierung sowie dann in eine bürokratisch-technokratisch organisierte, fabrikmäßige Massenvernichtung von Menschen. Schon in *Hitlers* „Mein Kampf" stand zu lesen, daß die Bekämpfung des Judentums ein „blutiger Vorgang" sei (vgl. *E. Jäckel*, Hitlers Weltanschauung, 2. Aufl. 1983, S. 71). Auch Rechtswissenschaftler leisteten früh Schützenhilfe: Aufgabe des Rechts sei es, „die Art zu erhalten, die Reinrassigkeit zu schützen ... Recht ist demnach nur das, was der Erhaltung des Lebens, der Erhaltung einer Art dient. Zwangssätze, die die Rassenkreuzung, die Rassenschande zulassen oder gar fördern, verstoßen gegen die natürlichen, sittlichen Grundlagen allen Rechts überhaupt und stellen ein Scheinrecht, ein unrichtiges Recht, ein Unrecht dar" (*H. Nicolai*, Die rassengesetzliche Rechtslehre, 1932, S. 31). *Karl Larenz* formulierte: „Rechtsgenosse ist nur, wer Volksgenosse ist; Volksgenosse ist, wer deutschen Blutes ist" und sprach damit Juden schlicht die Rechtsfähigkeit ab (vgl. *D. Simon*, myops 12/2011, S. 65/70 f.). Aus solchem Ungeist entstanden die sog. Nürnberger Gesetze vom 15. September 1935, die die Inhumanität in Paragraphen faßten (vgl. *T. Finger*, Jura 2005, 161).

Reichsbürgergesetz:
Der Reichstag hat einstimmig das folgende Gesetz beschlossen, das hiermit verkündet wird:
§ 1. (1) Staatsangehöriger ist, wer dem Schutzverband des Deutschen Reiches angehört und ihm dafür besonders verpflichtet ist.
(2) Die Staatsangehörigkeit wird nach den Vorschriften des Reichs- und Staatsangehörigkeitsgesetzes erworben.
§ 2. (1) Reichsbürger ist nur der Staatsangehörige deutschen oder artverwandten Blutes, der durch sein Verhalten beweist, daß er gewillt und geeignet ist, in Treue dem Deutschen Volk und Reich zu dienen.
(2) Das Reichsbürgerrecht wird durch Verleihung des Reichsbürgerbriefes erworben.
(3) Der Reichsbürger ist der alleinige Träger der vollen politischen Rechte nach Maßgabe der Gesetze.
§ 3. Der Reichsminister des Innern erläßt im Einvernehmen mit dem Stellvertreter des Führers die zur Durchführung und Ergänzung des Gesetzes erforderlichen Rechts- und Verwaltungsvorschriften.
(RGBl. I, S. 1146; vgl. *von Münch*, Gesetze, Nr. 63.)

324 Kap. 9. Der nationalsozialistische Staat

656 Während das Gesetz die Ausgrenzung mit dem Merkmal des „**deutschen und artverwandten Blutes**" noch recht vage faßt, wird § 4 Abs. 1 S. 1 der Ersten Verordnung zum Reichsbürgergesetz vom 14. November 1935 deutlich (RGBl. I, S. 1333; vgl. *von Münch*, Gesetze, Nr. 65): „Ein Jude kann nicht Reichsbürger sein." Die Frage, was einen Menschen zum Juden macht, wird allerdings nicht direkt beantwortet, insbesondere nicht rassisch definiert, sondern durch § 5 Abs. 1 S. 1 zwei Generationen zurückverlagert: „Jude ist, wer von mindestens drei der Rasse nach volljüdischen Großeltern abstammt." Für die Frage, wie die Rasse festzustellen ist, wird anschließend auf § 2 Abs. 2 S. 2 verwiesen, wo es heißt: „Als volljüdisch gilt ein Großelternteil ohne weiteres, wenn er der jüdischen Religionsgemeinschaft angehört hat." Damit zeigt sich, daß allem Gerede von der Rasse zum Trotz die Religionszugehörigkeit entscheidend war (vgl. *D. Majer*, „Fremdvölkische" im Dritten Reich, 1981, S. 202 ff.).

657 Gesetz zum Schutze des deutschen Blutes und der deutschen Ehre („**Blutschutzgesetz**") – Auszug –:
§ 1. (1) Eheschließungen zwischen Juden und Staatsangehörigen deutschen oder artverwandten Blutes sind verboten. Trotzdem geschlossene Ehen sind nichtig, auch wenn sie zur Umgehung dieses Gesetzes im Ausland geschlossen sind.
(2) Die Nichtigkeitsklage kann nur der Staatsanwalt erheben.
§ 2. Außerehelicher Verkehr zwischen Juden und Staatsangehörigen deutschen oder artverwandten Blutes ist verboten.
§ 3. Juden dürfen weibliche Staatsangehörige deutschen oder artverwandten Blutes unter 45 Jahren in ihrem Haushalt nicht beschäftigen.
§ 4. (1) Juden ist das Hissen der Reichs- und Nationalflagge und das Zeigen der Reichsfarben verboten.
(2) Dagegen ist ihnen das Zeigen der jüdischen Farben gestattet. Die Ausübung dieser Befugnis steht unter staatlichem Schutz.
(RGBl. I, S. 1146; vgl. *von Münch*, Gesetze, Nr. 64.)

658 In der Folgezeit wurden zahlreiche Gesetze und Verordnungen erlassen, die zur lückenlosen **Entrechtung jüdischer Mitbürger** führten (vgl. *R. Faupel/K. Eschen*, Gesetzliches Unrecht in der Zeit des Nationalsozialismus, 1997). Im zeitgenössischen Schrifttum findet sich folgende deprimierende Beschreibung der vollständigen Aufhebung der Rechtsstellung der Juden:

659 **Ernst Rudolf Huber:** „(Den Juden) ist eine Sonderstellung zugewiesen, die sich aus dem Ziel einer völligen Ausscheidung des Judentums erklärt. Diesem Ziel dient vor allem das Blutschutzgesetz vom 15. 9. 1935, das die Eheschließung zwischen Juden und Reichsangehörigen deutschen oder artverwandten

Blutes verbietet, und das ferner den außerehelichen Geschlechtsverkehr zwischen Juden und Reichsangehörigen deutschen oder artverwandten Blutes unter Strafe stellt. … Juden und jüdische Mischlinge können nicht Beamte werden, sie werden nicht als Rechtsanwalt, Patentanwalt, Verwaltungsrechtsanwalt, Notar oder Schriftleiter zugelassen. Sie erhalten nicht die Bestallung als Arzt oder Tierarzt; sie werden nicht zur Kassenpraxis zugelassen; sie erhalten die Erlaubnis zur Ausübung der Krankenpflege und zur Tätigkeit des Heilpraktikers nicht. … Weitergehende wirtschaftliche Einschränkungen finden sich im Bauernrecht: Bauer kann nur sein, wer die deutsche oder stammesgleiche Abstammung … nachweisen kann. … Juden werden nicht als Rechtsberater zugelassen, ebenso nicht zur Hilfeleistung in Steuersachen und Devisensachen, ferner nicht zur Tätigkeit des genossenschaftlichen Wirtschaftsprüfers. … Juden können nicht als Apotheker bestallt werden, sie können keine Apotheken pachten und Apotheken, deren Besitzer sie sind, verpachten. Juden ist ferner verboten die Ausübung des Bewachungsgewerbes, die gewerbsmäßige Auskunftserteilung, der Handel mit Grundstücken, die Immobilien- und Darlehensvermittlung, die Haus- und Grundstücksverwaltung, die Heiratsvermittlung, das Fremdenführergewerbe … Der Betrieb von Einzelhandelsverkaufsstellen, Versandgeschäften und Bestellkontoren … ist Juden untersagt. Gleiches gilt für das Angebot von Waren auf Märkten und Messen. Auch können Juden nicht mehr Betriebsführer im Sinne des Arbeitsordnungsgesetzes sein. Schließlich können sie einer Genossenschaft nicht mehr angehören. Jeder Jude hat sein gesamtes in- und ausländisches Vermögen bei der zuständigen Verwaltungsstelle anzumelden. … Einem Juden kann aufgegeben werden, seinen Gewerbebetrieb zu veräußern oder abzuwickeln… Ferner kann einem Juden aufgegeben werden, sein land- oder forstwirtschaftliches Vermögen oder sein sonstiges Grundeigentum zu veräußern. Grundstücke, grundstücksgleiche Rechte und Rechte an Grundstücken können von einem Juden durch Rechtsgeschäft nicht erworben werden. … Juwelen, Schmuck und Kunstgegenstände dürfen durch Juden nicht erworben, nicht verpfändet und nicht freihändig veräußert werden. Gegenstände aus Gold, Platin oder Silber, sowie Edelsteine und Perlen sind an die öffentlichen Ankaufsstellen abzuliefern. Das Halten von Kraftfahrzeugen ist Juden untersagt. Die Fahrerlaubnis ist ihnen entzogen. Mietverträge mit Juden können unter Einhaltung der Kündigungsfrist gelöst werden. Im Steuerrecht werden Kinderermäßigungen für Juden nicht gewährt. … Juden dürfen nur bestimmte Vornamen beigelegt werden, die in einer vom Reichsinnenminister herausgegebenen Liste zusammengestellt sind. Das Recht zum Tragen einer Uniform der alten oder der neuen Wehrmacht wurde Juden entzogen. Der Erwerb und Besitz von Waffen ist Juden untersagt" (vgl. unten Rn. 687, S. 181 ff.).

Eine **neue Stufe der Gewaltanwendung** wurde in der Reichspogromnacht (verniedlichend auch „Reichskristallnacht" genannt) vom 9. November 1938 erreicht. Diese Hetzjagd auf Juden in ganz Deutschland wurde als spontane Aktion der Bevölkerung ausgegeben, in Wahrheit aber von der NSDAP geplant und hauptsächlich von der SA unter maßgeblicher interner Beteiligung der Gestapo und mit Duldung der Ordnungspolizei durchgeführt. In Reaktion auf die einhelligen Proteste gegen die Reichspogromnacht aus aller Welt drohte *Hitler* am 30. Januar 1939 vor dem Reichstag die „Vernichtung der jüdischen Rasse in Europa" an (vgl. *P. Longerich,* Politik der Vernichtung, 1998, S. 220f.). Er wiederholte dies am 12. Dezember 1941 in einer Ansprache vor den Gau- und Reichsleitern der Partei, die *Goebbels* wie folgt festgehalten hat:

661 „Bezüglich der Judenfrage ist der Führer entschlossen, reinen Tisch zu machen. Er hat den Juden prophezeit, daß, wenn sie noch einmal einen Weltkrieg herbeiführen würden, sie dabei ihre Vernichtung erleben würden. Das ist keine Phrase gewesen. Der Weltkrieg ist da, die **Vernichtung des Judentums** muß die notwendige Folge sein. Diese Frage ist ohne jede Sentimentalität zu betrachten. Wir sind nicht dazu da, Mitleid mit den Juden, sondern nur Mitleid mit unserem deutschen Volk zu haben. Wenn das deutsche Volk jetzt wieder im Ostfeldzug an die 160 000 Tote geopfert hat, so werden die Urheber dieses blutigen Konflikts dafür mit ihrem Leben bezahlen müssen." (*J. Goebbels,* Tagebücher 1924–1945. Hg. von *G. Reuth,* 5 Bände, 1992, Eintragung vom 13. 12. 1941.)

662 Seit Kriegsbeginn wurden Juden in **Ghettos und Konzentrationslagern** physisch vernichtet. Im Sommer 1941 konkretisierten sich die Überlegungen der nationalsozialistischen Führungsspitze zur „Endlösung der Judenfrage", mit deren Vorbereitung am 31. Juli 1941 *Heydrich* beauftragt wurde. Auf der Wannseekonferenz vom 20. Januar 1942 wurde die endgültige Vernichtung des europäischen Judentums noch während des Krieges in einem größeren Kreis besprochen. Ein Befehl *Himmlers* vom 16. Dezember 1942 bewirkte das gleiche für die „Zigeuner" im Osten (vgl. *M. Zimmermann,* Rassenutopie und Genozid, 1996). Am Ende stand das Grauen des Holocaust, eines über mehrere Jahre fortwährend eskalierenden Massakers unvorstellbaren Ausmaßes, in dem in weiten Teilen Europas Hunderttausende von Tätern Millionen von Opfern umbrachten (vgl. *W. Benz,* Der Holocaust, 1995; *S. Friedländer,* Die Jahre der Vernichtung, 2006).

IV. (Politische) Polizei

1. Beseitigung normativer Schranken

663 Charakteristisch für die staatliche Machtausübung im Dritten Reich war die **Entfesselung der Polizeigewalt** durch faktische

Beseitigung jeder normativen und justiziellen Bindung und Begrenzung polizeilichen Handelns, insbesondere im Bereich der politischen Polizei. Wesentlicher als die Änderung normativer Grundlagen ist daher die Polizeipraxis. Das tatsächliche Vorgehen gegen die Opposition im Jahr 1933 erschließt sich daher weniger aus der „Schubladenverordnung" und der „Reichstagsbrandverordnung" (vgl. oben Rn. 608 ff.) als aus dem Runderlaß *Görings* vom 3. März 1933 zur „Reichstagsbrandverordnung", der ein Freibrief für willkürlichen Polizeiterror war (vgl. oben Rn. 613).

Konsequenterweise wurde im polizeirechtlichen Schrifttum teilweise die Fortgeltung des Preußischen Polizeiverwaltungsgesetzes, namentlich die Bestimmung der **Polizeiaufgabe** als Abwehr von Gefahren für die öffentliche Sicherheit und Ordnung, rundweg abgelehnt: Die Begriffe Sicherheit und Ordnung hätten ihren Platz ausschließlich im liberalen Weltbild und würden dem Wesen des nationalsozialistischen Staates widersprechen; Schutzgut sei vielmehr die Volksgemeinschaft (vgl. *W. Hamel,* in: *H. Frank* [Hg.], Deutsches Verwaltungsrecht, 1937, S. 387). Andere hielten zwar an der Weitergeltung des Preußischen Polizeiverwaltungsgesetzes und an der genannten Aufgabenbestimmung fest, plädierten aber für eine „richtige", d. h. nationalsozialistische Anwendung. Das bedeutete beispielsweise für die „öffentliche Sicherheit": „Nach heutiger Rechtsauffassung ist alles, was objektiv dazu beitragen kann, dem nationalsozialistischen Staate gegenüber untergrabend, hemmend, verstimmend oder auch nur staatsentfremdend zu wirken, als Störung der öffentlichen Sicherheit zu erachten." (*B. Drews,* Preußisches Polizeirecht, Bd. I, 5. Aufl. 1936, S. 12 f.) Daher konnte *T. Maunz* mit Recht feststellen, daß der Meinungsunterschied keine praktischen Auswirkungen habe: „Die Begriffe Sicherheit, Ordnung und Gefahr erwiesen sich als so elastisch, daß schlechterdings jede gemeinschaftsgestaltende, die völkischen Werte schützende, die Ordnung des Zusammenlebens stützende Handlung der Polizei mit ihnen gerechtfertigt werden konnte" (in: *E. R. Huber* [Hg.], Idee und Ordnung des Reiches, Bd. II, 1943, S. 56). 664

2. Verselbständigung der politischen Polizei

Die **Herauslösung** der politischen Polizei **aus der inneren Verwaltung** ging von zwei voneinander unabhängigen Punkten aus. Zum einen wurde in Preußen durch Gesetz vom 26. April 1933 (Preuß. GS, S. 122; vgl. *Hirsch/Majer/Meinck,* unten Rn. 687, 665

S. 326 f.) das Geheime Staatspolizeiamt (Gestapa) für politisch-polizeiliche Angelegenheiten als eine dem Reichsinnenministerium unmittelbar unterstellte Landespolizeibehörde und als Spitze eines selbständigen Zweiges der Innenverwaltung gegründet. Zum anderen wurde in Bayern bereits am 1. April 1933 im Innenministerium die Stelle eines „Politischen Polizeikommandeurs" eingerichtet, mit deren Wahrnehmung *Himmler* betraut wurde. Nach diesen Vorbildern organisierte man in allen anderen Ländern die politische Polizei neu. Innerhalb von etwas mehr als einem Jahr gelang es *Himmler*, Chef aller Sonderbehörden der politischen Polizei zu werden und ihr Personal zu vervielfachen (*C. Dams/M. Stolle*, Die Gestapo, 2008, S. 45). Zwar wurde den gegen diese Herauslösung der politischen Polizei aus dem Bereich der allgemeinen inneren Verwaltung vorgetragenen Bedenken von Reichsinnenminister *Frick* noch einmal Rechnung getragen durch § 5 des preußischen Gesetzes über die Geheime Staatspolizei (Gestapo-Gesetz) vom 10. Februar 1936 (Preuß. GS, S. 21; vgl. *von Münch*, Gesetze, Nr. 34), nach dem die Staatspolizeistellen nicht nur dem Gestapa, sondern zugleich den zuständigen Regierungspräsidenten und ihren Weisungen unterstellt sein sollten; doch erwies sich diese Anbindung als gesetzgeberische Floskel, die in der Praxis keinerlei Wirksamkeit entfaltete.

666 Für die Gestapo sollte erst recht **keine Gesetzesbindung** gelten. Charakteristisch hierfür sind etwa Ausführungen *Himmlers*, nach denen die nationalsozialistische Polizei ihre Befugnisse nicht aus Einzelgesetzen, sondern „aus der Wirklichkeit des Führerstaates ableite, so daß ihre Befugnisse nicht durch formale Schranken gehemmt werden dürften und die Polizei nicht nach Gesetzen, sondern nur nach Befehlen tätig werden könne" (in: FS Wilhelm Frick, 1937, S. 125/128). An Deutlichkeit nichts zu wünschen übrig läßt auch ein Aufsatz des führenden Gestapo-Juristen *Best* (Deutsches Recht 1936, S. 127): Die Trennung der nach besonderen Grundsätzen und Notwendigkeiten handelnden geheimen Staatspolizei von der nach allgemeinen und gleichmäßig rechtlichen Ordnungen arbeitenden Verwaltung sei mit dem Erlaß des Gestapo-Gesetzes vollzogen. Konsequenterweise entzog § 7 des Gestapo-Gesetzes das Handeln der Gestapo der Nachprüfung durch die Verwaltungsgerichte. Die Gestapo war besonders für die Brutalisierung und Entzivilisierung der nationalsozialistischen Herrschaft verantwortlich.

3. Verbindung von Polizei und SS

Durch Führererlaß vom 17. Juni 1936 (RGBl. I, S. 487) wurde **Himmler** zum **Chef der gesamten Polizei** ernannt. Die Definition der Dienststellung *Himmlers* (Reichsführer-SS und Chef der Deutschen Polizei im Reichsinnenministerium) enthält zwei konträre Elemente: Einerseits war *Himmler* als Reichsführer-SS *Hitler* unmittelbar unterstellt, andererseits war er als Chef der Polizei „im" Reichsministerium nominell dem Reichsinnenminister *Frick* unterstellt. Aufgrund der faktischen Machtverhältnisse kam es aber in der Folgezeit zu einer Umkehrung des Verhältnisses zwischen Reichsinnenministerium und Polizei. Mit unmittelbarer Rückendeckung *Hitlers* unterminierte *Himmler* fortwährend die Position *Fricks*. Endpunkt der Entwicklung war schließlich die Übernahme des Reichsinnenministeriums durch *Himmler* im August 1943; *Frick* wurde auf den Posten des Reichsprotektors von Böhmen und Mähren abgeschoben. Diese Vorgänge erhellen, was die „unlösliche Verbindung" zwischen dem Staat und der NSDAP gem. § 1 Abs. 1 des Gesetzes zur Sicherung der Einheit von Partei und Staat (vgl. unten Rn. 669) in der Herrschaftsrealität des nationalsozialistischen Regimes bedeutete. In ihr war die Polizei ein Kampfinstrument der Führung.

667

Durch Erlasse vom 26. Juni 1936 gab *Himmler* der Polizei eine **neue Struktur.** Geschaffen wurden eine Ordnungspolizei (Schutzpolizei, Gendarmerie, Gemeindepolizei) und eine Sicherheitspolizei (Politische Polizei, Kriminalpolizei), zu deren Chef *Heydrich* berufen wurde. Weiterer Ausdruck der institutionellen Verklammerung zwischen Polizei und SS war die Gründung des Reichssicherheitshauptamtes am 27. September 1939 unter Leitung *Heydrichs,* das wiederum nur nominell dem Reichsinnenministerium unterstellt war. In ihm wurde der Sicherheitsdienst der SS (SD), die 1931 gegründete und von *Heydrich* aufgebaute Geheimpolizei, mit der Sicherheitspolizei zusammengelegt. *Heydrichs* Amtsbezeichnung war „Chef der Sicherheitspolizei und des SD". Auch personell wurde der Unterschied zwischen Polizei und SS, z. B. durch Vereinheitlichung der Dienstgrade, immer mehr verwischt. Schließlich wurde durch Verordnung vom 17. Oktober 1939 (RGBl. I, S. 2107; vgl. *Ostendorf,* unten Rn. 687, S. 227) eine einheitliche Sondergerichtsbarkeit für SS und Polizei eingerichtet. Im Ergebnis war die Polizei zum Werkzeug der unumschränkten Führergewalt geworden.

668

V. Die NSDAP

669 Gesetz zur Sicherung der Einheit von Partei und Staat vom 1. Dezember 1933 – Auszug –:

§ 1. (1) Nach dem Sieg der nationalsozialistischen Revolution ist die Nationalsozialistische Deutsche Arbeiterpartei die Trägerin des deutschen Staatsgedankens und mit dem Staat unlöslich verbunden.

(2) Sie ist eine Körperschaft des öffentlichen Rechts. Ihre Satzung bestimmt der Führer.

§ 2. Zur Gewährleistung engster Zusammenarbeit der Dienststelle der Partei mit den öffentlichen Behörden ist der Stellvertreter des Führers Mitglied der Reichsregierung.

§ 3. (1) Den Mitgliedern der Nationalsozialistischen Deutschen Arbeiterpartei und der SA. (einschließlich der ihr unterstellten Gliederungen) als der führenden und bewegenden Kraft des nationalsozialistischen Staates obliegen erhöhte Pflichten gegenüber Führer, Volk und Staat.

(2) Sie unterstehen wegen Verletzung dieser Pflichten einer besonderen Partei- und SA.-Gerichtsbarkeit.

(3) Der Führer kann diese Bestimmungen auf die Mitglieder anderer Organisationen erstrecken.

§ 4. Als Pflichtverletzung gilt jede Handlung oder Unterlassung, die den Bestand, die Organisation, die Tätigkeit oder das Ansehen der Nationalsozialistischen Deutschen Arbeiterpartei angreift oder gefährdet, bei Mitgliedern der SA. (einschließlich der ihr unterstellten Gliederungen) insbesondere jeder Verstoß gegen Zucht und Ordnung.

(RGBl. I, S. 1016; vgl. *von Münch,* Gesetze, Nr. 37.)

670 Weder durch dieses Gesetz noch an anderer Stelle ist eine klare Bestimmung über das **Verhältnis Staat-Partei** getroffen worden. Der Vordenker *Carl Schmitt* lieferte die kryptische Formel, daß Partei und Staat „unterschiedlich, aber nicht getrennt, verbunden, aber nicht verschmolzen sind" (unten Rn. 687, S. 21). Insbesondere war die NSDAP nach § 1 Abs. 1 nicht Trägerin des Staates, sondern lediglich „Trägerin des deutschen Staats*gedankens*". So wurde kein verfassungsrechtlicher oder institutioneller, sondern lediglich ein vager ideeller Vorrang der Partei gegenüber dem Staat begründet. Die Zuerkennung des Status einer Körperschaft des öffentlichen Rechts in § 1 Abs. 2 bedeutete zwar einerseits eine Aufwertung gegenüber dem bisherigen Status als eingetragener Verein, brachte aber andererseits gerade keine Über-, sondern eine Unterordnung der Partei; denn Körperschaften des öffentlichen Rechts unterstanden prinzipiell der staatlichen Aufsicht. Das hinderte die Kommentatoren allerdings nicht daran, unter Hinweis auf die „bestimmende und gestaltende Kraft" der NSDAP zu erklären, daß sie „natürlich anderen öffentlich-rechtlichen Körperschaften nicht gleichgestellt werden" könne (*E. R. Huber,* Verfassung, 1937, S. 161, 164).

Auch die **Erklärungen Hitlers** blieben insoweit zweideutig. Einerseits betonte er auf dem Parteitag 1934: „Nicht der Staat befiehlt uns, sondern wir befehlen dem Staat." Andererseits sollte die Partei Propagandainstrument und „Erfüllungsgehilfe" der Regierung sein. Im Anschluß an das oben genannte Gesetz formulierte *Hitler* den Auftrag der Partei folgendermaßen: „1. Aufbau ihrer inneren Organisation zur Herstellung einer stabilen, sich selbst forterhaltenden ewigen Zelle der nationalsozialistischen Lehre. 2. Die Erziehung des gesamten Volkes im Gedanken dieser Idee. 3. Der Abstellung der Erzogenen an den Staat zu seiner Führung und als seine Gefolgschaft." Und in einer Rede vor den versammelten Gauleitern erklärte er 1934: „Wesentliche Aufgaben der Partei sind: für die beabsichtigten Maßnahmen der Regierung das Volk aufnahmefähig zu machen, angeordneten Maßnahmen der Regierung im Volk zur Durchsetzung zu verhelfen, die Regierung in jeder Art und Weise zu unterstützen …" (vgl. *Broszat,* unten Rn. 687, S. 266).

671

Die **Herrschaftspraxis** des Dritten Reiches hat allerdings gezeigt, daß im Machtgefüge nur derjenige eine bedeutende Rolle spielen konnte, der sich sowohl auf staatliche Autorität als auch auf den Rückhalt der Partei stützen konnte. Ein gutes Beispiel dafür liefert etwa die Position *Goebbels',* dessen enormer Einfluß Ergebnis seiner Stellung als Chef eines mächtigen Ministeriums einerseits und seiner hohen Stellung innerhalb der Partei andererseits war („Verdoppelungstechnik"). Es ist allerdings auch eine gewisse Akzentverschiebung im Lauf der Zeit zu beobachten: Anfangs diente das System der Personalunion zwischen Partei- und Staatsamt der Eroberung und Absicherung des Einflusses im Staat. Für *E. R. Huber* war es gar ein „geltender Verfassungsgrundsatz des Reiches, daß die wichtigsten Staatsämter im allgemeinen mit den Trägern gleichstufiger Parteiämter besetzt" wurden (Verfassung, 1937, S. 170). Nachdem die Macht der Nationalsozialisten aber fest etabliert war, ist eine Tendenz erkennbar, den Einfluß der Partei zu begrenzen oder gar zurückzudrängen. Es gab häufiger Unmutsäußerungen aus den Reihen der Partei, weil Kompetenzkonflikte regelmäßig zugunsten der staatlichen Stellen gelöst wurden.

672

VI. Beamtentum und Justiz

1. Beamtentum

673 Gesetz zur Wiederherstellung des Berufsbeamtentums vom 7. April 1933
– Auszug –:

§ 1. (1) Zur Wiederherstellung eines nationalen Berufsbeamtentums und zur Vereinfachung der Verwaltung können Beamte nach Maßgabe der folgenden Bestimmungen aus dem Amt entlassen werden, auch wenn die nach dem geltenden Recht hierfür erforderlichen Voraussetzungen nicht vorliegen.

§ 3. (1) Beamte, die nicht arischer Abstammung sind, sind in den Ruhestand (§§ 8 ff.) zu versetzen; soweit es sich um Ehrenbeamte handelt, sind sie aus dem Amtsverhältnis zu entlassen.

(2) Abs. 1 gilt nicht für Beamte, die bereits seit dem 1. August 1914 Beamte gewesen sind oder die im Weltkrieg an der Front für das Deutsche Reich oder für seine Verbündeten gekämpft haben oder deren Väter oder Söhne im Weltkrieg gefallen sind. Weitere Ausnahmen können der Reichsminister des Innern im Einvernehmen mit dem zuständigen Fachminister oder die obersten Landesbehörden für Beamte im Ausland zulassen.

§ 4. Beamte, die nach ihrer bisherigen politischen Betätigung nicht die Gewähr dafür bieten, daß sie jederzeit rückhaltlos für den nationalen Staat eintreten, können aus dem Dienst entlassen werden. Auf die Dauer von drei Monaten nach der Entlassung werden ihnen ihre bisherigen Bezüge belassen. Von dieser Zeit an erhalten sie drei Viertel des Ruhegeldes (§ 8) und entsprechende Hinterbliebenenversorgung.

§ 7. (1) Die Entlassung aus dem Amte, die Versetzung in ein anderes Amt und die Versetzung in den Ruhestand wird durch die oberste Reichs- oder Landesbehörde ausgesprochen, die endgültig unter Ausschluß des Rechtsweges entscheidet.

(RGBl. I, S. 175; vgl. *von Münch,* Gesetze, Nr. 5.)

674 Aufgrund dieses Gesetzes wurden jüdische und politisch mißliebige Beamte **aus dem Dienst entfernt**. Im Ergebnis betraf dies nur etwa 1–2 % der Beamten. Die Quote war allerdings im höheren Dienst wesentlich größer (in Preußen lag sie etwa zwischen 10 und 15 %), für einzelne Juristische Fakultäten kann man gar von einer „geistigen Enthauptung" (*Stolleis,* Geschichte III, S. 253) sprechen. Insgesamt waren die Auswirkungen des Gesetzes „widersprüchlich und langsam" (*H. Herlemann,* in: ZRG/GA 2009, S. 296/301). Im übrigen hat sich die Institution des Berufsbeamtentums nicht mehr und nicht weniger widerstandsfähig gezeigt als andere Institutionen und Berufsgruppen auch (*W. Frotscher,* oben Rn. 595, S. 17 f.). Das gilt für alle Teile der Staatsverwaltung einschließlich des Auswärtigen

Amtes (vgl. *E. Conze* u. a., unten Rn. 687). Die Prägung der Beamtengesetze durch die nationalsozialistische Weltanschauung hat dazu geführt, daß sie für die Bestimmung der „hergebrachten Grundsätze des Berufsbeamtentums" i. S. d. Art. 33 Abs. 5 GG vom Bundesverfassungsgericht zu recht außer acht gelassen werden (vgl. BVerfGE 83, 89/98; 106, 225/232; 107, 218/237).

2. Justiz

Die Nationalsozialisten waren nicht willens, eine umfassend neue normative Ordnung zu schaffen. Ihre Einstellung zum liberalen Recht und zur Unabhängigkeit der Justiz war **negativ und opportunistisch** (*Broszat,* unten Rn. 687, S. 403). Sie beließen es beim bestehenden Recht und den Kompetenzen der Justiz, wenn dies mit ihren politischen Zielen und Vorhaben vereinbar war; sie modifizierten und korrigierten Inhalt und Anwendungsbereich von Rechtsvorschriften bzw. richterliche Kompetenzen, wenn diese ihren Zielen im Wege standen. Dort war dann die Abkehr vom abendländisch-rechtsstaatlichen Rechtsverständnis total: Die nationalsozialistische Weltanschauung bestimmte die Inhalte von Recht und Gerechtigkeit, und der Führer formte die nationalsozialistische Weltanschauung. So wurde Recht zum bloßen Vollzug des Führerwillens, der als oberste Rechtsquelle nicht einmal notwendigerweise veröffentlicht werden mußte (vgl. *Mertens,* unten Rn. 687, S. 67 ff.). *Hermann Göring* brachte es in einer Rede vor den Leitern der preußischen Staatsanwaltschaften auf den Punkt: „Das Recht und der Wille des Führers sind eins." (Deutsche Justiz vom 13. Juli 1934, S. 882)

Die **Verwaltungsgerichtsbarkeit** wurde zwar in ihrer Bedeutung zurückgedrängt, aber nicht aufgehoben. Sie hatte nicht länger die liberal-rechtsstaatliche Funktion, den einzelnen – der jetzt in der „Volksgemeinschaft" aufging – durch subjektive Rechte gegenüber staatlichen Eingriffen zu schützen; sie wurde jedoch als nützliches Instrument der Rechtsvereinheitlichung weiter verteidigt (vgl. *H.-C. Jasch,* Die Verwaltung 2005, S. 546 ff.). Auch aus diesem Grund kam es dann noch im Jahr 1941 zu der Einrichtung eines Reichsverwaltungsgerichts; das jedoch nur mehr ein „Torso auf den Ruinen des Rechtsstaats" (*Kohl,* unten Rn. 687, S. 502) blieb.

Das **politische Strafrecht** wurde besonders verschärft. Bereits in einem frühen Stadium, nämlich durch die Verordnung des Reichspräsidenten gegen Verrat am Deutschen Volke und hochverräterische Umtriebe vom 28. Februar 1933 (RGBl. I, S. 85; vgl. *von Münch*, Gesetze, Nr. 27), wurden die Begriffe des Landes- und Hochverrats über die Bestimmungen des Strafgesetzbuches hinaus erweitert. So stellte § 3 Abs. 1 der Verordnung selbst die Verbreitung von Nachrichten, die dem Ausland schon bekannt waren, als „landesverräterisch" unter Strafe. Bestraft wurde so die Kundgabe von Nachrichten im Inland, deren Verbreitung im Ausland man nicht hatte verhindern können. Damit war der Begriff des Landesverrats auf den Kopf gestellt. Zugleich wurde dem Denunziantentum Tür und Tor geöffnet. Ein berüchtigtes Beispiel für das „Gesetz als Waffe" (so der Untertitel der Schrift von *B. Dörner*, „Heimtücke", 1998) ist das folgende:

678 **„Heimtückegesetz"** vom 20. Dezember 1934 – Auszug –:

§ 1. (1) Wer vorsätzlich eine unwahre oder gröblich entstellte Behauptung tatsächlicher Art aufstellt oder verbreitet, die geeignet ist, das Wohl des Reichs oder das Ansehen der Reichsregierung oder das der Nationalsozialistischen Deutschen Arbeiterpartei oder ihrer Gliederungen schwer zu schädigen, wird, soweit nicht in anderen Vorschriften eine schwerere Strafe angedroht ist, mit Gefängnis bis zu zwei Jahren und, wenn er die Behauptung öffentlich aufstellt oder verbreitet, mit Gefängnis nicht unter drei Monaten bestraft.

(2) Wer die Tat grob fährlässig begeht, wird mit Gefängnis bis zu drei Monaten oder mit Geldstrafe bestraft.

(3) Richtet sich die Tat ausschließlich gegen das Ansehen der NSDAP. oder ihrer Gliederungen, so wird sie nur mit Zustimmung des Stellvertreters des Führers oder der von ihm bestimmten Stelle verfolgt.

§ 2. (1) Wer öffentlich gehässige, hetzerische oder von niedriger Gesinnung zeugende Äußerungen über leitende Persönlichkeiten des Staates oder der NSDAP, über ihre Anordnungen oder die von ihnen geschaffenen Einrichtungen macht, die geeignet sind, das Vertrauen des Volkes zur politischen Führung zu untergraben, wird mit Gefängnis bestraft.

(2) Den öffentlichen Äußerungen stehen nichtöffentliche böswillige Äußerungen gleich, wenn der Täter damit rechnet oder damit rechnen muß, daß die Äußerung in die Öffentlichkeit dringen werde.

(3) Die Tat wird nur auf Anordnung des Reichsministers der Justiz verfolgt; richtet sich die Tat gegen eine leitende Persönlichkeit der NSDAP, so trifft der Reichsminister der Justiz die Anordnung im Einvernehmen mit dem Stellvertreter des Führers.

(4) Der Reichsminister der Justiz bestimmt im Einvernehmen mit dem Stellvertreter des Führers den Kreis der leitenden Persönlichkeiten im Sinne des Absatzes 1.

(RGBl. I, S. 1269; vgl. *von Münch*, Gesetze, Nr. 33.)

679 Durch Verordnung der Reichsregierung vom 21. März 1933 (RGBl. I, S. 136; vgl. *von Münch*, Gesetze, Nr. 54) wurden für den Bereich des politischen Strafrechts **Sondergerichte** eingesetzt, die allerdings

§ 19. Herrschaftsprinzipien und -institutionen   335

kein nationalsozialistisches Novum waren. Bereits die Regierung *Papen* hatte durch Verordnung vom 9. August 1932, gestützt auf eine Notverordnung des Reichspräsidenten „gegen politischen Terror" vom gleichen Tag (RGBl. I, S. 404 bzw. 403; beide in *Huber,* Dok. IV, Nr. 463 f.), Sondergerichte konstituiert. Das Verfahren vor den Sondergerichten war durch eine drastische Beschränkung der Verteidigungsrechte des Angeklagten und durch den Ausschluß von Rechtsmittelinstanzen gekennzeichnet (vgl. *C. Oehler,* Die Rechtsprechung des Sondergerichts Mannheim 1933–1945, 1997, S. 52 ff.). Ihre Zuständigkeit wurde zunehmend ausgeweitet; 1943 waren an Sondergerichten fast ein Viertel aller Richter im OLG-Bezirk Hamm tätig (vgl. *H.-E. Niermann,* Politische Strafjustiz im Nationalsozialismus, 1996, S. 240).

Nachdem das Reichsgericht am 23. Dezember 1933 im sog. Reichstagsbrandprozeß vier kommunistische Angeklagte freigesprochen hatte, wurde als Antwort auf das „Versagen" der Justiz der **Volksgerichtshof** eingerichtet, der unter der „Führung" seines berüchtigten Präsidenten *Roland Freisler* vielfach weniger als ordentliches Gericht denn als ein mit justiziellen Mitteln arbeitendes politisches Terrorinstrument fungiert hat (vgl. *K. Marxen/H. Schlüter,* Terror und „Normalität", 2004). 680

Aus dem Antrittsschreiben **Roland Freislers** an Hitler: „Mein Dank für die Verantwortung, die Sie mir anvertraut haben, soll darin bestehen, daß ich treu und mit aller Kraft an der Sicherheit des Reiches und der inneren Geschlossenheit des Deutschen Volkes durch eigenes Beispiel als Richter und als Führer der Männer des Volksgerichtshofs arbeite; stolz, Ihnen, mein Führer, dem obersten Gerichtsherrn und Richter des Deutschen Volkes, für die Rechtsprechung Ihres höchsten politischen Gerichts verantwortlich zu sein. Der Volksgerichtshof wird sich stets bemühen, so zu urteilen, wie er glaubt, daß Sie, mein Führer, den Fall selbst beurteilen würden. Heil meinem Führer! In Treue Ihr politischer Soldat" (vgl. Im Namen des Deutschen Volkes. Justiz und Nationalsozialismus, 1989, S. 210). 681

Während des Zweiten Weltkrieges kam eine ungeheure Ausweitung der **Todesstrafe** hinzu. Sie wurde schon für bloße Meinungsäußerungen als Regelstrafe insbesondere in folgenden Fällen verhängt: Nach § 5 Abs. 1 Nr. 1 der Kriegssonderstrafrechtsverordnung vom 17. August 1938 (RGBl. I, S. 1455; vgl. *v. Münch,* Gesetze, Nr. 106) wurde wegen Zersetzung der Wehrkraft mit dem Tode bestraft, wer „öffentlich den Willen des deutschen oder verbündeten Volkes zur wehrhaften Selbstbehauptung zu lähmen oder zu zersetzen sucht". 682

Bei Polen und Juden in den eingegliederten Ostgebieten reichten nach I. Abs. 3 der sog. Polenstrafrechtsverordnung vom 4. Dezember 1941 (RGBl. I, S. 759; vgl. *v. Münch*, Gesetze, Nr. 81) schon „deutsch-feindliche Äußerungen" aus, z. B. das Singen polnischer patriotischer Lieder (vgl. *J. Zarusky*, ZNR 2000, S. 503/515). Das Reichsgericht legte die Tatbestandsmerkmale des Kriegsstrafrechts regelmäßig weit aus (*G. Gribbohm*, „Geführte" Strafjustiz, 2009, S. 16 ff., 26 ff.). Insgesamt wurden von deutschen Gerichten ca. 43.000 Todesurteile verhängt (*Dahm u. a.*, unten Rn. 687, S. 314).

683 Dies alles verhinderte nicht, daß die **Gestapo** in Konkurrenz zur politischen Strafjustiz trat. Im Gestapa wurden unter Leitung *Heydrichs* die Urteile der Gerichte in politischen Strafsachen systematisch erfaßt und ausgewertet. Das Gestapa behielt sich vor, trotz gegenteiliger gerichtlicher Anordnung insbesondere Kommunisten und Sozialdemokraten weiterhin in Schutzhaft zu belassen (vgl. *Gruchmann*, unten Rn. 687, S. 585). Desgleichen behielt es sich vor, Gerichtsurteile durch „polizeiliche Verwahrungsmaßnahmen", d. h. durch KZ-Haft, zu „korrigieren" (vgl. *R. Angermund*, Deutsche Richterschaft 1919–1945, 1990, S. 158 f.). Dabei kam es sogar vor, daß Urteile des Volksgerichtshofs in ihr Gegenteil verkehrt wurden. Wie es um die machtpolitischen Kräfteverhältnisse zwischen politischer Polizei und politischer Justiz bestellt war, zeigt folgendes Dokument:

684 **Mitteilung des Oberreichsanwalts beim Volksgerichtshof** an den Reichsjustizminister vom 29. Juli 1940: „Die Frage, ob und inwieweit es angezeigt ist, wegen Verdachts staatsfeindlicher Betätigung gerichtlich verhaftete Personen nach Aufhebung des Haftbefehls der Geheimen Staatspolizei zu überstellen, habe ich, soweit es sich um die Aufhebung des Haftbefehls durch den Volksgerichtshof handelt, mit dem Präsidenten des Volksgerichtshofes besprochen… Vorbehaltlich anderer Weisung werde ich künftig wie folgt verfahren: In Übereinstimmung mit dem Präsidenten des Volksgerichtshofs werde ich, wenn auf Freisprechen oder Einstellung des Verfahrens erkannt oder die Strafe durch die erlittene Untersuchungshaft verbüßt erklärt worden ist, die betroffenen Personen grundsätzlich der Geheimen Staatspolizei überstellen, außer wenn diese auf Rückführung ausdrücklich verzichtet hat. Kommt eine Freisprechung wegen erwiesener Unschuld in Betracht, so werde ich auf diesen Umstand die Geheime Staatspolizei vor der Überstellung hinweisen und bei ihr anfragen, ob sich eine Überstellung erübrigt. Sollte demgegenüber die Geheime Staatspolizei die Verhängung von Schutzhaft für geboten erklären, so werde ich die Überstellung veranlassen" (vgl. *Broszat*, unten Rn. 687, S. 412).

VII. Die Fortgeltung der Weimarer Reichsverfassung

Die Nationalsozialisten haben die Weimarer Reichsverfassung weder formell aufgehoben noch durch eine neue (nationalsozialistische) Verfassung ersetzt. Allerdings ist die Weimarer Reichsverfassung in wesentlichen Punkten **materiell dauerhaft außer Kraft** gesetzt worden: die Grundrechte durch die „Reichstagsbrandverordnung", die Gewaltenteilung und das demokratische Prinzip durch das „Ermächtigungsgesetz", das föderative Prinzip durch die Gesetze zur Gleichschaltung der Länder mit dem Reich. Die Frage der (Weiter-)Geltung der Verfassung ist jedoch für die Beurteilung der Herrschaftssituation in einem System, in dem Staat, Verfassung und Recht aus dem Zentrum des politischen Denkens entschwanden und der totalitären Führungsidee Platz machten (vgl. *Grawert,* unten Rn. 687, S. 236; *Stolleis,* Geschichte III, S. 318), nur von untergeordneter Bedeutung. Gegenüber einem Regime, das sich – einmal etabliert – jeder normativen Begrenzung entzog, konnten weder die Weimarer Reichsverfassung noch irgendeine andere Verfassung eine Ordnungs- und Steuerungsfunktion ausüben. So vertrat *Carl Schmitt* schon 1933 die Rechtsauffassung, daß die Weimarer Reichsverfassung zu gelten aufgehört habe und das völkische Recht auf seiner eigenen Grundlage ruhe (unten Rn. 687, S. 5 f.), und *E. Forsthoff* erklärte 1935 die Verfassungsfrage schlicht für „erledigt" (Deutsches Recht 1935, S. 332).

685

Ernst Rudolf Huber: „Die Eroberung der Macht durch die nationalsozialistische Bewegung war eine wirkliche Revolution. Sie war nicht nur eine Revolution im weltanschaulichen und geistigen Sinne, wenn auch der Kern des Umbruchs in der radikalen Abkehr von Individualismus und Liberalismus, von Materialismus und Marxismus bestand. Aber dieser geistige Umbruch hat in den Ereignissen von 1933 auch zu einem politischen und rechtlichen Umsturz geführt. Das bisherige staatliche System wurde nicht nur geistig überwunden, sondern auch in seinen Einrichtungen und Formen umgestoßen. Zum Wesen der Revolution gehört, daß die bisherige Verfassung vernichtet wird, und daß zugleich eine neue Grundordnung an ihre Stelle tritt. Die nationalsozialistische Revolution hat die Weimarer Verfassung als Gesamtsystem beseitigt; sie hat zugleich die völkische Verfassung aufgerichtet" (vgl. unten Rn. 687, S. 44).

686

VIII. Literatur

687 *W. Benz/H. Graml/H. Weiß* (Hg.), Enzyklopädie des Nationalsozialismus, 5. Aufl. 2007; *K. D. Bracher,* Die deutsche Diktatur, 1997; *M. Broszat,* Der Staat Hitlers, 15. Aufl. 2000; *N. Burleigh,* Die Zeit des Nationalsozialismus, 2000; *E. Conze/N. Frei/P. Hayes/M. Zimmermann,* Das Amt und die Vergangenheit, 2010; *V. Dahm/A. A. Feiber/H. Mehringer/H. Möller* (Hg.), Die tödliche Utopie, 5. Aufl. 2008; *P. Diehl-Thiele,* Partei und Staat im Dritten Reich. Untersuchungen zum Verhältnis von NSDAP und allgemeiner innerer Staatsverwaltung 1933–1945, 2. Aufl. 1971; *H. Dreier,* Die deutsche Staatsrechtslehre in der Zeit des Nationalsozialismus, in: VVDStRL 60 (2001), S. 9 ff.; *F. J. Düwell/T. Vormbaum* (Hg.), Recht und Nationalsozialismus, 1998; *C. Essner,* Die „Nürnberger Gesetze" oder Die Verwaltung des Rassenwahns 1933–1945, 2002; *E. Forsthoff,* Der totale Staat, 1933; *E. Fraenkel,* Der Doppelstaat, hg. v. *A. v. Brünneck,* 2. Aufl. 2001; *H. Frank* (Hg.), Nationalsozialistisches Handbuch für Recht und Gesetzgebung, 2. Aufl. 1935; *N. Frei,* Der Führerstaat. Nationalsozialistische Herrschaft 1933–1945, 8. Aufl. 2007; *R. Grawert,* Die nationalsozialistische Herrschaft, in: *Isensee/Kirchhof,* HdbStR I, S. 235 ff.; *L. Gruchmann,* Justiz im Dritten Reich 1933–1940, 3. Aufl. 2001; *U. von Hehl,* Nationalsozialistische Herrschaft, 2. Aufl. 2001; *L. Herbst,* Das nationalsozialistische Deutschland 1933–1945. Die Entfesselung der Gewalt: Rassismus und Krieg, 1996 (Nachdruck 2005); *K. Hildebrandt,* Das Dritte Reich, 6. Aufl. 2003; *M. Hirsch/D. Majer/J. Meinck* (Hg.), Recht, Verwaltung und Justiz im Nationalsozialismus, 2. Aufl. 1997; *E. R. Huber,* Verfassungsrecht des Großdeutschen Reiches, 2. Aufl. 1939; *O. Koellreutter,* Deutsches Verfassungsrecht, 3. Aufl. 1938; *W. Kohl,* Das Reichsverwaltungsgericht, 1991; *E. Matthias/R. Morsey,* Das Ende der Parteien 1933, 1960 (Nachdruck 1984); *B. Mertens,* Rechtsetzung im Nationalsozialismus, 2009; *M. Messerschmidt,* Die Wehrmachtjustiz 1933–1945, 2005; *U. Moll* (Hg.), „Führer-Erlasse" 1939–1945, 1997; *H. Mommsen,* Beamtentum im Dritten Reich, 1966; *R. Morsey* (Hg.), Das „Ermächtigungsgesetz" vom 24. März 1933. Quellen zur Geschichte und Interpretation des „Gesetzes zur Behebung der Not von Volk und Reich", 2010; *H. Ostendorf,* Dokumentation des NS-Strafrechts, 2000; *W. Pauly,* Die deutsche Staatsrechtslehre in der Zeit des Nationalsozialismus, in: VVDStRL 60 (2001), S. 73 ff.; *M. Ruck,* Bibliographie zum Nationalsozialismus, 2. Aufl. 2000; *C. Schmitt,* Staat, Bewegung, Volk, 1933; *W. Schulte* (Hg.), Die Polizei im NS-Staat, 2009; *A. Schwegel,* Die Transformation des Polizeirechts im NS-Staat, JoJZG 2010, S. 93 ff.; *I. Strenge,* Machtübernahme 1933 – Alles auf legalem Weg?, 2002; *A. Wirsching* (Hg.), Das Jahr 1933, 2009.

Kapitel 10. Demokratischer Neubeginn 1945 bis 1949

§ 20. Besatzungsherrschaft und Anfänge staatlicher Reorganisation

I. Zeittafel

1945 Selbstmord *Hitlers* (30. 4.)
 Kapitulation der deutschen Wehrmacht (7./8. 5.)
 Erste Ernennung eines Ministerpräsidenten durch die Amerikaner in Bayern (28. 5.)
 Berliner Erklärung (5. 6.)
 Zusammentritt des Alliierten Kontrollrats (30. 7.)
 Potsdamer Abkommen (2. 8.)
 Beginn der Nürnberger Prozesse (20. 11.)
1946 Gesetz zur Befreiung von Nationalsozialismus und Militarismus (5. 3.)
 Vereinigung von KPD und SPD zur SED (21./22. 4.)
 Wahlen zu Verfassunggebenden Versammlungen in der amerikanischen Besatzungszone (Juni)
 Inkrafttreten der Verfassungen von Württemberg-Baden, Hessen und Bayern (Nov./Dez.)
1947 Inkrafttreten der Verfassungen der Mark Brandenburg und von Mecklenburg-Vorpommern, Sachsen, Sachsen-Anhalt und Thüringen (Jan. – März)
 Auflösung Preußens durch das Kontrollratsgesetz Nr. 46 (25. 2.)
 Inkrafttreten der Verfassungen von Baden, Rheinland-Pfalz und Württemberg-Hohenzollern (Mai)
 Inkrafttreten der Bremischen Verfassung (Okt.)
 Inkrafttreten der Verfassung des Saarlandes (Dez.)

II. Der Zusammenbruch der nationalsozialistischen Herrschaft

1. Kapitulation

689 Die nationalsozialistische Herrschaft endete in der militärischen, politischen und moralischen **Katastrophe Deutschlands**. Nach dem Zusammenbruch aller Fronten, mehreren Kapitulationen von Teilstreitkräften und der Zerstörung vieler Städte war Deutschland bis Anfang Mai 1945 vollständig von den Alliierten besetzt. Nach dem Selbstmord *Hitlers* am 30. April 1945 amtierte zwar noch eine von ihm eingesetzte „geschäftsführende Reichsregierung" unter Admiral *Dönitz* in Mürwik bei Flensburg, bis deren Mitglieder am 23. Mai 1945 verhaftet wurden. Diese hatte aber keinerlei effektive Staatsgewalt mehr.

690 Im Auftrag von *Dönitz* sollte Generaloberst *Jodl* in Reims mit dem amerikanischen Oberbefehlshaber *Eisenhower* eine Teilkapitulation im Westen abschließen. *Eisenhower* bestand aber auf einer Gesamtkapitulation, die am 7. Mai 1945 von *Jodl* „im Namen des deutschen Oberkommandos" unterzeichnet und am **8. Mai 1945** um 23.01 Uhr wirksam wurde. Auf Verlangen der Sowjetunion wurde die Kapitulation am 8. Mai 1945 im sowjetischen Hauptquartier in Berlin-Karlshorst wiederholt. Die im wesentlichen inhaltsgleiche Urkunde wurde nunmehr von den Befehlshabern der drei Waffengattungen, Generalfeldmarschall *Keitel*, Generaloberst *Stumpff* und Admiral *von Friedeburg*, unterzeichnet.

691 **Kapitulationsurkunde** vom 8. Mai 1945 – Auszug –:
„1. Wir, die hier Unterzeichneten, die wir im Auftrage des Oberkommandos der Deutschen Wehrmacht handeln, übergeben hiermit bedingungslos dem Obersten Befehlshaber der Alliierten Expeditionsstreitkräfte und gleichzeitig dem Oberkommando der Roten Armee alle gegenwärtig unter deutschem Befehl stehenden Streitkräfte zu Lande, zu Wasser und in der Luft.
4. Diese Kapitulationserklärung stellt kein Präjudiz für an ihre Stelle tretende allgemeine Kapitulationsbestimmungen dar, die durch die Vereinten Nationen oder in deren Namen festgesetzt werden und Deutschland und die Deutsche Wehrmacht als Ganzes betreffen werden."
(ABl. des Kontrollrats, Ergänzungsblatt Nr. 1, S. 6; vgl. *Rauschning*, Gesamtverfassung, S. 74.)

692 Obwohl später vereinfachend von der Kapitulation Deutschlands gesprochen worden ist, handelte es sich um die **Kapitulation der**

§ 20. Besatzungsherrschaft und Anfänge staatlicher Reorganisation

Streitkräfte. Das ergibt sich sowohl aus dem Text der Urkunde als auch aus den äußeren Umständen und entspricht der völkerrechtlichen Lehre: Die Kapitulation ist ein völkerrechtlicher Vertrag, der die bewaffneten Schädigungshandlungen endgültig beendet, indem die von der Kapitulation betroffenen Streitkräfte entwaffnet und in Kriegsgefangenschaft genommen werden; als bedingungslos wird eine Kapitulation bezeichnet, wenn sie keine besonderen Ausnahmeregelungen, wie etwa den teilweise freien Abzug von Truppen oder die Aufrechterhaltung einzelner bewaffneter Verbände enthält (vgl. *K. Ipsen,* Völkerrecht, 5. Aufl. 2004, § 68 Rn. 7f.). Aus der Kapitulation vom 8. Mai 1945 können daher keine Folgerungen für die Rechtslage Deutschlands (vgl. unten Rn. 697ff.) gezogen werden.

2. Übernahme der Staatsgewalt durch die Alliierten

Am 5. Juni 1945 gaben die Oberbefehlshaber der alliierten Streitkräfte, General *Eisenhower* (USA), Armeegeneral *Schukow* (UdSSR), Feldmarschall *Montgomery* (Vereinigtes Königreich) und Armeegeneral *Lattre de Tassigny* (Frankreich), die sog. **Berliner Erklärung** ab: 693

Präambel der Erklärung in Anbetracht der Niederlage Deutschlands und der Übernahme der obersten Regierungsgewalt hinsichtlich Deutschlands vom 5. Juni 1945: 694

„Die deutschen Streitkräfte zu Lande, zu Wasser und in der Luft sind vollständig geschlagen und haben bedingungslos kapituliert, und Deutschland, das für den Krieg verantwortlich ist, ist nicht mehr fähig, sich dem Willen der siegreichen Mächte zu widersetzen. Dadurch ist die bedingungslose Kapitulation Deutschlands erfolgt, und Deutschland unterwirft sich allen Forderungen, die ihm jetzt oder später auferlegt werden.

Es gibt in Deutschland keine zentrale Regierung oder Behörde, die fähig wäre, die Verantwortung für die Aufrechterhaltung der Ordnung, für die Verwaltung des Landes und für die Ausführung der Forderungen der siegreichen Mächte zu übernehmen.

Unter diesen Umständen ist es notwendig, unbeschadet späterer Beschlüsse, die hinsichtlich Deutschlands getroffen werden mögen, Vorkehrungen für die Einstellung weiterer Feindseligkeiten seitens der deutschen Streitkräfte, für die Aufrechterhaltung der Ordnung in Deutschland und für die Verwaltung des Landes zu treffen und die sofortigen Forderungen zu verkünden, denen Deutschland nachzukommen verpflichtet ist.

Die Vertreter der obersten Kommandobehörden des Vereinigten Königreichs, der Vereinigten Staaten von Amerika, der Union der Sozialistischen Sowjet-Republiken und der Französischen Republik, im folgenden „Alliierte Vertreter" genannt, die mit der Vollmacht ihrer betreffenden Regierungen und

im Interesse der Vereinten Nationen handeln, geben dementsprechend die folgende Erklärung ab:
Die Regierungen des Vereinigten Königreichs, der Vereinigten Staaten von Amerika, der Union der Sozialistischen Sowjet-Republiken und die Provisorische Regierung der Französischen Republik übernehmen hiermit die oberste Regierungsgewalt in Deutschland, einschließlich aller Befugnisse der deutschen Regierung, des Oberkommandos der Wehrmacht und der Regierungen, Verwaltungen oder Behörden der Länder, Städte und Gemeinden. Die Übernahme zu den vorstehend genannten Zwecken der besagten Regierungsgewalt und Befugnisse bewirkt nicht die Annektierung Deutschlands.
Die Regierungen des Vereinigten Königreichs, der Vereinigten Staaten von Amerika, der Union der Sozialistischen Sowjet-Republiken und die Provisorische Regierung der Französischen Republik werden später die Grenzen Deutschlands oder irgendeines Teiles Deutschlands und die rechtliche Stellung Deutschlands oder irgendeines Gebietes, das gegenwärtig einen Teil deutschen Gebietes bildet, festlegen.
Kraft der obersten Regierungsgewalt und Befugnisse, die die vier Regierungen auf die Weise übernommen haben, verkünden die Alliierten Vertreter die folgenden Forderungen, die sich aus der vollständigen Niederlage und der bedingungslosen Kapitulation Deutschlands ergeben und denen Deutschland nachzukommen verpflichtet ist."
(ABl. des Kontrollrats, Ergänzungsblatt Nr. 1, S. 7ff.; vgl. *Rauschning,* Gesamtverfassung, S. 87.)

695 Statt mit „oberster Regierungsgewalt" wird der englische Originalbegriff „supreme authority" besser mit **„Staatsgewalt"** übersetzt. Die Übernahme durch die Alliierten betraf also nicht nur die Regierung als die Spitze der Exekutive, sondern alle Bereiche der Staatsgewalt. Die Übernahme war auch insoweit umfassend, als „Deutschland" den Forderungen, die in Art. 1–13 der Erklärung aufgestellt waren, „nachzukommen verpflichtet" war, und die uneingeschränkte Pflicht zur Befolgung Alliierter Anordnungen gem. Art. 13 „alle deutschen Behörden und das deutsche Volk" traf. Danach übten auch die deutschen Organe der Legislative und Judikative, die in der Folge entstanden, nur abgeleitete und nachgeordnete Staatsgewalt aus. Inhaber der gesamten Staatsgewalt waren die Alliierten.

696 Die Berliner Erklärung wurde von „Feststellungen" begleitet, von denen eine die **Einrichtung von Besatzungszonen** in Deutschland betraf (vgl. *Dürig/Rudolf,* Texte, S. 222). Schon in der zweiten Jahreshälfte 1944 waren die USA, die Sowjetunion und Großbritannien übereingekommen, nach Kriegsende Deutschland in den Grenzen vom 31. Dezember 1937 zum Zweck der Besatzung in drei Zonen einzuteilen, die jeweils einer der drei Mächte zugewiesen werden sollten. Das Gebiet von Groß-Berlin sollte keiner der drei Zonen zugeschlagen, sondern der gemeinsamen Besatzungshoheit der drei Mächte unterworfen werden. Die USA sollten die Südwestzone sowie als Seeverbindung Bremerhaven, Großbritannien die Nordwestzone und die Sowjetunion die Ostzone erhalten. Der sowjetische Einflußbereich umfaßte danach im wesentlichen die Gebiete Mecklenburgs, Pommerns, Brandenburgs, Sachsen-Anhalts, Sachsens, Thüringens, Schlesiens und Ostpreußens, von denen allerdings die östlich der Oder-Neiße-Linie gelegenen später unter polnische bzw. russische Verwaltung gestellt wurden. Süddeutschland einschließlich Hessen fiel an die USA, während Schleswig-Holstein, Niedersachsen, Westfalen und die sog. Rheinprovinz die britische Besatzungszone bildeten. Erst später wurde auch eine französische Besatzungszone eingerichtet, allerdings nur auf Kosten der USA und Großbritanniens, da sich die Sowjetunion weigerte, ihre Zone zu verkleinern. Die französische Besatzungszone umfaßte das Saarland, Rheinland-Pfalz sowie Teile Hessens und Baden-Württembergs, die im wesentlichen nach Kreisgebieten gekennzeichnet waren.

3. Die Rechtslage Deutschlands

Ist das **Deutsche Reich als Völkerrechtssubjekt** durch den totalen Zusammenbruch untergegangen oder bestand es fort? Diese Problematik hatte schon im Herbst 1944 *Hans Kelsen* erörtert (AJIL 1944, S. 689 ff.); sie gehörte von da an zu den beherrschenden staats- und völkerrechtlichen Themen der deutschen Nachkriegszeit. Endgültig wurde sie erst mit der Wiederherstellung der deutschen Einheit im Jahr 1990 beantwortet. Der Schwerpunkt der Diskussion verlagerte sich jedoch mit der Bildung zweier deutscher Staaten im Jahr 1949 auf die Erörterung des rechtlichen Status des geteilten Deutschland (vgl. *O. Luchterhandt,* in: *Isensee/Kirchhof,* HdbStR I, S. 423 ff.). 697

Nach der üblicherweise zugrunde gelegten Drei-Elemente-Lehre setzt der Begriff des Staates als Völkerrechtssubjekt das Vorhandensein eines Staatsvolks, eines Staatsgebiets und einer Staatsgewalt voraus. Da 1945 sowohl das Staatsvolk als auch das Staatsgebiet des Deutschen Reiches noch vorhanden waren, kreiste die Debatte im Kern um die Frage, ob die Staatsgewalt weggefallen war. Die **Untergangslehre** bejahte sie. Zwar stellte die Kapitulation der Wehrmacht vom 8. Mai 1945 hierfür noch kein ausreichendes Argument dar (vgl. oben Rn. 692). Doch schien die Übernahme der Staatsgewalt durch 698 die Alliierten am 5. Juni 1945 den Wegfall der Staatsgewalt des Deutschen Reiches herbeigeführt zu haben. In diesem Sinne behauptete vor allem *Kelsen:* „Germany certainly has ceased to exist as a sovereign state" (AJIL 1945, S. 518/521). Er sah nach der bedingungslosen Kapitulation zwei grundsätzliche rechtliche Möglichkeiten: den Status der occupatio bellica und den eines Kondominiums der Besatzungsmächte. Im Fall einer occupatio bellica stehe dem Okkupanten nur eine durch die Haager Landkriegsordnung begrenzte Verwaltungsbefugnis zu. Die erklärten Ziele der Alliierten, eine grundlegende Reform des politischen Systems in Deutschland und eine Umerziehung des deutschen Volks (vgl. unten Rn. 719 ff.) herbeizuführen, gingen aber darüber hinaus. Daher müsse ein Kondominium der Besatzungsmächte angenommen werden, die ihre Staatsgewalt an die Stelle der Staatsgewalt des Deutschen Reiches gesetzt hätten.

699 Der kritische Punkt bei dieser Argumentation ist, ob wirklich eine definitive Ersetzung der Staatsgewalt stattgefunden hat. Die Völkerrechtslehre verlangt hierfür einen Akt der Unterwerfung (subjugation, debellatio), der jedenfalls bei einer Annexion des besiegten Staates gegeben ist. Eine Annexion Deutschlands ist aber von den Siegermächten ausdrücklich abgelehnt worden (vgl. oben Rn. 694). Viel spricht deshalb dafür, daß das rechtliche Schicksal des Deutschen Reiches als Völkerrechtssubjekt am 5. Juni 1945 noch in der Schwebe war. Erst als im weiteren Verlauf des Jahres 1945 die Pläne einer Zerstückelung (dismemberment) Deutschlands endgültig vom Tisch waren, erschien die **Fortbestandslehre** vollends plausibel. Die Alliierten und die Praxis anderer Staaten gingen nunmehr davon aus, daß Deutschland als Ganzes nicht untergegangen sei. Der Parlamentarische Rat stand dann ganz selbstverständlich auf dem Boden der Fortbestandslehre, wie die Präambel sowie die Art. 16, 23, 116 und 146 GG a. F. zeigten. Das Bundesverfassungsgericht stellte dementsprechend in seinem Urteil über den Grundlagenvertrag zwischen der Bundesrepublik und der DDR von 1972 fest: „Das Grundgesetz – nicht nur eine These der Völkerrechtslehre und der Staatsrechtslehre! – geht davon aus, daß das Deutsche Reich den Zusammenbruch 1945 überdauert hat und weder mit der Kapitulation noch durch Ausübung fremder Staatsgewalt in Deutschland durch die alliierten Okkupationsmächte noch später untergegangen ist" (BVerfGE 36, 1/15 f.).

III. Strukturen der Besatzungsherrschaft

1. Organisation

a) **Gemeinsame Einrichtungen.** Schon vor Kriegsende hatten die vier Siegermächte für die Zeit nach der Niederlage Deutschlands ein Abkommen über Kontrolleinrichtungen in dem besetzten Land geschlossen. Danach sollte die oberste Gewalt in Deutschland von den Oberbefehlshabern der Streitkräfte der vier Siegermächte nach Weisungen ihrer jeweiligen Regierungen ausgeübt werden, und zwar getrennt von jedem in seiner eigenen Besatzungszone und gemeinsam als Mitglieder des höchsten Kontrollorgans in allen Deutschland als Ganzes betreffenden Angelegenheiten. Dieses höchste Kontrollorgan war der **Alliierte Kontrollrat,** der folgende Aufgaben hatte: 700

Art. 3 Buchst. b des Abkommens über Kontrolleinrichtungen in Deutschland vom 14. November 1944: 701
„I) die angemessene Einheitlichkeit des Vorgehens der Oberbefehlshaber in ihren jeweiligen Besatzungszonen sicherzustellen;
II) Pläne aufzustellen und im gegenseitigen Einvernehmen Entscheidungen zu treffen über die wesentlichen, Deutschland als Ganzes betreffenden militärischen, politischen, wirtschaftlichen und sonstigen Fragen, und zwar gemäß den jedem Oberbefehlshaber von seiner Regierung erteilten Weisungen;
III) die deutsche Zentralverwaltung zu überwachen, die nach Anweisungen des Kontrollrates tätig und diesem für die Sicherstellung der Erfüllung seiner Forderungen verantwortlich sein wird;
IV) die Verwaltung Groß-Berlins durch entsprechende Organe zu leiten."
(Vgl. *Rauschning,* Gesamtverfassung, S. 84.)

Der Kontrollrat war auf diese Weise **oberstes Gesetzgebungs- und Exekutivorgan** (*Stern,* StR V, S. 944). Seine Haupttätigkeit bestand in der Rechtsetzung mittels Proklamationen, Gesetzen und Befehlen, die für alle in Deutschland lebenden Personen verbindlich waren. Diese Ausübung von Staatsgewalt war nicht vom deutschen Volk abgeleitet, sondern aus der völkerrechtlich legitimierten Besatzungshoheit. Dabei war die rechtliche Einordnung des Kontrollrats und seiner Tätigkeit umstritten (vgl. *Stolleis,* unten Rn. 758, S. 288). Vom Boden der Fortbestandslehre (vgl. oben Rn. 699) war es konsequent, ihm eine Doppelnatur zuzuweisen: Zum einen nahm er treuhänderisch die (verwaiste) deutsche Staatsgewalt wahr, zum anderen bildete er ein gemeinsames völkerrechtliches Organ der vier Besatzungsmächte und übte deren Staatsgewalt in Deutschland aus. 702

346 Kap. 10. Demokratischer Neubeginn 1945 bis 1949

703 Der Kontrollrat trat erstmals am 30. Juli 1945 im Gebäude des Kammergerichts in Berlin zusammen; er beendete seine Tätigkeit am 20. März 1948, als der sowjetische Vertreter aus dem Kontrollrat austrat (vgl. *L. D. Clay,* Entscheidung in Deutschland, 1950, S. 394). Dies war Folge der Zuspitzung des Ost-West-Konflikts, der gemeinsame Entscheidungen über Deutschland als Ganzes nicht mehr zuließ. Rechtstechnisch wirkte sich von Anfang an das **Einstimmigkeitsprinzip,** wonach jeder der vier Oberbefehlshaber ein Vetorecht besaß, als schädlich für die Arbeit des Kontrollrats aus.

704 Eine parallele Organisation bestand für die Besatzungsherrschaft über **Groß-Berlin.** Das gemeinsame Organ war insoweit eine Interalliierte Regierungsbehörde (Komendatura oder Kommandantur), die allerdings dem Kontrollrat unterstand. Die Alliierte Kommandantur arbeitete von Juli 1945 an und gab Groß-Berlin sogar eine vorläufige Verfassung vom 13. August 1946 (VOBl. Berlin, S. 294). Im Juni 1948 kündigte die Sowjetunion ihre Mitarbeit auch in diesem Gremium auf, ein Ereignis, das gleichzeitig den Auftakt zu der am 24. Juni 1948 beginnenden Berlin-Blockade bildete, die von den Westalliierten mit der berühmten Luftbrücke beantwortet wurde (vgl. unten Rn. 773).

705 **b) Zonale Einrichtungen.** Die Oberbefehlshaber der Streitkräfte in den vier Besatzungszonen waren zugleich die Chefs der jeweiligen **Militärregierungen;** sie wurden in der amerikanischen und britischen Zone Militärgouverneure genannt. Von besonderer Bedeutung waren das amerikanische „Office of Military Government for Germany" (OMGUS) und die „Sowjetische Militär-Administration in Deutschland" (SMAD). Entsprechend den verschiedenen Auffassungen der Siegermächte über die zukünftige staatliche Organisation Deutschlands divergierten sowohl der Umfang und die Intensität, mit denen deutsche Verwaltungsbehörden herangezogen wurden (vgl. unten Rn. 740 ff.), als auch das Maß der Vereinheitlichung der Verwaltung innerhalb der Besatzungszonen. Dabei spielte zudem eine Rolle, daß in den Besatzungszonen in unterschiedlicher Weise auf gewachsene Verwaltungsstrukturen aufgebaut werden konnte.

706 Die Politik der **amerikanischen Militärregierung** mit General *Clay* als führendem Kopf war zwar grundsätzlich föderalistisch ausgerichtet, aber einer engen Kooperation innerhalb der Besatzungszone nicht abgeneigt. So entstand schon Ende 1945 der Länderrat als gemeinsames Organ der drei Länder Bayern, Großhessen und

Württemberg-Baden. Er diente der Koordination, schuf gemeinsame Einrichtungen für das amerikanische Besatzungsgebiet (sog. Zoneneinrichtungen) und konnte durch gemeinsamen Beschluß der Ministerpräsidenten, die anfangs von der Militärregierung ernannt wurden, sogar zoneneinheitliches Recht setzen. Später kam als beratendes Organ ein Parlamentarischer Rat hinzu, dessen Name Vorbild für das Gremium war, das später das Grundgesetz ausarbeitete (vgl. unten Rn. 786 ff.).

Die Politik der **britischen Militärregierung** war zentralistischer 707 ausgerichtet als die amerikanische. Die Briten schufen drei deutsche Zonengesamteinrichtungen: Die Zonenzentralämter waren schon zonalen Ministerien vergleichbar, während der Zonenbeirat als politisches Vertretungsorgan und die mit Koordinationsaufgaben betraute Länderkonferenz der britischen Zone keine verbindlichen Entscheidungen treffen konnten.

Die Politik der **französischen Militärregierung** war entscheidend 708 von dem Bestreben geprägt, Sicherheit vor Deutschland zu erhalten. Die größte „sécurité pour la France" versprach ein gar nicht oder nur – nach dem Vorbild des Deutschen Bundes (vgl. oben Rn. 252 ff.) – lose vereintes Deutschland. Dementsprechend wurde auch innerhalb der französischen Besatzungszone möglichst wenig vereinheitlicht; der Aufbau einer deutschen Verwaltung kam nur schleppend voran. Das Saargebiet erhielt einen Sonderstatus, um die Angliederung an Frankreich zu betreiben.

Die Politik der **sowjetischen Militärregierung** zielte darauf ab, die 709 gesellschaftlichen und wirtschaftlichen Verhältnisse in ihrem Einflußgebiet von Grund auf zu verändern und ein kommunistisches Regime zu errichten. Die Sowjets schufen daher zum einen zentralistische Verwaltungsstrukturen und etablierten zum anderen eine sozialistische Planwirtschaft. Zu einem einheitlichen Steuerungsorgan entwickelte sich insoweit die Deutsche Wirtschaftskommission (DWK).

2. Ziele: Befreiung Deutschlands von Militarismus und Nationalsozialismus

Protokoll der Potsdamer Konferenz vom 2. August 1945 – Auszug –: 710
„III. Deutschland
A. Politische Grundsätze
3. Die Ziele der Besetzung Deutschlands, durch welche der Kontrollrat sich leiten lassen soll, sind:
(I) Völlige Abrüstung und Entmilitarisierung …

(III) Die Nationalsozialistische Partei mit ihren angeschlossenen Gliederungen und Unterorganisationen ist zu vernichten; ...
(IV) Die endgültige Umgestaltung des deutschen politischen Lebens auf demokratischer Grundlage und eine eventuelle friedliche Mitarbeit Deutschlands am internationalen Leben sind vorzubereiten.
4. Alle nazistischen Gesetze, welche die Grundlagen für das Hitlerregime geliefert haben oder eine Diskriminierung auf Grund der Rasse, Religion oder politischer Überzeugung errichteten, müssen abgeschafft werden ...
5. Kriegsverbrecher und alle diejenigen, die an der Planung oder Verwirklichung nazistischer Maßnahmen, die Greuel oder Kriegsverbrechen nach sich zogen oder als Ergebnis hatten, teilgenommen haben, sind zu verhaften und dem Gericht zu übergeben ...
6. Alle Mitglieder der nazistischen Partei, welche mehr als nominell an ihrer Tätigkeit teilgenommen haben, und alle anderen Personen, die den alliierten Zielen feindlich gegenüberstehen, sind aus den öffentlichen oder halböffentlichen Ämtern und von den verantwortlichen Posten in wichtigen Privatunternehmungen zu entfernen ...
8. Das Gerichtswesen wird entsprechend den Grundsätzen der Demokratie und der Gerechtigkeit auf der Grundlage der Gesetzlichkeit und der Gleichheit aller Bürger vor dem Gesetz ohne Unterschied der Rasse, der Nationalität und der Religion reorganisiert werden."
(ABl. des Kontrollrats, Ergänzungsblatt Nr. 1, S. 13 ff.; vgl. *Rauschning*, Gesamtverfassung, S. 99.)

711 a) Beseitigung nationalsozialistischen Rechts. Ein Drittel der 62 Gesetze, die der Kontrollrat erlassen hat, betraf die Beseitigung nationalsozialistischen Rechts (vgl. *Etzel*, unten Rn. 758, S. 80 ff.). Grundlegende Bedeutung hatten die folgenden:
- Das Kontrollratsgesetz Nr. 1 vom 20. September 1945 hob grundlegende nationalsozialistische Gesetze auf, z. B. das Ermächtigungsgesetz, das Gesetz gegen die Neubildung von Parteien, das preußische Gesetz über die Geheime Staatspolizei und Gesetze zur Judendiskriminierung (vgl. oben Rn. 616, 629, 658 f., 665).
- Das Kontrollratsgesetz Nr. 2 vom 10. Oktober 1945 ordnete die Auflösung und Liquidierung der NSDAP, ihrer Gliederungen, der ihr angeschlossenen Verbindungen und der von ihr abhängigen Organisationen (vgl. oben Rn. 669) an. Die NSDAP ist daher auch heute noch eine verbotene Partei (vgl. *B. Pieroth/B. Kampmann*, Jura 1986, S. 217/220).
- Das Kontrollratsgesetz Nr. 10 vom 20. Dezember 1945 schuf die Rechtsgrundlage für Strafverfahren gegen Personen, die sich eines Kriegsverbrechens, eines Verbrechens gegen den Frieden oder die Menschlichkeit schuldig gemacht hatten.

- Das Kontrollratsgesetz Nr. 11 vom 30. Januar 1946 bereinigte das Strafgesetzbuch von Tatbeständen des militärischen und politischen Strafrechts.
- Das Kontrollratsgesetz Nr. 16 vom 1. März 1946 reformierte das Eherecht, u. a. indem es die Eheverbote des Ehegesundheitsgesetzes (vgl. oben Rn. 651) aufhob.
- Das Kontrollratsgesetz Nr. 34 vom 20. August 1946 löste die Wehrmacht auf und hob die Militärstrafgerichtsordnung und das Militärstrafgesetzbuch auf.
- Das Kontrollratsgesetz Nr. 40 vom 1. Januar 1947 beseitigte das für die Arbeitsverfassung des Dritten Reichs zentrale Gesetz zur Ordnung der nationalen Arbeit (vgl. oben Rn. 631).

Zwar erscheint die Tätigkeit des Kontrollrats, soweit es um die Rechtsbereinigung ging, als **unsystematisch und unvollständig;** er hat seine mit Blick auf den Umfang der vorgefundenen Rechtsmasse und die zur Verfügung stehende Bearbeitungszeit äußerst schwierige Aufgabe „nur im groben gelöst" (*Stolleis,* unten Rn. 758, S. 289). Aber man kann nicht sagen, seine Bemühungen, das deutsche Recht vom nationalsozialistischen Ungeist zu befreien, seien gescheitert (so aber *Etzel,* unten Rn. 758, S. 133 ff.). Auch die symbolische Wirkung, die von einzelnen Gesetzen des Kontrollrats wie dem folgenden ausging, sollte nicht unterschätzt werden: 712

Gesetz Nr. 46 vom 25. Februar 1947 – Auszug –: 713
„Der Staat Preußen, der seit jeher Träger des Militarismus und der Reaktion in Deutschland gewesen ist, hat in Wirklichkeit zu bestehen aufgehört. Geleitet von dem Interesse an der Aufrechterhaltung des Friedens und der Sicherheit der Völker und erfüllt von dem Wunsche, die weitere Wiederherstellung des politischen Lebens in Deutschland auf demokratischer Grundlage zu sichern, erläßt der Kontrollrat das folgende Gesetz:
Art. I. Der **Staat Preußen,** seine Zentralregierung und alle nachgeordneten Behörden werden hiermit **aufgelöst."**
(ABl. des Kontrollrats, S. 262.)

Das Gesetz hatte insoweit eine eher symbolische Wirkung, als die Kompetenz zur föderalen Neugliederung Deutschlands ohnehin bei den Militärgouverneuren lag und darauf gestützt beispielsweise schon im August 1946 aus ehemals preußischen Gebieten von der britischen Militärregierung das Land Nordrhein-Westfalen gebildet worden war. Ob der **Untergang Preußens** erst durch dieses Gesetz, das nach seiner Eingangsformulierung („hat … zu bestehen aufgehört") auch einen bloß deklaratorischen Charakter haben könnte, oder 714 schon durch das Gesetz über den Neuaufbau des Reichs von 1934 (vgl. oben Rn. 626) bewirkt worden ist (vgl. *G. Gornig*, Territoriale Entwicklung und Untergang Preußens, 2000, S. 141 ff.), kann als rein theoretische Frage dahinstehen.

715 **b) Die Nürnberger Prozesse.** Vom 20. November 1945 bis zum 30. September 1946 fand in Nürnberg vor dem Internationalen Militärgerichtshof der Prozeß gegen 24 als **Hauptkriegsverbrecher** angesehene führende Repräsentanten des nationalsozialistischen Staates statt. Der Internationale Militärgerichtshof beruhte auf einem Abkommen der vier Besatzungsmächte, dem neunzehn kriegführende Staaten beigetreten waren. Dem Abkommen war ein Statut für den Gerichtshof beigefügt, das als Straftatbestände in erster Linie Verbrechen gegen den Frieden, Kriegsverbrechen und Verbrechen gegen die Menschlichkeit enthielt und ein stark dem englischen Recht folgendes gerichtliches Verfahren regelte. Der Gerichtshof verurteilte zwölf Angeklagte zum Tode durch den Strang (darunter *Frick, Göring, Jodl, Keitel*) und neun Angeklagte zu langjährigen Haftstrafen (darunter *Dönitz* und *von Neurath*); freigesprochen wurden drei Angeklagte (darunter *von Papen*; zu dessen Rolle vgl. oben Rn. 605, 622 f.).

716 Der Gerichtshof, der sich selbst nicht als Gericht der Sieger- und Besatzungsmächte, sondern als **internationales, völkerrechtliches Gericht** verstand, legitimierte seine Strafgewalt wie folgt: „Die Ausarbeitung des Statuts geschah in Ausübung der souveränen gesetzgebenden Gewalt jener Staaten, denen sich das Deutsche Reich bedingungslos ergeben hatte; und das zweifellose Recht jener Länder, für die besetzten Gebiete Gesetze zu erlassen, ist von der zivilisierten Welt anerkannt worden. Das Statut ist keine willkürliche Ausübung der Macht seitens der siegreichen Nationen, sondern ... der Ausdruck des zur Zeit der Schaffung des Statuts bestehenden Völkerrechts; und insoweit ist das Statut selbst ein Beitrag zum Völkerrecht" (vgl. *Stern*, StR V, S. 966). Die Begründung weist in mehrfacher Hinsicht Schwachstellen auf. Das klassische Völkerrecht kannte keine strafrechtliche Verantwortlichkeit von Einzelpersonen und Organisationen innerhalb eines Staates. Eine völkergewohnheitsrechtliche Geltung war angesichts des Fehlens vergleichbarer Präzedenzfälle nicht nachweisbar. Daher ließ sich auch leicht der Vorwurf eines Verstoßes gegen das rechtsstaatliche Rückwirkungsverbot erheben (vgl. *H. Hattenhauer*, Europäische Rechtsgeschichte, 2. Aufl. 1994, S. 722 ff.).

Gleichwohl sind die Nürnberger Prozesse – abgesehen von der Verhängung der Todesstrafe – als ein **mutiger Schritt** zur Entwicklung eines Völkerstrafrechts zu bewerten. Jedes Gewohnheitsrecht muß irgendwann einmal initiiert werden. Die allgemeine Anerkennung dieser Kategorie von Recht setzt den Bruch mit anderem Recht geradezu voraus. Unter welchen Umständen sollte sich ein völkerrechtlicher Straftatbestand des Verbrechens gegen die Menschlichkeit begründen lassen, wenn nicht angesichts der nationalsozialistischen Greueltaten? Die internationale Gemeinschaft ist auf dem in Nürnberg begonnenen Weg mit einzelnen Konventionen, wie der Konvention über die Verhütung und Bestrafung des Völkermordes vom 9. Dezember 1948 (BGBl. 1954 II, S. 730), und „International Tribunals", wie denen für das frühere Jugoslawien und für Ruanda, sowie jüngst mit dem Vertrag über den Internationalen Strafgerichtshof (International Criminal Court – ICC) weiter vorangeschritten. Heute wird das Nürnberger Recht zum gesicherten Bestand des Völkergewohnheitsrechts gerechnet. 717

Anschließend fanden auf der Grundlage des Kontrollratsgesetzes Nr. 10 (vgl. oben Rn. 711) vor US-amerikanischen Militärgerichten in Nürnberg noch **zwölf weitere Kriegsverbrecherprozesse** statt, darunter ein Juristenprozeß gegen vierzehn Angeklagte, vor allem Ministerialbeamte und Richter an Sondergerichten (vgl. *L. M. Peschel-Gutzeit* [Hg.], Das Nürnberger Juristen-Urteil von 1947, 1996); ferner ein Ärzteprozeß, ein Industriellenprozeß und Prozesse gegen Angehörige der SS und der Polizei sowie militärisches und politisches Führungspersonal. Die Urteile in diesen Prozessen fielen wesentlich milder als die gegen die Hauptkriegsverbrecher aus; die zu längeren Freiheitsstrafen Verurteilten kamen im übrigen nach einigen Jahren wieder frei. 718

c) Entnazifizierung und Reeducation. Bei der Befreiung der deutschen Gesellschaft vom Nationalsozialismus schlugen die Siegermächte unterschiedliche Wege ein: Während die Sowjetunion in ihrer Besatzungszone durch „die rigorose Entfernung der bürgerlichen Führungselite aus den öffentlichen Funktionen" (*Stern*, StR V, S. 983) auf eine Umwandlung der gesellschaftlichen und politischen Verhältnisse im kommunistischen Sinn hinarbeitete, favorisierten insbesondere die Amerikaner eine Sanktionierung des einzelnen entsprechend der jeweiligen individuellen Schuld und eine demokratische Umerziehung (reeducation). Das folgende sog. **Befreiungsgesetz**, mit dem die Entnazifizierung in deutsche Hände gelegt wurde, 719 erging für die amerikanische Besatzungszone; es war aber zugleich Vorbild für entsprechende Regelungen in der französischen und britischen Zone.

720 **Art. 1 des Gesetzes Nr. 104 zur Befreiung von Nationalsozialismus und Militarismus** vom 5. März 1946:
„1. Zur Befreiung unseres Volkes von Nationalsozialismus und Militarismus und zur Sicherung dauernder Grundlagen eines deutschen demokratischen Staatslebens in Frieden mit der Welt werden alle, die die nationalsozialistische Gewaltherrschaft aktiv unterstützt oder sich durch Verstöße gegen die Grundsätze der Gerechtigkeit und Menschlichkeit oder durch eigensüchtige Ausnutzung der dadurch geschaffenen Zustände verantwortlich gemacht haben, von der Einflußnahme auf das öffentliche, wirtschaftliche und kulturelle Leben ausgeschlossen und zur Wiedergutmachung verpflichtet.
2. Wer verantwortlich ist, wird zur Rechenschaft gezogen. Zugleich wird jedem Gelegenheit zur Rechtfertigung gegeben ..."
(Bayerisches GVBl., S. 146.)

721 Für das Verfahren wurden in der US-Zone 545 Spruchkammern mit 22 000 Mitgliedern eingerichtet. Grundlage der **Überprüfung** war ein Fragebogen mit 131 Fragen, den jeder Deutsche, der älter als 18 Jahre war, auszufüllen hatte. Von der Beantwortung und Überprüfung hing wesentlich die Einstufung als Hauptbeschuldigter, Belasteter, Minderbelasteter, Mitläufer und Entlasteter ab (sog. Belastungskategorien). Die Spruchkammern konnten Sühnemaßnahmen aller Art, zumeist mit finanziellen Auswirkungen, verhängen. Sie reichten von der Einweisung in ein Arbeitslager, der Einziehung des Vermögens, der Entlassung oder Arbeitsbeschränkung sowie dem Verlust der bürgerlichen Ehrenrechte bis zu Geldstrafen.

722 **Ernst von Salomon** hat in seinem Roman „Der Fragebogen" von 1951 die 131 Fragen zum Anknüpfungspunkt für eine Autobiographie genommen, in der zugleich Politik und Gesellschaft in Deutschland von 1918 bis 1949 reflektiert werden. Sein großer Erfolg war wohl vor allem darin begründet, daß die Verspottung der Entnazifizierung den Deutschen ein gutes Gewissen verschaffte (*H. Graml*, in: *J. Hürter/J. Zarusky* [Hg.], Epos Zeitgeschichte, 2010, S. 73/84). Die Frage Nr. 13 nach der „Art der Ausweiskarte" beantwortet er mit „Deutsche Kennkarte Nr. B 78 561" und führt dazu aus: „Der Besitz der Kennkarte ist hierzulande Zwang. Niemand konnte bislang seine Lebensmittelkarten erlangen, ohne im Besitz der Kennkarte zu sein. Die Kennkarte wurde aber nur demjenigen ausgehändigt, der nachweisen konnte, daß er seinen Meldebogen abgegeben hatte, den Meldebogen zum sogenannten Spruchkammergesetz, jenem Gesetz zur Befreiung von Nationalsozialismus und Militarismus vom 5. März 1946, über welches ich nicht zu streiten vermag, weil ich niemanden kenne, der über es anderer Ansicht ist als ich. Laut Spruchkam-

merbescheid bin ich von diesem Gesetz nicht betroffen. Ich halte es trotzdem für politisch dumm, menschlich infam und juristisch unmöglich. Ich bin der festen Überzeugung, daß ich mich durch die Abgabe eines Meldebogens, durch welchen das Gesetz erst imstande wurde, wirksam zu werden, schuldig machte der Teilnahme und Beihilfe zu einem Akt, den ich angesichts seiner Qualitäten (politisch dumm, menschlich infam und juristisch unmöglich) nicht anders als ein Verbrechen ansehen kann. Gab ich den Meldebogen aber nicht ab, so wurde ich durch die vortreffliche behördliche Vorsorge zum Tode durch Verhungern verurteilt, eine Strafe, der ich nur durch Begehen einer ganzen Reihe fortgesetzter ungesetzlicher Akte ausweichen konnte. Dies dünkt mich ein hübscher Fall von Gewissenskonflikt, den ich die hochachtbaren Herren mit dem Donnerkeil recht sehr zu bedenken bitte. Selbstverständlich gab ich den Meldebogen ab. Ich kenne niemanden, der bei gleicher Auffassung über dieses Gesetz und seine Urheber anders gehandelt hat." (Zit. nach der rororo-Taschenbuchausgabe von 1961, S. 43 f.)

Bei der **Durchführung der Entnazifizierung** verloren anfangs Hunderttausende ihren Arbeitsplatz. Es boten sich jedoch viele Gelegenheiten, den eigenen Lebenslauf umzudichten oder sich mit Hilfe sog. Persilscheine – Bescheinigungen anderer, daß man trotz formaler Verdachtsmomente wie z. B. der Parteimitgliedschaft dem Regime ablehnend gegenüberstand – zu entlasten. Auch wenn es daneben je nach Zone unterschiedlich konsequent und erfolgreich zur Auflösung der NS-Organisationen und zur Aufhebung von NS-Gesetzen kam, das Erziehungswesen überwacht sowie die Gerichte im Sinne der neuen Staatsauffassung reorganisiert wurden, gab es doch unzählige, vor allem personelle Kontinuitäten. Völlig unbefriedigend etwa fällt die Bilanz für den Juristenstand aus, wo trotz der unvorstellbaren Zahl von etwa 50 000 Todesurteilen deutscher Gerichte im Nationalsozialismus kein einziger der beteiligten Richter und Staatsanwälte von der Justiz der Bundesrepublik Deutschland strafrechtlich zur Verantwortung gezogen wurde. 723

Auch bei den Alliierten erlahmte bald der Eifer für die politische Säuberung. Der sich verschärfende Ost-West-Konflikt (vgl. unten Rn. 767 ff.) trug seit 1948 insbesondere zu einem Wandel der amerikanischen Entnazifizierungspolitik bei. Allgemein setzte sich die Ansicht durch, mit den Nürnberger Prozessen sei die juristische Vergangenheitsbewältigung abgeschlossen. Folglich kam es nach 1950 nur noch zu wenigen Entnazifizierungsverfahren, die gem. Art. 139 GG weiterhin rechtlich zulässig blieben (vgl. *G. Lübbe-Wolff*, NJW 1988, S. 1289 ff.). Gegen diesen Trend stellte sich allerdings ein Urteil des Bundesverfassungsgerichts von 1953, nach dem alle **Beamtenver-** 724 hältnisse aus der NS-Zeit mit der Kapitulation erloschen sind, da das damalige Berufsbeamtentum in seinem Wesen derart verändert worden sei, daß es als nur von der NSDAP und nicht mehr vom Staat selbst beherrscht und damit als durch die Alliierten beseitigt angesehen werden müsse (BVerfGE 3, 58 ff.). Auch wenn der unter anderem mit bereits in der NS-Zeit tätigen Richtern besetzte Große Senat des Bundesgerichtshofs heftige Einwände hiergegen erhob (vgl. BGHZ 13, 265/296 ff.), hielt das Bundesverfassungsgericht an seiner Auffassung fest (BVerfGE 6, 132 ff.).

725 Insgesamt war die Entnazifizierung **wenig erfolgreich.** Die „Revolution auf dem Papier" brachte Gesinnungsschnüffelei und Denunziantentum mit sich, führte zu einer falschen Solidarisierung und hinterließ den Eindruck, die kleinen Mitläufer seien „gehängt" und viele große Protagonisten des Hitler-Regimes geschont worden. Sie diente letztlich auch als Alibi für die fehlende Aufarbeitung der NS-Vergangenheit durch deutsche Behörden, Gerichte, Parteien und Politik. Dagegen hat die Reeducation durchaus zum Erfolg der bundesrepublikanischen Demokratie beigetragen (vgl. *U. Gerhardt,* Soziologie der Stunde Null, 2005).

3. Ausblick: Die Ablösung der Besatzungsherrschaft unter dem Grundgesetz

726 Das Ende der Tätigkeit des Alliierten Kontrollrats einerseits (vgl. oben Rn. 703) und das Wiederentstehen der deutschen Staatlichkeit andererseits (vgl. unten Rn. 742 ff.) führten zu einer großen Rechtsunsicherheit und ließen den Ruf nach einer „rechtsförmlichen Festlegung der Besatzungsgewalt" (*Stern,* StR V, S. 1378) laut werden. In langwierigen Beratungen der westlichen Alliierten untereinander, an denen nur gelegentlich auch deutsche Organe beteiligt wurden, entstand so das **Besatzungsstatut.** Es war in einer ersten Fassung Gegenstand des Dokuments III der Frankfurter Dokumente, ist aber in einer unwesentlich modifizierten Form erst am 21. September 1949, also nach Schaffung des Grundgesetzes, in Kraft getreten (vgl. *Benz,* unten Rn. 823, S. 333).

727 **Dokument III der Frankfurter Dokumente** vom 1. Juli 1948:
„Die Schaffung einer verfassungsmäßigen deutschen Regierung macht eine sorgfältige Definition der Beziehungen zwischen dieser Regierung und den alliierten Behörden notwendig.
Nach Ansicht der Militärgouverneure sollten sich diese Beziehungen auf den folgenden allgemeinen Grundsätzen aufbauen:

§ 20. Besatzungsherrschaft und Anfänge staatlicher Reorganisation

A. Die Militärgouverneure werden den deutschen Regierungen Befugnisse der Gesetzgebung, der Exekutive und der Rechtsprechung gewähren und sich selbst solche Zuständigkeiten vorbehalten, die nötig sind, um die Erfüllung des grundsätzlichen Zweckes der Besatzung sicherzustellen. Solche Zuständigkeiten sind diejenigen, welche nötig sind, um die Militärgouverneure in die Lage zu setzen:
a) Deutschlands auswärtige Beziehungen vorläufig wahrzunehmen und zu leiten.
b) Das Mindestmaß der notwendigen Kontrollen über den deutschen Außenhandel und über innerpolitische Richtlinien und Maßnahmen, die den Außenhandel nachteilig beeinflussen könnten, auszuüben, um zu gewährleisten, daß die Verpflichtungen, die die Besatzungsmächte in bezug auf Deutschland eingegangen sind, geachtet werden, und daß die für Deutschland verfügbar gemachten Mittel zweckmäßig verwendet werden.
c) Vereinbarte oder noch zu vereinbarende Kontrollen, wie z. B. in bezug auf die Internationale Ruhrbehörde, Reparationen, Stand der Industrie, Entkartellisierung, Abrüstung und Entmilitarisierung und gewisse Formen wissenschaftlicher Forschung auszuüben.
d) Das Ansehen der Besatzungsstreitkräfte zu schützen und sowohl ihre Sicherheit als auch die Befriedigung ihrer Bedürfnisse innerhalb bestimmter zwischen den Militärgouverneuren vereinbarter Grenzen zu gewährleisten.
e) Die Beachtung der von ihnen gebilligten Verfassung zu sichern.
B. Die Militärgouverneure werden die Ausübung ihrer vollen Machtbefugnisse im Notfalle wieder übernehmen, wenn die Sicherheit bedroht ist und um nötigenfalls die Beachtung der Verfassungen und des Besatzungsstatutes zu sichern.
C. Die Militärgouverneure werden die oben erwähnten Kontrollen nach folgendem Verfahren ausüben:
a) Jede Verfassungsänderung ist den Militärgouverneuren zur Genehmigung vorzulegen.
b) Auf den oben in den Absätzen a bis e in Paragraph A erwähnten Gebieten werden die deutschen Behörden den Beschlüssen oder Anweisungen der Militärgouverneure Folge leisten.
c) Sofern nicht anders bestimmt, insbesondere bezüglich der Anwendung des vorangehenden Paragraphen b, treten alle Gesetze und Bestimmungen der Bundesregierung ohne weiteres innerhalb von 21 Tagen in Kraft, wenn sie nicht von den Militärgouverneuren verworfen werden.
Die Beobachtung, Beratung und Unterstützung der Bundesregierung und der Länderregierungen hinsichtlich der Demokratisierung des politischen Lebens, der sozialen Verhältnisse und der Erziehung wird zur besonderen Verantwortlichkeit der Militärgouverneure gehören. Dies soll jedoch keine Beschränkung der diesen Regierungen zugestandenen Vollmachten auf den Gebieten der Gesetzgebung, Exekutive und Rechtsprechung bedeuten.
Die Militärgouverneure ersuchen die Ministerpräsidenten, sich zu den vorstehenden Grundsätzen zu äußern. Die Militärgouverneure werden daraufhin diese allgemeinen Grundsätze mit von ihnen etwa genehmigten Abänderun-

gen der Verfassunggebenden Versammlung als Richtschnur zur Vorbereitung der Verfassung übermitteln und werden die von ihr etwa dazu vorgebrachten Äußerungen entgegennehmen. Wenn die Militärgouverneure ihre Zustimmung dazu aussprechen, die Verfassung den Ländern zu unterbreiten, werden sie gleichzeitig ein Besatzungsstatut veröffentlichen, das diese Grundsätze in ihrer endgültig abgeänderten Form enthält, damit sich die Bevölkerung der Länder im klaren ist, daß sie die Verfassung im Rahmen dieses Besatzungsstatuts annimmt."

(Vgl. *B. Dennewitz*, in: Bonner Kommentar, Einl. S. 42 ff.)

728 In Übereinstimmung mit dem Genehmigungsschreiben der Militärgouverneure zum Grundgesetz (vgl. unten Rn. 797) ergab sich aus dem Besatzungsstatut, daß die Besatzungsmächte weiterhin die **Staatsgewalt** (vgl. oben Rn. 695) in Deutschland innehatten. Das Besatzungsstatut überlagerte deutsches Recht einschließlich des Grundgesetzes, hatte also Vorrang und konnte am Grundgesetz nicht gemessen werden (vgl. BVerfGE 2, 181/201; 3, 368/375; 7, 327/339; 8, 197/204). Besatzungsrecht konnte nur durch völkerrechtliche Verträge zwischen der Bundesrepublik und den Besatzungsmächten aufgehoben werden. Nach Nr. 3 S. 2 des Besatzungsstatuts behielten sich die Besatzungsmächte sogar das Recht vor, „entsprechend den Weisungen ihrer Regierungen die Ausübung der vollen Gewalt ganz oder teilweise wieder zu übernehmen, wenn sie dies für unerläßlich erachten für die Sicherheit oder zur Aufrechterhaltung der demokratischen Ordnung in Deutschland oder um den internationalen Verpflichtungen ihrer Regierungen nachzukommen" (vgl. EA 1949, S. 2074 ff.). Jedes deutsche Gesetz mußte den Besatzungsbehörden vorgelegt werden und konnte innerhalb einer Frist von drei Wochen am Inkrafttreten gehindert werden; Änderungen des Grundgesetzes bedurften vor ihrem Inkrafttreten sogar der ausdrücklichen Genehmigung der Besatzungsbehörden.

729 Die westlichen Besatzungsmächte übten ihre oberste Gewalt durch die **Alliierte Hohe Kommission** gem. einer von ihnen am 20. Juni 1949 erlassenen Satzung (EA 1949, S. 2323) aus. An der Spitze stand der Rat der drei Hohen Kommissare der Vereinigten Staaten, Großbritanniens und Frankreichs. In jedem Land amtierte ein Landeskommissar nach den Weisungen des Rats. Unterhalb des Rats gab es einen Verwaltungsausschuß, verschiedene Fachausschüsse und ein Alliiertes Generalsekretariat (*Stern*, StR V, S. 1393 f.). Den Militärbefehlshabern blieb daneben nur noch die Befehlsgewalt über die jeweiligen Besatzungsstreitkräfte und die dazugehörigen militärischen Einrichtungen.

§ 20. Besatzungsherrschaft und Anfänge staatlicher Reorganisation 357

Die Politik der Westintegration der Bundesregierung unter Bundeskanzler *Konrad Adenauer* zielte zugleich auf eine Revision und mittelfristig auf eine Abschaffung des Besatzungsstatuts. Nach mehreren Zwischenschritten wurde dieses Ziel durch den Vertrag über die Beziehungen zwischen der Bundesrepublik und den Drei Mächten vom 26. Mai 1952, kurz **Deutschland- oder Generalvertrag** genannt, erreicht. Der Deutschlandvertrag wurde ergänzt durch den Überleitungsvertrag, den Truppenvertrag und den Finanzvertrag, die alle am gleichen Tag unterzeichnet wurden. Alle diese Verträge konnten aber auf Grund des Scheiterns des Vertrags über eine Europäische Verteidigungsgemeinschaft in der Pariser Nationalversammlung zunächst nicht in Kraft treten. Sie wurden durch das Pariser Protokoll vom 23. Oktober 1954 leicht modifiziert und erlangten am 5. Mai 1955 Gesetzeskraft (BGBl. II, S. 305 ff.). 730

An diesem Tag erreichte die Bundesrepublik eine **fast vollständige Souveränität**. Abs. 1 des Deutschlandvertrags hob das Besatzungsstatut auf und erkannte der Bundesrepublik die vollen Rechte eines souveränen Staates zu. Die Alliierte Hohe Kommission und die Dienststellen der Landeskommissariate wurden aufgelöst; die Hohen Kommissare wurden Botschafter. Der Überleitungsvertrag ermächtigte zu einer weitgehenden Aufhebung des noch bestehenden Besatzungsrechts, wovon zwei Bundesgesetze vom 30. Mai 1956 Gebrauch machten (BGBl. I, S. 437 und 446). 731

Nicht unerhebliche **Einschränkungen** der vollständigen Souveränität ergaben sich allerdings aus Art. 2, 3 und 5 des Deutschlandvertrags, und zwar hinsichtlich 732
- der von den Drei Mächten „bisher ausgeübten oder innegehabten Rechte und Verantwortlichkeiten in bezug auf Berlin und auf Deutschland als Ganzes einschließlich der Wiedervereinigung Deutschlands und einer friedensvertraglichen Regelung";
- der von den Drei Mächten „bisher ausgeübten oder innegehabten Rechte in bezug auf die Stationierung von Streitkräften in der Bundesrepublik";
- des Schutzes der Sicherheit der alliierten Streitkräfte, einschließlich der Fähigkeit, „einer ernstlichen Störung der öffentlichen Sicherheit und Ordnung zu begegnen" (sog. Notstandsklausel).

Diese Einschränkungen sind erst nach und nach **weggefallen:** die Rechte und Verantwortlichkeiten in bezug auf Berlin und Deutschland als Ganzes durch den Zwei-plus-Vier-Vertrag vom 12. Septem- 733 ber 1990 (BGBl. II, S. 1318), die Rechte bezüglich der Stationierung von Streitkräften im wesentlichen durch die Aufnahme der Bundesrepublik in die NATO und die Notstandsklausel durch die als Notstandsverfassung bezeichnete Grundgesetzänderung vom 24. Juni 1968 (BGBl. I, S. 709). Es gibt allerdings vereinzelt auch heute noch fortgeltendes Besatzungsrecht (vgl. *R. Hofmann/T. Laubner*, JöR 2007, S. 123 ff.).

IV. Wiederentstehen des politischen Lebens und der staatlichen Einrichtungen

1. Reorganisation der politischen Parteien

734 Die (Wieder-)Zulassung politischer Parteien erfolgte zuerst in der sowjetischen Besatzungszone, dann folgten im Herbst 1945 auch die Amerikaner und Briten, zuletzt gegen Jahresende die Franzosen. Überall bedurfte die Gründung und Betätigung einer Partei einer **Lizenzierung durch die Besatzungsmächte.** Die handelnden Personen waren vielfach aus dem Exil zurückkehrende Politiker, die bereits in der Weimarer Republik aktiv gewesen waren, teils Beteiligte am Widerstand gegen das nationalsozialistische Regime, teils unauffällig gebliebene Mitläufer im Dritten Reich.

735 In den westlichen Besatzungszonen entstand in teilweiser Anknüpfung an die Parteienkonstellation der Weimarer Republik (vgl. oben Rn. 515, 548) ein **Vierparteiensystem:**
– Die KPD rekrutierte sich aus alten Anhängern und dem aus dem Moskauer Exil zurückkehrenden Führungspersonal. Nach der Bildung der SED in der sowjetischen Besatzungszone (vgl. unten Rn. 739) verlor die KPD gegenüber der SPD an Einfluß.
– Die SPD, deren führender Kopf *Kurt Schumacher* dem KZ nur knapp entronnen war, lehnte eine Vereinigung mit der KPD ab; sie strebte Demokratie und Sozialismus sowie die Wiederherstellung eines ungeteilten Deutschlands in den Grenzen von 1937 und im Rahmen einer europäischen Einigung an.
– Die CDU bildete eine neue, das frühere Zentrum einschließende, aber nunmehr überkonfessionelle Partei sowohl christlich-sozialer als auch bürgerlich-konservativer Ausrichtung. Einen parallelen Weg beschritt die CSU in Bayern.

– In der FDP schlossen sich die Liberalen erst 1948 formell zusammen, nachdem Gründungen liberaler Parteien unterschiedlicher Schattierungen in der Nachfolge von DDP und DVP bereits vorher zugelassen worden waren.

Daneben entstand eine Reihe **regionalbezogener und nicht dauerhafter Gründungen** wie die Bayernpartei (BP), die Deutsche Partei (DP) in Niedersachsen, das Zentrum mit Schwerpunkt in Nordrhein-Westfalen und den Bund der Heimatvertriebenen und Entrechteten (BHE) als Sammlung der Flüchtlinge aus dem Osten. Inhaltlich gab es unter dem unmittelbaren Eindruck der militärischen, politischen und moralischen Katastrophe Deutschlands manche Übereinstimmung in der Programmatik der großen Parteien, die später verlorengegangen ist, wie folgende Beispiele zeigen: 736

Ahlener Wirtschaftsprogramm der CDU vom 3. Februar 1947 – Auszug –: 737
„Das kapitalistische Wirtschaftssystem ist den staatlichen und sozialen Lebensinteressen des deutschen Volkes nicht gerecht geworden. Nach dem furchtbaren politischen, wirtschaftlichen und sozialen Zusammenbruch als Folge einer verbrecherischen Machtpolitik kann nur eine Neuordnung von Grund aus erfolgen.

Inhalt und Ziel dieser sozialen und wirtschaftlichen Neuordnung kann nicht mehr das kapitalistische Gewinn- und Machtstreben, sondern nur das Wohlergehen unseres Volkes sein. Durch eine gemeinwirtschaftliche Ordnung soll das deutsche Volk eine Wirtschafts- und Sozialverfassung erhalten, die dem Recht und der Würde des Menschen entspricht, dem geistigen und materiellen Aufbau unseres Volkes dient und den inneren und äußeren Frieden sichert."
(Vgl. *H. Kaack,* Geschichte und Struktur des deutschen Parteiensystems, 1971, S. 172.)

Politische Leitsätze der SPD vom Mai 1946 – Auszug –: 738
„I. In der Periode zwischen zwei Weltkriegen haben überall die Kräfte des Hochkapitalismus und der Reaktion versucht, den sozialistischen Konsequenzen der Demokratie zu entgehen. In Deutschland ist ihnen das auf Grund der ökonomischen, historischen und geistesgeschichtlichen Bedingungen gelungen.

Mit dem „Dritten Reich" war durch die Zerschlagung der politischen Kraft der arbeitenden Klasse die Demokratie außer Kurs gesetzt und durch das Fehlen demokratischer Willensbildung und Kontrolle die entscheidende Voraussetzung für die europäische Katastrophe gegeben. Das Versagen des deutschen Bürgertums und jenes Teils der Arbeiterbewegung, der den klassenpolitischen Wert der Demokratie nicht erkannt hatte, bildet den historischen Schuldanteil des deutschen Volkes. ...

Nicht nur die politischen Machtverhältnisse, sondern auch ihre ökonomischen Grundlagen müssen geändert werden. Nur eine völlige Umgestaltung gibt dem deutschen Volk die wirtschaftlichen und sozialen Lebensmöglichkeiten und sichert die Freiheit und den Frieden."
(Vgl. *Kaack,* oben Rn. 737, S. 163.)

739 In der **sowjetischen Besatzungszone** arbeitete die KPD mit massiver Unterstützung durch die SMAD (vgl. oben Rn. 705) von Anfang an auf die Bildung einer „Einheitsfront der Arbeiter", d. h. die Verschmelzung mit der SPD, hin. Mit Druck und falschen Versprechungen gelang es ihr, sich am 21./22. April 1946 mit der SPD zur Sozialistischen Einheitspartei Deutschlands (SED) zu vereinigen. Schon vorher hatten sich – ebenfalls unter der Anleitung der sowjetischen Militärregierung – alle Parteien zu einem Antifaschistischen Block zusammengeschlossen. Im Zentralen Blockausschuß, der für alle Untergliederungen verbindliche Beschlüsse faßte, spielten die Kommunisten die führende Rolle. „Antifa-Block" und SED verstanden es in der Folge, das politische Leben immer stärker zu beherrschen.

2. Kommunale Selbstverwaltung

740 Das Potsdamer Abkommen (vgl. oben Rn. 710) sah vor, die lokale Selbstverwaltung in ganz Deutschland nach demokratischen Grundsätzen wiederherzustellen. Der Wiederaufbau staatlicher Strukturen sollte **von unten nach oben** erfolgen. So wurden von allen Besatzungsmächten als erstes in den Gemeinden, Städten und (Land-)Kreisen unbelastete und den Alliierten vertrauenswürdig erscheinende Bürgermeister und Landräte eingesetzt. Wegen des Fehlens übergeordneter deutscher Behörden bildeten sie die einzige und oberste Verwaltungsinstanz, die natürlich den alliierten Behörden untergeordnet war. Alle wichtigen Entscheidungen mußten daher von diesen genehmigt werden. Es entstand „eine administrative und justizielle Tätigkeit in völliger Abhängigkeit von der jeweiligen Besatzungsmacht, in Unterordnung unter Kriegsrecht, ein Provisorium zur Überbrückung des Machtvakuums und zur Verhinderung von Hunger, Obdachlosigkeit und Kriminalität" (*Stolleis,* unten Rn. 758, S. 277).

741 Als **Rechtsgrundlagen** des kommunalen Verwaltungshandelns dienten teils Rechtsvorschriften aus der Zeit vor 1933, teils die von nationalsozialistischem Gedankengut, insbesondere dem Führerprinzip (vgl. BVerfGE 11, 266/274 f.), gereinigten Vorschriften der Deut-

schen Gemeindeordnung von 1935. Als erste überließen es die Amerikaner den Deutschen, eigene Landeskommunalgesetze zu erlassen. Die Briten führten in ihrer Besatzungszone dagegen die englische Gemeindeverfassung ein, die durch die alleinige Verantwortlichkeit des gewählten Rates für alle Angelegenheiten, die Doppelspitze mit einem jährlich gewählten Bürgermeister (Lord Mayor) und einem Gemeindedirektor (town clerk) sowie die lediglich ausführende Rolle der hauptamtlichen Verwaltung geprägt war (vgl. *J. Oebbecke*, AfK 1997, S. 116/119). Weitere kommunalrechtliche Varianten entstanden in der französischen und sowjetischen Besatzungszone. Dieser weitgehenden Ausdifferenzierung suchte der vom Deutschen Städtetag initiierte Weinheimer Entwurf für eine einheitliche deutsche Gemeindeordnung vom 2./3. Juli 1948 entgegenzusteuern. Er hatte zwar keinen unmittelbaren Erfolg, beeinflußte aber viele der später in den Ländern geschaffenen Gemeindeordnungen. Die ersten Kommunalwahlen fanden in allen Besatzungszonen im Jahr 1946 statt.

3. Länderneubildung

a) **Historischer Ablauf.** Im Zuge des demokratischen Neuaufbaus 742 von unten nach oben war der nächste Schritt die Ausstattung der Länder mit Verfassungen und gewählten Organen, nachdem zunächst die Alliierten unmittelbar nach Kriegsende jeweils deutsche Regierungen ernannt hatten (vgl. *Stern*, StR V, S. 1027ff.). Aufgrund ihrer unterschiedlichen Deutschlandpolitik (vgl. oben Rn. 706ff.) gingen die Besatzungsmächte bei der Wiederherstellung der Länderstaatlichkeit allerdings **unterschiedlich schnell** zu Werke.

Die Vorreiterrolle übernahm wiederum die **amerikanische Besat-** 743 **zungszone.** Schon am 28. Mai 1945 wurde in Bayern ein Ministerpräsident ernannt; im Herbst folgten Württemberg-Baden und Hessen nach. Im Februar 1946 erhielten die Ministerpräsidenten von der amerikanischen Militärregierung den verbindlichen Auftrag, die Verfassunggebung vorzubereiten (vgl. *Will*, unten Rn. 758, S. 44f.). Im Juni 1946 erfolgten Wahlen zu den Verfassunggebenden Versammlungen, die im Oktober 1946 Verfassungsentwürfe verabschiedeten. Über die Entwürfe fanden Volksabstimmungen statt, die überall große zustimmende Mehrheiten erbrachten. Sodann traten die Verfassung von Württemberg-Baden am 30. November 1946, die Hessische Verfassung am 1. Dezember 1946 und die Bayerische Verfassung am 8. Dezember 1946 in Kraft. Nur die Verfassungsentwicklung in

Bremen hinkte nach, weil dieses Land erst im Januar 1947 aufgrund eines britisch-amerikanischen Übereinkommens die Selbständigkeit erhielt und endgültig in die amerikanische Besatzungszone eingegliedert wurde (vgl. *Marßolek*, in: *Benz*, unten Rn. 823, S. 394 ff.). Hier übernahm die Bürgerschaft die Aufgabe einer Verfassunggebenden Versammlung und verabschiedete im September 1947 einen Verfassungsentwurf, der ebenfalls in einer Volksabstimmung mit großer Mehrheit angenommen wurde und am 21. Oktober 1947 in Kraft trat.

744 Die Verfassunggebung in der **französischen Besatzungszone** folgte kurz darauf; deutsche Regierungen waren hier allerdings erst ab Mitte 1946 eingesetzt worden. Auf Aufforderung der Militärregierung wurden in Baden, Rheinland-Pfalz und Württemberg-Hohenzollern im November 1946 Beratende Landesversammlungen in mittelbarer Wahl aus den Reihen der kommunalen Mandatsträger gebildet, die Verfassungsentwürfe verabschiedeten. Diese wurden in allen drei Ländern am 18. Mai 1947 in einer Volksabstimmung bestätigt und traten kurz darauf in Kraft. Anders als die übrigen fand die rheinland-pfälzische Verfassung wegen ihrer in Kultur- und Schulfragen katholisch-konservativen Ausrichtung nur eine knappe Mehrheit in der Volksabstimmung.

745 Für das **Saarland** galt ein Sonderstatus: Es war durch die Zollunion vom Dezember 1946 und die im Juni 1947 erfolgende Einführung der „Saarmark" (die schon im November in den französischen Franc umgetauscht wurde) wirtschaftlich und politisch von der französischen Zone abgetrennt. Auch bei der Verfassunggebung beschritt die französische Militärregierung einen Sonderweg und übte hier einen sehr viel stärkeren Einfluß aus als in den anderen besetzten Gebieten. Nachdem eine von ihr im Mai 1947 eingesetzte und instruierte Verfassungskommission einen Entwurf ausgearbeitet hatte, fanden am 5. Oktober 1947 Wahlen zu einer Gesetzgebenden Versammlung statt, die auf der Grundlage des Kommissionsentwurfs am 8. November 1947 eine Verfassung verabschiedete. Die erforderliche Genehmigung der Militärregierung wurde allerdings erst erteilt, nachdem weitere Zugeständnisse an die Franzosen gemacht worden waren. Ein Referendum fand nicht statt. So konnte die Verfassung vom 17. Dezember 1947, die in ihrer Präambel noch zurückhaltend vom wirtschaftlichen Anschluß des Saarlandes an die Französische Republik sprach, „demokratische Legitimität nicht beanspruchen" (*Stolleis*, un-

ten Rn. 758, S. 304; *R. Brosig,* Die Verfassung des Saarlandes, 2001, S. 189 ff. spricht von „Protektoratsverfassung").

In der **sowjetischen Besatzungszone** wurden schon Mitte 1945 Gebiets- und Verwaltungseinheiten oberhalb der Kommunalebene eingerichtet, die teils als Land, teils als Provinz bezeichnet wurden (Mark Brandenburg, Mecklenburg-Vorpommern, Sachsen, Sachsen-Anhalt und Thüringen). An ihrer Spitze standen von der Militärregierung ernannte Präsidenten. Die am 20. Oktober 1946 gewählten Landtage erhielten den Auftrag, Landesverfassungen auszuarbeiten. Diese wurden nach häufig sehr kontroversen Debatten, vor allem zwischen SED und CDU, in der Zeit von Dezember 1946 bis Februar 1947 von den Landtagen jeweils einstimmig verabschiedet. Sie traten ohne Volksabstimmungen zwischen Januar und März 1947 in Kraft (vgl. *G. Braas,* Die Entstehung der Länderverfassungen in der Sowjetischen Besatzungszone Deutschlands 1946/47, 1987). 746

Am langsamsten verlief der Prozeß der Länderneubildung und Verfassunggebung in der **britischen Besatzungszone.** Das lag zum einen an den besonders heterogenen Verwaltungsstrukturen des Gebiets, das sich aus früheren preußischen Provinzen, früher selbständigen Ländern und Stadtstaaten zusammensetzte, und zum andern an der Distanz der Briten gegenüber geschriebenen Verfassungen. Später kam noch die einsetzende Debatte über eine Bundesverfassung hinzu, deren Ergebnis abzuwarten tunlich erschien, zumal in Hamburg, Niedersachsen und Schleswig-Holstein, Organisationsstatute als vorläufige Verfassungen erlassen worden waren. Ministerpräsidenten, Oberpräsidenten und (in Hamburg) Bürgermeister wurden auch in der britischen Besatzungszone schon Mitte 1945 eingesetzt. Ihre endgültigen Verfassungen erhielten die Länder Hamburg, Niedersachsen und Nordrhein-Westfalen aber erst zwischen Januar 1950 und Juli 1952, wobei nur in Nordrhein-Westfalen eine Volksabstimmung stattfand, die eine Zustimmung von über 60 % erbrachte. Inhaltlich lehnten sich diese Landesverfassungen stark an das im Mai 1949 in Kraft getretene Grundgesetz an, so daß sie im folgenden vernachlässigt werden. 747

b) Motive und Inhalte der frühen Landesverfassungen. Die deutsche Katastrophe prägte die Landesverfassungen der Jahre 1947/48 in besonderer Weise. Die erste Frage lautete: Warum hat die erste deutsche demokratische Gesamtverfassung diese Katastrophe nicht verhindert? Wie mit dem Grundgesetz (vgl. unten Rn. 782) wollte 748 man auch mit den Landesverfassungen **Lehren aus Weimar** ziehen. Dazu gehörten ein konstruktives Mißtrauensvotum, ein Wahlrecht mit Sperrklausel, eine verfassungsrechtliche Aufwertung der politischen Parteien, eine Grundrechtsverwirkung für Feinde der verfassungsmäßigen Ordnung und eine Stärkung der Verfassungsgerichtsbarkeit mit teilweiser Einführung der Verfassungsbeschwerde. Andere Elemente der Weimarer Reichsverfassung wurden nicht als Ursache für das Scheitern angesehen und in die Landesverfassungen übernommen, so die Gewährleistung sozialer Grundrechte und Einrichtungsgarantien wie auch die direkt-demokratischen Elemente bei der Gesetzgebung.

749 Die zweite Frage lautete: Wie kann der **Unterschied zur nationalsozialistischen Diktatur** rechtlich möglichst klar und wirkungsvoll markiert werden? So gut wie alle am Prozeß der Verfassunggebung Beteiligten waren sich in der Verurteilung jeglicher autoritärer und totalitärer Staatspraxis und -theorie einig. So kommt in vielen Präambeln und einzelnen Vorschriften der Wille zur Abkehr von faschistischem Gedankengut sowie zu Völkerverständigung und einer dauerhaften Friedenspolitik zum Ausdruck. Überall wurde eine rechtsstaatliche Demokratie etabliert, gegründet auf Volkssouveränität und ausgestaltet als parlamentarisches Regierungssystem. Der Katalog der Grundrechte wurde häufig erweitert und ihr Schutz verstärkt. Ihre Bedeutung wurde durchweg dadurch hervorgehoben, daß sie an den Anfang der Verfassung gestellt wurden. Damit wurde in bewußter Abkehr von nationalsozialistischen Vorstellungen eine grundsätzliche Wertentscheidung deutlich: Der Staat ist um des Menschen willen da! In diesen Zusammenhang gehört auch das teilweise gewährte Widerstandsrecht bzw. die Widerstandspflicht.

750 An der weiteren Frage, wie am besten **Vorsorge gegen die Wiederkehr** jedweder Diktatur getroffen werden könne, schieden sich allerdings die Geister. Während die Liberalen den Kern des Übels in der Mißachtung der Freiheitsrechte sahen und folgerichtig die Herstellung von Geistesfreiheit und eine freie Eigentums- und Wirtschaftsordnung in den Mittelpunkt ihrer Verfassungsbestrebungen stellten, machten die Sozialdemokraten Großkapital und Großgrundbesitz für die Machtübernahme 1933 verantwortlich und hielten deshalb deren Entmachtung durch eine weitreichende Sozialisierung, durch Boden- und Industriereformen sowie inner- und überbetriebliche Mitbestimmungsrechte für die beste Garantie gegen eine Wiederholung der Geschichte. So erklären sich z. B. der unterschiedliche Schutz

für „großes" und „kleines" Eigentum, die Sozialisierungsermächtigung, die Gewährleistung des Streikrechts und das Verbot der Aussperrung in der Hessischen Verfassung und die Verankerung eines nahezu paritätischen Mitbestimmungsrechts in der Bremischen Verfassung. Demgegenüber hielten die Unionsparteien der Weimarer Republik ihre Wertneutralität vor und plädierten für eine Rückbesinnung auf das christliche Naturrecht und eine Stärkung der Kirchen in Staat und Gesellschaft. Daraus abgeleitet sind z. B. die Anrufung Gottes in vielen Präambeln, der besondere Schutz von Ehe und Familie, die Verankerung der Religion als ordentliches Lehrfach in den öffentlichen Schulen der westdeutschen Länder abgesehen von Berlin und Bremen sowie die Einrichtung von Bekenntnisschulen namentlich in Bayern und Württemberg-Hohenzollern (vgl. BVerfGE 41, 29/32; 41, 65/79). Insgesamt überwog aber der linksliberale Grundzug in den vorgrundgesetzlichen Landesverfassungen (vgl. *Pfetsch*, unten Rn. 758, S. 421).

Jedenfalls die westlichen Besatzungsmächte befanden sich in dem 751 Zwiespalt, daß sie einerseits Demokratisierung und volkssouveräne Verfassunggebung anstrebten, andererseits aber ihre jeweils differierenden Vorstellungen über die Ausgestaltung der Verfassungen durchsetzen wollten. Die **Einflußnahme der** westlichen **Besatzungsmächte** zeigte sich zum einen in den generellen Vorgaben entsprechend den Besatzungspolitiken (vgl. oben Rn. 706 ff.), zum andern in einzelnen Eingriffen:

So wurde von den **Amerikanern** die im Verfassungsentwurf 752 Bayerns normierte bayerische Staatsangehörigkeit gestrichen. Auch die in Art. 41 der Hessischen Verfassung vorgesehene Sofortsozialisierung bestimmter Wirtschaftszweige, „die problematischste Vorschrift des Verfassungsentwurfs" (*Will*, unten Rn. 758, S. 494), mißfiel der amerikanischen Besatzungsmacht, die deshalb eine gesonderte Volksabstimmung hierüber durchführen ließ. Als dabei jedoch 72 % der abgegebenen Stimmen die Sozialisierung befürworteten, verhinderte die Militärregierung deren Durchführung (vgl. *E. Schmidt*, Die verhinderte Neuordnung 1945–1952, 1970).

Die **französische** Militärregierung übte noch wesentlich stärkeren 753 Einfluß auf die Verfassungsberatungen aus: In Württemberg-Hohenzollern wies sie den allein von der CDU-Mehrheit verabschiedeten Verfassungsentwurf insgesamt zurück und forderte einen Kompromiß mit der Opposition. Neben solch drastischen Maßnahmen verfolgte sie die Beratungen in allen Ländern ihrer Zone sehr aufmerksam und brachte immer wieder Änderungswünsche ein, denen zum großen Teil auch entsprochen wurde. Die Verfassung des Saarlandes wurde von den Franzosen sogar indirekt diktiert (vgl. oben Rn. 745).

754 Nachdem die **britische** Militärregierung in den ersten Jahren viele Vorgaben gemacht und tendenziell eine Systemübertragung favorisiert hatte, erweiterte sie später, als die Arbeiten zu den endgültigen Verfassungen konkreter wurden, den Handlungs- und Entscheidungsspielraum der deutschen Politiker. Dennoch blieb es auch hier bei der Vorlage- und Genehmigungspflicht für die Entwürfe und bei „Empfehlungen" der Besatzungsmacht.

755 Hinsichtlich der Frage, wie stark die Landesverfassungen in der sowjetischen Besatzungszone das Ergebnis **sowjetischer Einflußnahme** waren und in welchem Maß sie sich von den Landesverfassungen in den westlichen Besatzungszonen unterschieden, gibt es durchaus konträre Einschätzungen. Einerseits wird aus der Verfassungsgenese gefolgert, zwischen ihnen verlaufe eine „substantielle Trennlinie" (*Stern,* StR V, S. 1072). Andere Verfassungsinterpreten kommen dagegen zu dem Ergebnis, die ostdeutschen Landesverfassungen „erschienen in ihrer Textgestalt kompatibel denen der Westzonen. Die sozialistische Imprägnierung fiel dort nicht intensiver aus als in den Verfassungen von Hessen und Bremen, die ihrerseits denen der Mark Brandenburg und Sachsens in vielen Passagen näher standen als den katholisch-konservativ geprägten von Bayern und Rheinland-Pfalz" (*J. Isensee,* in: *ders./Kirchhof,* HdbStR IX, S. 28 f.). Immerhin läßt sich die Handschrift der Sowjets an der Zurückdrängung rechtsstaatlicher Gewaltenteilung und gerichtlicher Kontrolle erkennen, wie sie auch in folgenden „Grundsatzgedanken zu einer neuen deutschen Verfassung" gefordert wurde:

756 **Walter Ulbricht:** „Während in der Weimarer Republik, und das war das Rückständige dieser Verfassung, drei Gewalten festgelegt waren, Parlament und Regierung und Verwaltungsapparat, drittens die Justiz, schlagen wir vor, daß es nur eine Gewalt gibt, nämlich das Parlament. Justiz und Verwaltung der Weimarer Republik haben den reaktionären Kräften des Kaiserreichs Rückzugsbastionen geschaffen und so verhindert, daß mit Hilfe des Parlaments eine eindeutig klassenorientierte Politik zur Umformung von Staat und Gesellschaft betrieben werden konnte. Deshalb muß jetzt alle Gewalt in der Volksvertretung konzentriert werden. Demokratie erschöpft sich ohnehin nicht in einer möglichst perfekten Staatsorganisation, sondern bedeutet Mitwirkung der Volkskräfte bei der Umgestaltung der wirtschaftlichen und sozialen Verhältnisse unter Führung der Partei." (*Walter Ulbricht,* Zur Geschichte der Arbeiterbewegung, Bd. III, S. 53 ff.)

Eine wesentliche Leistung der frühen Landesverfassungen in den westlichen Besatzungszonen bestand in der durch sie geleisteten **Vorarbeit für das Grundgesetz**. Fast alle verfassungspolitischen Probleme, die bei der Erarbeitung des Grundgesetzes zu lösen waren, sind schon bei der Beratung der Landesverfassungen diskutiert worden. Das Grundgesetz stimmte nicht nur in den Grundentscheidungen mit ihnen überein, sondern übernahm auch viele Einzelbestimmungen. Die Landesverfassunggebung erwies sich selbst da als nützlich, wo das Grundgesetz in argumentativer Auseinandersetzung mit ihr andere Wege einschlug. Von besonderem Vorteil war dabei die Tatsache, daß zwei Drittel der Mitglieder des Parlamentarischen Rats bereits zuvor in verfassunggebenden Gremien der Länder mitgearbeitet hatten. Auch die Parteien und Interessengruppen übernahmen häufig ihre bereits früher bezogenen Standpunkte und griffen auf die Landesverfassungen als Vergleichsmaterial zurück. So gesehen war die Verfassunggebung in der Bundesrepublik Deutschland nicht auf die achtmonatige Arbeit des Parlamentarischen Rates (vgl. unten Rn. 786 ff.) beschränkt.

757

V. Literatur

W. Benz, Potsdam 1945, Besatzungsherrschaft und Neuaufbau im Vier-Zonen-Deutschland, 4. Aufl. 2005; *B. Diestelkamp*, Die Verfassungsentwicklung in den Westzonen bis zum Zusammentreten des Parlamentarischen Rates (1945–1948), NJW 1989, S. 1312 ff.; *ders.* (Hg.), Zwischen Kontinuität und Fremdbestimmung, 1996; *M. Etzel*, Die Aufhebung von nationalsozialistischen Gesetzen durch den Alliierten Kontrollrat (1945–1948), 1992; *H. Graml*, Die Alliierten und die Teilung Deutschlands. Konflikte und Entscheidungen 1941–1948, 3. Aufl. 1988; *K.-D. Henke*, Die amerikanische Besetzung Deutschlands, 2. Aufl. 1996; *J. Ipsen*, Der Staat der Mitte. Verfassungsgeschichte der Bundesrepublik Deutschland, 2009, S. 104 ff.; *K. Kastner*, Die Völker klagen an. Der Nürnberger Prozess 1945–1946, 2005; *F. Klein*, Neues Deutsches Verfassungsrecht, 1949; *V. Koop*, Besetzt – Französische Besatzungspolitik in Deutschland, 2005; *G. Mai*, Der Alliierte Kontrollrat in Deutschland 1945–1948. Alliierte Einheit – deutsche Teilung?, 1995; *N. M. Naimark*, Die Russen in Deutschland. Die sowjetische Besatzungszone 1945–1949, 1999; *F. Pfetsch*, Ursprünge der Zweiten Republik. Prozesse der Verfassungsgebung in den Westzonen und in der Bundesrepublik, 1990; *G. von Schmoller/H. Maier/A. Tobler*, Handbuch des Besatzungsrechts, 1957; *U. Schnakenberg*, Democracy-building. Britische Einwirkungen auf die Entstehung der Verfassungen Nordwestdeutschlands 1945–1952, 2007; *R. Stödter*, Deutschlands Rechtslage, 1948; *M. Stolleis*, Besatzungsherrschaft und Wieder-

758

aufbau deutscher Staatlichkeit 1945–1949, in: *Isensee/Kirchhof*, HdbStR I, S. 269ff.; *G. R. Überschär* (Hg.), Der Nationalsozialismus vor Gericht. Die alliierten Prozesse gegen Kriegsverbrecher und Soldaten 1943–1952, 3. Aufl. 2008; *C. Vollnhals* (Hg.), Entnazifizierung. Politische Säuberung und Rehabilitierung in den vier Besatzungszonen 1945–1949, 1991; *C. Weisz* (Hg.), OMGUS-Handbuch. Die amerikanische Militärregierung in Deutschland 1945–1949, 2. Aufl. 1995; *U. Wetzlaugk*, Die Alliierten in Berlin, 1988; *M. Will*, Die Entstehung der Verfassung des Landes Hessen von 1946, 2009.

§ 21. Die Entstehung des Grundgesetzes – Vorgeschichte, Verfassungsberatungen, Strukturmerkmale

I. Zeittafel

1947 Inkrafttreten des amerikanisch-britischen Bizonenabkommens (1. 1.)
Münchener Konferenz der Ministerpräsidenten aller vier Besatzungszonen (5. 6.)
Konstituierung des bizonalen Wirtschaftsrates (25. 6.)

1948 Reform des Wirtschaftsrates und Ausbau der Institutionen der Bizone (Jan. – März)
Londoner Sechs-Mächte-Konferenz (23. 2.–6. 3. und 20. 4.–2. 6.)
Auszug des sowjetischen Vertreters aus dem Alliierten Kontrollrat (20. 3.)
Währungsreform (20. 6.)
Berlin-Blockade (24. 6.–12. 5. 1949)
Übergabe der sog. Frankfurter Dokumente (1. 7.)
Öffnung der Grenzen zwischen Bizone und französischer Besatzungszone (Aug.)
Verfassungskonvent auf der Insel Herrenchiemsee (10.–23. 8.)
Parlamentarischer Rat (1. 9. – Mai 1949)

1949 Schlußabstimmung über das Grundgesetz (8. 5.)
Genehmigung durch die alliierten Militärgouverneure (12. 5.)
Verkündung (23. 5.) und Inkrafttreten (24. 5.) des Grundgesetzes
Wahlen zum ersten Deutschen Bundestag (14. 8.)
Wahl von *Theodor Heuss* zum Bundespräsidenten (12. 9.)
Amtsantritt der ersten westdeutschen Bundesregierung (20. 9.)
Konstituierung der Volkskammer und Inkrafttreten der DDR-Verfassung (7. 10.)

II. Das Vereinigte Wirtschaftsgebiet als „Staat in Gründung"

Bis zum Sommer 1947, wenn nicht gar bis zur Jahreswende 1947/ 48 war die Zukunft Deutschlands noch offen und eine völlig andere Verfassungsentwicklung mit nur einem, aus allen vier Besatzungszonen gebildeten deutschen Staat möglich. Aber erst im **„Schicksals-"** **oder „Wendejahr" 1948** (*Stern*, StR V, S. 1162 bzw. 1209), in dessen erste Hälfte als „Schlüsselereignisse" der Ausbau der Bizonenverwaltung, die Londoner Sechs-Mächte-Konferenz unter Ausschluß der Sowjetunion, das Ende des Alliierten Kontrollrates sowie schließlich die Währungsreform und die Berlin-Blockade fallen, kam es zur Teilung Deutschlands und zur Entstehung von zwei deutschen Staaten. Mit diesem Zeitpunkt beginnt die eigentliche Geschichte des Grundgesetzes, während zuvor noch ein „Ausloten" der verschiedenen Optionen festzustellen ist. So hatten die Alliierten zwar ihre 1945 in Jalta beschlossene Politik der Zerstückelung des Deutschen Reiches (das sie nunmehr nur noch als „Deutschland" bezeichneten) aufgegeben, dessen wirtschaftliche und politische Einheit konnten sie jedoch auch nicht mehr wiederherstellen.

Schon Mitte des Jahres 1946 hatte sich vor allem bei den Amerikanern, auch angesichts der immer deutlicher aufbrechenden Konflikte mit der Sowjetunion (dazu noch unten Rn. 768), die Erkenntnis durchgesetzt, daß „Deutschland nicht auf unbegrenzte Zeit in vier luftdichten Kammern" verwaltet werden könne (US-Außenminister *Byrnes*, EA 1946, S. 260), vielmehr eine staatliche Reorganisation vorgenommen werden müsse, ein Plan, für den sie zunächst allerdings nur die Briten gewinnen konnten. Mit diesen vereinbarten sie im Dezember 1946 den wirtschaftlichen Zusammenschluß ihrer Zonen zur sog. **Bizone**, die dann im Januar 1947 eingerichtet wurde. Die Deutschen folgten diesem Projekt zunächst nur zögernd, weil sie sich um die Einheit Deutschlands sorgten. Aber der Ost-West-Gegensatz erwies sich als zu groß, wie vor allem das Scheitern der Münchener Ministerpräsidentenkonferenz (vgl. unten Rn. 770) zeigte.

In der Entwicklung des Vereinigten Wirtschaftsgebietes, wie die Bizone auch genannt wurde, kann man drei Phasen unterscheiden. In der **ersten Phase** wurde für fünf Verwaltungsbereiche (Wirtschaft, Ernährung und Landwirtschaft, Verkehr, Finanzen, Post- und Fernmeldewesen) ein aus deutschen Vertretern beider Besatzungszonen zusammengesetzter Verwaltungsrat gebildet, der für die beteiligten Länder bindende Weisungen erlassen durfte, die aber noch in Landesrecht umgesetzt werden mußten. Zudem bedurften alle Beschlüsse des Verwaltungsrates der Genehmigung durch beide Besatzungsmächte. Es erwies sich jedoch schon nach wenigen Monaten, daß diese Organisation den Problemen nicht gewachsen war.

763   In der **zweiten Phase** wurde als parlamentarisches Organ ein Wirtschaftsrat geschaffen, der sich am 25. Juni 1947 in Frankfurt konstituierte. Er setzte sich aus 52 von den Landesparlamenten gewählten Mitgliedern zusammen und besaß eine ausschließliche Gesetzgebungskompetenz für das Verkehrswesen und den bizonalen Haushalt sowie eine Grundsatzgesetzgebungskompetenz. An der Spitze der fünf genannten Verwaltungsbereiche standen Direktoren, die nach heftigem Streit mit der SPD von den Wirtschaftsratsmitgliedern der CDU/CSU allein gewählt wurden. Sie hätten wie Ressortminister ein Kabinett bilden können, waren aber nicht nur dem Wirtschaftsrat gegenüber verantwortlich, sondern unterlagen auch der Aufsicht eines aus je einem Vertreter der acht Länder der Bizone gebildeten Exekutivrates. „Ende 1947", so sah es *Theodor Eschenburg* in der Rückschau (unten Rn. 823, S. 399), „war jedermann klar, daß die bizonale Organisation auch in ihrer zweiten Phase versagt hatte."

764   Ab Februar 1948 begann die **dritte Phase,** in der die Organisation des Vereinigten Wirtschaftsgebiets nochmals fortentwickelt wurde. Der Wirtschaftsrat erhielt mehr Kompetenzen, und die Zahl seiner Mitglieder wurde verdoppelt. An die Stelle des Exekutivrates trat eine zweite Kammer, der Länderrat, der sich aus je zwei Vertretern pro Land zusammensetzte. Das Kabinett (Verwaltungsrat), vermehrt um ein Ressort Arbeit und Soziales, wurde von einem Oberdirektor mit dem Status eines Ministerpräsidenten ohne Richtlinienkompetenz geleitet. Der Kölner Oberbürgermeister *Hermann Pünder* wurde zum ersten Oberdirektor der Bizone gewählt. Zu den Legislativ- und Exekutivorganen trat die dritte Gewalt in Form des Deutschen Obergerichts für das Vereinigte Wirtschaftsgebiet mit dem Sitz in Köln hinzu. Ein Amt für Statistik, ein Personalamt, ein Rechtsamt, ein Rechungshof und schließlich die Bank deutscher Länder rundeten den institutionellen Aufbau ab. Mit diesen „quasi staatlichen Einrichtungen" bildete die Bizone „das Modell des künftigen Weststaates" (*Hoffmeister,* in: *Benz,* unten Rn. 823, S. 314).

Kategorisiert werden kann die Bizone in dieser Verfassung am besten als **Staat in Gründung:** Als eine durch ein völkerrechtliches Abkommen zweier Besatzungsmächte eingerichtete Organisationseinheit mit abhängigen deutschen Organen, denen eine umfassende Zuständigkeit fehlte, war sie noch kein Staat (zum Streit um die Staatsqualität vgl. *Stern,* StR V, S. 1183 ff.). Als ein selbständiges Rechtssubjekt, dessen Zuständigkeit sich nicht nur auf exekutive Aufgaben erstreckte, sondern auch Legislativ- und Rechtsprechungsbefugnisse einschloß, war das Vereinigte Wirtschaftsgebiet aber auch mehr als eine bloße Verwaltungseinheit, es war der einem Staat bereits angenäherte „Vorläufer" (DOGE 1, 85/90) der Bundesrepublik Deutschland. Das zeigte sich deutlich, als ganze Gruppen von Bediensteten der Bizonenverwaltung in die späteren Bundesministerien übernommen wurden. Auch *Ludwig Erhard* gehörte dazu, der als Direktor der bizonalen Verwaltung für Wirtschaft die erfolgreiche Währungsreform vom 20. Juni 1948 organisierte (vgl. *C. Buchheim,* VfZ 1988, S. 189 ff.). Die rund 150 vom Wirtschaftsrat beschlossenen Gesetze enthielten wichtige Weichenstellungen für die zukünftige Bundesrepublik, etwa hinsichtlich der Beibehaltung der tradierten Systeme des öffentlichen Dienstes und der sozialen Sicherung (vgl. *Stolleis,* oben Rn. 758, S. 310) sowie hinsichtlich des kollektiven Arbeitsrechts (vgl. *Pieroth,* in: FS BVerfG, 2001, Bd. II, S. 293/296).

Im Verlauf des Jahres 1948 glichen sich die Verhältnisse zwischen der Bizone und der französischen Besatzungszone so weit an, daß von der **Trizone** die Rede war. Beide Gebiete wurden gemeinsam in den Marshall-Plan eingegliedert, der als „European Recovery Program" der USA zum Wiederaufbau und zur wirtschaftlichen Stärkung Europas gerade auch in der Konfrontation mit der Sowjetunion beitragen sollte. Alle drei westlichen Besatzungsmächte koordinierten weitgehend den Außenhandel, wirkten im Militärischen Sicherheitsamt zusammen und führten gemeinsam die **Währungsreform** durch. Letztere begünstigte zwar vor allem die Sachwertbesitzer und Schuldner, mit ihr verband sich aber zugleich die Hoffnung, daß ein wirtschaftlich prosperierendes Westdeutschland den Ostteil wie ein Magnet anziehen würde. Die Antwort der Sowjetunion war jedoch eine andere: Sie ließ am 20. Juni 1948 auch in ihrer Besatzungszone die Währung umstellen, so daß die Trennung zwischen dem Westen und dem Osten Deutschlands nun auch beim Geld offenbar wurde. Für die Menschen im Westen wurde die Annäherung ihrer Besatzungszonen immer fühlbarer, insbesondere nach der Anordnung der Militärgouverneure vom August 1948, mit der die Zonengrenzen geöffnet wurden und alle Reisebeschränkungen und Paßkontrollen zwischen der Bizone und der französischen Besatzungszone wegfielen. So konnte der Karnevalsschlager „Wir sind die Eingeborenen von Trizonesien" zum scherzhaften Nationalhymnenersatz werden. Später folgte eine Verwaltungsharmonisierung zwischen den deutschen Behörden im gesamten Gebiet der Trizone, ohne daß es jedoch zu einem förmlichen Anschluß der französischen Besatzungszone an die Bizone kam (vgl. *Stern*, StR V, S. 1187f.).

III. Scheitern der Viermächtepolitik und Weichenstellung für die Gründung eines westdeutschen Staates

1. Der beginnende „Kalte Krieg" als Motor der Entwicklung

767 Rede des amerikanischen Präsidenten Truman vor dem Kongreß am 12. März 1947 – Auszug – (sog. *Truman*-Doktrin):
„Im gegenwärtigen Abschnitt der Weltgeschichte muß fast jede Nation ihre Wahl in Bezug auf ihre Lebensweise treffen. Nur allzuoft ist es keine freie Wahl. Die eine Lebensweise gründet sich auf den Willen der Mehrheit und zeichnet sich durch freie Einrichtungen, freie Wahlen, Garantie der individuellen Freiheit, Rede- und Religionsfreiheit und Freiheit vor politischer Unterdrückung aus. Die zweite Lebensweise gründet sich auf den Willen einer Minderheit, der der Mehrheit aufgezwungen wird. Terror und Unterdrückung, kontrollierte Presse und Rundfunk, fingierte Wahlen und Unterdrückung der Freiheiten sind ihre Kennzeichen. Ich bin der Ansicht, daß es die Politik der Vereinigten Staaten sein muß, die freien Völker zu unterstützen, die sich der Unterwerfung durch bewaffnete Minderheiten oder durch Druck von außen widersetzen." (EA 1947, S. 820.)

768 Die ideologischen Gegensätze der Siegermächte, der **„Kalte Krieg"** zwischen zwei unterschiedlichen politischen Systemen, machten eine einheitliche Verwaltung des besiegten und besetzten Deutschland unmöglich. Die sog. *Truman*-Doktrin ist ein deutlicher Beleg für diese „spezifische zeitlich eingrenzbare Form der bipolaren Blockkonfrontation" (*Kleßmann*, unten Rn. 823, S. 178), die alle Bereiche der Staatsbeziehungen erfaßte. *Truman* knüpfte in seiner Rede an die von seinem außenpolitischen Berater *George F. Kennan* entwickelte „containment-policy" an, eine Politik also, die zum Schutz der Interessen der USA – wenn auch nicht ausdrücklich, so doch für jedermann klar erkennbar – auf die Eindämmung des Kommunismus als

einzige bedrohliche „Gegenmacht" zielte. Sie wurde ökonomisch ergänzt und verstärkt durch das als Marshall-Plan bekannt gewordene European Recovery Program (ERP), das von Moskau als Dollar-Diplomatie und deutliche Abkehr von der bisherigen Respektierung der unterschiedlichen Gesellschaftssysteme strikt abgelehnt wurde. Die Reaktion der Sowjetunion ließ denn auch nicht lange auf sich warten und bestand in der Gründung des Kommunistischen Informationsbüros (Kominform) und des Rates für gegenseitige Wirtschaftshilfe (RGW) als sozialistischen Gegenstücken.

Der **Ost-West-Konflikt** als globale Blockkonfrontation war zwar nicht auf Deutschland beschränkt, dieses war jedoch – ähnlich wie Korea – besonders betroffen, weil durch die wachsenden Spannungen auch die staatliche Einheit in Frage gestellt wurde. Die Anti-Hitler-Kriegskoalition der Alliierten war zerbrochen, die früheren Verbündeten standen sich nun auch als Besatzungsmächte feindlich gegenüber. Deutschland war zum bloßen Objekt der Politik der Siegermächte geworden, was sich deutlich auch an den Auseinandersetzungen um den Umfang der vor allem von der Sowjetunion geforderten Reparationen zeigte. Eine gemeinsame Wirtschaftspolitik der Alliierten war unmöglich geworden. Jede Seite orientierte sich bei ihrem Vorgehen am eigenen politischen System. So wurde der Graben zwischen der sowjetischen und den westlichen Besatzungszonen immer tiefer und die Demarkationslinie, die *Churchill* bereits 1946 als „Eisernen Vorhang" bezeichnet hatte, immer undurchlässiger (*Stern*, StR V, S. 1160). 769

In diesen Zusammenhang fällt dann auch das Scheitern der **Münchener Konferenz der Ministerpräsidenten** vom 5. Juni 1947. Eingeladen hatte der bayerische Ministerpräsident *Hans Ehard*, um mit seinen Amtskollegen über die wirtschaftliche und politische Zusammenarbeit aller deutschen Länder und die Perspektive eines künftigen föderalen Gesamtstaates zu beraten. Auf Drängen der Westalliierten wurde die Tagesordnung jedoch auf die Wirtschafts-, Ernährungs- und Flüchtlingsproblematik beschränkt. Darüber kam es zum Streit mit den Ministerpräsidenten der sowjetischen Zone, die vorrangig darüber sprechen wollten, wie die deutsche Einheit im Wege der Zentralverwaltung erreicht werden könnte. Als sich die anderen Konferenzteilnehmer auf diese Diskussion nicht einlassen wollten, verließen die ostdeutschen Ministerpräsidenten das Treffen. Der Fehlschlag der Münchener Konferenz machte noch einmal deutlich, daß die Deutschlandfrage in eine Sackgasse geraten war. 770

771 Nach der gescheiterten Einigung aller vier Siegermächte über ein gemeinsames weiteres Vorgehen nahmen die drei westlichen Alliierten und anstelle der Sowjetunion die an Deutschland angrenzenden Beneluxstaaten auf der **Londoner Sechs-Mächte-Konferenz** vom 23. Februar bis zum 6. März und vom 20. April bis zum 2. Juni 1948 eigene Beratungen über die Gründung eines westdeutschen Staates auf. Das geschah insbesondere auf Veranlassung der USA, die ihre Deutschlandpolitik gerade auch vor dem Hintergrund der *Truman-Doktrin* neu ausgerichtet hatten und nun eine „Weststaatskonzeption" verfolgten, weil eine Neutralität Deutschlands nach dem Beispiel Österreichs nicht mit ihrem Gleichgewichtsstreben vereinbar gewesen wäre. Auf der Konferenz wurde auch um die wirtschaftliche Konsolidierung Westdeutschlands gerungen, die vor allem Frankreich wegen der erstrebten Reparationen zunächst nicht wollte, während die Amerikaner sich gegen zu umfangreiche Ersatzleistungen aussprachen, da durch sie ohnehin nur die für den Wiederaufbau ihrer Zone zuständige Besatzungsmacht belastet würde. Streit gab es unter den Konferenzteilnehmern um die künftige Verfassungsstruktur eines westdeutschen Staates: Die USA wollten einen gegenüber dem Osten starken „Weststaat", Frankreich plädierte als unmittelbarer Nachbar dagegen für einen möglichst schwachen Staatenbund der Länder der drei Westzonen (vgl. oben Rn. 708).

772 In den Beratungen in London stellte Frankreich darüber hinaus territoriale Forderungen hinsichtlich des Rhein- und des Saarlandes, konnte sich damit aber nicht durchsetzen. Die USA erwiesen sich als bestimmende Macht am Verhandlungstisch, die mit Unterstützung Großbritanniens ihre Vorstellungen über einen **neuen deutschen Staat als „Schutzwall"** gegen die Sowjetunion weitgehend durchsetzten. Am Ende der Konferenz wurde ein für alle Seiten (auch wegen seiner teilweise bewusst allgemein und vage gehaltenen Formulierungen) annehmbarer Kompromiß gefunden, der die Gründung eines „Weststaates" ermöglichte. In dem abschließenden Kommuniqué, den „Londoner Empfehlungen" vom 7. Juni 1948, wurde den Ministerpräsidenten der deutschen Länder die „Vollmacht" in Aussicht gestellt, eine Verfassunggebende Versammlung („constituent assembly") zur Ausarbeitung einer Verfassung einzuberufen. Als zentrale Verfassungsprinzipien des neuen Staates wurden die föderative Regierungsform, gleichzeitig aber auch eine angemessene Zentralgewalt sowie die Garantie individueller Rechte und Freiheiten festgelegt (vgl. das Schlußkommuniqué in: Parl. Rat, Bd. 1, S. 1 ff.).

§ 21. Die Entstehung des Grundgesetzes

Als Folge der Londoner Konferenz stellte die Sowjetunion ihre 773
Arbeit im Alliierten Kontrollrat ein und zog ihren dortigen Vertreter
zurück, womit das Ende der Viermächteverwaltung Deutschlands besiegelt war. Die Russen reagierten überdies am 24. Juni 1948 mit der
völligen **Blockade Berlins**. Alle Land- und Wasserwege wurden gesperrt, um die Bevölkerung auszuhungern und die westlichen Alliierten auf diese Weise vor die Alternative zu stellen, entweder die Pläne
zur Gründung eines deutschen Teilstaates aufzugeben oder sich aus
Berlin zurückzuziehen. Die Blockade kann als „fast modellhaftes"
Beispiel für „die reaktive Mechanik der Konflikteskalation" (vgl.
Kleßmann, unten Rn. 823, S. 191), die sich bis zur Kriegsgefahr steigerte, dienen. Die Westmächte, die Berlin nicht preisgeben wollten,
fanden bekanntlich einen Ausweg, der buchstäblich in der Luft lag:
Durch eine Luftbrücke, mit der man zunächst nur (Verhandlungs-)
Zeit gewinnen wollte, wurde die Stadt weiter versorgt. Zuletzt waren
es 8000 Tonnen Güter, die pro Tag eingeflogen wurden; insgesamt gelangten in elf Monaten rund 2,3 Mio. Tonnen in die eingesperrte Stadt
(vgl. *K. Scherf*, Luftbrücke Berlin, 1976), während im Gegenzug auch
die sowjetische Zone von Warenlieferungen aus dem Westen abgeschnitten wurde. Die Berlin-Blockade hat auch die beabsichtigte
geistig-politische Wirkung völlig verfehlt. Berlin wurde zum Symbol
eines unbedingten Durchhaltewillens, der das Zusammengehörigkeitsgefühl der Bevölkerung in den Westzonen und Westberlin und
zugleich ihre Sympathie für die „Schutzmacht" USA im Kampf gegen den mehr und mehr als Bedrohung empfundenen Kommunismus
sowjetischer Prägung ungemein stärkte. So wurde der dauernde Lärm
der amerikanischen „Rosinenbomber" als „sound of freedom" freudig begrüßt. Gleichzeitig erhöhte die Blockade, die erst am 12. Mai
1949 aufgehoben wurde, den Druck auf die Westalliierten, ein starkes
Westdeutschland zu ermöglichen.

2. Der Auftrag zur Verfassunggebung

Die Umsetzung der auf der Londoner Sechs-Mächte-Konferenz 774
gefaßten Beschlüsse zur Gründung eines westdeutschen Staates (vgl.
oben Rn. 772) erfolgte durch die sog. **Frankfurter Dokumente** der
drei Militärgouverneure. Die Übergabe dieser Dokumente an die Ministerpräsidenten der elf Länder der drei Westzonen am 1. Juli 1948
im I. G.-Farben-Haus in Frankfurt wird deshalb auch als „Geburtsstunde der Bundesrepublik Deutschland" (*Stern*, StR V, S. 1214) angesehen.

775 Dokument I der Frankfurter Dokumente vom 1. Juli 1948:
„In Übereinstimmung mit den Beschlüssen ihrer Regierungen autorisieren die Militärgouverneure der amerikanischen, britischen und französischen Besatzungszone in Deutschland die Ministerpräsidenten der Länder ihrer Zonen, eine Verfassunggebende Versammlung einzuberufen, die spätestens am 1. September 1948 zusammentreten sollte. Die Abgeordneten dieser Versammlung werden in jedem der bestehenden Länder nach den Verfahren und Richtlinien ausgewählt, die durch die gesetzgebende Körperschaft in jedem dieser Länder angenommen werden. Die Gesamtzahl der Abgeordneten zur Verfassunggebenden Versammlung wird bestimmt, indem die Gesamtzahl der Bevölkerung nach der letzten Volkszählung durch 750 000 oder eine ähnliche von den Ministerpräsidenten vorgeschlagene und von den Militärgouverneuren gebilligte Zahl geteilt wird. Die Anzahl der Abgeordneten von jedem Land wird im selben Verhältnis zur Gesamtzahl der Mitglieder der Verfassunggebenden Versammlung stehen wie seine Bevölkerung zur Gesamtbevölkerung der beteiligten Länder.
Die Verfassunggebende Versammlung wird eine demokratische Verfassung ausarbeiten, die für die beteiligten Länder eine Regierungsform des föderalistischen Typs schafft, die am besten geeignet ist, die gegenwärtig zerrissene deutsche Einheit schließlich wieder herzustellen, und die Rechte der beteiligten Länder schützt, eine angemessene Zentralinstanz schafft und Garantien der individuellen Rechte und Freiheiten enthält.
Wenn die Verfassung in der von der Verfassunggebenden Versammlung ausgearbeiteten Form mit diesen allgemeinen Grundsätzen nicht in Widerspruch steht, werden die Militärgouverneure ihre Vorlage zur Ratifizierung genehmigen. Die Verfassunggebende Versammlung wird daraufhin aufgelöst. Die Ratifizierung in jedem beteiligten Land erfolgt durch ein Referendum, das eine einfache Mehrheit der Abstimmenden in jedem Land erfordert, nach von jedem Land jeweils anzunehmenden Regeln und Verfahren. Sobald die Verfassung von zwei Dritteln der Länder ratifiziert ist, tritt sie in Kraft und ist für alle Länder bindend. Jede Abänderung der Verfassung muß künftig von einer gleichen Mehrheit der Länder ratifiziert werden. Innerhalb von 30 Tagen nach dem Inkrafttreten der Verfassung sollen die darin vorgesehenen Einrichtungen geschaffen sein."

776 Dokument II:
„Die Ministerpräsidenten werden ersucht, die Grenzen der einzelnen Länder zu überprüfen, um zu entscheiden, welche Änderungen sie etwa vorzuschlagen wünschen. Solche Änderungen sollten den überlieferten Formen Rechnung tragen und möglichst die Schaffung von Ländern vermeiden, die in Vergleich mit den anderen Ländern entweder zu groß oder zu klein sind.
Wenn diese Empfehlungen von den Militärgouverneuren nicht mißbilligt werden, sollten sie der Bevölkerung der betroffenen Gebiete spätestens zu dem Zeitpunkt zur Annahme vorgelegt werden, zu dem die Mitglieder der Verfassunggebenden Versammlung gewählt werden. Bevor die Verfassunggebende Versammlung ihre Arbeiten beendet, werden die Ministerpräsidenten

§ 21. Die Entstehung des Grundgesetzes

die notwendigen Schritte für die Wahl der Landtage derjenigen Länder unternehmen, deren Grenzen geändert worden sind, so daß diese Landtage sowie die Landtage, deren Grenzen nicht geändert worden sind, in der Lage sein werden, die Wahlverfahren und Richtlinien für die Ratifizierung der Verfassung festzusetzen."
(Vgl. *B. Dennewitz*, in: Bonner Kommentar, Einl., S. 40 ff.)

Die Dokumente I und II, die inhaltlich mit den „Londoner Empfehlungen" übereinstimmten, enthielten eine Ermächtigung der Ministerpräsidenten der Länder – besser zu verstehen als Aufforderung an diese –, eine verfassunggebende Versammlung zur Ausarbeitung einer Verfassung für den neu zu schaffenden westdeutschen Staat einzuberufen und die teilweise als ungünstig empfundenen Ländergrenzen zu überprüfen. In Dokument III findet sich dann noch die Regelung eines künftigen Besatzungsstatuts (vgl. oben Rn. 726 ff.). Die über das Dokument II eröffnete Chance zur **Länderneugliederung** wurde nicht genutzt, denn die spätere Grenzbereinigung im südwestdeutschen Raum und die Gründung des Landes Baden-Württemberg aus den früheren Ländern Baden, Württemberg-Baden und Württemberg-Hohenzollern am 25. April 1952 erfolgte über Art. 118 GG. Die nahezu unüberwindbaren Schwierigkeiten und Widerstände, mit denen jeder Versuch einer Grenzänderung oder Länderneugliederung im Bundesstaat rechnen muß, haben sich in der deutschen Geschichte bis in die jüngste Vergangenheit immer wieder gezeigt (vgl. zur Reichsreform oben Rn. 524 und zu Neugliederungsvorschlägen unter dem Grundgesetz zusammenfassend *Schiffers*, unten Rn. 823). Dazu paßt, daß auch die nach der Wiedervereinigung Deutschlands auf der Grundlage des Art. 118 a GG beabsichtigte Fusion von Berlin und Brandenburg im Jahr 1996 gescheitert ist. 777

Grundlegende Bedeutung für die **Verfassunggebung in Westdeutschland** hatte das Dokument I. Die Alliierten gaben darin vor, daß die auszuarbeitende Verfassung Grundrechte und demokratische Strukturen, einen föderalen Staatsaufbau, aber eben auch eine starke Zentralgewalt vorsehen müsse, und behielten sich Beanstandungen vor. Interessant ist dabei insbesondere die zur Annahme der künftigen Verfassung vorgesehene Volksabstimmung, die jedoch bei den maßgebenden deutschen Politikern wie alle direkt-demokratischen Elemente auf mehrheitliche Ablehnung stieß (vgl. unten Rn. 819). Die Erfahrung des Scheiterns der Weimarer Republik und das daraus abgeleitete Versprechen „Nie wieder!" machten die Verantwortlichen 778 mißtrauisch gegen jedes plebiszitäre Element in der Verfassung (vgl. *Otto*, unten Rn. 823, S. 47).

779 Die Ministerpräsidenten der westdeutschen Länder, die vom 7. bis 10. Juli 1948 zur Beratung der Frankfurter Dokumente auf dem Rittersturz bei Koblenz zusammenkamen, reagierten auf die alliierte Aufforderung zur Verfassungsgebung zunächst zurückhaltend. Sie wollten keinen deutschen „Staat" im eigentlichen Sinn, sondern nur ein **Provisorium** schaffen, das die Option einer Einbeziehung der sowjetischen Zone offenließ (vgl. *F. Hufen/A. Ziegler*, LKRZ 2009, S. 41 ff.). Sie verstanden sich insoweit als „Treuhänder der Reichseinheit" (*Kleßmann*, unten Rn. 823, S. 187), welche die sich abzeichnende deutsche Teilung nicht durch eine als endgültig angesehene Verfassung formell besiegeln wollten. Außerdem bemängelten sie, die alliierten Vorgaben ließen zu viele Details im Unklaren. Die mit den Dokumenten verfolgte „Konzeption eines Weststaates" stieß bei den wiederentstandenen deutschen Parteien hingegen mehrheitlich auf Zustimmung, nur die KPD wandte sich verständlicherweise vehement dagegen.

780 Nach langwierigen Verhandlungen einigten sich die Ministerpräsidenten am 26. Juli 1948 auf der sog. **Frankfurter Schlußkonferenz** mit den Militärgouverneuren darauf, daß die nunmehr als „Grundgesetz" und in der für die Alliierten akzeptabel erscheinenden englischen Übersetzung als „basic constitutional law" bezeichnete provisorische Verfassung nicht von einer vom Volk gewählten Verfassunggebenden Versammlung, sondern durch von den Ländern entsandte Vertreter erarbeitet und auch nur von den Landtagen, nicht aber – wie sonst bei Verfassungen üblich – vom (west-)deutschen Volk per Referendum angenommen werden sollte. Vorherrschend war nun die Theorie vom (westdeutschen) „Kernstaat", der durch seine wirtschaftliche Konsolidierung die Einheit Gesamtdeutschlands fördern könne.

IV. Die Verfassungsberatungen auf Herrenchiemsee und in Bonn

1. Der Herrenchiemseer Verfassungskonvent

781 „**Unbestrittene Hauptgedanken**" aus dem Schlußbericht des Herrenchiemseer Verfassungskonvents vom 23. August 1948:

1) Es bestehen zwei Kammern. Eine davon ist ein echtes Parlament. Die andere gründet sich auf die Länder.

§ 21. Die Entstehung des Grundgesetzes 379

2) Die Bundesregierung ist vom Parlament abhängig, sofern es zur Regierungsbildung fähig ist. Das Vertrauen einer arbeitsfähigen Mehrheit ist unerläßlich und jederzeit ausreichend, einen Mann an die Spitze der Regierung zu bringen.
3) Eine arbeitsunfähige Mehrheit kann dagegen weder die Regierungsbildung vereiteln, noch eine bestehende Regierung stürzen. Der Ausweg einer Präsidialregierung wird dabei vermieden.
4) Neben der Regierung steht als neutrale Gewalt das Staatsoberhaupt. Die Funktion wird zunächst behelfsmäßig versehen. Nach Herstellung einer angemessenen völkerrechtlichen Handlungsfreiheit und nach Klärung des Verhältnisses zu den ostdeutschen Ländern wird sie nach der überwiegenden Meinung von einem Bundespräsidenten übernommen.
5) Notverordnungsrecht und Bundeszwang liegen bei der Bundesregierung und der Länderkammer, nicht beim Staatsoberhaupt.
6) Bei der Bundesaufsicht leistet die Bundesjustiz Hilfsstellung.
7) Die Vermutung spricht für Gesetzgebung, Verwaltung, Justiz, Finanzhoheit und Finanzierungspflicht der Länder.
8) Bund und Länder führen eine getrennte Finanzwirtschaft.
9) Es gibt kein Volksbegehren. Einen Volksentscheid gibt es nur bei Änderungen des Grundgesetzes.
10) Eine Änderung des Grundgesetzes, durch die die freiheitliche und demokratische Grundordnung beseitigt würde, ist unzulässig.
(Parl. Rat, Bd. 2, S. 505 f.)

Zur Vorbereitung der Arbeit des einzuberufenden Parlamentarischen Rates setzten die Ministerpräsidenten einen vornehmlich aus Ministern und Ministerialbeamten bestehenden Verfassungsausschuß, den später sog. Verfassungskonvent, ein, der im August 1948 auf Herrenchiemsee unter Berücksichtigung bereits vorliegender Vorschläge den **Entwurf einer Verfassung** erarbeitete. Dieser Entwurf war formell ein unverbindliches Sachverständigengutachten; er suchte bewußt keine politischen Kompromisse, sondern zeigte bei den umstrittenen Fragen die möglichen Alternativen auf. Später wurde dem Konvent vorgeworfen, die für die weitere Entwicklung des Landes wesentlichen Gesichtspunkte nicht hinreichend gegenüber staatsrechtlichen Aspekten ohne praktische Auswirkungen berücksichtigt zu haben (vgl. etwa *Otto,* unten Rn. 823, S. 32: „mechanistische, justizstaatliche Vorstellungen"), doch darf dabei nicht übersehen werden, daß der nur als unverbindliche Arbeitsgrundlage gedachte Entwurf des Verfassungskonvents Form und Inhalt des späteren Grundgesetzes bereits in wesentlichen Zügen enthielt. Die Verfasser sahen ihren Entwurf außerdem in räumlicher und zeitlicher Hinsicht als „doppeltes Provisorium" an, mit dem es in der Kürze der zur Ver-

782

fügung stehenden Zeit und mit bescheidenen personellen und sächlichen Mitteln gelang, die bestehenden politischen Streitfragen offenzulegen und die „Lehren aus Weimar" zu ziehen. Denn darüber war man sich einig, daß die in der Konfrontation mit der politischen Realität zutage getretenen Defizite und Mängel der Weimarer Verfassung (vgl. oben Rn. 570 ff.) unbedingt vermieden werden sollten.

783 Begründet durch den Respekt vor dem juristischen Sachverstand seiner Mitglieder und zugleich begünstigt durch eine gewisse personelle Kontinuität in der Zusammensetzung von Konvent und Parlamentarischem Rat hat der Herrenchiemseer Entwurf die **Entstehung des Grundgesetzes wesentlich beeinflußt** (vgl. *Kahl,* unten Rn. 823, S. 1085). Neu war insbesondere die Einrichtung eines Bundesverfassungsgerichts, dessen nähere Ausgestaltung allerdings umstritten blieb (vgl. *Stern,* StR V, S. 1263). Die in dem Schlußbericht wiedergegebenen „unbestrittenen Hauptgedanken", die dem Arbeitsergebnis des Konvents zugrunde lagen, verdeutlichen, daß im August 1948 auf Herrenchiemsee bereits entscheidende Weichenstellungen für die Verfassungsordnung der Bundesrepublik erfolgt sind.

784 So haben die meisten der in zehn Punkte gegliederten Hauptgedanken **direkten Ausdruck in einer Grundgesetzbestimmung** gefunden: Die in den Punkten 2 und 3 angesprochene Form der parlamentarischen Regierungsweise ist in den Art. 63, 67, 68 GG festgelegt worden; Gesetzgebungsnotstand und Bundeszwang (Punkt 5) liegen auch gem. Art. 81 bzw. Art. 37 GG bei Bundesregierung und Bundesrat; die Zuständigkeitsvermutung zugunsten der Länder bei der Ausübung von Staatsgewalt (Punkt 7) findet sich in den Art. 30, 70, 83 GG wieder, der Grundsatz der Haushaltstrennung von Bund und Ländern (Punkt 8) in Art. 109 Abs. 1 GG. Schließlich sieht das Grundgesetz, abgesehen von Art. 29 GG, kein Volksbegehren (Punkt 9) vor und schließt die Beseitigung der freiheitlichen und demokratischen Grundordnung (Punkt 10) auch im Wege der Verfassungsänderung durch Art. 79 Abs. 3 GG aus. Nur hinsichtlich der Einrichtung eines Bundesrates oder eines Senats als zweiter Kammer sowie der Schaffung des Amtes eines Bundespräsidenten als Staatsoberhaupt bestanden auf Herrenchiemsee noch Divergenzen (vgl. Punkte 1 und 4).

785 In den „Hauptgedanken" unerwähnt bleibt die **Grundrechtsordnung**, die der Konvent erarbeitet hat und die er durch die Einführung der Verfassungsbeschwerde absichern wollte. Der letzte Vorschlag wurde zwar vom Parlamentarischen Rat – mit Rücksicht auf die umfassende Rechtsweggarantie in Art. 19 Abs. 4 GG – zunächst

nicht aufgenommen und verwirklicht, er kann jedoch mit Blick auf die weitere Entwicklung als „großer Wurf des Konvents" (*Säcker,* unten Rn. 823, S. 787) bezeichnet werden.

2. Der Parlamentarische Rat

Vom 1. September 1948 bis Mai 1949 tagte der Parlamentarische Rat in Bonn, um, wie in den Frankfurter Dokumenten von den alliierten Besatzungsmächten gefordert (vgl. oben Rn. 774 ff.), für die drei westlichen Besatzungszonen eine **vorläufige Verfassung** auszuarbeiten. Die Vorläufigkeit dieses Grundgesetzes wurde dabei jedoch bereits durch die im Herrenchiemseer Entwurf anzutreffende Vollständigkeit und Perfektion der Normierungen in Frage gestellt (vgl. *Otto,* unten Rn. 823, S. 32). 786

Die **Mitglieder** des Parlamentarischen Rates waren von den Landtagen und den Bürgerschaften Hamburgs und Bremens gewählt worden, und zwar nach einem Verfahren, das sowohl die Bevölkerungszahl als auch die Stärke der Parteien berücksichtigte und im Ergebnis dazu führte, daß die Landtagsfraktionen „ihre fähigsten Verfassungsjuristen nach Bonn" entsandten (*Willoweit,* VerfGesch, S. 341). Viele berühmte Namen waren darunter wie *Theodor Heuss, Ernst Reuter, Carlo Schmid* und *Konrad Adenauer,* der alsbald zum Vorsitzenden des Gremiums gewählt wurde. Insgesamt bestand der Rat aus 65 ordentlichen stimmberechtigten Abgeordneten, fünf Berliner Delegierten als nicht stimmberechtigten „Beobachtern" und sieben Ersatzleuten. Davon entsandten SPD und CDU/CSU je 32, die FDP sechs, die KPD drei sowie DP und Zentrum je zwei Vertreter. Der Löwenanteil der Mitglieder des Parlamentarischen Rates (61%) entstammte der Gruppe der Berufsbeamten, Professoren und Richter. Lediglich vier Frauen waren in dem Gremium vertreten, das in seiner Gesamtheit daher oft als „Väter des Grundgesetzes" bezeichnet wird, obwohl z. B. die hessische SPD-Vertreterin *Elisabeth Selbert* einen großen Anteil an der Ausgestaltung des späteren Art. 3 GG hatte. 787

Die Mitglieder des Parlamentarischen Rates standen unter dem Eindruck des gerade erst zu Ende gegangenen furchtbaren Krieges und eines von allen rechtsstaatlichen Fesseln gelösten Unrechtssystems auf deutschem Boden, das eine schlecht funktionierende, langsam im Chaos versinkende (Weimarer) Demokratie abgelöst hatte. **Wesentliche Einflußfaktoren** für ihre Arbeit am künftigen Grundgesetz lagen von daher bereits auf der Hand. So wurden sie zum einen, 788

z. B. bei der nun gegenüber früher deutlich schwächer ausgestalteten Position des Bundespräsidenten, von den entsprechenden negativen „Weimarer Erfahrungen" geleitet (vgl. oben Rn. 532, 572). Zum anderen stand ihnen die nationalsozialistische Herrschaft als abschreckendes Zerrbild einer Verfassungsordnung noch deutlich vor Augen. Verschiedene ausländische, insbesondere westeuropäische und amerikanische (vgl. *Pieroth*, unten Rn. 823), Verfassungen dienten dagegen als positive Richtschnur. Deutlich werden diese Einflüsse an einzelnen Regelungen des Grundrechtsteils und an den staatsorganisationsrechtlichen Bestimmungen (vgl. unten Rn. 813 ff.). Darüber hinaus hatten die Mitglieder des Parlamentarischen Rates bei ihren Beratungen noch das in der „Ostzone" immer deutlicher zutage tretende Unterdrückungssystem der sowjetischen Besatzungsmacht im Blick. Daneben versuchten sich jedoch auch – für eine pluralistische Demokratie, wie sie sich nach dem Krieg in Deutschland entwickelte, kein ungewöhnlicher Vorgang – verschiedene Interessengruppen in Lobbyarbeit:

789 **Eingabe des Deutschen Beamtenbundes (Landesverband Nordrhein-Westfalen) an den Parlamentarischen Rat** vom 29. Oktober 1948:

„Für den Neuaufbau einer demokratischen Verwaltung ist die verfassungsmäßige Verankerung des Berufsbeamtentums, das sich allezeit als sicherste Stütze des Staates erwiesen hat, unentbehrlich.

Die Gewerkschaft Deutscher Beamtenbund hält es deshalb für erforderlich, in dem zur Beratung stehenden Grundgesetz die Erhaltung und Sicherung des Berufsbeamtentums in seinen wesentlichen Merkmalen verbindlich für Bund, Länder und Selbstverwaltungen zu garantieren und jede Unklarheit und Verwischung der Begriffe auszuschließen.

Die Gewerkschaft Deutscher Beamtenbund fordert demnach:

1. Die institutionelle Garantie des Berufsbeamtentums durch Aufnahme eines besonderen Artikels ...

2. Die Vorranggesetzgebung des Bundes über 'Grundsätze für die Gestaltung des Beamtenrechts' ...

3. Als Auswirkung der Sonderstellung der Berufsbeamten: Ausschluß des Streikrechts für Beamte ...

4. Klare Trennung der Begriffe 'Beamter und Angestellter und öffentlicher Bediensteter' ...

(Vgl. *Sörgel*, unten Rn. 823, S. 308).

790 Auch wenn sich die Berufsbeamten gerade nicht als „sicherste Stütze" der Weimarer Republik erwiesen hatten (vgl. oben Rn. 580), gelang ihnen doch allein wegen der Herkunft der meisten Mitglieder des Parlamentarischen Rates eine Festigung ihrer Position über Art. 33 Abs. 5 GG mit der Garantie des Berufsbeamtentums und seiner hergebrachten Grundsätze. Dagegen ist die Handschrift der **Parteien** (zu deren Programmen nach 1945 bereits oben Rn. 735 ff.) in der Verfassung weniger deutlich zu lesen. Da die Alliierten politische Parteien schon 1945 wieder erlaubt hatten, entstand zwar sehr schnell der heutige Parteienstaat. Die (Neu-)Gründung der Parteien führte dabei auch zur Überwindung der Weimarer Zersplitterung, wobei die großen historisch gewachsenen Hauptströmungen allerdings erhalten blieben. Die juristische Nüchternheit des Grundgesetzes im Vergleich zu zeitlich vorher entstandenen Landesverfassungen erklärt sich daher in erster Linie auch nur aus dem parteipolitischen Patt im Parlamentarischen Rat, das dazu führte, daß die Lösung vieler, z. B. wirtschaftspolitischer Streitfragen dem einfachen Gesetzgeber überlassen werden mußte.

Die **Kirchen** konnten im Wege des Kompromisses immerhin die Weitergeltung der Weimarer Kirchenartikel über Art. 140 GG erreichen, während das Anliegen der **Flüchtlinge** mit seiner wirtschaftlichen und sozialen Bedeutung über die Gesetzgebungskompetenz des Bundes in Art. 74 Abs. 1 Nr. 6 GG anerkannt wurde. Demgegenüber war die Position der **Gemeinden** und Gemeindeverbände im Verhältnis zu den Ländern schwächer; sie konnten nur eine prinzipielle Absicherung ihrer Selbstverwaltung gem. Art. 28 Abs. 2 GG erzielen. Weitergehende Wünsche, insbesondere nach einer garantierten Finanzausstattung, blieben unerfüllt (hierzu *C. Engeli,* in: *Püttner* (Hg.), Handbuch der kommunalen Wissenschaft und Praxis, Bd. 1, 2. Aufl. 1984, S. 114 ff.).

Auch die **Gewerkschaften** blieben bei der Verfassunggebung unerwartet einflußlos. Ihre Interessen wurden zwar teilweise von der ihnen traditionell nahestehenden SPD und von dem Arbeitnehmer-Flügel der CDU vertreten, aber etwa eine grundlegende Neuordnung der Wirtschaft unter weitgehender Zurückdrängung des Kapitalismus unterblieb. In der Verfassung wurde kein bestimmtes Wirtschaftssystem festgeschrieben, das Grundgesetz blieb insoweit „wirtschaftspolitisch neutral" (vgl. *W. Frotscher,* Wirtschaftsverfassungs- und Wirtschaftsverwaltungsrecht, 5. Aufl. 2008, Rn. 30 ff.), was wohl auch daran lag, daß der Weg in Richtung der sozialen Marktwirtschaft im Grunde bereits durch den Marshall-Plan und die Währungsreform eingeschlagen worden war. Erstaunlich ist das Scheitern der Gewerkschaften an dieser Stelle aber dennoch, weil zunächst auch in Westdeutschland vor allem wegen der Zwangsbewirtschaftung und des florierenden Schwarzmarktes eine große Zustimmung zur Sozialisierung der Großbetriebe vorhanden war, wie z. B. entsprechende Vorschriften in der Hessischen Verfassung (vgl. oben Rn. 750) zeigen.

793 Für das Grundgesetz gilt in besonderer Weise, daß die Verfassungen Deutschlands „nie allein Sache der Deutschen" waren (*H. Dreier*, DVBl. 1999, S. 667/668). Die **Alliierten** wollten die Verfassungsentwicklung zwar beeinflussen, nicht aber diktieren, denn sie sahen sich auch dem Konflikt zwischen Befreiung und Besatzung ausgesetzt: Als Sieger des Weltkrieges wollten sie ihren Willen durchsetzen und auf diesem Wege auch in Deutschland die Demokratie einführen; diese aber setzt die Selbstbestimmung der Betroffenen notwendig voraus. So hatten ihre Interventionen in die Arbeit des Parlamentarischen Rates vor allem das Ziel, auf die Einhaltung der im Frankfurter Dokument I (vgl. oben Rn. 775) aufgestellten Vorgaben für die zukünftige westdeutsche Verfassung zu dringen. Die Einflußnahme der Alliierten reichte allerdings weiter, als man es in Bonn früher wahrhaben wollte (vgl. *Stern*, StR V, S. 1329ff.). Neben den alliierten Memoranden, die insbesondere im März/April 1949 zu einer krisenhaften Zuspitzung der Lage führten und den erfolgreichen Abschluß der Arbeiten am Grundgesetz gefährdeten, gab es vielfältige offizielle und inoffizielle Kontakte und Verhandlungen mit Expertengruppen und einzelnen Mitgliedern des Rates. Dabei vertraten auch die Alliierten selbst zu einzelnen Verfassungsfragen wie etwa der Ausgestaltung der zweiten Kammer durchaus unterschiedliche Konzepte.

794 In den rund acht Monate dauernden Beratungen des Parlamentarischen Rates kristallisierte sich ein Grundgesetz für den nach einer Wortschöpfung von *Theodor Heuss* als „Bundesrepublik Deutschland" bezeichneten westdeutschen Staat heraus, das den Grundrechten eine besondere Bedeutung zumißt, dabei grundsätzlich für verschiedene Wirtschaftssysteme offen ist und bereits in seiner Präambel zentrale **Grundanschauungen und Zielvorstellungen** des Verfassunggebers wie vor allem das Bekenntnis zur Wiedervereinigung Deutschlands und zu einem vereinten Europa zum Ausdruck bringt.

795 **Präambel des Grundgesetzes** in der Fassung vom 23. Mai 1949:
„Im Bewußtsein seiner Verantwortung vor Gott und den Menschen, von dem Willen beseelt, seine nationale und staatliche Einheit zu wahren und als gleichberechtigtes Glied in einem vereinten Europa dem Frieden der Welt zu dienen, hat das Deutsche Volk in den Ländern Baden, Bayern, Bremen, Hamburg, Hessen, Niedersachsen, Nordrhein-Westfalen, Rheinland-Pfalz, Schleswig-Holstein, Württemberg-Baden und Württemberg-Hohenzollern, um dem

staatlichen Leben für eine Übergangszeit eine neue Ordnung zu geben, kraft seiner verfassunggebenden Gewalt dieses Grundgesetz der Bundesrepublik Deutschland beschlossen. Es hat auch für jene Deutschen gehandelt, denen mitzuwirken versagt war. Das gesamte Deutsche Volk bleibt aufgefordert, in freier Selbstbestimmung die Einheit und Freiheit Deutschlands zu vollenden." (BGBl. S. 1; vgl. *Limbach* u. a., Verfassungen, S. 189.)

Um Wortlaut und Inhalt nahezu jeder einzelnen Verfassungsbestimmung wurde heftig gerungen. Diese Auseinandersetzungen und Diskussionen, die für die Auslegung des Grundgesetzes bis heute Bedeutung haben, sind in den Akten und Protokollen des Parlamentarischen Rates (unten Rn. 823) im einzelnen dokumentiert (vgl. auch die konzentrierte Darstellung und Bewertung bei *Stern*, StR V, S. 1302 ff.). Endlich nach einer letzten, nervenaufreibenden Verhandlungsrunde mit den Militärgouverneuren am 25. April 1949 und langwierigen, oft bis in die Nacht hineinreichenden interfraktionellen Beratungen war es soweit: In der Plenarsitzung vom 8. Mai 1949, um 23.55 Uhr, wurde das Grundgesetz **mit 53:12 Stimmen angenommen** (*Feldkamp*, unten Rn. 823, S. 192). Dagegen stimmten nur sechs von acht Abgeordneten der CSU sowie die jeweils zwei Abgeordneten der DP, des Zentrums und der KPD.

796

V. Zwei Staatsgründungen auf deutschem Boden

1. Genehmigung und Inkrafttreten des Grundgesetzes sowie Konstituierung der Bundesorgane

Genehmigungsschreiben der Militärgouverneure zum Grundgesetz vom 12. Mai 1949 – Auszug –:
„Sehr geehrter Herr Dr. Adenauer!
1) Das Grundgesetz, welches am 8. Mai durch den Parlamentarischen Rat verabschiedet wurde, hat unsere sorgfältige und eingehende Aufmerksamkeit gefunden. Nach unserer Ansicht vereinigt es deutsche demokratische Traditionen in glücklicher Weise mit den Begriffen einer repräsentativen Regierung und einer Rechtsordnung, welche die Welt nunmehr als für das Leben eines freien Volkes unerläßlich betrachtet.
2) Indem wir dazu zustimmen, daß diese Verfassung dem Deutschen Volk zur Ratifikation gemäß den Bestimmungen des Artikels 144 (1) unterbreitet wird, sind wir überzeugt, daß Sie verstehen werden, daß wir verschiedene Vorbehalte machen müssen. ...
4) Ein dritter Vorbehalt betrifft die Teilnahme Groß-Berlins am Bund. Wir interpretieren die Auswirkungen der Artikel 23 und 144 (2) des Grundgesetzes dahin, daß ... Berlin keine stimmberechtigte Mitgliedschaft im Bundestag oder Bundesrat erhalten und auch nicht von der Bundesregierung regiert wer-

797

den kann, daß es jedoch eine kleine Anzahl Vertreter zur Teilnahme an den Sitzungen jener gesetzgeberischen Körperschaften benennen darf.

6) Fünftens sind wir der Auffassung, daß Artikel 84 (5) und Artikel 87 (3) dem Bund sehr weitgehende Vollmachten auf dem Gebiet der Verwaltung einräumen. Die Hohen Kommissare werden der Ausübung dieser Befugnisse sorgfältige Aufmerksamkeit zuwenden müssen, um sicherzustellen, daß sie nicht zu einer übertriebenen Machtkonzentration führen.

8)…, möchten wir klarstellen, daß wir, als wir die Verfassungen der Länder billigten, vorgesehen haben, daß nichts in diesen Verfassungen als eine Einschränkung der Bestimmungen einer Bundesverfassung ausgelegt werden sollte; Konflikte zwischen den Länderverfassungen und der vorläufigen Bundesverfassung müssen deshalb zugunsten der letzteren gelöst werden."
(Parl. Rat, Bd. 8, S. 273 f.)

798 Mit der Annahme im Parlamentarischen Rat konnte das Grundgesetz noch nicht in Kraft treten. Dazu bedurfte es zum einen, wie es die Frankfurter Dokumente (vgl. oben Rn. 775 f.) vorgesehen hatten, der Genehmigung durch die Militärgouverneure und zum anderen der Annahme durch die Volksvertretungen in zwei Dritteln der westdeutschen Länder (Art. 144 Abs. 1 GG). Das Genehmigungsschreiben der Militärgouverneure vom 12. Mai 1949 enthielt eine Reihe von Vorbehalten bzw. Klarstellungen. Der wichtigste Vorbehalt betraf die **Rechtsstellung Berlins,** das keine stimmberechtigte Mitgliedschaft im Bundestag oder Bundesrat erhalten und auch nicht von der Bundesregierung „regiert" werden sollte. Mit dem englischen Begriff des Government, einer Grundkategorie angelsächsischen Staatsdenkens bis in die Gegenwart, die nicht auf den deutschen Regierungsbegriff reduziert werden darf, war hier nicht nur das eigentliche Regierungshandeln oder nur die Exekutive gemeint, sondern die Ausübung jedweder Staatsgewalt. Konsequenterweise bedurfte deshalb jedes Bundesgesetz, das in Berlin gelten sollte, der besonderen Inkraftsetzung durch einen (Legislativ-)Akt des Berliner Abgeordnetenhauses.

799 **Weitere alliierte Vorbehalte** betrafen die in Art. 91 Abs. 2 GG vorgesehene Übernahme der Polizeigewalt durch die Bundesregierung bei einem inneren Notstand, die Neuregelung der Ländergrenzen und die Auslegung des Art. 72 Abs. 2 GG. Die kritische Kommentierung der Art. 84 Abs. 5 und Art. 87 Abs. 3 GG in Punkt 6 des Schreibens zeigt noch einmal, daß die Alliierten keine „übertriebene Machtkonzentration" bei der neuen deutschen Zentralgewalt wünschten. Für das Verhältnis der bereits früher entstandenen Länderverfassungen zum Grundgesetz bestätigt Punkt 8 des Schreibens den auch aus Art. 31 GG ableitbaren Vorrang der Bundesverfassung.

Schließlich stellten die Militärgouverneure unmißverständlich klar, daß die deutsche Staatsgewalt in Bund, Ländern und Kommunen den Bestimmungen des Besatzungsstatuts (vgl. oben Rn. 726 ff.) unterworfen war.

Entgegen ihrer ursprünglichen Forderung nach einer Volksabstimmung über die neue Verfassung waren die Alliierten nun doch damit einverstanden, daß die **Annahme des Grundgesetzes** durch zwei Drittel der westdeutschen Landtage erfolgen sollte. Die Formulierung in Punkt 2 des Schreibens, wonach die neue Verfassung „dem Deutschen Volk" zur Ratifikation nach der Bestimmung des Art. 144 Abs. 1 GG zu unterbreiten war, kann nur als der Versuch bewertet werden, das Gesicht in dieser umstrittenen Frage zu wahren. In der Folge stimmten zehn der elf Landtage der neuen Verfassung mit klarer Mehrheit zu. Nur der bayerische Landtag lehnte das Grundgesetz ab, wobei er allerdings davon ausgehen konnte, daß seine Ablehnung mit Rücksicht auf die überwältigende Zustimmung in den anderen Ländern folgenlos bleiben würde. Zudem faßte er den Beschluß, daß das GG auch in Bayern anzuwenden sei, wenn die anderen Bundesländer zugestimmt hätten. Am 23. Mai 1949 kam der Parlamentarische Rat ein letztes Mal zusammen, um gem. Art. 145 GG in öffentlicher Sitzung die Annahme des Grundgesetzes festzustellen, dieses auszufertigen und in dem am selben Tag als Nr. 1 ausgegebenen Bundesgesetzblatt zu verkünden. 800

Gegenüber dem Grundgesetz ist immer wieder der **Vorwurf einer unzureichenden Legitimation** mit der Begründung erhoben worden, daß die für jede Verfassung notwendige plebiszitäre Bestätigung fehle, weil es weder einer Volksabstimmung unterzogen noch durch eine *direkt* gewählte verfassunggebende Versammlung beschlossen worden sei. Ob ein solcher Vorwurf bereits „an den Realitäten von 1949 vorbei" geht (*Stern*, StR V, S. 1328) oder man das Grundgesetz für den Zeitpunkt seines Inkrafttretens nicht besser „eine Verfassung von noch ungewisser Legitimität" (*Mußgnug*, unten Rn. 823, S. 353) nennen sollte, muß hier nicht entschieden werden. Das Grundgesetz hat seine wahre Legitimation sowohl durch die nachfolgenden Bundestagswahlen als auch – in noch stärkerem Maße – durch den jahrzehntelangen, niemals bestrittenen Vollzug und die feste Verankerung im politischen Bewußtsein der Bevölkerung erfahren. Während die Weimarer Republik an der fehlenden Legitimität, verstanden als der inneren Anerkennung der Verfassungsordnung von Seiten der Bürger, gescheitert ist (vgl. oben Rn. 574), beseitigt der breite Verfas- 801 sungskonsens in der Bundesrepublik, die sich heute stärker über ihre Verfassung als über Begriffe wie Volk und Nation definiert, jeden Zweifel an der Legitimation des Grundgesetzes.

802 Mit dem Inkrafttreten des Grundgesetzes am 23. Mai 1949 war die Bundesrepublik Deutschland „nur ins Leben gerufen, ins Leben getreten war sie noch nicht" (*Mußgnug*, unten Rn. 823, S. 346). Der neue Staat erlangte seine Handlungsfähigkeit erst mit der **Konstituierung der Bundesorgane,** nämlich der Bildung des Bundestages am 7. September und dem Amtsantritt der Bundesregierung am 20. September 1949. Die Wahl zum ersten Deutschen Bundestag fand am 14. August 1949 aufgrund eines Gesetzes statt, um das sich im Mai und Juni 1949 ein „Drama" (*Stern*, StR V, S. 1298) abgespielt hatte. Der Parlamentarische Rat hatte sich in der von ihm verabschiedeten Fassung für das von der SPD gewollte Verhältniswahlsystem und nicht – wie von CDU/CSU gewünscht – für das Mehrheitswahlsystem entschieden. Nach der Auflösung des Parlamentarischen Rates war das Gesetz von den Militärgouverneuren beanstandet worden, woraufhin die Ministerpräsidenten der Länder als Kompromiß u. a. die 5%-Sperrklausel und die Grundmandatsklausel (vgl. § 6 Abs. 6 S. 1 BWahlG) beschlossen. Der Streit darüber, ob sie das durften oder ob der Parlamentarische Rat wiedereinberufen werden mußte, wurde durch eine einseitige Anordnung der Militärgouverneure vom 13. Juni 1949 beendet, wonach der Kompromiß der Ministerpräsidenten Gesetz wurde (vgl. BGBl. S. 21).

803 Eine weitere wichtige Entscheidung war schon am 10. Mai 1949 im Parlamentarischen Rat gefallen, als sich dieser mit knapper Mehrheit für Bonn statt Frankfurt als **Bundeshauptstadt** aussprach, um auch damit den vorläufigen Charakter des westdeutschen Staates zu betonen. Dieser Beschluß wurde bald darauf vom Bundestag bestätigt.

2. Die Gründung der Deutschen Demokratischen Republik (DDR)

804 Am 7. Oktober 1949, also nur wenige Tage nach der Konstituierung der Bundesrepublik, feierte das SED-Zentralorgan „Neues Deutschland" mit seiner Schlagzeile die Geburt der Deutschen Demokratischen Republik. Auch wenn die Staaten außerhalb des Ostblocks dem neuen Gemeinwesen zunächst die völkerrechtliche Anerkennung versagten und insbesondere die Bundesrepublik dieses Faktum bis Ende der 60er Jahre zu leugnen suchte: Ein **zweiter Staat** war **auf dem Boden des ehemaligen Deutschen Reiches** entstanden.

§ 21. Die Entstehung des Grundgesetzes 389

Die Verfassungsentwicklung im östlichen Teil Deutschlands wird trotz des Unterganges der DDR und der deutschen Wiedervereinigung hier skizziert, weil sie untrennbar zur deutschen Geschichte gehört, mag die DDR auch für viele heute schon nur noch eine „Fußnote in der Geschichte" *(Stefan Heym)* darstellen.

Die SED (zu deren Gründung vgl. oben Rn. 739) reagierte auf die Verfassungsbestrebungen in den Westzonen und versuchte, durch eine Mobilisierung breiter Volksgruppen unter Anwendung des bewährten „Blocksystems" und unterstützt bzw. gesteuert von der sowjetischen Besatzungsmacht eine nach ihrer Darstellung „wahrhaft demokratische" Alternative zu schaffen. Dazu wurde schon Ende 1947 ein (erster) **Deutscher Volkskongreß für Einheit und gerechten Frieden** einberufen, an den sich im März 1948 – genau 100 Jahre nach der ersten deutschen Revolution – ein 2. Volkskongreß anschloß. Dieser verstand sich als gesamtdeutsche Repräsentativversammlung und wählte aus seiner Mitte wiederum den **Deutschen Volksrat,** der als beratendes und beschließendes Organ zwischen den Tagungen des Volkskongresses tätig war. Er bildete verschiedene Fachausschüsse, darunter auch einen Verfassungsausschuß, der die Aufgabe hatte, eine Verfassung für eine „Gesamtdeutsche Demokratische Republik" auszuarbeiten (vgl. *Stern,* StR V, S. 1614). Im Unterschied zum westdeutschen Parlamentarischen Rat konnte sich der Volkskongreß mangels Wahl auf keinerlei demokratische Legitimation berufen (vgl. *Kleßmann,* unten Rn. 823, S. 202 ff.). Auch alle nachfolgenden Gremien waren zwar nicht ausschließlich mit Vertretern der SED besetzt, sie standen jedoch dank der durch die bloße Wahl einer Einheitsliste von vornherein festgelegten Mehrheitsverhältnisse unter deren Kuratel. 805

Nachdem die Entscheidung für die **Gründung eines eigenen ostdeutschen Staates** gefallen war, fanden Wahlen für einen 3. Deutschen Volkskongreß statt. Dieser trat am 29. Mai 1949 zusammen und beschloß schon am folgenden Tag – bei nur einer Gegenstimme – die Annahme des ihm vom Volksrat vorgelegten Verfassungsentwurfs. Nach *Stalins* Zustimmung zur Staatsgründung bildete sich der Volksrat am 7. Oktober 1949 zur „Provisorischen Volkskammer der Deutschen Demokratischen Republik" um, billigte die neue Verfassung und setzte sie in Kraft. Mit der Konstituierung einer provisorischen Länderkammer und der Wahl *Wilhelm Piecks* zum Staatspräsidenten am 11. Oktober sowie dem Amtsantritt der ersten DDR-Regierung unter dem Ministerpräsidenten *Otto Grotewohl* am 12. Oktober 1949 806 wurde der organisatorische Aufbau des zweiten oder „anderen" deutschen Staates abgeschlossen und das Ergebnis mit großem propagandistischem Aufwand gefeiert. Während die DDR in der eigenen Wahrnehmung als das „deutsche Kerngebiet" erschien, „mit dem die widerrechtlich von Deutschland losgerissenen und dem Besatzungsregime unterworfenen Teile" vereinigt werden müßten (W. *Pieck* in seiner Antrittsrede, vgl. *Rexin,* in: *Benz,* unten Rn. 823, S. 96), sollte der neue Staat de facto auf lange Zeit von der SED-Führung und der dahinter stehenden Sowjetunion beherrscht werden.

807 DDR-Verfassung vom 7. Oktober 1949 – Auszug –:
Von dem Willen erfüllt, die Freiheit und die Rechte des Menschen zu verbürgen, das Gemeinschafts- und Wirtschaftsleben in sozialer Gerechtigkeit zu gestalten, dem gesellschaftlichen Fortschritt zu dienen, die Freundschaft mit allen Völkern zu fördern und den Frieden zu sichern, hat sich das deutsche Volk diese Verfassung gegeben.

Art. 1. (1) Deutschland ist eine unteilbare demokratische Republik; sie baut sich auf den deutschen Ländern auf.
(2) Die Republik entscheidet alle Angelegenheiten, die für den Bestand und die Entwicklung des deutschen Volkes in seiner Gesamtheit wesentlich sind; alle übrigen Angelegenheiten werden von den Ländern selbständig entschieden.

Art. 3. (1) Alle Staatsgewalt geht vom Volke aus.
(2) Jeder Bürger hat das Recht und die Pflicht zur Mitgestaltung in seiner Gemeinde, seinem Kreise, seinem Lande und in der Deutschen Demokratischen Republik.
(6) Die im öffentlichen Dienst Tätigen sind Diener der Gesamtheit und nicht einer Partei. Ihre Tätigkeit wird von der Volksvertretung überwacht.

Art. 6 Abs. 2. Boykotthetze gegen demokratische Einrichtungen und Organisationen, Mordhetze gegen demokratische Politiker, Bekundung von Glaubens-, Rassen-, Völkerhaß, militaristische Propaganda sowie Kriegshetze und alle sonstigen Handlungen, die sich gegen die Gleichberechtigung richten, sind Verbrechen im Sinne des Strafgesetzbuches. Ausübung demokratischer Rechte im Sinne der Verfassung ist keine Boykotthetze.

Art. 50. Höchstes Organ der Republik ist die Volkskammer.
Art. 51 Abs. 2. Die Abgeordneten werden in allgemeiner, gleicher, unmittelbarer und geheimer Wahl nach den Grundsätzen des Verhältniswahlrechtes auf die Dauer von vier Jahren gewählt.

Art. 63. Zur Zuständigkeit der Volkskammer gehören:
die Bestimmung der Grundsätze der Regierungspolitik und ihrer Durchführung;
die Bestätigung, Überwachung und Abberufung der Regierung;
die Bestimmung der Grundsätze der Verwaltung und die Überwachung der gesamten Tätigkeit des Staates;
das Recht zur Gesetzgebung, soweit nicht ein Volksentscheid stattfindet; ...

die Wahl der Mitglieder des Obersten Gerichtshofes der Republik und des Obersten Staatsanwalts der Republik sowie deren Abberufung.
Art. 66. (1) Die Volkskammer bildet für die Dauer der Wahlperiode einen Verfassungsausschuß, in dem alle Fraktionen entsprechend ihrer Stärke vertreten sind. Dem Verfassungsausschuß gehören ferner drei Mitglieder des Obersten Gerichtshofes der Republik sowie drei deutsche Staatsrechtslehrer an, die nicht Mitglieder der Volkskammer sein dürfen.
(2) Die Mitglieder des Verfassungsausschusses werden von der Volkskammer gewählt.
(3) Der Verfassungsausschuß prüft die Verfassungsmäßigkeit von Gesetzen der Republik.
(4) Zweifel an der Verfassungsmäßigkeit von Gesetzen der Republik können nur von mindestens einem Drittel der Mitglieder der Volkskammer, von deren Präsidium, von dem Präsidenten der Republik, von der Regierung der Republik sowie von der Länderkammer geltend gemacht werden.
(5) Verfassungsstreitigkeiten zwischen der Republik und den Ländern sowie die Vereinbarkeit von Landesgesetzen mit den Gesetzen der Republik prüft der Verfassungsausschuß unter Hinzuziehung von drei gewählten Vertretern der Länderkammer.
(6) Über das Gutachten des Verfassungsausschusses entscheidet die Volkskammer. Ihre Entscheidung ist für jedermann verbindlich.
(8) Die Feststellung der Verfassungswidrigkeit von Regierungs- und Verwaltungsmaßnahmen ist Aufgabe der Volkskammer in Durchführung der ihr übertragenen Verwaltungskontrolle.
Art. 71 S. 1. Zur Vertretung der deutschen Länder wird eine Länderkammer gebildet.
Art. 92 Abs. 1. Die stärkste Fraktion der Volkskammer benennt den Ministerpräsidenten; er bildet die Regierung. Alle Fraktionen, soweit sie mindestens 40 Mitglieder haben, sind im Verhältnis ihrer Stärke durch Minister oder Staatssekretäre vertreten. Staatssekretäre nehmen mit beratender Stimme an den Sitzungen der Regierung teil.
(GBl. DDR, S. 5 ff.)

Der Text der DDR-Verfassung, die im Unterschied zum Grundgesetz keine Hinweise auf einen im Hinblick auf die angestrebte Wiedervereinigung Deutschlands nur vorläufigen Charakter enthielt, war in vielen Teilen eng an die Weimarer Reichsverfassung angelehnt und entsprach insoweit einer **bürgerlichen Verfassung mit starkem sozialistischen Einschlag**. Er spiegelte die Wirklichkeit des allgegenwärtigen Blockprinzips und der Wahl einer bloßen Einheitsliste jedoch nur unvollständig wider, wenn z. B. Art. 92 Abs. 1 davon sprach, daß in der Regierung alle Fraktionen nach ihrem Kräfteverhältnis vertreten sein sollten und die stärkste Volkskammer-Fraktion den Ministerpräsidenten benennen durfte. In der Realität wurde ohnehin nur nach einer Einheitsliste gewählt, deren interne Mandatsverteilung bereits zuvor (natürlich vor allem zugunsten der führenden SED) festgelegt worden war (vgl. *Boldt,* VerfGesch, S. 302 f.). Entgegen Art. 51 Abs. 2 erfolgten die Wahlen, die lediglich Akklamationscharakter besaßen und zu den berüchtigten 99 %-Ja-Stimmen-Ergebnissen führten, nicht geheim; der Grundsatz der Wahlfreiheit fehlte – wie in der als Vorlage dienenden Weimarer Reichsverfassung – bereits im Verfassungstext.

809 Die schon in den ostdeutschen Landesverfassungen deutlich gewordene Zurückdrängung rechtsstaatlicher Elemente wurde mit der DDR-Verfassung fortgeführt. Die **Auflösung der Gewaltenteilung** zugunsten einer Machtkonzentration bei der Volkskammer war bereits im Verfassungstext verankert. Diese war als „höchstes Organ der Republik" (Art. 50) nicht nur für die Regierungsbildung und – fast ausschließlich, da es auch an einer konkurrierenden Länderkompetenz fehlte (vgl. Art. 1 Abs. 2) – für die Gesetzgebung zuständig. Vollends deutlich wird die Machtfülle des Parlaments in Art. 63, welcher vorschrieb, daß die Volkskammer auch die Grundsätze der Regierungspolitik und ihrer Durchführung (vgl. demgegenüber Art. 65 GG) sowie die Grundsätze der Verwaltung bestimmte und die gesamte Tätigkeit des Staates überwachte. Außerdem konnte das Parlament die Richter der obersten Gerichte wählen und auch wieder abberufen und damit mittelbar Einfluß auf deren Entscheidungen nehmen. Hierzu paßt, daß nach Art. 66 nicht ein dem westlichen Bundesverfassungsgericht (vgl. Art. 93, 94 GG) vergleichbarer Spruchkörper der Justiz, sondern der Verfassungsausschuß der Volkskammer und letztverbindlich diese selbst über die Verfassungsmäßigkeit von Gesetzen und über Verfassungsstreitigkeiten zwischen der Republik und den Ländern zu entscheiden hatte.

809a Die DDR-Verfassung hielt in Art. 1 Abs. 1 und 2 an dem Prinzip der Bundesstaatlichkeit fest. Als Organ „zur Vertretung der Länder" wurde nach Art. 71 S. 1 eine sog. **Länderkammer** gebildet, die von Verfassungs wegen mit dem Recht der Gesetzesinitiative und einem (bloßen) Einspruchsrecht gegen Gesetze ausgestattet war. Tatsächlich hat die Länderkammer keine politische Bedeutung erlangt und konnte das wohl auch gar nicht, weil sie mit dem von der SED verfochtenen Prinzip des demokratischen Zentralismus völlig unvereinbar war (vgl. *C. Thiem,* Die Länderkammer der Deutschen Demokratischen Republik [1949–1958], 2011, S. 45 ff.). Nach Abschaffung der Länder 1952 (vgl. unten Rn. 811) existierte die Länderkammer noch sechs Jahre fort, bis sie durch verfassungsänderndes Gesetz von 1958 auch förmlich aufgehoben wurde. „Damit war das letzte Stück Bundesstaatlichkeit aus der Verfassung eliminiert" (*Stern*, StR V, S. 1637).

Die DDR-Verfassung enthielt zwar einen umfangreichen **Katalog von Grundrechten,** die jedoch in der Wirklichkeit nicht eingefordert oder gar vor einem unabhängigen Verfassungsgericht eingeklagt werden konnten. Bezeichnenderweise stand unmittelbar an der Spitze des Grundrechtskatalogs eine Bestimmung, die praktisch die Unterdrückung wesentlicher Bürgerrechte erlaubte: Art. 6 Abs. 2 sah die Bestrafung von „Boykotthetze gegen demokratische Einrichtungen und Organisationen" vor und schuf damit die Möglichkeit, jegliche Kritik an Staat und Partei zu verhindern (vgl. die Aufarbeitung dieser Vergangenheit in den Entscheidungen des *ObG DDR,* DtZ 1990, 31 und 283). Auch damit war die Grundlage geschaffen für die in den folgenden Jahren fast totale Überwachung der DDR-Bürger durch die sog. Staatssicherheit. 810

Wesentliche Prinzipien der Verfassung wurden in der Folgezeit ohne förmliche Verfassungsänderung einfach aufgehoben: So führte das „Gesetz über die weitere Demokratisierung des Aufbaus und der Arbeitsweise der staatlichen Organe in den Ländern der DDR" vom 23. Juli 1952 (GBl. DDR, S. 613 f.) zur Auflösung der Länder. Auch die kommunale Selbstverwaltung wurde abgeschafft, und die „dahinsiechenden" Verwaltungsgerichte fanden mit einer ministeriellen Anweisung ihr unrühmliches Ende (*Brunner*, unten Rn. 823, S. 536). Insgesamt ist deshalb festzustellen, daß die DDR-Verfassung, die 1968 durch eine Neufassung ersetzt wurde, offenbar mehr eine **Reaktion auf den sich abzeichnenden Erlaß einer westdeutschen Verfassung** denn Ausdruck einer in Ostdeutschland fortan geltenden rechtlichen Grundordnung war. Er hatte mit der Verfassungswirklichkeit im „real existierenden Sozialismus" nicht viel gemein. Erst die jüngste Geschichte hat den Zustand zweier paralleler deutscher Verfassungsordnungen beseitigt. 811

VI. Wesentliche Strukturmerkmale des Grundgesetzes

Aus dem Kampf der politischen Systeme ist der Westen und damit auch der Verfassungsstaat westeuropäischer Prägung als „Sieger" 812 hervorgegangen. Mit der Wiedervereinigung Deutschlands hat das Grundgesetz seinen provisorischen Charakter verloren und gilt nun, wie es die neu gefaßte Präambel sagt, „für das ganze Deutsche Volk". Ein Blick auf wesentliche Strukturmerkmale dieser Verfassung soll deshalb das Buch abschließen. Dabei konzentriert sich die Darstellung auf die Frage, worin das „Erfolgsrezept" des Grundgesetzes liegt, welche Unterschiede gegenüber seinen Vorläufern und insbesondere gegenüber der Weimarer Verfassung dazu geführt haben, daß es heute zu Recht „als ein einzigartiger gelungener Versuch gilt, aus der Geschichte zu lernen" (*Feldkamp*, unten Rn. 823, S. 201).

1. Die Neukonzeption der Grundrechte

813   Die zentrale Bedeutung, die den Grundrechten für die Verfassungsordnung der Bundesrepublik zukommt und auch vom Parlamentarischen Rat zugedacht war, findet bereits in ihrer Stellung an der Spitze der Verfassung Ausdruck. Im Unterschied zur Weimarer Reichsverfassung ist der Grundrechtsabschnitt jedoch deutlich gestrafft worden: Nicht die Menge der Grundrechte und ihre Rolle als Gesellschaftsentwurf (vgl. oben Rn. 439f.), sondern vielmehr ihre **Qualität und juristische Durchsetzungskraft** stehen nunmehr im Vordergrund. Sie sind als zwingendes, für alle Bereiche der Staatsgewalt unmittelbar geltendes Recht (vgl. Art. 1 Abs. 3 GG) ausgestaltet und können deshalb nicht mehr als unverbindliche Programmsätze (vgl. oben Rn. 542) nach Belieben der Staatsorgane und Verfassungsinterpreten angewendet oder beiseite geschoben werden. Die Durchsetzungskraft dieser für ein gedeihliches Zusammenleben der Menschen grundlegenden Rechte des einzelnen wurde zudem durch das bereits vom Herrenchiemseer Konvent (vgl. oben Rn. 785) vorgeschlagene, aber erst durch das Bundesverfassungsgerichtsgesetz 1952 ins Leben gerufene und 1969 im Grundgesetz verankerte Institut der Verfassungsbeschwerde (Art. 93 Abs. 1 Nr. 4 a GG) und die verfassungsrechtlichen Grenzen (Art. 19 Abs. 1, 2 GG) der Einschränkbarkeit von Grundrechten noch verstärkt. Eine Einschränkung oder eventuell sogar Aufhebung einzelner Grundrechte im Wege der Verfassungsänderung ist zwar zulässig, weil nur die Grundsätze der Art. 1 *und* 20 GG zu dem sog. verfassungsfesten Minimum des Art. 79 Abs. 3 GG gehören, aber mit Rücksicht auf die erforderliche Zweidrittelmehrheit und den (mittelbaren) Schutz über die Men-

§ 21. Die Entstehung des Grundgesetzes   395

schenwürdegarantie und die Grundsätze der Demokratie und des Rechtsstaates nur in engen Grenzen möglich.

Als deutliche Antwort auf die nationalsozialistische Unrechtsherrschaft hat der Verfassunggeber mit den Grundrechten zugleich ein **Wertesystem** geschaffen, an dessen Spitze die Menschenwürde steht (Art. 1 Abs. 1 GG). Diese wird vornehmlich durch die speziellen Diskriminierungsverbote des Art. 3 Abs. 3 GG, das 1949 erstmals verfassungsrechtlich anerkannte Asylrecht (früher in Art. 16 Abs. 1, heute nach dessen Einschränkung im Jahre 1993 in Art. 16 a GG geregelt) und die durch Art. 102 GG angeordnete Abschaffung der Todesstrafe weiter konkretisiert. Die Funktion der Grundrechte als objektive Wertordnung ist auch bei der Auslegung jedes Einzelgrundrechts zu berücksichtigen und hat insoweit einen festen Platz in der Rechtsprechung des Bundesverfassungsgerichts gefunden. 814

Neben dem klassischen Schutz der individuellen Freiheit, wie er insbesondere in den Grundrechten aus Art. 2 Abs. 1 und Abs. 2, Art. 4 und Art. 10 bis 14 GG sowie allgemein in der Funktion aller Grundrechte als Abwehrrechte des einzelnen gegenüber der Staatsgewalt sinnfällig wird, hat das Grundgesetz auch die für eine funktionierende Demokratie unverzichtbare **politische Freiheit** in starkem Maße geschützt. So sind die Grundrechte aus Art. 5 Abs. 1, Art. 8 und Art. 9 GG nicht nur als bloße Abwehrrechte, sondern auch als „objektive Prinzipien" zu verstehen, welche die freie Meinung, die freie Presse, den freien Rundfunk usw. in dem Gemeinwesen Bundesrepublik gewährleisten sollen. Hier ist auf den engen Zusammenhang mit den Art. 20, 21 GG hinzuweisen: Eine parteienstaatliche und pluralistisch ausgeformte Demokratie, in der die politische Willensbildung von den Bürgern zu den Staatsorganen, also von unten nach oben, verlaufen soll, kann ohne Meinungsfreiheit, Rundfunk- und Pressefreiheit, Informationsfreiheit sowie Demonstrations- und Vereinigungsfreiheit nicht funktionieren. Diese freie Kommunikation wird in der Verfassung garantiert. 815

Insgesamt kann nach der mittlerweile über fünfzigjährigen Geltungszeit des Grundgesetzes das Resümee gezogen werden, daß sich die 1949 zugrunde gelegte Konzeption der Grundrechte vollauf bewährt hat. Diesen kommt heute eine kaum zu überschätzende Bedeutung für das politische Zusammenleben in der Bundesrepublik zu, was allerdings nicht allein als Verdienst der Väter (und Mütter) des Grundgesetzes zu betrachten ist. Denn insoweit ist auch die **herausragende Rolle des Bundesverfassungsgerichts** als Interpret und Hü- 816 ter der Grundrechte hervorzuheben, das in zahlreichen wichtigen und gelegentlich auch mutigen Entscheidungen zu deren heutigem Stellenwert entscheidend beigetragen hat.

2. Weichenstellungen im staatsorganisationsrechtlichen Teil

817 Neben den Grundrechten enthält das vom Parlamentarischen Rat erarbeitete Grundgesetz aber auch für das politische Leben der Bundesrepublik mindestens ebenso wichtige Grundentscheidungen im Hinblick auf den Staatsaufbau. Hervorzuheben ist insoweit die ausdrückliche **Anerkennung der politischen Parteien** durch die Verfassung (Art. 21 GG). Die Mängel und Defizite eines Parteienstaates werden immer wieder und mit guten Gründen beklagt; genannt seien nur die Stichworte Parteienfinanzierung, Ämterpatronage und Entfremdung der Bürger vom Staat. Sie resultieren jedoch nicht aus der in Art. 21 Abs. 1 GG erfolgten Regelung der Funktion und Rechtsstellung politischer Parteien, sondern vielmehr aus der – wie sich im Zusammenhang mit der Parteispendenaffäre der Jahre 1999/2000 erneut gezeigt hat – noch immer unzureichenden einfach-gesetzlichen Normierung und Sanktionierung bestimmter Verhaltensweisen.

818 Der Verfassunggeber von 1949 hat in diesem Zusammenhang die Verhältnisse in der Weimarer Republik in einem weiteren Punkt reflektiert, indem er unter bestimmten engen Voraussetzungen ein Verbot verfassungswidriger Parteien und Vereinigungen vorgesehen hat (vgl. Art. 21 Abs. 2 und Art. 9 Abs. 2 GG). So hätten etwa die NSDAP und die KPD der Weimarer Zeit unter der Geltung des Grundgesetzes verboten werden müssen. Die Bedeutung der genannten Verbote, deren Schutzgut „die freiheitliche demokratische Grundordnung" ist, hat sich in der Gegenwart gerade im Zusammenhang mit dem Verbot zahlreicher rechtsradikaler Vereinigungen und dem – aus formalen Gründen allerdings gescheiterten (BVerfGE 107, 339/356 ff.) – Antrag von Bundesregierung, Bundestag und Bundesrat auf Verbot der NPD gezeigt. Nimmt man die Vorschriften der Art. 18 und Art. 81 GG – beide Normen sind ebenfalls Früchte „Weimarer Erfahrungen" – und die auf Art. 115 a ff. GG gestützte sog. Notstandsverfassung von 1968 hinzu, wurde mit dem Grundgesetz die in den 20er und 30er Jahren schmerzlich vermißte (vgl. oben § 17) sog. **wehrhafte Demokratie** geschaffen.

819 Mit den Art. 20 Abs. 2 und Art. 29 GG fiel außerdem die Entscheidung des Parlamentarischen Rates zugunsten einer strikten Ausge-

staltung der Staatsform als **mittelbare oder repräsentative Demokratie**. Volksbegehren und Volksentscheid sind danach auf Bundesebene nur in Art. 29, 118 und 118 a GG vorgesehen; eine Volksgesetzgebung, wie sie die Weimarer Verfassung in den Art. 73–76 kannte, ist nach geltendem Verfassungsrecht ausgeschlossen. Aus verfassungspolitischer Sicht ist allerdings zum einen fraglich, ob die Erfahrungen mit den in der Weimarer Zeit durchgeführten Volksbegehren und -entscheiden wirklich so aussagekräftig sind (vgl. oben Rn. 520), und zum anderen, ob nicht nach über 50 Jahren bundesrepublikanischer Stabilität und unter völlig veränderten sozioökonomischen Voraussetzungen zusätzliche Elemente direkter Demokratie gerade auch zum Abbau der genannten parteienstaatlichen Defizite und einer weit verbreiteten Politikverdrossenheit beitragen könnten. Das gilt umso mehr, als auf europäischer Ebene „durchgreifende Kompensationen für nationalstaatliche Demokratieverluste" (*Weigand,* oben Rn. 543, S. 553) bisher nicht erfolgt sind. Die Öffnung aller deutschen Gemeindeordnungen und Landesverfassungen zugunsten direkt-demokratischer Entscheidungen (vgl. *B. J. Hartmann,* DVBl. 2001, S. 776 f.) hat sich nach allgemeiner Einschätzung bewährt und gibt insoweit ein positives Beispiel.

Mit den Art. 54 ff. GG hat der Parlamentarische Rat den in der Weimarer Republik gescheiterten Versuch aufgegeben, ein „balanciertes Gleichgewicht zwischen Parlament und Staatsoberhaupt" (*Willoweit,* VerfGesch, S. 342) herzustellen. Der **Bundespräsident** tritt damit in die zweite Reihe zurück: Er wird nicht mehr direkt vom Volk, sondern durch die Bundesversammlung gewählt (Art. 54 GG). Außerdem hat er nur noch bloße Repräsentations-, aber keine wirklichen Staatslenkungsaufgaben mehr (vgl. Art. 58, 59, 60 GG). „Zentrale Unzulänglichkeiten" der Weimarer Verfassung (vgl. oben Rn. 532), nämlich das präsidiale Notverordnungsrecht und die Möglichkeit, das Parlament jederzeit ohne sachlich nachprüfbaren Grund aufzulösen, sind weggefallen. Damit kommt das Staatsoberhaupt nicht länger als Gegenspieler des Parlaments in Betracht. 820

Mit den Art. 67 und Art. 68 GG hat der Verfassunggeber von 1949 die **Stabilität des parlamentarischen Regierungssystems** entscheidend verbessert. Während in Weimar die Einigkeit extremer, politisch weit auseinanderliegender Parteien zum Sturz der Regierung führen konnte (vgl. zu diesem sog. destruktiven Mißtrauen oben Rn. 529), kann der Bundestag heute einen Bundeskanzler und mit ihm die Bundesregierung (vgl. Art. 69 Abs. 2 GG) nur stürzen, wenn er sich 821 mehrheitlich auf einen Nachfolger und damit auf eine gemeinsame Regierungspolitik verständigt (sog. konstruktives Mißtrauensvotum des Art. 67 GG).

822 Schließlich hat der Parlamentarische Rat den **Schutz der Verfassung** vor legalen Veränderungen weiterentwickelt. Die Vorschriften des Art. 79 Abs. 1 und Abs. 3 GG betreffend die Voraussetzungen einer Verfassungsänderung stellen seine Antwort auf die Möglichkeit dar, unter der Weimarer Reichsverfassung stillschweigend Verfassungsänderungen vorzunehmen oder gar wesentliche Verfassungsprinzipien vollständig abzuschaffen (vgl. dazu nur das oft mißbrauchte Notverordnungsrecht des Reichspräsidenten aus Art. 48 Abs. 2 WRV, oben Rn. 533 und 559 f., sowie das Ermächtigungsgesetz von 1933, oben Rn. 615 ff.). Damit ist unter dem Grundgesetz ein sogenanntes verfassungsfestes Minimum grundlegender Verfassungsnormen garantiert.

VII. Literatur

823 *W. Benz* (Hg.), Deutschland unter alliierter Besatzung 1945–1949/55, 1999; *G. Brunner*, Das Staatsrecht der Deutschen Demokratischen Republik, in: *Isensee/Kirchhof*, HdbStR I, S. 531 ff.; *Deutscher Bundestag* (Hg.), Bericht der Enquête-Kommission „Aufarbeitung von Geschichte und Folgen der SED-Diktatur in Deutschland", BT-Drucks. 12/7820; *Deutscher Bundestag und Bundesarchiv* (Hg.), Der Parlamentarische Rat 1948–1949. Akten und Protokolle, Bd. 1–13, 1975 ff. (zit.: Parl.Rat, Bd. ...); *T. Eschenburg*, Jahre der Besatzung: 1945–1949, 1983; *M. Feldkamp*, Der Parlamentarische Rat 1948–1949. Die Entstehung des Grundgesetzes, 2008; *F. K. Fromme*, Von der Weimarer Verfassung zum Bonner Grundgesetz, 3. Aufl. 1999; *P. Graf Kielmansegg*, Nach der Katastrophe – Eine Geschichte des geteilten Deutschlands, 2000, S. 46 ff.; *C. Kleßmann*, Die doppelte Staatsgründung. Deutsche Geschichte 1945–1955, 5. Aufl. 1991; *R.-U. Kunze*, War die DDR ein Verfassungsstaat? Aspekte der Verfassungsentwicklung 1949–1968–1974, in: *H. Neuhaus* (Hg.), Verfassungsänderungen, 2012, S. 255 ff.; *R. Morsey*, Verfassungsschöpfung unter Besatzungsherrschaft, DÖV 1989, S. 471 ff.; *R. Mußgnug*, Zustandekommen des Grundgesetzes und Entstehen der Bundesrepublik Deutschland, in: *Isensee/Kirchhof*, HdbStR I, S. 315 ff.; *K. Niclauß*, Der Weg zum Grundgesetz. Demokratiegründung in Westdeutschland 1945–1949, 1998; *V. Otto*, Das Staatsverständnis des Parlamentarischen Rates, 1971; *B. Pieroth*, Die Grundrechte des Grundgesetzes in der Verfassungstradition, in: *D. Merten/H.-J. Papier* (Hg.), Handbuch der Grundrechte, Bd. II, 2006, S. 3 ff.; *T. Pünder*, Das Bizonale Interregnum, 1966; *H. Säcker*, Verfassungskonvent 1948, DÖV 1998, S. 784 ff.; *R. Schiffers* (Bearb.), Weniger Länder –

mehr Föderalismus? Die Neugliederung des Bundesgebietes im Widerstreit der Meinungen 1948/49–1990, 1996; *W. Sörgel,* Konsens und Interessen. Eine Studie zur Entstehung des Grundgesetzes für die Bundesrepublik Deutschland, 1969 (Nachdruck 1985); *H. Weber,* Die DDR 1945–1990, 5. Aufl. 2012; *G. Wehner,* Die Westalliierten und das Grundgesetz 1948–1949, 1994.

Personen- und Sachregister

(Die Zahlen bedeuten Randnummern)

Aachen, 174
Absolutismus
- aufgeklärter, 118 ff., 133 ff.
- Begriff, 113
- Entwicklung, 114
- Kennzeichen, 115 f.
Abtei, 178
Adams, John, 45
Adenauer, Konrad, 730, 787
Administrativjustiz s. Verwaltungsrechtspflege
Albrecht, Wilhelm Eduard, 295
Allgemeiner Deutscher Arbeiterverein, 470
allgemeiner Wille, 56, 60, 62, 68
Allgemeines Gesetzbuch für die Preußischen Staaten, 151
Allgemeines Landrecht für die Preußischen Staaten, 146 ff.
Alliierte s. Besatzungsherrschaft
Alliierte Hohe Kommission, 729, 731
Alliierter Kontrollrat, 700 ff., 711 ff., 773
Altenstein, Freiherr vom Stein zum, 242
Altonaer Blutsonntag, 568
Amendment, 41 f.
Anhalt, 252, 417, 522
Anschütz, Gerhard, 485, 494, 621
antidemokratisches Denken, 575 ff.
Anti-Federalists, 38, 41
Antisemitismus, 452, 654, 697 ff.
Arbeiter- und Soldatenräte, 506, 510 f.
Arbeitgeberverbände, 631
Arnold, Christian, 140 ff., 149
Aschaffenburg-Regensburg, 181
Asylrecht, 814
Aufklärung, 24, 118 ff., 143, 146 ff.

Aufopferung, 157
Augsburg, 173, 179
Ausnahmezustand, 612
Aussperrungsverbot, 750
Auswärtiges Amt, 464, 674

Baden, 94, 125, 181, 188, 190, 252, 279, 282, 284, 287, 300, 313, 348, 349, 352, 396, 403, 404, 417, 426, 455, 508, 522, 565, 688, 707, 744, 777, 795
Baden-Württemberg, 696, 777
Bähr, Otto, 455
Bauer, kurhessischer General, 362 ff.
Bauernbefreiung, 211 ff.
Bauernlegen, 215
Bayern, 13, 94, 102, 181, 188, 190, 194, 252, 279, 282, 284, 287, 334, 352, 396, 399, 403, 404, 415, 417, 426, 522, 565, 665, 688, 706, 735, 743, 750 ff., 795, 800
Bayernpartei, 736
Beamtenbund, 789
Beamtentum, 303, 580 ff., 673 ff., 724, 789 f.
Bebel, August, 412, 470, 475
Befreiungskriege, 243
Begriffsjurisprudenz, 484
Bekenntnisfreiheit s. Religionsfreiheit
Bekenntnisschulen, 750
Belagerungszustand, 329, 497
Bennigsen, Rudolf von, 398, 468
Bentham, Jeremias, 167
Berlin, 696, 704, 732, 733, 750, 759, 773, 777, 797, 798
Berlin-Blockade, 704, 773
Berliner Erklärung, 693 ff., 698
Berufsbeamtentum s. Beamtentum

Berufsfreiheit, 213 ff.
Besatzungsherrschaft, 700 ff., 726 ff., 751 ff., 793, 799 f.
Besatzungsstatut, 726 ff., 730 f., 799
Besatzungszonen, 696, 705 ff., 734 ff., 743 ff. 766, 779, 788
beschränkte Staatsgewalt, 28
Beschwerdeschriften, 55, 56
Besitzindividualismus, 27
Best, Werner, 666
Betriebsgemeinschaft, 631
Bildungsreform, 221 ff.
Bill of Rights, 25, 27, 28, 41, 43, 59, 62, 130
Bischofsamt, 186
Bismarck, Otto von, 390 ff., 439, 451 ff., 470, 491, 494, 602
Bizone, 761 ff.
Blomberg, Werner von, 634
Blum, Robert, 313, 329
Blutschutzgesetz, 657, 659
Bodin, Jean, 114
Böhmen, 102, 181, 308, 667
Borkum-Lied-Fall, 591 ff.
Boston Tea Party, 22
Boyen, Hermann von, 224
Boykotthetze, 810
Brandenburg, 102, 181, 564, 688, 696, 746, 755, 777
Brandenburg, Graf von, 329
Brandenburg-Preußen, 10, 112, 126, 132 ff.
Braun, Otto, 563, 568
Braunschweig, 252, 282, 417, 427, 522
Braunschweig-Lüneburg, 102
Bremen, 101, 173, 179, 252, 417, 522, 743, 750, 755, 787, 795
Briefgeheimnis, 453
Brigade Erhard, 578
Brüning, Heinrich, 557, 604, 615
Büchner, Georg, 84a, 277, 278
Bürgerrecht, 239
Bürgerschaft, 239
Budgethoheit des Parlaments, 35, 68, 391, 467

Bund der Heimatvertriebenen und Entrechteten, 736
Bundesexekution, 258
Bundesintervention, 258, 361, 364
Bundespolizei, 356
Bundespräsident, 784, 788, 820
Bundesrat, 51, 425 ff., 463, 497, 501, 784
Bundesratsbevollmächtigte, 466
Bundesreaktionsbeschluß, 354 ff.
Bundesregierung, 766, 802
Bundesstaat
– Begriff, 34
– DDR, 809a, 811
– Deutsches Reich von 1871, 414, 418 ff., 447
– Grundgesetz, 777 f.
– Heppenheimer Programm, 305
– Nationalsozialistischer Staat, 625
– Norddeutscher Bund, 396 ff.
– Paulskirchenverfassung, 337 f.
– Revolution von 1848, 322 f.
– US-Verfassung, 33 ff.
– Weimarer Republik, 522 ff.
Bundestag, 802; s. auch Bundesversammlung
Bundesverfassungsgericht, 46, 50, 52, 340, 474, 612, 642, 816
Bundesversammlung, 190, 252, 257, 266, 305, 312 ff., 323, 349, 361, 366, 820
Bundeszwang, 784
Burckhardt, Jakob, 410
Burschenschaft, 264

Carl Friedrich, Markgraf von Baden, 125
Carmer, Graf von, 149
Charte Constitutionnelle von 1814, 91 ff.
Charter, 19 f.
Christlich Demokratische Union, 735, 737, 746, 750
Christlich Soziale Union, 735, 750, 796
Churchill, Winston, 769

Clausewitz, Carl Philipp Gottfried von, 225
Clay, Lucius D., 703, 706
Coburg, 522
Cocceji, Samuel von, 137
Code Civil, 158
Cohen-Reuß, Max, 510
Condorcet, Marquis de, 77
Confédération Germanique, 188
Conseil Constitutionnel, 69
Conseil d'Etat, 89
Constant, Benjamin, 93

Dahlmann, Friedrich Christoph, 293, 295, 297
Dalberg, Karl Theodor von, 190
Dänemark, 254, 394
Danton, Georges, 83, 84a, 77
Däumig, Ernst, 510
DDR, 804 ff.
Demagogenverfolgung, 266
Demokratie s. auch Volkssouveränität
– *Carl Schmitt*, 586
– direkte, 78, 520, 554 ff., 607, 748, 778, 819
– Französische Revolution, 68, 80, 86
– Grundgesetz, 819
– Landesverfassungen, 748 f.
– Revolution von 1848, 277, 319, 328
– staatsrechtlicher Positivismus, 445 f., 484
– Weimarer Republik, 514, 519 ff., 526, 573 ff.
Deutsche Arbeitsfront, 631
Deutsche Bundesakte, 251, 252
Deutsche Partei, 736, 796
Deutscher Bund, 248 ff., 269, 275, 276, 454
Deutscher Krieg von 1866, 394
Deutscher Orden, 177
Deutscher Volkskongreß, 805 f.
Deutscher Volksrat, 805 f.
Deutscher Zollverein, 305

Deutsches Beamtengesetz von 1937, 642
Deutsches Obergericht, 764
Deutsches Reich, Fortbestand, 697 ff., 702
Deutschlandfrage, 732 f., 760, 770
Deutschlandvertrag, 730 ff.
Diätenverbot, 439
Dignitarien, 177
Direktorialverfassung, 86 f.
Diskriminierungsverbote, 814
Dohna, Graf zu, 242
Dolchstoßlegende, 546
Domherrenstellung, 186
Domkapitel, 177
Dönitz, Karl, 689 f., 715
Doppelbestrafungsverbot, 42
Doppelstaat, 644a
Dreiklassenwahlrecht, 377 ff., 433, 499
Drews, Bill, 664
Dritter Stand, 55, 70, 94
Drittes Deutschland, 190
Dualismus Reich-Preußen, 488, 524, 622

Ebert, Friedrich, 508, 512, 515, 520, 552, 580
Eduard VII., König von England, 493
Ehard, Hans, 770
Ehegesundheitsgesetz, 651, 711
Ehe- und Familienschutz, 750
Eigentumsgarantie, 42, 63, 67, 375, 750
Einparteienherrschaft, 627 ff.
Eisenacher, 470
Eisenhower, Dwight D., 690, 693
Eiserner Vorhang, 769
Elsaß-Lothringen, 418, 426, 452, 490
elterliches Erziehungsrecht, 51
Eltz-Rübenach, Paul, 605
Emser Depesche, 402
Engerer Rat, 257
England, 127

englische Kolonien, 19 ff.
Entnazifizierung, 719 ff.
Entparlamentarisierung, 615
Enumerationsprinzip, 338
Erbgesundheitsgesetz, 647, 648, 650
Erbitterungswahlen, 561
Erbkaiserliche, 334, 339
Erbuntertänigkeit, 212, 215
Erfurter Union, 357 ff.
Erhard, Ludwig, 765
Erklärung der Menschen- und Bürgerrechte, 59, 60 ff., 70, 74, 79, 86, 89
Erklärung von Pillnitz, 166
Ermächtigungsgesetz, 601, 602, 615 ff., 685, 711, 822
Ernst August, König von Hannover, 294, 297
Eschenburg, Theodor, 763
Europäische Rechtsgeschichte, 12
Euthanasie, 649, 652
Ewald, Heinrich, 295
Ewigkeitsgarantie, 621

Faschismus, 641, 749
Federalists, 38, 41, 45
Feind Frankreichs, 206
Feudalordnung, 59, 63, 72
Flaggenstreit, 576 ff.
Flüchtlinge, 791
Föderalismus, 48, 52, 567
Folter, 137
Forsthoff, Ernst, 685
Fortschrittspartei, 451, 457
Fouché, Joseph, 89
Fraenkel, Ernst, 644a
Fraktionsdisziplin, 438
Frankfurt, 173, 179, 190, 252, 352, 396
Frankfurter Dokumente, 727, 774 ff., 786, 793
Frankfurter Schlußkonferenz, 780
Frankfurter September-Aufstand, 327
Franklin, Benjamin, 33
Frantz, Constantin, 415

Franz II., Kaiser des Heiligen Römischen Reiches, 161, 190 ff.
Frauenwahlrecht, 499, 515
Freie Demokratische Partei, 735
freies Mandat, 290, 338a, 438, 531
Freiheit, 25, 38, 42, 48, 63 ff., 74, 79, 89, 99, 119 ff., 128 ff., 248, 263, 271, 291, 303, 331, 341, 453, 454, 459, 750, 815
Freiheit der Person s. persönliche Freiheit
Freikonservative, 451
Freiligrath, Ferdinand, 274
Freisler, Roland, 680 f.
Freistaat, 121, 526
Freizügigkeit, 74, 303, 453
Freunde der Freiheit, 167
freundliche Verständigung, 104
Frick, Wilhelm, 567, 599, 604, 665, 666, 667, 715
Friedeburg, Hans-Georg von, 690
Friedell, Egon, 90a
Frieden
– von Lunéville, 169, 171
– von Paris von 1783, 24, 31
– von Paris von 1814, 250
– von Prag, 394 f.
– von Preßburg, 188
– von Tilsit, 204
Friedenserklärung, verfassungsrechtliche, 74, 92, 259
Friedensvertrag
– für Deutschland, 732 f.
– von Versailles, 545 ff., 554, 571
Friedrich II., König von Preußen, 121, 123, 125, 126, 133 ff., 149, 152, 212
Friedrich II., Landgraf von Hessen, 125
Friedrich II. bzw. I., Herzog und König von Württemberg, 284 ff.
Friedrich Wilhelm, Kurfürst von Hessen, 357 ff.
Friedrich Wilhelm II., König von Preußen, 152, 166

Friedrich Wilhelm III., König von Preußen, 212, 242 f.
Friedrich Wilhelm IV., König von Preußen, 310, 329, 330, 345 ff.
Frühkonstitutionalismus, 260, 281 ff.
Frühliberalismus, 130, 281
Führerprinzip, 642 ff., 668, 675, 741
Fünfziger-Ausschuß, 314
Fürstenbund, 446
Fürstenenteignung, 520
Fürstenrat, 104, 181
Fürstenrevolution, 185
Fürst und Kupferberg, Freiherr von, 141, 149

Gagern, Heinrich von, 317, 334
Gegenzeichnung, 228, 371, 398, 431, 466, 492
Geheime Staatspolizei, 660, 665, 666, 667, 683, 711
Geldern, 174
Gemeinden s. Kommunalverfassung
Gemeinwille s. allgemeiner Wille
Genehmigungsschreiben zum Grundgesetz, 728
Generaldirektorium, 227
Generalpostmeister, 464
Generalstände, 55, 57, 58, 72, 110
Generalvertrag, 730 ff.
Gentz, Friedrich von, 260, 261, 372
Gerber, Carl Friedrich von, 481
Gerichtsöffentlichkeit, 42, 291, 453
Gersdorff, Landrat von, 140
Gervinus, Georg Gottfried, 295, 297
Gesamtrepräsentation s. Repräsentation
Gesellschaftsvertrag, 56, 123, 129, 130, 135, 155
Gesetzesinitiative s. Initiativrecht
Gesetzgebung
– ausschließliche, 525
– konkurrierende, 525
– präsidentielle, 528
Gesetzgebungskompetenz, 35, 255, 338, 420 f., 525, 763, 791

Gesetzgebungsnotstand, 784
gesetzlicher Richter, 453
Gestapo s. Geheime Staatspolizei
Gewaltenteilung
– aufgeklärter Absolutismus Preußens, 138, 143 ff., 155, 158
– Charte Constitutionnelle, 92
– DDR, 809
– Deutscher Bund, 262, 291
– Deutsches Reich von 1871, 447 f., 484
– Französische Revolution, 56, 62, 68, 78
– Nationalsozialistischer Staat, 615, 638 f., 685
– Nordamerikanische Gliedstaatenverfassungen, 28
– Preußische Verfassung von 1850, 370 f., 392
– Revolution von 1848, 308, 339
– Sowjetische Besatzungszone, 755 f.
– US-Verfassung, 33 ff.
– Weimarer Republik, 519
Gewerbefreiheit, 56, 213, 453
Gewerbepolizeigesetz, 220
Gewerbeschein, 219
Gewerbesteuer, 218 f.
Gewerkschaften, 601, 630 f., 792
Gewissensfreiheit, 158, 303
Gilm, Hermann von, 311
Girondisten, 77, 78, 80, 83
Glaubensfreiheit s. Religionsfreiheit
Gleichberechtigung, 538
Gleichheit, 24, 27, 51, 63, 66, 79, 86, 99, 291, 292, 303, 342, 374, 538, 586
Gleichschaltung der Länder, 622 ff., 685
Glorious Revolution, 26, 127
Gneisenau, Graf Neidhardt von, 224
Gneist, Rudolf von, 455
Goebbels, Joseph, 604, 634, 672
Goethe, Johann Wolfgang von, 109, 167
Goldene Bulle, 102
Goldene Zwanziger Jahre, 550

Göring, Hermann, 604, 609, 613, 634, 715
Görres, Joseph, 265
Gothaer Programm, 470
Göttinger Sieben, 295 ff.
Grimm, Jacob, 295, 297
Grimm, Wilhelm, 295
Grolman, Karl von, 224
Groß-Berlin, 696, 704, 732 f., 797
Großgrundbesitz, 213, 750
Großhessen, 706
Großkanzler, 227
Grotewohl, Otto, 806
Grundgesetz, Annahme, 800
Grundmandatsklausel, 802
Grundpflichten, 373, 538
Grundrechte
− DDR-Verfassung, 810
− deutsche Naturrechtslehre, 130
− Erster Weltkrieg, 497
− Französische Revolution, 61 f., 68 f., 74, 79, 86, 89, 128
− Frühkonstitutionalismus, 292, 331
− Grundgesetz, 50 ff., 813 ff.
− Landesverfassungen, 748 f.
− nationalsozialistischer Staat, 612, 646, 685
− Nordamerika, 25 ff., 36, 41 f., 50 ff., 61 f., 128
− Paulskirchenverfassung, 332, 341 ff.
− Preußen, 330, 373 ff.
− Verfassung des Deutschen Reiches, 442 f., 453 f., 484
− Weimarer Reichsverfassung, 538 ff.
Grundsatzgesetzgebung, 525
Grundstücksverkehr, 213, 215
Gürtner, Franz, 605
Gutsuntertänigkeit, 212

Haase, Hugo, 509
Habeas corpus-Garantie, 26, 42, 65
Hambacher Fest, 271, 275
Hamburg, 173, 179, 252, 417, 522, 747, 787, 795
Hamel, Walter, 664

Hamilton, Alexander, 33, 38
Handlanger-Theorie, 492
Hannover, 102, 181, 189, 252, 279, 282, 283, 293, 334, 352, 357, 367, 393, 396
hannoverscher Verfassungskonflikt, 293 ff.
hannoversches Staatsgrundgesetz von 1833, 283, 293, 294, 295, 296
Hardenberg, Karl August von, 209 ff.
Hassenpflug, Ludwig, 357 ff.
Hecker, Friedrich, 301, 313
Heer s. Militär
Hegel, Georg Wilhelm Friedrich, 172, 284, 285, 286
Heidelberger Versammlung, 309
Heiliges Römisches Reich Deutscher Nation, 97 ff., 161 ff., 174, 190 ff., 414, 427
Heimtückegesetz, 677 f.
Heine, Heinrich, 350
Heller, Hermann, 538
Heppenheimer Protokoll, 304 ff.
Herrenchiemseer Verfassungskonvent, 781 ff., 813
Herrenhaus, 376, 385, 427, 469
Herrschaftsvertrag, 126, 129, 135, 155
Hessen, 237, 417, 426, 522, 688, 696, 743, 755, 795
Hessen-Darmstadt, 190, 252, 278, 279, 282, 396, 404, 417
Hessen-Kassel, 125, 181
Hessischer Landbote, 278
Heuss, Theodor, 787
Heydrich, Reinhard, 634, 660, 668
Himmler, Heinrich, 634, 646a, 665, 667, 668
Hindenburg, Paul von, 498, 532, 546, 552, 557, 559, 562 ff., 569, 572, 578 ff., 604, 606, 623, 637, 638
Historismus, 5
Hitler, Adolf, 562, 567, 569, 596 ff., 641 ff., 681, 689
Hitler-Putsch, 545
Hobbes, Thomas, 114

Hohenzollern, 252
Holocaust, 647, 660
Holstein, 252, 394
Holstein-Oldenburg, 252
Homogenität s. Verfassungshomogenität
Honoratiorenparlament, 318
Huber, Ernst Rudolf, 639, 659, 686
Hugenberg, Alfred, 554, 556, 568, 605, 606
Humboldt, Wilhelm von, 222f., 249

Immunität, 441, 531
Indemnität, 441, 531
Indemnitätsgesetz, 391
Industrialisierung, 165
Inflation, 549
Informationsfreiheit, 815
Initiativrecht, 78, 80, 89, 283, 430
Internationaler Militärgerichtshof, 715f., 718
inzidente Normenkontrolle
s. richterliches Prüfungsrecht

Jahn, Friedrich Ludwig, 266
Jakobiner, 78, 87, 130
Jay, John, 38
Jefferson, Thomas, 22, 45, 61
Jesuitengesetz, 458ff.
Jodl, Alfred, 690, 715
Johann, Erzherzog von Österreich, 323
Jordan, Sylvester, 283
Joseph II., Kaiser des Heiligen Römischen Reiches, 125
Judenemanzipation, 226, 262
Judenverfolgung, 654ff., 711
judicial review s. richterliches Prüfungsrecht
Jülich, 174
Juli-Revolution von 1830, 270
Juristenausbildung, 137

Kabinettsjustiz, 115, 138, 145
Kabinettssystem, 205f., 227
Kaiser
– der Deutschen, 339, 345
– des Heiligen Römischen Reiches
  Deutscher Nation, 102f., 104, 107, 113, 125
– Deutscher, 429ff., 466, 468, 469, 488, 491, 492, 497
– von Österreich, 200
Kaiserdeputation, 346, 412
Kaiserkrone, Niederlegung, 188ff.
kaiserliche Admiralität, 464
Kaiserliche Botschaft zur sozialen Frage, 476
Kaiserparagraph, 462
Kaiserproklamation, 406
Kalter Krieg, 768
Kanonade von Valmy, 166
Kant, Immanuel, 118ff.
Kanzelparagraph, 457
Kanzlerregierung, 233, 466
Kapitulation, 689ff., 698f., 724
Kapp-Putsch, 545
Karlsbader Beschlüsse, 210, 255, 266f., 269, 276
Karl X., König von Frankreich, 270
Keitel, Wilhelm, 690, 715
Kelsen, Hans, 485, 697f.
Kennan, George F., 768
Kirchen, 541, 791
Kirchensteuer, 72
Klein, Ernst Ferdinand, 149, 150
Kleve, 111, 112, 174
Klopstock, Friedrich Wilhelm, 167
Kloster, 178
Koalitionsfreiheit, 453
Koalitionskriege, 82, 168f., 188, 204
Kodifikation, 146, 148
Kollegialprinzip, 233
kollektives Arbeitsrecht, 498
Köln, 102, 174, 181
Kolonialkrieg, 21
Kominform, 768
Kommandogewalt, militärische, 501
Kommunalverfassung, 234ff., 740f., 791, 811, 819
Kommunisten, 610, 613, 683

Kommunistische Partei Deutschlands, 512, 608, 619, 627, 735, 739, 779, 796
Kompetenz-Kompetenz, 419
Konföderationsartikel, 30, 34
Konstitutionalismus, 194, 281 ff., 393, 431
Konsulatsverfassung, 89
Kontinentalkongreß, 22, 30
Konvent, 76, 77, 78, 82, 83, 322
Konzentrationslager, 653, 660, 683
Kotzebue, August von, 265
Kreistag, 106
Kriegsdienstverweigerung, 51
Kriegserklärung an Rußland, 496
Kriegsschuldartikel, 546 f.
Kriegsstrafrecht, 682
Kriegswirtschaft, 498
Kulturkampf, 456 ff.
Kurfürsten, 102, 181
Kurfürstenrat, 102, 104
Kurhessen, 252, 279, 283, 352, 357 ff., 369, 393, 396
kurhessischer Verfassungskonflikt, 357 ff.
Kuriatstimme, 104

Laband, Paul, 445 f., 482, 483, 484, 492
La Fayette, Marquis de, 59, 61
Länderkammer, 809a
Länderneubildung, 742 ff.
Länderneugliederung, 777
Länderrat, 706, 764
Landesherrliches Kirchenregiment, 541
Landesverfassungen, 748 ff., 819
Landfrieden, 100, 106, 108
Landstände, 110 ff., 262, 285
landständische Verfassung, 110, 112, 260, 261
Landtag, 110, 111, 284, 285, 287, 294, 624, 625, 800
Landwehr, 225, 388
Larenz, Karl, 654
Lassalle, Ferdinand, 451, 470

Lassalleaner, 470
Lattre de Tassigny, Jean de, 693
Lauenburg, 417
Leber, Julius, 583
Legalitätseid, 599, 600
Legislaturperiode, 436
Legitimität, 574
Legitimitätsprinzip, 250
Lehrfreiheit, 303
Leiningen, Fürst Karl zu, 323 f.
Leist, Justus Christoph, 294
Leopold, Prinz von Hohenzollern-Sigmaringen, 402
Leopold II., Kaiser des Heiligen Römischen Reiches, 166
Lex Hohenlohe, 454
Lex Miquel-Lasker, 420, 453
Liberale, 301, 304 ff., 319, 328, 330, 382, 456, 459, 461, 468, 586
Liberalismus, 328, 331, 478
Liebknecht, Karl, 509, 512
Liebknecht, Wilhelm, 412, 470
Liechtenstein, 252
Lippe, 252, 417, 522
Locke, John, 24, 123, 129
Londoner Empfehlungen, 772, 777
Londoner Sechs-Mächte-Konferenz, 771 ff.
Louis Philippe, König von Frankreich, 270
Lubbe, Marinus van der, 610
Lübeck, 173, 179, 252, 417, 522
Lückentheorie, 392
Ludwig II., König von Bayern, 415
Ludwig XIV., König von Frankreich, 113, 166, 168
Ludwig XVI., König von Frankreich, 77
Ludwig XVIII., König von Frankreich, 91, 92
Luftbrücke, 773
Luther, Hans, 578
Lützowsche Jäger, 273
Luxemburg, 252, 512
Luxemburg, Rosa, 512

Machtergreifung, nationalsozialistische, 596 ff., 750
Machtspruch, 138, 142, 143, 145
Madison, James, 33, 38, 41
Magistratsverfassung, 237
Mainz, 102, 174, 181
Malteserorden, 177
Manteuffel, Otto von, 387
Marbury v. Madison, 43 ff., 360
Maria Theresia, Erzherzogin von Österreich, 125, 126
Mark, 112
Marshall, John, 45, 46, 47
Marshall-Plan, 766, 768, 792
Marx, Karl, 451, 470
Marx, Wilhelm, 552
Märzgefallene, 310
Märzministerien, 312
Maunz, Theodor, 664
Max von Baden, Prinz, 508
Mecklenburg-Schwerin, 252, 417, 426, 522
Mecklenburg-Strelitz, 252, 417, 522
Mecklenburg-Vorpommern, 101, 688, 696, 746
Mediatisierung, 175 ff.
Mehrheitswahlsystem, 51, 80, 802
Meinungsfreiheit, 42, 65, 303, 342, 375, 815
Menschenrechte, 24, 26, 56, 62, 66, 78, 86, 130, 292, 303, 342
Menschenversuche, 653
Menschenwürde, 42, 814
Merkantilismus, 21, 115, 116
Metternich, Fürst von, 250 f., 260, 263, 310
Militär, rechtliche Regelung, 112, 163, 303, 437
Militärdienstpflicht s. Wehrpflicht
Militärdiktatur, 89, 497
Militarismus, 452, 490, 720
Militärreform, 224 f., 388
Militärregierungen, 705 ff., 743 ff., 751 ff., 796 ff., 802
Ministeranklage, 290, 339, 371, 492
Mirabeau, Comte de, 64

Mißbilligungsantrag, 495
Mißtrauensvotum, 325, 501, 529 f., 748, 821
Mitbestimmung, 750
mitteldeutscher Konstitutionalismus, 283
Mittermaier, Karl Joseph Anton, 49
Monarchie
– Abschaffung, 77, 167, 271, 308, 314, 319, 508, 519, 526
– absolute, 113 ff., 127, 250
– eingeschränkte, 448
– französische, 55 ff., 68, 71, 73, 77, 167, 308
– konstitutionelle, 73, 94, 319, 339, 360, 427, 436, 534
– parlamentarische, 127, 505
monarchisches Prinzip, 91, 262, 289, 291, 328, 330, 353, 370, 393, 447 f., 519
Montagnards, 77, 78, 85
Montesquieu, Charles de, 56, 62, 132, 138
Montgelas, Maximilian von, 194
Montgomery, Bernard, 693
Müller, Hermann, 557
Müller-Arnold-Prozeß, 140 ff., 149
Münchener Konferenz, 770

Napoléon III., 394, 403
Napoléon, 48, 88, 89, 90, 91, 158, 171, 188, 190 ff., 206 ff., 248, 251, 602
Nassau, 252, 279, 282, 284, 352, 396
Nassauer Denkschrift, 206, 236, 240
nationale Einheit, 161, 264, 305
Nationalismus, 452, 588 f.
Nationalliberale, 451, 467, 468
Nationalrepräsentation, 56, 242 ff., 248
Nationalsozialistische Deutsche Arbeiterpartei, 602, 604, 607, 613, 634, 660, 667, 670, 711, 724
Nationalversammlung
– von 1848/49, 48 f., 309 ff., 317 ff.
– von 1919, 515, 517, 539, 548

– französische, 58 ff., 110
NATO, 733
Naturrecht
– Allgemeines Landrecht für die Preußischen Staaten, 155
– *Bodin*, 114
– christliches, 126, 750
– deutsche Lehre, 130
– Französische Revolution, 70
– *Friedrich II.*, 135, 155
– Nordamerikanische Revolution, 24, 26
– rationalistisches, 24 f., 26, 126, 128 ff.
Neuaufbau des Reiches, 626, 714
Neue Ära, 387
Neumann, Franz, 641
Neurath, Konstantin von, 605, 628, 715
Nicolai, Helmut, 654
Niedersachsen, 696, 736, 747, 795
Norddeutscher Bund, 394 ff.
Nordrhein-Westfalen, 696, 714, 736, 747, 789, 795
Normenkontrolle s. richterliches Prüfungsrecht
Noske, Gustav, 512
Notstandsklausel, 732 f.
Notstandsverfassung, 733, 818
Notverordnungen, 533, 559, 822
Novemberverträge, 404, 416
nullum crimen sine lege-Garantie, 65
Nürnberg, 173, 179
Nürnberger
– Gesetze, 654 ff.
– Prozesse, 715 ff., 724

obligatorische Zivilehe, 453, 461
Oder-Neiße-Linie, 696
Offenburger Programm, 302 ff.
Oldenburg, 417, 522
Olmützer Punktation, 365
Organisation Consul, 548
Österreich, 103, 125, 126, 163, 168, 188, 196, 200, 201, 242, 248, 250, 251, 252, 254, 259, 260, 267, 283, 310, 316, 332, 334, 337, 344, 349, 357, 358, 365, 391, 394, 395, 607, 771
Ostpreußen, 254, 383, 696
Ost-West-Konflikt, 703, 724, 761, 769

Paine, Thomas, 61, 168
Panzerkreuzerverbot, 520
Papen, Franz von, 562 ff., 567 ff., 605, 623, 715
Parallelgesetzgebung, einzelstaatliche, 256
Pariser Frieden, 250
Pariser Protokoll, 730
Parlamentarischer Rat, 699, 706, 757, 782, 786 ff., 800, 802 f., 813, 820
parlamentarisches Regierungssystem
– Begriff, 322, 501
– Deutsches Reich von 1871, 431, 494, 499 ff.
– französische Erklärung der Menschen- und Bürgerrechte, 68
– Grundgesetz, 784, 821
– nordamerikanisches Präsidialsystem, 51
– Revolution von 1848, 322, 325, 339
– Weimarer Republik, 529, 561, 572
Parlamentarismus
– *Carl Schmitt*, 584 ff.
– Charte Constitutionnelle, 92
– Frühkonstitutionalismus, 290
– Paulskirche, 320
– Weimarer Republik, 561
Parlamentsauflösung, 436, 532
Parlamentsöffentlichkeit, 341
Parteiverbote, 818
Patent, kaiserliches, 104
Patrimonialgerichtsbarkeit, 63, 158, 213, 343
Paulskirchenverfassung, 48, 300 ff., 455, 492, 517, 526

Pentarchie, 251
persönliche Freiheit, 42, 89, 303, 342, 375, 453
persönliches Regiment, 491 ff.
Petitionsrecht, 42, 89, 342
Pfalz, 102, 174, 181, 348
Pfizer, Paul Achatius, 276
Physiokraten, 124
Pieck, Wilhelm, 806
plebiszitäre Herrschaftstechnik, 607
Polenpolitik, 452
Polenstrafrechtsverordnung, 681
politische Parteien, 301 ff., 319 f., 328, 435, 438, 451, 470, 474, 512, 515, 521, 572, 575, 589 f., 597, 627 ff., 734 ff., 748, 790, 817
Politisches Testament, 133, 134
Polizeigewalt, 213
polizeiliche Generalklausel, 157
Polizeistrafgewalt, 306
Polizeiterror, 663
Polnische Teilung, 152
Polonisierung, 452
Positivismus, staatsrechtlicher, 480 ff.
Postfreiheit, 356, 453
Potsdamer Flaggenstreit, 577
Potsdamer Konferenz, 710, 740
Prälatenkurie, 111, 293
Präsidialregierung, 557, 561 f., 569, 604, 614, 781
Pressefreiheit, 42, 303, 306, 312, 342, 356, 375, 453, 815
Preuß, Hugo, 371, 515
Preußen, 13, 124, 125, 126, 132 ff., 168, 188, 189, 203 ff., 250, 251, 252, 254, 259, 267, 283, 300, 310, 316, 324, 329, 330, 338a, 344, 347, 349, 352, 356, 357, 361, 364, 365, 368 ff., 387 ff., 394, 395, 396, 397, 400, 401, 403, 404, 407, 411, 417, 426, 429, 433, 451, 455, 461, 470, 488 ff., 507, 511, 518, 522 ff., 544, 563 ff., 576, 609, 620, 622 ff., 665, 674, 688, 713, 714

– Auflösung, 713 f., 747
– Hegemonialstellung, 488, 522 f.
Preußenschlag, 563 ff., 568, 609, 622
preußische Reformpartei, 209 ff.
preußische Restaurationspartei, 210, 245
preußischer Verfassungskonflikt, 387 ff.
Preußische Verfassung
– von 1848, 330
– von 1850, 368 ff.
Privilegien, 108, 186, 187
Programmsätze, 542, 813
Provinzialreform, 235
Provinzialverfassung, 234 ff.
provisorische Zentralgewalt, 321 ff., 324, 332
Publius, 38
Pufendorf, Samuel, 98, 130
Pünder, Hermann, 764

Quesnay, François, 124

Radikaldemokraten, 301, 304, 313, 328, 337
Rassenideologie, 645 ff., 641
Rat der Volksbeauftragten, 509 ff.
Räterepublik, 513
Rätesystem, 510
Rat für gegenseitige Wirtschaftshilfe, 768
Rathenau, Walther, 548, 581
Reaktionsära, 353
rechtliches Gehör, 42
Rechtsschutzgarantie, 42
Rechtsstaat
– aufgeklärter Absolutismus Preußens, 137, 144 f., 158
– Deutsches Reich von 1871, 453 ff., 474
– Heppenheimer Programm, 306
– Landesverfassungen nach 1945, 749, 755
– US-Verfassung, 42
– Weimarer Republik, 538
Redefreiheit, 303

Reeducation, 719 ff.
Reichsabschied, 104
Reichsabtei, 174
Reichsamt des Innern, 464
Reichsämter, 432, 464 ff.
Reichsbeamtenschaft, 197
Reichsbeauftragter, 620
Reichsbehörden, oberste, 464, 466
Reichsbistum, 174
Reichsbürgergesetz, 655, 656
Reichsdeputationshauptschluß, 171 ff.
Reichseisenbahnamt, 464
Reichserzkanzler, 177
Reichsexekution, 106, 428, 533
Reichsfarben, 518, 576 ff., 583
Reichsfeinde, 456
Reichsflagge s. Reichsfarben
Reichsfriedenskongreß, 168
Reichsfürstenrat s. Fürstenrat
Reichsgericht, 48, 340, 443, 537, 599 f., 680, 682
Reichsgrundgesetze, 100, 171, 174, 184 f.
Reichsgründung, 401 ff.
Reichsgutachten, 104
Reichshofrat, 107, 195 f.
Reichsidee, 161, 201
Reichsintegration, 453, 456
Reichsjustizamt, 464
Reichskammergericht, 100, 108, 109, 195 f.
Reichskanzlei, 464
Reichskanzler
– des Kaiserreichs, 431, 463, 466, 478, 501
– im nationalsozialistischen Staat, 607, 638
– der Weimarer Republik, 535
Reichskanzleramt, 463 f.
Reichskollegien, 184
Reichskommissar für das Land Preußen, 563 ff., 623
Reichskonkordat, 628
Reichskreise, 106
Reichskulturkammer, 632

Reichsleitung, 466, 495
Reichspartei, 451
Reichspogromnacht, 660
Reichspolizeiordnung, 100
Reichspräsident, 527, 532 ff., 552, 566, 572, 638, 822
Reichspräsidium, 397
Reichsrat, 522 f., 527, 536, 620
Reichsreform, 162, 524
Reichsregierung, 339, 463, 466, 494, 527 ff., 607, 615, 619, 689
Reichsritter, 117, 164, 166, 176, 180, 187
Reichsschatzamt, 464
Reichsschluß, 104
Reichssicherheitshauptamt, 668
Reichsstädte, 104, 117, 174, 176, 179, 187
Reichsstände, 101, 102, 104, 108, 110, 170, 174, 180, 184, 197
Reichsstatthalter, 334, 625
Reichstag
– des Heiligen Römischen Reiches, 104, 105, 108, 162, 171, 191, 195, 257
– des Kaiserreiches, 433 ff., 463, 466, 497, 501, 602
– des nationalsozialistischen Staates, 604, 607, 615, 617
– der Paulskirchenverfassung, 339
– der Weimarer Republik, 527 ff.
Reichstagsbrandprozeß, 680
Reichstagsbrandverordnung, 610 ff.
Reichsunmittelbarkeit, 164, 166, 176, 179
Reichsvereinsgesetz von 1908, 454
Reichsverfassung
– von 1849, s. Paulskirchenverfassung
– von 1871, s. Verfassung des Deutschen Reiches
Reichsverfassungskampagne, 348
Reichsverfassungsrecht s. Reichsgrundgesetze
Reichsverwaltungsgericht, 676

Reichsverweser, 323, 349
Reichswehr, 533, 605, 634 f.
Reichswehrprozeß, 599
Reisefreiheit, 356
Religionsfreiheit, 26, 42, 64, 157, 303, 375, 453
Religionsunterricht, 750
Reparationen, 549, 554, 769, 771
Repräsentation, 242, 260, 290, 377, 384, 531, 534
Republik s. auch Monarchie, Abschaffung
- Baden, 313, 327
- Begriff, 519, 526
- Französische, 69, 77 ff., 167 f., 308, 744 f.
- *Kant*, 123
Republikaner, 87, 301
Ressorts, klassische, 228
Restauration nach 1848, 352 ff.
Reuß, 252, 417, 496, 522
Reuter, Ernst, 787
Revolution
- „von oben", 209 f., 614
- „von unten", 613 f.
- von 1830, 269, 283, 293
- von 1848, 308 ff., 323 ff., 345 ff., 353
- von 1918, 505 ff., 517
- *Büchner*, 84a, 277 f.
- Französische, 3, 7, 10, 48, 54 ff., 110, 128, 143, 148, 152, 161, 166 f., 176, 248, 286, 291, 303, 438
- Glorious, 26
- *Kant*, 121 f.
- nationalsozialistische, 597 ff., 606, 621, 622, 633 f., 669, 686
- Nordamerikanische, 3, 7, 10, 18 ff., 128, 148, 303
- Reichsdeputationshauptschluß, 185 f.
Rheinbund, 160, 168, 188 ff., 206, 207, 208, 480
Rheinland-Pfalz, 688, 696, 744, 755, 795
Rheinprovinz, 461, 696, 772

richterliches Prüfungsrecht, 44, 46, 47, 50, 62, 360 ff., 371, 443, 537a
Richtervorbehalt, 342
Richterwahl, 51
Richtlinienkompetenz, 233
Rigaer Denkschrift, 209
Ritterkurie, 111, 123
Rittersturm, 180
Robespierre, Maximilien, 78, 83 f.
Röhm, Ernst, 634, 635, 638
Rotteck, Karl von, 283
Rousseau, Jean-Jacques, 56, 62, 68, 123
Royalisten, 87
rückwirkende Gesetze, Verbot, 42, 157, 453, 716
Rumpfparlament, 349, 716
Rundfunkfreiheit, 815

SA, 598, 602, 613, 634, 635, 636, 660
Saarland, 688, 696, 745, 753, 771
Sachsen, 102, 166, 181, 252, 280, 282, 283, 334, 348, 357, 417, 426, 522, 688, 696, 746, 777
Sachsen-Altenburg, 417
Sachsen-Anhalt, 688, 696, 746
Sachsen-Coburg-Gotha, 282, 417
Sachsen-Hildburghausen, 282
Sachsen-Meiningen, 282, 417
Sachsen-Weimar, 282, 417
Saint-Just, Louis, 78
Säkularisation, 72, 133, 175 ff.
Salomon, Ernst von, 722
Salzburg, 181
Sand, Karl Ludwig, 265, 600
Sanktion der Gesetze, 262
Satzung, 238
Scharnhorst, Gerhard Johann David von, 224
Schaumburg-Lippe, 252, 282, 417, 499, 522
Scheidemann, Philipp, 508, 515
Schele, Georg von, 297
Schiller, Friedrich, 167
Schleicher, Kurt von, 562, 564, 567, 569, 605, 635

Schlesien, 165, 696
Schleswig-Holstein, 324 f., 394, 396, 696, 747, 795
Schmettau, Graf von, 140
Schmid, Carlo, 787
Schmitt, Carl, 585 ff., 621, 636, 638, 642, 670, 685
Schönbrunner Vertrag, 189
Schroetter, Reichsfreiherr von, 236
Schubladenverordnung, 608, 663
Schukow, Georgi, 693
Schulaufsicht, 457
Schulreform, 222
Schutzhaft, 613, 617, 683, 684
Schutzverwandte, 239
Schutzzollpolitik, 467
Schwarzburg, 252
Schwarzburg-Rudolstadt, 282, 417
Schwarzburg-Sondershausen, 417
Schwarzenberg, Fürst zu, 329, 333
Schwarz-Rot-Gold, 273, 274, 312, 518, 576 ff.
Schwarz-Weiß-Rot, 518, 576 ff., 583
Schwerin von Krosigk, Graf, 605
Schwesterrepublik, 87
Schwurgerichte, 291
Sechs Artikel, 275
Selbert, Elisabeth, 787
Selbstbezichtigungsverbot, 42
Selbstverwaltungsrecht der Gemeinden, 235, 241, 306, 341
Severing, Carl, 568, 583
Sicherheitsausschuß, 83
Sicherheitsdienst, 668
Siebener-Ausschuß, 309
Siebenpfeiffer, Philipp Jakob, 271
Siebzehner-Ausschuß, 312, 313
Sieyès, Abbé, 59, 61, 70, 88, 89
Simmern, 174
Simson, Eduard von, 412
Sklaverei, 27, 41, 56, 83, 156
Smith, Adam, 116, 214
Sondergerichte, 679
Souveränität, 114, 128, 260

Sozialdemokraten, 469, 471, 475, 495, 499, 683, 750
Sozialdemokratische Partei Deutschlands, 451, 608, 617, 619, 627, 735, 738 f.
soziale Frage, 307, 476
soziale Marktwirtschaft, 792
soziale Rechte, 79
Sozialhilfe, 156
Sozialisierung, 750, 752, 756, 792
Sozialistengesetz, 471 ff.
Sozialistenverfolgung, 470 ff.
Sozialistische Arbeiterpartei Deutschlands, 470
Sozialistische Einheitspartei Deutschlands, 735, 746, 804 ff., 808
Sozialstaat, 479, 498
Sozialversicherungsgesetze, 479
Spann, Othmar, 589
Spartakus-Aufstand, 512 f.
Spartakusbund, 509, 512
Spätkonstitutionalismus, 451 ff.
Spengler, Oswald, 589
Speyer, 174
SS, 602, 634, 635, 667, 668
Staatenbund
– Deutscher Bund, 255, 418
– Heiliges Römisches Reich, 162
– Nordamerikanische Revolution, 30, 33, 38
– Revolution von 1848, 333, 337
– Rheinbund, 191
Staatenhaus, 337 ff., 427
staatliches Kulturexamen, 457
Staatsanwaltschaft, 291
Staatsbürgerrechte, 292
Staatsgerichtshof des Deutschen Reiches, 527, 537 f., 565 ff.
Staatskanzler, 233
Staatskirche, Verbot, 42, 51, 541
Staatsministerium, 228, 231
Staatsnotwehrgesetz, 636
Staatsrat, 232
Staatssekretär, 432, 466, 494
Staatssicherheit, 810

Personen- und Sachregister

Städtekurie, 111
Städteordnung, 234 ff.
Städterat, 104
Stadtverordnetenversammlung, 237
Stahlhelm, 604
Stalin, Josef, 806
Ständeordnung, 26, 155, 156, 158, 164, 214, 285
Ständeversammlung, 110, 290, 292, 293, 295
Stationierung von Streitkräften, 732 f.
Stein, Karl Reichsfreiherr von und zum, 205 ff., 248
Stein-/Hardenbergsche Reformen, 203 ff.
Stellvertretungsgesetz, 465, 466
Stempelsteuer, 21
Steuerbewilligungsrecht, 112, 115
Stift, 178
Stiftsfräulein, 182
Storm, Theodor, 216
Strasser, Georg, 635
Strasser-Flügel, 569
Streikrecht, 750
Stresemann, Gustav, 551, 553
Struve, Gustav, 301, 327
Stumpff, Hans-Jürgen, 690
Supreme Court, 44, 46, 48, 50, 52, 340
suspensives Veto, 339
Svarez, Carl Gottlieb, 149, 150
Sybel, Heinrich von, 409 ff.

Tag von Potsdam, 602
Talleyrand, Charles Maurice de, 89
Tarifautonomie, 631
Territorialherrschaft, 110 ff.
Thälmann, Ernst, 552, 562
Thomasius, Christian, 130
Thüringen, 522, 688, 696, 746
Todesstrafe, 137, 681, 717, 723, 814
Toleranz, 101, 183
Trennung von Staat und Kirche s. Staatskirche, Verbot

Treuhänder der Arbeit, 631
Triepel, Heinrich, 598
Trier, 102, 174, 181
Trizone, 766
Truman, Harry Spencer, 767 f.
Truman-Doktrin, 767 f., 771
Turgot, Baron de, 124

Überleitungsvertrag, 730 f.
Ulbricht, Walter, 756
Unabhängigkeit der Gerichte (Justiz, Rechtspflege, Richter), 42, 137 ff., 144, 291, 315, 453, 675
Unabhängigkeitserklärung, 23, 24, 28
Unabhängigkeitskrieg, 22, 24
Unfehlbarkeitsdogma, 456
Universitätsidee, 223
Unschuldsvermutung, 65
USPD, 506 ff.

vaterländischer Hilfsdienst, 498
Verantwortlichkeit
– der Minister, 230, 339, 371
– des Reichskanzlers, 463, 492, 501
Verbindungsverbot, 454
Vereinigtes Wirtschaftsgebiet, 762 ff.
Vereinigungsfreiheit, 51, 303, 342, 375, 454, 815
Vereinsverbot, 473, 474, 818
Verfassung
– der Vereinigten Staaten von Amerika, 32 ff., 48, 338
– des Deutschen Reiches, 416 ff.
– geschriebene, 28, 56
– des Jahres I, 79 ff.
– des Jahres III s. Direktorialverfassung
– des Jahres VIII s. Konsulatsverfassung
– für das Königreich Westphalen, 194
– für das Königreich Württemberg von 1819, 284 ff.
– oktroyierte, 283, 287, 330, 366

– vom 3. September 1791, 70 ff.
verfassunggebende Gewalt, 70, 289, 347
Verfassunggebende Nationalversammlung, 58, 59, 61, 64, 70 ff., 507, 510, 512, 515, 540
Verfassunggebung, 47, 94, 245, 260, 269, 281 ff., 322, 345, 416, 448, 743 ff., 772, 775 ff., 780
Verfassungsänderungen, 784, 822
Verfassungsbeschwerde, 340, 537a, 748, 785, 813
Verfassungseid, 362 ff.
Verfassungsgerichtsbarkeit, 50, 340, 443, 748
Verfassungshomogenität, 34, 36, 260, 338, 341, 422, 526
Verfassungskonsens, 573 ff., 801
Verfassungskonvent, 33, 781 ff., 813
Verfassungsreformgesetze von 1918, 500 ff.
Verfassungsvergleichung, 12
Verfassungsversprechen, 242 ff.
Verfassungsvertrag, 287
Verhältnismäßigkeitsgrundsatz, 42, 153
Verhältniswahlsystem, 499, 515, 530, 802
Vernunftrecht s. Naturrecht
Verpreußung, 488, 489
Versammlungsfreiheit, 42, 65, 303, 342, 375, 454, 815
Versammlungsverbot, 473
Verwaltungsgerichtsbarkeit, 455, 676, 811
Verwaltungsgeschichte, 4
Verwaltungskompetenz, 423
Verwaltungsrechtspflege, 306, 336, 343
Vielvölkerstaat, 333
Viermächteverwaltung, 696, 700 ff., 773
Virchow, Rudolf, 457
Virilstimme, 104
Völkerbund, 551, 607
Völkerverständigung, 749

völkisches Prinzip, 646
Volksabstimmung, 28, 82, 88, 607, 626, 743 ff., 778, 800 f.
Volksbegehren, 520, 554 ff., 784, 819
Volksentscheid, 520, 528, 556, 819
Volksgemeinschaft, 630, 646, 650, 664, 676
Volksgerichtshof, 640, 680, 684
Volksherrschaft s. Demokratie
Volksjustiz, 303
Volkskammer, 806 ff.
Volksrepräsentation s. Repräsentation
Volkssouveränität s. auch Demokratie
– Französische Revolution, 68, 80
– Nachkriegsdeutschland, 749, 751
– Nordamerikanische Revolution, 24, 28, 33, 48
– Revolution von 1848, 322, 328
– Weimarer Republik, 519
Volksvertretung, 68, 309, 341, 494
Voltaire, François Marie Aronet, 56, 133
Vorbehalt des Gesetzes, 331
Vormärz, 269 ff., 319, 328
Vorparlament, 309 ff.
Vorrang
– des Bundesrechts, 36
– der Partei, 670
– des Reichsrechts, 322, 338
– der Verfassung, 43 ff., 62

Waffenstillstand von Malmö, 324, 326
Wahlalter, 41, 499, 530
Wahlkapitulation, 102
Wahlkreiseinteilung, 383, 499
Wahlrecht
– aktives, 73, 240, 290, 314, 515, 530
– allgemeines, 68, 76, 80, 86, 89, 278, 308, 314, 330, 334, 339, 378, 396, 433, 515, 530
– direktes, 334, 379, 396, 433
– geheimes, 334, 385, 396, 433

- gleiches, 292, 330, 334, 380f., 396, 433ff., 499
- passives, 240, 314, 515, 530
- Sperrklausel, 748, 802
Wahlvereine, 454
Währungsreform, 766, 792
Waldeck, 252, 282, 417, 522
Wannsee-Konferenz, 660
Wartburgfest, 264
Washington, George, 22, 31, 33, 40, 167
Weber, Wilhelm, 295
wehrhafte Demokratie, 818
Wehrmacht, 642f., 659, 691, 694, 698, 711; s. auch Reichswehr
Wehrpflicht, 86, 224f.
Weidig, Ludwig, 277, 278
Weimarer Kirchenartikel, 791
Weimarer Koalition, 515, 548, 552, 568
Weimarer Nationalversammlung s. Nationalversammlung von 1919
Weimarer Reichsverfassung, 332, 335, 349, 516ff., 685, 748, 782
Weimarer Republik, 11, 485, 488, 504ff., 544ff., 735, 750, 778, 788, 790, 801, 818ff.
Weinheimer Entwurf, 741
Welcker, Karl Theodor, 283
Weltanschauung, nationalsozialistische, 641ff., 675
Weltkrieg
- Erster, 415, 496ff., 546f.
- Zweiter, 660ff., 682ff., 689ff.
Weltwirtschaftskrise, 553, 571
Werner, Anton von, 406
Wertordnung, 814
Westfalen, 13, 194, 293, 696
Westfälischer Friede, 101
Westpreußen, 254
Weststaat, 771f., 779
Widerstandsrecht, 24, 79, 86, 749
Wiedervereinigung Deutschlands, 732, 777, 794
Wiener Kongreß, 199, 245, 251, 260, 263, 271

Wiener Schlußakte, 94, 251, 253ff.
Wilhelm I., Deutscher Kaiser, 387ff., 404, 412
Wilhelm II., Deutscher Kaiser, 488ff., 507f.
Wilson, Woodrow, 502, 505
Windischgrätz, Fürst von, 329, 333
Wirth, Johann Georg August, 271f.
Wirtschaftsrat, 763ff.
Wohlfahrtsausschuß, 83
Wohnungsfreiheit, 42, 89, 453
Wolff, Christian, 125, 130
Wöllner, Johann Christoph von, 152
Worms, 174
Württemberg, 94, 181, 188, 190, 252, 280, 284ff., 299, 334, 352, 376, 396, 403, 404, 417, 426, 522, 777
Württemberg-Baden, 688, 706, 743, 777, 795
Württemberg-Hohenzollern, 688, 744, 750, 777, 795

Young-Plan, 520, 554ff.

Zabern-Fall, 490, 495
Zedlitz, Freiherr von, 142
Zehn Artikel, 275
Zensur, 268, 275
Zensuswahlrecht, 270, 290
Zentraluntersuchungskommission, 267
Zentrum, 319, 320, 451, 469, 618, 627, 628, 685, 736, 796
Zeugnisverweigerungsrecht, 531
Zigeuner, 660
Zivilverfassung der Geistlichkeit, 72
Zollverein, 305
Zugang zu öffentlichen Ämtern, 51, 66
Zunftverfassung, 219
Zwangsarbeitsverbot, 42
Zwangssterilisation, 647ff.
Zweckveranlasser, 594
Zweibrücken, 174